【개정판】

국제법 특강

－국제법의 쟁점 및 과제－

김부찬

REVISED EDITION

SPECIAL LECTURES ON INTERNATIONAL LAW

– ISSUES AND TASKS OF INTERNATIONAL LAW –

Boo Chan KIM

BoGoSa

개정판 머리말

지난 2014년 초『국제법특강』을 출간한 지 4년이 지났다. 여러모로 부족함에도 불구하고 많은 관심과 질정을 보내주신 同學諸位께 깊이 감사드린다.

그동안 국제사회에는 많은 일과 사건들이 있었다. 공고하게 자리를 잡아가던 유럽연합(EU)에서 영국이 이탈하는 브렉시트(Brexit)가 현실화되고 있으며, 트럼프(Trump) 행정부의 출범 이후 미국 외교의 예외주의(exceptionalism) 행태가 더욱 두드러지고 있다. 유엔 제재에도 불구하고 북한의 인권탄압 및 핵무기 실험은 여전히 계속되고 있으며, 지구촌 곳곳에서 발생하고 있는 인종·민족·국민·종교 간의 갈등으로 인한 분쟁과 테러리즘이 국제사회의 평화와 인권을 위협하는 요인이 되고 있다.

그러나, 이러한 모습들은 인류공동체를 향한 국제사회의 지속적인 발전과정에서 나타나는 일종의 일탈이자 주변부적인 현상이 아닌가 한다. 이와 같은 도전적인 요소에도 불구하고 국제사회는 국제공동체로 꾸준히 발전해 나가고 있으며 국제공동체의 규범으로서 국제법도 탈국가화 또는 인간화라고 하는 시대적 요구에 부응하여 그 패러다임(paradigm)을 변화시켜 나가는 과정에 있다고 본다. 국제공공질서의 기초 위에서 국제적법치주의를 강화하고 이를 바탕으로 인권과 민주주의가 실현되어나갈 수 있도록 하는 데 21세기 국제법학의 과제가 있다는 점은 재론의 여지가 없다고 할 것이다.

『개정판 국제법특강』은 저자가 지난 4년여 동안 '국제공동체', '국제적법치주의', '국제법의 헌법화', 그리고 '국제법의 인간화' 등과 관련하여 발표한 논문의 내용을 새로 추가하고 수정·보완이 필요한 부분을 중심으로 개정 작업을 시도한 결과에 해당한다.『국제법특강』초판과 비교하여『개정판 국제법특강』에는 제5장이 새롭게 추가되고 제7장과 제15장 등 2개의 章이 전면적으로 수정되었으며 제1장, 제2장, 그리고 제6장에 새로운 내용이 많이 추가됨으로써 전체적으로는 약 50페이지가 늘어나게 되었다.

지난해는 모처럼 저자가 12년 만에 맞은 대학에서의 마지막 연구(안식)년이었다. 당초 '연구'년 동안에『국제법특강』을 전면적으로 수정·보완하여 개정판을 발간하는 계획을 세웠으나 일본과 미국 등 외국에서 글자 그대로 '안식'을 많이 하면서 지내다 보니 계획에 훨씬 못 미치는 수준에서 개정작업을 마칠 수밖에 없게 되어 아쉬운 생각이 든다.

이 자리를 빌려 저자가 연구년의 기회를 가질 수 있도록 허락해 준 제주대학교 법학전문대학원과 봄 학기에 연구실 및 숙소를 제공하고 좋은 환경 속에서 편히 책을 읽고 사색할 수 있도록 지원해 준 일본 하치오지(八王子) 시에 있는 소카대학(創價大學) 법과대학원, 그리고 가을 학기에 2005년에 이어 두 번째로 방문한 저자를 친절하게 맞이해 주고 연구실도 제공해 준 미국 코넬대 로스쿨(Cornell Law School)에 깊이 감사드린다.

아울러 초판에 이어 『개정판 국제법특강』의 출간을 위하여 애써주신 보고사 김흥국 사장님을 비롯한 여러 직원 선생님들의 노고에 감사드리며, 교정 과정에서 많은 도움을 주신 법과정책연구원의 송서순 박사께 감사드린다. 마지막으로 평소 저자의 대학교수 생활을 전폭적으로 지원해 주고 특히 지난해 함께 외국에 체류하는 동안 아무런 걱정 없이 안식과 연구에 임할 수 있도록 뒷바라지를 해준 내자에게도 마음으로부터 고마움을 전하고자 한다.

戊戌年 새해 설 명절을 앞두고
아라캠퍼스 제주 로스쿨 연구실에서 김부찬

머리말

1983년 9월에 강사 신분으로 부산대학교 법과대학 강단에 서서 처음으로 국제법을 강의한 지 이제 30년이 지났다. 당시는 국제법에 대한 관심과 수요가 지금보다는 훨씬 덜했고 국제법을 연구하고 강의하는 연구자나 교수의 숫자도 많지 않았지만, 개별국가의 범주를 초월한 국제사회(공동체)의 이념과 가치의 실현을 향한 일념으로 국제법학을 필생의 전공영역으로 삼기로 마음먹게 되었다. 법을 통한 국제평화와 정의의 구현이라는 연구목표는 국제사회에서의 법치주의, 즉 국제적법치주의(international rule of law)에 대해 관심을 갖게 만들었으며, 나아가서 집권적 정부조직이 없는 국제사회가 개별국가 못지않은 법적공동체로 존립하고 운용될 수 있도록 하는 글로벌 거버넌스(global governance)의 문제에도 눈길을 돌리게 하였다.

1996~7년과 2005년 두 차례 미국의 Washington Univ.와 Cornell Univ.의 Law School에 방문 교수로 다녀 올 기회가 있었는데, 두 번 모두 그 연구주제는 국제적법치주의 및 글로벌 거버넌스와 관련된 것이었다. 그동안 연구하고 발표된 논문들은 대부분 이러한 관심 및 연구방향에서 비롯된 것들이다. 그 결과로 지난 2011년에는 그동안 발표한 영문 논문들을 하나의 단행본으로 엮어 *GLOBAL GOVERNANCE and INTERNATIONAL LAW*(BoGoSa)를 출간한 바 있으며, 이번에는 그 밖의 관련 논문들을 모으고 이들을 수정보완하는 과정을 거쳐 하나의 단행본을 발간하게 된 것이다.

1994년에 저자의 또 하나의 주된 관심영역인 법학일반이론과 법철학적 주제들에 대한 연구결과를 모아 『법학의 기초이론』(동현출판사)이라는 단행본을 출간한 바 있었는데, 이 때가 마침 저자가 대학 강단에 선 지 10년이 경과된 시점이라는 점에서 소중한 의미를 갖는 것이었다. 그러나 그 후 몇 년 동안 대학 일로 연구실을 비울 수밖에 없었던 시기를 제외하고는, 나름대로 열심히 학문연구에 매진하고 학회활동에 꾸준히 참여해 왔으면서도 앞에서 언급한 영문 저서와 공저 형식의 국제법 교과서(『국제법신강』), 그리고 지역관련 저서(『제주의 국제화 전략』)를 제외하고 국제법에 관한 체계적인 저서를 하나도 출간하지 못하는 상황이 계속되었다.

이 때문에 스스로에게는 물론 주위에서 격려해 주시는 여러분들에게 마음의 빚을 지고 있었는데, 이제 강단에 선 지 30년이 경과되는 시점에서 이 책을 출간하게 됨으로써 조금이나마 그 빚을 갚는 기회가 될 수 있는 것 같아서 다행으로 생각한다.

이 책은 국제법 일반교과서로 출간되는 것은 아니다. 대학교수로서 하나의 교과서를 출간하는 것은 필요한 과제이기도 하고 어찌 보면 쉽게 달려들 수 있는 작업으로 생각되기도 한다. 하지만, 기존의 여러 교과서들과 구별되는, 그야말로 명저의 반열에 오를 수 있는 교과서를 집필하는 것은 많은 준비와 노력을 필요로 하는 것이어서 아직도 생각과 의욕으로만 그치고 있는 것이 사실이다. 따라서 일반 교과서보다는 저자의 관심과 열의가 반영되어 발표된 논문들을 중심으로 하나의 전문서를 엮어 내는 것이 현 상황에서 저자가 해낼 수 있는 작업이라는 점에서 널리 양해를 구하고자 한다.

이 책의 제목은, 그 내용 및 논의의 지향점을 감안한다면, '국제적법치주의와 국제법'으로 정하는 것도 좋겠다고 생각했지만, 여기서 다루고 있는 주제와 내용이 일반적으로 국제법 교과서가 다루고 있는 전체 범위를 상당 부분 포함하고 있는 것이어서, 고심 끝에 『국제법특강 −국제법의 쟁점 및 과제−』로 정하게 되었다.

제목을 일반 교과서의 경우처럼 '국제법강의'로 하지 않고 '국제법특강'으로 한 것은, 이 책에서 논의되고 제안되는 내용들이 '국가중심'이 아니라 '인간중심'의 국제법을 지향한다는 점에서 일반 교과서의 수준과 범주를 벗어나는 경우가 더러 있다고 생각하기 때문이다. 그러나 이러한 논의와 제안을 통하여 근래 들어 제기되고 있는 다양하고도 전향적인 국제법의 쟁점들에 대한 관심이 제고되고 교과서적 수준을 넘어서는 범위에서 활발한 논의와 토론이 전개되기를 희망해 본다.

이 책의 출간에 대하여 지원을 해 준 제주대학교 법학전문대학원과 설 전후의 바쁜 시기임에도 출간을 맡아 수고해 준 보고사 사장님과 이유나 선생님을 비롯한 관계자 여러분께 깊이 감사드리며, 이 책의 출간 준비 및 교정 과정에서 많은 도움을 준 학과사무실의 고재욱 조교와 저자 연구실 백수범 조교의 노고에도 진심으로 감사의 뜻을 표하고 싶다.

마지막으로, 어려움에 처할 때마다 가없는 사랑으로 보듬어 주고 심기일전의 용기를 갖게 해 준 나의 가족과, 저자로 하여금 언제나 혼신의 열정으로 학문연구와 강의에 매진하도록 해 주는, 바로 교수로서 저자의 존재이유가 되고 있는 친애하는 제자들에게 이 책을 바치고자 한다.

甲午年 새해 설 명절을 앞두고
아라캠퍼스 제주 로스쿨 연구실에서 김부찬

주요 참고논문 및 謝意

이 책의 각 장의 내용은 아래와 같이 이미 학술지에 발표된 논문들을 바탕으로 수정·보완을 거쳐 작성되었으며, 그 중 5편의 논문은 공동으로 집필한 것임을 밝힌다. 각각의 공동저자인, 오승진 교수, 노석태 박사, 전가 교수, 그리고 이진원 변호사에게 깊이 감사드린다(* 표시된 논문 및 자료는 개정판에 반영된 것임).

제1장 국제법의 의의 및 국제적법치주의

김부찬, 「국제적 법치주의의 강화에 대한 고찰」, 『서울국제법연구』, 제6권 2호, 1999, pp.27-58.
*_____, 「국제사회에 있어서 법의 지배 -국제적 법치주의-」(2017년 국제법평론회 국제법캠프 강연자료), 2017, pp.1-34.

제2장 자연법론적 국제법방법론 및 발전과제

김부찬, 「21세기 국제법 발달에 대한 자연법론의 영향 -'국제적법치주의'를 중심으로-」, 『국제법평론』, 통권 제36호, 2012, pp.1-29.
*_____, 「국제법의 인간화'에 대한 서론적 고찰 -그 배경 및 동향을 중심으로-」, 『국제법학회논총』, 제59권 제4호, 2014, pp.41-79.

제3장 조약체결의 의의 및 국회동의 관련 문제

김부찬, 「조약체결에 대한 국회 동의권에 관한 고찰 -헌법 제60조 제1항의 개정 및 조약체결절차법의 제정 필요성과 관련하여-」, 『국제법학회논총』, 제52권 제2호, 2007, pp.57-89.

제4장 국제입법의 가능성과 한계

김부찬·이진원, 「'국제입법'의 가능성과 한계 -UN 안전보장이사회에 의한 '입법적 결의'를 중심으로-」, 『서울국제법연구』, 제18권 1호, 2011, pp.81-116.

제5장 국제법의 해석과 유추

*김부찬, 「법의 해석 및 흠결 보충에 관한 고찰」, 『법과 정책』, 제21집 제3호, 제주대학교, 2015,

pp.97-127.

*김부찬, 「국제법상 유추의 역할 및 한계에 대한 소고」, 『국제법학회논총』, 제61권 제4호, 2016, pp.37-68.

제6장 국제법주체의 의의 및 국제기구의 법인격

김부찬, 「개인의 국제법적 지위」, 『동아시아연구논총』, 제5집, 제주대학교, 1995, pp.135-160.

_____, 「국제기구의 법인격」, 『국제법평론』, 통권 제25호, 2007, pp.1-25.

*_____, 「국제기구의 국제적 법인격 및 권한의 근거에 대한 소고」, 『법과 정책』, 제22집 제3호, 제주대학교, 2016, pp.87-112.

제7장 유엔의 법적 지위 및 국제공동체의 발전

김부찬, 「국제연합의 개혁에 관한 연구」, 『국제법평론』, 통권 제9호, 1997, pp.57-96.

_____, 「유엔 안전보장이사회의 개혁」, 『국제법학회논총』, 제43권 제2호, 1998, pp.1-20.

*_____, 「국제공동체의 발전과 유엔의 역할」, 『아주법학』, 제10권 제2호, 아주대학교, 2016, pp.227-258.

제8장 국제기업의 국제법주체성과 외교적 보호

김부찬, 「국제기업의 법적 규제」, 『국제법학회논총』, 제34권 제2호, 1989, pp.139-164.

_____, 「국제기업의 국제법주체성과 외교적 보호제도」, 『국제법학회논총』, 제44권 제2호, 1999, pp.17-34.

제9장 국제법상 제재의 의의 및 과제

김부찬, 「국제법상 제재의 개념과 변천」, 『국제법평론』, 통권 제37호, 2013, pp.1-35.

제10장 국가책임과 외교적보호제도

김부찬, 「국제관습법상 외교적보호제도에 관한 고찰」, 『법학연구』, 제42권 제1호, 부산대학교, 2001, pp.77-104.

_____, 「외교적보호제도와 국내구제완료의 원칙 -ILC 초안과 관련하여-」, 『국제법학회논총』, 제46권 제3호, 2001, pp.1-23.

제11장 무력사용금지의 원칙 및 그 예외

김부찬, 「국제법상 무력사용금지의 원칙과 그 예외에 관한 고찰 −대 이라크전에 있어서 미국의 무력사용에 대한 적법성 논의를 중심으로−」, 『인도법논총』, 제26호, 2006, pp.317-353.

제12장 인도적 개입의 적법성 및 법전화 문제

김부찬·노석태, 「국제법상 인도적 개입 −그 개념, 합법성 및 성문화에 관한 논의를 중심으로−」, 『법학연구』, 제49권 제1호, 부산대학교, 2008, pp.1-31.

제13장 인도적 개입과 보호책임 법리

김부찬·이진원, 「인도적 개입과 보호책임 −인도적 개입 논의에 대한 보호책임의 의의와 한계를 중심으로−」, 『법학논총』, 제31집 제3호, 전남대학교, 2011, pp.609-640.

제14장 국제인권법의 국내 이행과 국가인권기구

김부찬, 「인권/환경 문제와 한국」, 『국제법학회논총』, 제58권 제3호, 2013, pp.11-52.

제15장 북한인권 문제와 보호책임

김부찬·오승진, 「유엔 안전보장이사회와 북한인권」, 『법학연구』, 제48권 제1호, 부산대학교, 2007, pp.225-253.
*_____, 「북한 인권문제와 보호책임(R2P)」, 『국제법학회논총』, 제60권 제4호, 2015, pp.11-42.

제16장 재일한국인 법적지위의 문제와 과제

김부찬, 「재일교포 '법적지위협정'의 국제법적 의의와 문제점」, 『법과 정책』, 제18집 제1호, 제주대학교, 2012, pp.25-58
_____, 「재일한국인의 지방참정권에 관한 고찰」, 『법과 정책』, 제13집 제1호, 제주대학교, 2007, pp.1-31.

제17장 국제투자와 계약상권리의 보호

김부찬, 「국제투자분쟁해결제도 −수용국과 국제기업간의 투자분쟁을 중심으로−」, 『제주대학교 논문집(인문·사회과학편)』, 제26집, 1988, pp.313-354.
_____·전가, 「국제투자법에 있어서 '계약상권리'의 수용 및 보호」, 『법과 정책』, 제17집 제2호,

제주대학교, 2011, pp.85-125.

제18장 선박의 편의치적과 국제선박등록제도

김부찬, 「편의치적과 국제선박등록특구제도」, 『국제법학회논총』, 제47권 제3호, 2002, pp.21-
48.

제19장 제주해역의 해로보호와 동북아 해양협력

김부찬, 「동북아 해로보호와 제주 '평화의 섬' 전략」, 『제주의 국제화전략』(온누리, 2007), pp.261-
289.

_____, 「동북아 해로보호 및 제주해협의 중요성」, 『제주해역과 한국의 해양안보』(한국해로연구
회·해양경찰청 공동학술대회자료집), 2011, pp.3-28.

차례

제1편
국제법의 의의와 현대적 과제

제1장. 국제법의 의의 및 국제적법치주의

제2장. 자연법론적 국제법방법론 및 발전과제

제2편
국제법의 연원 및 해석

제3장. 조약체결의 의의 및 국회동의 관련 문제

제4장. 국제입법의 가능성과 한계

제5장. 국제법의 해석과 유추

제3편
국제법의 주체

제6장. 국제법주체의 의의 및 국제기구의 법인격

제4편
국제법상 제재와 국가책임

제5편
국제법상 무력사용과 인도적 개입

제11장. 무력사용금지의 원칙과 그 예외

제12장. 인도적 개입의 적법성 및 법전화 문제

제13장. 인도적 개입과 보호책임의 법리

제 6 편
국제적 인권보호와 한국 관련 문제

제14장. 국제인권법의 국내 이행과 국가인권기구

제15장. 북한 인권문제와 보호책임

제16장. 재일한국인 법적지위의 문제와 과제

제7편
국제경제와 해양의 법질서

제17장. 국제투자와 계약상권리의 보호

제18장. 선박의 편의치적과 국제선박등록제도

제19장. 제주해역의 해로보호와 동북아 해양협력

제 1 편

국제법의 의의와 현대적 과제

제1장

국제법의 의의 및 국제적법치주의

I. 서론

　Judith Shklar 교수는 오늘날 '법의 지배'(rule of law), 즉 '법치주의'라는 표현은 이념적으로 남용되고 너무 많이 일반적으로 사용됨으로써 그 개념이 무의미하게 되었다고 보고 있으며, Brian Tamanaha 교수는 법치주의의 개념은 대단히 모호하기 때문에 논자들마다 그 존재 자체에 대해서는 지지를 보내지만 그 내용에 대해서는 저마다 확신을 가지고 온갖 다양한 방식으로 이해하고 있는 '선'(good)의 개념과도 같다고 보고 있다.[1] 그러나 Tamanaha 교수 자신도, 법치주의는 계속 유지되고 찬양되어야 마땅한 (인류 역사의) 주요 성취라는 견해에 동조하면서 그 개념에 대한 이론적 성찰을 시도하고 있다.[2] 이는 우여곡절에도 불구하고 법치주의가 인간 사회의 자유화 및 문명화 과정에서 결정적인 영향력을 행사해 왔기 때문인 것이다. 오늘날 법치주의는 민주사회와 독재사회를 구별하는 기준이 되며 사회의 문명화 정도를 판단하는 기준이 된다. 법치주의는 자유와

---

1) Tom Bingham, *The Rule of Law*(London: Penguin Books, 2010), p.5; Brian Z. Tamanaha, *On the Rule of Law – History, Politics, Theory –*(Oxford: Oxford University Press, 2004), p.3; John F. Murphy, *The United States and the Rule of Law in International Affairs*(Cambridge: Cambridge University Press, 2004), p.1.

2) Brian Z. Tamanaha, *ibid.*, pp.4, 7-14; Bingham도 '법치주의'의 개념이 너무 불명확하고 주관적이어서 별 의미가 없다고 하는 견해에 대해서 세 가지 반론이 가능하다고 하면서, 첫째, 많은 사건에서 법관들이 판결을 내릴 때 법치주의를 언급하고 있다는 사실, 둘째, 법치주의는 매우 중요한 국제법적 문서에 확고하게 언급되고 있다는 사실, 그리고 셋째, 법치주의라는 표현은 이제 영국의 제정법에서도 사용되고 있다는 사실 등을 들고 있다(Tom Bingham, *ibid.*, pp.6-9).

정의 그리고 평등과 복지를 지향하며 인간 사회의 평화적 존속을 위한 필수적 요건이라고 할 수 있다.[3]

  본래 법치주의는 법체계(국내법)를 보유하면서 통치적 사회로 존재해 왔던 개별 주권국가들(sovereign States)의 영역 내에서만 문제되는 것으로 간주되어 왔던 것이 사실이다.[4] 그러나 국제공동체(international community)가 형성되고 국제법(international law)이 발전해 나감에 따라 법치주의는 점차 개별 국가의 영역을 벗어나서 국가들 간의 대외관계 및 국제공동체의 전 분야에 걸쳐서 기본적인 거버넌스(governance)의 원리로 적용되어야 한다는 생각이 확산되고 있다.[5] 이러한 관점에서 새롭게 맞이한 21세기에 있어서 주된 과제 가운데 하나가 바로 "국제적 수준에서의 법치주의의 확립"이라는 주장이 나온 것[6]은 매우 시의적절한 일이었다.

  국제적 수준에서의 법치주의, 즉 '국제적법치주의'(international rule of law)는 국제사회에 있어서 힘이나 정치력이 주도하는 '권력정치'(power politics)를 배제하고, 주권국가나 국제기구(international organization)의 권한이나 강제력이, 확립된 법 원칙, 즉 국제법(international law)에 따라 발동되며 국제분쟁(international disputes)도 국제법에 따라 평화적으로 해결되도록 함으로써 국제평화와 정의가 실현되는 데 기여하는 것을 목적으로 한다.[7]

  오늘날 국제적법치주의의 실현 및 강화를 위하여 중요한 의미를 가지고 있는 법적·정치적 토대가 바로 국제법과 국제기구이다. 국제법 및 국제기구의 강화를 통하여 국제사회는 점차 조직화되어 가고 법치주의의 토대도 확립될 수 있으리라고 본다. 또한 국제사회는 법치주의의 정착을 통하여 항구적인 평화질서가 수립되고 정의가 실현되는 하나의 국제공동체(international community) 내지 세계공동체(world community)로 발전되어

---

3) The Commission on Global Governance, *Our Global Neighborhood*(Oxford: Oxford University Press, 1995), p.303.

4) 박은정, 『왜 법의 지배인가』(돌베개, 2010), p.326.

5) Jan Klabbers, Anne Peters, and Geir Ulfstein, *The Constitutionalization Of International Law* (Oxford: Oxford University Press, 2011), p.59; Arthur Watts, "The International Rule of Law," *German Yearbook of International Law*, Vol.36, 1993, pp.15-45.

6) "Laying Down the Law," by Paul Johnson, *Wall Street Journal*, 10 March 1999, A22(Brian Z. Tamanaha, *op. cit.*, p.127에서 인용).

7) Tom Bingham, *op. cit.*, p.193; W. Bishop, "The International Rule of Law", *Michigan Law Review*, Vol.59, 1961, p.553 참조.

가리라고 본다.

법치주의는 법적 공동체로서의 개별 주권국가의 통치원리로 성립·발전되어 온 것이 사실이기 때문에, 아직 국가와 같은 집권적(centralized) 기관이 존재하지 않는 국제사회 속에서의 법치주의, 즉 국제적법치주의가 어떠한 의미를 가지는 것인지, 국제적법치주의의 실현은 과연 가능한 것인지, 그리고 국제적법치주의의 확립이 인류의 앞날을 위하여 반드시 필요한 일이라면 그 확립을 위한 과제는 무엇인지 등에 관한 논의가 불가피하다고 본다.

Ⅱ. 국제법과 국제적법치주의

1. 법치주의의 의의

철학적 의미로 보면 법치주의 내지 법의 지배는 곧 이성의 지배(rule of reason)를 의미하며,[8] 그 목적은 인간공동체의 공동선(common good)의 실현에 있다고 본다. 법치주의는 고대 그리스의 철학자들인 Platon과 Aristoteles에서 그 기원을 구할 수 있으며, Cicero를 대표로 하는 로마의 스토아 학파(the Stoics)를 거치면서 발전하였다. 법치주의는 Locke를 중심으로 근대의 사회계약론(theory of social contract) 및 자유주의(liberalism)의 흐름과 연계되면서 근대 자연권론(natural-rights theory) 및 자유자본주의(free capitalism)적 국가관의 토대를 형성하기에 이르렀다.[9]

법학적 의미에서 보면 법치주의는 정치적 공동체인 국가에 있어서 자의적인 '인간의 지배'(rule of man) 또는 '힘의 지배'(rule of power)를 배제하고 이성에 근거한 '합리적인 법규'에 의하여 통치되도록 함으로써 정부의 자의적 권력을 제한하는 것을 목표로 한다는 점에서,[10] 전통적으로 자연법론(natural-law doctrine)이나 자유주의적 국가관이 추구

---

8) Ian Shapiro (ed.), *The Rule of Law*(New York: New York University Press, 1994), pp.328-330; 김정오·최봉철·김현철·신동룡·양천수, 『법철학: 이론과 쟁점』(박영사, 2012), pp.213-215.

9) Brian Z. Tamanaha, *op. cit.*, pp.7-59; 김정오 외 4인, 상게서, pp.218-219.

10) Tamanaha는 법치주의의 개념이 갖고 있는 요소(주제)로서 '법에 의한 정부(통치)의 제한'(government limited by law), '형식적 합법성'(formal legality), 그리고 '사람이 아닌 법의 지배'(rule of law, not man) 등 세 가지를 들고 있다. 그리고 '형식적 합법성'과 관련해서는 법의 '일반성'(generality), 법 '적용의 평

하고 있는 인간 본성(human nature) 내지 인간의 존엄성 존중의 요청과 부합된다.[11] 인간에 대한 국가의 지배는 그 어느 경우에도 '인간에 대한 봉사'라는 점에서 그 정당성을 찾아야 한다는 것이 법치주의의 본질적 의미인 것이다.[12]

그러나 자연법론이 퇴조하고 법실증주의(legal positivism)가 득세하던 시대에 법치주의는 극단적인 '형식주의'(formalism)로 흐르기도 하였다. 즉, 자연법론에 의한 비판이 사라진 역사적 무대에서 법실증주의는 일종의 권력적 실증주의와 다를 바가 없게 되었으며 법치주의는 곧 '법에 의한 지배'(rule by law)를 의미하는 것으로 그 의미가 변질되었던 것이다. '법에 의한 지배'의 논리에 따르면 국가의 통치가 단지 법에 근거를 두고 있기만 하다면 그 정당성이 인정될 수 있다는 주장이 성립될 수도 있었다. 민주주의(democracy)든 독재(dictatorship)든 '법'에 의하여 통치를 하는 국가는 모두 '법치국가(Rechtsstaat)로 규정될 수밖에 없었으며, 그 결과 극심한 인권침해를 자행한 독재국가도 법치국가의 미명을 내걸 수 있었던 것이다.[13]

법의 '형식적 합법성'(formal legality)만을 중시하는 '형식적'(formal) 법치주의를 극복하기 위하여 법의 '내용'을 중시하는 '실질적'(substantive) 법치주의의 확립에 대한 관심이 고조되기 시작하였다.[14] 당초 실질적 법치주의는 자유주의의 전통과 맥을 함께 하는 것이다. 국가의 목적이 개인의 자유와 권리의 보장에 있다는 자유주의적 흐름은 일찍이 영국에서 시작되었다. 영국에서는 개인의 자유와 권리를 보장하기 위하여 법이 마련되어야 하고 정부의 통치, 즉 권력 행사는 헌법(constitution)에 입각하여 이루어져야만 한다는 헌법주의(constitutionalism) 전통이 오래 전부터 이어지고 있었다.

등'(equality of application), 그리고 법의 '확실성'(certainty)이 문제된다고 한다(Brian Z. Tamanaha, *ibid.*, pp.114-126.); 篠田英朗(시노다 히데아키)는 법치주의(법의 지배)의 가장 중요한 '기본적 방향성'은 바로 '人의 지배'를 배제하는 데 있다고 한다(시노다 히데아키 지음, 노석태 옮김, 『평화구축과 법의 지배: 국제평화활동의 이론적·기능적 분석』(한국학술정보(주), 2008), pp.37-43).

11) 김정오 외 4인, 전게서, pp.215-216; 김부찬, 「21세기 국제법 발달에 대한 자연법론의 영향 - '국제적 법치주의'를 중심으로 -」, 『국제법평론』, 통권 제36호, 2012, pp.10-11.

12) Werner Maihofer, *Rechtsstaat und Menschliche Würde*, 심재우 역, 『법치국가와 인간의 존엄』(삼영사, 1994), p.55.

13) 그 대표적인 例가 바로 나치 독일(National Socialist Germany)이다(Simon Chesterman, "Rule of Law," in R. Wolfrum (ed.), *The Max Planck Encyclopedia of International Law*, Vol.Ⅷ(Oxford: Oxford University Press, 2012), p.1015).

14) 김정오 외 4인, 전게서, p.223; 篠田英朗는 '형식적' 법치주의를 '협의의' 법의 지배로 '실질적' 법치주의를 '광의의' 법의 지배로 설명하고 있으며 이는 옥스팜(Oxfam)의 Roma Mani가 전자를 'minimalist'로 후자를 'maximalist'로 표현하고 있는 것과 유사하다(시노다 히데아키 지음, 노석태 옮김, 전게서, p.40).

이러한 배경 하에 영국의 법치주의는 헌법주의 및 자유주의 사상과 결합된 '법의 우위'(supremacy of law) 이론으로 발전되었다. 헌법학자인 Dicey는 정부권력의 제한, 법적용의 평등, 그리고 사법과정의 우위 등 법치주의의 절차적 요소를 구체화함으로써,[15] '형식적 법치주의'의 요소를 분명하게 정립하고 이를 토대로 법이 실질적으로 그 내용에 자유주의적 요소를 반영해 나갈 수 있도록 하였다.[16]

법치주의는 민주주의 절차에 따른 형식적 합법성을 충족해야 할뿐만 아니라 법의 내용이 개인의 자유와 권리를 보장하기 위한 역할을 수행할 수 있도록 해야만 한다는 점에서 그 실질적인 측면이 강조되기 시작하였던 것이다.[17] 이에 따라 오늘날 법치주의는 '실질적 법치주의'를 의미하게 되었으며 이에는 형식적 법치주의의 요소도 당연히 포함되게 되었다.[18]

실질적 의미의 법치주의는 개인의 자유를 보장하고 사회적 복지의 실현을 내용으로 하는 법규범을 형식적 합법성의 절차에 따라 마련하고 법 우위의 원칙에 따라 국가의 권력 작용을 이에 따르게 함으로써 인간생활의 기초가 되는 자유·평등·복지를 실현시키려는 국가의 구조적·통치적 원리를 의미한다. 법치주의는 인간의 존엄성과 자유를 존중하고 평화로운 인간 공동생활의 전제가 되는 정의로운 생활환경을 조성할 뿐만 아니라 국가의 권력작용을 순화시킴으로써 국가존립의 기초를 든든히 하기 위한 것이다.[19]

한편 인간 사회는 오랫동안 국가를 중심으로 형성되어 왔으며 오로지 국가들만이 정치적 또는 법적 사회로 인식되어 온 것이 사실이다. 법의 역할이나 기능은 기본적으로 어느 국가 영역 내에 한정되는 것으로 이해되어 왔기 때문에 법치주의의 문제도 당연히 국내법적 관점에서 접근되어졌다. 그러나 근대 이후 주권국가 간의 관계를 중심으로 국

---

15) S. Chesterman, *op. cit.*, p.1015.

16) 시노다 히데아키 지음, 노석태 옮김, 전게서, pp.45-47.

17) Tamanaha는 '법치주의'의 양태를 형식적 접근과 실질적 접근으로 구분한 다음 각각의 경우를 '약한'(thin) 단계로부터 '강한'(thicker) 단계까지 3 단계로 구분하여 설명하고 있다. 이에 따르면 법이 단지 '통치수단'으로만 활용되는 '법에 의한 지배'(rule by law)가 형식적 측면에서 가장 약한 단계의 법치주의에 해당하며 이는 중간의 '형식적 합법성'(formal legality) 단계를 거쳐 가장 높은 '민주주의적 합법성'(democracy+legality)의 단계에 도달한다고 한다. 그리고 실질적 측면에서 보면 단지 '개인의 권리'(individual rights)가 보장되는 약한 단계로부터 '인간의 존엄 및 정의에 대한 권리'(right of dignity and/or justice)가 보장되는 중간 단계를 거쳐 '사회복지'(social welfare)의 실현을 내용으로 하는 가장 높은 단계로 법치주의가 진행된다고 한다(Brian Z. Tamanaha, *op. cit.*, pp.91-113).

18) *Ibid.*, p.102.

19) *Ibid.*, pp.102-113; 허영, 『한국헌법론』, 新3판(박영사, 2003), pp.141-143.

제사회가 형성되고 점차 국제공동체로 발전하는 과정을 거쳐 왔으며 이에 따라 국제적
법치주의가 그 주된 과제로 대두되고 있는 것이다.

2. 국제사회와 국제법의 의의

1) 국제사회의 의의

국제사회는 한마디로 주권국가들(sovereign States)에 의하여 구성되는 사회이다. 그러
나 오래 전부터 국제사회는 어떠한 사회인가, 국제사회는 과연 법적공동체로서의 성격을
가지고 있는가 하는 의문이 계속 제기되어 왔다. H. Bull에 의하면 현재 국제사회 내지
국제질서를 보는 기본 시각들로서 다음과 같은 관점들이 제시되고 있다 : ① Machiavelli
또는 Hobbes의 전통(the Machivellian or Hobbesian tradition)에 해당하는 현실주의적 국
제질서관, ② Kant의 전통(the Kantian tradition)에 해당하는 보편주의적 국제질서관, 그
리고 ③ 합리주의 또는 Grotius의 전통(the Rationalist or Grotian tradition)에 해당하는
국제주의적 국제질서관 등이다.[20]

이상주의(idealism) 또는 보편주의(universalism)적 입장에서는 국제정치질서를, 국경
을 초월하는 인간들의 관계를 바탕으로 하는 '인류공동체'(the community of mankind)로
규정하며, 국제사회는 표면상 국가 간의 관계로 보이지만 실제로는 인류사회의 구성원
들인 인간들의 상호관계가 기초가 되고 있으며 언젠가는 주권국가들이 소멸하고 모든
인류가 직접적인 구성원이 되고 단일의 보편적인 세계질서를 바탕으로 하는 '세계사
회'(world society) 내지 '세계공동체'가 수립된다고 보고 있다.

반면에 정치적 현실주의(political realism)[21]의 입장을 대표하는 미국의 Corbett 교수
는 T. Hobbes와 같은 시각에서 국제 '사회'의 존재를 단적으로 부인하면서 소위 국제사
회란 공동의식보다는 대립·충돌의식이 더 강한 무질서(anarchy)의 특성을 보이고 있다

---

20) 이상우, 『국제관계이론』, 3정판(박영사, 1999), pp.100-106.
21) 국제관계에서 현실주의의 입장은 이상주의(utopianism)와는 정반대이다. 현실주의자들은 국제관계에서 이상
보다는 권력과 이익을 더 강조하고, 현상유지적이며, 경험적이고, 역사의 교훈을 존중하며, 국제평화에 대해서
는 비관적이며 국제관계를 포함한 사회과학 일반에서 권력만이 기초개념이 될 수 있다는 견해를 갖고 있다고
한다(James E. Dougherty & Robert L. Paltzgraff, Jr., *Contending Theories of International Relations*
(Philadelphia: Lippincott, 1971), p.7, 이상우, 전게서, p.83에서 인용).

고 주장한다. 현실주의에 의하면 국제사회는 여러 주권국가들의 단순한 집적(congeries)
에 불과하게 되며, 이들에 대한 어떠한 상위의 법적·도덕적 통제도 인정되지 않는 무정
부주의적 성격을 갖는다고 한다. 따라서 모든 국가는 어떠한 도덕이나 법적 제약에도
구속을 받지 않고 다른 나라와의 관계에서 자국의 국익을 추구할 자유를 갖는다고 본다.

이들과 같은 극단적인 시각에 비하여 합리주의적 전통에 입각한 국제주의적(inter-
nationalist) 시각은 중간적인 입장이라고 할 수 있다. 근대 국제사회의 이념적 기초를
정립했던 H. Grotius의 합리주의관에 입각하고 있는 이러한 견해에 의하면 소위 국제사
회는 '국가들의 사회'(society of States), 즉 '국제사회'로 규정되고 있다. 국제주의적 관점
은 국제사회에 있어서 그 구성원인 국가들은 국제사회 또는 국제공동체가 정하는 규칙
과 제도에 의존하면서 서로 공존하고 이를 바탕으로 공통의 목표와 과제를 위하여 서로
협력하는 국제체제를 이루고 있다고 본다.

비록 그 구성원인 국가들 간의 이질성이 강하고 대립적인 측면들이 여전히 존재하기
는 하지만 평화공존과 국제협력의 기초로서의 국제법과 국제기구의 존재를 본다면 국제
사회의 사회적 성격을 부인하기는 어렵다고 본다. 그러나 그렇다고 하더라도 국제사회는
국가(국내사회)와 비교하여 볼 때 아직 사회로서의 충분한 조건을 충족시키지 못한 상태
에 놓여 있는 '미성숙의 사회'(inchoate society), 또는 '원시적인 사회'(primitive society)에
불과하다는 입장도 있다. 현실주의자인 Morgenthau는 이러한 이유로 국제사회를 '分權
的인 구조'(decentralized structure)를 가진 사회로 규정하고 있다.[22]

그러나 국제사회는 현재 세계적 또는 지역적 범위에 있어서 점차적으로 조직화되어
가는 과정에 있으며, 그 연대성 및 동질성도 점차 강화되어 가는 추세를 보이고 있다.
특히 19세기 후반에 들어와서 성립되기 시작한 많은 수의 국제기구들이 이러한 '국제사회
의 조직화'를 예증하고 있다. 현재 유엔을 중심으로 많은 국제기구들에 의하여 개별 국가
들의 활동 및 행동반경에 대한 다양한 협력, 조정 및 규제가 이루어지고 있는 실정이다.
이러한 추세를 반영하여 이미 국제기구는 국제사회에 있어서 중요한 구성원 내지 국제법
주체(international legal subject)로 인정되고 있다. 근래에 들어와서는 개인들(individuals)
의 경우에도 부분적이기는 하지만 국제사회의 직접적인 구성원으로서의 지위 및 국제법
주체성이 인정될 정도로 국제사회의 성격 변화가 빠르게 이루어지고 있다.[23]

---

22) Hans J. Morgenthau, *Politics Among Nations* (New York: Alfred A. Knopf, Inc., 1985), pp. 295-296.

이와 같이 국제사회는 아직 국가와 같이 조직적인 구조 및 법체계를 갖고 있지 않음에도 불구하고 국제법에 의하여 규율되고 운영되는 하나의 '법적공동체'로 존재하고 있는 것은 분명하다고 본다.[24]

2) 국제법의 의의 및 특성

(1) 국제법의 의의

'국내법'(municipal law)이 일국의 통일적 법체계에 속하는 법규범의 총체를 의미한다면, '국제법'은 자신의 영역에 한하여 주권적·법적 관할권을 갖는 주권국가들을 기본적인 구성원으로 하여 성립되고 있는 국제사회의 법규범의 총체를 의미한다. 간단히 말한다면 국내법은 '국가(국내사회)의 법'이며, 국제법은 '국제사회의 법'이다.

Triepel, Anzilotti 그리고 Oppenheim 등은 국내법과 국제법의 법적 성질을 다같이 인정하면서도 양자는 서로 다른 법체계에 속한다고 하는 '이원론'(dualism)의 입장을 견지하고 있다. 이들은 그 논거로서, 국내법은 일국의 의사(will) 또는 권력에 근거를 두고 성립되는 반면에 국제법은 둘 이상의 국가 간의 합의 또는 공동의사(common will)에 근거를 두어 성립한다는 점을 들고 있다. 이에 따라 국제법과 국내법은 서로 다른 법의 주체, 규율 대상 및 타당 범위를 갖게 된다고 한다. 따라서 양자는 서로 충돌하지도 않으며 상대방의 영역에서 효력을 발생하지도 않는다고 한다. 이원론자들은 국제법 그 자체로서는(*per se*) 국내적 효력을 가질 수 없기 때문에 국내법으로의 수용(reception)을 위해서는 국내법 형태로의 改作을 통한 변형 과정을 거쳐야 한다는 '변형이론'(transformation theory)을 주장하고 있는 점이 특징이다.[25]

한편 국가만을 유일한 법적 공동체로 규정하고 있는 입장에서는 법의 타당성의 기초를 오로지 주권국가의 의사에 두고 있다. 따라서 개별국가보다 상위의 주권적 권위

---

23) 국제기구 및 개인의 국제법주체성에 대해서는 김부찬, 「개인의 국제법적 지위」, 『동아시아 연구논총』, 제5집, 1995, pp.135-144; P. K. Menon, "The International Personality of Individuals in International Law: A Broadening of the Traditional Doctrine", *Journal of Transnational Law and Policy*, Vol.1, 1992, pp.151-182 참조.

24) Hermann Mosler, *The International Society as a Legal Community* (Alphen aan den Rijn: Sijthoff & Noordhoff, 1980), p.15.

25) David H. Otto, *Public International Law in the Modern World* (London: Pitman Publishing, 1987), pp.32-34 참조.

(superior authority)가 존재하지 않는 국제사회에서는 모든 국가들에 대하여 효력을 갖는 국제법이 성립될 수 없다고 한다.[26] Hobbes나 Austin과 같은 법실증주의적 법철학자들은 법을 '주권자의 명령'(command of the sovereign)으로 정의하며, 소위 국제법은 주권자에 의하여 정립되지 않았다는 근거에서 법으로서의 성격을 갖지 못한다고 하였다. 이들은 국제법은 기껏해야 '실정국제도덕'(positive international morality)에 불과하다고 하였다.[27] Jellinek는 국제법은 그 자체로서는 법으로 인정될 수 없으며 단지 국가의 주권적 의사에 기초하여 정립되는 '대외적 국가법'(äusseres Staatsrecht)으로서만 법적인 효력을 가질 수 있다고 주장하였다. 한편 Wenzel과 같은 학자는 국제법의 법적 성질을 인정하더라도 그것은 국내법인 헌법에 근거를 두고 정립되어진다는 근거에서 국내법보다 하위에 위치한다고 하는 '국내법우위의 일원론'을 제시하고 있다.

국내법이 국제법보다 상위에 있다는 국내법우위의 일원론이나 국제법의 법적 성질을 부정하는 입장은 과도한 '국가적 실증주의' 내지 '권력정치적' 관점에 의존하고 있는 것이다. 국제법의 법적 성질을 부인하거나 국내법우위의 입장을 관철하는 경우 국제사회의 사회적 토대는 부인되고 최소한의 평화와 질서도 유지될 수 없게 된다. 이원론과 같이 국제법과 국내법의 상호관계를 법적인 측면에서 단절시켜 논하는 것도 현실적으로나 이론적으로나 불가능하다. 현실적으로 국제법의 국내적 효력은 넓은 범위에서 인정되고 있으며 '국제법 위반의 국내법'의 효력 또는 '국내법 위반의 국제법'의 효력에 관하여 법적인 차원에서 논의가 이루어지고 있는 것은 양자가 서로 이론적·법적 관련성을 갖고 있음을 입증해 주는 것이다.

국제적인 차원에서 보면 국내법을 근거로 국제법의 효력을 부정하거나 국제적 책임을 면제받는 것은 인정되지 않는다. 주권적 관할권은 개별국가의 영역적 범위에 국한되는 것이 원칙이며 개별국가의 국내법의 효력도 국가 주권이 미치는 영역적 범위에 국한되고 있다. 이러한 국가 주권 및 국내법의 한계는 국내법우위의 '일원론'의 주장과 같이 주권 국가의 자율적인 권력제한에서 비롯되는 것이 아니라 보다 상위의 규범적 제한원리로부터 도출되는 당연한 논리적 귀결이다. 한편 Kelsen과 같은 규범주의자는 이를 '위임의 우위'(Delegationsprimat)에 입각하여 설명하고 있다. Kelsen에 의하면 모든 법질

---

26) 국제법의 법적 성질에 대한 부정론의 근거와 이에 대한 비판에 대해서는 Terry Nardin, *Law, Morality and the Relations of States*(Princeton: Princeton University Press, 1984), pp.115-148 참조.

27) J. Austin, *The Province of Jurisprudence Determined*, 1832, pp.86-88.

서는 각각 '세계법'(world law)이 될 것을 요구하며 각 법질서 속에는 제각기 '규범체계의 통일'이라는 요청이 포함되어 있다고 한다. 그리하여 한편으로는 법체계가 하나의 세계법을 정점으로 떠받든다고 하는 논리적 귀결이 성립한다고 한다. 그러나 실제로 각 법질서는 법체계의 '세계법적 완결'을 스스로의 체계 속에서 성취하려는 의도를 가지고 있기 때문에 다른 법질서와 충돌되는 결과를 보이게 된다. 그런데 바로 이러한 현실이 법적 안정성의 요청에서 모든 개별국가의 법질서 위에 있는 법, 즉 국제법의 존재를 인정해야만 하는 논리적 근거가 된다는 것이다.[28]

국제법을 국내법의 우위에 위치시키는 국제법우위의 '일원론'(monism)에 입각하게 되면 국제법은 국내법의 타당근거가 될 뿐만 아니라 그 자체로(*per se*) 국내적 적용성을 갖게 된다. 다시 말하면 국제법은 국내법으로 변형을 거치지 않고도 '편입이론'(incorporation theory)이 의미하는 것과 같이 국내적으로 자동수용(automatic reception) 될 수 있는 근거를 스스로 보유하게 되는 것이다.[29]

법의 존재 또는 그 '타당성'(Gültigkeit)이 인정되어지는 것은 현실적으로 입법적 권한을 가지고 있는 주권적 권력기관에 의하여 의도적으로 법이 정립되었기 때문이 아니다. 또한 입법적 권한을 가지고 있는 기관에 의하여 정립되었다고 모두 법으로서의 효력을 갖게 되는 것도 아니다. 자연법이든 실정법이든, 또는 제정법이든 관습법이든 그것이 법으로서의 효력을 갖게 되는 것은 그로 하여금 법으로서의 효력을 갖게 해 주는 법효력의 근거가 존재하기 때문이다. 법실증주의자인 동시에 규범주의자인 Kelsen은 이러한 근거를 '근본규범'(Grundnorm)에서 찾고 있으며, Brierly[30]와 Friedmann[31]은 법의 존재

---

28) G. Radbruch, *Rechtsphilosophie*, 최종고 역, 『법철학』(삼영사, 1986), p.258; Gray L. Dorsey, *Beyond the United Nations: Changing Discourse in International Politics & Law* (New York: University Press of America Press, 1986), p.1; R. Wacks, *Jurisprudence* (London: Blackstone Press Limited, 1993), pp.81-87

29) Peter Malanczuk, *Akehurst's Modern Introduction to International Law*, Seventh ed. (London & New York: Routledge, 1997), p.69.

30) 브라이얼리는 국제법을 포함한 모든 법의 근거는 법철학적으로 탐구되어질 수 있는 문제라고 하면서, "인간이 단순한 개인이거나 또는 국가 내에서 타인과 결합되어 있거나 상관없이 인간이 이성적 존재인 한 인간이 살아가야 할 세계의 지배원리는 질서이지 혼란은 아니라는 것을 믿지 않을 수 없다"는 데에서 법의 구속력에 대한 궁극적인 해답이 나온다고 한다(J. L. Brierly, *The Law of Nations*, 6th ed. (Oxford: Clarendon Press, 1976), p.56).

31) W. Friedmann, *The Changing Structure of International Law* (New York: Columbia University Press, 1964), pp.86-8. Friedmann에 의하면 Jessup, Hackworth, Fitzmaurice, Fisher 등도 비슷한 견해를 가지고 있다고 한다(*ibid*. 주 12 참조).

에 대한 확신 내지 승인에 입각하여 법의 근거를 설명하고 있다. 한편 대다수의 자연법론자들은 실정법의 근거를 자연법 또는 정의에서 구하고 있다.

이와 같이 법의 존재 또는 효력의 문제는 그 근거에 관한 철학적 탐구를 통하여 해결되어야 하는 것이며 현실적으로 누가 법을 제정할 수 있는 권한을 갖고 있는가는 본질적인 문제가 될 수 없는 것이다. 그리고 일단 법으로서의 타당성이 인정되고 있는 규범의 경우 그것이 얼마나 잘 준수되어지고 있는가 하는 것은 법의 타당성과는 별개의 '실효성'(Wirksamkeit)과 관련된 문제인 것이다. 따라서 법에 있어서 실효성 내지 실효성을 뒷받침하는 강제(coercion)의 결여 또는 미흡을 근거로 국제법의 효력을 부정하는 입장[32]은 타당하다고 할 수 없다.

(2) 국제법의 분권적 특성

국제법의 존재 내지 그 법적 성질을 부정하는 것은 이제 현실적으로나 논리적으로나 불가능하다고 본다. 어떠한 사회든지 강한 힘을 가지고 있다고 해서 그 힘을 이용하여 물리적으로 가능한 모든 행동을 해도 좋다는 의미의 '강자의 논리'가 법적·도덕적 권리로서 인정될 수 없다는 것이 사회의 보편적 규범체계가 강자와 약자 모두에게 적용하고 있는 원리인 것이다. 현실주의자인 Morgenthau도 사회 전체의 이익을 위해서 또 구성원 개인의 이익을 위해서 권력은 제한되어야 한다고 하면서 국제법은 단순한 권력투쟁의 제도적 산물이 아니라 사회구성원 자신의 의지에 의한 규범과 행동준칙이라는 형태로 권력투쟁의 체제 위에 부과된 당위적 규범이라는 점을 강조하고 있다.[33]

그러나 Morgenthau는 국제법은 그 타당기반인 국제사회가 분권적 구조를 가지고 있음에 따라 스스로도 분권적 성격을 지니게 된다는 점을 지적하고 있다. 그는 국내법은 조직화된 힘을 독점하고 있는 집단, 즉 국가기관에 의하여 강제될 수 있는 반면에 국제사회에 있어서는 그러한 중앙집권적 입법기관과 행정적·사법적 권위체가 존재하지 않는다는 사실이 국제법의 가장 본질적인 특징이라고 한다. 그에 따르면 국제법이 존재할 수 있고 또 역할을 수행할 수 있는 것은 분권적 성질을 갖는 다음의 두 가지 요소에 근거

---

32) T. Hobbes나 J. Austin과 같이 법명령설에 입각하여 국제법의 법적 성질을 부정하고 있는 사람을 포함하여 A. Lasson, P. and A. Zorn, E. I. Bekker, H. Geffcken, J. Lorimer 등이 이러한 입장을 가지고 있는 대표적인 학자들이다.

33) H. Morgenthau, *op. cit.*, p.244.

한다고 본다: 즉, 개별국가들의 동일한 혹은 상호 보완적인 이해관계가 존재한다고 하는 사실과 또한 그들 사이에 권력이 분산되어 있다는 사실이다. 공동이익도 세력균형도 없는 곳에서는 국제법 또한 존재할 수 없다는 것이다. 그에 의하면 국제법은 객관적인 사회세력들 간의 상호작용의 결과인 경우가 태반이다.[34]

Morgenthau에 의하면 국제법은 특히 두 가지 측면에서 분권적 법질서로 규정되어진다: 첫째, 국제법은 그것에 동의한 국가에 대해서만 구속력을 가지는 것이 원칙이다. 둘째, 동의에 의해 구속력을 발휘하는 많은 규범들조차 너무나 모호하고 막연하며 여러가지 전제조건과 유보사항에 의해 제한되고 있기 때문에 각국은 국제법 규범에 따라야 하는 경우에도 상당한 정도의 행동상의 재량권을 가질 수 있다.[35]

3. 국제적법치주의의 의의 및 한계

1) 국제적법치주의의 의의

전통적으로 법치주의는 국내법과 관련된 국가적 통치원리로 인정되어 왔다. 즉, 개인의 자유와 안전 및 사회적 정의를 보장하기 위하여 요청되는 통치원리가 법치주의이며 이러한 통치원리는 국가의 구성 및 작용 원리를 의미하는 것으로서 법치주의는 곧 국가적 구조와 통치권력을 바탕으로 한다는 점이 일반적으로 승인되어 왔던 것이다.

그러나 오로지 국가만이 법적 공동체로 존재하는 것은 아니며 법과 국가가 동일한 개념도 아니다. 국가는 자신의 목적 달성을 위하여 필요한 법을 제정하여 보유하고 있을 뿐이다. 국가의 구성원인 사람들은 법적 단체로서의 국가의 구성원일 뿐만 아니라 이미 '자연적인 법질서', 즉 '자연법'(natural law)에 의거하면서 또한 그에 의하여 규율되고 있는 '인류공동체'의 구성원이기도 하다. 국가는 이러한 인류공동체의 '하나의 특수한 형태'로서 존재하면서 그 구체적인 목적 달성을 위하여 필요한 범위에서 '자연법'에 근거를 둔 '실정적 법질서', 즉 '실정법'(positive law)을 정립·시행하고 있는 것이다.[36]

그렇다면 사람들은 이제 국가의 구성원으로서만이 아니라 보다 넓은 범위에서 국제사

---

34) *Ibid.*, pp.296-297.

35) *Ibid.*, p.329.

36) 김부찬, 『법학의 기초이론』(동현출판사, 1994), pp.292-294 참조.

회의 구성원으로 살아가고 있다고 할 수 있으며, 국제사회도 인류공동체의 '또 하나의 형태'로서 또는 인류공동체 '그 자체'로서,[37] 필요한 범위에서 자신의 실정적 법질서를 보유할 수 있다고 해야만 하는 것이다. 따라서 법치주의에 관한 논의는 국제사회의 법규범인 국제법에 관해서도 충분히 성립될 수 있다고 본다. 자유주의적 법치국가의 구상도 본래 '시민사회'(civil society), 나아가서 '세계시민사회'(world civil society)를 목표로 하는 것이었다. 세계시민사회는 소극적으로는 한 개인에 의한 인간의 예속과 사회나 국가에 의한 인간의 예속을 가능한 한 최대한으로 배제하며, 적극적으로는 '개인과 개별적인 사회, 나아가서 인류전체' 등 모든 사람의 개인적, 국가적 자유와 안전을 최대한으로 그리고 평등하게 보장하는 질서의 수립을 목표로 하는 것이다.[38]

이제 법치주의는 단순히 국가적 통치원리 또는 국내적 법운용과 관련된 정당성의 원리로만 이해되어서는 안 된다. 법치주의는 국제사회에 있어서 평화와 정의의 실현을 위하여 성취되어야 할 권력통제 내지 지배원리로 승인되어야 하며 국제법의 역할 및 그 정당성도 법치주의와 관련하여 규정되어야 할 것이다. 많은 철학자들 및 국제법학자들은 오랫동안 국제사회에 있어서의 법치주의, 즉 '국제적법치주의'(international rule of law)의 실현을 추구해 왔으며, 국제사회는 법치주의의 기초를 이루는 국제법 및 국제기구를 통하여 점차 하나의 공동체로 통합되어 오고 있다는 점을 지적해 왔다.[39]

오늘날 국제사회의 구성원들인 각국의 정부와 국제기구들에 의하여 이루어지고 있는 국제관계의 양태를 살펴보면 어떠한 대외적 정책이나 행동이든지 그 정당성을 입증하기 위하여 국제법의 원칙이나 규칙을 근거로 제시하고 있는 것을 알 수 있다. 국가들이 무력을 사용하여 문제를 해결하려는 경우조차도 그 법적 정당화(legal justification)를 위하여 '자위권'(right of self-defence)이라는 국제법상의 권리를 원용하는 것이 보통이다.[40] 특히 국제연합(the United Nations, 이하 "유엔")에서 전개되고 있는 정치과정은 그 내용을 살펴보면 대부분이 유엔 憲章(the Charter)을 둘러싼 법규의 해석과 그 적용 문제가 중심을

---

37) 이태재, 『법철학사와 자연법론』(법문사, 1984), p.345.

38) Werner Maihofer, *op. cit.*, pp.179-184 참조.

39) 김부찬, "New Trends in International Law and the Common Heritage of Mankind", 『국제법학회논총』, 제40권 1호, 1995, p.19; William L. Tung, *International Law in an Organizing World*(New York: Thomas Y. Crowell Company, 1968), pp.26-29.

40) Oscar Schachter, "Self-Defence and the Rule of Law", *American Journal of International Law*, Vol.83, 1989, p.259.

이루고 있다. 유엔 정치의 중심 무대를 이루고 있는 총회(General Assembly)와 안전보장이사회(Security Council)에서 토의되는 안건들은 헌장의 해석과 적용 문제가 그 핵심적 내용인 경우가 많다. 이처럼 유엔의 정치 과정은 한 마디로 말해서 '법률정치'(legal politics)라고 해도 과언이 아니다.[41]

이제 국내법과 마찬가지로 국제법의 경우에도 법치주의의 이념 내지 원리를 배제할 수는 없다고 본다. 특히 오늘날 법치주의가 실질적·사회적 법치주의로서 규정되고 있음에 비추어 국제법도 자유·인권·환경·복지와 같은 인류공동의 가치 및 과제의 해결을 위하여 보다 적극적인 역할을 수행해야 한다는 의미에서 국제법과 법치주의의 관련성이 보다 강조되어야 하는 것이다. 과거처럼 평화와 질서 등 국제사회의 공동의 과제가 주권국가들의 양보 또는 권력의 자기제한에 의해서만 확보될 수 있다는 소극적인 관점은 이제는 배제되어야 한다. 인류의 공동이익 및 가치는 국제사회에 있어서의 법치주의의 원리와 결합되어 보다 적극적이고도 구체적인 내용을 갖는 개념으로 발전됨으로써 국제평화 및 국제사회의 정의를 항구적으로 실현시키기 위한 이념적 기초로서 받아들여져야만 하는 것이다. 바야흐로 개별국가의 영역을 벗어나 인류사회의 공동이익 및 가치의 증진을 위한 이념적 기초의 확산과 전 세계적 범주에서의 민주주의(democracy)의 확대를 위한 필요성에 입각하여 '법치주의의 세계화'(globalization of the rule of law)가 이루어지고 있는 것이다.[42]

2) 국제적법치주의의 한계

국가주권의 발현에 의하여 비로소 통치의 기초가 되는 '실정법'이 제정되고 나아가서 그것이 실효적으로 집행·적용될 수 있다는 근거에서, 주권적 권력자 없이는 법도 존재할 수 없고 또한 법치주의도 가능하지 않다는 주장은 지금까지도 유력하게 제기되고 있다. 현실주의에 입각하고 있는 학자들은 여전히 국제법의 법적 성질을 부인하거나 아니면 '국가주권의 절대성'이라는 원칙보다 더 중요한 국제법의 원칙은 없다고 주장한다.

---

41) 박치영, 『유엔정치론』(법문사, 1998), p.120.

42) Hans Kochler, *Democracy and the International Rule of Law*(Wien: Springer-Verlag, 1995); Boo Chan Kim, "The United Nations and the International Rule of Law", *Korean Yearbook of International Law*, Vol.1, 1997, pp.86-90.

이들은 국가가 스스로 창출한 조직체에 자발적으로 부여한 권위(authority)를 제외하고
는 전 세계적인 위계질서 속에서 어떤 권위도 국가주권보다 법적으로 상위에 있지는 못
한다고 주장한다.[43)

이들은 국제법의 법적 존재성을 인정하고는 있지만 국제법이야말로 국제정치 내지
세계정치에 대한 국가중심적 관점을 강화시키는 역할을 수행하고 있다는 근거에서 그
법적 성질을 인정하고 있는 것이다. 이들의 견해에 따르면 국제법은 주권적 정부가 자신
의 의사에 의하여 임의로 국내관할권을 행사하고 대외적으로도 자신의 의사를 관철할
수 있는 힘, 즉 권력이 있는 한 거의 제한 없이 자유롭게 행동하는 것을 막을 수 없다고
한다. 이러한 의미에서의 국제법은 결국 '권력의 법'(laws of powers)일 수밖에 없으며 모
든 국가들이 타국보다 힘의 우위에 서기 위하여 '권력투쟁'(struggle for power)을 전개하
는 것이 당연하다고 한다.[44)

주권국가들이 다른 국가들과의 관계에서 자신이 원하는 대로 행동할 수 있는 무제약
적인 권리를 갖게 된다고 한다면 다른 국가들과 자유롭게 '條約'(treaty)을 체결할 수도
있으며 또한 스스로 구속력을 부여하고 있는 조약의 효력을 임의로 배제할 수도 있게
된다. 또한 모든 국가들은 이미 체결되어 효력이 발생하고 있는 조약의 효력을 '事情變更
의 원칙'(*clausula rebus sic stantibus*)을 이유로 얼마든지 파기할 수 있는 권리를 유보하
고 있다고 보아야 한다.[45)

실제로 근대의 국민국가(nation State)의 형성기에 있어서 법사상가 내지 정치사상가
들은 국민국가의 법적·정치적 표현을 주권이론(theory of sovereignty) 속에서 찾았다.[46)
근대의 국민국가들은 당연히 스스로의 주권적 권력을 절대화시키는 절대주의국가관을
좇게 되었으며, 대외적 관계에 있어서 조약을 체결하는 등의 방법으로 국가권력을 통제
하게 되는 근거를 '자기제한'(self-limitation)의 논리를 통해서 설명하게 되었다.

'절대주권'(absolute sovereignty)의 논리는 근대 국제사회를 절대주의적 국가들로 하여

---

43) Charles W. Kegley, Jr. & Eugene R. Wittkope, *World Politics*, 김철범 역, 『세계정부론』(법문사, 1989),
   p.550.

44) Anne-Marie Slaughter Burley, "International Law and International Relations Theory: A Dual
   Agenda", *American Journal of International Law*, Vol.87, 1993, p.207.

45) Charles W. Kegley, Jr. & Eugene R. Wittkope, *op. cit.*, p.554.

46) Thomas G. Weiss, David P. Forsythe & Roger A. Coate, *The United Nations and Changing World Politics*
   (Boulder: Westview Press, 1994), pp.1-6 참조.

금 다른 국가들을 자신의 지배하에 두는 것을 정당화하는 '제국주의'(imperialism) 또는 '식민주의'(colonialism)의 이데올로기 시대로 이끌게 되었다. 주권국가들이 내세웠던 자기제한의 논리는 결국 그들이 속하고 있는 국제사회를 무정부상태로 이끄는 결과를 초래했던 것이다.

국내법의 경우, 私法 체계가 사인들에 대한 '동위관계의 법'(Koordination srecht)으로 존재할 수 있는 것은 국가와 사인들 간의 관계에 있어서 이미 公法 체계가 '상하질서의 법'(Subordinationsrecht)으로 존재하고 있기 때문이며, 어떠한 상위의 권위도 부정되는 무정부적인 사회 상태에서의 '대등한 주권국가 간의 법'으로서의 국제법이란 논리적 모순이다. 그리하여 절대주의적 의미의 근대적 주권이론 및 이를 계승하고 있는 현실주의적 관점에서 보면 조약의 구속력은 물론 국제법의 법적 성질도 당연히 부인되는 결과가 된다.[47]

국제법의 법적 성질을 전적으로 부인하거나, 아니면 인정한다고 하더라도 국제법이 결국 주권국가의 무제약적인 힘의 사용 및 그에 입각한 권력정치를 뒷받침해 주는 역할만을 수행하는 것이라는 인식을 갖고 있다고 한다면, 국제사회에서의 권력통제를 위한 기초로서의 법치주의의 의의에 대한 논의 및 그 실현을 위한 노력은 거의 무망한 것이 될 것이다.

Ⅲ. 국제적법치주의의 강화를 위한 방안

1. 주권개념에 대한 인식의 전환

앞에서 언급한 바와 같이 국제적법치주의의 강화를 위하여 극복해야 할 첫 번째의 대상은 국제법의 존재 및 법적 성질에 대한 부정적인 관점인 것이다.[48] 과거 근대 국제체

---

47) G. Radbruch, *Rechtsphilosophie*, 최종고 역, 전게서, pp.260-261.
48) 그러나 이러한 시각은 바로 국제사회에 있어서의 법치주의의 강화를 위하여 무엇을 해야 할 것인가에 대한 우리의 과제를 보다 분명하게 하는 데 유용하게 활용될 수 있다. 이러한 의미에서 국제법의 존재 및 법적성질에 대한 비판자들의 다음과 관점들을 다시 한 번 상기할 필요가 있다: ① 모든 법체계는 공인된 절차를 통해 그 규칙들을 제정해야만 하는데 국제사회 또는 세계정치에서는 법을 제정하고 그것을 수정하거나 폐지하는 체계적인 입법기관이 존재하지 않는다. ② 모든 법체계는 제정된 규칙들을 해석하는 체계적인 해석기관을 가져야 한다. 그러나 국제사회에는 제정된 규칙들을 판정하고 구체적인 사건들에 적용할 수 있는 공식적인 기관이

제의 형성기 동안에, 국제사회는 무정부적이고 무질서한 사회로 인식되기도 했던 것이 사실이다. 이는 Hobbes가 지적한 바와 같이 고립된 주권국가들의 병렬적 관계에 기초한 사회로서, 구성원 상호간의 투쟁적인 관계가 일상화되어지는 '자연상태'로서 인식될 수도 있었던 것이다. 국가 중심의 근대 국제사회에서는 오로지 주권국가들만이 국제정치 및 국제관계의 주요 행동인자(actors)로서 작용하고, 전쟁과 평화의 이분법적 기초 위에서 국가 간의 관계가 이루어지는 특성을 보이고 있었다.

그러나 이제 국제사회는 과학, 기술, 교통, 통신의 획기적인 발달에 따라 국가 간의 물리적 거리도 훨씬 짧아지고 국가 간의 상호작용 내지 협력관계도 날로 증가되고 있는 양상을 보이고 있다. 국가 간의 협력관계 또는 의존관계가 심화되고 있는 가운데 개별국가의 영역을 초월하는 세계적인 문제 내지 공동이익의 추구와 관련된 문제들이 점차로 많아지고 있다.

자유국가로 출범했던 근대국가는 현대적인 사회국가 또는 복지국가(welfare State)로 그 기능이 전환되고 있다. 이제 개별국가의 능력만으로는 새로운 국가의 역할 수행이 이루어질 수 없도록 근본적인 변화가 이루어지고 있는 것이다. 국가주권은 국제적으로 스스로의 힘 외에 자기 보호 방법이 없던 상황에서는 국가의 정치적 독립과 영토보전을 위한 '유일하고도 실효적인' 방법이 될 수 있었지만 국제사회가 점차로 조직화되어 하나의 공동체로 발전하기 시작하면서 주권의 의미는 달라지기 시작하였다.[49]

이제 국가주권이란 국가의 '국제법주체성'을 의미하는 데 불과한 것으로 이해되어야만 한다. 즉, 국가는 '주권적이기 때문에 국제법주체인' 것이 아니라 '국제법주체이기 때문에 주권적'이라는 것이다. 그리하여 주권의 개념은 선험적으로 자연적인 사변에서 국제법과 관계없이 규정되는 것이 아니라 오히려 국제사회의 현실을 바탕으로 또한 국제법의 기초 위에서 이해되어야 하는 것이다. 따라서 주권의 개념은 국가가 그 위에 지상

존재하지 않는다. ③ 모든 법체계는 법을 집행하는 데 필요한 기관을 가져야만 하는데 국제사회에는 이러한 집행기관이 없다. 결국 국제법은 합리적인 기초, 즉 국가들은 그들이 자유롭게 준수하기를 선택한 규칙에 대해서만 책임을 진다는 점에 기반을 둔다는 것이다. 비판자들은 나아가서 국제법의 구조적인 문제점으로서 다음과 같은 점들을 지적하고 있다: ① 국제법은 보편성을 결여한다. ② 국제법은 국가 간의 경쟁을 영속시키고 도덕성이나 정의를 고려함이 없이 국가이익의 추구를 정당화한다. ③ 국제법은 약자를 억압하는 강자의 도구이다. ④ 많은 영역에서 국제법은 기존 관행의 정당화에 지나지 않는다. 모호성과 중앙제도의 결여는 선전적인 목적을 위한 국제법의 사용을 촉진시킨다(Charles W. Kegley, Jr. & Eugene R. Wittkope, *World Politics*, 김철범 역, 전게서, pp.555-561 참조).

49) 박치영, 「세계사회와 국제법발전」, 『국제법학회논총』, 제32권 1호, 1987, pp.63-64.

의 어떠한 법적인 힘의 존재도 허용하지 않으며 또한 그 결과로서 국제법의 권위도 전혀 인정하지 않게 되는 그러한 절대적 개념이 아니라고 해야만 하는 것이다. 이제 법적으로 보면, 국가는 대외적으로 다른 정치적 권위에 대해서는 복종할 의무를 지지 않으나 국제법에 대해서는 복종할 의무를 진다고 하는 해석이 성립하게 되는 것이다.[50]

국제사회에 있어서 국가주권의 지위는 그 주권의 적극적 발현을 통하여 '공동선'(common good)이 실현되고 보호되도록 하는 데 필요한 국가적 자율성(Autonomie)의 의미로 이해되어야만 한다. 즉, 국가주권은 국제사회의 존립 및 그 기본적 기능을 위해 인정되는 것이므로 결코 무제한적이거나 배타적·독선적인 것이 될 수 없다는 것이다. 따라서 국가주권은 타국과의 대외관계에 있어서 자신의 자율성 및 평등성을 요구할 수 있는 기본적 권리로서의 의미를 갖는 것이다.[51]

이제 국가들은 주권을 보유하고 있음에도 불구하고 결코 일정한 규범적 한계를 벗어나 자의적으로 행동할 수는 없다. 따라서 국가의 주권적 관할권은 그 자신의 영역적 범위 내에 한정되어 인정되며 국가영역 내에서의 관할권 행사라 할지라도 국제법에 저촉되지 않는 범위 내에서만 정당성을 갖는 것이다.

2. 국제사회의 조직화 및 유엔의 개혁

1) 국제기구의 성립 및 발달

오늘날 국제사회에 있어서의 국가 간의 상호의존관계는 점차로 심화되고 있으며 이에 따라 국제기구의 설립도 매우 활발하게 이루어지고 있다. 국제기구는 '국가 간의 협력 및 상호의존관계의 제도화'라고 할 수 있다. 국제협력 및 상호의존관계의 제도화란 지속적인 협력적 행동양식의 확립과정을 의미하며, 이는 국제체제의 구조적 관계 속에서 국가들의 이러한 행동양식에 적극적으로 순응할 때 기대될 수 있는 것이다. Inis L. Claude, Jr.는 국제기구를 정의하면서, 국가들이 국제관계행위를 보다 효율적으로 수행하기 위해 공식적이고 지속적인 제도적 구조를 수립·발전시키는 과정 가운데 나타나는 하나의 '과정'(process)이라고 하였다.[52]

---

50) G. Radbruch, *Rechtsphilosophie*, 최종고 역, 전게서, pp.262-263.
51) 이태재, 전게서, pp.346-347 참조.

이러한 국제기구의 발달은 국제사회의 조직화와 밀접한 관계를 가지고 있다. 오늘날 국제기구는 국제사회의 발달 내지 조직화의 상징이며 또한 국제정치과정의 주요한 요소 중의 하나로 인정되고 있다. 국제기구는 이제 독자적인 '법인격'(legal personality)을 갖는 정치적 행위자인 동시에 국제사회의 통합적 기능을 수행하는 매개체로서 기능하고 있는 것이다. 오늘날 특히 유엔을 비롯한 유력한 '정부간국제기구들'(intergovernmental organizations; IGOs)은 국제법의 정립을 비롯하여 집행 및 적용 과정에 있어서 중요한 역할을 수행하고 있다. 국제사회는 국제기구를 중심으로 조직화되면서 점차 국가, 즉 국내사회와 비슷한 성격을 가지게 된다고 본다.

법치주의의 효율적 시행에 있어서 그 바탕이 되는 사회의 법적 조직화의 정도가 중요한 의미를 갖는다고 본다면 국제적법치주의의 강화와 관련하여 국제기구가 갖는 비중은 매우 크다고 할 것이다. 국제기구는 이제 국제평화와 안전의 유지, 그리고 인류의 공통가치와 배분적 정의의 실현을 위한 국제협력 및 상호의존관계를 조직·체계화하는 데 있어서 중심적인 역할을 수행하고 있으며 특히 유엔은 그 핵심적 기능을 담당하고 있는 '세계적인 국제기구'(global organization)이다.

유엔은 그동안 가장 중요한 범세계적인 국제기구로서 국제법의 발달과 국제평화 및 안전의 유지를 위하여 많은 활동을 수행해 왔다. 이미 1945년 유엔이 창설될 당시부터 전 세계적 차원에서의 법치주의의 실현은 유엔 헌장의 중심적 과제로 부각되고 있었다.[53] 유엔은 국제평화 및 안전의 유지와 국제협력을 달성하기 위한 국제기구로서,[54] 무엇보다도 '평화기구'로서의 역할을 수행하는 데 그 우선적인 목적이 있다. 유엔은 국제사회를 평화공동체로 건설하는 것을 목적으로 삼아 왔으며, 특히 헌장에 규정되고 있는 '집단적안전보장제도'(collective security system)를 통하여 국제사회의 평화와 안전을 달성하고자 한다.[55] 집단적안전보장제도는 과거의 '팍스 로마나'(*pax Romana*) 방식이나

---

52) Inis L. Claude, Jr., *Swords into Plowshares*, 4th ed.(New York: Random House, 1971), pp.4-8. Jack Plano와 Roy Olton도 국제기구를 안보·경제·사회 및 기타 관련분야에서 국가들 간의 협력을 촉진하기 위해 국경을 초월하여 형성된 공식적 제도라고 정의하고 있다(Jack C. Plano & Roy Olton, *The International Relations Dictionary*, 2nd ed.(Kalamazoo, Mich.: New Issues, 1979), p.288, 박치영, 전게서, p.3에서 인용).
53) The Commission on Global Governance, *op. cit.*, p.303.
54) 유엔 헌장 제1조 참조.
55) 유엔 헌장 제7장. 집단적 안전보장체제의 의미에 대해서는 Thomas G. Weiss *et. al*, *op. cit.*, pp.17-41 참조.

'세력균형'(balance of power) 방식과 같은 '힘(권력)에 의한 평화보장체제'와는 달리 강력한 법적·제도적 장치에 의하여 안정적이며 항구적인 평화를 달성하기 위한 목적으로 제안된 것이다. 그러나 집단적안전보장제도의 성공 여부는 유엔 회원국을 중심으로 한 주권국가들의 자발적인 참여의지에 달려 있다는 점이 문제로 남아 있다.

아직도 국제사회는 전통적인 '국가주의'(nationalism)에 입각한 '권력정치'(power politics)의 현실을 벗어나지 못하고 있으며, 각국은 유엔을 자신의 국익추구를 위한 외교무대 내지 정치선전장 정도로 여기는 측면이 매우 강한 것도 사실이다. 법과 제도에 입각하여 항구적인 국제평화와 안전을 달성하려는 이상주의적인 유엔의 이념이 현실적으로 많은 한계에 부딪힐 수밖에 없는 것은, 유엔이라고 하는 국제기구에 대한 각국의 기본적 인식 및 태도와 유엔의 헌장 및 조직체계 모두에 그 원인이 있다. 유엔은 그 헌장체제상 현실주의적 정치과정의 한계를 벗어나지 못하도록 되어 있는 것도 사실이며,[56] 유엔에 대한 각국의 인식 및 협력 태도에 많은 문제점이 있다는 것도 부인할 수 없다.

그러나 유엔은 가능한 한 국제사회의 권력정치적 현실을 법·제도적으로 규제함으로써 법치주의의 기초 위에서 국가 간의 평화 공존과 국제 협력을 달성하고자 노력해 왔다. 유엔은 '보편성의 원칙'(principle of universality) 및 '주권평등의 원칙'(principle of sovereign equality)에 입각하여 전 세계의 모든 국가들이 회원국으로 참여하도록 하고, 이들로 하여금 헌장상의 제의무를 성실하게 이행하도록 함으로써 국제사회의 평화와 질서를 유지하는 한편, 이를 기초로 국제적 협력을 달성하려는 '국제주의'(internationalism)에 그 이념적 기초를 두고 있다. 유엔은 또한 많은 국제기구들과 제휴협정(relationship agreement)을 맺고 이들을 자신의 전문기구(specialized agency)로 활용함으로써 다양한 분야에서 국제협력 및 우호관계의 촉진을 위하여 노력하고 있다. 많은 문제점들이 있음에도 불구하고 유엔을 비롯한 국제기구들의 존재를 바탕으로 국제사회는 점차 조직화되어 가고 국가 간의 협력적 분위기가 제고되고 있는 것이 사실이다.

오늘날 유엔은 국제법의 법전화 및 분쟁의 사법적 해결방법의 강화를 통한 법치주의의 토대 마련을 위하여 여러 가지 노력을 강구하고 있다. 유엔은 1989년 총회결의(General

---

56) 유엔의 현실 및 한계에 대해서는 Peter Wilenski, "The Structure of the UN in the Post—Cold Period", Adam Roberts and Benedict Kingsbury (eds.), *United Nations, Divided World – The UN's Roles in International Relations* –(Oxford: Clarendon Press, 1933), pp.437-467; Peter R. Baehr and Leon Gordenker, *The United Nations in the 1990s* (New York: St. Martin's Press, 1994) 참조.

Assembly Resolution 44/23)를 통하여 90년대를 '유엔 국제법 10년'(The UN Decade of International Law)으로 규정하고 국제법의 발달 및 분쟁의 효율적 해결 등을 위한 연구와 대책 마련에 착수한 바 있다.[57] 또한 유엔은 1991년에 '글로벌 거버넌스 위원회'(The Commission on Global Governance)를 발족시키고 이 위원회로 하여금 세계체제관리에 대한 종합적인 보고서(Report)를 유엔 창립 50주년이 되는 해(1995년)에 발표하도록 함으로써 유엔 50주년 행사의 중요한 지적·이론적 기반을 제공하고, 동시에 인류의 미래에 대한 청사진(blue print)을 마련한 바 있다.

이 보고서를 토대로 발간된 책(*Our Global Neighbourhood*)에서 글로벌 거버넌스 위원회는 현재 출현하고 있는 지구촌 이웃들은 법의 문화에 의해 기초가 다져진 새로운 윤리에 따라 살아가야 하며, 세계는 미래의 지구촌 이웃들이 "無法이 아니라 法에 의하여" 살아갈 수 있도록 노력해야 한다고 강조하고 있다.[58]

2) 세계(국제)공동체로의 발전

전통적인 국제사회는 주권국가 중심이며 국제법의 대상도 국가 간의 공식적인 외교관계 및 전쟁 관계의 규율에 주로 한정되고 있었다. 그러나 20세기에 들어와 국제사회에는 많은 수의 국가들이 새로이 성립되고 이들 간의 상호작용이 증대됨에 따라 초국가적 공동관심사들이 나타나게 되었고, 국제기구 및 개인들을 비롯한 국가 이외의 다양한 국제

---

57) '유엔 국제법 10년'은 다음과 같은 4개의 기본 목표를 설정하고 있다 : ① 국제법의 실질적 원칙에 대한 수용의 촉진(promoting acceptance of the substantive principles of International Law), ② 국제사법재판소의 활용을 증대시키는 것을 포함한 분쟁의 평화적 해결방법의 강화(promoting peaceful settlement of disputes, including greater use of the ICJ), ③ 국제법의 점진적 발달 및 법전화의 촉진(encouraging progressive development of International Law and its codification), 그리고 ④ 국제법에 대한 교육·연구·전파·광범위한 수용의 촉진(encouraging the teaching, study, dissemination, and wider acceptance of International Law). '유엔 국제법 10년'에 대한 평가에 관해서는 Sompong Sucharitkul, "Legal Developments in the First Half of the United Nations Decade of International Law", *Interest Group on the UN Decade of International Law Newsletter of ASIL*, June 1996, pp.3-26 참조.

58) 세계체제관리위원회가 작성한 보고서는 당시 국제연합의 부트로스 부트로스-갈리(Boutros Boutros-Gali) 사무총장에게 전달되었으며 이 보고서를 토대로 하여 세계체제관리위원회는 1995년에 *Our Global Neighbour-hood*을 발간한 바 있다. 이 책을 보면 '전세계적인 法治의 강화'(제6장)가 주요한 과제로 다루어지고 있으며 이를 위하여 우선 국제법이 강화되어야 한다고 지적되고 있다. 이어서 국제법의 강화 및 증대를 위한 '국제연합의 개혁'(제5장)을 주장하면서 주로 국제사법재판소, 안전보장이사회, 그리고 사무총장 등의 권한이 강화되어야 한다는 의견을 제시하고 있다(The Commission on Global Governance, *op. cit.*; 세계체제관리위원회 편저, 유재천 편역, 『세계는 하나, 우리는 이웃』, 조선일보사, 1995 참조).

적 행위자들(international actors), 즉 '비국가적 행위자들'(non-State actors)이 등장하게
되었으며, 이들 가운데 일부는 국제법주체로서의 자격이 인정되고 있는 것이다.[59] 이에
따라 주권국가 중심적인 전통적인 국제사회 및 국제관계의 성격에 많은 변화가 나타나게
되었다. 이러한 변화는 흔히 '국제사회로부터 세계공동체로의 변화'로 설명되고 있다.[60]

국가 간의 상호경쟁 및 의존관계를 중심으로 발전되어 오던 국제사회는 이제 인류전
체의 공동이익의 증진에 역점을 두는 세계사회 내지 인류공동체로 바뀌고 있다는 것이
다. 국제사회에 있어서 국제협력 및 상호경쟁의 기초가 되고 있던 '국가주권 중심적인
동의의 개념'(a sovereignty-oriented notion of consent)은 점차 세계사회에 있어서 '공동체
적 컨센서스 개념'(a community-oriented notion of consensus)으로 대치되고 있는 것을 볼
수 있다. 이에 따라 공동체적 컨센서스에 입각한 '공동의 가치'(common value)가 형성되
고 이를 실현하기 위한 '공동의 행위준칙'이 생겨남은 물론 이와 관련된 국제법을 준수하
는 데 필요한 국제기구의 기능 강화 및 법질서의 중앙집권화를 가져오고 있다.[61]

전통적으로 국가적 구조가 법치주의의 실현을 위한 법적·정치적 전제로서 작용해 왔
다고 한다면, 이러한 법적·정치적 특성을 기초로 국제사회가 세계공동체로 전환되어지
고 있다는 것은 전 세계적 범주에서의 법치주의의 실현 내지 강화를 위한 긍정적인 의미
를 갖는다고 할 수 있을 것이다.

유엔 등의 국제기구를 통한 국제사회의 조직화의 심화[62]는 궁극적으로 오래된 '개별

---

59) 현재로서 국가 이외에 국제법주체성이 인정되는 것으로는 국제기구와 개인이 있다. 그러나 국제법주체성이
인정되는 국제기구는 국가들의 합의인 조약에 의하여 성립되는 '정부간국제기구'(intergovernmental orga-
nization)에 한정되고 있으며 민간국제기구인 '비정부국제기구'(nongovernmental organization)에 대해서는
국제법주체성이 인정되지 않고 있다. 비정부간국제기구는 특별한 경우를 제외하고는 정부간국제기구나 국제
회의 등에 옵저버로 참석할 수 있을 뿐이다. 따라서 비정부국제기구는 단순한 국제적 행위자에 해당된다.
60) Arvid Pardo & Carl Q. Christol, "The Common Interest: Tension between the whole and the Parts",
in R. St. J. Macdonald & Douglas M. Johnston (ed.), *The Structure and Process of International Law:
Essays in Legal Philosophy, Doctrine and Theory* (Dordrecht: Martinus Nijhoff Publishers, 1986),
pp.643-660; 그리고 이러한 변화의 주된 내용으로서는 ① 각국 간에 있어서 범세계적 태도등장의 촉진, ②
국제적 다원화 현상, ③ 국가정부 간의 상호영향력 증대, ④ 상호의존관계의 심화에 따른 국가 행동에 대한
제약 증대, ⑤ 자율적인 초국가적 행위자(supranational actors)의 등장 등을 들 수 있다고 한다(박치영, 전게
논문, p.63).
61) 세계사회의 특징으로 ① 非極化(de-polarization), 탈국가화(de-nationalization), 협력관계의 강화 등 상호
의존관계의 심화를 비롯하여, ② 공동이익을 추구하기 위한 공동의 행동준칙의 정립, ③ 세계질서의 공동가치
로서의 평화, 복지, 정치적·사회적 정의, 생태적 균형 등에 대한 관심의 제고 등을 들 수 있다고 한다(상게논
문, pp.65-67 참조).
62) 세계공동체를 지향한 유엔의 정치적 역할에 대해서는 John W. Halderman, *The Political Role of the United*

국가의 주권 개념'(single state sovereignty)을 '일종의 공동주권'(some kind of joint sover-eignty), 즉 '공동의사의 지배'(supremacy of the common will)로 대치시켜 줄 가능성을 보여주고 있다.[63] 실제로 그동안 진행되어 온 주권개념의 변화를 살펴보면 절대주권의 개념으로부터 상대적인 주권 개념으로 전환되어지고 있음을 알 수 있다. 궁극적으로 개별 국가들의 주권이 완전히 소멸된다면, 그때까지 국가간체제를 바탕으로 성립되고 있던 국제사회는 단일한 법체계, 즉 '세계법'(world law)을 기초로 법치주의가 실현되어지는 진정한 의미의 세계공동체 또는 세계국가(world State)의 형태로 그 존립 형태가 바뀌어질 것이다.[64]

3) 유엔의 개혁

국제적법치주의의 강화를 위하여 전 세계 국제기구들의 중심이 되고 있는 유엔이 보다 강화되어야 한다는 데는 별다른 이의가 없는 것으로 보인다. 유엔은 스스로의 지위 및 권한이 보장될 수 있는 방향으로 개혁·발전되어 나가야 하며, 헌장체제의 활성화 및 활동의 조정을 통해서만이 아니라 기구의 통·폐합 및 헌장의 개정 등을 통한 구조적 개혁을 통해서 보다 더 효과적인 역할 수행을 모색해야만 하는 것이다. 1995년 유엔 창설 50주년을 계기로 유엔의 개혁 논의가 활발하게 이루어지기 시작하였다. 일부 논자들은 유엔의 헌장상 기능을 활성화하거나 활동을 재조정하는 정도에서 그 개혁이 이루어져야 한다고 보는 반면에, 유엔이 '사실상' 새로운 국제기구로 재조직되어야 한다거나

Nations(New York: Praeger, 1981) 참조.

63) Leland M. Goodrich, "The Changing United Nations", W. Friedmann, Louis Henkin and Oliver Lissitzyn, *Transnational Law in a Changing Society*(New York : Columbia University Press, 1972), p.259.

64) 과연 세계국가의 출현이 가능할지, 그리고 어떠한 형태로 성립될지는 예측하기 어려운 것이 사실일 것이다 (Hermann Mosler, *op. cit.*, p.5 참조). 그러나 유엔 강화를 통한 세계국가(세계연방)의 창설 및 세계법을 통한 세계평화의 구축 가능성은 매우 진지하게 논의되어 왔던 것이 사실이다. 여기에 대해서는 G. Clark & Louis B. Sohn, *World Peace through World Law - Two Alternative Plans* -(Cambridge, Mass. : Harvard University Press, 1966) 참조. 이 책에서 저자들이 내세우고 있는 논리를 보면 다음과 같다: ① 전쟁방지라는 한정된 분야에 있어서 강제력 있는 세계법의 효과적 제도가 마련되기까지는 진정한 평화를 기대할 수 없다. ② 국제적 폭력에 대항하는 세계법은 헌법 또는 법률의 형식으로 명확히 제정되어야 한다. 또한 이는 국가는 물론 개인에게도 적용되어야 한다. ③ 세계법을 해석·적용하는 세계사법재판소가 창설되고 유지되어야 한다. ④ 상설의 세계경찰이 창설되고 유지되어야 한다. ⑤ 모든 국가의 완전한 군축은 영구 평화를 위해 필수적이다. ⑥ 세계 각 지역의 경제적 조건의 극심한 격차를 완화하기 위한 효과적인 세계기구가 창설되어야 한다(이승헌, 「국제연합강화에의 움직임과 헌장개정을 위한 제구상」, 『국제법학회논총』, 제13권 1호, 1968, pp.54-55 참조).

아니면 '본질적으로' 다른 차원의 국제기구로 전환되거나 대체되어야 한다는 주장을 제시하고 있는 사람도 있다.[65]

현재 유엔의 개혁과 관련하여 제시되고 있는 과제들은 다음과 같다 :

첫째, 유엔은 이제 평화와 안전의 유지라고 하는 고전적인 과제뿐만 아니라 배분적 정의 또는 사회정의(social justice)의 실현과 인간의 존엄 및 가치에 근거한 '인권'(human rights)의 보장, 그리고 환경의 보호 등 인류의 보편적 과제를 해결할 수 있도록 개혁되어야 한다. 유엔은 이제 국가 간의 갈등뿐만 아니라 국가 내부의 갈등의 요소, 즉 少數者(minorities)의 문제, 인구의 증가, 대규모의 인구 이동, 환경 파괴 등의 문제 해결을 위하여 상당한 역할을 수행해야만 하는 것이다. 전통적 의미에서의 안전보장 개념은 물론이고 사회적·경제적 개발을 통한 '인간안보'(human security)의 개념을 기초로 '종합적 안보'(comprehensive security)가 실현될 수 있도록, 유엔의 법적 지위 및 목표에 대한 개념적 차원의 혁신이 이루어져야 할 필요가 있다.[66]

둘째, 유엔은 '보편성의 원칙'(principle of universality) 및 '주권평등의 원칙'(principle of sovereign equality)의 원칙에 기초를 둔 '민주적 대표성'(democratic representativeness)과 '민주적 정책결정 과정'(democratic process of decision-making)을 강화하는 방향으로 개혁되어야 한다. 이제 민주적 대표성 및 정책결정 과정은 국가들뿐만 아니라 전 세계의 인민들과의 직접적인 관계 형성을 통하여 확보할 수 있도록 해야 할 필요가 있다.[67] 이러한 관점에서 현재 유엔의 보편성과 민주성을 가장 잘 대변하고 있는 총회의 권한을 보다 강화하고 전 세계 인민들에 의하여 직접 선출되는 대표들로 구성되는 '제2의 총회'(second General Assembly)의 창설도 적극적으로 검토되어야 한다고 본다. 그리고 유엔의 민주화를 위하여 상임이사국의 확대를 포함한 안전보장이사회의 재편 및 거부권을 포함한 의결제도의 개선이 이루어져야 할 필요가 있다고 본다.[68]

---

65) Maurice Bertrand and Daniel Warner, *A New Charter for a Worldwide Organization*(The Hague: Kluwer Law International, 1997); Harold Stassen, *United Nations - A Working Paper for Restructuring -* (Minneapolis: Lerner Publications, 1994).

66) Thomas G. Weiss *et al.*, *op. cit.*, p.90.

67) Chadwick F. Agler, "Thinking About the Future of the UN System", *Global Governance - A Review of Multilateralism and International Organizations -*, Vol.2 No.3, pp.346-347.

68) Ronald I. Spiers, "Reforming the United Nations", Roger A. Coate (ed.), *U.S. Policy and the Future of the United Nations*(New York: The Twentieth Century Fund Press), pp.27-35.

셋째, 유엔은 실효성과 비용효율성을 제고하는 방향으로 개혁되어야 한다. 유엔 및 유엔 체제의 방대한 기구와 조직들을 간소화(streamlining)하고 재편하며(restructuring) 업무를 통·폐합 내지 조정(coordination)하는 데 관한 획기적인 개혁 방안이 마련되어야 한다.[69] 현재 유엔이 직면하고 있는 비효율성에 대한 치유책은 오로지 조직의 개편이나 관리 방법의 개선을 통하여 그 효율성을 증대시키는 방법뿐이며, 이는 유엔 기구 및 조직의 감축과 재편을 통해서 실현될 수 있을 것이다.

넷째, 유엔은 '국제적법치주의의 강화'(strengthening of the international rule of law)에 기여할 수 있도록 개혁되어야만 한다. 유엔이 평화유지 및 배분적 정의의 실현을 위하여 채택하고 있는 여러 가지 접근방법 중의 하나가 법치주의이다.[70] 따라서 유엔은 스스로 국제법에 따라 권한을 행사할 뿐만 아니라, 평화유지 및 배분적 정의의 실현을 위하여 국제법의 정립 능력을 강화하고, 나아가서 국제법 준수 및 집행에 관한 권한을 증대시킬 수 있도록 해야만 한다.[71] 결국 유엔은 모든 국가들에 대하여 적어도 글로벌 거버넌스(global governance) 차원에서 그 권력을 통합하거나 제한할 수 있는 권한을 갖는 기구로 발전되어야 하며, 또한 비정부국제기구(non-governmental organizations; NGOs)를 포함한 다양한 국제기구들 및 개인 등 국제적 시민사회의 구성원들의 활동을 통합·조정하는 데 중심적 역할을 수행할 수 있도록 해야만 한다.[72]

---

69) Louis B. Sohn, Jay M. Volgelson and Kathryn S. Mack, "Report on Improving the Effectiveness of the United Nations in Advancing the Rule of Law in the World", *International Lawyer*, Vol.29, 1995, pp.293-95; Allen Overland(Reporter), "The United Nations Response to a Changing World: International Law Implications", *American Society of International Law Proceedings*, Vol.86, 1992, pp.303-323.

70) Leo Gross, "The United Nations and the Role of Law", Roberts S. Wood (ed.), *The Process of International Organization*(New York: Random House, 1971), p.341.

71) Richard A. Falk, "The United Nations and the Rule of Law", *Transnational Law & Contemporary Problems*, Vol.4, 1994, pp.611-42; Ernest S. Easterly, Ⅲ, "The Rule of Law and the New World Order", *Southern University Law Review*, Vol.22, 1995, pp.161-83; John Quigley, "The New World Order and the Rule of Law", *Syracuse Journal of International Law and Commerce*, Vol.18, 1992, pp.75-110.

72) Elisabeth Zoller, "Institutional Aspects of International Governance", *Indiana Journal of Global Legal Studies*, Vol.3, 1995, pp.121-23; Saul H. Mendlovitz and Burns H. Weston, "The United Nations at Fifty: Toward Humane Global Governance", *Transnational Law & Contemporary Problems*, Vol.4, 1994, pp.309-326. 현재 유엔이 '세계정부'(world government)로서의 역할을 수행하기를 기대하는 것은 어렵지만 적어도 글로벌 거버넌스(global governance)의 차원에서 그 기능을 수행하는 것은 가능하다고 본다. 세계정부는 확립된 제도에 의한 집권적 권력행사를 의미하는 것이지만 체제관리는 국가, 정부간 국제기구, 그리고 비정부국제기구 등의 협력적 권력행사를 통한 문제의 처리 및 해결을 시도할 수 있는 정도의 체제를 필요로 하는 것이기 때문이다. 이에 관해서는 Anne-Marie Slaughter, "The Real New World Order", *Foreign Affairs*,

3. 국제법의 법전화 및 강화

1) 국제법의 법전화

국제사회가 점차로 조직화되고 세계사회 내지 인류공동체로서의 성격을 지니게 되면서 전통적인 국제법의 성격 및 그 규율 대상도 점차 변화하고 있다는 점을 주목할 필요가 있다. 종래의 분권적이고 비체계적이었던 국제법질서는 국제기구와 더불어 국제사회의 조직화 및 법치주의를 뒷받침하는 하나의 중요한 기초로 인식되고 있다. 국제관계 및 국제질서가 주권국가뿐만 아니라 개인과 국제기구들을 포함한 국제적 행위자 내지 국제법주체들 상호간의 관계 속에서 형성되어감에 따라 국제법의 규율 대상도 크게 확대되고 있는 것이다.

국제법의 규율 영역은 국가 간의 공식적 관계 및 평화의 달성이라는 전통적인 문제뿐만 아니라 국제적 조정·규제 또는 보호를 필요로 하는 인류의 복지, 인권, 노동 그리고 환경 등의 문제로까지 확대되고 있다. 과거의 국제법은 정태적이고 소극적인 성격을 지니고 있었던 데 비하여 오늘날의 국제법은 적극적이고 역동적인 측면이 부각되고 있다. 국제법은 국제사회의 공통의 이념과 가치[73] 그리고 공통의 과제를 달성하는 데 필요한 적극적인 수단으로서 인식되고 있는 것이다.

실질적·사회적 법치주의가 '법에 의한' 사회정의 내지 배분적 정의의 실현을 목적으로 하고 있는 것이라면 국제사회에 있어서 정의의 실현을 목표로 하는 법치주의의 강화를 위해 크게 증대되고 체계화될 필요가 있는 것이 바로 국제법이다. 국제사회는 국제기구를 통하여 보다 조직화되고 국제법 또한 스스로 이러한 국제기구의 기초가 되면서 한편으로는 국제기구의 입법기능을 통하여 발달·강화되어 가는 특성이 있다. 국제법은 국제기구

Vol.76 No. 5, 1997, p.184 참조. 그리고 세계적 차원의 전반적인 체제관리의 문제에 관해서는 James N. Rosenau and Ernst-Otto Czempiel (eds.), *Governance Without Government: Order and Change in World Politics*(Cambridge: Cambridge University Press, 1995) 참조.

73) 어떠한 법적 공동체이든지간에 그 공동체의 유지를 위하여 지켜져야만 되는 최소한의 공통적인 가치체계 (minimum of uniformity)가 존재하며 이러한 공통의 가치체계는 공동체의 목표로 간주되고 있는 법적 가치 (legal values)와 관련되어지거나 아니면 모든 공동체 구성원들에 의하여 준수되도록 의무화되고 있는 법원칙 가운데 포함되어진다. 이러한 최소한의 가치체계의 총체를 '공공질서'(common public order)라고 한다. 국제 사회의 경우에도 이러한 '국제적 공공질서'(public order of the international community or international public order)의 존재는 필수적이다. 바로 국제적 공공질서를 바탕으로 국제 강행규범(*jus cogens*)이 성립되며 또한 많은 실정적 국제법규칙들이 도출되어지는 것이다. 이에 대해서는 Hermann Mosler, *op. cit.*, pp.17–20 참조.

의 법적·정치적 과정을 통하여 점차 '분권적'인 성격으로부터 '집권적'(centralized)인 성격으로 발전하여 왔던 것이다.[74]

국제법의 규율 대상 내지 내용적 범위의 확대, 즉 '국제법의 증진'(promotion of international law)과 더불어 국제적법치주의의 강화를 위하여 필요한 과제는 '국제법의 법전화'(codification of international law) 작업이다. 국제법의 법전화란 국제법을 조약의 형태로 성문화하는 작업을 말한다. 이에는 ① 기존의 국제관습법이나 판례에 의하여 확립된 규칙을 거의 변경함이 없이 조약으로 정립하는 것과, ② 기존의 관습법이나 판례 등에 의하여 확립되어지지 못한 규칙들을 국가 간의 합의를 얻을 수 있도록 다소간의 변경을 가하거나 또는 새로이 형성되고 있는 규칙을 조약으로 정립하는 것 등이 포함된다. ②의 경우는 국제법의 '점진적 발달'(progressive development)에 해당한다고 볼 수도 있으나, 모두가 유엔 총회 산하의 '국제법위원회'(International Law Commission; ILC)의 역할 범주에 포함되고 있다는 점에서 양자를 엄밀히 구분하기는 어렵다.[75]

ILC는 스스로는 물론 유엔 총회, 유엔 회원국들, 총회 이외의 주요기관이나 전문기구들이 제안한 주제를 검토하고 조약의 草案(draft)을 작성하는 임무를 수행하며, 작성된 초안은 조약으로 채택되기 위하여 총회로 보내진다. 총회는 조약의 채택을 위하여 국제회의를 소집할 수 있다. ILC 출범 초기부터 국제법의 점진적 발달 및 법전화 작업이 본격적으로 추진되기 시작하였으며,[76] 그동안 ILC를 중심으로 유엔과 전문기구들은 다양

---

74) 박치영, 전게서, p.8.

75) H. W. A. Thirlway, *International Customary Law and Codification*(Leiden: Sijthoff, 1972), p.16. 유엔 헌장(제13조 1항)과 '국제법위원회규정'(제15조)에 의하면 '국제법의 법전화'(codification of international law)와 '국제법의 점진적 발달'(progressive development of international law)이 구별되고 있으나 실제로 국제법위원회는 양자를 엄밀하게 구별하지는 않는다고 한다(Ian Brownlie, *Principles of Public International Law*, 3rd ed.(Oxford: Clarendon Press, 1979), pp.31–32).

76) 국제법위원회는 1947년에 설립되었으며 그 해 개최된 제1회기에서 앞으로의 법전화를 위한 주제로서 다음과 같은 14개의 항목이 선정된 바 있다: ① 국가 및 정부의 승인, ② 국가 및 정부의 상속, ③ 국가 및 그 재산에 대한 재판권면제, ④ 국가영역 외에서 행해진 범죄에 대한 관할권, ⑤ 공해제도, ⑥ 영해제도, ⑦ 국적(무국적 포함), ⑧ 외국인에 대한 처우, ⑨ 비호권, ⑩ 조약법, ⑪ 외교관계 및 특권·면제, ⑫ 영사관계 및 특권·면제, ⑬ 국가책임, ⑭ 중재재판절차. 그리고 1971년 4월 23일 유엔 사무총장이 국제법위원회에 제출한 「국제법의 전망」(Survey of International Law, A/CN.4/245–23 April 1971)에 의하면 이외에 경제관계에 관한 법, 국가의 일방적 행위에 관한 법, 국제수로에 관한 법, 우주법, 환경법, 국제조직법, 무력분쟁에 관한 법, 국제형법 분야 등 다양한 분야가 포함되고 있다. 자세한 것은 최재훈·정운장 외, 『국제법신강』(신영사, 1996), pp.57–59; B. G. Ramcharan, *The International Law Commission*(The Hague: Martinus Nijhoff, 1977), p.64 참조.

한 범위와 내용을 갖는 '국제법체계'(*corpus juris*)[77]를 형성하고 그 실효성을 증대시키는 데 많은 공헌을 하여 왔다.

1996년에 반세기에 걸친 작업을 돌아보는 의미에서 ILC는 제48차 회기에서 국제법의 점진적 발달과 법전화의 범위를 심층적으로 분석한 후 국제법을 총 13개 분야로 구분하고 각 분야별로 ① 이미 ILC에서 검토가 종료된 주제 목록, ② 현재 검토 중인 주제 목록, 그리고 ③ 향후 검토 가능한 주제 목록으로 나누어 재조명한 바 있다.[78] ILC는 당시 여러 가지 주제들 중에서도 특히 '외교적 보호', '일국의 해양관할권 밖에 소재하는 침몰 선박의 소유권과 보호', 그리고 '국가의 일방적 행위' 등 세 가지는 가까운 장래에 검토 가능한 주제로 분류하였는데, 이 중 '외교적 보호'와 '국가의 일방적 행위' 등 두 분야는 실제로 작업이 완료되어 2000년대 초반에 각각 '초안'(draft Articles) 채택으로 이어진 바 있다.[79]

유엔 총회는 스스로도 결의(resolutions)의 채택을 통하여 국제법의 발달에 크게 기여하여 왔다. 총회 결의는 원칙적으로 그 자체로는 법적 구속력이 인정되지 않지만 그 내용 및 결의 채택 과정에 따라 관습국제법의 증거로 간주되거나 사실상 구속력이 인정되는 것으로 평가되는 경우도 많기 때문에 국제법의 발전에 미치는 영향력이 매우 크다고 본다.[80] 국제사회에서 조약이나 관습국제법의 성립을 통한 국제법의 증진에 상당한 시

---

77) Oscar Schachter, "United Nations Law," *American Journal of International Law*, Vol. 88, 1994, p. 1.

78) 이들 13개 분야는, 국제법의 연원(sources of international law), 국제법의 주체(subjects of International law), 국가와 기타 법인격자의 승계(succession of States and other legal persons), 국가 관할권 및 관할권으로부터의 면제(State jurisdiction/ immunity from jurisdiction), 국제기구법(law of international organizations), 국제법상 개인의 지위(position of the individual in international law), 국제형사법(international criminal law), 국제공역법(law of international spaces), 국제관계법 및 책임(law of international relations/ responsibility), 국제환경법(law of the environment), 경제관계법(law of economic relations), 무력충돌법 및 군비축소(law of armed conflicts/ disarmament), 그리고 분쟁해결(settlement of disputes)이다. 박기갑, 「유엔 국제법위원회 작업주제 선정」, 『탈웨스트팔리아 시대에 있어서 국제법의 역할』(대한국제법학회 2013년 국제법학자대회자료집), pp. 25-26 참조.

79) 상게논문, p. 26. 이밖에 2000년대 들어와서 새롭게 ILC 작업 목록(최근작업계획 및 장기작업계획)에 포함된 주제들에 대해서는 상게논문, pp. 28-30 참조.

80) 유엔 총회의 결의는 그것이 국제법의 원칙 및 규칙들을 포함한 것이면서 컨센서스 방식으로 채택되었을 때 법적 효력이 인정된다고 할 수 있다. 즉, 총회의 결의가 ① 모든 회원국들에 의하여 수락되고 있는 유엔 헌장의 '공인된'(authentic) 해석, ② 승인된 관습국제법의 확인, 그리고 ③ 제국에 의하여 수락되고 있는 법의 일반원칙의 명시 등에 해당되는 경우에는 구속력이 있는 것으로 인정될 수 있다고 한다. 현재 '유권적인 유엔 결의'(authoritative UN resolution)로서 국제법학자들에 의하여 지적되고 있는 대표적인 예가 1970년 유엔 총회에서 컨센서스 방식으로 채택되었던 'the Declaration on Principles of International Law concerning Friendly Relations and Co-operation among States in Accordance with the Charter of the United Nations'이다.(Oscar Schachter, *op. cit.*, p. 3).

간적 경과를 필요로 하고 특히 조약의 체결과 관련하여 그 합의에 어려움이 있는 경우에는 국제기구에서의 법적구속력 없는 결의를 통하여 일단 정치적 합의를 도출하는 방법을 취하기도 한다. 이러한 정치적 합의나 선언을 이른바 '軟性法'(soft law)이라고 하는데, 연성법은 추후 체결되는 다자조약의 선구가 되거나 관습국제법의 형성에 강력한 자극을 주기도 하는 등 오늘날 국제법의 발전에 많은 영향을 미치고 있는 것이 사실이다.[81]

2) 국제법의 실효성 증대 및 강화

국제법의 법적 성질을 부정하기 위한 근거로서, 또는 타당성과는 별개의 관점에서 국제법의 실효성에 대한 의문이 제기되어 왔다. 앞에서 이미 다룬 것처럼 실효성의 문제는 법규의 법으로서의 존재 여부에 직접적으로 영향을 미치는 것은 아니다. 그러나 국제법이 실효적으로 준수되거나 강제될 수 없다고 한다면 국제법의 현실적 기능 수행에는 많은 제약이 따를 수밖에 없는 것이다. 따라서 전 세계적 범주에서의 법치주의의 강화를 위하여 국제법의 실효성이 증대되어야 하며, 이를 위하여 국제법 이행에 대한 '효율적인 감시 및 준수체제'(efficient monitoring and compliance regime)가 필요하게 된다.[82]

국제법의 타당기반인 국제사회에는 국가의 집행기관이나 사법기관에 견줄 만한 기관이나 권력이 존재하지 않는 것이 사실이다. 따라서 전통적으로 국제법의 적용 및 집행에 대해서도 국제사회의 구성원 자신인 국가들의 직접적인 참여가 이루어져 왔던 것이다. 그러나 오늘날에 와서는 국제법의 적용 및 집행과 관련된 조직적·제도적 접근방법이 많이 활용되고 있음을 알 수 있다. 국제법의 집행 및 적용은 많은 부분 유엔의 집단적안전보장체제에 의한 강제조치 및 국제재판을 비롯한 국제분쟁의 평화적 해결기능에 의거

한편 Elias는 만장일치로 채택된 것이든 다수결로 채택된 것이든 유엔 총회의 결의는 동의(consent), 금반언의 원칙(estoppel), 묵인(acquiescence), 그리고 민주주의 원칙(democratic principle) 등을 바탕으로 하여 유엔의 모든 회원국에 대하여 구속력을 갖는다고 한다(G. I. Tunkin, "The Role of Resolutions of International Organizations in Creating Norms of International Law", W. E. Butler (ed.), *International Law and the International System*(Dordrecht: Martinus Nijhoff Publishers, 1987), p.6). 이에 반하여 Tunkin은 유엔 총회의 결의를 포함하여 일반적으로 국제기구의 결의는 ① 권고적 결의(recommendatory resolutions)로서 법적 효력이 인정되는 것, ② 단지 정치적·도덕적 의미만을 갖는 것, 그리고 ③ 법적 효력은 없지만 '일정한 법적 요소'(a certain legal element)는 보유하는 것 등으로 나눌 수 있다고 한다.(*ibid.*, p.5)

81) 연성법에 대해서는, 정인섭, 『신국제법강의』, 제4판(박영사, 2013), pp.70-73 참조.

82) The Commission on Global Governance, *op. cit.*, p.326.

하여 이루어져 왔다. 국제평화를 위협 또는 파괴하거나 침략을 자행하는 국가에 대하여 制裁(sanctions)를 가함으로써 국제평화를 유지하고 국제법을 수호하려는 집단적안전보 장체제는 국제법의 실효성을 증대시키고 강화시키는 데 많은 역할을 수행하여 왔다.

특히 유엔 헌장 제94조에 의하면 안전보장이사회(Security Council)는 국제사법재판소 (International Court of Justice; ICJ)의 판결에 대하여 필요하다고 인정할 때에는 판결을 집행하기 위하여 권고를 하거나 취하여야 할 조치를 결정할 수 있도록 함으로써 국제법 의 실효성이 증대되도록 하고 있다.[83] 이와 같이 유엔의 안전보장이사회와 국제사법재 판소의 존재는 국제법의 실효성을 결정적으로 강화시켜 주는 요소가 되고 있다.

본래 분권적인 성격을 가지고 있는 국제법은 유엔의 정치과정 및 제도적 장치를 바탕 으로 하여 점차 집권적인 성격으로 변화되고 있다. 국제법의 확대·강화 및 분쟁의 평화 적 해결기능의 강화가 법치주의의 요청이라고 한다면, 유엔의 국제법창설적 기능과 국 제사법재판소 및 안전보장이사회의 기능을 강화하기 위한 법·제도적인 보완이 있어야 할 것으로 생각하며, 유엔 이외의 세계적 국제기구 또는 '유럽연합'(European Union; EU) 과 같은 지역적 국제기구, 그리고 다양한 형태의 국제재판소의 활용증대 방안에 대해서 도 많은 연구가 있어야 할 것으로 본다.

3) 국제분쟁의 사법적 해결제도의 강화

앞에서도 언급한 바와 같이 국제법의 실효성을 증대시키고 법치주의를 강화하기 위하 여 해결해야 할 중요한 과제 가운데 하나가 국제분쟁의 사법적 해결의 가능성을 제고하 는 일이다. 사실 한 국가가 분쟁을 사법적 해결방법에 회부하는 것은 일반적으로 국제법 및 국제재판소에 대한 존중과 믿음을 기초로 하는 것이다. 다른 국가도 자신과 같이 분 쟁을 국제재판에 회부하리라는 기대감은 국제법체계의 강화를 가져올 뿐만 아니라 국제 관계를 점차 제도화·규범화시키고 또한 국제법 위반의 일탈적인 행위를 감소시키는 효 과를 가져 오게 된다.[84]

---

83) 유엔 헌장 제94조 2항 참조.
84) 최태현, 「국제사법재판소의 운영원리에 대한 재고와 새로운 방향 모색」, 『국제법학회논총』, 제40권 2호, 1995, p.257. 국제법 위반에 따른 정치적 비용(political cost)의 부담은 그 만큼 국가들로 하여금 국제법을 준수하도록 만드는 효과를 가져 오게 된다고 한다(Martin Dixon, *Textbook on International Law*(London: Blackstone Press Ltd., 1990), p.8).

'국제분쟁의 평화적 해결원칙'을 국제법의 기본원칙으로 정립하려는 노력은 오랜 역사를 가지고 있다. 당사자 간의 직접교섭(direct negotiation), 주선(good offices), 중개(mediation), 사실심사(fact-finding), 조정(conciliation), 중재재판(arbitration), 사법재판(judicial settlement) 등 여러 가지 평화적인 분쟁의 해결방법들이 발달되어 왔으나,[85] 이중 법적 구속력 있는 판결을 행하는 '상설의 재판소'(permanent court)에 분쟁 해결을 위한 권한을 부여하고 그 판결에 따라 분쟁을 해결하도록 함으로써 분쟁을 객관적·종국적으로 해결하기 위하여 이용되고 있는 것이 사법재판의 방식이다.[86]

오늘날 사법절차에 의하여 분쟁을 해결하고 있는 국제적 사법재판소로는 유엔의 주요기관인 국제사법재판소를 비롯하여 유럽인권재판소(European Court of Human Rights), EU 사법재판소(Court of Justice of the European Union), 베네룩스사법재판소(Benelux Court of Justice), 미주인권재판소(Inter-American Court of Human Rights) 등이 있으며, 나아가서 전문적인 분야에 대한 관할권을 보유하고 있는 국제해양법재판소(International Tribunal for the Law of the Sea; ITLS)와 국제형사재판소(International Criminal Court; ICC) 등도 크게 주목을 받고 있다.

이 중 국제사법재판소는 일반적인 관할권을 갖는 세계적인 사법재판소로서 그 권위가널리 인정되고 있다. 그동안 국제사회의 불완전한 구조와 현실 속에서도 국제사법재판소는 나름대로 법치주의의 정착을 위하여 많은 노력을 기울여 왔던 것이 사실이다. 그러나 국제사법재판소는 아직 진정한 의미에서 '세계법정'(World Court)으로 발전되지 못하고 있다는 평을 받고 있다. 이는 국제사회의 권력정치적 현실[87]과 국제재판소가 가지고있는 내재적·제도적 한계 때문이다.[88] 분권적이고도 다원적인 국제사회의 현실상 '법의

---

85) 유엔 헌장 제33조 1항 참조.

86) 국제분쟁의 평화적 해결방법의 종류와 그 특징 그리고 문제점 등에 대해서는 J. G. Merrills, *International Dispute Settlement* (London : Sweet & Maxwell, 1984) 참조.

87) 이와 관련하여 일본의 牧田幸人은 국제사회의 사회적·법적·정치적 구조가 국내사회와 본질적으로 다르고 국제사회에는 권력작용의 면에 있어서도 통일적인 공권력을 배경으로 하는 위계적 권력질서가 존재하지 않는다는 점을 지적하고 있다(牧田幸人, 『國際司法裁判所の組織原理』, 1986, p.246, 최태현, 전게논문, p.259에서 인용).

88) 이는 국제사법재판소의 기본적 구조와 운영원리가 제도화되는 과정에서 제기되었던 두 개의 대립적 관점에서 그 역사적 배경을 찾을 수 있다고 본다. 이 대립되는 두 개의 관점들은 이상주의적 관점과 현실주의적 관점이다. 이상주의적 관점은 국가평등의 원칙을 강조하면서 국제사법재판소의 바람직한 상태를 제도화하려는 입장이었으며, 반면에 현실주의적 관점은 국제사회의 정치적 현실을 직시하는 바탕에서 대국의 우월적 지위를 강조하는 입장이다. 국제사법재판소의 골격은 이러한 두 가지 입장이 절충되는 기초 위에서 정해진 것으로 현실주

지배'보다 '힘의 지배'를 앞세우는 주권국가들의 태도가 우선 문제가 된다. 그리고 내재적·제도적인 측면에서 국제사법재판소의 구성과 관련하여 재판 절차 및 결과의 공정성에 많은 비판이 제기되어 왔던 것도 사실이다. 또한 국제사회 및 국제법의 현실에 비추어 국제사법재판소의 경우 임의관할권(non-compulsory jurisdiction)이 제도적으로 규정되어 있기 때문에 많은 국가들이 자신의 분쟁을 국제사법재판소에 회부하는 것에 대하여 거부적인 태도를 취하더라도 아무런 문제가 없는 것으로 되어 있다.[89]

'이상적인 세계'(ideal world)에서라면 모든 유엔 회원국들은 국제사법재판소의 관할권을 수락함으로써 국제분쟁의 평화적·사법적 해결에 대한 스스로의 의지를 보여주어야 하지만,[90] 현재 모든 국가들에 의하여 국제사법재판소의 강제적 관할권(compulsory jurisdiction)이 수락되기에는 국제사회 및 국제법의 현실상 많은 제약이 존재하는 것으로 인식되고 있다.

그러나 그동안 국제사법재판소의 기능 및 역할을 제고하기 위한 다양한 의견들이 제시되어 왔다. 이들을 요약하면 다음과 같다: ① 특정 국가를 피고국(defendant State)으로 부르는 데 대한 거부감을 갖고 있음에 비추어, 특정 국가를 피고국으로 지칭하지 않고 소송을 진행하는 소위 '일방적'(ex parte) 소송절차를 채택한다. ② 국제사법재판소 규정 제38조 2항에 규정되고 있는 '衡平과 善에 의한'(ex aequo et bono) 재판을 보다 많이 이용할 수 있게 유도함으로써 사법재판의 결과 패소에 대한 두려움으로부터 벗어날 수 있도록 한다. ③ 유럽연합의 사법재판소가 채택하고 있는 '선결적 부탁절차'(preliminary reference)를 도입함으로써 국내재판소에서 국제법적 문제가 제기되는 경우 국제사법재판소의 절차를 거치도록 하고 이를 국내재판의 기초로 삼도록 한다. ④ 권고적 의견(advisory opinion)과 관련하여 현재 유엔 총회와 안전보장이사회 등에만 한정하고 있는 '권고적의견 요청권'을 다른 국제기구들에게도 부여하도록 하며, 안전보장이사회 등의 경우도 보다 자주 국제사법재판소에 대하여 권고적 의견을 요청함으로써 그 활용도를 높이도록 한다. ⑤ 국가 이외에 국제기구 및 개인에 대해서도 당사자능력 및 제소권을

의적 관점이 반영되어진 부분에서는 많은 문제점들이 지적될 수 있는 여지가 있게 된 것이다(牧田幸人, 전게서, p.225).

89) 국제사법재판소의 강제관할권을 제도적으로 뒷받침하기 위하여 국제사법재판소규정(The Statute of the ICJ) 제36조에 '선택조항'(optional clause)을 두고 있으나, 현재 이 조항을 수락하고 있는 국가들은 60여 개 국에 불과한 실정이다.

90) The Commission on Global Governance, *op. cit.*, p.313.

부여함으로서 보다 많은 국제분쟁을 국제사법재판소에서 다룰 수 있도록 한다. ⑥ 재판관의 선출에 있어서 그 공정성을 확보할 수 있는 방법을 제도적으로 보장하도록 한다. ⑦ 강제관할권 제도를 강화함으로써 재판소의 인적·물적 관할권이 보다 확대될 수 있도록 한다. ⑧ 판결불이행에 대한 제재를 강화하는 등 판결준수제도를 보완하도록 한다.[91]

Ⅳ. 결론

21세기에 들어선 오늘날의 국제사회는 이념적으로 국가주의는 물론 단순한 국제주의를 넘어서서 공통의 이념과 가치를 추구하는 세계주의를 지향하고 있다고 할 수 있다. 그러나 국제사회의 현실을 보면 아직도 국가주의의 잔재가 그대로 남아 있으며 진정한 의미에서의 국제주의에 입각한 협력관계도 아직 실현되지 못하고 있다고 할 수 있다. 특히 노골적으로 21세기를 무한경쟁의 시대로 규정하면서 국익추구를 최대의 목적으로 삼는 국가들의 정치적 공리주의 내지 이기주의적 정책과 행동이 점점 더 위세를 더하는 측면도 나타나고 있다.

그러나 국제평화와 안전을 유지함은 물론 이를 바탕으로 인류 전체의 보편적 가치로서의 정의·인권·복지의 실현을 위한 국제협력의 달성을 위하여 국제적법치주의의 강화는 반드시 실현되어야 할 과제라고 생각한다. 법치주의의 이념을 보편화하고 제도적으로 실현함으로써 국제사회는 전 세계적 범주에서 민주주의적 기본질서를 수립하는 한편 이를 기초로 하나의 법적 공동체로 자리잡을 수 있게 될 것이다. 국제사회는 점차 세계사회 내지 인류공동체로 발전되어 나갈 수 있게 될 것이며, 이를 바탕으로 항구적인 평화와 질서가 확립되고 국제사회의 정의도 실현될 수 있을 것이다.

오늘날 국제적법치주의의 실현과 관련하여 중요한 역할을 수행하고 있는 것이 국제법과 국제기구이다. 국제법의 법전화 및 강화, 그리고 국제기구의 발달은 국제적법치주의의 강화를 위하여 매우 중요한 과제라고 본다. 국제법의 법전화 및 국제분쟁의 사법적

---

91) Leo Gross, "The International Court of Justice: Consideration of Requirements for Enhancing its Role in the International Legal Order", *American Journal of International Law*, Vol.65, 1971, pp.253-26; 최태현, 전게논문; 김정건·이재곤, 「국제사법재판소의 역할제고를 위한 소고」, 『국제법학회논총』, 제32권 1호, 1987, pp.54-8.

해결 기능을 수행하고 있는 국제기구의 역할에 대하여 많은 관심을 가져야 하며 그 역할의 증대를 위한 방안을 꾸준히 모색해야 한다고 본다. 이와 관련하여 특히 유엔과 여러 국제재판소의 역할에 주목할 필요가 있다. 특히 유엔은 총회, 안전보장이사회 그리고 국제사법재판소 등을 중심으로 국제법의 증진 및 국제분쟁의 평화적·사법적 해결을 위해서 매우 중요한 역할을 수행하고 있다. 그러나 국제적법치주의의 강화를 비롯한 새로운 과제의 해결을 위해서 유엔은 새롭게 개혁되어야 하며 아울러 유엔에 대한 각국의 인식과 태도에 많은 변화가 있어야만 할 것이다.

제2장

자연법론적 국제법방법론 및 발전과제

I. 서론

본 장에서는 법철학의 오래된 思潮인 '자연법론'(natural-law doctrine 또는 naturalism)의 의의와 국제법방법론에 대한 영향을 살펴보고 이어서 국제적법치주의의 실현과 관련한 방법론적 과제에 대하여 검토하기로 한다. 오늘날 법치주의는 실질적 법치주의로 이해되고 있으며, 법치주의 실현을 위한 형식적인 요소와 함께 그 구체적·실질적 실현과제의 내용 및 실현방법에 대한 연구가 무엇보다 필요한 실정이다. 이와 관련하여 여기서는 최근 국제법학계에서 활발하게 논의되고 있는 '국제법의 헌법화'(constitutionalization of international law), '국제법의 인간화'(humanization of international law), 그리고 '글로벌 거버넌스'(global governance) 등을 중점적으로 검토하기로 한다.

II. 국제법학 방법론으로서의 자연법론

1. 국제법학 방법론의 의의

국제법은 국가 또는 국제기구들을 포함한 다양한 국제법주체들(subjects of international law)에게 적용되는 국제사회의 법규범을 의미한다. 따라서 국제정치학(international political science)이나 국제관계학(international relations)의 경우, 기본적으로 국가들의 행위 그 자체에 초점을 두는 반면에 국제법학의 경우에는 그러한 행위를 규율하거나 행위에 적용되어지는 규범에 대한 방법론적 접근이 학문적 탐구의 과제가 된다. 즉, 국가 또는 국제적 행위자들이 어떠한 행위를 하는 경우 그러한 행위의 규범적 근거에 대하여 관심을 가지고 접근하게 되며, 특히 국제적 행위자들에게 적용되어지는 행위규칙이나 기준들이 어떠한 근거에서 법적 지위를 갖게 되는가 하는 문제 해결에 초점이 있는 것이다.[1]

이러한 의미에서 국제법학에서는 국제'법'의 존재 및 성립 방법, 그리고 그 인식(know-ledge)에 대한 탐구가 주요한 연구 과제로 대두되어 왔다. 국제사회는 국가와는 달리 입법권을 갖는 집권적 기구, 즉 정부가 존재하지 않는 분권적 사회(decentralized society)이기 때문에 국제법의 연원(sources of international law)에 대한 탐구는 여러 면에서 '국내법'과는 다른 방법론적 접근이 필요하게 된다.

2. 자연법론과 법실증주의

국제법을 포함하여 법학의 가장 기본적인 문제인 법의 개념(concept of law) 또는 '법이란 무엇인가'(what is law) 하는 문제에 대하여 古來로 두 가지 기본적인 방법론적 입장이 서로 대립해 왔다. 이 두 가지 입장은 '자연법론'과 '법실증주의'(legal positivism)이다. 오늘날 국제법학과 관련하여 다양한 방법론들이 나타나고 있으나 그 내용을 보면 기본적으로 두 입장의 변용 또는 절충에 지나지 않는 것들이다.[2]

자연법론은 입법자(law-giver)인 국가(기관)에 의하여 정립되어짐으로써 그 존재 및 효력이 인정되는 '실정법'(positive law) 이전에 그 자체로 타당하며 영원·불변한 '자연법' (natural law)의 존재를 인정하는 입장이다. 이러한 자연법은 인간 이성(reason of human being)이나 신(God)으로부터 유래한다고 보며 인간 스스로도 자신의 이성에 의하여 그

---

1) Charlotte Ku and Thomas G. Weiss (ed.), *Toward Understanding Global Governance* (Providence: ACUNS, 1998), p.1.

2) 예를 들어, McDougal과 Lasswell 등을 중심으로 '정책중심적 법학'(policy-oriented jurisprudence) 또는 '가치중심적 법학'(value-oriented jurisprudence)으로 지칭되고 있는 '뉴헤이븐 학파'(New Haven School), '정당성'(legitimacy)과 '공정성'(fairness)을 중심 개념으로 하여 접근하고 있는 Franck 교수의 국제법방법론, 그리고 고홍주 교수의 '초국가적 법과정론'(transnational legal process approach) 등은 넓은 의미에서 자연법론적인 방법론에 속한다고 할 수 있는 것이다(김태천, 「국제법학의 현대적 과제」, 『저스티스』, 통권 제74호, 2003, pp.164-187; 오병선, 「국제법의 가치지향적 연구방법에 대한 일고찰」, 『서울국제법연구』, 제18권 2호, 2011, pp.123-149 참조)

존재 및 내용을 확인할 수 있다고 설명되어 왔다. 따라서 실정법은 자연법을 그 법적 기초(legal foundation)로 하여 정립되어야만 '법'으로서 효력을 갖게 되며 만일 자연법과 어긋나는 내용을 갖게 되는 경우, 그 법적 기초를 상실함으로써 효력을 잃게 된다는 입장이다. 따라서 군주나 국가들은 神法(divine law)은 물론 자연법에 종속된다는 입장을 취하게 되는 것이다.[3]

반면에 법실증주의는 방법론적 관점에서 실증주의(positivism)에 입각하고 있기 때문에 법의 발견 또는 정립과 관련하여 경험주의(empiricism) 내지 과학주의(scientism)를 채용하는 결과, 이성, 정의(justice) 또는 도덕(morality) 등 관념적 존재에 바탕을 두는 자연법의 존재 또는 내용 확인 가능성에 대하여 부정적인 입장을 취할 수밖에 없게 된다. 따라서 법실증주의는 현실적인 '정립절차', 즉 입법자인 국가에 의하여 부여되는 實定性(positivity)에 의하여 비로소 규범적 존재성이 인정되는 실정법만을 법으로 인정하는 '법률실증주의적' 방법론으로 발전하게 된다.[4]

근대 국제법학의 형성기인 16 내지 17세기 동안에는, 당시 국제사회에서 유일한 국제법 주체로 인식되고 있던 주권국가들에 적용되는 국제법 원칙 및 규범을 '국가'를 초월하여 존재한다고 간주되는 선험적인 법 원리, 즉 자연법으로부터 도출하고자 했던 Vitoria, Suarez, 그리고 Grotius 등 자연법론자들(naturalists)이 국제법(학)의 선구자 또는 아버지로 일컬어지는 등, 국제법학에 대한 자연법론의 역할이 거의 절대적이었던 것이 사실이다. 그러나 17세기 국제법 학자였던 Zouche 등이 자연법의 존재를 거부함으로써 법실증주의 학파의 선구자적 역할을 수행한 바 있다. 18세기에 들어와서는 Vattel 등이 국제법의 정립과 관련하여 주권국가들의 의사(will)에 바탕을 둔 행동준칙으로서의 관습법(customary law)이나 합의적 규범인 '조약'(treaty)에 대해서만 규범적 효력을 인정하는 의사주의(voluntarism)를 강조함으로써 의사법(*jus voluntarium*)을 '자연법'의 우위에 두는 결과를 가져왔으며, 이로부터 국제법은 곧 실정국제법(positive international law)을 의미하게 되었다.[5]

---

3) Jianming Shen, "The Basis of International Law: Why Nations Observe", *Dickinson Journal of International Law*, Vol.17, 1999, pp.291-297.

4) *Ibid.*, pp.309-310.

5) Roberto Ago, "Positive law and International Law", *American Journal of International Law*, Vol.51, 1957, pp.692-693.

사실 Vattel은 Grotius와 Wolff의 뒤를 이어 '주권평등의 원칙'(sovereign equality of States)을 국제법에 도입하는 등 자연법론의 경향을 보이고 있었다. 그러나 독립적인 국가의 주권을 강조하고 '실행의 법'(laws of action)과 '양심의 법'(laws of conscience)을 구별하면서 오로지 실행의 법만이 실천적인 의미를 가진다는 입장을 취함으로써, 국제법학에 있어서 자연법론의 약화와 법실증주의의 대두에 크게 이바지한 결과를 초래했던 것이다.[6]

이후 약 2세기에 걸쳐서 실증주의적 경향이 국제법학의 대세로 자리잡게 되었으며, 국제법의 주체(subjects) 및 연원에 관한 논의와 관련하여 '국가들'이 거의 유일·절대적인 지위를 향유하여 왔다. 실제 국제법 규범의 내용을 보면 대부분은 관습법상 국가의 기본적 권리·의무에 관한 것이거나 국가들 간에 체결된 조약상 권리·의무(규범)로 존재하고 있었던 것이 사실이다. 이 당시 국제법은 그야말로 '국가중심적'(State-centric)이라는 특징을 강하게 보이고 있었으며, 19세기 후반 내지 20세기에 접어들 때까지는 개인들(individuals)과 비정부기구들(nongovernmental organizations; NGOs)은 말할 것도 없고 정부간국제기구(intergovernmental organizations; IGOs) 등 비국가행위자들(non State actors)의 비중은 미미한 수준을 넘어서지 못하고 있었다.

3. 자연법론의 再興(revitalization) - 현대 국제법에 대한 영향 -

20세기 후반에 접어들면서 자연법론의 재흥 또는 '자연법으로의 복귀'(return to natural law)라는 표현이 흔히 사용되기 시작하였다. 물론 오늘날의 자연법론은 과거와 같이 영구·불변한 절대적인(absolute) 원칙을 탐구하는 것으로부터 역사적·구체적인 상황 속에서 타당성을 갖는 상대적인(relative) 법원칙을 발견하고 정립하는 것으로 그 방법론적 변화가 나타나기는 했지만, 많은 논자들은 자연법론의 재흥 현상은 존재론(ontology) 및 인식론(epistemology)과 관련된 제반 문제점에 대한 자연법론 스스로의 '적극적 자기 성찰'(constructive self-critical review)이 아니라 참혹한 인권 침해 등 역사적 경험에서 비롯된 법실증주의의 위기에 그 주된 원인이 있다고 보기도 한다.[7]

---

6) Malcom N. Shaw, *International Law*, 4th edition(Cambridge: Cambridge University Press, 1997), p.23.
7) Jose Puente Egido, "Natural Law", in R. Bernhardt (ed.), *Encyclopedia of Public International Law*,

사실 법실증주의가 대세를 이루고 있던 동안에도 자연법론의 기반이나 이념이 완전히 사라진 것은 아니었다. 오히려 '주권평등의 원칙'이나 '조약준수의 원칙'(*pacta sunt servanda*)과 같은 국제법의 기본원칙은 국가들의 의사나 합의에 바탕을 둔 것이 아니라 일종의 자연법적 원리에 해당하는 원칙으로 존재하고 있었으며, 이러한 원칙들에 관한 논의는 20세기에 들어와서는 어떠한 경우에도 국가의 재량적 의사에 근거하여 일탈할 수 없다는 '강행규범'(peremptory norm of general international law; *jus cogens*) 이론으로 발전하기에 이르렀다.[8]

오늘날 국제법의 개념 및 연원, 그리고 주체와 관련하여, 계속하여 '국가중심적'으로 접근하는 것은 시대착오적인 태도가 되어 버렸다. 여전히 국가들이 주된 행위자 및 주체로 인정되고 있지만, 정부간국제기구들과 비정부국제기구들(International NGOs; INGOs)을 포함한 다양한 국제기구들을 비롯하여 개인들과 다국적기업들(multinational enter-prises; MNEs)도 국제사회의 새로운 '행위자들'(new players)로 참여하고 있다. 이 가운데 INGOs를 제외한 행위자들의 경우, 그 수준은 동일하지 않지만 제한적 범위에서 '국제법 인격'(international legal personality)도 인정되기에 이르렀다.

국제사회 및 국제법학계는 특히 제1차 및 제2차 세계대전의 경험을 바탕으로 인간의 존엄(human dignity) 및 인권(human rights)의 소중함을 인식하고, 개인의 법적 지위를 제고함은 물론 인간으로서의 기본적 자유와 권리를 국제적으로 보호하고 증진시키기 위한 국제인권법(international human rights law)을 체계적으로 발전시키기 위한 노력을 경주해 왔다.

20세기 대표적인 국제법학자인 H. Lauterpacht는 국제법학에서 자연법론적 접근의 불가피성을 다음과 같이 선언한 바 있다:

> "일반적으로 또는 유엔 헌장과 인권장전을 통한 국제적 인권보장을 논의할 때 그것이 국제법 주체의 문제, 그리고 인간이 갖는 자연적이고 불가양도적인 권리의 확보에 대한 인간통치와 관련된 국제법과 자연법의 상호작용을 배경으로 하지 않을 때에는 결함이 있을 수밖에 없다."[9]

Vol. Ⅲ(1999), p.519.

8) Charlotte Ku and Thomas G. Weiss, *op. cit.*, pp.5-9; Jose Puente Egido, "Natural Law," in Bernhardt (ed.), *Encyclopedia of Public International Law*, Vol. Ⅲ(Elsevier Science Publishers, 1992), p.518.

이러한 관점에서 Lauterpacht는 국제법의 연원에 대하여 규정하고 있는 국제사법재판소(ICJ) 규정(Statute) 제38조에 대해서도, 이는 현대의 실정법이 어떠한 내용을 가져야만 하는지와 관련하여 자연법론적 접근을 바탕으로 하고 있다는 입장을 가지고 있었다. 그는 자연법은 국제법의 본질과 정당화에 필수적이라는 기본적인 관점에서, '인권'을 바탕으로 하는 국제인권법 및 국제형법의 발전이 국제사회의 발전과 평화의 본질적 조건이라는 입장을 견지하였다.[10]

오늘날 국제인권법은 물론 국제인도법(international humanitarian law), 국제형사법(international criminal law) 등도 인권 및 인도주의(humanity)를 이념적 기초로 하여 발전되고 있는 국제법의 분야인 것이다. 개인 및 인권을 중시하는 방법론적 태도는 이들 분야뿐만 아니라 전통적인 '국제법연원론'이나 '국제법주체론'은 물론 '국가책임법'(State responsibility), '국제분쟁해결법'(international dispute settlement) 분야에도 다양한 영향을 미치고 있다. 이로써 종래의 '국가중심적' 국제법은 점차 '인간중심적'(human-centered) 법체제로 전환하고 있으며, 전반적으로 '국제법의 인간화'(humanization of international law)가 이루어지고 있다는 평가도 나타나고 있다.[11]

이성(reason)을 가진 존재로서의 인간의 존엄과 인권 보호에 대한 확신은 전통적으로 자연법론이 가장 중시해 온 이념적 가치이자 방법론적 기초에 해당한다. 오늘날 종래 국제법에서 가장 중요한 개념으로 인식되어 온 국가의 '주권'은 이제 개인들의 '인권'과 팽팽한 긴장관계 속에 놓이게 되었으며, 경우에 따라 인권 문제의 해결을 위하여 국가의 주권이 양보를 해야 하거나 배제될 수밖에 없게 되더라도 전혀 이상한 상황이 아니게 되었다.

전통적으로 국제법은 국가주권의 확립에 바탕을 둔 국가들 간의 공존 및 국제적 협력을 지향하고 있었으며, 가장 중요한 목표 및 과제는 국제평화 및 안전의 확보였다. 그러나 냉전(cold war)의 종식 이후 안보의 개념은 확대되어 왔다. 냉전 시대에는 주로 핵무기의 위협이나 무력공격 등 군사적 안보를 위협하는 행위가 문제된 반면에 탈냉전 이후에

---

9) H. Lauterpacht, *International Law and Human Rights* (London: Stevens & Sons, 1950), p. vii. (오병선, 전게논문, p.133에서 인용)

10) 상계논문, pp.134-135 참조.

11) Theodor Meron, *The Humanization of International Law* (Leiden, Boston: Martinus Nijhoff Publishers, 2006) 참조.

는 전통적 위협뿐만 아니라 사회, 경제 및 환경문제와 관련한 비전통적 위협 역시 중요하게 다루어지고 있다. 나아가 인간 중심의 세계공동체 개념이 국제사회에서 강조됨에 따라 안보의 기본단위가 국가에서 개인의 단계로 확대되는 '인간안보'(human security)의 개념이 등장하였다. 이에 따라 기존의 집단안전보장체제 전체에 대한 재고가 요청되어 왔다.[12] 이제는 인권 및 법치주의를 바탕으로 인간의 가치 및 안전의 보장을 지향하는 '인간안보'의 실현이 가장 중요한 국제법의 과제로 등장하고 있다고 해도 과언이 아닌 시대가 된 것이다.[13]

Ⅲ. 자연법론과 국제적법치주의

1. 법치주의와 자연법론

앞에서도 살펴보았듯이, 철학적 의미로 보면 법치주의 내지 법의 지배는 곧 이성의 지배(rule of reason)를 의미하며,[14] 그 목적은 인간공동체의 공동선(common good)의 실현에 있는 것이다. 이러한 관점에서 법치주의는 고대 그리스의 철학자들인 Platon과 Aristoteles의 자연법론에서 그 기원을 구할 수 있다. 법치주의는 Cicero를 대표로 하는 로마의 스토아 학파(the Stoics)의 자연법론을 거치면서 발전하였으며, 중세의 잠복기를 지나 Locke를 중심으로 근대의 사회계약론(theory of social contract) 및 자유주의와 연계되면서 근대 자연권론(natural rights theory) 및 자유자본주의(free capitalism)적 국가관의 토대를 형성하기에 이르렀다.[15] 이러한 의미에서 법치주의의 역사는 자연법론의 역사와

---

12) Priyankar Upadhyaya, "Human Security, Humanitarian Intervention, and Third World Concerns, *Denver Journal of International Law and Policy*, Vol.33, 2004, pp.71-79.

13) "In a fundamental sense, the concept of 'human security' can be defined, negatively, as the absence of threat to various core human values, including the most basic human value, the physical safety of the individual."(Fen Osler Hampson, "Human Security, Globalization, and Global Governance", in John N. Clarke and Geoffrey R. Edwards (eds.), *Global Governance in the Twenty-First Century* (New York: Palgrave Macmillan, 2004), p.178.

14) Ian Shapiro (ed.), *The Rule of Law* (New York: New York University Press, 1994), pp.328-330.

15) Brian Z. Tamanaha, *On the Rule of law - History, Politics, Theory -(Osford: Oxford University Press, 2004)*, pp.7-59.

같은 궤적을 걸어왔다고 할 수도 있는 것이다.

법학적 의미에서 보더라도, 실질적 의미에서 법치주의는 곧 인간 공동체에 있어서 자의적인 '인간의 지배'(rule of man) 또는 '힘의 지배'(rule of power)를 배제하고 이성의 법칙에 근거한 '합리적인 법규'에 의하여 통치되도록 함으로써 억압적인 지배 내지 권력 행사를 제한하려 한다는 의미에서, 전통적으로 자연법론이 추구하고 있는 인간 본성 (human nature) 내지 인간의 존엄성 존중의 요청과 부합된다. 인간에 대한 국가의 지배는 그 어느 경우에도 '인간에 대한 봉사'라는 점에서 그 정당성을 찾아야 한다는 것이 법치 주의의 본질적 의미인 것이다.[16] 이러한 의미에서 법치주의의 요청은 결국 자연법론의 역사적 발전에 따른 사회적 지배원리와 다름 아님을 보여주고 있다고 할 수 있다.

2. 국제사회의 발전과 국제적법치주의

1) 국제사회의 발전과 법치공동체[17]

근대의 국제사회는 기본적으로 주권국가들에 의하여 형성되어진 사회였다. 이와 관련하여 이른바 '국제사회'는 어떠한 '사회'인가, 국제사회는 과연 '법적 공동체'로서의 성격을 가지고 있는가 하는 논의가 주로 국제정치학이나 국제관계론을 중심으로 이루어져 왔다. 앞의 章에서 Bull이 국제사회 내지 국제질서를 보는 기본시각으로, ① 현실주의적 국제질서관, ② 보편주의적 국제질서관, 그리고 ④ 국제주의적 국제질서관 등 세 가지 입장을 제시했다는 점을 밝혔다.

Hobbes를 대표로 하는 정치적 현실주의(political realism)의 입장에서는, 소위 국제사회는 구성원들 간의 공동체 의식보다는 대립·충돌의식이 더 강한 무질서한 '사회'로 본다. 이러한 입장에서 보면 국제사회는 여러 주권국가들의 단순한 집적으로 이루어지고 있는 '무정부적인' 것으로서 이들 주권국가들에 대한 어떠한 상위의 법적·도덕적 통제도 인정되지 않는다고 한다. 이에 반하여 Kant와 같은 이상주의(idealism) 또는 보편주의 (universalism)적 입장에서는 국제정치질서를, 국가들의 국경을 초월하는 인간들을 중심

---

16) Werner Maihofer, *Rechtsstaat und Menschliche Würde*, 심재우 역, 『법치국가와 인간의 존엄』(삼영사, 1994), p.55.

17) 김부찬, 「국제적법치주의의 강화에 관한 고찰」, 『서울국제법연구』, 제6권 2호, 1999, pp.30-32 참조.

으로 하는 보편적 '인류공동체'(the community of mankind)로 규정한다. 이러한 관점에서는 국가들의 존재 근거도 인권 보장을 통한 인류 또는 개인들에 대한 봉사에 있다고 하며, 나아가서 모든 인류가 직접적인 구성원이 되고 단일의 보편적인 세계질서를 바탕으로 하는 '세계정부'(world government) 또는 '세계국가'(world State)의 필요성이나 가능성을 언급하기도 한다.

이들과 비교하여 Grotius를 대표로 하는 국제주의적(internationalist) 시각은 '중간적인' 입장이라고 할 수 있다. 근대 국제사회의 이념적 기초를 정립했던 Grotius의 견해에 따르면 국제사회는 '국가들의 사회'(society of States)로서, 그 구성원인 국가들은 국제사회 또는 국제공동체가 정하는 규칙과 제도에 의존하면서 서로 공존하고 이를 바탕으로 공통의 목표와 과제를 위하여 서로 협력하는 국제질서를 갖춘 '사회'라고 인식한다. 또한 국제체제의 주체 또는 국제사회의 구성원으로서 국가들은 '주권적 존재'로 인식되었는데, 주권(sovereignty)은 대내적으로는 최고의 '자율적 지배 권력'으로 인식되었으며, 대외적으로는 국가의 독립성(independence) 내지 평등(equality)을 의미한다고 보았다.

1648년 '베스트팔렌 조약'(Treaty of Westphalia)을 통하여 확인된 근대 주권국가 및 국제사회의 존재 및 성격은 18, 19세기를 거쳐 20세기를 거치는 동안 크게 달라지지 않았던 것이 사실이다. 여전히 국제사회는, 국가들과 비교하여 볼 때 아직 '집권적 사회'(centralized society)로서의 조건을 충족시키지 못한 미성숙의(inchoate), 또는 원시적인(primitive) 단계의 '분권적인 사회'(decentralized society)의 특성을 가지고 있었던 것이다.[18]

그러나 20세기 후반에서부터 21세기에 접어든 오늘날 국제사회는 세계적 또는 지역적 범위에 있어서 점차적으로 조직화·통합화되는 '세계화'(globalization)의 과정을 거치고 있다.[19] 세계화는 현재 국가 및 국제사회에 대하여 가장 중요한 도전적 요소들 가운데 하나로 인식되고 있으며, 이들 국가 및 국제사회에 대한 구조적 변화를 초래하고 있는 중이다.[20] 20세기에 들어와서 급증하기 시작한 '국제기구들'은 정부간기구들은 물론 수많은 비정부기구들을 포함하여 국제사회의 '상호협력'과 '조직화' 추세를 뚜렷이 증명하

---

18) Hans J. Morgenthau, *Politics Among Nations* (New York: Alfred A. Knopf, Inc., 1985), pp.295-96.
19) Francisco O. Vicuña, *International Dispute Settlement in an Evolving Global Society – Constitutionalization, Accessibility, Privatization–* (Cambridge: Cambridge University Press, 2004), p.3.
20) Michael J. Warning, *Transnational Public Governance – Networks, Law and Legitimacy –* (New York: Palgrave Macmillan, 2009), p.1.

고 있다. 국제사회 구성원들인 다양한 주체들 및 행위자들 간의 관계를 규율하고 있는 국제법의 확충은 지금의 국제사회가 이미 '국제법공동체'(international legal community) 또는 '법치공동체'로 존재하고 있음을 보여주고 있다.[21]

국가들을 중심으로 발전해 오던 국제사회는 이제 인류전체의 공동이익의 증진에 역점을 두는 세계공동체 내지 인류공동체로 바뀌고 있다. 오늘날 국제기구들 이외에 개인들도 중요한 국제사회의 구성으로 인식되고 있으며, 국가 및 국제기구와 더불어 국제법의 '주체'로서의 지위를 인정받고 있는 것이다. 이러한 변화와 더불어 단순한 주권국가들의 공존 및 국익 추구라고 하는 전통적인 국제사회의 목표 및 가치들이 전 인류의 '공동의 가치 및 목표'로 그 방향이 전환되고, 이들을 실현하기 위한 '공동의 행위준칙'으로서의 국제법의 역할 규정이 새롭게 이루어지고 있을 뿐만 아니라 국제법의 정립·적용·집행과 관련된 일종의 집권화(centralization) 현상도 점차 심화되고 있다.

2) '국제적법치주의'의 의의[22]

전통적으로 법치주의는 민주주의(democracy)와 더불어 '국가적 통치원리'의 하나로 인식되어 왔다. 그러나 이제는 오로지 국가만이 법치공동체로 존재하는 것은 아니며 법과 국가가 완전히 동일한 개념도 아니라는 사실이 확인되고 있다. 이제 국제사회도 법치공동체로서 스스로 하나의 '법체계'를 보유하고 있다는 점을 부인할 수 없게 된 것이다. 본질적으로, 국제사회는 국가들과 더불어 인류공동체의 하나의 형태에 해당하며,[23] 국제사회에 있어서도 '자연법 질서'와 더불어 '실정법 질서'의 존재가 당연히 필요하게 된다.[24]

오늘날 세계화의 흐름에 따라 국제사회가 인류공동체 내지 '세계시민사회'(world civil society)의 단계로 접어들고 있다는 점을 감안한다면, 그 구성원인 모든 인류의 자유와 안전, 그리고 복지를 최대한으로 그리고 평등하게 보장하는 질서, 즉 '법치주의' 질서를

---

21) Hermann Mosler, *The International Society as a Legal Community*(Alphen aan den Rijn: Sijthoff & Noordhoff, 1980), p.15; 김부찬(Boo Chan Kim), 「New Trends in International Law and the Common Heritage of Mankind」, 『국제법학회논총』, 제40권 1호, 1995, p.19; William L. Tung, *International Law in an Organizing World*(New York: Thomas Y. Crowell Company, 1968), pp.26-29.

22) 김부찬, 전게논문(주 17), pp.36-38.

23) 이태재, 『법철학사와 자연법론』(법문사, 1984), p.345.

24) 김부찬, 『법학의 기초이론』(동현출판사, 1994), pp.292-294 참조.

수립하는 것이 무엇보다 필요한 과제가 될 수밖에 없다.[25] 이른바 '법치주의의 세계화'(globalization of the rule of law)가 국제사회의 현안 과제로 등장하고 있는 것이다.[26]

법치주의의 세계화 또는 국제적법치주의는, 우선 국제사회에 있어서 힘이나 정치력이 주도하는 권력정치(power politics)를 배제하는 것을 목표로 한다. 즉, 주권국가나 국제기구의 강제력이나 권력은 확립된 법 원칙, 즉 국제법에 따라 발동되고, 국제분쟁 또한 국제법에 따라 평화적으로 해결되어야 한다는 것이다. 나아가서 국제적법치주의는 사회정의 및 공동선을 지향하는 국제법을 통하여 인류의 공동 이익 및 가치가 실현될 수 있도록 하는 것을 의미한다.[27] 오늘날 법치주의가 실질적·사회적 법치주의를 지향하고 있음에 비추어 국제적법치주의는 자유, 인권, 환경, 복지와 같은 인류 공통의 가치 및 과제의 해결을 위한 국제법의 적극적인 역할 및 그 실효성 제고를 위한 과제도 던져놓고 있다고 본다.

국제적법치주의는, 아직은 국제사회에 법치주의를 담보하기 위한 집권적 기구들이 존재하지 않는다는 점을 고려하면, 오히려 그 성과를 제고하기 위한 방법 및 법제도적인 과제들에 대한 논의가 보다 활성화될 필요가 있음을 보여주고 있다.

---

25) Werner Maihofer, *op. cit.*, pp.179-84 참조.

26) Hans Kochler, *Democracy and the International Rule of Law* (Wien: Springer-Verlag, 1995); Boo Chan Kim, "The United Nations and the International Rule of Law", *Korean Yearbook of International Law*, Vol.1, 1997, pp.86-90; 한편 이와 관련하여 Chesterman은 '국제적법치주의'의 세 가지 측면을 다음과 같이 제시하고 있다: 첫째, 국가 및 다른 국제법주체들 상호간에 법치주의 원칙들을 적용하는 것, 둘째, 국내법규에 대한 인권규약의 우위성을 확립하는 것과 같이 국내법에 대하여 국제법을 우위에 두는 것, 셋째로, '세계적 법치주의'(global rule of law)의 단계로 현행 국내제도들의 공식적 중개를 거치지 않고 직접적으로 개인들을 규율하는 규범체제가 출현하는 것 등이다(Simon Chesterman, "An International Rule of Law?", *American Journal of International Law*, Vol.56, 2008, pp.355-356). 그러나 현 단계 국제사회의 구조 속에서 첫째 의미를 제외하고는 그 실현가능성과 관련하여 부정적인 평가가 우세하다고 본다. 이에 대해서는 최태현, 「국제적법치주의의 본질과 기능에 관한 소고」, 『동아법학』, 제43호, 2009, pp.394-395 참조.

27) Mattias Kumm, "International Law in National Courts: the International Rule of Law and the Limits of the International Model", *Virginia Journal of International Law*, Vol.44, p.22; Brian Z. Tamanaha는 국제적법치주의와 관련하여 '법에 의하여 제한 받는 주권국가'(sovereign limited by law), '절차적 합법성'(formal legality), '인간이 아닌 법의 지배'(rule of law, not man), 그리고 '모두를 위한 국제법'(international law for all) 등의 과제를 제시하고 있다(Brian Z. Tamanaha, *op. cit.*, pp.127-136).

Ⅳ. 국제적법치주의 및 국제법의 방법론적 과제

1. 주권 개념의 재정립(reconceptualization)[28]

국제공동체는 그 구성원들 간의 관계가 법적으로 연결되고 규율되어진다는 점에서 하나의 통합적인 '법적 공동체'(legal community)로 존재하고 있다. 그리고 어떠한 사회가 법적 공동체로 존재하기 위해서는 공동체를 유지시키는 데 필요한 통합성의 요소가 공동체의 실현과제인 '공동이익'(common interests) '공통가치'(common values)로 설정되고 이러한 과제의 달성을 위한 의무들이 일종의 헌법적 공동체 속에서 보편적인 법적 의무로 공동체 구성원들에게 부과될 수 있어야만 한다.[29]

오늘날 국제공동체는 일종의 '공동의 공공질서'(common public order), 즉 '국제공공질서'(international public order)에 입각하여 존립되고 있으며, 국제법은 점차 '국가 간의 법'으로부터 칸트적 '세계시민사회의 법', 또는 '국제공동체의 법'으로 그 개념이 移行되고 있다고 할 수 있다.[30] 국제법은 이제 국제공동체의 공통가치 및 공공질서를 반영하는 근본 규칙들에 바탕을 둔 공동체의 법질서로 규정될 수 있게 된 것이다.[31]

전통 국제법의 시대에는 법실증주의의 영향을 받아 국제법과 관련한 국가주권의 중요성이 거의 절대적이었으며 국제법의 구속력은 국가의 '동의'(consent)에 의해서 도출되는 것으로 인식되기도 하였으나, 국제공동체의 발전에 따라 국제법에 있어서 국가주권이나 동의의 비중은 점차 쇠퇴하고 있는 것이다.[32] 이러한 현실을 보여주는 결정적인 증거의 하나로서 국제법체계 속에 '강행규범'(*jus cogens*) 및 '대세적 의무'(obligations *erga omnes*) 개념이 확립되고 있다는 사실을 들 수 있다.[33]

---

28) 김부찬, 「국제공동체의 발전과 유엔의 역할」, 『아주법학』, 제10권 제2호, 2016, pp.231-236 참조.

29) H. Mosler, *op. cit.*, pp.15-17; Bardo Fassbender, "The United Nations Charter as Constitution of the International Community," *Columbia Journal of International Law*, Vol.36, 1996, pp.546-555; Isabel Feichtner, "Community Interest," in *The Max Planck Encyclopedia of Public International Law*, Vol. Ⅱ (Oxford: Oxford University Press, 2012), pp.477-487.

30) Brian Z. Tamanaha, *op. cit.*, p.160; 最上敏樹는 이를 '세계시민법'으로 부르고 있다(最上敏樹, 『國際立憲主義の時代』(東京: 岩波書店, 2007), p.5).

31) B. Fassbender, *op. cit.*, p.617.

32) Amitai Etzioni, *From Empire To Community*, 조한승·서헌주·오영달 공역, 『제국에서 공동체로 – 국제관계의 새로운 접근 –』(매봉, 2007), pp.218-221; Nico Krisch, "The Decay of Consent: International Law in an Age of Global Public Goods," *American Journal of International Law*, Vol.108, 2014, pp.1-40.

강행규범은 1969년 「조약법에 관한 비엔나협약」(Vienna Convention on the Law of Treaties, 이하 "조약법협약")에 "일반국제법의 절대규범"(peremptory norms of general international law)으로서 "그 이탈이 허용되지 아니하며 또한 동일한 성질을 가진 일반국제법의 추후의 규범에 의해서만 변경될 수 있는 규범으로서 전체로서의 국가들로 구성된 국제공동체에 의하여 수락되고 또한 승인되고 있는 규범"[34]으로 규정되고 있으며, 이러한 "강행규범과 충돌하는 조약은 무효가 된다"[35]고 한다. 법적 개념으로서의 '국제공동체'의 개념은, 1970년 *Barcelona Traction* case에서 국제사법재판소(ICJ)가 국가상호간에 성립되는 의무와 구별되는 것으로서 "전체로서의 국제공동체에 대한 국가의 의무", 즉 '대세적 의무' 개념[36]을 구체화함으로써 거듭 확인된 바 있다.[37]

강행규범과 대세적 의무를 중심으로 나타나고 있는 국제법 규범체계의 변화는 국가책임법 체계에도 질적 변화를 가져오고 있다.[38] 이와 관련하여 유엔 국제법위원회(ILC)는 국제공동체의 근본적 이익과 가치를 보호하기 위하여 '강행규범'의 존재가 인정되고 있다는 전제에서 그 위반에 대해서는 다른 통상적인 의무 위반에 대해서보다 가중된 책임을 부과하는 것이 필요하다는 점을 인식하였다.

당초 국가들의 강행규범 위반행위에 대하여 국가의 '국제범죄'(international crimes)의 성립을 제도화하려는 시도가 무산되기는 하였지만,[39] 2001년 채택된 「국제위법행위에

---

33) H. Mosler, *op. cit.*, pp.19-20; Elena Katselli Proukaki, *The Problem of Enforcement in International Law – Countermeasures, the non-injured state and the idea of international community* –(London and New York: Routledge, 2010), pp.1-53.

34) Article 53: "… a peremptory norm of general international law is a norm accepted and recognized by the international community of States as a whole as a norm from which no derogation is permitted and which can be modified only by a subsequent norm of general international law having the same character."

35) Article 53: "A treaty is void if, at the time of its conclusion, it conflicts with a peremptory norm of international law. …"

36) *Case Concerning the Barcelona Traction, Light and Power Company, Limited* (2nd Phase, 1970), para.33: "In particular, an essential distinction should be drawn between the obligations of a State towards the international community as a whole, and those arising vis-a-vis another State in the field of diplomatic protection. …"

37) Hermann Mosler, "International Legal Community," in R. Bernhardt (ed.), *Encyclopedia of Public International Law*, Vol. Ⅱ(1999), p.1254.

38) 김석현, 『국제법상 국가책임』(삼영사, 2007), pp.33-34, 441.

39) 국가의 국제범죄 개념은 아직 제도화되지 못하고 있지만, 오늘날 "국제공동체 전체가 중요하다고 여기는 가치를 보호하기 위한" 국제법 규범의 위반의 경우 "이들 범죄를 억제하는 데 보편적인 이익이 있으므로" 모든

대한 국가책임 최종초안」(Draft Articles on the Responsibility of States for Internationally Wrongful Acts, 이하, "국가책임초안") 제2부 제3장[40]은 '강행규범의 중대한 위반'의 경우에 적용되는 조항을 특별히 포함시킴으로써 강행규범과 국제공동체의 긴밀한 상호관계를 제도적으로 확인하고 있다.[41] 또한 ILC는 국가책임초안 제48조에서 국제공동체의 이익과 가치를 보호하기 위한 대세적 의무 규범들은 공동체에 의하여 모든 개별국가들에 대하여 부과되고 있기 때문에,[42] 모든 개별국가들은 국제공동체 전체에 대하여 그 의무를 부담하게 되며, 그러한 의무가 위반되는 경우에는 피해국은 물론 국제공동체에 속하고 있는 여타의 국가들도 위반국에 대하여 책임을 추궁할 수 있도록 하였다.[43]

국제사회가 국제공동체로 발전하면서 전통적인 주권 개념의 절대성은 점차 약화되는 과정을 밟아왔다. 절대적 주권개념으로부터 점차 상대적인 주권개념으로 전환되어지고 있는 현실은 국제법이 종래 '국가 간 체제를 규율하는 법'으로부터 점차 '인간 중심적' 법체제로 발전하고 있는 현실과도 밀접한 관련이 있다.[44] 이러한 의미에서 주권은 국제사회의 존립 근거를 구성하는 지위로부터 국제법의 기초 하에서 그 규율을 받는 국제법주체로서의 지위, 즉 국제법주체성의 근거로 그 의미가 상대화 되고 있다.[45]

이러한 사실은 주권 개념의 절대성에 대한 제약을 함의하고 있는 '주권평등(sovereign

국가에 의하여 그 범죄자 및 피해자와 관련된 범죄지 또는 국적에 따른 연결고리와 상관없이 기소하고 처벌할 수 있다는 내용으로 개인들에 대한 '국제범죄'와 '보편관할권'(universal jurisdiction) 이론이 확립되고 있다(A. Cassese, *International Law*, 2nd ed.(Oxford: Oxford University Press, 2005), pp.436-450).

40) Article 40: 1. "This chapter applies to the international responsibility which is entailed by a serious breach by a State of an obligation arising under a peremptory norm of general international law."
2. "A breach of such an obligation is serious if it involves a gross or systematic failure by the responsible State to fulfil the obligation."

41) 김대순, 『국제법론』, 제17판(삼영사, 2013), p.130.

42) A. Cassese는 평화·인권·인민의 자결권·환경보호 등과 같은 공동체의 기본가치를 보호하는 의무는 곧 '공동체 의무'(community obligations)로서 국제공동체의 모든 회원국에 대한 의무, 즉 대세적 의무에 해당한다고 한다(A. Cassese, *op. cit.*, pp.15-17).

43) Article 48: 1. "Any State other than a injured State is entitled to invoke the responsibility of another State in accordance with paragraph 2 if: (a) The obligation breached is owed to a group of states including that State, and is established for the protection of a collective interest of the group; or (b) The obligation breached is owed to the international community as a whole." 한편 A. Cassese는 이러한 책임추궁의 권리를, 대세적 의무에 상응하여 모든 국가에게 귀속되고 있는 일종의 '공동체 권리'(community rights)로 본다(*ibid.*, pp.15-17.).

44) Armin von Bogdandy, "Constitutionalism in International Law: Comment on a Proposal from Germany," *Harvard International Law Journal*, Vol.47, 2006, pp.223-228.

45) 최태현, 전게논문, p.411.

equality)의 원칙', '국내문제불간섭(non-intervention)의 원칙', 그리고 '무력사용금지(non use of force)의 원칙' 등이 국제법의 기본원칙으로 성립되고 있는 데서도 알 수 있다. 이들은 지금 유엔 헌장 제2조에 의해 명시적으로 규정되고 있기도 하다. 오늘날 국제인권규약을 비롯한 다수의 인권조약들에 포함되고 있거나 관습국제법으로 확립되고 있는 '인권원칙'(human rights doctrine)들도 강행규범으로서의 지위를 획득함으로써, 국제법규범을 통한 '인권보장체제'를 구축하는 것과 관련하여 국가 주권은 더욱 더 상대화하고 있음이 확인되고 있다.

21세기에 접어들어 이러한 주권개념의 변모를 보여주는 대표적인 사례는 바로 '보호책임'(responsibility to protect: 이하 "RtoP" 또는 "R2P")[46]의 법리이다. R2P는 2001년 '개입과 주권에 관한 국제위원회'(ICISS)에서 제기한 이래 유엔을 중심으로 계속 논의되고 발전되어 왔으며, 2005년 총회 결의를 통하여 개념적으로 정립된 바 있다. R2P는 집단살해(genicide), 전쟁범죄(war crimes), 인종청소(ethnic cleansing), 그리고 인도에 반하는 죄(crimes against humanity)와 같은 극심한 인권 유린 사태가 발생하는 경우 이른바 '인간안보'(human security)의 실현을 위한 주권국가들의 개별적 책임 및 국제공동체의 책임문제를 국제공동체 차원에서 새롭게 접근하고 있는 것이다.[47]

인간안보와 R2P는 바로 안보(security)의 기본단위가 국가에서 개인의 단위로, 그리고 국가의 '주권'보다 개인의 '인권'을 중시하는 방법론적 변화를 토대로 하여 성립된 개념이다.[48] R2P 법리를 보면 집단살해나 인종청소, 인도에 반한 죄와 같은 극단적인 상황에서의 국제공동체의 '의무'나 '책임'이 분명하게 언급되고 있다는 점이 주목되고 있

---

46) R2P는 2000년 캐나다의 주도에 의해 주로 민간인으로 구성된 '개입과 국가주권에 관한 국제위원회'(International Commission on Intervention and State Sovereignty; "ICISS")에서 2001년 발간한 *The Responsibility to Protect*라는 보고서에 의하여 처음으로 제기되었다. 이에 대해서는 The International Commission on Intervention and State Sovereignty(ICISS), *The Responsibility to Protect*(International Development Research Center, 2001)(이하 "ICISS 보고서"); Gareth Evans, *The Responsibility To Protect - Ending Mass Atrocity Crimes Once and For All* -(Washington, D.C.: Brookings Institution Press, 2008); 박기갑 외, 『국제법상 보호책임』(삼우사, 2010) 참조.

47) 박기갑 외, 상게서, pp.24, 40, 146-149; Priyankar Upadhyaya, "Human Security, Humanitarian Intervention, and Third World Concerns," *Denver Journal of International Law and Policy*, Vol.33, 2004, pp.71-79; *In Larger Freedom: Towards Development, Security and Human Rights for All*, U.N. Doc. A/59/2005 (21 March 2005), para.135.

48) 소병천, 「국제법상 주권담론에 대한 소고」, 『국제법학회논총』, 제58권 제4호, 2013, pp.140-41; Barbara von Tigerstrom은 '인간안보' 개념은 바로 국제(세계)질서의 인간중심적 요소의 하나라고 한다(Barbara von Tigerstrom, *Human Security and International Law*(Oxford: Hart Publishing, 2007), p.50).

다.[49] 사실 R2P 법리가 정립될 수 있었던 가장 결정적인 이유는 전통적으로 '지배'(control)를 개념적 요소로 하고 있던 '주권'이 '책임'(responsibility)이라는 본질적 요소를 갖는 것으로 재정립될 수 있었던 데 있다.[50]이제 국제공동체 속에서 국가의 '주권'과 '인권'의 이분법적 대립이 '책임으로서의 국가주권'(sovereignty as a responsibility)이라는 개념을 통해 서로 조화될 수 있게 되고,[51] 나아가서 국가주권의 성격 변화가 분명하게 인정될 수 있게 된 것이다.[52]

2. 국제적법치주의와 국제법의 인간화[53]

최근 국제공동체 및 국제법의 변화와 관련한 특징 가운데 하나가 그 무대에 개인(individuals)을 포함하여 다국적기업(MNEs), 민간기구(NGOs) 등 '비국가행위자들'(non-

---

49) "2. Foundations: The foundation of the responsibility to protect, as a guiding principle for the international community of states, lie in ···."(RtoP in the 2001 ICISS report: Core Principles, in G. Evans, *op. cit.*, p.40.)

"138. Each individual state has the responsibility to protect its population from genocide, war crimes, ethnic cleansing, and crimes against humanity. ··· The international community should, as appropriate, encourage and help States to exercise this responsibility and support the United Nations in establishing as early warning capability. 139. The international community through the United Nations, also has the responsibility to use appropriate diplomatic, humanitarian, and other peaceful means, in accordance with Chapters Ⅵ and Ⅷ of the Charter, to help to protect populations from genocide, ···. In this context, we are prepared to take collective action, in a timely and decisive manner, through the security Council, in accordance with the Charter, including Chapter Ⅶ, ···."(RtoP in the UN General Assembly 2005: World Summit Outcome Document in *ibid.*, pp.48-49.)

50) 박기갑 외, 전게서, pp.20, 68, 152-155; Emma McClean, "The Responsibility to Protect: The Role of International Human Rights Law", *Journal of Conflict & Security Law*, Vol.13, 2008, pp.127-128.

51) Mehrdad Payandeh, "With Great Power Comes Great Responsibility? The Concept of the Responsibility to Protect within the Process of International Lawmaking," *Yale Journal of International Law*, Vol.35, 2010, pp.470-471.

52) Anne Orford는 유엔 헌장 채택 이후 국제관계에 있어서 가장 중요한 규범적 발전이 있다면 아마도 이는 RtoP의 인정일 것이라고 하면서, 이로 인하여 국가들을 국제적 감독 하에 두는 것이 정당화 되고 국가주권의 성격이 변화되었다고 보았다. Orford는 국가주권이 상대화됨으로써 궁극적으로 그 정당성은 '국제공동체의 승인' 여하에 따라 판단될 수 있을 것으로 보고 있다(Anne Orford, *International Authority and the Responsibility to Protect*(Cambridge: Cambridge University Press, 2011), Jan Klabbers, *International Law*(Cambridge: Cambridge University Press, 2013), p.198에서 인용).

53) 김부찬, 「'국제법의 인간화'에 대한 서론적 고찰 - 그 배경 및 동향을 중심으로 -」, 『국제법학회논총』, 제59권 제4호, 2014, pp.41-79 참조.

State actors)이 대거 등장한 것이다. 이러한 변화에 대응하여 국제법학자들은 이러한 비국가행위자들의 지위 및 역할에 많은 관심을 가지고 있다. 이들은 당초 주로 이러한 비국가행위자들에게도 법적 지위가 부여되고 국제법상 권리와 의무가 주어지고 있는가, 그 권리와 의무는 국제적 절차에 따라 집행될 수 있는가 하는 문제를 중심으로 접근하였다.

그러나 중요한 것은 이러한 변화가 비국가행위자들 가운데 특히 개인에 대하여 제한적으로 국제법적 지위를 부여하는 수준을 넘어서서 국제인권법을 중심으로 국제법의 '내용'(substance) 형성과 발전에도 큰 영향을 미치고 있다는 사실이다. 이러한 변화와 발전은 더 나아가서 국제법(학)의 방법론 또는 설명체계(paradigm)에게까지도 영향을 미치고 있다는 평가도 있다. 국제법협회(ILA)가 이러한 현실에 대하여 단순히 "일반국제법에 대한 국제인권법의 영향"이라는 표현을 사용하고 있는 반면,[54] T. Meron은 '국제법의 인간화'[55]라고 하는 보다 강한 용어를 사용하고 있다.[56]

2004년 베를린에서 열린 국제법협회(ILA) 총회에서 집행이사회는 '국제인권법 및 관행위원회'(Committee on International Human Rights Law and Practice, 이하 "위원회" 또는 "ILA 위원회")로 하여금 '일반국제법과 국제인권법의 관계'에 대한 보고서를 적성하도록 임무를 부여하였다. 이에 따라 2006년 토론토 총회에 중간보고서가 제출되고 최종보고서는 2008년 ILA 제73차 총회에 제출되었다. 이 최종보고서는 『ILA 제73차 총회보고서』(Report of the 73rd Conference of the ILA)에 포함되어 출간되었다.[57]

---

54) 이는 C. Trindade의 용례처럼 '국제법의 인간화'가 전체로서의 국제법이나 일반국제법에 대한 인권 및 국제인권법의 영향이 이미 상당한 정도로 파급되어 일종의 '패러다임'(paradigm), 즉 설명체계의 변화가 이루어졌다는 전제에서 사용되고 있는 것으로 받아들여질 수 있다는 점을 우려하여 단지 일반국제법에 대한 국제인권법의 영향이 어느 범위에서 어느 정도 나타나고 있는가를 중립적 입장에서 파악하기 위한 작업임을 강조하기 위한 命名이다(상게논문, p.52).

55) 이 용어는 이미 50여 년 전 Maurice Bourquin의 논문("L'humanisation de droit des gens" in *La technique et les principes du droit public: etudes en l'honneur de Georges Scelle*)에서 사용되었다고 한다. 한편 일본의 阿部浩己(아베 고기) 교수는 이를 '국제법의 인권화'라고 한다. 이에 대해서는 阿部浩己, 『國際法の人權化』(東京: 信山社, 2014) 참조.

56) Meron은 2003년 헤이그 국제법 아카데미(the Hague Academy of International Law)에서 "인권 시대의 국제법"(International Law in the Age of Human Rights)을 주제로 일반강의(General Course)를 진행하고 나서, 강의 내용을 수정·보완하여 *The Humanization of International Law*를 출간하였다. 이 책은 제1장(전쟁법의 인간화), 제2장(국제인도법 위반의 범죄화), 제3장(조약법), 제4장(국가책임의 인간화: 양자주의로부터 공동관심사로), 제5장(국제법의 주체), 제6장(국제법의 연원), 제7장(국제재판소), 그리고 제8장(유엔 기구와 인권의 보호) 등 모두 8개의 장으로 구성되었다(Theodor Meron, *op. cit.*).

57) Menno T. Kamminga & Martin Scheinen (eds.), *The Impact of Human Rights Law on General International Law*(Oxford: Oxford University Press, 2009), pp.1-4 참조. M. T. Kamminga와 M.

일반국제법과 국제인권법의 관계를 연구하는 것과 관련하여 ILA 위원회는 두 개의 접근방법에 대하여 고려하였다. 하나는 국제인권법의 특수성 및 독자성을 강조하고, 일반국제법의 규칙과 원칙들은, 최소한 어느 정도는 국제인권법에 적용되지 않는다고 보는 입장이다. 이 접근방법은 국제(공)법 내에 이른바 '자기완결적 체제'(self-contained regime)들이 다수 존재하는 것을 인정하는 좀 더 일반적인 경향에 따른 것으로서, '파편화 접근방법'(fragmentation approach)에 해당한다. 다른 하나는 국제인권법이 일반국제법의 한 영역을 차지하고 있으며 또한 양자는 가능한 한 많은 범위에서 상호 조화를 이루어야 한다는 점을 논의의 출발점으로 삼는 입장으로서, 이를 '조화적 접근방법'(reconciliation approach)이라고 한다.[58] 위원회는 파편화 접근방법보다는 조화적 접근방법이 국제사회의 실행과 월등히 합치된다는 점에서 후자의 접근방법에 따르기로 하였다.[59]

Scheinen이 공동 편자로 되어 있는 상게서는 Kamminga가 집필한 최종보고서와, Scheinen을 포함하여 ILA 위원회에 참여하여 분야별로 일반국제법에 대한 인권법의 영향에 관하여 검토하고 논문을 작성한 위원들의 글을 모두 수록하고 있다. 즉, 이 책에는 "Final Report on the Impact of International Human Rights Law on General Law"(by M. T. kamminga), "Impact on the Law of Treaties"(by M. Scheinen), "Impact on General Principles of Treaty Interpretation"(by Jonas Christoffersen), "Impact on the Law on Treaty Reservation"(by Ineke Boerefijn), "Impact on State Succession in Respect of Treaties"(by M. T. Kamminga), "Impact on the Process of the Formation of Customary International Law"(by Jan Wouters and Cedric Ryngaert), "Impact on the Structure of International Obligations"(by Sandesh Sivakumaran), "Impact on the Immunity of States and their Officials"(by Thilo Rensmann), "Impact on the Right to Consular Notofication"(by Christina M. Cerna), "Impact on the Law of Diplomatic Protection"(by Riccardo Pisilla Mazzeschi), 그리고 "Impact on State Responsibility"(by Robert McCorquodale) 등 11개의 글들이 실려 있다.

58) 阿部浩己 교수는 일반국제법과 국제인권법의 관계를 연구하는 것과 관련하여 세 가지 입장이 대립하고 있다고 한다. 이들은 '전통주의적 입장'(traditionalists), '자율론적 입장'(autonomists), 그리고 '온건한 진화론적 입장'(moderate evolutionists) 등이다. 전통주의적 입장은 일반국제법의 전통적 개념의 테두리 내에 국제인권법의 체계를 수렴시켜서 국제법의 일체성을 확보하려고 한다. 이를 대표하는 자는 Alain Pellet이다. 이에 반해 자율론적 입장은 전통적인 국제법의 개념이 오히려 인권 보호를 저해하는 방해물이 된다는 시각을 가지고 있다. 이러한 입장을 내세워 온 대표적인 논자는 미주인권재판소 소장에서 국제사법재판소(ICJ)의 판사로 자리를 옮긴 C. Trindade이다. 그는 인권법의 자율성을 추진하는 입장을 넘어서, '국제법의 인간화'라는 국제법의 패러다임 전환에도 앞장서고 있다. 그에 의하면 국제법은 국가중심적인 것을 벗어나서 인간과 인류 전체의 보호와 바람의 충족을 향한' 새로운 강행규범이 되어야 한다고 한다. 이러한 양 극단의 입장 사이에서 중용을 취하는 것이 온건한 진화론적 입장이다. 그 중에는 Theodor Meron이 포함되어 있다. 이 입장은 일반국제법과 인권법의 상호보완성을 설명하고, 가능한 한 일반국제법에 근거를 둔 인권법의 적용을 요구함과 더불어, 때로는 인권의 요청에 따라서 일반국제법의 전통적 개념을 재해석하도록 요청한다(阿部浩己, 전게서, p.6).

59) M. Scheinen은 "인권법(조약)의 일반국제법에 대한 영향"과 관련하여 '헌법주의적 접근방법'(constitutional approach)을 제시하고 이에 관하여 논의하기도 하였으나, 이는 인권법(조약)에 대하여 '세계헌법'(global Constitution)으로서의 지위를 인정하고 여타의 모든 국제법 분야에 대하여국제인권법이 상위의 위치에서 영향을 미치는 것으로 본다는 점에서 매우 전향적인 것이다. 이는 위의 주에서 언급되고 있는 Trindade의 입장과

국제법의 인간화와 관련된 논의에 있어서 중요한 문제는 다음과 같다: "국제법은 상호주의적 의무에 바탕을 두는 '국가중심적' 체계로부터 다양한 범주의 행위자들과 국제공동체의 이익 및 가치를 반영하는 '규범체계'(normative system), 즉 '인간중심적'(human-centered) 규범체계로 변화하고 있는가?" 그리고 "좀 더 특별히, 그러한 변화가 일반국제법에 널리 영향을 미치고 있는가 아니면 국제인권법, 국제인도법 또는 국제형법 등 일종의 국제법의 특별법 분야에 국한되어 나타나고 있는가?"

ILA에 제출된 최종보고서는 Menno Kamminga에 의하여 작성되었으며 일반국제법에 대한 국제인권법의 영향에 대하여 다양한 측면에서 연구한 위원들의 연구자료에 의거하고 있다.[60] 또한 최종보고서는 또한 여러 위원들의 의견이나 제안으로부터 도움을 받기도 하였다.[61] 물론 위원회는 최종보고서에 포함된 조사가 불완전하며 일반국제법에 대한 국제인권법의 영향은 이제부터 시작되고 있는 '과정'(process)에 불과하다고 하는 점도 인식하고 있었다.

ILA 위원회는 전통국제법질서의 '국가 중심적'(State-centered) 성격을 완화하고 국제인권법 분야의 특별한 '비상호주의적'(non-reciprocal) 성격의 국제의무들을 받아들이도록 하기 위하여 국제인권법이 일반국제법에 영향을 미치는 것이 매우 바람직하다고 생각하고 있다.[62] 국제인권법을 비롯하여 국제인도법과 국제형법 등 인권 및 '인간성'(humanity)을 이념적 기초로 하는 국제법 분야의 발전에 따라 전통적인 국제법의 국가

유사하며 ILA가 취하고 있는 '조화적 접근방법'의 수준을 넘어서는 것이다(M. Scheinen, "Impact on the Law of Treaties," in M. T. Kamminga & M. Scheinen, *op. cit.*, pp.29-31).

60) 위원회는 다음과 같은 작업 방법을 채택하였다. 첫째, 국제인권관련 조약기구들, 지역인권재판소, 국제형사재판소 및 특별국제형사재판소 등을 포함하는 국제인권기구들에 의하여 발전되어 온 일련의 법적 문제들을 찾아내었다. 이들은 국가들보다는 개인들의 이익을 반영하도록 되어 있는 것이어서 전통국제법과 조화를 이루는 것이 어려워 보인다. 다음으로 위원회는 이러한 개념들이 일반국제법을 반영하고 있는지 아니면 특별(국제)법으로 남아 있는 것인지 여부를 검토하였다. 이러한 작업은 기본적으로 일반국제법의 수호자(guardian)로 간주되고 있는 국제사법재판소(ICJ)와 국제법위원회(ILC)의 실행을 조사하는 방식으로 이루어졌다. 많은 경우에 ICJ와 ILC는 명백히 인권기구들의 결정(실행) 및 개념들을 차용하여 왔으며, 그 출처를 밝히지 않고 동일한 차용 방식을 채택해 왔다. 물론 차용 과정은 전에 국제인권조약기구의 멤버였던 자들이 점차 많이 ICJ와 ILC 멤버로 참여하는 방식으로 해서 용이하게 이루어지고 있다(M. T. Kamminga & M. Scheinen, *op. cit.*, p.3).

61) *Supra* note 57 참조.

62) 그러나 위원회는 일반국제법을 인권법의 시각만으로 재단하는 '인권주의'(human rightism)나 '인권 우월주의'(human rights triumphalism)에 빠지는 것을 경계했으며, 또한 일반국제법에서 발견되는 혁신적 요소들이 모두 인권법학자들의 창조적 사고의 결과로 보는 함정에도 빠지지 않으려고 했다(김부찬, 전게논문(주 53), p.53).

중심적 성격에 많은 변화가 초래되기 시작했다고 보는 것이다.

이러한 변화는 오늘날 국제법주체론, 국제법의 법원 및 해석론, 그리고 국가책임법 등 국제법 전반에 걸쳐서 인간성 및 인권의 중요성이 반영되도록 영향을 미침으로써, 국제법 전반에 걸쳐서 새로운 패러다임이 필요하다는 사실을 말해주고 있다.[63] 국제법은 이제 실질적 법치주의의 과제인 인간의 가치 및 인권의 실현을 목표로 하는 '인간중심적' 법체제로 변화하는 과정에 있다고 보아도 무리가 아니다. 이러한 의미에서 '국제법의 인간화'는 국제적법치주의의 실현에 있어서 매우 중요한 의미를 갖게 되는 것이다.

3. 국제적법치주의와 글로벌 거버넌스의 구축

국제적법치주의는, 국제사회의 다양한 구성원 또는 주체들이 '공동선을 지향하는 정당한 법'(just law for the common good)을 통하여 인류의 공통과제 및 가치가 실현될 수 있도록 국제사회의 모든 구성원들이 서로 협력적 체제를 구축해야만 하는 과제를 던져주고 있다. 과거 20세기가 국민으로서 또는 개별국가의 입장에서 직면하고 해결해야만 하는 과제들을 해결하기 위한 '제도적 구조'(institutional framework)로서 국민국가들(nation-States)의 절정기를 의미한다면, 21세기는 이러한 제도적 구조들로서는 감당할 수 없는 범위 및 규모의 세계적 과제들을 직면하게 될 것으로 예상되고 있다.

그러나 문제는 지금의 국가 또는 국가 간 체제를 근본적으로 대체하는 보다 강력한 세계적 제도, 예를 들어 '세계정부'를 상정하는 방법으로 이러한 과제들을 해결할 가능성

---

63) 이와 관련하여 Cassese는 그의 국제법 교과서에서 '국제공동체'의 시각에서 국제법의 이론을 전개하고 새로운 발전 방향을 제시하고 있다. 그는 특히, 제5편(국제법의 현안과제)에 포함되고 있는 제19장(인권보호)에서 '인권과 관습법', '인권이 전통국제법에 미치는 영향', 그리고 '인권의 현재 역할' 등을 통하여 인권원칙(human rights doctrines)의 중요성 및 여러 분야의 전통국제법에 대한 영향을 분석하고 있다(A. Cassese, *op. cit.*, pp.393-398과 그 번역서인 강병근·이재완 역, 『국제법』, 제3판(삼우사, 2014), pp.491-497 참조). Cassese는 특히 '인권이 전통국제법에 미치는 영향'과 관련하여 "인권주의(human rights doctrine)는 긍정적으로 여러 분야의 전통국제법에 영향을 미쳤다. … 인권주의는 국제공동체에 새로운 세계관을 불러들이게 되었다. 여기에서는 신생국가 혹은 정부에 대한 승인, 국제법 주체, 관습법, 국제의무의 구조, 조약에 대한 유보, 조약의 종료, 강행규범, 법률이행 여부의 국제적 감시, 대응조치를 포함한 집행, 국제형사재판소의 운용, 전쟁법, 즉 현대적으로 표현하면 무력충돌 시 인도주의법에 미친 영향만 언급해도 족하다. 이 모든 분야에서, 인권주의는 이익의 '사적' 추구를 목표로 하여 결국 집단의 요구사항을 외면하고 상호주의에 근거하는 법적 관계의 집합체에서, '공동체의무'와 '공동체권리'가 등장하면서 단계적으로 형성되어 공익으로 보강된 핵심적 기본가치에 기초한 공동체로서 세계공동체로 이행하는 데 유효한 자양분으로서 기여하였다."고 설명하고 있다(강병근·이재완 역, 상게서, p.494).

은 별로 없다는 것이다. 따라서 '정부 없는 거버넌스'(governance without government)[64]로서 보다 효율적인 '글로벌 거버넌스'(global governance) 체제를 확립하는 것이 국제사회가 당면하게 되는 또 하나의 과제로 인식되고 있다.[65] 이러한 의미에서 글로벌 거버넌스는, 정부가 자신의 국가 내에서 하는 일들을, 세계사회 속에서 수행하는 것을 말하며, 이 때문에 국가 내에서의 법치주의와 정부의 관계가 국제사회 속에서는 국제적법치주의와 글로벌 거버넌스의 관계로 확산될 필요가 있는 것이다.[66]

따라서 글로벌 거버넌스의 확립은 국제적법치주의의 강화와 직결되는 과제가 된다. 이와 관련하여 '글로벌 거버넌스 위원회'(the Commission on Global Governance, 이하, "위원회")가 발표한 보고서(*Our Global Neighborhood*)[67]에는 '국제적법치주의의 강화'와 관련한 과제로서 유엔의 개혁 및 국제법의 강화를 통한 글로벌 거버넌스의 구축에 대한 제안이 포함되고 있다.

위원회의 보고서는 '글로벌 거버넌스'의 정의와 관련하여 다음과 같이 설명하고 있다.

> "거버넌스란 개인과 제도, 공공부문과 민간부문이 공동의 사안을 관리해 나가는 여러 가지 방식의 총체이다. 거버넌스는 그 지속적 과정을 통해 상충하는 이해관계나 다양한 이해관계가 조정되고 협조적인 조치가 취해질 수 있는 것을 말한다. … 세계적 수준에서 보면 과거에는 거버넌스란 주로 정부 간의 관계로 여겨져 왔지만, 이제는 NGOs, 시민운동, 다국적기업 및 세계적 자본시장을 포함하는 것으로 이해해야만 하게 되었다."[68]

---

64) James N. Rosenau and Ernst-Otto Czempiel (eds.), *Government Without Government: Oder and Change in World Politics*(Cambridge: Cambridge University Press, 1995) 참조.

65) Colin I. Bradford, Jr., "Global Governance Reform for the 21st Century", p.5(http://www.oecd.org/dataoecd/14/62/34983436.pdf)

66) Boo Chan Kim, *Global Governance and International Law*(BoGoSa, 2011), p.45.

67) 세계의 여러 정치지도자들이 1991년 20세기를 마감하고 21세기를 맞이하는 시점에서 세계체제를 안전하게 운영해 나가기 위한 문제에 체계적으로 대응하기 위하여 'Commission on Global Governance'를 발족하고 글로벌 거버넌스에 대한 종합적인 보고서를 유엔 창립 50주년이 되는 1995년에 발표한 바 있다(세계체제관리위원회 편저/유재천 번역, 『세계는 하나, 우리의 이웃 *Our Global Neighborhood*』(조선일보사, 1995). p.12).

68) "Governance is the sum of the many ways individuals and institutions, public and private, manage their common affairs. It is continuing process through which conflicting or diverse interests may be accommodated and cooperative action may be taken. … At the global level, governance has been viewed primarily as intergovernmental relationships, but it must noe be understood as also involving non-governmental organizations(NGOs), citizen's movements, multinational corporations, and the global capital market."(The Commission on Global Governance, *Our Global Neighborhood*(Oxford: Oxford University Press, 1995), pp.2-3)

따라서 유엔은 모든 국가를 상대로 글로벌 거버넌스 차원에서 그 권력을 통합하거나 제한할 수 있는 권한을 갖는 민주적 기구로 발전되고, 나아가서 비정부기구들을 포함한 다양한 국제기구들과 개인을 포함한 국제적 시민사회의 구성원들의 활동을 통합·조정하는 데 중심적 역할을 수행할 수 있도록 기능적 혁신을 모색할 필요가 있다는 것이다.[69]

국제공동체의 중심적 역할을 수행하고 있는 유엔과 함께, 지역 차원에서 법적 공동체를 형성하는 데 앞장서 온 유럽이 국제평화 및 정의의 실현을 위하여 채택하고 있는 원칙 내지 가치 가운데 하나가 '법치주의'이다.[70] 먼저 20세 중반인 1948년 유엔 총회에서 채택된 「세계인권선언」(Universal Declaration of Human Rights)은 그 전문에서 "… 사람들이 폭정과 억압에 대항하는 마지막 수단으로서 반란에 호소하도록 강요받지 않으려면 인권이 법의 지배를 통하여 보호되어야 함이 필수적 …"[71]임을 천명한 바 있으며, 1950년에 채택된 「인권 및 기본적 자유의 보호에 관한 유럽 협약」(European Convention on the Protection of Human Rights and Fundamental Freedoms)도 그 전문에서 "… 정치적 전통, 이상, 자유 및 법의 지배에 관한 공동의 유산을 갖고 있는 유럽 국가의 정부로서 세계인권선언 속에 규정된 일정한 권리를 집단적으로 실행하기 위한 최초의 조치를 취할 것을 결의"[72]한다고 천명한 바 있다.

유엔 총회는 1992년부터 법치주의 문제를 주요 의제로 다루기 시작하였으며, 국내적

---

69) Elisabeth Zoller, "Institutional Aspects of International Governance", *Indiana Journal of Global Legal Studies*, Vol.3, 1995, pp.121-23; Saul H. Mendlovitz and Burns H. Weston, "The United Nations at Fifty: Toward Humane Global Governance", *Transnational Law & Contemporary Problems*, Vol.4, 1994, pp.309-26; 현재 유엔이 '세계정부'(world government)로서의 역할을 수행하기를 기대하는 것은 어렵지만 적어도 글로벌 거버넌스 차원에서 그 기능을 수행하는 것은 가능하다고 본다. 세계정부는 확립된 제도에 의한 집권적 권력 행사를 의미하는 것이지만 거버넌스는 국가, IGOs, 그리고 INGOs 등의 협력적 상호작용을 통한 문제의 처리 및 해결을 시도할 수 있는 정도의 체제를 필요로 하는 것이기 때문이다. 이에 관해서는 Anne-Marie Slaughter, "The Real New World Order", *Foreign Affairs*, Vol.76 No. 5, 1997, p.184 참조; 그리고 세계적 차원의 전반적인 거버넌스 문제에 관해서는 James N. Rosenau and Ernst-Otto Czempiel (eds.), *Governance Without Government: Order and Change in World Politics*(Cambridge: Cambridge University Press), 1995 참조.

70) Jan Klabbers *et al., op. cit.*, p.59; Leo Gross, "The United Nations and the Role of Law," in Roberts S. Wood (ed.), *The Process of International Organization*(New York: Random House, 1971), p.341.

71) "… Whereas it is essential, if man is not to be compelled to have recourse, as a last resort, to rebellion against tyranny and oppression, that human rights should be protected by the rule of law, …"

72) "… Being resolved, as the governments of European countries which are like-minded and have a common heritage political traditions, ideals, freedom and the rule of law, to take the first steps for the collective enforcement of certain of rights stated in the Universal Declaration, …"

수준과 국제적 수준 모두에 있어서 법치주의에 대한 관심을 지속적으로 증대시켜 왔다.[73] 국내 및 국제적 수준에서 법치주의의 실현에 대한 유엔의 관심은 '2005년 총회의 세계정상회의 결과보고서'(the General Assembly's 2005 World Summit Outcome)에서도 적절히 지적되고 있다. 보고서를 보면 국내와 국제적 수준 모두에 있어서 '법치주의에 대한 보편적 지지 및 이행에 대한 필요성'이 제시되고 있음을 알 수 있다.[74]

나아가서 유엔은 2007년 총회결의 62/70(the Rule of Law at the National and International Levels)의 前文에서 다음과 같이 말하고 있다:[75]

> "… 인권, 법치주의, 그리고 민주주의는 서로 연계되어 있으며 상호 보완관계에 있다는 점과 이들은 유엔의 보편적이고 불가분의 핵심적 가치이자 원칙에 속한다는 점도 재확인하고, 나아가서 국내 및 국제적 수준 모두에 있어서 법치주의에 대한 보편적 지지 및 이행에 대한 필요성, 그리고 정의의 원칙들과 함께 평화공존 및 국제협력의 토대를 이루고 있는 법치주의 및 국제법에 바탕을 둔 국제질서에 대한 유엔의 신성한 책임을 재확인하며, …"

이처럼 유엔은 스스로 국제법에 따라 권한을 행사할 뿐만 아니라, 평화유지 및 배분적 정의의 실현을 위하여 국제법의 정립 능력을 강화하고, 나아가서 국제법 준수 및 집행에 관한 권한을 증대시킬 수 있도록 함으로써 국제적법치주의의 증진에 주도적 역할을 수행해야만 하는 것이다.[76]

글로벌 거버넌스의 구축에 있어서 그 규제적·조정적 역할과 관련한 국제법의 중요성

---

73) Jennifer Hillman, "An Emerging International Rule of Law? – The WTO Dispute Settlement System's Role in Its Evolution", *Ottawa Law Review*, Vol.42, 2010–2011, p.272.

74) Jan Klabbers, Anne Peters, and Geir Ulfstein, *The Constitutionalization Of International Law*(Oxford: Oxford University Press, 2011), p.59.

75) "… *Reaffirming also* that human rights, the rule of law and democracy are interlinked and mutually reinforcing and that they belong to the universal and indivisible core values and principles of the United Nations,
  Reaffirming further the need for universal adherence to and implementation of the rule of law at both national and international levels and its solemn commitment to an international order based on the rule of law and international law, which, together with the principles of justice, is essential for peaceful coexistence and cooperation among States. …"(A/RES/62/70)

76) Richard A. Falk, "The United Nations and the Rule of Law", *Transnational Law & Contemporary Problems*, Vol.4, 1994, pp.611–42; Ernest S. Easterly, Ⅲ, "The Rule of Law and the New World Order", *Southern University Law Review*, Vol.22, 1995, pp.161–83; John Quigley, "The New World Order and the Rule of Law", *Syracuse Journal of International Law and Commerce*, Vol.18, 1992, pp.75–110.

은 더욱 크게 부각되고 있다. 국제법의 실질적 규범들은 글로벌 거버넌스의 다양한 과정들을 통하여 추구되도록 하고 있는, 국제사회 구성원들의 공통의 가치와 목표를 확인해 줄 수 있도록 정립되어야 할 뿐만 아니라, 글로벌 거버넌스로 하여금 인권, 노동과 사회복지의 수준, 그리고 환경보호의 증진 등의 목적을 달성할 수 있도록 지원할 수 있어야만 한다.[77]

글로벌 거버넌스의 구축은 관습국제법과 같은 국제법의 연원과 관련하여 비정부기구들이나 다국적 기업과 같은 비국가 행위자들의 실행들이 '일반관행'(general practice)의 형성을 통하여 관습법의 성립에 미치는 영향에도 많은 관심을 갖도록 하고 있으며, 국제법주체성 인정과 관련해서는, 주권국가들에 의한 명시적 권리·의무 부여가 필수적 전제조건이 된다고 하는 국가 중심적인 접근방법이 더 이상 적절하지 않다는 비판을 야기하는 등 국제법학 방법론에도 실질적 영향을 미치고 있음을 알 수 있다.[78]

4. 국제적법치주의와 국제법의 헌법화

오늘날 국제법학자들에 의하여 '국제 또는 세계 헌법주의'(international or global constitutionalism)와 '국제법의 헌법화' 논의가 본격적으로 시작되고 있다.[79] 국제법의 헌법화나 헌법주의는 유럽인권재판소(ECHR)가 유럽인권협약(ECHR)의 '헌법적 성격'을 언급하거나,[80] E. Stein이 유럽사법재판소(ECJ)의 설치를 통하여 유럽공동체(EC)가 비로소 '헌법화'의 과정에 진입했다고 평가하는 등,[81] 처음에는 유럽이라는 지역에 한정된 논의로 출발했던 측면이 있다. 그러나 오늘날 헌법주의나 헌법화 논의는 유럽의 경우에만 특유한 것이 아니라 전 세계적 범주에서 나타나고 있는 현상 내지 문제 또는 제도적 변화에 대한 논의로서 국제공동체 및 세계질서의 성격을 변화시킬 수 있는 중요성을 갖

---

77) Karsten Nowrot, "Global Governance and International Law"(http://www.telc.uni-halle.de), pp.15-16.

78) *Ibid.*, pp.16-19.

79) Jan Klabbers *et al., op. cit.*, pp.1-44; Karolina Milewicz, "Emerging Patterns of Global Constitu-tionalization: Toward a Conceptual Framework," *Indiana Journal of Global Legal Studies*, Vol.16, 2009, p.415.

80) Bankovic and Others against Belgium and Others (Application No. 52207/99), ECtHR, Grand Chamber, inadmissibility decision of 12 December 2001(M. Scheinen, *op. cit.*, p.29).

81) Eric Stein, "Lawyers, Judge, and the Making of a Transnational Constitution," *American Journal of International Law*, Vol.75, 1981, pp.1-27.

는 문제로 인식되고 있다.[82]

엄밀히 말하면 '헌법주의'(constitutionalism)와 '헌법화'(constitutionalization)는 구별되는 개념이다. '세계헌법주의'는 국제사회 또는 국제공동체가 좀 더 나은 세계로 발전하기 위해서 하나의 법제도적 장치로서 '국제 또는 세계' 헌법의 필요성을 규범적·당위론적 차원에서 주장하는 것을 말하며, 이에 반하여 '헌법화'는 국제공동체 속에서 일부 국제법 규범들이 '헌법적 요소들'(constitutional elements)[83]을 함의하고 있으면서 실제로 헌법적 역할을 수행하고 있는 것을 하나의 사실 또는 현상으로 파악하는 것을 의미한다.[84]

그러나 세계헌법주의적 관점은 당위론적 차원에서 국제법의 헌법화를 요구하는 것이며 국제법의 헌법화 과정은 헌법주의적 사고에 의하여 고무되는 것으로서 양자는 서로 밀접한 관련을 맺고 있다.[85] 오늘날 국제법의 헌법화 과정이 非一非再하게 목도되는 반면 동시에 국제법의 '파편화'(fragmentation)도 하나의 뚜렷한 경향으로 나타나고 있는 것이 사실이기 때문에, 이로 인한 국제법의 통합적 질서 구축의 어려움을 극복해 나가기 위하여 제도적 차원에서 '헌법적 역할'을 수행하는 국제법이 필요하다는 주장이 헌법주의적 관점에서 나오고 있는 것이다.[86]

사실 세계헌법주의는 다양한 수준에서 또한 다양한 의미로 주장되고 있다.[87] 가장 강한 수준에서는 세계국가 또는 세계정부의 기초로서의 '국제 또는 세계헌법'(international or world constitution)의 제정을 요구하기도 한다. 즉, 국제공동체는 하나의 법적 공동체로서 글로벌 거버넌스의 구축 및 국제적법치주의의 제고와 관련하여 보다 정합적이고

---

82) Jan Klabbers *et al.*, *op. cit.*, p.20; Karolina Milewicz, *op. cit.*, p.414.
83) '헌법적 역할'이 무엇을 의미하는지는 일단 국내 '헌법'의 개념 및 역할을 통해서 파악될 수 있다고 본다. 이러한 의미에서 Paulus는 각국의 헌법에 공통적으로 포함되고 있는 주요 구성요소로서 민주주의, 법의 지배(법치주의), 권력분립, 인권보장 등을 제시하고 있다. 한편 세계헌법 또는 국제공동체 헌법의 주요 구성요소로서 Peters는 자의적 지배의 최소화, 투명성의 제고, 제도적 효율성의 제고, 책임성의 강화, 세계시민사회의 글로벌 거버넌스로의 참여 독려 등을, D'Souza는 인권존중, 법의 지배, 정의, 인도적 정신, 민주주의의 가치, 세계평화, 빈곤 경감을 위한 노력 및 사회적 약자에 대한 관심 등을 들고 있다(김성원, 「국제법의 헌법화에 관한 일고찰」, 『국제법학회논총』, 제58권 제4호, 2013, pp.83-91 참조).
84) 상게논문, p.81; Jan Klabbers *et al.*, *op. cit.*, pp.4, 10.
85) Jan Klabbers *et al.*, *ibid.*, p.10.
86) 21세기 초반에 있어서 국제법의 '파편화'(fragmentation), '위계화'(verticalization)와 함께, '헌법화'에 대한 논의가 국제법학계의 '삼위일체'(Holy Trinity)적 논의의 주제가 되고 있다(*ibid.*, pp.1, 28-9).
87) '세계입헌주의'의 다양한 의미와 그에 관한 이론적 논의에 대해서는 Jan Klabbers *et al.*, *ibid.*, pp.25-31; 김성원, 전게논문, pp.81-102 참조.

체계적이며 보편적인 헌법적 질서의 확립을 필요로 한다는 것이다. 그러나 오늘날 규범
적·제도적 차원에서 국제공동체 속에 국내 헌법에 상응하는 하나의 헌법을 마련할 필요
가 있는가? 그리고 그 실현가능성은 있는가? 하는 문제와 관련해서는 회의론이 많은
것이 사실이다.[88]

    생각건대, 오늘날 국제공동체의 현실 속에서 주장할 수 있는 것은 세계정부를 매개로
하지 않는 '헌법적 질서'(constitutional order)의 구축이라고 본다.[89] 이러한 의미에서 오
늘날 국제사회의 공동체적 특성이 점차 강화되고 있는 것은 국제법이 국제공동체 속에
서 실제로 '헌법적 역할'(constitutional role)을 수행해 온 결과라고 본다. 이러한 의미에
서 국제공동체와 국제법은 계속하여 헌법화 '과정'(process)을 거치고 있다고 보아도 무
방할 것이다.[90] 나아가서 세계적 범주에서 이루어지고 있는 권력 및 규범의 제도화로서
의 헌법화 '현상'이나 '과정'으로도 오늘날의 국제공동체를 '법적 공동체'로, 더 나아가서
'헌법적 공동체'(constitutional community)로 규정하는 데 무리가 없지 않나 생각한다.[91]

    따라서 중요한 것은 현행 국제법체계 속에서 '헌법주의' 및 '헌법화'의 증거인 '헌법주
의 요소들'을 발견하고 이에 대하여 이론적·실무적으로 대응해 나가는 작업이라고 본
다.[92] '실질적 의미'(substantive sense)에서 '헌법적 역할'을 수행하는 국제법 규범들이
어떤 것들인가 그리고 그 역할은 어떠한 수준인가 하는 현실적인 문제를 다룸으로써 '세
계헌법주의'와 '국제법의 헌법화' 논의를 조화시켜 나갈 수 있다고 본다.[93]

    이러한 의미에서 오늘날 국제법 체계 속에서 실현되고 있는 헌법주의 요소들에 관하
여 Anne Peters가 언급하고 있는 아래의 내용은 매우 중요한 함의가 있는 것이다:[94]

    "첫째, (국가)주권의 원칙은 이미 국제법상 제1의 원칙(Letzbegründung)으로서의 지위

---

88) 김성원, 상게논문, p.72 참조.

89) 시노다 히데아키 지음, 노석태 옮김, 전게서, p.51.

90) Jan Klabbers *et al.*, *op. cit.*, p.7; Karolina Milewicz, *op. cit.*, p.413; Thomas Kleinlein, "On Holism,
    Pluralism, and Democracy: Approaches to Constitutionalism Beyond the State," *European Journal of
    International Law*, Vol.21, 2010, p.1076.

91) Jan Klabbers *et al.*, *ibid.*, pp.153-157.

92) Anne Peters, "The Merits of Global Constitutionalism," *Indiana Journal of Global Legal Studies*, Vol.16,
    2009, p.398.

93) M. Scheinen, *op. cit.*, pp.30-31.

94) Anne Peters, *op. cit.*, pp.398-399.

를 상실하고 있다. 국가는 더 이상 '자기목적적' 존재가 아니며, 이제 국가주권의 규범적 지위는 오히려 인권, 인간의 이익 및 필요, 그리고 '인간안보'가 존중되고 증진되어져야 한다는 법원칙으로서의 'humanity'로부터 도출되어진다고 본다. 둘째, 국제법 정립과 관련 하여 '국가 동의'(State consent)의 원칙은 일정 부분 '다수결에 의한 의사결정'(majoritarian decision-making) 방식으로 대체되고 있다. 다수결 방식은 글로벌 거버넌스의 효율성을 증대시켜 줄 수 있다. 셋째, 인권보호, 기후(환경)의 보호 등과 같은 기본적 가치들은 관련 다자조약들에 대한 거의 보편적인 비준을 통하여 국제적으로 수락되고 있다. 이처럼 '헌법 적 가치들'(constitutional values)을 포함하고 있는 일반조약에 대한 공식적 수락은 '국제 법의 헌법화'가 이루어지는 시발점을 의미한다. 넷째, 국제분쟁의 해결이 '준강제관할 권'(quasi-compulsory jurisdiction)을 갖고 있는 다양한 국제재판소의 설치를 통하여 이루 어지도록 함으로써 점차 '司法化'(juridification)되고 있다. 이러한 분쟁해결의 '사법화'는 단순히 국제관계에 대한 법적 규율을 의미할 뿐만 아니라 국제법에 내포된 헌법주의적 요소 의 특별한 측면을 보여주는 것이다."

'국제법의 헌법화' 과정은 반드시 강한 헌법주의적 접근과 연계하지 않는다고 하더라 도 그 자체로서 국제법 및 국제관계의 전통적 관점에 대한 혁신적인 변화를 보여주고 있는 것이다. 이는 국제사회의 국가중심적 법제도에 대한 구조변화와 국가주권에 대한 이념적·제도적 제약을 반영하고 있으며, 개인들에 대한 인권보장과 같은 국내 헌법적 가치 및 헌법주의의 요소들을 국제법체계 속에서 기본적인 고려 대상으로 삼도록 하는 실천적 성과를 도출해 왔던 것이다.[95]

즉, 국제법의 헌법화는 자연스럽게 전통적으로 국가 내부에서만 문제가 되어 왔던 '법치주의'의 형식적 합법성 규칙이 국제공동체의 절차적 거버넌스 원리로 자리잡을 수 있도록 하고 나아가서 인류에 대한 '인권보장'과 '사회복지'의 실현과 같은 실질적 규범 내용이 국제법 규범 속에 확립될 수 있도록 해 온 것이다.[96]

현상으로서의 '국제법의 헌법화'는 제도적 차원으로 보면 일종의 '실질적 의미의' 헌 법 개념과 연결되는 측면이 있다고 본다.[97] 즉 형식적 의미에서 어느 하나의 문서를 국제

---

95) *Ibid.*, p.422.

96) *Ibid.*, p.423.

97) 즉, Hurrel의 용어에 의하면, 이러한 유형의 헌법은 '대륙법적 개념'(continental type)이 아니라 영국의 '보통 법적 개념의 헌법'(common law constitution)에 해당하는 것이다(Andrew Hurrel, *On Global Order: Power, Values, and the Constitution of International Society*(Oxford: Oxford University Press, 2007), Jan

공동체의 헌법으로 특정하지는 못하지만 Peters가 지적하고 있는 것처럼 국제공동체 구성원들의 '공통의 보편적 가치'(common and universal values)를 반영하여 수립된 복수의 헌법적 규범 또는 제도들이 현행 국제법 규범체계 속에서 발전되어 왔다고 할 수도 있기 때문이다.

생각건대, 실질적 의미에서의 국제공동체 헌법 규범들 가운데 가장 확실한 예가 바로 '강행규범' 및 '대세적 의무' 개념과 연결되어,[98] 그 특별한 지위가 인정되고 있는 국제인권법 또는 인권조약들이 아닌가 한다. 국제인권조약들은 국제법의 '위계적'(hierarchical or vertical) 질서 속에서,[99] 주요 인권원칙들을 중심으로 실질적인 '헌법적 역할'을 수행해 나갈 수 있다는 것이다.[100] 현재의 시점에서 보더라도 국제인권법 또는 인권조약의 기본원칙들은 그야말로 국제법의 하나의 특수한 분야가 아니라 '세계헌법'의 '맹아적 형태'(embryonic form)에 해당한다고 할 수 있으며, 유엔 헌장(Charter)의 경우도 제한적이기는 하지만 제2조에서 규정하고 있는 '주권평등의 원칙', '무력사용금지의 원칙', 그리고 '국내문제불간섭의 원칙' 등은 국제공동체의 '기초적인 규범 틀'에 해당하는 것으로서 그 헌법적 지위가 인정될 수도 있다고 본다.[101]

Klabbers *et al.*, *op. cit.*, p.23에서 인용).

98) Jan Klabbers *et al.*, *ibid.*, pp.25-26.

99) 그 例로서 흔히 '강행규범'이나 '대세적 의무'(obligations *erga omnes*)를 들고 있다(Francisco O. Vicuña, *op. cit.*, p.5). 일부는 국제공동체 속에서의 유엔 및 유엔 헌장의 기능적 역할과 헌장 제103조 등을 근거로 유엔 헌장 자체를 국제법 속의 '헌법' 또는 '상위의 법'(higher law)으로 규정하기도 한다. 이에 대해서는 Jeffrey L. Dunoff and Joel P. Trachtman, *Ruling the World? −Constitutionalism, International Law, and Global Governance −*(Cambridge: Cambridge University Press, 2009), pp.137-147 참조. 그리고 국제인권법이 일종의 '헌법적 역할'을 수행하고 있다는 견해에 대해서는 Menno T. Kamminga & Martin Scheinin, *op. cit.*, pp.29-31 참조.

100) Matthew Craven의 표현을 빌리면, 인권조약은 '준헌법적 성격'을 지닌다(M. Craven, "Legal Differentiation and the Concept of the Human Rights Treaty in International Law," *European Journal of International Law*, Vol.11, 2000, p.493).

101) M. Scheinen, *op. cit.*, pp.29-30; 시노다 히데아키 지음, 노석태 옮김, 전게서, pp.53-56 참조. 유엔 헌장의 국제공동체 헌법으로서의 역할 및 지위에 관한 집중적 논의에 대해서는 B. Fassbender, *op. cit.*; 김성원, 전게논문, pp.91-93 참조.

V. 결론

주권 개념의 재정립과 더불어 '국제법의 헌법화', '국제법의 인간화', 그리고 '글로벌 거버넌스'의 구축 등은 '국제적법치주의'의 제고와 관련하여 요청되고 있는 국제법의 방법론적 과제인 동시에 국제사회가 국제공동체로 발전해 나가고 있음을 보여주고 있는 실체이자 사실적 증거이기도 하다. 이들 세 가지 방법론적 문제들은 국제법학과 관련하여 상호 분리하여 논의할 수 없을 정도로 깊은 관련을 맺고 있는 것들이다. 이러한 상호 관련성은 이들의 근저에 공통적으로 '자연법론'적 관점이 자리 잡고 있다는 데서 더욱 분명하게 확인할 수 있다. 21세기 국제법 발달 과정에서 국제적법치주의의 제고와 관련하여 국제법의 인간화, 국제법의 헌법화, 굴로벌 거버넌스와 관련된 논의는 계속될 것이며 이들의 근저에 있는 '자연법론'의 국제법학 방법론에 대한 영향에 관한 평가도 달라지리라고 생각된다.

세계화 시대인 오늘날 국제공동체는, 과거 전통적 국제사회에서 절대적인 위치를 차지하고 있던 주권국가들이 저마다의 국익추구를 우선시 했던 국가주의나 Grotius적 의미의 국제주의의 단계를 넘어서서 주권국가들을 비롯하여 국제기구들과 개인들 모두가 국제공동체 또는 인류공동체 구성원으로서 보편적 이념과 가치를 추구하는 세계주의 또는 보편주의를 지향하고 있다고 할 수 있다.

이러한 변화는 전통적인 국제법의 역할 및 성격에도 많은 영향을 미치고 있다. 근대의 국제주의적 질서를 뒷받침하고 있던 국가중심적인 국제법체계는 오늘날 인간의 존엄 및 인권을 우선시 하는 인간중심적 법체계로 전환되고 있는 것이 사실이며 이러한 국제법의 인간화는 더 나아가서 국제법의 헌법화 과정도 촉진하고 있는 것이다.

물론 이러한 변화가 언제나 순탄하게 지속되고 있는 것은 아니라고 본다. 현실을 직시하면 국제공동체의 발전 속도가 기대에 미치지 못하고 있다는 평가도 있으며 많은 국가들이 자국의 이익을 위하여 국제공동체의 공통의 이익이나 가치를 외면하여 행동하는 모습도 비일비재하게 목격할 수 있는 것도 사실이다. 특히 일부 강대국의 경우 '우월주의'(triumphalism) 또는 '예외주의'(exceptionalism)를 내세워 국제적법치주의의 요청에 반하는 행동을 자행하는 경우도 없지 않다.

그러나 이러한 현실을 보면, 국제공동체 속에서 국제평화와 안전을 유지함은 물론 인류 전체의 보편적 가치로서의 정의·인권·복지의 이념이나 가치가 반드시 실현될 수 있도록 글로벌 거버넌스의 구축과 국제적법치주의의 제고에 더욱 관심을 갖지 않으면 안 된다는 생각을 하게 된다.

제2편

국제법의 연원 및 해석

제3장

조약체결의 의의 및 국회동의 관련 문제

I. 국제법 연원에 대한 서론적 고찰

1. 국제법 연원의 의의

법의 淵源 또는 '法源'(Sources of law)에는 세 가지 의미가 있다. ① 철학적 의미에서 법원은 법이 법으로서 타당(존재)할 수 있게 되는 근거, 즉 법의 타당 근거 또는 법 효력의 근거를 말하며 이는 주로 법철학의 영역에서 탐구되어진다. ② 법의 경험적 인식과 관련하여 법원은 곧 법을 인식하거나 발견하기 위한 자료 또는 증거를 말한다. 이를 흔히 '실질적 법원'(substantial sources)이라고 한다. ③ 존재론적 차원에서 법원은 법의 존재 또는 성립 형식을 의미하며, 이를 흔히 '형식적 법원'(formal sources)이라고 한다.[1] 일반적으로 (실정)국제법의 적용 및 해석과 관련하여 법원이라고 하면 형식적 의미의 법원을 의미하는 것이다. 그래서 보통 국제법의 연원이라고 하면 형식적 의미에서의 법원을 지칭하는 것으로 이해되지만,[2] 실질적 법원을 지칭하는 경우도 있기 때문에 문맥상 그 의미를 잘 파악할 필요가 있다.

국제법의 연원이 무엇을 의미하는지 그리고 무엇이 국제법의 연원인지에 관한 논의는 국제법 학자들에 의하여 매우 다양하게 이루어져 왔던 것이 사실이다. 그러나 국제적

---

1) 최재훈 외 5인, 『국제법신강』, 제2판(신영사, 2004), p.46; Ian Brownlie, *Principles of Public International Law*, Seventh ed.(Oxford: Oxford University Press, 2008), pp.3-4.

2) 김대순, 『국제법론』, 제17판(삼영사, 2013), p.41.

분쟁해결을 위한 사법적 국제기구로서 국제연맹(the League of Nations) 시절에 상설국제사법재판소(Permanent Court of International Justice; PCIJ)가 창설되고 이것이 국제연합(the United Nations)의 주요기관인 국제사법재판소(International Court of Justice; ICJ)로 승계되면서 그 설립조약인 '規程'(the Statute)의 관련 조항이 국제법의 연원에 관한 논의의 출발점이 되고 있다.

ICJ 규정 제38조 제1항[3])에 따르면 재판소가 자신에게 부탁된 분쟁을 국제법에 의하여 해결하기 위하여 적용하는 것으로, "일반 또는 특별 국제협약"(general or particular international conventions), 즉 '조약', "법으로 수락된 일반관행의 증거로서의 국제관습"(international customs, as evidence of a general practice accepted as law), 즉 '관습국제법', "문명제국에 의하여 승인된 법의 일반원칙"(general principles of law recognized by civilized nations), 그리고 "저명한 국제법학자의 학설"(teachings of the most highly qualified publicists) 및 "재판소의 결정"(judicial decisions), 즉 '판례' 등이 열거되고 있으며, 제2항에 따르면 분쟁당사자들이 합의하는 경우에는 "衡平과 善에 의하여"(*ex aequo et bono*) 재판할 수도 있도록 되어 있다.

그런데 제2항에 규정되고 있는 '형평과 선'은 당사자들이 그에 따라 재판해 주도록 합의해야만 재판소가 적용할 수 있는 것이기 때문에 국제'법'으로서의 지위는 인정되지 않는다. 따라서 국제법의 연원과 관련하여 직접적인 의미를 갖는 것은 제1항에서 규정되고 있는 조약(treaty), 관습국제법(customary international law), 법의 일반원칙, 그리고 학설 및 판례이다. 그러나 이 가운데 학설과 판례는 제38조 제1항 d호가 명시적으로 규정하고 있듯이, "(국제)법규 결정을 위한 보조수단으로"(as subsidiary means for the determination of rules of law) 그 역할이 한정되고 있기 때문에 '형식적' 의미에서의 국제법의 연원이 아니라 일종의 '실질적' 법원, 즉 국제법규의 존재나 그 내용 인식을 위한 수단이나 자료로서의 지위만이 부여되고 있다고 본다.[4])

---

3) "재판소는 자신에 회부된 분쟁을 국제법에 따라 재판하는 것을 임무로 하며, 다음을 적용한다.
   가. 분쟁국에 의하여 명백히 인정된 규칙을 확립하고 있는 일반적인 또는 특별한 국제협약
   나. 법으로 수락된 일반관행의 증거로서의 국제관습
   다. 문명국에 의하여 승인된 법의 일반원칙
   라. 법칙 결정의 보조수단으로서의 사법판결 및 제국의 가장 우수한 국제법학자들의 학설, 다만 제59조의 규정에 따를 것을 조건으로 한다."
4) 김대순, 전게서, pp.89-92.

오늘날 조약과 관습국제법이 형식적 의미에서 국제법의 기본적 연원(primary source) 이라고 하는 데는 異論이 없다. 법의 일반원칙의 의미와 그 '法源性'에 관해서는 논란이 많이 이루어지고 있다. 법의 일반원칙이 조약이나 관습국제법과는 달리 이들 연원이 존 재하지 않는 경우에 재판소가 '재판불능'(*non liquet*) 상태에 빠지는 것을 방지하기 위하 여 PCIJ 및 ICJ 규정에 포함된 것이라는 사실을 감안한다면, 그 자체로서 형식적 의미에 서 국제법의 연원으로 인정하기는 어렵지 않은가 생각한다.[5] 게다가 오늘날에는 법의 일반원칙이 점차 조약과 관습법으로 흡수된 결과 그 역할이 크게 줄어들고 있다고 본다.[6]

국제협약 또는 조약이란 국제법에 의하여 체결되고 규율되어지는 '능동적 국제법주체 들'(active subjects) 간의 명시적 합의를 말한다. 1969년에 체결되고 1980년에 발효된 「조 약법에 관한 비엔나 협약」(Vienna Convention on the Law of Treaties, 이하 "조약법협약")은 조약법에 관한 1차적 법원이다. 조약법협약의 대부분의 조항들은 기존의 관습법을 확인 하는 것들이며 일부 조항들은 협약이 채택될 시점에서 기존의 법과는 다른 새로운 내용 들을 규정하고 있다. 조약법에 대한 '점진적 발달'(progressive development)에 해당하는 이러한 조항들은 대부분 국가들에 의하여 광범위하게 수용됨으로써 이미 관습법으로서 의 지위를 갖게 되었다고 본다.

조약법협약의 목적상 조약은 "단일의 문건으로 작성되었거나 또는 둘 혹은 그 이상의 관련 문건으로 작성되었거나 관계없이, 또한 그 특별한 명칭에도 상관없이, 국가들 간에 문서로 작성되어 체결되고 국제법에 의하여 규율되어지는 국제협정을 의미한다(제2조 1 항 (a))."[7]을 의미한다. 이에 따르면, 조약이 성립되기 위해서는 ① 반드시 국가들 간에 체결되어야 한다. ② 반드시 문서로 작성되어야 한다. ③ 반드시 국제법에 의하여 규율 되어야 한다. 그러나 조약 가운데는 국가들 간에 체결되지 않고 국가와 국제기구 간에, 그리고 국제기구 간에 체결되는 것도 있으며, 이들은 「국가와 국제조직 간 또는 국제조 직들 간의 조약법에 관한 비엔나 협약」(Vienna Convention on the Law of Treaties between States and International Organizations or between International Organizations)이나 관습법

---

5) '법의 일반원칙'의 법원성에 대해서 김대순, 전게서, pp.84-89 참조.

6) 상게서, p.89.

7) "'treaty' means an international agreement concluded between States in written form and governed by international law, whether embodied in a single instrument or in two or more related instrumrnts and whatever its particular designation;"

의 규율을 받도록 되어 있다.

조약과 더불어 관습국제법은 주요한 국제법의 연원 가운데 하나이다. 국제사회에는 수많은 조약이 체결되어 있음에도 불구하고 아직 조약에 의하여 규율되지 않고 있는 많은 주제들과 당사자들이 있다. 관습국제법은 조약에 의하여 다루어지지 않고 있는 국제적 문제나 관심 분야들을 보완할 수 있는 기능이 있을 뿐만 아니라 조약에 가입하지 않고 있는 국가들에 대해서도 일반적으로 적용될 수 있는 잠재력 때문에 그 중요성을 인정받고 있다. 이처럼 그 중요성이 인정되고 있음에도 불구하고 관습법은 분명한 공식화 (formulation)의 요소를 결여하고 있기 때문에 그 존재 여부 및 내용을 둘러싸고 논쟁이 벌어지는 경우가 많다.

조약과 함께 양대 형식적 법원을 구성하고 있는 관습국제법이 성립되기 위해서는 양적(객관적) 및 질적(주관적)인 성립 요소가 필요하다.[8] 양적인 요소는 국가들의 관행(State practice)을 의미하는 것으로 국가들은 그들의 국제관계의 관행을 통하여 관습법규의 창설 및 적용에 참여하게 된다. 국가관행은 매우 광범위한 자료들, 즉 조약, 외교서한, 정책천명, 행정행위, 국내입법, 법원의 판결, 국제기구의 결의 등을 통하여 확인될 수 있다. 그리고 질적인 요소는 곧 법적 확신(*opinio juris*)을 의미하는 것으로서 국가들로 하여금 일정한 관행에 따르도록 강제하는 법적 의무감을 말한다.

2. 문제의 소재

국제법의 연원으로서의 조약은, 널리 능동적 국제법주체인 국가 및 국제기구 상호간의 명시적 합의에 의하여 성립하는 국제법의 형식으로 정의될 수 있으며, 개별국가에 있어서는 편입(incorporation)이나 변형(transformation) 등의 방식으로 수용되어 국내적 적용성을 갖게 된다. 조약의 체결·적용·해석에 관한 국제법으로는 앞에서 언급한 바와 같이 전통적으로 적용되어 온 관습국제법의 규칙을 비롯하여, 1969년에 채택된 '조약법 협약'과 1986년에 채택된 협약이 있다. 전자는 국가 상호간에 체결되는 조약에 적용되는 것이라는 점에서 후자와 차이가 있을 뿐, 두 조약은 모두 조약의 체결절차, 조약의 효력, 조약의 해석·적용, 조약의 개정 및 수정, 조약의 무효, 조약의 종료 및 정지 등을 규정하

---

8) 김대순, 전게서, pp. 48-64 참조.

고 있는 점에서 거의 동일한 내용을 가지고 있는 것이다. 각국은 관습국제법 및 두 개의 조약법 협약의 규정과 자신의 관련 국내법에 따라서 다른 국가 또는 국제기구와의 조약체결 업무를 수행하고 있다.

국제법상 조약은 통상적으로 조약체결을 위한 교섭, 조약안의 채택 및 확정, 조약의 구속을 받겠다는 동의, 유보, 발효, 그리고 등록 등의 절차를 거쳐서 체결되고 이행되지만,[9] 이러한 모든 과정에 대응하여 국내적으로도 복잡한 절차와 과정을 거치게 된다.[10] 우리나라의 경우는 조약체결 교섭을 위한 전권대표의 선임 및 파견, 교섭과정에서의 협의, 조약안에 대한 최종점검 및 법제처의 조약안 심사, 조약안의 국무회의 상정 및 심의, 국무총리 및 대통령의 재가, 국회의 동의, 공포 등 일련의 국내적 절차를 거쳐야 조약이 국내적으로 효력을 발생하게 되는 것이다.[11]

그러나 우리의 경우 이러한 일련의 복잡한 국내적 조약체결 과정을 체계적으로 규율하는 법률이 제정되지 않고 있어서 위에서 언급한 조약을 비롯하여 헌법 및 관련 법률[12]과 관행에 의거하여 조약체결 업무를 수행하고 있는 실정이다. 특히 조약체결에 대한 국회의 동의권과 관련하여 헌법 제60조 제1항이 규정이 너무 추상적이고 포괄적인 내용으로 되어 있어서 국회의 실질적인 동의권의 행사와 관련하여 쟁점이 되는 사항들이 많이 등장하고 있다. 따라서 헌법 해석을 둘러싼 논란을 해소하고 국회의 동의절차를 포함한 국내적 조약체결 절차 전반을 체계적·세부적으로 규율하기 위하여 헌법 개정 필요성이 제기되는 동시에 관련 법률을 제정하기 위한 움직임이 나타나고 있는 것이다.[13]

---

9) William R. Slomanson, *Fundamental Perspectives on International Law*, 3rd. ed.(Belmont, CA: Wadsworth/Thomson Learning, 2000), pp.331-342 참조.

10) 외교통상부, 『알기 쉬운 조약업무』(외교통상부, 2006) 참조.

11) 조약체결과 관련한 국내절차 전반에 관해서는 배종인, 『헌법과 조약체결: 한국의 조약체결 권한과 절차(삼우사, 2009); 정인섭, 『조약법강의』(박영사, 2016), pp.472-517 참조.

12) 이에는 국회법, 정부조직법, 정부대표임명 및 특별사절의 임명에 관한 법률, 법령 등 공포에 관한 법률, 그리고 외자도입법 등이 있다(신각수, 「조약체결절차법 제정의 필요성」, 『국제법 동향과 실무』, 제3권 제1호, 2004, p.90).

13) 1992년 '문민정부' 당시 개혁입법의 일환으로 '조약체결절차법'의 제정이 추진된 바 있었다. 당시 외교부 조약국은 가칭 '조약체결절차에 관한 법률(안)'을 내부문서로 작성하였였는데, 이에는 조약의 성안, 교섭, 채택, 심사, 국무회의 심의, 대통령 재가, 서명, 국회 비준동의, 비준, 발효, 보관, 등록, 개정 등 일련의 조약체결절차에 관한 세부규정을 포함하고 있었다. 그러나 1993년 조약체결절차법의 제정 필요성 및 하위 규정의 적절성에 대한 신중한 판단이 요구되고 관계부처의 유보적 입장이 표명됨에 따라 그 추진이 보류되고 말았다(이에 관해서는 상게논문, p.89 참조). 그 후 국회에서는 '한·미 FTA'의 체결 및 국회 비준동의와 관련하여 대통령(행정부)의 통상협정 교섭에 관한 민주적 통제를 강화하고 국회 동의권의 실질적 행사를 보장하기 위한 목적에서 일반적인

따라서 여기서는 헌법 제60조 제1항에서 규정되고 있는 조약의 체결·비준에 대한 국회의 동의권에 관한 논의를 중심으로, 헌법 개정 및 조약체결절차법의 제정과 관련하여 검토되어야 할 여러 가지 사항에 관하여 논하기로 한다.

Ⅱ. 조약체결절차 및 조약체결권의 의의

1. 조약체결절차

국제법상 조약은 교섭대표의 임명절차로부터 시작하여 조약문(text) 채택을 위한 교섭(negotiation), 조약문의 채택(adoption), 인증(authentication), 그리고 비준(ratification) 등 체결(conclusion)에 필요한 절차를 거쳐서 체결되고 발효(entry into force)되는 것이다.[14] 통상적으로 '전권위임장'의 수여 등의 방법으로 조약 체결을 위한 교섭권한이 증명되는 교섭대표에 의하여 조약안의 내용을 확정하기 위한 교섭이 이루어진 다음 '채택'과 '인증' 절차를 통하여 조약의 형식과 내용에 관하여 합의가 이루어졌음을 확인하게 된다. 즉, 조약문의 채택과 인증은 교섭이 완료되고, 논점들이 해소되었으며, 또한 조약의 최종 문건들에 대하여 합의가 성립되었음을 최종적으로 확인하는 것을 의미한다.

그러나 조약문의 채택과 인증은 조약의 체결을 위한 하나의 과정에 지나지 않는 것이다. 조약당사자는 그 조약에 구속되는 데 동의하는 절차를 통하여 조약의 체결 및 발효를 위한 단계를 밟게 된다. 이러한 동의를 '기속적 동의'(consent to be bound by Treaty)라고

'조약의 체결·비준에 대한 국회동의절차에 관한 법률안'과, 통상협상 및 통상협정의 체결절차를 규율하고 국회동의권을 강화하기 위한 몇 개의 법률안들이 발의되어 논의·검토를 거쳐 2011년 12월에 「통상조약의 체결절차 및 이행에 관한 법률」(이하, "통상절차법")이 제정되고 2012년 7월부터 시행되고 있다. 통상절차법은 헌법 제60조 1항의 국회 비준동의 대상인 '통상조약'의 교섭과 체결과정에 적용되는 것이다(이에 대해서는 이재민, 「우리나라 통상절차법과 향후 과제」, 『서울국제법연구』, 제19권 1호, 2012, pp.31-62 참조). 그리고 현재는 정부 및 국회 차원에서 '일반적인 조약의 체결·비준에 대한 국회동의절차에 관한 법률안'에 관하여 검토가 진행되고 있는 상황이다. 정부(외교부) 차원의 조약체결절차법 준비에 대해서는 안은주, 「조약체결절차 실무 및 조약체결절차법 제정논의」, 『국제법평론회 2013년도 동계학술대회 발표자료집』, 2013, pp.39-52 참조.

그러나 '조약체결절차법'의 제장과 관련하여 "가급적 행정부가 유연성을 유지하면서도 개별 사안에 대하여 적절하게 대처할 수 있는 체제가 요구되며, 굳이 입법을 함으로써 조약체결 절차를 경직화시킬 필요는 없을 것"이라고 하면서 신중론을 펼치는 입장도 있다. 이에 대해서는 배종인, 전게서, pp.314-318 참조.

14) 조약법협약 제7조~제16조 참조.

하며, 흔히 조약법협약 11조에 제시되어 있듯이, 서명(signature), 조약을 구성하는 문서의 교환(exchange of instruments), 비준(ratification), 수락(acceptance), 승인(approval), 가입(accession), 그리고 '상호 합의된 기타의 방법' 등 다양한 방법으로 행할 수 있다. 국제적으로 조약은 그 유효성을 제고하기 위하여 유엔 사무국에 '등록'(registration)하는 절차가 더 요구되기도 한다.[15]

조약의 체결과 관련하여 국내적으로는 확정된 조약안에 대하여 대통령의 최종 재가를 받기 전에 조약안에 대한 외교부(국제법률국)의 최종점검을 거쳐서 법제처의 조약안 심사가 이루어지게 된다. 정부조직법 제30조 제1항에서는 외교부가 조약 기타 국제협정에 관한 사무를 관장하도록 되어 있고, 제23조 제1항은 국무회의에 상정될 '법령안'('조약안'도 이러한 법령안에 포함된다) 등에 대하여 법제처의 심사를 받도록 규정하고 있기 때문이다. 법제처의 심사가 완료되면, 조약안은 헌법 제89조 3호에 의거하여 국무회의에 상정되고, 국무회의 심의·의결이 이루어지면 국무총리의 재가를 거쳐서 대통령의 재가를 받게 된다.[16]

대통령의 재가 이후에 국제법에 따른 조약체결 절차상 '기속적 동의'에 해당하는 '서명' 또는 '비준'의 절차를 진행하게 되는데, 일부 조약의 경우 최종적인 절차인 서명이나 비준에 앞서서 헌법 규정에 따라 국회의 동의를 거치도록 되어 있는 것이다. 국제법과 국내적인 절차를 거쳐서 체결된 조약은 '官報'에 게재하는 방식으로 '公布'함으로써 국내적으로 효력을 발생하게 된다.[17]

2. 조약체결권과 국회 동의권의 관계

일반적으로 조약은 관습국제법과 더불어 국제사회의 법인 국제법의 주요한 연원으로서 국가의 대외관계를 규율하는 역할을 수행할 뿐만 아니라 개별국가의 국내적 영역 내에서도 그 법적 효력이 인정되고 있다는 점에서 매우 중요한 의미를 가지고 있다. 조약체결과 관련하여, 국제법은 국가에 대하여 '조약체결능력'(capacity to conclude treaties)

---

15) 조약법협약 제6조-제8조, 제10조-제14조, 제16조, 제102조 참조.
16) 외교통상부, 전게서, pp.32-33 참조.
17) 상게서, pp.34-35 참조.

을 인정하고 있으나,[18] 국가를 대표하여 조약을 체결할 권한이 누구에게 있는가는 개별 국가의 국내법(주로 헌법)에서 규정하고 있다. 전통적으로 조약은 국가의 국제적 교섭활동의 주된 산물로서 국가의 대외적 대표기관(국가원수 또는 정부수반)에 의하여 체결되어 왔다.[19]

우리 헌법도 제66조 제1항에서 "대통령은 국가의 원수이며, 외국에 대하여 국가를 대표한다."고 하여 대통령이 국가를 대표하여 외교적 권한을 행사할 수 있도록 근거를 마련한 다음, 제73조에서는 "대통령은 조약을 체결·비준하고, …"라는 규정을 통하여 '조약체결권'이 국가원수이자 행정부 수반인 대통령에 귀속되고 있음을 밝히고 있다. 따라서 우리 헌법상 조약체결권은 일응 대통령에게 '전속적'으로 부여되고 있다고 할 수 있을 것이다.

그러나 조약체결권이 대통령(행정부)에 귀속되고 있는 많은 나라에서 조약의 체결과 관련하여 국민의 대표기관인 의회(국회)의 관여를 일정 수준에서 인정하는 경향을 보이고 있다.[20] 우리 헌법은 제60조 제1항에서 "국회는 상호원조 또는 안전보장에 관한 조약, 중요한 국제조직에 관한 조약, 우호통상항해조약, 주권의 제약에 관한 조약, 강화조약, 국가나 국민에게 중대한 재정적 부담을 지우는 조약 또는 입법사항에 관한 조약의 체결·비준에 대한 동의권을 가진다."고 규정함으로써 국회로 하여금 '동의'의 형식을 통하여 조약의 체결·비준에 관여할 수 있는 권한을 부여하고 있다.

이러한 관점은 조약체결권을 포함하여 외교권이 원칙적으로 대통령(행정부)에 귀속되는 것으로 보거나 국회에 그 일부의 권한이 인정되고 있는 것으로 보더라도 그 중심(우선권)이 대통령에 있다는 점을 전제로 하는 것이다.[21] 따라서 조약의 체결·비준에 대한 국회의 동의권은 대통령의 자의적인 조약체결을 방지하고 국민의 대표기관인 국회의 동의를 통하여 국민적 합의를 도출함으로써 조약의 민주적 정당성을 확보하기 목적으로

---

18) 비엔나 조약법협약 제6조.

19) 외교통상부, 전게서; 정진석, 「조약의 체결·비준에 대한 국회의 동의」, 『서울국제법연구』, 제11권 제1호, 2004, p.160.

20) 상게논문.

21) 이에 반하여 조약체결권이 행정부에 의해서만 행사되는 것이 아니라 의회와 행정부, 兩者에 의하여 행사되는 '협동적 국가활동'이라고 봄이 타당하다는 견해도 있다. 이러한 입장에 따르면, 의회의 동의권은 단순히 보충적 참여에 그치는 것이 아니라고 본다. 이에 대해서는 제성호, 「조약의 체결·비준에 대한 국회동의권」, 『국제법학회논총』, 제33권 제2호, 1988, pp.284-285 참조.

인정되고 있는 예외적·부차적 권한인 것이다.

또한 우리나라의 경우, 헌법 제6조 제1항에 의하면 "헌법에 의하여 체결·공포된 조약과 일반적으로 승인된 국제법규는 국내법과 같은 효력을 가진다."라고 되어 있기 때문에 국회의 동의를 요하는 조약의 경우, 그 동의 없이 체결된 조약은 국내법으로서의 효력이 없다는 해석이 가능하다. 따라서 조약의 체결·비준에 대한 동의는 그 조약이 국내적으로 효력을 가지는 데 필요한 일종의 '절차적 요건'으로서의 기능을 가진다고 할 수 있다.[22]

Ⅲ. 조약체결에 대한 국회동의 및 관련 문제

1. 국회동의를 요하는 조약의 범위

1) 헌법 제60조 제1항 : '예시조항'인가 아니면 '열거조항'인가?

헌법 제60조 제1항에 따르면, "국회는 상호원조 또는 안전보장에 관한 조약, 중요한 국제조직에 관한 조약, 우호통상항해조약, 주권의 제약에 관한 조약, 강화조약, 국가나 국민에게 중대한 재정적 부담을 지우는 조약 또는 입법사항에 관한 조약의 체결·비준에 대한 동의권을 가진다."고 되어 있다.

현재 '체결·비준'과 관련하여 국회의 동의를 받아야 하는 조약의 유형이 일반적·포괄적인 개념으로 되어 있어서 그 구체적 범위에 대하여 논란이 야기되고 있다. 우선 이와 관련하여 헌법 제60조 제1항에서 열거하고 있는 7가지 조약의 유형을 단지 국회의 동의를 요하는 조약을 일부 예시하고 있는 것으로 해석하는 입장이 있다. 이러한 입장의 대표적인 주장에 따르면, 헌법에서 열거되고 있는 조약의 유형들은 대체로, '정치적 관계를 규율하는 조약', '국가경제에 관한 조약', 그리고 '입법사항에 관한 조약' 등 국회의 동의를 받아야 하는 조약의 예시에 불과하고, 위의 3가지 유형의 조약에 해당하는 것은 헌법에 구체적으로 열거되지 않고 있더라도 모두 국회의 동의를 얻어야만 한다고 해석된다.[23]

---

22) 정진석, 전게논문, pp.161-163.

23) 제성호, 전게논문, pp.289-293 참조.

그러나 위의 입장도 대통령(행정부)이 체결하는 모든 조약에 대하여 국회의 동의가 필요하다는 것이 아니라 실질적으로 3가지 유형에 속하는 조약들이 "중요한" 조약으로서 국회의 동의를 거쳐야만 한다는 것이기 때문에, 어떠한 조약이 국회의 동의를 얻어서 체결·비준되어야 하는가는 결국 '해석'의 문제로 귀결되는 것이다. 헌법 제60조 제1항에서 열거하고 있는 조약의 범주도 매우 광범위한 것이 사실이기 때문에 이 조항을 '例示條項'으로 보거나 아니면, '列擧條項'으로 보거나 실제로는 큰 차이가 없게 된다고 본다.[24] 문제는 헌법의 규정이 대통령의 '조약체결권'과 국회의 '동의권'의 관계를 어떻게 규정하고 있는가에 대한 이해와 접근방법인 것이다.

생각건대, 우리 헌법은 조약체결권이 대통령의 권한임을 규정하는 동시에, 다른 나라(일본 및 미국)의 경우 조약 일반에 대하여 의회의 동의를 얻도록 규정하고 있는 것과는 달리 '상호원조 또는 안전보장에 관한 조약', '중요한 국제조직에 관한 조약', '우호통상항해조약', '주권의 제약에 관한 조약', '강화조약', '국가나 국민에게 중대한 재정적 부담을 지우는 조약' 그리고 '입법사항에 관한 조약' 등 7가지 유형의 조약을 명시하여 국회의 동의를 얻도록 되어 있기 때문에, 각 유형에 해당하는 조약의 범위에 관해서는 해석상 논란이 이루어질 수는 있겠지만, 일단 국회의 동의를 요하는 조약의 범위는 헌법에 열거된 7가지 유형의 조약으로 한정하는 것이 온당하다고 본다.[25]

2) 국회동의를 요하는 조약의 유형에 대한 검토

'상호원조 또는 안전보장에 관한 조약', '주권의 제약에 관한 조약'이나 '강화조약' 등의 경우는 해석상 그 범위를 한정하는 데 큰 문제가 없어 보인다. 다만 '중요한 국제조직에 관한 조약', '국가나 국민에게 중대한 재정적 부담을 지우는 조약'의 경우는 어떠한 국제조직(기구)이 "중요한" 국제조직인지, 그리고 어느 정도의 부담이 국가나 국민에게

24) 정진석, 전게논문, p.163.
25) 상게논문, pp.162-163; 정용태, 「대한민국 국회의 조약비준동의권」, 『법학논집』, 제3집, 청주대법학연구소, 1988, p.55; 이상훈, 「헌법 제60조 제1항에 대한 고찰: 국회동의의 법적 성격 및 입법사항에 관한 조약을 중심으로」, 『국제법 동향과 실무』, 제2권 제3호, 2003, pp.99-100; 임지봉, 「헌법적 관점에서 본 '국회의 동의를 요하는 조약' - 우리나라의 경우를 중심으로 -」, 『공법연구』, 제32집 제3호, 2004, pp.168-70. 다만 임지봉 교수는 "상호원조 또는 안전보장에 관한조약"을 '상호원조조약'과 '안전보장에 관한 조약'으로 분리하여 국회의 동의를 요하는 조약의 종류를 모두 8가지로 설명하고 있다.

"중대한" 재정적 부담이 되는지에 관하여 "중요한" 및 "중대한"의 의미에 대한 해석과 관련하여 논란이 있을 수 있고, '우호통상항해조약'의 경우는 헌법 개정 이전의 '통상조약'과의 관계가 문제될 소지가 있으며, '입법사항에 관한 조약'의 경우는 대부분의 조약이 국민의 권리·의무와 관련이 있는 입법사항이라고 볼 수도 있기 때문에 국회의 동의를 요하는 관련 조약의 범위를 정하는 데 어려움이 있는 것이 사실이다. '입법사항'이 '국민의 권리·의무와 관련된 것으로 법률로 정하여야 하는 사항'을 의미한다고 볼 때, 국내법(법률)으로서의 효력을 갖게 되는 조약은 거의 모두 이에 해당한다는 해석도 가능하게 된다.

그러나 헌법 제60조 제1항의 목적이 가능한 한 모든 조약의 체결·비준과 관련하여 국회의 동의를 얻도록 하는 데 있는 것이 아니라고 한다면, '입법사항에 관한 조약'과 관련하여 단지 조약의 내용이 국민의 권리·의무와 단지 관련이 된다고 하여 모든 조약이 국회의 동의를 거치도록 하려는 것이 아니라, 그것이 국민의 권리·의무에 관한 사항을 정하는 조약으로서 그 내용이 기존의 국내법과 상충되기 때문에 국내법의 수정이나 변경을 요하는 경우, 또는 그 실시를 위하여 특별히 국내법의 제정이 필요한 경우에 한하여 국회의 동의를 얻도록 하는 취지로 해석하는 것이 타당하다고 본다.[26]

따라서 헌법을 개정하거나 조약체결절차법을 제정하는 경우에 거의 모든 조약에 대하여 국회의 동의를 얻도록 하는 것보다는 "그 내용이 기존의 국내법과 상충되기 때문에 국내법의 수정이나 변경을 요하는 경우, 또는 그 실시를 위하여 특별히 국내법의 제정이 필요한 경우에 한하여" 국회의 동의를 얻도록 하는 취지를 명시하는 것이 바람직하다고 본다.

일반적으로 '우호통상항해조약'(Friendship, Commerce, and Navigation Treaty; FCNT) 또는 '통상항해조약'은 체약국 간에 상호적으로 국민의 출·입국, 거주, 영업, 통상 그리고 항해 등에 관하여 내국민대우 또는 최혜국대우를 부여하는 내용으로 체결되는 것으로 국교를 맺고 있는 국가 간의 '기본관계조약'으로 흔히 체결되고 있다. 이러한 조약은 국가 상호간에 타방 체약국의 영역 내에서 경제활동을 수행함에 있어서 법적 조건을 규율하는 기본적인 국제법규이다.[27] 따라서 모든 통상·무역협정이 이러한 의미의 우호통

---

26) 이상훈, 상계논문, pp.100-104; 정진석, 상계논문, p.165.
27) 최재훈 외, 전게서, pp.524-525 참조.

상항해조약의 범주에 속한다고 보기는 어렵다고 본다. 따라서 통상관련 협정만을 놓고 볼 때, 제8차 헌법 개정에 의하여 국회의 동의를 얻어야 하는 통상조약의 범위가 일응 축소되었다고 해석할 수도 있다.[28]

근래 들어, '양자간투자협정'(Bilateral Investment Treaty; BIT)과 같이 주요한 무역·통상관련 조약들이 '우호통상항해조약'의 방식과는 별개의 명칭으로 체결되고 있는 현실을 감안한다면, '우호통상항해조약'의 범위에 주요한 무역·통상 관련조약이 포함되는 것으로 해석하거나,[29] 국회의 동의를 요하는 다른 조약의 유형, 예를 들어 '국가나 국민에게 중대한 재정적 부담을 지우는 조약' 또는 '입법사항에 관한 조약'에 해당하는 것으로 보아 국회의 동의권을 요청하지 않는 한, 주요한 무역·통상조약이 국회의 동의 없이 체결될 가능성이 있는 것이 사실이다.

제8차 헌법 개정을 통하여 국회의 동의를 요하는 조약의 유형을 '통상조약'에서 '우호통상항해조약'으로 개정한 취지를 감안한다면, 모든 통상조약이 국회의 동의를 얻도록 하려는 것이 아니라고 보는 것이 타당한 해석이 될 것이다. 따라서 국가 간의 '기본관계조약'과는 별개의 방식으로 체결되는 통상관련 조약의 경우에도 국회의 동의를 얻도록 하기 위해서는 명시적으로 현재의 '우호통상항해조약'을 다시 '통상조약' 또는 '중요한 통상조약'으로 개정하는 것도 하나의 방법은 될 수 있다고 본다.

다만 이러한 경우에도 모든 통상관련 조약이 아니라 "중요한" 통상조약의 경우에 한하여 국회의 동의를 요하도록 개정하는 방식을 택하게 된다면, 또다시 '중요한 통상조약'의 범위와 관련하여 논란이 생기게 될 것이다. 이 경우 현재의 '우호통상항해조약'의 범주에 '주요한 통상조약'이 포함되고 있는 것으로 해석할 수 있다면 굳이 헌법 개정을 통하지 않고도 문제를 해결할 수 있다고 본다. 지금도 엄격한 의미의 '우호통상항해조약'만이 아니라 주요한 무역·통상 관련조약에 대해서는 국회의 동의가 요청되고 있는 것이 사실이다.[30]

---

28) 그러나 임지봉 교수와 같이 '통상조약'이 '우호통상항해조약'으로 개정됨으로써 국회의 동의를 요하는 통상·무역 관련 조약의 범위가 확대되었다는 견해도 있다. 임지봉, 전게논문, p.169.

29) 정진석, 전게논문, p.164.

30) 한편 통상절차법(제2조 1호)에 의하면 그 대상인 "통상조약"이란 우리나라가 세계무역기구 등 국제기구 또는 경제연합체에 가입하거나 다른 국가 등과 체결하는, ① 세계무역기구 등 국제기구 차원에서 체결되어 포괄적인 대외 시장개방을 목적으로 하는 조약, ② 지역무역협정 또는 자유무역협정 등 양자 차원에서 체결되어 포괄적인 대외시장개방을 목적으로 하는 조약, 그리고 ③ 그 밖에 경제통상 각 분야의 대외시장개방으로 인하여 국민

3) 고시류조약의 경우

우리나라의 경우 '모'(母) 조약의 실시·집행을 위하여 보충적으로 체결되는 부속(수)협정이나 이행협(약)정이나 모조약의 일부 내용을 수정하기 위한 각서 교환에 대해서는 국무회의 심의 및 대통령의 재가, 그리고 국회의 동의 등 국내절차를 거치지 않고 관계부처와의 협의를 거쳐서 외교부 장관이 체결한 다음 이를 관보에 '告示'할 수 있도록 하고 있다. 이러한 방식으로 체결되는 조약을 실무편의상 흔히 '告示類條約'이라고 한다. 관행적으로 인정되어 온 고시류조약은 일종의 약식조약으로서의 성격을 가지고 있으며 정식의 公布 절차가 아니라 '외교부고시'에 의하여 효력을 발생하는 것이 특징이다.[31]

이른바 고시류조약은 헌법상 조약체결절차를 일부 생략하여 체결되고 있기 때문에 "헌법에 의하여 체결·공포된 조약"이 국내법으로서의 효력을 가지도록 하는 헌법 규정 (제6조 제1항)과 관련하여 그 법적 효력에 관한 논란이 있는 것도 사실이다. 이와 관련하여 고시류조약은 그 근거인 조약이 명시적 또는 묵시적으로 위임한 범위 내에서 조약체결권자인 대통령의 위임을 받아서 체결된다는 점에서 그 유효성이 인정된다고 할 수 있다.[32] 그러나 만일 부수적 협정이나 이행협정의 경우라도 그 내용이 중요한 사항을 포함하고 있다고 판단되는 경우에는 고시류조약이 아닌 통상적 조약체결 절차를 거쳐야 하며, 필요하다면 당연히 국회의 동의도 얻어야 한다고 본다.

4) 국회동의가 불필요한 조약의 범위를 법률로 정하는 문제

조약체결에 대한 국회의 관여 권한을 강화하고 이를 통하여 조약체결을 통한 입법에 대한 민주적 통제를 활성화한다는 취지에서 현행 헌법의 접근 방식과는 반대로 모든 조약에 대하여 국회의 동의를 거치도록 하고, 오히려 국회의 동의가 필요 없는 조약의 유형을 법률에서 정하도록 하는 방안도 고려할 필요는 있다고 본다.

그러나 이러한 접근방법도 위에서 언급한 것과 마찬가지로 현재로서는 기본적으로

경제에 중요한 영향을 미치는 조약 중 헌법 제60조 제1항에 따른 국회동의 대상인 조약을 말한다고 규정됨으로써 여전히 국회동의를 요하는 조약에 대한 해석의 문제를 남겨두고 있다.

31) 상게서, p.39; 김민서, 「조약의 유형에 따른 국내법적 지위의 구분」, 『국제법학회논총』, 제46권 제1호, 2001, pp.38-39.

32) 상게논문, p.39.

대통령에 귀속되고 있는 것으로 해석되고 있는 조약체결권의 법적 성격 및 국회의 관여권의 수준에 대한 근본적인 입장의 변화가 뒤따라야 하는 문제라고 본다. 그리고 이러한 방식으로 헌법을 개정하는 경우, 국회의 동의를 받지 않아도 되는 조약의 유형 및 범위와 관련하여 여전히 논란이 생길 것이다.

2. 국회동의를 요하는 조약 여부에 대한 판단 주체

1) 서설

헌법 제60조 제1항이 '열거조항'이라고 하여도 열거된 조약의 유형 자체가 포괄적이고 또한 '중요한'이나 '중대한'과 같은 해석의 필요성이 있는 문구를 가지고 있어 어떤 조약이 국회의 동의를 요하는 것인지 아닌지는 쉽게 판단할 수 없는 경우가 많다. 현재 실무적으로는, 우선 법제처가 조약안 심사과정에서 자신에게 의뢰된 조약이 헌법 제60조 제1항에 해당하는지 여부에 관한 의견을 제시하고 외교부는 이러한 의견을 존중하여 국회의 동의 절차가 필요한지 여부에 관하여 판단하고 있다.[33]

이러한 절차는 조약체결권이 기본적으로 대통령(행정부)의 권한에 속한다는 전제에서 행해지고 있는 것이다. 따라서 헌법 해석상 어느 조약이 국회의 동의를 받아야 하는지에 대한 일차적인 판단 주체는 대통령이라고 보아야 하며 실무적으로는 대통령을 보좌하여 국내적으로 조약체결절차를 시행하고 있는 행정부라고 보아야 할 것이다. 다만 국회는 헌법에 따라 조약의 체결·비준에 대한 '동의권'을 행사할 수 있도록 되어 있기 때문에 대통령(행정부)이 국회의 동의를 요청하지 않고 체결한 특정한 조약의 효력에 대하여 이의를 제기할 수 있다고 본다. 만일 대통령(행정부)이 국회의 동의를 요하는 조약이라고 판단되는 조약을 국회에 동의 요청 없이 비준하고 공포하는 경우에 국회는 자신의 동의권이 침해되었다는 점을 들어 '權限爭議審判'을 청구할 수 있을 것이다. 이 경우 특정 조약이 국회의 동의를 요하는 조약인지에 대한 최종적인 판단은 헌법재판소가 하게 될 것이다.

---

33) 이상훈, 전게논문, p.101; 배종인, 「대통령의 조약 체결·비준권과 이에 대한 국회의 동의권(헌법 제60조 제1항의 해석)」, 『세계헌법연구』, 제12권 제1호, 2006, p.141.

2) 동의를 요하는 조약에 대한 결정권을 국회에 부여하는 문제

조약체결권이 현행 헌법상 대통령의 전속적인 권한에 속하고 조약체결에 대한 국회의 관여는 제한적으로만 인정되고 있는 한에 있어서, 모든 조약의 체결과 관련하여 국회의 동의를 거치도록 하는 것은, 대통령의 조약체결권을 과도하게 제약하고 효율적인 조약 체결절차의 진행을 어렵게 만드는 결과를 가져 올 수도 있다고 본다. 다만 이러한 경우 국내법적 효력을 갖게 되는 조약의 체결에 대한 국회의 동의를 통하여 국민의 대표기관 인 국회의 위상을 제고하고 사실상 대통령(행정부)에 의한 입법 과정에 국회를 통한 민주적 통제를 강화할 수 있다는 장점이 나타날 수도 있을 것이다.

특히 행정부에서 절차상 번거로움과 시간적 소요를 이유로 가능한 한 조약의 체결과 관련하여 국회의 동의 절차에 회부하는 것을 회피하는 경향이 증가하고 있는 현실을 감안할 때, 국회의 동의를 필요로 하는 조약인지 여부를 행정부가 일방적으로 판단하지 말고 국회의 의견을 수렴하여 판단할 수 있도록 상호 의사소통체계를 제도화할 필요도 있다고 본다.

그러나 모든 조약에 대하여 사전에 국회에 통보하도록 하고 또한 국회의 동의를 받아야 하는지 여부에 대하여 국회가 판단하도록 하기 위해서는, 현재로서는 대통령에 귀속되고 있는 것으로 해석되고 있는 조약체결권의 법적 성격 및 국회의 관여권의 수준에 대한 근본적인 입장의 변화가 전제되어야 하는 문제가 아닌가 생각한다.

3. 국회 동의권 행사의 대상 및 시기

1) 동의권의 대상 : 조약체결 '전반'인가 아니면 확정된 '조약안'인가?

헌법 제60조 제1항은 일정한 "조약의 체결·비준"에 대하여 국회의 동의가 이루어지도록 규정하고 있을 뿐, 그 대상 및 시기에 관해서는 명시적인 규정을 두지 않고 있다. 다만 헌법은 조약의 '체결·비준'에 대하여 국회가 동의권을 갖는 것으로 규정하고 있기 때문에, 그 의미를 통하여 동의권 행사의 대상 및 시기를 판단하고 있다. 그러나 조약의 '체결'과 '비준'의 본래적 의미로 보아 헌법상 "체결·비준"의 의미가 중복적인 동시에 조약 체결 과정 전반을 포함하는 것으로 해석될 여지도 있는 것이어서, 국회동의를 요하는 대상 및 그 시기와 관련하여 많은 논란이 야기되고 있는 것이다.

'체결·비준'의 해석과 관련하여, 한 가지 방법으로 '체결'과 '비준'을 분리하여 접근함으로써 국회는 조약의 '체결'과 조약의 '비준' 각각에 대하여 모두 동의권을 행사하도록 하는 의미로 해석하는 것도 가능할 것이다. 그러나 현재 이러한 입장을 견지하는 경우는 보이지 않는다. 이는 우선 조약에 대한 국회 동의권의 성격상 국회는 대통령(행정부)이 주도하는 조약체결 절차의 마지막 단계에서 그 민주적 통제를 위하여 관여하는 것이기 때문에 전권대표의 임명이나 교섭의 개시 단계에서 국회가 동의권을 행사할 수는 없다는 목적론적 접근과 함께, 조약 '체결'의 본래적 의미로 볼 때, 이를 조약체결을 위한 교섭의 개시로부터 조약에 대한 기속적 동의표시까지 포함한 조약체결의 전 과정을 포함하는 것으로 해석한다면, 조약의 '체결'과 조약의 '비준'에 대하여 각각 국회의 동의를 요한다고 하는 해석은 절차의 불필요한 중복을 규정하게 됨으로써 용어채택상 문제가 발생하게 된다는 논리적 접근이 그 주된 배경이 되고 있다.[34]

따라서 일부 논자들은 "체결·비준"의 의미와 관련하여 '체결'과 '비준'을 분리하여 접근하면서도, 조약의 '체결'과 '비준'이 대등하게 연결되고 있다는 점에 착안하여 '체결'에 대해서는, 이를 '비준'의 개념과 대응시키기 위하여 그 통상적인 의미로 해석하지 않고, '비준' 절차를 요하지 않는 조약에 있어서 최종적인 기속적 동의 방식으로 요구되는 방식, 즉 '서명' 절차를 의미하는 것으로 해석하기도 한다. 그러나 이처럼 '체결'의 의미를 통상적 의미와는 다르게, 특히 동일한 헌법전 속에서 제6조 제1항에서 규정되고 있는 조약의 '체결'과 다르게 해석하는 것도 문제가 있는 것이다.[35]

현재 헌법 제60조 재1항의 해석론의 경향을 보면, 목적론적 차원에서 "체결·비준"의 '체결'과 '비준'을 분리하지 않고 통합적으로 이해하려고 하는 것이 일반적이다.[36] 그리하여 대통령의 조약체결권과 국회의 동의권의 개념적·실질적 관계로 볼 때, 조약의 "체결·비준"에 대한 국회의 '동의'는 그 성격상 조약의 전권대표의 임명이나 교섭의 개시를 포함하는 조약 체결 그 자체에 대한 동의가 아니라 '비준'의 방식을 비롯하여 확정된 '조약안'에 대한 조약체결권자의 '기속적 동의'의 표시가 이루어지는 단계에서 그에 대한 동의로 이해하고 있는 것이다.[37]

---

34) 김민서, 전게논문, p.29; 정진석, 전게논문, p.167 참조.
35) 예를 들어, 이와 같은 '체결'의 의미를 헌법 제6조 제1항에 적용하는 경우, '비준·공포'된 조약은 국내법과 같은 효력을 지닐 수 없게 되는 결과가 된다. 이상훈, 전게논문, p.95.
36) 상계논문, pp.94-95.

구체적인 '동의'의 시기와 관련하여 '서명'만으로 성립하는 조약이든 아니면 '비준'을 요하는 조약이든 모두 서명 전에 이루어져야 한다는 견해도 있고,[38] '서명'만으로 체결되는 조약의 경우는 조약이 체결된 후에 '사후적으로' 동의가 행해질 수 있다는 견해도 있으나,[39] 일반적으로는 조약의 체결·비준에 대한 국회의 '동의'는 '사전' 동의를 의미하며 '사후' 동의, 즉 승인을 의미하지는 않는다고 본다. 즉, 국회의 동의는 조약안이 확정된 후에 그 조약안에 대한 조약체결권자(대통령)의 기속적 동의의 표시가 이루어지기 전에 행해져야 한다고 본다.[40]

따라서 국회의 동의는 '서명'으로 기속적 동의가 표시되는 조약의 경우에는 '假署名'(initialling) 후 서명 이전에, 그리고 '비준'을 통하여 기속적 동의가 표시되는 조약의 경우에는 '서명'이 이루어진 다음 비준 이전에 진행되는 것으로 해석하는 것이 타당하다. 그리고 기속적 동의가 '서명'이나 '비준'이 아니라 조약을 구성하는 문서의 교환(交換文書 또는 交換書翰), 조약의 '수락', '승인', '가입', 기타 '합의된 방법' 등으로 표시되는 경우에는 그러한 절차 이전에 국회의 동의가 필요한 것으로 해석된다.

2) '수정동의'는 가능한가?

국회가 조약의 체결·비준에 대한 동의권 행사와 관련하여 '수정'을 할 수 있는지 여부에 대하여 아무런 규정이 없다. 따라서 해석론으로서는 '수정동의'가 가능하다는 입장도 있을 수 있다.[41] 그러나 생각건대, 헌법상 대통령에 속하고 있는 조약체결권 및 국회동의권의 역할을 고려할 때, 국회의 동의절차를 통하여 확정된 조약안에 대하여 수정·변경이 이루어지는 것은 인정하기 어렵다고 본다.[42] 대통령(행정부)이 교섭 상대국과 협의하여 확정된 조약안에 대하여 국회가 수정할 수 있다면 이는 대통령의 조약체결권에 대한 침해 및 교섭당사국(negotiating States)과의 사이에 신뢰성 훼손 문제가 야기될 수 있

---

37) 정진석, 전게논문, pp.166-167.
38) 권영성, 『헌법학원론』(법문사, 2004), p.880.
39) 김철수, 『헌법학개론』(박영사, 2003), p.1063.
40) 이상훈, 전게논문, p.95.
41) '수정동의'에 대한 긍정적 입장을 가지고 있는 안용교, 김기범, 小林直樹, 中川哲 등의 견해에 대해서는 제성호, 전게논문, p.297 참조.
42) 정진석, 전게논문, pp.168-169.

기 때문이다.[43]

만일 조약의 '체결·비준'에 대한 국회의 동의 절차를 통하여 '수정동의'가 이루어지는 경우에는 사실상 당해 조약에 대한 승인의 거부로 보거나[44] 아니면 조약안에 대한 '수정·변경'을 권고하는 것을 내용으로 하는 '동의'로 볼 수는 있을지언정,[45] 조약안에 대한 '수정'이 대통령(행정부)에 대하여 법적 구속력을 가질 수는 없다고 보아야 한다.[46]

3) 조약체결을 위한 '교섭대표' 임명에 대한 국회동의 필요성

현행 헌법상 조약체결권이 대통령에게 귀속되어 있고 확정된 조약안에 대해서만 '가서명'이나 '서명'이 이루어지도록 하고 있는 국제법상 조약체결절차에 비추어, 확정되지 않은 조약안에 대하여 국회의 동의를 거치도록 하는 것은 조약안의 확정을 매우 어렵게 만들고, 나아가서 동일한 조약의 체결과정에서 여러 차례 국회의 동의 절차를 거쳐야만 하는 결과로 이어질 수도 있다. 그리고 조약의 '체결·비준'에 대한 국회의 '동의권'은 그 성격상 조약 체결 전반에 대한 동의가 아니라 확정된 '조약안'의 내용에 국가의 기속적 동의표시에 대한 동의라고 보는 것이 타당하다고 보기 때문에 가서명 이전 단계에서 교섭 진행 사실이나 그 내용을 단순히 보고하는 수준을 넘어서서 조약체결 절차에 관하여 국회의 동의를 얻도록 하는 것은 문제가 있다고 본다.

특히 조약체결을 위한 정부의 전권대표 임명에 대한 국회 동의권의 행사와 관련해서 생각건대, 조약체결을 위한 교섭대표의 임명은 대통령이 행정부의 수반으로서 갖는 공무원임면권(헌법 제78조)에 근거한 것이며, 공무원임면권은 그에 대한 국회의 관여를 허용하는 헌법의 규정이 없는 한 대통령이 단독으로 행사하는 고유한 권한이기도 하다. 따라서 헌법적 근거 없이 법률을 통하여 조약체결을 위한 전권대표의 임명에 국회의 동의를 요하는 것으로 규정하는 것은 대통령의 조약체결권 및 공무원 임면권에 대한 침해의 소지가 있다고 본다.

43) 이상훈, 전게논문, p.98.
44) 정진석, 전게논문, p.169.
45) 김철수, 전게서, p.1038.
46) 제성호, 전게논문, pp.297-298.

4) 조약의 개정 및 폐지에 대한 국회 동의권 행사 문제

헌법상 조약체결권은 행정부 수반인 대통령의 전속적 권한으로 귀속되고 있으며, 필요한 국제적·국내적 절차를 밟아서 체결되고 효력이 발생하도록 되어 있다. 특히 헌법 제60조 제1항에서는 7가지 유형의 조약의 경우에는 체결·비준에 앞서서 국회의 동의를 거치도록 하고 있다. 헌법에 명시되지는 않고 있지만 조약체결권의 범주에는 '조약의 종료에 관한 권한'도 포함되는 것으로 보며, 이러한 권한은 역시 대통령에 속하는 것으로 해석되고 있다.[47] 그렇다면 조약의 체결·비준과 관련하여 국회의 동의를 얻도록 하고 있는 조약의 경우, 그 조약의 개정이나 종료(조약의 폐지 또는 다자조약으로부터의 탈퇴 포함)와 관련하여 반드시 국회의 동의를 받아야 하는 것인지가 문제된다. 이에 관해서 '긍정설'과 '부정설'이 등장하고 있으며, 양자가 각각 많은 논거를 제시하고 있는 것을 볼 수 있다.[48]

조약의 개정이나 종료에 관하여 우리 헌법은 아무런 규정도 하지 않고 있다. 그리고 아직 조약의 체결과 종료 절차를 규정하는 법률도 제정되지 않은 상태이다. 생각건대, 조약 자체가 조약의 종료 시한을 규정함으로써 이에 따라 종료되는 경우, 기존의 조약을 대체하는 새로운 조약이 국회의 동의를 거쳐서 체결됨으로써 舊 조약이 종료되는 경우, 조약 상대국의 소멸 등 기타 국제법상 사유에 의하여 종료되는 경우에는 별다른 문제가 없다고 본다.[49]

현재 조약 업무의 주무부서인 외교부는 신 조약에 구 조약의 종료에 관한 조항이 있거나 조약의 존속기간이 만료되어 종료되는 경우와 조약 당사국의 소멸로 인하여 조약이 종료되는 경우는 특별한 확인 절차를 취하지 않고 있다. 다만 구조약을 대체하는 신조약이 체결되었으나 신 조약에 구 조약의 종료가 명시되지 않은 경우와 대체 조약의 체결 없이 기존의 조약을 종료시키는 경우에 해당 조약의 종료에 관한 사실을 관보에 고시하는 방식을 취하고 있다.

국회의 동의를 얻어서 신조약이 체결됨으로써 구조약이 종료되는 경우에는 조약의 종료에 국회의 의사가 관여되었다고 볼 수 있는 반면, 대체조약의 체결 없이 기존의 조

---

47) 정인섭, 「조약의 종료와 국회 동의의 要否」, 『서울국제법연구』, 제11권 제1호, 2004, p.140.
48) 각각의 논거와 그 이론적 분석에 대해서는 상게논문, pp.153-156 참조.
49) 상게논문, pp.142-144 참조.

약을 종료시킨 경우, 국회의 동의 없이 행정부(대통령)가 일방적으로 조약의 종료를 결정했다고 볼 수 있기 때문에 조약의 종료가 국회의 동의 없이 이루어질 수 있는가 하는 법적인 문제가 야기된다.

외국의 입법례와 관행을 보면, 소수의 예외적인 경우(네덜란드,[50] 오스트리아 등)를 제외하고는 대체로(미국, 프랑스, 독일, 인도, 스위스, 이탈리아, 칠레, 아르헨티나 등) 조약의 체결과 관련하여 의회의 동의를 요구하는 것과는 달리 조약의 종료에 관해서는 특별한 규정 없이 대통령이나 행정부의 전속적 권한이나 재량적 권한에 속한다고 보고 있다.[51]

우리나라의 경우에도 조약의 종료에 관한 권한은 헌법이나 법률에서 특별한 규정을 두지 않는 한 대통령(행정부)의 전속적 권한으로 보는 것이 타당하다고 본다. 조약의 종료는 기본적으로 국가의 대외적 행위로서 고도의 정치적 판단을 바탕으로 이루어지는 법적·정치적 행위로서 조약의 체결과정에서 필요로 하는 국회의 입법권 보장이나 민주적 통제의 제고 필요성은 큰 의미를 가지지 않는다고 볼 수 있기 때문이다. 따라서 현행 헌법상 조약의 종료에 대한 국회의 동의 절차는 불필요하다고 보며, 특별히 조약의 종료에 대한 국회의 동의권을 명시하는 법률 제정도 당위성이 크지 않다고 본다.

다만 조약의 종료에 관해서도 조약체결의 경우에 준하여 최소한 국무회의의 심의 또는 확인을 거치도록 하고 또한 조약이 국내법적 효력을 가지고 있는 점을 중시하여 조약의 종료사실을 즉시 국회에 통보하도록 의무화할 필요가 있다고 본다. 그리고 조약의 종료 사실에 대해서도 이를 관보에 게시함으로써 일종의 '공포' 절차를 거치도록 할 필요가 있다고 본다.[52]

4. 국회동의의 효력 문제

앞에서 언급한 바와 같이, 조약의 체결·비준에 대한 국회의 동의권은 대통령의 자의적인 조약체결을 방지하고 국민의 대표기관인 국회의 동의를 통하여 국민적 합의를 도출함으로써 조약의 민주적 정당성을 확보하기 목적으로 인정되고 있는 예외적·부차적

---

50) 네덜란드의 경우에도 긴급한 사유가 있는 경우에는 예외적으로 의회의 사전 허가(동의) 없이 조약을 종료시킬 수 있다. 상계논문, p.152.

51) 상계논문, pp.144-153 참조.

52) 상계논문, pp.156-157.

권한이지만, 헌법 제6조 제1항에 의하면, 국회의 동의를 요하는 조약의 경우 그 동의는 동의 없이 체결된 조약에 대하여 국내법으로서의 효력을 가질 수 없도록 할 수 있다는 점에서, 일정 조약이 국내적으로 효력을 가지기 위하여 필수적으로 갖추어야 하는 '요건'으로서의 기능을 가지고 있다.

따라서 국회가 헌법 제60조 제1항에 의거 동의를 하면 대통령(행정부)은 당해 조약을 체결·비준할 수 있으며, 체결·비준된 조약은 국제법상은 물론 국내적으로도 '공포' 절차를 거쳐서 효력을 발생할 수 있는 요건을 갖추게 되는 것이다. 그러나 동의가 필요한 조약에 대하여 국회가 동의를 거부하거나 '同意案'의 처리를 유보하는 경우에는 당해 조약은 기속적 동의를 표시하기 위한 서명이나 비준 절차를 진행할 수 없게 되기 때문에 문제가 생긴다.

국내적으로는, 헌법 제6조 제1항이 "헌법에 의하여 체결·공포된 조약과 …은 국내법과 같은 효력을 가진다."라고 규정하고 있고 제60조 제1항은 "국회는 … 조약의 체결·비준에 대하여 동의권을 가진다."고 규정하고 있기 때문에, 국회의 동의가 필요한 조약에 대하여 동의절차를 거치지 않거나 동의가 거부된 조약안에 대하여 서명 또는 비준을 하더라도 당해 조약의 국제법적 성립 및 효력 여하에 불구하고 국내적 효력을 인정하기 어렵다고 보는 견해가 있다.[53] 대부분의 국내 헌법학자들은 국회의 동의절차를 거치지 않은 조약의 국내적 효력에 대하여 부정적 입장을 취하고 있다.[54]

그러나 국회의 동의를 거쳐야 함에도 이를 결여한 채 체결된 조약의 국내적 효력이 '당연히' 부인되는가 여부에 대해서는 논의의 여지가 있다. 이와 관련하여, 대통령(행정부)에 의하여 국제법상 조약체결절차를 거쳐서 성립되고 '공포' 절차까지 완료한 상태이기 때문에 '정당한 권한을 가진 국가기관'(헌법재판소 또는 대법원)에 의하여 그 효력이 공식적으로 부인되기 전까지는 일응 그 효력이 인정된다고 보아야 할 것이다.[55]

한편 국회의 동의가 필요한 조약안에 대하여 동의를 구하는 절차 없이, 아니면 동의안을 제출하였는데 동의가 거부되거나 그 동의안의 처리가 유보된 상태에서 대통령이 조약안에 서명 또는 비준하는 경우에 그 국제법적 효력과 관련해서도 복잡한 문제가 발생한다. 국제법적으로 보면, '국회의 동의'라고 하는 국내절차는 국제법상 요구되는 조

---

53) 정진석, 전게논문, pp.170-171; 이상훈, 전게논문, pp.96-97.
54) 정진석, 상게논문, p.171.
55) 이상훈, 전게논문, p.97.

약체결절차에 해당되지 않기 때문에, 국회의 동의가 결여된 채 체결된 조약도 일응 국제법으로서 유효하게 성립하는 것이기 때문에 국제관계에 있어서 조약의 국제법적 효력을 부인하기는 어렵다고 본다. 다만 조약법협약 제46조 제1항에서 "국내법 규정의 위반이 명백하며 또한 근본적으로 중요한 국내법 규칙의 위반"에 해당되는 경우에는 조약의 무효를 주장할 수 있도록 되어 있기 때문에 헌법 제60조 제1항의 국회 동의절차에 관한 국내법 위반은, 일응 유효하게 성립된 조약의 국제법적 효력을 부인하기 위하여 원용할 수 있는 사유가 될 수는 있는 것이다.[56)]

5. 조약체결 관련 정보의 제공 및 공개 문제

국회는 일반적으로 정부에 대하여 출석요구권 및 질문권을 가지며, 정부는 그에 대하여 답변을 할 의무가 있기 때문에 굳이 헌법 제60조 제1항에 근거하지 않더라도 국회의 정보제공 요구에 대하여 정부는 정보를 제공할 의무를 진다고도 할 수 있다. 따라서 국회의 동의절차가 아닌 단계에서라도 국회는 정부로 하여금 협상관련 정보의 제공을 요구할 수 있으며, 필요한 경우 국민에게 이를 공개하도록 할 수도 있다고 본다.

다만 조약체결 단계상 국회의 동의절차와 상관없이 이루어지는 관련 정보의 요구에 대하여 정부는 의무적으로 이를 수락할 필요는 없다고 본다. 그러나 조약의 체결·비준에 대하여 국회가 동의권을 행사하는 데 있어서는 국회는 동의 여부를 결정하기 위한 심의와 관련된 충분한 정보를 제공하도록 정부에 요구할 수 있는 중요한 근거가 있다고 본다. 헌법 제60조 제1항에 근거한 국회의 동의권은 그 취지에 비추어 조약안에 대하여 충분히 그 내용을 파악한 상태에서 행사되어야 하기 때문이다. 따라서 국회의 동의 절차와 관련하여 국회의 소관 위원회나 위원회 위원의 자료 요구가 있을 때, 정부는 특별한 사유가 없는 한 이에 응하여야 한다고 본다.

---

56) 다만, 근본적으로 중요한 국내법 위반이 명백한 경우에도, 그 자체만으로 조약이 당연히 무효가 되는 것이 아니라 그 법적 효력을 부인하기 위하여 그 사유를 원용할 수 있는 '상대적 무효 사유'에 해당한다. 정진석, 전게논문, pp.171-172 참조.

6. 국회의 동의권 행사와 의결정족수 문제

미국의 경우 조약(treaty)의 체결에 관한 대통령의 권한을 규정한 연방헌법 제2조에 의하면, 대통령은 상원의 출석의원 3분의 2의 조언과 '동의'를 얻어 조약을 체결할 권한을 가진다. 이러한 방식으로 체결되는 조약은 연방헌법이나 연방법률과 마찬가지로 '국가의 최고법'(supreme law of the land)을 구성하며, 모든 주(states)의 헌법이나 법률에 우선하는 효력이 있다고 본다. 한편 미국의 경우 넓은 의미의 조약에는 treaty 외에 '행정부 협정'(executive agreement)도 있으며, 이에는 '의회-행정부 협정'(congressional-executive agreement), '단독 행정부 협정'(sole executive agreement) 그리고 '조약에 따른 행정부 협정'(executive agreement pursuant to treaty) 등이 포함되고 있다.[57]

'의회-행정부 협정'은 헌법 제2조의 절차가 아니라 상·하 양원에서 '단순과반수'의 동의나 '합동결의'(joint resolution)를 거쳐서 체결되는 것임에 비하여 '단독 행정부협정'은 대통령이 헌법에서 자신에게 부여된 외교권에 근거하여 의회의 개입 없이 독자적으로 체결하는 것이다. 이러한 행정부 협정도 국제법상 구속력을 있다는 점에서는 '조약'과 다를 바 없는 것이다. 다만 그 국내적 효력에 있어서 '의회-행정부 협정'이 헌법 제2조에 의한 '조약'의 완전한 대체물로서 동일한 효력을 지니고 있는 것으로 인식되는 반면에 '단독 행정부협정'이 조약과 동일한 효력이 있는가에 대해서는 부정적인 견해가 있다. 그리고 '조약에 따른 행정 부 협정'은 '母協定'인 조약에 근거하여 행정부 단독으로 체결하는 이행 협정으로서 그 근거가 되는 조약 자체와 동일한 유효성과 효력을 향유하는 것으로 인식되고 있다.[58]

우리나라의 경우에도 헌법 제60조 제1항에 의하여 국회의 동의 하에 체결되는 조약의 경우와는 달리 국회의 동의 없이 대통령이 직접, 또는 대통령의 위임을 받아 외교부 장관이나 전권대표가 체결하는 조약을 미국의 '행정부 협정'에 준하는 것으로 볼 수 있을 것이다. 이러한 행정부 협정도 국제법상 '조약'으로서의 효력을 가진다는 점에서는 예외가 없겠지만 미국의 경우와 같이 국내적 효력과 관련하여 국회의 동의를 얻어서 체결된 조약과 동일한 효력을 가지고 있는지에 대해서는 검토의 여지가 있다고 본다.

헌법 제60조 제1항에 의거하여 체결되는 조약의 경우에 우리나라의 경우 그 국내법적

---

57) 김대순, 전게서, pp.253-261; 김민서, 전게논문, pp.35-36.
58) 상게논문, pp.36-37.

효력의 수준을 대체로 '법률'의 수준으로 규정하고 있다는 점을 감안한다면, 일반적인 국회의결 정족수에 따라 재적의원 과반수의 출석으로 개의하고 출석의원 과반수의 찬성으로 의결하도록 하는 현행 관행이 합리적이라고 보며 조약체결절차법을 통하여 그 의결정족수를 강화할 필요는 없다고 본다.

Ⅳ. 조약체결에 대한 동의권 외 국회 관여의 문제

1. 서설

우리 헌법은 '조약체결권'이 대통령에 귀속되고 있음을 밝히고 있으며, 국회로 하여금 '동의'의 형식을 통하여 조약의 체결·비준에 관여할 수 있도록 제한적 권한만을 부여하고 있다. 이러한 관점은 조약체결권을 포함하여 외교권이 원칙적으로 대통령(행정부)에 귀속되는 것으로 보거나, 국회에 그 일부의 권한이 인정되고 있는 것으로 보더라도 그 중심(우선권)이 대통령에 있다는 점을 전제로 하는 것이다. 즉, 우리 헌법에 의하면 조약의 체결·비준에 대한 국회의 동의권은 예외적·부차적 권한인 것이다. 따라서 국회의 동의권은 일단 대통령(행정부)의 의사결정 및 집행을 전제로 하는 개념이며, 그 이전 단계에서 어떠한 권한을 행사할 수 있는 가능성을 포함하는 것이 아니라는 점이 핵심적인 내용이다.

다만 생각건대, 조약의 체결·비준에 대한 국회의 동의권은 대통령(행정부)에 대한 국회의 민주적 통제의 기능을 가지고 있는 동시에, 헌법에 의하여 체결·공포된 조약은 국내법과 같은 효력을 발생하기 때문에 실질적으로는 국회의 입법권 행사 기능과도 연결될 수 있는 것이다. 때문에 이러한 입법권 관련 기능의 활성화를 위하여 조약의 체결·비준 절차와 관련하여 국회의 통제 및 관여 수준을 제고할 수 있는 방안에 대하여 관심을 가지는 것도 이해가 되는 일이다.

그러나 현행 헌법상 조약안이 확정되기 전 단계, 즉 정부의 협상개시 또는 협상초안 자체에 대하여 국회가 동의권을 행사할 수 있도록 하는 등, 국회의 동의가 실질적으로 조약의 내용을 형성할 수 있는 수준에서 행해지도록 하는 것은 국회가 기본적으로 대통령과 조약체결권을 '分有'하는 수준으로 관련 헌법의 조항을 개정하지 않고는 인정하기 어렵다고 본다. 현 수준의 조약의 체결·비준에 대한 국회의 동의권에 근거하여 '수정동의'가 이루어질 수 없다고 보는 것도 이 때문이다.

따라서 '동의권' 이외에 조약의 체결·비준에 대한 국회의 관여권을 헌법적 수준에서 보장하는 데는 많은 검토와 논란이 뒤따를 수 있는 문제라고 본다. 다만 조약체결을 위한 협상(교섭)의 개시와 관련하여 그 주요목표 및 추진일정에 대하여 국회에 보고하는 형식으로 ('협상개시'에 대한 동의를 얻기 위한 것이 아니라) 추후(확정된 조약안에 대한) 국회의 동의권이 실질적으로 행사될 수 있도록 보장하는 방안을 모색할 필요는 있다고 보는데, 이러한 사항은 관련 법률을 통하여 규정될 수 있는 것이다.

2. 조약체결 협상과정에 대한 국회 및 국민의 참여 문제

미국의 경우, 조약체결에 관한 대통령의 권한을 규정한 연방헌법 제2조에 의하면, 대통령은 상원 3분의 2의 조언과 동의를 얻어 조약을 체결할 권한을 가진다. 따라서 상원은 대통령의 조약체결에 '조언과 동의'(advice and consent)를 통하여 관여할 수 있다.

우리나라는 민주주의 국가이며, 정부가 조약체결권을 행사하고 특히 조약안의 내용을 형성함에 있어서 국민의 의사를 충분히 반영하기 위한 민주적 절차를 보장·경유해야 한다는 것은 재론의 여지가 없는 것이다. 따라서 조약안의 내용적 충실을 기하고 민주적 정당성을 제고하기 위하여 협상과정에 국회나 일반국민의 참여 기회를 부여하는 것은 조약체결에 대한 국회의 동의권과는 별개로 적극적으로 검토할 필요가 있다고 본다.

우리나라의 경우 정부가 조약체결을 위한 교섭 단계 이전이나 교섭 진행 중에 의회와 협의를 하는 공식적인 제도는 아직 없다. 그러나 조약체결절차법과 같은 관련 법률을 통하여 소관 상임위원회나 특별위원회[59]를 통하여 교섭을 담당하는 외교부 장관이나 전권대표가 국회에 보고를 하고, 또 국회는 외교부 장관 또는 전권대표에게 조약의 교섭과 관련한 질의 등을 통해 조약안의 내용에 대한 조정 및 협의를 할 수는 있다고 본다. 아울러 관련 상임위원회 또는 특별위원회의 자문에 응하기 위하여 '민간자문위원회'를 설치하고, 일반국민과 전문가들이 참여하는 '공청회'나 '설명회'를 통하여 의견을 수렴하는 방안을 강구하는 것도 가능하다고 본다.[60]

---

59) 예를 들어, '조약위원회'(가칭)가 특별위원회로 설치될 수 있을 것이다.

3. 조약체결 협상 내용에 대한 국회의 수정 권고권 인정 문제

조약안 채택을 위한 협상이 개시되고 협상이 실제로 진행되는 단계에서는 협상 당사국 간에 구체적인 협상 방안이 등장하고 다양한 방식으로 거래와 타협을 통한 의견 조율이 이루어지게 된다. 앞에서 언급한 바와 같이 국회가 협상 단계에서 동의권을 행사할 수 없지만, 국회가 정부로부터의 관련 정보의 제공이나 국회에서의 질의·응답을 통하여 미리 협상과정의 문제점과 조약문안의 문제점을 인지할 수 있다면 이에 관하여 미리 조사하여 정부에 대하여 조약의 내용에 대한 제언이나 방향 제시를 할 수도 있다고 본다. 다만 이러한 의견이나 방향 제시는 정부가 주도하는 조약안 교섭에 대하여 사실상의 영향을 미칠 뿐 법적인 통제를 가할 수는 없는 것이다.

다만, 헌법 또는 조약체결에 관한 절차법에서 국회의 동의 절차와는 별도로 국회가 정부로 하여금 협상 내용의 일부를 수정할 것을 권고할 수 있도록 규정하는 경우, 협상 과정에서의 국회의 관여 수준은 법적 근거를 갖게 되고, 그 영향력은 한층 제고될 수도 있을 것이다. 그러나 이러한 경우에도 국회의 관여권은 어디까지나 대통령의 조약체결권에 비하면 부차적인 수준에 불과한 것이기 때문에, 정부로 하여금 협상 내용의 수정이나 변경을 강제하는 수준으로 법제화할 수는 없다고 본다.

한편 앞에서 조약의 체결·비준에 대한 국회의 동의권에는 '수정동의'할 수 있는 권한이 포함되지는 않는 것으로 해석하는 것이 타당하다는 견해를 제시한 바 있는데, 만일의 경우 국회가 정부로부터 제출된 '조약비준동의안'에 대하여 단지, 동의를 하거나 동의를 거부하는 방법 이외에 조약안의 수정·변경을 요구하는 내용을 포함하는 어떠한 결의도 불가능하다고 하는 것은 국민의 대표기관으로서 대통령(행정부)의 조약체결권에 대한 민주적 통제를 담당하고 있는 국회의 위상을 저하시키는 결과를 초래할 수도 있다고 본다. 따라서 국회는 동의절차를 통하여 조약안에 대한 부분적 수정·변경을 요구할 수 있도록 하되, 다만 이러한 요구는 정부에 대하여 법적 구속력이 없는 '권고'로서의 효력만을 갖도록 하는 방법도 검토할 필요가 있다고 본다.[61]

---

60) 배종인, 전게서, p.301.
61) 제성호, 전게논문, pp.297-298 참조.

V. 헌법 제60조 제1항의 개정 필요성 및 방향

1. '체결·비준'의 용어상 문제 및 개정 방향

1) '체결·비준'의 개념 및 해석상 문제

우리 헌법은 제6조 제1항에서 "헌법에 의하여 체결·공포된 조약과 일반적으로 승인된 국제법규는 국내법과 같은 효력을 가진다."고 하고, 제60조 제1항에서는 "국회는… 조약의 체결·비준에 대한 동의권을 가진다."고 한 다음, 제73조에서는 "대통령은 조약을 체결·비준하고, ….."라고 규정하고 있다.

앞에서 언급한 바와 같이 조약은 국제법상 조약체결능력 있는 당사자에 의한 전권대표의 선임 및 조약체결을 위한 교섭, 조약안의 채택 및 확정(즉, 인증), 조약의 구속을 받겠다는 동의(즉, 기속적 동의), 비준서의 교환이나 기탁 등 일련의 절차를 거쳐서 체결되고 발효되는 것이 원칙이다. 각국은 국내적으로 조약의 체결과 관련하여 다양한 방식으로 절차를 규정하고 있는데, 우리나라의 경우는, 조약안의 확정 전에 국무회의의 심의 등 필요한 절차를 거쳐야 하고 가서명 또는 서명의 방식으로 확정된 조약안에 대해서 헌법의 규정에 따라 서명 또는 비준의 방식으로 기속적 동의를 행하기 전에 국회의 동의를 얻어야만 한다고 되어 있다.

조약은 국제법상 적법하고 유효하게 체결·발효되기 위한 요건을 충족해야 하는 것은 말할 것도 없고, 헌법에 규정된 절차(요건)에 따라 체결되고 또한 공포되어야만 국내법과 같은 효력을 가지게 된다. 이 경우, 조약의 '체결'이라고 하는 것은 국제법과 국내법적으로 발효 요건을 제외하고 조약이 법규범으로 성립되기 위한 모든 요건을 충족한 것을 의미한다.[62] 많은 경우에 국제법상 조약은 체결절차를 전부 거침으로써 효력을 발생하게 되지만 특별한 발효 요건이 규정되고 있는 경우에는 그 요건 충족이 이루어진 후 발효되며, 국내적으로는 적법한 '공포' 절차를 거쳐서 효력을 가지게 되는 것이다. 따라서 조약의 '체결'에는 최소한 조약안의 확정을 위한 가서명이나 서명 단계를 지나서 조약에

---

62) "Analysis of Section I of Part II suggests that to conclude an agreement is to express consent to be bound by it as provoded for in Articles 11~17. … "Conclusion" refers to the whole set of procedure – whether simple or complex - which makes a treaty binding. …" (Mark E. Villiger, *Commentary on the 1969 Vienna Convention on the Law of the Treaties* (Martinus Nijhoff Publishers, 2009), pp.78-79.)

대한 국가의 기속적 동의를 의미하는 서명 또는 비준 절차가 이미 포함되고 있는 것이다.[63] 이러한 의미에서 헌법 제6조 제1항이 "헌법에 의하여 체결·공포된 조약과 … ."라고 규정하고 있는 것은 조약 '체결'의 적절한 개념적 의미에 바탕을 두고 있다고 본다.

그러나 헌법 제6조 제1항과는 달리 제60조 제1항과 제73조는 "조약의(을) 체결·비준"이라는 표현을 사용하고 있다. 용어의 통상적·법적 의미로 보아 '조약체결'의 개념 가운데 이미 '비준' 절차가 포함된 것으로 보는 것이 타당하며, 또한 동일한 헌법전의 다른 조항(제6조 제1항)에서는 이러한 의미로 '체결'이라는 용어가 사용되고 있는데, 제60조 제1항과 제73조의 경우에는 왜 '체결·비준'이라는 용어를 사용하고 있는지, '체결'과 '비준'을 별도로 언급해야 할 특별한 이유가 무엇인지, 이 경우 '체결'의 개념 속에 '비준'은 제외되는 것인지, 그렇다면 동일한 헌법전 속에서 동일한 용어가 서로 다른 의미를 가지게 되는 사실을 어떻게 받아들여야 할지 의문이 생긴다.

2) 개정 방향

우선 '체결·비준'이라는 용어는 개념상 적절하지 않은 것이기 때문에 특별한 이유가 없는 한 이러한 용어를 사용하지 않는 것이 바람직하다고 본다. 우선 헌법 제73조의 경우는, 대통령은 조약체결권에 근거하여 조약 체결의 전 과정을 주도하고 마지막 절차로서 '비준'을 행하는 것이기 때문에 "조약을 체결·비준하고"에 있어서 특별히 '체결·비준'이라는 용어를 특별히 사용할 필요 없이 단지 "조약을 체결하고"라는 문구로 수정하는 것이 적절하다고 본다.

그러나 헌법 제60조 제1항의 경우 "국회는 … 조약의 체결·비준에 대한 동의권을 가진

---

63) 이창열, 「헌법상 조약체결권의 통제에 관한 일고찰 - 국회의 동의를 중심으로 -」, 『미국헌법연구』, 제22권 제1호, 2011, pp.278-279; 정인섭 교수는 "조약의 성립은 교섭 - 체결 - 기속적 동의 - 발효 등 크게 4단계로 진행된다"고 함으로써 조약 체결의 개념 또는 절차에서 '기속적 동의' 절차를 분리시키고 있다(정인섭, 전게서, pp.44-48 참조). 그러나 이는 실제 조약체결 과정이나 조약법협약의 해석 및 적용 전반에 걸쳐서 '체결'의 의미를 너무 제한적으로 규정하는 게 아닌가 한다. 이러한 입장은 조약법협약 제30조(동일한 주제에 관한 계승적 조약의 적용)와 제59조(후조약의 체결에 의하여 묵시적으로 인정되는 조약의 종료 또는 시행정지)의 해석 및 적용과 관련하여 '전조약'(earlier treaty)과 '후조약'(later treaty)의 구별을 조약 '체결일'(date of conclusion)의 前後를 기준으로 판단하며, 양자조약의 경우에는 서명일, 그리고 다자조약의 경우에는 서명일 또는 서명을 위하여 개방된 일자를 '체결일'로 간주하는 데 근거를 두고 있다고 본다. 이에 대해서는 상게서; Anthony Aust, *Modern Treaty Law and Practice* (Cambridge: Cambridge University Press, 2007), pp.92-93 참조.

다."라고 하는 조문의 해석상 '체결·비준'이라는 용어를 '체결' 또는 '비준' 가운데 어느 하나로 단순화할 수 없는 문제가 있다. 역사적·체계적·목적론적 방법을 통하여 조약에 대한 국회 동의권의 '대상과 시기'를 해석할 때, 협상의 개시 단계부터 조약체결의 전 과정에 걸쳐서 국회가 동의가 필요한 것이 아니라 다만 확정된 조약안에 대하여 대통령 (행정부)이 기속적 동의로서 '서명' 또는 '비준'을 하기 전에 그 동의가 필요한 것으로 보는 것이 일반적이기 때문에 헌법 제60조 제1항은 실질적으로 "국회는 확정된 조약안의 서명 또는 비준에 대한 동의권을 가진다."라는 의미를 담고 있다고 볼 수 있는 것이다.

앞에서 검토한 바와 같이, 현재는 제60조 제1항의 의미와 관련하여 일반적으로 '체 결·비준'의 '체결'과 '비준'을 분리하지 않고 통합적으로 이해하면서, 조약안이 '서명'의 방식으로 확정되는 경우에는 '비준'에 대하여, '가서명'의 방식으로 확정되는 경우에는 기속적 동의표시인 '서명'(그리고 조약의 수락, 승인, 가입 등의 방식으로 조약에 대한 기속적 동의가 표시되는 경우에는 그러한 절차) 이전에 조약체결에 대한 국회의 동의가 필요한 것으로 해석하고 있다.

그러나 이렇게 해석을 하더라도 "조약의 체결·비준"이라고 하는 표현은 여전히 어색 하고 부적절한 것이 사실이기 때문에 헌법 제60조 제1항의 조문을 적절한 용어와 문장으로 수정하는 것이 바람직하다고 본다. 그런데 만일 '체결·비준'이라는 표현에서 '체결'이라는 용어를 삭제하여 조약의 '비준'에 대해서 국회의 동의가 필요하다는 문구로 수정하는 경우, 서명만으로 체결되는 약식조약의 경우는 국회의 동의 절차가 불필요한 것으로 해석될 수도 있게 되어 문제가 된다.[64] 그리고 '체결·비준'에서 '비준'을 삭제하여 '체결' 만을 남겨두는 경우에는 경우에 따라 협상의 개시로부터 조약체결의 전 과정에 대하여 국회의 동의가 필요한 것으로 해석될 가능성이 있다.

그러나 현행 헌법상 국회의 동의권은 개념적으로 대통령(행정부)의 조약체결권을 통하여 교섭·확정된 조약안에 대하여 최종적으로 기속적 동의를 표시하기 전에 국민의 대표기관인 국회의 동의를 얻도록 하는 데 목적이 있는 것이기 때문에 "조약의 체결·비 준에 대한 동의권"을 "조약의 체결에 대한 동의권"으로 수정하더라도 해석상 큰 문제는 없다고 본다.[65]

---

64) 1960년 6월 15일 제3차 개정헌법 제59조에서는 "대통령은 국무회의에서 의결에 의하여 조약을 비준하며 …" 라고 규정한 바 있었다.
65) 김민서, 전게논문, p.31; 이창열, 전게논문, p.279.

2. 헌법적 사항을 포함하는 조약체결에 대한 국회동의 및 국민투표 회부

1) 국회의 동의권 행사와 의결정족수

앞에서 언급한 바와 같이, 헌법 제60조 제1항에 의거하여 체결되는 조약의 경우에 우리나라의 경우 그 국내법적 효력의 수준을 대체로 '법률'의 수준으로 규정하고 있다는 점을 감안한다면, 일반적인 국회의결 정족수에 따라 재적의원 과반수의 출석으로 개의 하고 출석의원 과반수의 찬성으로 의결하도록 하는 현행 규정이 합리적이라고 보며 그 의결정족수를 강화할 필요는 없다고 본다.

다만 '국가연합조약'이나 '국가통합조약'과 같이 국가의 정체성에 영향을 미치거나 '영토할양조약' 또는 '국경획정조약'처럼 국가의 영역권의 범위에 중대한 영향을 미치는 조약, 그리고 '강화조약'과 같은 헌법적 수준의 중요한 내용을 규정하는 조약을 통하여 사실상 헌법이 개정되는 효과가 나타나는 경우가 있게 되며, 이러한 경우에는 '헌법 개정'에 준하는 가중 의결정족수를 규정할 필요가 있다고 본다.[66] 외국의 예를 보면, 네덜란드의 경우에 헌법과 충돌하는 조약에 대해서는 헌법개정에 필요한 다수결 즉, 의회 2/3 다수의 의결로 그 비준에 동의하여야 한다고 되어 있으며,[67] 오스트리아의 경우도 헌법적 성격의 규범적 내용을 포함하는 조약의 체결에 대해서는 헌법의 경우와 동일하게 의회 2/3의 다수에 의한 의결을 요구하고 있다.[68]

헌법 제6조 제1항의 "헌법에 의하여 체결·공포된 조약"이 '국내법'으로서의 효력을 가지는 것과 관련하여 논자들은 대부분 '국내법'의 범주에 법률 (또는 그 하위의 법규)만이 포함되고 헌법은 제외되는 것으로 해석하면서 조약(국제법)의 효력은 언제나 헌법의 하 위에 놓이게 된다는 입장을 견지하고 있다.[69] 그러나 이러한 해석도 이제는 전향적으로

---

66) 다만 방법론적으로는 헌법과 충돌 가능성이 있는 조약을 체결하는 경우, 조약에 대하여 헌법적 효력을 인정함으로써 실질적으로 헌법이 개정되는 효과가 나타나도록 하는 방법 외에 사전에 조약의 내용과 상충되는 헌법 조항을 체결될 조약의 내용에 부합되게 개정한 다음 조약을 체결하는 방법도 가능할 것이다. 국제형사재판소 (International Criminal Court; ICC)의 관할권 승인과 관련하여 프랑스는 헌법 개정을 통하여 ICC의 관할권을 승인할 수 있도록 한 다음 'ICC 規程'을 비준함으로써 'ICC 규정'은 프랑스 법체계 내에서 '헌법적 지위' 내지 최소한 '헌법적 보장'을 부여받았다고 볼 수 있다(A. Cassese, *International Law*(2nd. ed.) (Oxford: Oxford University Press, 2005), p.228).

67) 김대순, 전게서, p.192.

68) 최재훈 외, 전게서, p.90.

69) 이러한 입장은, 조약체결권은 헌법에 의하여 창설된 권한이기 때문에 이에 근거하여 체결된 조약이 헌법보다 우월한 효력을 가진다는 것은 논리적으로 이해하기 어렵다는 점과, 조약이 헌법보다 우월하거나 동등한 효력을

수정되어 헌법도 당연히 국내법의 범주에 포함되는 것으로 접근함으로써, 경우에 따라 최소한 헌법과 동위의 효력을 갖는 조약의 체결 가능성을 인정할 필요가 있다고 본다.[70] 국제사회에서 국제법이 국내법보다 우월한 효력을 지닌다고 하는 것은 하나의 公理로 받아들여지고 있으며, 국내적으로도 사실상 조약(및 관습국제법)이 헌법적 효력을 인정받아야 하는 경우가 있을 뿐만 아니라, 국내법체계상 헌법이 언제나 조약에 비하여 우월한 법적 지위를 가진다고 하는 주장의 논거에도 많은 문제점이 있다고 보기 때문이다.

우선 조약체결권이나 조약체결의 근거가 헌법에 있기 때문에 근거가 되는 헌법이 그에 따라 체결되는 조약보다 상위에 위치하게 된다는 주장은, 조약의 체결 요건과 그 효력의 근거는 헌법(국내법)이 아니라 국제법 그 자체이며 조약체결권의 귀속이나 국내적 절차의 문제는 개별국가의 주권을 존중하여 국내법에 의하여 결정할 수 있도록 국제법에 의하여 위임되고 있는 데 불과하다는 논거에 의하여 그 타당성이 부인될 수 있는 것이다. 그리고 조약체결 및 개정 절차가 헌법보다 훨씬 간이하고 단순하기 때문에 조약을 통하여 헌법적 사항을 규율할 수는 없다는 주장은, 헌법을 개정함으로써 조약의 체결 및 개정에 필요한 의결정족수를 헌법의 개정에 준하는 것으로 규정하는 것이 가능하다는 데서 그 논거가 부정될 수 있는 것이다.

특히 앞에서 언급한 바와 같이, 실제 일부 외국의 경우에는 헌법 개정에 준하는 의결정족수에 따라 체결된 조약에 대해서는 헌법에 준하는 효력을 인정하고 있는 점을 감안할 때, 우리나라의 경우 헌법 개정을 통하여 헌법적 사항을 규율하는 조약의 헌법적 효력 및 가중 의결정족수를 규정할 수 없다는 절대적 근거는 없다고 본다.

논자에 따라서는 헌법 附則 제5조가 "이 헌법 시행 당시의 (법령과) 조약은 이 헌법에 위배되지 아니 하는 한 그 효력을 지속한다."라고 규정하고 있는 것을 근거로 조약보다 헌법이 상위의 효력을 가진다는 주장이 제기되기도 하는데,[71] 이러한 주장은 헌법과 조약이 동위의 효력을 가지고 있는 경우에도 이른바 '신법우선의 원칙'에 의거하여 헌법이 개정되는 경우 조약은 헌법에 반하지 않는 범위에서 그 효력을 지속할 수 있는 것으로

가진다면 그 체결절차가 헌법보다 엄격하거나 동등하여야 하지만 현행 헌법 하에서는 조약이 훨씬 간이하고 단순한 절차에 의하여 체결·개정되고 있는 점 등이 그 주된 논거가 되고 있다. 이에 대해서는 이상훈, 「조약의 국내법적 효력과 규범통제에 관한 고찰」, 『국제법 동향과 실무』, 제3권 제1호, 2004, pp.148-150 참조.
70) 최재훈 외, 전게서, pp.90-92 참조.
71) 김대순, 전게서, p.203; 김민서, 전게논문, pp.41-42; 임지봉, 전게논문, pp.167-168.

해석되는 결과가 나오는 것이기 때문에, 이 부칙 제5조가 반드시 헌법이 조약보다 상위의 효력을 가지고 있다는 논거로 원용될 수는 없다고 본다.[72]

2) 헌법적 사항을 포함하는 조약체결에 대한 국민투표 회부

'헌법적 수준'의 조약으로서 국회의 동의 절차와 관련하여 가중 의결정족수를 요하는 경우는 대부분 외교·국방·통일 기타 국가안위에 관한 중요정책과 관련되는 조약에 해당하는 것으로 볼 수 있을 것이다. 헌법은 제72조에서 "대통령은 필요하다고 인정할 때에는 외교·국방·통일 기타 국가안위에 관한 중요정책을 국민투표에 붙일 수 있다."고 규정하고 있기 때문에 이와 관련된 조약, 즉 헌법에 중차대한 영향을 미치는 조약의 경우에는 국회의 동의절차 외에 국민투표를 통하여 국민적 합의를 도출한 후에 체결·비준이 이루어지도록 규정할 필요가 있다고 본다. 조약안에 대한 국민투표의 문제도 단순히 법률 제정을 통하여 해결될 수는 없으며 헌법 개정의 방식을 통하여 규정할 필요가 있는 것이다.

VI. 결론

조약체결 전반에 관하여 규율하는 법규법과 관련하여 국제법의 경우에는 관습국제법

---

72) 김대순 교수가 헌법 부칙 제5조가 이 헌법 시행 후에 조약과 현행 헌법이 충돌하는 경우 어느 것이 우선하는가에 관하여 명시적 언급을 하지 않고 있다는 점을 인정하는 것을 보면, 부칙 제5조가 조약보다 헌법이 우위에 있다는 절대적 근거로 원용할 수 없는 것임을 알 수 있다. 그러나 김대순 교수는 "이 경우에도 조약보다 헌법이 우선한다는 것이 부칙 제5조의 '묵시적 취지'인 것으로 생각된다."고 밝히고 있는데, 그 근거가 반드시 분명하지는 않다고 본다. 다만 일반적으로 관습국제법과 조약이 국내 법률과 '동위'의 효력을 가지고 있다고 보는데 반하여 김대순 교수는 관습국제법의 효력과 관련하여 "일반국제법의 '강행규범'(*jus cogens*)만은 최소한 법률보다 위에 있다고 보는 것이 어떨까 생각해 보게 된다. 한 걸음 더 나아가서, 이들 강행규범에 대해서는 헌법보다 높은 가치를 부여하는 것도 생각해 볼 수 있다."고 하고, 조약의 효력과 관련해서도 강행규범의 淵源인 조약규정도 법률에 우선한다고 보는 것이 좋을 것이다."라고 함으로써 국제법(관습국제법 및 조약)에 대해서 경우에 따라 국내법률보다 우위의, 예외적인 경우는 헌법 동위 또는 상위의 효력을 인정할 수도 있다는 점을 인정하는 것으로 보인다. 그러나 그럼에도 불구하고 김대순 교수는 이와 같이 해석하는 경우 헌법에 명시된 개정절차에 의하지 아니한 '사실상의 헌법 개정'이 야기될 수 있고, 또 헌법부칙 제5조와 균형이 맞지 않는다는 반론이 제기될 수 있다는 점을 다시 한 번 거론함으로써 여전히 소극적인 입장을 견지하고 있다(김대순, 『국제법론』, 제11판(삼영사, 2006), pp.178-179, 202-204 참조).

외에도 조약법협약이라는 체계적인 법원이 존재하지만, 우리나라 국내법의 경우에는 포괄적인 법전은 없으며, 헌법 조항 외에 관련 규칙들이 포함된 다수의 단편적인 법규범들만이 발견되고 있다. 이와 관련하여 특히 헌법은 제6조 제1항을 통하여 헌법에 의하여 체결·공포된 조약이 국내법으로서의 효력을 가진다고 규정한 다음, 제73조와 제60조 제1항을 통하여 대통령의 조약체결권과 국회의 동의권에 관한 일반적·추상적인 규정을 두고 있을 뿐이다. 이 때문에 국내적으로는 조약체결과 관련하여 조약법협약, 헌법, 기타 많은 관련 법령을 찾아서 복잡한 조약체결 업무를 수행하고 있는 형편이다.

따라서 대통령의 조약체결권과 국회 동의권의 관계, 국회 동의권의 범위, 국회의 동의를 요하는 조약의 유형, 동의권 행사의 대상 및 시기, 동의의 방식 및 효력과 관련하여 다양한 해석이 나오고 있으며, 경우에 따라 대통령(행정부)과 국회 사이에 권한쟁의의 가능성도 나타나고 있는 상황이다. 이에 따라 헌법 조항의 해석을 둘러싼 논란을 해소하고 국회 동의권의 실질적 행사를 보장할 수 있도록 하기 위하여 조약체결 절차 전반을 체계적·세부적으로 규율하기 위한 법률(조약체결절차법)의 제정 움직임이 나타나고 있는 것이다.

이와 관련하여 국내적으로 조약체결 절차 전반을 포괄적·체계적으로 규율하는 법률을 제정하거나, 아니면 행정부의 입장과 국회의 입장에서 각각 관련되는 절차를 규율하는 법률을 별도로 제정하는 방안도 적극 검토할 필요가 있다고 본다. 특히 국회 차원에서는 헌법 제60조 제1항에 의하여 포괄적으로만 규정되어 있는 "조약의 체결·비준에 대한 국회의 동의권"에 관하여 보다 세부적인 규정을 둠으로써, 국회의 동의권이 실질적으로 행사될 수 있도록 하고 대통령(행정부)의 조약체결권 행사에 대하여 민주적 통제를 강화할 수 있도록 하기 위하여 법률을 제정할 필요성은 매우 크다고 본다.[73]

조약체결 절차 전반에 관한 포괄적인 법률을 제정하는 경우, 전권대표의 선임 및 파견, 교섭과정에서의 협의, 조약안에 대한 최종점검 및 법제처의 조약안 심사, 조약안의 국무회의 상정 및 심의, 국무총리 및 대통령의 재가, 국회의 동의, 서명 및 비준, 공포, 유엔에의 등록, 개정 및 종료 등 일련의 법적 절차에 관한 세부 규정을 두는 것이 바람직하다고 본다. 그리고 서명만으로 체결되는 '약식조약'과 비준을 거쳐 체결되는 '정식조약', 그리고 이른바 '고시류조약'의 기준을 명확히 하고, 특히 국회의 동의를 요하는 조약

---

73) 신각수, 전게논문, pp.87-90 참조.

의 범위를 구체적으로 명시하여 조약의 효력 발생 및 국내법적 지위의 판단기준[74]과 관련된 쟁의의 발생을 사전에 방지할 수 있도록 해야 할 것이다. 또한 국회 동의 절차와 관련하여 '조약비준(서명)동의안'의 제출 및 처리 방법에 대하여 세부적인 규정을 두고 동의안의 가결 및 부결(부동의)의 효력에 대해서도 명시적으로 규정할 필요가 있다. 특히 동의안 처리의 지연 내지 유보가 동의의 거부에 해당되는지에 대하여 그 구체적인 상황과 관련하여 분명한 처리 기준을 제시함으로써 불필요한 논쟁을 방지할 수 있도록 해야 한다.

이와 관련하여 조약체결 업무를 담당하고 있는 행정부의 외교부·법제처와 기타 관련 부처, 그리고 국회의 소관 위원회 및 특별위원회 사이에 조약체결 및 국회의 동의권 행사가 상호 협조체제를 통하여 효율적으로 이루어질 수 있도록 하기 위한 제도적 장치를 강구할 필요가 있다고 본다.

아울러, 현행 헌법 제60조 제1항이 "국회는 … 조약의 체결·비준에 대하여 동의권을 가진다."라고 함으로써, 조약의 "체결·비준"의 경우 '체결'의 해석을 둘러싸고 많은 논란을 야기하고 있을 뿐만 아니라 헌법 제6조 제1항이 규정하고 있는 "체결·공포"의 경우 '체결'의 의미와도 서로 다르게 해석될 수밖에 없다는 문제가 있기 때문에, 이를 "국회는 … 조약의 체결에 대하여 동의권을 가진다."로 개정하는 방안도 적극 검토할 필요가 있다고 본다. 그리고 헌법 개정이 이루어지는 경우, 실질적으로 헌법적 수준의 내용을 포함하는 조약이 체결될 가능성에 대비하여 그 의결정족수를 헌법 개정 수준으로 강화하고, 필요하다면 이를 국민투표에 회부할 수 있도록 하는 방안도 강구하여야 할 것이다.

---

74) 김민서 교수는 조약의 종류와 관련하여, '同意條約', '非同意條約', (그리고 '告示類條約')으로 구분한 다음 각각의 경우에 상이한 국내법적 지위(효력)을 부여하고자 한다. 이에 대해서는 김민서, 전게논문, pp.40-44 참조.

제4장
국제입법의 가능성과 한계

I. 서론

　전통적으로 '주권평등원칙'에 입각해서 발전되어 온 국제법의 주요한 법원은 조약과 관습법이었다. 조약은 원칙적으로 이에 구속되기를 원하지 않는 국가 즉, 비당사국에 대해서는 의무를 부과하지 않으며 관습법 역시 그 형성 과정에서 적극적으로 반대하는 국가에 대해서는 구속력을 갖지 못한다고 보는 견해가 계속 제기되고 있다. 즉 전통적으로 보면 국제법에 있어서 외부입법자는 허용되지 않았으며 '立法者'와 '受範者'는 완전히 일치하였다.[1] 그러나 국제기구 및 국제공동체가 발전하면서 현실적이고 기술적인 필요에 의해 제한된 수의 입법자에 의해 제정됨에도 불구하고 입법자 자신 외에 다수의 수범자를 구속하는 소위 '국제입법'(international legislation)이 나타나게 되었다. 가령 유럽연합(EU)와 같은 초국가적인 국제기구에 의한 입법, 국제노동기구(ILO)나 국제민간항공기구(ICAO), 국제해사기구(IMO)와 같이 전문적, 기술적인 국제표준이 요구되는 분야에서의 협정이나 권고, 유엔 총회나 유엔 안전보장이사회(이하, "안보리"와 혼용)의 결의 등이 국제입법으로서 논의되고 있다.

　그러나 이 중 어느 경우가 국제입법에 해당하는지 여부뿐만 아니라 국제입법의 개념이 무엇인지, 나아가 국제입법이라는 것이 과연 존재하는지 자체에 대해서도 논란이 있

---

[1] 김대순, 『국제법론』, 제16판(삼영사, 2011), p.39; Antonio Cassese, *International Law*(Oxford: Oxford University Press, 2001), p.117.

다.[2] 분명한 것은 전통적인 방식과는 다른 '국제기구에 의한 구속력 있는 일반적 법규범의 제정'이라는 현상이 국제사회에 나타나고 있다는 점이며, 따라서 이러한 현상을 새로운 국제법의 창설과정으로서 '국제입법'이라고 볼 수 있는지, 국제입법으로 볼 수 있다면 그 개념과 성격은 무엇인지, 그리고 그 법적 근거 및 정당성과 한계는 무엇이며 필요한 개선방향은 무엇인지 고찰해 보는 작업이 필요하다고 본다. 이하에서는 국제입법과 관련하여 특히 논란이 되고 있는 '안보리의 결의 1373호' 및 '안보리 결의 1540호'를 중심으로 이러한 문제에 대해 논의하고자 한다.

Ⅱ. 국제입법의 개념 및 의의

1. '국제입법'의 정의

우선, 사전적 의미에서 '입법'(legislation)이라고 함은 "입법기관에 의하여 법을 정립하는 행위 또는 그 결과로서의 제정법"을 말하는 것이다.[3] 이러한 의미는 통상 '국내입법'(national or domestic legislation)의 관점에서 정의되고 있는 것이다. 그러나 국가와 같은 '입법기관'(the legislature)이 존재하지 않는 국제사회의 규범으로 성립되어 온 국제법의 정립[4]과 관련하여 '국제입법'이라는 용어는 그동안 매우 다양한 의미로 사용되어 왔다. 넓은 의미에서 '국제입법'은 "국제법의 추가나 변경을 위한 의도적인 노력의 과정이나 그 결과물"이라는 개념으로 사용되어 왔다. 따라서 이는 종종 '입법조약(lawmaking treaty)의 체결'이나 '국제관습법의 창출', 나아가서 '국제기구에 의한 구속력 있는 결정의 채택' 등을 설명하기 위하여 사용되기도 하였다.[5]

---

2) 김대순 교수는 "엄격히 말해서 국제기구의 그 같은 결의/결정/입법이 '국제법'의 '별개의' 연원으로 다룰 수 있을지는 의문이다. 그 같은 결의/결정/입법을 채택할 권한은 당해 기구의 설립'조약'에 의하여 부여된 것이기 때문이다."라고 한다(김대순, 상계서, p.93). 그러나 국제기구 설립조약에의 동의를 그 국제기구의 결의에 대한 동의와 동일시 할 수 있을지는 의문이며, 실제적으로도 국제기구의 결의는 국가들의 자유의사에 의해 체결되는 '조약'과는 다른 성격을 지닌 별개의 것으로 인식되고 있다. 따라서 이를 전제하여 국제법의 새로운 법원으로서 '국제기구에 의한 국제입법'의 의미와 가능성 여부, 그 정당성과 한계 등을 논의하는 작업이 필요하다고 본다.

3) *Black's Law Dictionary*, 5th ed. (St. Paul. MN: West Publishing Co., 1979), pp.809-810; James E. Clapp, *Dictionary of the Law* (New York: Random House, 2000), p.268.

4) Sean D. Murphy, *Principles of International Law* (St. Paul, MN: Thompson/West, 2006), p.65.

그러나 국가들의 실행을 보면, '국제입법'은 Skubiszewski가 적절히 지적하고 있듯이 국내 입법기관의 입법과정을 통하여 정립되는 '국내입법'에 상응하는 의미를 가진 경우에 한하여 적용될 수 있는 개념으로 인식되고 있음을 알 수 있다.[6] 이러한 의미에서 국가들은 안보리 결의 1373호와 결의 1540호에 대하여 처음으로 '국제입법'이라는 개념을 적용할 수 있다고 보기 시작했던 것이다.[7] 따라서 여기에서는 국제입법에 대하여, 입법의 일반적 개념에 입각하여 "국제사회(기구)의 (입법)기관에 의하여 의도적으로 정립되는 구속력 있는 법규범의 창설 과정 또는 그 결과물(즉, 국제법)"이라는 의미로 사용하기로 한다.

이러한 측면에서 볼 때, 국제입법에 해당하는 국제법 정립 방식은 매우 제한적으로 규정될 수밖에 없다. 따라서 국제입법을 구성하는 요소로서 ① (다수결 등을 통한) 일방적인 방식에 의한 정립, ② (모든 국가에 대해 구속력이 있는) 국제법규범의 창설이나 변경, ③ (시간적·장소적 제약 없이) 추상적 현상에 반복적으로 적용 가능한 일반적 성격의 법규범의 정립 등을 들 수 있을 것이다.[8] 여기서 "일방적인 방식"(unilateral in form)이란 입법에 의해 구속을 받는 당사자 전원의 동의를 요하지 않고, 사전에 지정된 권한 있는 사람이나 기관에 의한 공포를 통해 체결됨을 의미한다. 한편 "국제법규범의 창설이나 변경"이란 다소 모호한 개념이기는 하지만, 제안이나 권고보다는 상위의 구속력을 가지는 (국제)규범의 창설이나 변경의 의미로 받아들여지고 있다.[9] 무엇보다도 중요한 국제입법의

---

5) Stefan Talmon, "The Security Council as World Legislature", *American Journal of International Law*, Vol.99, January 2005, pp.175-176; "간혹 학자들이 「국제입법」(international legislation)이라는 말을 사용하는 수는 있다. 이 말은 보통 입법조약(law-making treaty)의 제정을 뜻하는 것이지만, 슈바르첸베르거(George Schwarzenberger)는 조약에 의하여 **국제조직 자신이 회원국을 구속하는 규칙을 제정할 권한을 갖는 경우**에 사용한다."(최재훈 외 5인, 『국제법신강』, 제2판(신영사, 2004), pp.47-48 참조); "20세기에 들어 입법적인 조약의 체결이 점증하고 또 그 성격이나 체결과정이 종래의 계약적인 성격의 양자조약과 차별화되면서 국제입법(international legislation)이라는 개념이 대두하는 …."(배종인, 『헌법과 조약체결: 한국의 조약체결 권한과 절차』(삼우사, 2009), pp.68-69)

6) Cf. Krzysztof Skubiszewski, "International Legislation", in Rudolf Bernhardt ed., *Encyclopedia of Public International Law*, Vol.2, 1995, p.1255.

7) Stefan Talmon, *op. cit.*, p.176; Jatta Brunee, "International Legislation," in *The Max Planck Encyclopedia of Public International Law*, Vol.V(Oxford: Oxford University Press, 2012), pp.986-987.

8) E. Yemin, Legislative Powers in the United Nations and Specialized Agencies 6(1969)(Frederic L. Kirgis, Jr., "The Security Council's First Fifty Years", *American Journal of International Law*, Vol.89, July 1995, p.520에서 재인용).

9) Frederic L. Kirgis, Jr., *International Organizations in their Legal Setting*, 2nd ed. (St. Paul, MN: West Publishing Co, 1993), p.275.

개념적 요소로는 그에 의해 부과되는 의무의 "일반적이고 추상적인 성격"(general and abstract character)이라고 할 수 있는데, 이는 국제입법에 속하는 결의의 내용은 중립적인 언어로 표현되어, 특정한 사건에만 한정적으로 적용되는 것이 아니라 시간적·장소적 제한 없이 여러 사건에 적용될 수 있음을 의미한다.[10]

지금까지 국제입법에 해당하는 것으로 설명된 경우들을 보면, ILO에서의 각종 협약 (convention)이나 권고(recommendation)의 채택, ICAO나 IMO에서 제정하는 항공이나 해운관련 국제표준의 채택, 각종 국제기구의 설립조약(constitutive treaties)의 개정, 유엔 총회나 안보리에 의한 결의(resolutions)의 채택 등이 있다. 그런데 각종 국제기구들이나 유엔 총회가 주도한 협약의 경우 원칙적으로 이를 비준한 국가들에만 적용된다는 점에서 일방적인 제정이라는 위 ①의 요건을 충족하지 못하며, 권고의 경우에는 법적 구속력이 없다는 점에서 ②의 요건을 충족하지 못한다.[11] ICAO가 협약의 '부속서' 형태로 제정하는 국제표준은 위의 모든 요소들을 두루 가짐으로써 국제입법으로서의 성격을 가진다고 볼 수 있으나, 이는 '국제민간항공'이라는 특정한 기술적 분야에만 적용되는 한계가 있다.[12]

각종 국제기구의 설립조약의 개정 역시 대부분 다수결의 방식으로 이루어지고 그 구속력이 전 회원국에 미친다는 점에서 일종의 국제입법의 요소를 가지기는 하나 이는 주로 국제기구 내부의 조직이나 활동을 규율하기 위한 것으로서 엄밀히 말해서 일반적·추상적인 성격을 갖는 법규범의 제정이라고 보기는 어렵다. 반면에 안보리 결의의 경우 상임이사국 5개국을 포함한 15개국의 이사국에 의해 채택되며, 유엔 헌장 제25조 및 제48조[13]에 의하여 전 회원국에 대하여 법적 구속력을 가지므로, 특히 위 ③의 요소를 충

---

10) Stefan Talmon, *op. cit.,* p.177.

11) ILO, IMO 등이 제정한 권고는 법적 구속력을 가지지는 않지만 그것을 제정한 국제기구의 권위 및 행정적, 기술적 필요성 등으로 인해 비회원국들을 포함한 대부분의 국가들이 이를 준수하고 있으며, 따라서 적어도 특정한 국제법 체제를 형성하는 법적 효과를 가진다고 볼 수는 있다. ILO, IMO 권고 등의 입법적 효력에 대한 구체적인 논의는 Frederic L. Kirgis, Jr., *op. cit.,* pp.276-285, 318-332 참조.

12) ICAO 이사회는 국제표준과 권고되는 방식을 부속서의 형태로 채택하며(국제민간항공협약 제54조 (i)호), 부속서의 채택은 이사회의 3분의 2 이상의 찬성투표에 의해 이루어지고, 부속서는 각 체약국에의 송달후 3개월 이내, 또는 이사회가 정하는 그 이상의 기간의 종료 시에, 체약국의 과반수가 그 기간 내에 불승인할 것을 이사회에 통보하지 않는 한 효력이 발생한다.(국제민간항공협약 제90조 (a)호)

13) 제25조; "국제연합 회원국은 안전보장이사회의 결정을 이 헌장에 따라 수락하고 이행할 것을 동의한다." 제48조 제1항; "국제평화와 안전의 유지를 위한 안전보장이사회의 결정을 이행하는 데 필요한 조치는 안전보장이사회가 정하는 바에 따라 국제연합 회원국의 전부 또는 일부에 의하여 취하여진다."

족한다면 국제입법에 해당하는 규범정립 방식이라고 규정할 수 있게 된다.

2. 안보리에 의한 '국제입법'

역사적으로 유엔 헌장 제7장에 의해 취해진 안보리 결의들은 대부분 특정한 사건이나 대상을 목적으로 한 것이었다. 이러한 조치들은 분쟁의 해결을 위하여 권고하거나 어떠한 국가로 하여금 어떠한 행위를 하거나 하지 말 것을 강제하거나 또는 무력충돌 후의 평화를 정착시키기 위한 것이었다. 이러한 결의들은 기본적으로 국제평화와 안전의 유지를 위한 '집행기관'(executive organ)으로서의 안보리의 역할과 부합한다.[14] 따라서 유엔 헌장 제25조에 의해 전 세계 대부분의 국가들에 대해 구속력을 가짐에도 대부분의 결의들은 국제입법으로 규정하기는 어려웠다. 반면에 1990년대 들어 안보리가 보다 광범위한 적용성을 갖는 결의를 통하여 일반적 성격의 의무를 부과하면서부터 이러한 결의들이 학계 및 국가들에 의하여 국제입법 또는 '준국제입법'(quasi-legislative acts)[15]으로서 주목 받기 시작하였다. 예를 들어 이라크-쿠웨이트의 국경 설정위원회(Iraq-Kuwait Boundary Commission) 및 유엔 보상위원회(Compensation Commission)의 설립, 구유고 및 르완다 국제형사재판소(ICTY 및 ICTR) 설립,[16] 기타 일반적 성격의 경제제재(economic sanctions)의 부과를 위한 결의들이 그것이다. 그러나 위의 결의들은 국제평화와 안전에 위협이 되는 '특정한 사건이나 현상'에 대한 조치로 채택된 것으로서 엄밀히 말하면 일반적·추상적인 의무를 부과하는 것으로 볼 수는 없다.[17]

반면에 2001. 9. 28. 채택된 안보리 결의 1373호[18]나 2004. 4. 28. 채택된 안보리 결의 1540호[19]는 일반적 적용성을 가지는 법규범으로 국제입법의 요건을 충족하고 있는

제2항; "그러한 결정은 국제연합 회원국에 의하여 직접적으로 또한 국제연합 회원국이 그 구성국인 적절한 국제기관에 있어서 이들 회원국의 조치를 통하여 이행된다."

14) Bruce Cronin & Ian Johnstone, "The Security Council as Legislature", *The UN Security Council and the Politics of International Authority*(London & New York: Routledge, 2008), p.81.

15) Frederic L. Kirgis, Jr., *op. cit.*, p.520 이하.

16) ICTY의 설립에 대해 안보리 의장은 다음과 같이 언급한 바 있다. "The Security Council would not be creating or purporting to **"legislate"** that law. Rather, the International Tribunal would have the task of applying existing international humanitarian law."(UN Doc. S/25704, 3 May 1993, p.8, para.29.)

17) Bruce Cronin & Ian Johnstone, *op. cit.*, p.81.

18) UN Doc. S/RES/1373(2001).

이른바 '입법적 결의'(legislative resolution)[20]에 해당하는 것으로 간주되고 있다. 안보리 결의 1390호[21] 제2조 (a)호가 "오사마 빈 라덴(Usama bin Laden), 알 카에다(Al-Qaida), 탈레반(Taliban) 또는 다른 개인이나 단체 그리고 이들과 관련된 주체들에 대해 모든 국가들은 자산 및 다른 금전적 재산 및 경제적 자원들을 즉각 동결해야 한다."고 규정하고 있는 데 비하여 안보리 결의 1373호 제1조 (c)호는 "테러행위를 범하였거나 혹은 범하려고 하거나 또는 테러행위에 참여하거나 이를 용이하게 한 자들에 대해 모든 국가들은 자산 및 다른 금전적 재산 및 경제적 자원들을 즉각 동결해야 한다."고 하여 보다 광범위한 대상을 규정하고 있다.[22] 안보리 결의 1373호는 테러행위에 대항하기 위해 모든 국가들이 취해야 할 조치들을 규정하였는데, 이는 테러행위에 대한 자금지원의 방지 및 억제, 테러행위자에 대한 자산의 동결 및 테러행위에 대한 형사처벌 의무 등을 포함한다. 이 결의는 이전의 안보리의 다른 결의들이 특정한 사건이나 주체를 대상으로 하였던데 반해서, (초국가적) 테러행위라는 불특정적이고 계속적인 위협에 대해 유엔 회원국이 국내법을 변경해야 할 의무를 규정하였다는 점에서 차이가 있다.[23]

한편, 안보리 결의 1540호는 대량살상무기 및 관련물질이 테러조직 등 비국가행위자들(non-State actors)에게 확산되는 것을 방지하기 위한 포괄적인 의무를 모든 국가들에게 부여하고 있다. 결의 1373호가 결의 이전에 체결된 「테러자금조달의 억제를 위한 협약」(International Convention for the Suppression of the Financing of Terrorism) 및 「폭탄테러억제를 위한 국제협약」(International Convention for the Suppression of Terrorist Bombings)의 내용들을 상당 부분 반영해서 채택된 것임에 비하여, 결의 1540호는 관련되는 내용을 다룬 조약 등이 없는 상태에서 안보리에 의해 새롭게 규정된 것으로서 진정한 의미에서 국제입법이라고 칭해지고 있다.[24] 또한 안보리 결의 1540호는 대량살상무기와 관련한 이전의 다자조약들이 규율하지 못하고 있던 부분 (가령 개인이나 단체에 대한 적용,

---

19) UN Doc. S/RES/1540(2004).

20) Sumon Dantiki, "Power through Process: an Administrative Law Framework for United Nations Legislative Resolutions", *Georgetown Journal of International Law*, Vol.40, Winter 2009, p.655.

21) UN Doc. S/RES/1390(2002).

22) Stefan Talmon, *op. cit.*, p.176.

23) Sumon Dantiki, *op. cit.*, pp.655-657.

24) Masahiko Asada, "Security Council Resolution 1540 to Combat WMD Terrorism: Effectiveness and Legitimacy in International Legislation", *Journal of Conflict & Security Law*, Vol.13, Winter 2008, p.322.

관련 물질에 대한 규제 등)을 새롭게 규율하고, 기존의 다자조약의 비준국이 아닌 국가에 대해서도 적용되며, 사후대책이 아닌 사전예방적 조치를 규율하고 있는 점에서 보다 '입법적'이라고 할 수 있다.[25]

이와 같이, 안보리 결의 1373호와 1540호는 기존의 다자조약의 체결과정을 대체한다는 측면에서 입법적인 성격을 가진다고 할 수 있다. 즉 입법적 결의는 ① 서명이나 비준 절차 없이도 조약규정에 바로 구속력을 부여하거나 국가들로 하여금 조약에의 가입을 강제함으로써 조약체결절차를 변경할 수 있으며, ② 보다 넓은 조약 체제의 관점에서, 기존 조약의 흠결을 다룸으로써 기존의 조약 체결절차를 보완할 수 있으며, ③ 완전히 새로운 국제법을 제정함으로써 기존의 조약체결 절차와 병존할 수도 있다.[26] 앞서 보았듯이 안보리 결의 1373호는 위 ①의 성격이 두드러지며, 1540호는 위 ①, ②, ③의 요소를 두루 가지고 있다고 본다. 결론적으로 안보리의 입법적 결의는 계속적인 국제 관심사에 대하여 국내법의 변경 의무를 부과함으로써 과거 국제조약들이 수행하였던 역할을 대신하여 수행하는 전례 없는 수단이라고 할 수 있다.[27]

한편, 안보리 결의 1540호의 채택 과정에서 일부 국가들은 안보리가 국제사회를 대신해 모든 국가들을 구속하는 입법을 행하는 데 대해 우려를 표명하였다. 이들은 안보리가 입법적 권한을 가지는 데 반대하였으며 나아가 안보리에 의한 국제입법은 유엔 헌장의 규정에 반한다고 주장하였다.[28] 따라서 안보리에 의한 국제입법의 법적 근거, 즉 적법성(legality)과 함께 정당성(legitimacy) 여하를 살펴볼 필요가 있으며, 이하에서 안보리 결의 1373호 및 1540호를 중심으로 이를 검토해 보고자 한다.

---

25) *Ibid.*, pp.315-318.
26) Sumon Dantiki. *op. cit.*, pp.663-664.
27) *Ibid.*, p.656.
28) Indonesia의 주장; "Indeed, we are of the opinion that legal obligations can only be created and assumed on a voluntary basis. Any far-reaching assumption of authority by the Security Council enact global legislation is not consistent with the provisions of the United Nations Charter."(UN Doc. S/PV.4950, 22 April 2004, p.31.)

Ⅲ. 안보리에 의한 국제입법의 법적 근거 및 법원성

1. '입법적 결의'에 대한 유엔 헌장의 규정

　　유엔 헌장 제24조는 "1. 유엔의 신속하고 효과적인 조치를 확보하기 위하여, 유엔 회원국은 국제평화와 안전의 유지를 위한 일차적 책임을 안전보장이사회에 부여하며, 또한 안전보장이사회가 그 책임 하에 의무를 이행함에 있어 회원국을 대신하여 활동하는 것에 동의한다. 2. 이러한 의무를 이행함에 있어 안전보장이사회는 유엔의 목적과 원칙에 따라 활동한다. 이러한 의무를 이행하기 위하여 안전보장이사회에 부여된 특정한 권한은 제6장, 제7장, 제8장 및 제12장에 규정된다."고 하고 있다. 이 중 모든 국가들을 구속할 수 있는 '입법적 결의'의 채택은 주로 헌장 제7장과 관련된다. 헌장 제25조는 "유엔 회원국은 안전보장이사회의 결정을 이 헌장에 따라 수락하고 이행할 것을 동의한다."고 규정함으로써 안보리 결정의 구속력에 대한 법적 근거를 제공하고 있으며, 이러한 '결정'에 관한 조항은 제41조 및 제42조로서 제7장에 포함되고 있기 때문이다. 참고로 헌장 제6장에 따르면 '분쟁의 평화적 해결'과 관련하여 안보리는 "어떠한 분쟁에 관하여도 모든 당사자가 요청하는 경우 그 분쟁의 평화적 해결을 위하여 그 당사자에게 권고할 수 있다."고 되어 있을 뿐으로 구속력 있는 결정을 내릴 수 없도록 되어 있다.

　　이처럼 안보리는 제7장의 제41조와 제42조에 따라 전 회원국들에 대하여 '구속력 있는 결정'을 할 수 있다. 그러나 '입법적 결의'는 하나의 법적 행위로서, 내용상 무력사용을 수반하는 구체적인 조치를 포함하지 않은 방법으로 이루어지는 것이고, 일반적·계속적인 법규범의 정립으로서의 성격을 가지는 것이기 때문에 특히 제41조가 그 법적 근거가 될 수 있다고 본다. 다만 헌장 제39조에 따라 안보리는 "평화에 대한 위협, 평화의 파괴 또는 침략행위의 존재를 결정하고 … 제41조 및 제42조에 따라 어떠한 조치를 취할 것인가를 결정"하며, 제41조에 따라 "그의 결정을 집행하기 위하여 병력의 사용을 수반하지 아니 하는 어떠한 조치를 취하여야 할 것인지를 결정할 수 있으며, 또한 국제연합 회원국에 대하여 그러한 조치를 적용하도록 요청할 수 있다."고 하고 있기 때문에 헌장 제39조와 제41조가 안보리의 '입법적 결의' 또는 '국제입법'에 대한 법적 근거가 되는 것이다. 계속하여 제41조는 "이 조치는 경제관계 및 철도, 항해, 항공, 우편, 전신, 무선통신 및 다른 교통통신수단의 전부 또는 일부의 중단과 외교관계의 단절을 포함할 수

있다."고 함으로써 '입법적 결의'에 포함될 수 있는 '조치'(measures)의 내용을 규정하고
있다.

2. 안보리에 의한 '국제입법'의 적법성 검토

따라서 안보리 결의 제1373호 및 제1540호가 법적 근거를 가지고 적법하게 채택되기
위해서는 테러나 대량살상무기의 확산과 같은 현상이 헌장 제39조에서 말하는 '평화에
대한 위협'에 해당해야 하며, 테러와 관련한 특정 행위를 처벌하거나 대량살상무기 및
관련물질의 수출을 통제하는 조치를 취해야 할 일반적·추상적인 의무가 헌장 제41조에
서 말하는 '조치'에 해당해야 한다.[29] 이하, 이 점에 대하여 검토한다.

1) "일반적 현상"이 제39조의 "평화에 대한 위협"이 되는지 여부

안보리 결의 1373호를 채택한 후 열린 2001.10.15. 유엔 총회의 토론에서 코스타리카
대표는 다음과 같이 말했다. "안보리 결의 제1373호는 국제관계에 있어 새로운 지평을
열었다. 역사상 처음으로 안보리는 테러리즘과 같은 일반적인 현상이 어떤 경우에나 국
제평화와 안전에 대한 위협이 된다고 선언하였다."[30] 그러나 구체적 사건이나 분쟁이
아닌 "일반적인 현상"(general phenomenon)이 유엔 헌장상 '평화에 대한 위협'이 될 수
있는지에 관해서는 논란이 있다. 이와 관련하여 안보리는 구체적인 상황이나 분쟁과 관
련해서만 조치를 취할 수 있다고 보는 견해[31]가 있는 반면에 그러한 개념을 일반적인
현상으로 확장해도 문제가 없다는 시각[32]이 있다.

유엔 헌장은 그 대상과 목적에 부합하게 합리적으로 해석해야 하며, 국제평화와 안전
의 유지라는 목적의 달성을 위한 '묵시적 권한'(implied power)의 법리에 비추어 '평화에

---

29) 이하의 논의는 주로 Stefan Talmon, *op. cit.*, pp.178-182 참조.

30) UN Doc. A/56/PV.25, 15 October 2001, p.3(Costarica).

31) Matthew Happold, "Security Council Resolution 1373 and the Constitution of the United Nations", *Leiden Journal of International Law*, Vol.16 issue 03, 2003, pp.598-601.

32) Frederic L. Kirgis, Jr., *supra* note 8, p.522; Keith Harper, "Does the United Nations Security Council Have the Competence to Act as a Court and Legislature?", *N.Y.U. Journal of International Law and Politics*, Vol.27, 1994, p.149.

대한 위협'의 판단에 있어서 안보리가 내리는 판단은 명백한 월권이 아닌 한 정당한 것으로 추정되어야 한다고 본다. 즉 안보리가 그 주 임무인 국제평화와 안전의 보장이라는 역할을 충실히 수행하도록 하기 위해서는 헌장 제39조의 의미를 헌장의 대상과 목적에 부합하는 한 폭넓게 해석할 필요가 있다. 따라서 지역적·시간적으로 특정한 상황이나 사건이 아닌 이러한 사건의 경향이 일반화된 추상적인 현상을 평화에 대한 위협으로 간주하는 것이 국제평화와 안전의 유지라는 유엔 헌장의 취지에 비추어 안보리의 권한을 넘어선 것이라 볼 수는 없다. 특히 알카에다 같은 테러단체는 이미 그 조직이나 활동범위에 있어서 지역적 차원이 아닌 전 세계를 대상으로 하고 있으며, 따라서 이러한 단체에 의한 테러를 억제하기 위해서는 전 세계적 차원의 공조가 필요하다고 본다.

무엇이 평화에 대한 위협에 해당하는지는 시대에 따라 달라질 수 있다. 1992년 1월 31일에 열린 안보리의 역할에 대한 토론 과정에서 안보리 의장은 다음과 같이 언급한 바 있다. "국가 간에 전쟁이나 무력충돌이 없다는 사실만으로는 국제평화와 안전을 보장할 수 없다. 경제적·사회적·인도적 그리고 생태적 분야와 같은 비군사적인 자원의 불안정성이 평화와 안전에 대한 위협이 되고 있다."[33] 나아가서 미래에는 환경파괴에 따른 전 지구적 차원의 생태위기, 대규모의 해적행위, 전 세계적 유행병, 대규모 사이버테러 등도 평화에 대한 위협으로 분류될 가능성이 있다.

2) 일반적인 "입법적 조치"가 헌장 제41조의 "조치"에 해당하는지 여부

헌장 제39조에 대한 논란과 마찬가지로 헌장 제41조의 '조치'에 대해서도 일부 견해는 입법적 결의의 내용은 헌장 제41조의 조치에 해당하지 않는다고 주장한다. 그러나 위와 같이 일반적·추상적 현상도 헌장 제39조의 평화에 대한 위협이 될 수 있다고 본다면, 이에 대한 조치 역시 일반적, 추상적 성격을 띨 수밖에 없다. 즉 특정한 상황에 대해서는 구체적인 조치가 필요한 반면 이러한 상황이 일반화된 추상적 상황에 대해서는 보다 일반화된 '입법적 조치'가 요구된다고 할 수 있을 것이다.

헌장 제41조는 "이 조치는 … 을 포함할 수 있다."라고 규정함으로써 여기서 제시한 조치들이 한정적이 아닌 예시적인 것임을 명백히 하고 있다. 구유고국제형사재판소

---

33) UN Doc. S/23500, 31 January 1992, p.3.

(ICTY)의 상소심재판부 역시 *Tadic* 사건에서 다음과 같은 해석을 내린 바 있다. "헌장 제41조의 조치들은 예시적인 것으로서 다른 조치들을 배제하지 않는다는 것은 명백하다. 단지 무력사용을 수반하지 않는 것이면 충분하다. … 헌장 제39조는 선택할 수 있는 수단 및 그 평가를 안보리에 일임하고 있고, 따라서 안보리는 이러한 견지에서 폭넓은 재량권을 가지며, 이는 그러한 선택들이 매우 복잡하고 다양한 상황에 대한 정치적인 평가를 포함하기 때문에 불가피한 것이다."[34]

3. 안보리의 법적 지위 및 안보리 결의의 법원성

1) 국제법의 연원

국제법이 "어떻게 만들어지고 어떠한 형태로 존재하는가" 하는 의미에서 국제법의 '淵源'(sources)[35]을 거론할 때마다 흔히 국제사법재판소(ICJ) 규정 제38조 1항을 원용하게 된다.[36] 이 조항은 ICJ에 부탁되는 국제 분쟁의 해결을 위하여 적용할 수 있는 국제법으로 조약, 관습국제법, 법의 일반원칙(general principles of law), 그리고 보조수단(subsidiary means)으로서 사법판결 및 저명한 국제법학자의 학설 등을 들고 있다. 따라서 이 규정에 언급되지 않는 안보리의 '결의' 등은 국제법의 연원으로 적용할 수 없다는 비판도 가능하다. 그러나 오래 전에 만들어진 ICJ 규정 제38조 1항은 국제사회 및 국제법의 변화에 따라 이미 "진부한"(stereotyped) 조항이 되었다는 비판도 있으며,[37] 당초부터 이 조항이 국제법의 연원에 대한 "배타적인"(closed) 규정이 아니라는 주장도 있다.[38] 이러한 의미에서 ICJ 규정 제38조에서 열거되고 있는 전통적 법원 외에 국제기구에 의한 새로운 국제법 정립 방식에 대하여 주목할 필요가 있다고 본다.[39]

---

34) Prosecutor v. Tadic, Appeal on Jurisdiction, *No. IT-94-1-AR72(2 October 1995)*, paras. 35, 39.

35) Ian Brownlie는 "수범자들에 대하여 법적 구속력이 있는 일반적 적용성을 갖는 규칙의 정립을 위한 법적 절차 및 방식"을 '형식적 법원'(formal sources)이라 하고, "그러한 규칙의 존재에 대한 증거자료"를 '실질적 법원'(material sources)이라고 한다. 이에 대해서는 Ian Brownlie, *Principles of Public International Law*, 5th ed. (Oxford: Oxford University Press, 1998), pp.1-2 참조.

36) Christopher C. Joyner, *The United Nations and International Law*(Cambridge: Cambridge University Press, 1997), p.29.

37) William Slomanson, *Fundamental Perspectives on International Law*, 6th ed. (Boston: Wadsworth, 2011), p.28.

38) *Ibid.*, p.35.

사실 ICJ 규정은 제1차 세계대전 후 국제연맹 시대의 상설국제사법재판소(PCIJ) 규정을 답습한 것이어서 유엔 출범 후 65년이 지나는 동안의 국제사회의 변화를 반영하지 못하고 있다고 할 수 있다. 그리고 오늘날 EU가 그 기관에서 내려진 결정을 회원국에게 강제할 수 있는 '입법'(legal acts)[40]을 채택할 수 있는 제도를 두고 있다는 점도 일정한 경우 유엔을 비롯한 다른 국제기구의 결의에 대하여 법원성을 부여할 수 있는 근거로 원용할 수 있다.[41]

2) 안보리의 법적 지위 및 "입법적 결의"의 법원성

그동안 안보리는 유엔의 주요기관의 하나로서 흔히 정치적 기관(political organ) 또는 집행기관으로 규정되어 왔다.[42] 그러나 오늘날 변화된 국제사회 및 국제법의 환경 속에서 '입법기관'으로서의 안보리의 역할이 새롭게 주목을 받고 있다. 사실 유엔 출범 시부터 안보리가 일종의 '준입법권한'(quasi-legislative authority)을 가지고 있었으며, 더 나아가서 或者에 의하면, "평화에 대한 위협, 파괴, 또는 침략행위가 존재하는" 경우에는 오히려 "진정한"(true) 입법권한을 행사해 왔다는 견해도 있다.[43] 이러한 관점에서 보면 그동안 안보리는 계속하여 "입법을 해 왔다"(has legislated)고 할 수도 있다는 것이다.[44] 그러나 그동안의 안보리 결의들은 앞에서 언급하였듯이 국제입법의 필요조건을 결여하는 것이었다는 점에서 개별적인 국제법 위반에 대한 케이스별 대응(case-by-case reactions)에 불과한 것으로 '사실상'이 아니라 '법적' 의미에서 그 법원성이 인정될 수는 없었던 것이다. 이 때문에 집행기관으로서의 안보리의 지위는 변함없이 유지되어 왔다고 할 수 있다.

그러나 최근 주목되고 있는 안보리의 입법적 결의와 관련하여, 유엔 헌장 체제 및

---

39) Sean Murphy, *op. cit.*, pp.65, 89.

40) EU 기능조약 제289조에 의하면 '명령'(regulations), '준칙'(directives), '결정'(decisions) 등이 이에 해당한다.

41) 김정건 외, 『국제법』(박영사, 2010), p.26.

42) 안보리의 역할과 관련하여 유엔 헌장 제7장에 의하여 제재를 통한 '국제법의 집행' 외에 헌장 제6장에 의한 분쟁해결과 관련된 역할은 '사법기관'으로서의 ICJ의 역할과 중복되는 것이기 때문에 안보리는 일종의 '준사법기관(quasi-judicial organ)'으로서의 지위도 갖고 있다고 볼 수도 있다(Kathleen Renee Cronin- Furman, "The International Court of Justice and the United Nations Security Council: Rethinking a Complicated Relationship", *Columbia Law Review*, Vol.106, 2006, pp.438-440.

43) Frederic L. Kirgis, Jr., *op. cit.*, p.520.

44) Sean Murphy, *op. cit.*, p.90; Jan Klabbers, *An Introduction to International Organizations Law* (Cambridge: Cambridge University Press, 2015), p.162.

제도적 관점에서 국제법의 법원으로서의 적법성 및 정당성이 인정되는 경우, 안보리에 대하여 제한적 범위에서 국제입법 권한을 갖는 "새롭게 출현하는 세계적 입법기관" (emergent World Legislature)으로서의 지위가 인정될 수 있을지 논의되고 있는 것이다.[45] ICJ도 *Lockerbie* 사건에서 안보리 결의 748호가 유엔 헌장 제103조에 의해 「민간항공의 안전에 대한 불법적 행위의 억제를 위한 협약」(Convention for the Suppression of Unlawful Acts against the Safety of Civil Aviation, 이하 "몬트리올 협약")의 규정보다 우선한다고 함으로써,[46] 안보리 결의가 ICJ에 의하여 법원으로 적용될 수 있을 뿐만 아니라 유엔 헌장 제103조에 의해 다른 국제협정상의 의무보다 우선함을 분명히 한 바 있다.

한편, 그동안 국제기구 결의의 법원성과 관련하여 관심의 대상이 되어 왔던 것은 '안보리 결의'보다는 '총회의 결의'였다. 안보리에 비하여 총회는 유엔의 전 회원국 대표로 구성되고 있어서 그 결의는 곧 국제사회의 總意(common will)에 의한 것으로서 결의에 동의하는 회원국들에 의한 국가관행(State practice) 및 법적 확신(*opinio juris*)의 증거로 볼 수 있다는 점 때문이었다. 그러나 총회에 대해서는 기구의 '내부문제'(internal sphere)[47]에 관하여 회원국들을 구속하는 결의를 채택할 수 있는 권한이 헌장에 의하여 부여되고 있는 반면에 기구 자신의 관할 범주를 벗어나서 회원국인 개별국가들에 대해서 영향을 미치는 '외부문제'(external sphere)에 대해서는 구속력 있는 결의를 채택할 수 있는 권한이 '명시적으로' 부여되지 않고 있을 뿐만 아니라 이러한 권한이 '묵시적으로' 추론될 수도 없다고 본다.[48] 따라서 총회의 결의는 비록 그 내용이 일반적 적용성을 갖는 규범적 내용을 담고 있다고 하더라도 이는 단지 세계 각국에 공통적인 법의 일반원칙을 규정하고 있거나 아니면 이미 확립된 관습법규를 확인하는 의미 이상의 규범력을 갖기는 어렵게 된다.[49] 그리고 만일 총회결의가 새로운 국제법 규범의 창설과 관련되는 내용을 담고 있는 경우에는 그 결의 자체가 구속력을 갖는 것이 아니라 향후 일반조약의 체결

45) Sean Murphy, *ibid.*; Verna Gowlland-Debbas, "Security Council Change," *International Jpurnal*, Vol.65, No.1(Winter 2009-2010), pp.119-139.
46) *Lockerbie Case*(Libyan Arab Jamahiriyal v. United Kingdom), *ICJ Reports 1992*, p.15.
47) 예를 들어, 유엔 헌장 제17조의 예산 사항, 제6조의 회원국의 제명, 제5조의 권리 및 특권의 정지, 제21조의 절차규칙 등이 이에 속한다.
48) Philippe Sande and Pierre Klein, *Bowett's Law of International Institutions*, 5th ed.(London: Sweet & Maxwell, 2001), pp.279-281.
49) 김정건 외, 전게서, p.27.

이나 새로운 관습국제법의 형성을 촉진시키는 영향력을 발휘할 수 있다는 점에서 제한
적 규범성을 갖는 '軟性法'(soft law)의 지위를 갖게 되는 데 불과하게 된다.[50]

　이러한 총회 결의와 비교하여 안보리 결의는 모든 유엔 회원국의 총의에 의한 것이
아닐 뿐만 아니라 반드시 관습국제법의 발현이라고 볼 수도 없는 반면에 그 구속력에
대해서는 앞서 살펴보았듯이 유엔 헌장상 법적 근거가 존재한다는 점에서 특별한 차이
점이 있다. 따라서 안보리 결의의 법원성 문제는 유엔 총회 결의의 법원성과는 그 차원
을 달리하는 것이다. 이러한 관점에서 안보리 입법적 결의의 가능성은 일응 그 근거가
인정될 수 있는 '적법성'의 문제와 함께 국제입법의 필요성 및 당위성과 관련된 '정당
성'(legitimacy)의 관점에서 보다 진지하게 검토해 볼 필요가 있다.

Ⅳ. 안보리에 의한 국제입법의 정당성

　안보리의 국제입법이 그 법적 근거를 가지고 있다고 하여도, 안보리가 과연 이러한
입법 활동을 수행해야 하는지에 대해서는 논란이 있을 수 있다. 실제로 안보리 국제입법
의 법적 근거가 존재함을 인정하면서도 이에 대해 부정적으로 바라보는 견해는 법적 근
거보다는 그 정당성과 관련하여 문제가 많다는 입장에 근거하고 있다. 즉 안보리의 입법
적 결의는 헌장상 안보리의 권한을 넘어서는 월권적 행위(ultra vires acts)에 해당하거
나,[51] 아니면 강대국에 의한 '패권적인'(hegemonic) 국제법의 정립에 해당하는 것으로 볼
수밖에 없다는 것이다.[52] 이하에서는 이러한 비판적 견해들 및 이에 대해 안보리 국제입
법의 정당성을 뒷받침할 수 있는 논거들을 비교·검토하고자 한다.

---

50) 김대순, 전게서, pp.93-97.

51) Matthew Happold, *op. cit.*, p.607.

52) 안보리 결의 1373의 채택과 관련하여 이는 부시 행정부에 의해 단지 미국의 국내법을 그대로 안보리의 결의에
　반영한 것일 뿐이라는 비판도 있다(Kim Lane Scheppele, "Global Security Law and the Challenge to
　Constitutionalism after 9/11", *Public Law*, April 2011, p.362).

1. 정당성에 대한 비판적 입장

1) 안보리 "국제입법"은 유엔 기관 간의 권한 배분에 위배된다는 주장

유엔의 창설 당시 안보리는 입법 권한을 염두에 둔 기관이 아니었다. 안보리는 국제 평화와 안전의 유지를 통하여 국제사회의 질서를 유지하고 수호하는 일종의 '경찰' 역할을 수행하도록 예정되고 있었으며, 이러한 역할은 기본적으로 '국제법의 집행'에 속하는 것이며, '국제법의 정립'을 통한 국제사회의 질서의 창설과 관련된 역할은 기본적으로 총회의 권한 범주에 속하는 일이라고 본다. 가령 ICJ의 *Namibia case*에서 Fitzmaurice 재판관의 반대의견[53]처럼 "안보리의 역할은 평화를 지키는 것이지 세계 질서를 바꾸는 것이 아니"라는 것이다. 더구나 제도적으로 三權이 분리되어 상호 견제의 역할을 수행하는 국내법 질서와는 달리, 안보리의 결의의 적법성에 대해서는 ICJ가 '직접적으로' 사법적 심사를 할 수 없는 등,[54] 상호견제 장치가 제도적으로 보장되지 않고 있기 때문에 만일 이러한 국제법 질서 하에서 안보리가 입법부 역할까지 수행할 경우 그 권한이 너무 방대해지고 남용될 가능성이 크다는 이유에서 안보리에 의한 국제입법은 바람직하지 않다는 주장이다.[55]

2) 안보리 "국제입법"은 다자조약의 체결 과정을 무시한다는 주장

가령 안보리 결의 1373호는 기존에 이미 체결되어 아직 발효되기 전이던 「테러자금조

---

53) Legal Consequences for States of the Continued Presence of South Africa in Namibia(South West Africa) notwithstanding Security Council Resolution 276(1970), Advisory Opinion, Dissenting Opinion of Judge Gerald Fitzmaurice, *ICJ reports 1971*, p.294.

54) "안보리와 같은 정치적 기관의 행위의 적법성에 대하여 안보리는 직접 결정할 수는 없다. ICJ의 심사권은 이미 유엔 창설 시 샌프란시스코 회의에서 집중적으로 논의되었다. 결과적으로 유엔 창설국가들은 헌장 및 특히 헌장에 기초한 제2차 행위에 대하여 ICJ에 완전하고 직접적인 법적 통제의 의무를 위임하는 데 합의하지 못하였다."(나인균, "국제연합에서의 '법의 지배'의 원리", 『국제법학회논총』, 제50권 제1호, 2005, p.67.) ; 그러나 사실 안보리 결의에 대한 ICJ의 적법성 심사의 가능성과 관련된 논의는 매우 활발하다. 이와 관련하여 Lockerbie 사건은 ICJ에 의한 안보리 결의의 적법성 심사 문제를 내포하고 있는 첫 쟁송사건으로 주목 받았으나, 이 사건은 2003년 합의에 의하여 종료되었기 때문에 ICJ가 이 점에 대하여 명확한 입장을 밝힐 기회가 사라져 버렸다. 이에 대해서는 박현석, 「유엔헌장상 강제조치와 국제재판의 관계: Lockerbie 사건(1988-98)」, 『국제법학회논총』, 제43권 제2호, 1998, pp.108-112; 정인섭, 『新 국제법강의』, 제3판(박영사, 2011), p.798 참조.

55) Matthew Happold, *op. cit.*, p.608.

달의 억제를 위한 협약」 및 「폭탄테러억제를 위한 국제협약」의 내용을 상당 부분 반영한 것이었다. 비록 미국의 국제무역센터 빌딩에 대한 9·11 테러 이후 위와 같은 다자조약의 체결의 필요성에 대한 공감이 국제사회에 널리 인식되기는 하였지만, 안보리 결의 1373호는 위와 같은 다자조약의 가입이나 비준 등의 체결절차를 무시한 채, 안보리 결의의 구속력을 부당하게 이용하여 입법한 것이라는 주장이다. 조약에 대한 '서명'이나 '비준'은 국제법규범에 구속되는 데 동의하는 국가가 필수적으로 거쳐야 할 매우 중요한 과정이며, 이러한 과정을 생략하는 것은 주권국가로부터 입법적 재량권을 박탈하는 결과를 초래한다는 것이다.[56] 즉 안보리의 입법은 주권평등의 원칙에서 벗어날 뿐만 아니라 각국 의회의 입법권을 침해하며, 국가의 동의에 기초한 국제법질서를 파괴할 가능성이 크다는 것이다.

3) 안보리는 "국제입법"을 위한 대표성과 전문성이 없다는 주장

안보리와 같이 정치적이며, 대표성과 전문성이 결여된 기관에서는 정당한 입법기능을 수행할 수 없다는 견해이다. 안보리는 국제입법과 관련하여 "이중의 결함(double deficit)"이 있다는 것이다.[57] 즉, 안보리의 결의는 이사회 내부적으로 보면 5개의 상임이사국을 포함한 단지 15개 이사국에 의해 이루어지며, 5개 상임이사국에 의한 거부권의 행사 없이, 9개 이사국의 동의가 있으면 채택된다. 따라서 안보리에 의한 국제입법은 15개 이사국에 의해 이루어짐에도, 결의의 채택에 관여한 바 없는 다른 유엔 회원국들을 포함한 회원국 전부에 대해 구속력이 미치게 되는 것은 부당하다는 것이다. 이러한 견해에 의하면 거부권을 가진 5개의 상임이사국이 결의 채택 과정을 지배하며, 상임이사국이 아니더라도 일부 선진국들이 후진국들에 비해 보다 큰 영향력을 행사함으로써 국제사회의 불평등을 가중시킨다고 한다.

또한 15개국 중 일부는 그 동기나 능력에 있어서 특정한 결의의 초안 작업에 참여하는 것이 매우 부적절한 경우가 있을 수 있으며, 이사국 자신들만의 이익을 위한 결의를 채

---

56) *Ibid.*, pp.609-610.
57) "double deficit"란 '내적 결함'(internal deficit)과 '외적 결함'(external deficit) 등 두 가지 결함이 있다는 의미이다. 우선 내적 결함은 국가의 정부대표로만 이루어진 안보리가 각국의 내부 사정을 적절히 대표하지 못한다는 것이며, 외적 결함은 15개 이사국으로 이루어진 안보리가 192개 전체 유엔 회원국을 적절히 대표하지 못하는 결함이 있다는 의미이다(Kim Lane Scheppele, *op. cit.*, p.361).

택할 위험도 배제할 수 없다는 것이다.[58] 또한 국제입법 절차는 관련되는 모든 문제들 및 각국의 이해관계들을 고려하여 신중하고도 전문성 있게 이루어져야 하는 것인데, 입법의 전문가가 아닌 각국의 정부대표들로 구성된 안보리는 이러한 역할을 수행하는 데 부적절하다는 주장이다. 가령 안보리 결의 1373호나 1540호는 '테러리즘' 등의 용어에 대한 정의가 없거나 매우 불확실하여 전 세계적으로 동일한 조치의 실행을 기대할 수 없으며, 평화와 안전의 보장에만 치중한 나머지 인권문제에 대한 고려가 없었다는 비판을 받고 있다.

4) 안보리 "국제입법"은 "헌법주의"에 위배된다는 주장

전통적으로 국가의 통치원리인 입헌주의 또는 헌법주의(constitutionalism), 또는 자유주의적 헌법주의(liberal constitutionalism)는 '법치주의(법의 지배)', '인권의 보장', '국가권력의 효율적 통제'라는 세 가지 요소를 근본이념으로 한다. 그러나 안보리에 의한 국제입법은 이러한 요소들을 침해함으로써 입법과 관련된 입헌주의의 요청을 위배할 가능성이 크다는 것이다.[59] 특히 세계 각국은 조약을 비롯한 국제법과 헌법의 통합성을 보장하기 위해 헌법의 제정 및 개정과정에서 국제법과의 일치를 지향하는 동시에 의회의 민주적 통제를 강조하는 방향으로 나아가고 있는데, 안보리에 의하여 일방적으로 채택되는 입법적 결의는 과거보다 더욱 쉽게 각국의 헌법질서를 침해할 가능성이 있다는 것이다.

첫째, 입법적 결의는 안보리 결의 1373호나 1540호에서 드러나듯이 용어 및 의무의 불명확성으로 인해 명확성과 예측가능성을 요하는 '법치주의'의 요청에 반하는 결과가 초래될 수 있다는 것이다. 즉, 다자조약의 체결의 경우와 같이 수범자로 구속을 받게 되는 개별국가 간의 협의과정을 거치지 않은 안보리의 결의는 보다 광범위한 수락과 이행을 확보하기 위해, 보통의 다자조약보다 더욱 불명확한 개념의 용어를 사용하거나 추상적인 성격의 의무를 부과할 수밖에 없게 된다. 안보리에 참여하고 있는 일부 국가들만의 정치적인 협상과 타협에 기초한 안보리 결의의 속성상 이러한 추상적 성격은 불가피

---

58) 이와 같은 취지로 나미비아 대표는 "다자간 법체계에는 결함이 있지만, 그 결함은 다자간의 협상기구에 의해 채워져야 하며, 초안 작성국의 관점만을 반영함으로 인해 불균형적이고 편파적인 안보리의 조치로써 채워져서는 안 된다."고 주장하였다(UN Doc. S/PV.4950, 22 April 2004, p.17).

59) Kim Lane Scheppele, *op. cit.*, pp.366-375.

하게 되며 이로 인하여 안보리의 입법은 명확성과 예측가능성이 결여될 수밖에 없다는 것이다.

예를 들어, 안보리 결의 1373호의 경우 '테러리즘'에 대하여 구체적인 개념정의 없이 이를 국내입법에 맡기고 있는데, 그 결과 시리아 같은 경우는 "테러리즘과 외국의 불법 점령에 대한 합법적인 투쟁을 명백히 구별함"[60]으로써 하마스(Hamas)나 알 아크사 열사 단(Al Aqsa Martyrs Brigades), 이슬람 지하드(Jihad)와 같은 단체들의 폭력적 행위를 의도적으로 결의의 적용 대상에서 배제할 수 있는 여지를 제공하게 되었다는 것이다. 그런데 사실 「테러자금조달의 억제를 위한 협약」에 의하면 이러한 단체들의 행위는 명백하게 '테러리즘'의 범주에 포함되는 것이다.[61]

둘째, 안보리의 입법적 결의는 개별 국가의 헌법상 일부 권리—특히 인권—를 침해할 수 있다는 것이다. 가령 안보리 결의 1373호나 1540호의 채택과정에서 인권문제는 전혀 고려되지 않았다. 안보리 결의 1373호의 이행기구인 테러방지위원회(Counter-Terrorism Committee, 이하 "CTC")의 초대 의장인 Greentock은 "CTC는 안보리 결의 1373호의 이행을 감시하기 위한 기구이다. 인권협약을 비롯한 다른 국제협약들의 이행 감시는 CTC의 권한 밖이다. 그러나 CTC는 인권문제에 대해 긴밀한 관심을 가지고 이를 적절히 인식할 것"이라고 언급한 바 있다. 그러나 설립 초기에 CTC가 각국의 이행 상황을 감시하는 과정에서 인권 문제는 전혀 반영되지 않았다고 한다.[62] 가령 최근 Usama bin Laden의 사살과 더불어 또다시 국제적 이슈가 되고 있는 관타나모 수용소에서의 수형자에 대한 고문행위 등 인권 침해는 이러한 우려를 더욱 증대시킬 수 있을 것이다. 또한 안보리 결의 1373호를 이행하기 위해 각국은 경찰기관이나 정보기관의 권한을 강화하였는데, 이는 정적이나 반대세력 또는 정부활동에 비판적인 NGOs를 억압하는 수단으로 이용될 수 있는 우려가 있으며, 보다 민주적인 정당성을 가지는 기관을 배제하는 결과를 초래할 수 있다고 본다. 그리고 테러자금 지원을 방지하기 위한 자산동결조치는 역으로 개인의 재산권을 심각하게 침해할 우려가 있다고 본다.[63]

---

60) 심지어 (외국에 의한)점령은 가장 잔악한 형태의 테러리즘이며 따라서 외국의 점령에 대한 저항- 가령 이스라엘에 의한 점령에 대한 저항 -은 합법적인 투쟁이라고 한다(UN Doc. S/PV.4453, 18 January 2002, pp.8-9).

61) Stefan Talmon, *op. cit.*, p.189.

62) Kim Lane Scheppele, *op. cit.*, p.369.

63) 영국 대법원은 안보리에 의한 자산동결조치는 의회의 입법 없이도 개인의 재산권을 심각하게 침해하는 행위로서 '월권행위'라고 판단했다고 한다(*ibid.*, p.374).

마지막으로 안보리의 입법적 결의는 권력 상호간의 '견제와 균형원리'에 반한다는 비판이 있다. 안보리는 그 구성상 이사국의 정부(행정부) 대표로만 이루어지고 있기 때문에 각국의 내부 권력관계의 다양한 요소들을 적절히 반영하지도 못하며, 나아가서 국제사회에는 국내와 같은 권력 기관간의 상호견제 장치가 제도화되어 있지 않기 때문에 안보리의 입법 활동에 대한 효과적인 견제도 가능하지 않다는 것이다. 그 결과 안보리의 입법적 결의에 따라 각국의 의회가 이행입법 의무를 지도록 하는 것은 결국 행정부 대표가 의회에 대하여 입법을 강제하는 결과를 초래하게 된다는 주장이다. 그리고 예를 들어 미국과 같은 나라에서는 대통령이 '행정명령'(executive order)을 통해 안보리의 입법적 결의를 실행할 수 있는데, 이는 상임이사국의 하나로서 결의 채택을 주도한 대통령 자신이 의회의 어떠한 통제도 받음이 없이 그 이행에 대해서도 독단적인 권한을 행사하게 된다는 점에서 문제가 있다는 것이다.[64]

2. 비판적 입장에 대한 반론

1) 안보리 "국제입법"은 유엔 기관간의 권한배분에 위배된다는 주장에 대하여

안보리의 입법은 유엔 기관 내부의 권한 배분에 반한다는 주장에 대해서는, 이러한 권한 배분은 유엔 헌장의 대상과 목적을 효율적으로 실행하기 위한 것임을 상기해야 한다는 지적이 있다. 유엔 설립 시에 그리고 현재에도 마찬가지로 안보리에 국제평화와 안전의 유지를 위한 일차적인 책임과 권한을 부여하고 있는 이유는 안보리가 가장 효율적으로 이러한 목적을 달성할 수 있는 기관이라고 보기 때문이며, 따라서 안보리는 국제평화와 안전의 유지라는 명백한 목적을 실현하기 위하여 필요하다는 근거에서 '묵시적으로' 추론되는 권한-입법적 결의를 채택할 권한을 포함한-을 행사할 수 있다고 보아야 한다는 것이다. 따라서 안보리가 이러한 목적 및 권한의 범위 내에서 채택한 입법적 결의는 월권이라고 할 수 없으며, 나아가서 안보리의 입법적 결의는 이러한 목적을 실현하기 위한 입법 행위라는 점에서 그 정당성을 가진다고도 할 수 있다.[65]

---

64) *Ibid.*
65) 유엔 헌장 제25조는 "The Members of the United Nations agree to accept and carry out the decisions of the Security Council <u>in accordance with the present Charter</u>."라고 규정하고 있는데, 여기서 'in

또한 안보리의 입법 활동이 유엔 기관 내부의 권한 배분에 반한다는 주장에 대해서는, 기본적으로 아직 분권적 구조를 벗어나지 못하고 있는 국제사회나 국제조직에는 반드시 '권력분립의 원칙'(separation of powers principle)이 적용되는 것은 아니라는 점이 반론으로 제기될 수 있다. 즉, 유엔 헌장은 처음부터 안보리나 총회, 또는 ICJ 등 주요기관의 역할 및 권한의 범위 및 그 경계를 분명하게 규정하지 않고 있으며, 유엔의 역할 및 기능 전반에 대하여 일반적 권한을 가지고 있는 총회뿐만 아니라 안보리에 대해서도 집행적 권한뿐만 아니라 사실상 사법적 권한과 입법적 권한도 함께 행사할 수 있는 여지를 남겨 놓고 있다고 본다. 특히 유엔 헌장은 제12조 1항[66]에 따라 안보리와 총회 사이에 임무 조정을 규정하고 있는 경우를 제외하고는 원칙적으로 각 기관의 병행적 활동을 배제하지 않고 있는 것이다.[67]

2) 안보리 "국제입법"은 다자조약의 체결과정을 무시한다는 주장에 대하여

안보리의 입법은 다자조약의 체결과정을 무시함으로써 국가 간의 '주권평등의 원칙' 및 개별국가의 의회의 권한을 침해한다는 견해에 대해 검토한다. 이에 대해서는, 실제로 안보리의 입법적 결의는 극히 예외적인 경우에 있어서 매우 신중하게 이루어지고 있음을 감안할 필요가 있다고 본다. 통상 안보리 결의는 안보리 이사국의 사적인 모임인 '비공식적 협의과정'을 통해 준비된다. 물론 '비공식적 협의과정'에 대한 확립된 절차는 없다. 안보리 결의 1373호의 채택 역시 단 사흘만의 협의과정을 거쳐 채택되기도 하였다.[68] 그러나, 안보리 결의 제1540호는 광범위한 협의절차를 거쳐 채택되었다. 5개 상임이사국은 6개월 가량 결의 초안을 검토하였고, 116개국이 포함된 비동맹국가그룹을 포

---

accordance with the present Charter'의 해석이 문제된다. 즉 이를 "유엔회원국은 '이 헌장에 따라' 이루어진 안보리의 결정을 수락하고 이행하는 데 동의한다."라고 해석할 지 아니면 "유엔회원국은 안보리의 결정을 '이 헌장에 따라' 안보리의 결정을 수락하고 이행할 것을 동의한다."는 의미로 해석해야 할지 여부이다. 공식적인 번역은 후자로 되어 있지만, 안보리의 결의는 헌장에 따라야 하며, 헌장에 의하지 않은 안보리의 결의는 이를 준수할 의무가 없음은 당연하다.

66) 제12조 제1항; "안전보장이사회가 어떠한 분쟁 또는 사태와 관련하여 이 헌장에서 부여된 임무를 수행하고 있는 동안에는 총회는 이 분쟁 또는 사태에 관하여 안전보장이사회가 요청하지 아니하는 한 어떠한 권고도 하니 아니한다."

67) 나인균, 전게논문, p.65.

68) 이는 결의 채택 당시가 9·11테러 직후여서 별다른 반대 없이 가능했다고 본다.

함한 다른 국가그룹들에 대해 초안을 설명하기 위한 제안이 이루어졌다. 이사국들의 비공식적 협의는 세 차례에 거쳐 개최되었으며, 안보리 비이사국 36개국을 포함한 51개국이 참여한 공개토론 과정도 진행되었다. 이러한 과정을 통해 결의 초안은 1달 동안 3번에 거쳐 개정되었으며, 안보리의 입법적 결의의 채택에 부정적인 입장이었던 이사국들이 있었음에도 결국 만장일치로 채택되었다.[69]

최근 안보리는 소말리아 해적에 대한 대책과 관련한 결의에서 그것이 일반적인 현상이 아닌 구체적·현실적 위험임에도 소말리아 과도연방정부(Transitional Federal Government; TFG)와 관계국의 사전 동의의 존재를 전면에 내세움으로써 헌장 제7장이 지니는 법적 효과를 가능한 한 희석시키려 하였다.[70] 이러한 점에서도 안보리가 입법적 결의의 채택에 신중한 모습을 보이고 있음을 알 수 있다. 이처럼 안보리의 입법적 결의는 국제평화와 안전의 유지를 위해 매우 중대한 사안으로서 국제사회의 공조가 필요한 긴급한 대책 및 예방조치가 필요한 예외적인 경우에 한하여 이루어지고 있다는 점에서, 안보리의 입법적 결의가 인정되는 경우 국제법의 정립과 관련하여 다자조약의 체결과정을 무시한 안보리의 전횡이 이루어질 것이라는 우려는 불식될 수 있다고 본다.

3) 안보리는 "국제입법"을 위한 대표성과 전문성이 없다는 주장에 대하여

사실, 안보리의 입법적 결의가 진정으로 국제입법으로서의 정당성을 갖기 위하여 필요한 것은 안보리 구성의 민주적 대표성의 확보일 것이다. 그러나 유엔 헌장체제상 안보리 구성은 매우 복잡한 국제사회의 정치적·역학적 현실을 반영한 것임을 직시할 필요가 있다. 즉, 안보리는 국제사회에서 현실정치를 반영하고 있는 일종의 '정치적 기관'이라는 점을 우선적으로 고려할 필요가 있는 것이다. 만일 대표성의 문제가 핵심적인 과제라고 한다면 전 회원국으로 구성되는 총회야말로 합당한 국제입법의 場(forum)으로 규정될 수가 있었을 것이다. 그러나 유엔 창설 당시, 총회의 결의에는 구속력을 부여하지 않으면서도 안보리에 대해서는 상임이사국인 일부국가들에 대해 거부권을 부여하는 한편, 더 나아가서 그 결의의 구속력까지 인정한 이유는, 그러한 체제가 당시 국제사회의 현실을

---

69) Stefan Talmon, *op. cit.*, pp.187-188.
70) 山田哲也, 「安保理決議を通じる法制度形成試論」, 『영남국제법학회·구주국제법학회 공동연구회 자료집』 (2011. 3.), p.1 참조.

정확히 반영하는 것으로서 국제평화와 안전의 유지라는 유엔의 이상적인 목적을 실현할 수 있는 가장 '현실적인' 방안이라고 생각했기 때문이다.[71] 즉 '기능적 평등'(functional equality)의 관점에서 유엔의 체제는 오히려 국제사회의 현실을 냉정하게 반영한다고 볼 수 있는 것이다.[72] 또한 오늘날 비록 안보리의 공식적 회의에 참여하는 기회는 적지만, 국제적십자위원회(ICRC) 및 관련 NGOs의 대표들은 정기적으로 안보리 의장과 회합을 가지고 있으며, 사적인 채널을 통해 의견을 개진하기도 하고, 결의에 대한 평가를 내리기도 함으로써 안보리의 결의에 간접적으로 관여할 수 있도록 하고 있다. 이처럼 "안보리는 꽉 막힌 공간이 아니며 귀머거리도 아니고 벽을 넘어오는 압력에 무감각하지도 않다."는 것이다.[73]

4) 안보리 "국제입법"은 "헌법주의"에 위배된다는 주장에 대하여

안보리 결의 1373호나 1540호가 테러리즘이나 관련 물질, 자산 등 불명확한 용어나 불명확한 의무를 부과하는 것은 각국 의회가 그 나라의 사정에 맞는 국내 '이행입법'(implementation act)을 통해 그 의미를 명확히 하는 입법을 수행하라는 의미로 받아들일 수 있다. 명확한 용어의 사용을 통해 국가에 대하여 구체적인 의무를 강제하는 것보다 일반적이고 추상적인 용어를 사용하여 최소한의 가이드라인만 제시함으로써 각 회원국이 자신의 헌법 및 국내 상황에 맞는 입법을 시행하도록 하는 것이 오히려 헌법주의의 요청에 부합한다고 본다. 입법적 결의 역시 다자조약의 경우와 마찬가지로 "상호작용 및 해석의 반복 과정"(cycles of interactions and interpretation)을 통해 국내법으로 편입되며, 그 강제성 때문이 아니라 국가 및 기타 행위자들 간의 반복적인 상호작용의 과정을 통해 도입되고 준수되어지는 것이라는 사실에 주목할 필요가 있다는 것이다.[74]

안보리의 입법이 인권을 비롯한 다른 기본권을 침해할 수 있다는 비판에 대해서는,

---

71) Masahiko Asada, *op. cit.*, pp.327-328; Kathleen Renee Cronin-Furman, *op. cit.*, pp.462.

72) Ian Johnstone에 의하면 안보리는 熟議(deliberation)를 위한 4중 구조(a four-tier deliberative setting), 즉 5개의 상임이사국, 전체로서의 안보리, 나머지 유엔 회원국, NGOs 등 각계 전문가 그룹으로 이루어지며 이들의 공정한 참여가 보장된다는 측면에서 "숙의적 정당성"(deliberative legitimacy)이 보장된다고 한다. Bruce Cronin & Ian Johnstone, *op. cit.*, pp.84-89.

73) *Ibid.*, p.89.

74) Sumon Dantiki, *op. cit.*, p.667.

만일 안보리 결의가 법을 제정하는 국제입법 과정이라면, 일반적인 입법 과정의 내재적 제한, 예를 들어 '비례의 원칙'을 비롯한 관련 원칙의 적용을 받는다는 점을 상기할 필요가 있다. 안보리의 결의가 각국의 헌법적 절차에 의해 '국제법'으로 인정되고 국내적으로 수용된다는 전제에서 대부분 자유주의적 헌법주의 원칙을 고수하는 안보리 중심 국가들은 그 결의문의 작성 및 채택에 보다 신중을 기하지 않을 수 없게 될 것이다. 즉, 결의문의 내용 및 채택 절차 역시 그들 자신의 헌법 정신 및 입법원칙에 부합하는 방향으로 수행하고자 노력하게 된다는 의미이다.

안보리의 입법이 헌법주의에 따른 상호견제와 균형 원리에 반한다는 주장에 대해서는, 각 기관 간에 '기능적 병행의 원칙'(functional parallelism)이 인정되는 유엔 체제에서는 처음부터 '권력분립 원칙'의 적용이 반드시 예정되지 않았다는 점[75]을 반론으로 제기할 수 있을 것이다. 또한 국내적으로 보면 안보리의 입법적 결의는 결과적으로 국가(행정부) 대표의 (일방적) 행위에 의하여 국내 입법권이 침해될 가능성이 있다는 비판이 제기될 수도 있다. 그러나 이러한 상황은 우리나라 헌법상 국회의 동의 없이 체결할 수 있는 조약이 있다는 사실[76]과 미국의 경우 이른바 행정부 협정(executive agreements)의 경우 국가원수나 행정부 대표가 전권을 가지고 조약을 체결할 수 있다는 점을 감안한다면 이로 인하여 의회의 입법권이 심각하게 침해되는 문제가 발생하지는 않는다고 본다. 그리고 안보리의 입법적 결의의 경우 그 이행조치로서 국내 이행입법을 요하는 만큼 이 과정에서 의회의 행정부에 대한 견제와 균형의 기제가 작동할 여지가 적지 않다는 점도 지적할 수 있을 것이다.

V. 안보리에 의한 국제입법의 한계와 정당성 제고방안

이처럼 안보리에 의한 입법이 그 법적 근거와 정당성을 가진다고 하여도, 전통적으로 국가들의 동의에 기초하여 발전되어 온 국제법질서의 기초가 근본적으로 훼손되어서는 안 된다고 본다. 또한 안보리의 입법적 결의가 일부 국가의 이익을 위한 전횡의 수단으

---

75) Inis L. Claude, Jr., *Swords into Plowshares-the Problems and Process of International Organization-*, 4th ed. (New York: Random House, 1971), pp.164-175 참조.

76) 헌법 제60조 제1항에 열거되지 않는 조약이 이에 해당될 수 있다.

로 사용되어서도 안 될 것이다. 따라서 안보리에 의한 국제입법의 적정한 한계에 대한 논의가 필요하다. 아울러 안보리에 의한 국제입법의 필요성 및 정당성에 대한 비판이 계속되고 있는 만큼 그 해소 방안도 진지하게 검토할 필요가 있다.

1. 안보리에 의한 '국제입법'의 한계[77]

1) 유엔 헌장으로부터 도출되는 한계

안보리의 권한은 유엔 헌장으로부터 부여되거나 그에 묵시적으로 내재된 범위 내에서만 인정된다. 안보리는 국제평화와 안전의 유지와 회복을 위해서만 헌장 제7장의 조치를 취할 수 있다. 즉 안보리는 결코 전능한 입법기관이 될 수 없으며, '국제평화와 안전'이라는 특정한 주제와 관련해서만 입법적 결의를 채택할 권한이 있다. 따라서 국제법의 전진적인 발전과 법전화를 위해 권고할 수 있는 권한은 총회에만 있으며, 대부분의 국제적인 문제들, 특히 행정적이거나 기술적인 성격의 것들에 대해서는 안보리의 입법권이 행사될 수 없다. 가령 안보리는 어느 국가의, 영해와 관련된 불법적 주장이 국제평화와 안전을 위협함을 선언할 수는 있지만, 영해의 범위나 기선의 설정에 관한 일반적 원칙을 제정할 권한은 없다는 것이다. 한편 헌장 제26조는 안보리가 국제평화와 안전의 유지를 위하여 군비규제 체제의 확립을 위한 계획을 세울 수 있다고 하나, 이는 국가안보와 자위권에 미치는 영향 때문에 회원국을 법적으로 구속하지는 못한다. 또한 헌장 제36조는 분쟁 또는 유사한 사태에 대하여 조정절차 또는 조정방법을 권고할 수 있다고 규정하고 있는데, 따라서 이러한 권고는 단지 '권고적 효력'만을 가질 뿐이다.

2) "비례의 원칙"(the Principle of Proportionality)에 의한 제한

안보리의 결의는 또한 '비례의 원칙'에 의해 제한을 받는다. 안보리의 결의, 특히 입법적 결의는 국제평화와 안전의 유지를 위해 필요한 경우에, 통상의 국제법의 발전이나 조약의 체결 등을 통해서는 그러한 목적을 달성할 수 없는 경우에 한하여 이루어지는 '緊急立法'일 뿐이다. 안보리 의장은 안보리 결의 1540호에 대해 다음과 같이 언급한

---

77) 이하의 논의는 주로 Stefan Talmon, *op. cit.*, pp.182-186 참조.

바 있다.[78] "비국가행위자들에 대해 적용되는 국제법에는 공백이 있었다. 따라서 새로운 국제법이 창설되어야 했는데, 이는 관습국제법이 형성되기를 기다리거나 조약이나 협약을 체결하기 위한 협상을 통해야 했다. 그러나 이러한 방법들은 시간이 소요되었으며, 모두들 당장 언급되어야 하고 통상의 방법으로는 해결될 수 없는 급박한 위험들이 있음을 인식하였다."

이처럼 안보리의 결의는 실체적인 측면에서 국가들의 기본적이고 공통되는 이익이나 전체로서의 국제공동체의 이익과 관련된 문제를 다루어야 하며, 또한 다른 방법으로는 대처할 수 없는 긴급한 사안에 한해 이루어져야 한다. 전자와 관련해서는 안보리 결의의 경우 모든 회원국에 대하여 그 구속성에 대한 '개별적 동의'(individual consent)를 구하지 않는다는 점을 감안할 때 반드시 충족되어야 하며, 후자와 관련해서는 안보리 결의가 통상적인 조약체결 과정을 거치지 않고 이루어진다는 점에서 그 필요성이 인정되어지는 것이다. 또한 절차적인 측면에서 안보리의 입법적 결의의 정당성이 인정되기 위해서는 '의사결정 절차'와 '안보리의 구성'과 관련하여 가능한 한 공정하고 많은 국가들의 참여를 통한 민주적 대표성이 담보되어야 한다.[79] 그동안 관행을 보면 실제로 안보리의 이사국들 간에는 국제입법으로서의 입법적 결의를 채택할 경우에 '만장일치에 의한 동의'(unanimous consent)에 의해야 한다는 묵시적인 룰이 있는 것으로 여겨지고 있다.[80]

3) "국제법 질서의 통합성"(Integrity)에 의한 제한

전통적으로 조약을 통한 국제법 정립은 국가들의 자발적인 동의에 기초하여 이루어져 왔다. 안보리의 입법적 결의는 이러한 전통적인 국제법 정립 방식을 거스르는 측면이 있음을 부인할 수는 없다. 파키스탄 대표는 "안보리는 광범위한 권한과 책임에도 불구하고 주권국가들이 자유로이 체결한 국제조약을 일방적으로 개정하거나 폐지할 권한을 가지는 것은 아니"[81]라고 주장하였다. 국제법 질서의 통합성을 확보하기 위해서는 이러한

---

78) Press Conference by Security Council President(Apr. 2, 2004) at http://www.un.org/news/briefings/ docs/2004/pleugerpc.DOC.htm
79) Masahiko Asada, *op. cit.*, pp.325-326.
80) *Ibid.*, pp.326-328.
81) UN Doc. S/PV.4772, 12 June 2003, p.21.

전통적인 국제법 정립 방식을 최대한 존중할 필요가 있다. 앞서 언급한 *Lockerbie* 사건에서 ICJ는 유엔 헌장 제103조에 의해 안보리의 결의가 몬트리올 협약보다 우선함을 이유로 리비아가 요청한 '잠정조치'의 요청을 기각한 바 있다. 이 사건에서 안보리는 리비아에 의한 테러 용의자의 불인도가 국제평화와 안전의 위협이 됨을 이유로 결의를 채택하였는데, 결과적으로 ICJ는 이 결의를 근거로 몬트리올 협약에 근거한 적법한 리비아의 요청을 기각한 것이다. 비록 테러행위의 지원이나 비호는 명백히 국제평화와 안전에 대한 위협이기는 하지만, 당시 안보리 결의 748호는 리비아가 테러행위를 지원해서라기보다는 리비아의 ICJ에 대한 잠정조치의 요청을 불가능하게 하려는 다분히 정치적인 의도에서 비롯된 것이 아닌지 의심스러우며, 이러한 의도에 의한 안보리 결의는 정당하지 못한 것이라는 비판이 가능하다.[82]

안보리의 입법적 결의는 지역적·시간적인 제한이 없이 일반적인 적용성을 가지므로 사실상 기존의 조약을 개정하는 효과를 가져 오는 것이다. 따라서 안보리 입법적 결의는 조약문의 변경을 수반하지 않은 채 이루어지는 "사실상의(de facto) 조약 개정"이라고 할 수 있는 것이다.[83] 따라서 안보리의 결의, 특히 입법적 결의는 국가 간의 합의에 의한 조약과 관습법으로 이루어지는 국제법 정립 질서를 기본적으로 존중하는 범위에서 이루어져야만 한다. 이러한 바탕에서 이루어진 결의만이 보다 많은 국가들의 수락 및 이행을 통한 준수를 담보할 수 있으며, 이를 바탕으로 안보리 자신의 권위를 제고할 수 있다고 본다.

2. 안보리에 의한 '국제입법'의 정당성 제고방안

1) 안보리의 개혁

안보리에 의한 국제입법의 정당성에 비판적인 입장들은 안보리의 입법권이 헌장의 규정을 넘어선 월권행위라는 점, 유엔 기관 상호 간의 권한 배분에 위배된다는 점, 다자조약의 협의과정을 생략하여 주권평등원칙을 침해한다는 점, 안보리의 대표성 및 전문성 부재 및 입헌주의에 위반된다는 점 등을 논거로 하고 있다. 이러한 비판들에 대한

---

82) 나인균, 전게논문, pp.63-64.
83) Stefan Talmon, *op. cit.*, p.186.

반론은 앞서 제기한 바와 같지만, 비판적인 견해들도 상당 부분 타당한 면이 있기 때문에, 그러한 비판을 극복하고 그 정당성을 제고하기 위하여 안보리의 조직 개편이나 관행의 개혁이 필요하다고 본다.

무엇보다도 안보리는 '국제적법치주의'(international rule of law)를 실현하고 강화하는 방향으로 개혁될 필요가 있다. 이를 위해서는 첫째, 국제평화와 안전의 유지뿐만 아니라 배분적 정의 또는 사회정의의 실현, 인간의 존엄 및 가치에 근거한 인권의 보장, 환경의 보호 등 인류의 보편적 과제를 모두 고려하여 '인간안보'(human security)를 기초로 하는 '포괄적 안보'(comprehensive security)를 실현하기 위한 방안이 모색되어야 한다.[84] 그동안 안보리가 결의를 채택하면서 다른 기본적 가치들, 특히 인권을 소홀히 했다는 비판을 면하기는 어렵다고 본다. 가령, 미국의 대 이라크 전쟁이나 대 테러전쟁과 관련하여 국제법적으로 금지된 고문이나 가혹한 행위 등 인권침해 사례가 꾸준히 보고되고 있는 점은 매우 우려스러운 일이다. 더구나 2003년의 대 이라크 전쟁과 같이 미국과 영국 등 주요 상임이사국이 스스로 안보리의 절차를 회피하고 독자적 행동에 나서거나,[85] 미군에 대한 기소면제 및 그 연장안을 추진하는 것 등은 안보리 스스로 자신의 권위를 깎아내리는 결과를 야기할 뿐이다. 또한 오늘날 환경문제 등 다양한 문제들이 새롭게 평화에 대한 위협으로 대두되는 이상 안보리 역시 이러한 문제들을 면밀히 고려할 필요가 있다.

둘째, 국제법의 대원칙인 '주권평등의 원칙'과 '민주적 대표성'을 강화하는 방향으로의 개혁이 필요하다. 안보리 입법에 대한 가장 주된 비판의 논거가 바로 국가의 동의를 기초로 하는 주권평등원칙의 침해 및 민주적 대표성의 결여라고 할 수 있다. 이를 위해 안보리 상임이사국 및 전체이사국 수의 확대, 거부권의 적용요건에 대한 재검토와 같은 헌장체제의 개선 방안을 포함하여, 결의문 초안 작성 및 토론과정에서 안보리 비이사국의 참여 확대, NGOs의 참여 보장 등 현실적으로 가능한 다양한 방안을 모색할 필요가 있다.[86]

마지막으로 안보리의 개혁은 그 실효성을 확대하는 방향으로 나아가야 한다. 안보리가 입법적 결의를 채택하게 된 주요한 원인 중의 하나는 실효성의 확보에 있다. 이를

---

84) 김부찬, 「유엔 안전보장이사회의 개혁」, 『국제법학회논총』, 제43권 제2호(1998.12), pp.6-7 참조.
85) 김부찬, 「국제법상 무력사용금지의 원칙과 그 예외에 관한 고찰」, 『인도법논총』, 제26호, 2006, pp.317-353 참조.
86) Masahiko Asada, *op. cit.*, p.328.

위해서는 결의의 이행상황을 감시하기 위한 이행기구의 활동을 활성화해야 하며, 여러 분야의 전문가를 보다 많이 충원할 필요가 있다.[87] 또한 결의의 시의적절한 실행을 담보하기 위해서는 정치적·경제적인 이유 등으로 결의의 실행이 불가능한 국가들을 상대로 하는 지원시스템이 정착될 필요도 있다. 다만, 궁극적으로는 안보리 결의의 실효성의 확대는 물리적 강제가 아닌 스스로의 권위(authority) 제고에 의해서만 가능하다는 점을 상기해야 한다.

2) 안보리의 "결의"에 대한 적법성 통제

유엔 헌장상, 그리고 실무적으로 안보리 결의의 '적법성'(legality)을 직접적으로 통제하기 위한 기관 상호간의 제도적 장치는 존재하지 않는다. 더구나 국제평화와 안전의 유지에 대해서는 안보리가 제1차 책임을 지고 있기 때문에 총회 또는 ICJ보다 우선적인 권한과 기능을 행사한다. 그러나 헌장체제 내에서 ICJ의 관할권 행사를 통하여 간접적으로나마 안보리의 활동 및 결의의 적법성에 대한 통제 내지 심사를 할 수 있는 가능성을 검토할 필요가 있다. 이른바 '기능적 병행의 원칙'에 의하면 동일한 문제나 사항에 대하여 유엔의 주요기관인 총회와 안보리는 물론, ICJ도 동시에 다룰 수 있는 것이다. 유엔 헌장에 따라 안보리는 "어떠한 분쟁에 관하여도, 또는 국제적 마찰이 되거나 분쟁을 발생하게 할 우려가 있는 어떠한 사태에 관하여도 … 조사할 수 있다."[88] 또한 안보리는 "제33조에 규정된 성격의 분쟁 또는 유사한 성격의 사태의 어떠한 단계에 있어서도 적절한 조정절차 또는 조정방법을 권고할 수 있으며"[89] "분쟁의 계속이 국제평화와 안전의 유지를 위태롭게 할 우려가 실제로 있다고 인정하는 경우 제36조에 의하여 조치를 취할 것인지 또는 적절하다고 인정되는 해결조건을 권고할 것인지를 결정한다."[90] 나아가서 안보리는 그러한 분쟁 또는 사태가 "평화에 대한 위협, 평화의 파괴 또는 침략행위"를 구성한다고 판단하는 경우에는 헌장 제7장에 따른 조치를 취할 수도 있다.

---

87) EU의 경우 directive의 이행을 감독하는 유럽위원회에 약 2만4천 명의 정규직원이 근무하나, 안보리 결의 1373호의 실행보고서를 검토하는 CTC의 실무부서는 약 20명의 전문가로 구성되어 있을 뿐이다(Stefan Talmon, *op. cit.*, p.193).
88) 유엔 헌장 제34조.
89) 유엔 헌장 제36조 1항.
90) 유엔 헌장 제37조 2항.

한편 유엔 헌장과 불가분의 일체인 ICJ 규정 제36조 1항에 따라 ICJ의 관할은 당사자가 회부한 "모든 사건"(all cases)에 미칠 뿐만 아니라 동조 2항에 따라 규정 당사국이 그 관할을 수락한다고 선언한 "모든 법적 분쟁"(all legal disputes)에 미치게 된다. 이처럼 동일한 문제나 사항에 대하여 안보리와 ICJ는 동시에 관심을 가지고 처리할 수 있도록 되어 있으며, 헌장이 스스로 기관 간의 권한 경계를 분명하게 규정하지는 않고 있다. 안보리와 총회 사이에 적용되는 헌장 제12조 1항의 특별한 경우를 제외하고는 원칙적으로 주요기관 간의 병행적 활동을 배제하지 않는다.[91] 그러나 '기관신뢰의 원칙' 내지 '상호존중의 원리'에 의하여 안보리의 활동은 유엔 총회나 ICJ의 활동을 신뢰하고 보장하는 범위에서 이루어져야 하는 것이다.[92]

기본적으로 안보리는 '정치적' 기능을 담당하며 ICJ는 '사법기관'으로 활동한다. 유엔 헌장 제96조는 안보리를 비롯한 일정 기관과 전문기구로 하여금 법적 문제에 대하여 ICJ에 '권고적 의견'(advisory opinion)을 요청할 수 있도록 하고 있으며, "어떤 문제가 안보리에서 다루어지고 있다는 사실 때문에 그 문제가 ICJ에서 다루어지는 것을 방해받아서는 안 되며, 이들 두 절차는 함께 수행될 수 있을 것으로 생각한다."[93]고 ICJ 스스로가 밝힌 바도 있다. 다만 헌장 제36조는 안보리는 "이 條에 의하여 권고를 함에 있어서, 일반적으로 법률적 분쟁이 ICJ의 규정에 따라 당사자에 의하여 동 재판소에 회부되어야 한다는 점도 또한 고려하여야 한다."고 규정함으로써 양 기관의 상호 균형적인 역할을 기대하고 있다.

이와 같이 안보리 결의의 적법성에 대한 ICJ의 직접적 통제가 이루어질 수 있는 헌장상 근거는 존재하지 않는다.[94] 그러나 실제적으로 '법적인' 문제와 관련하여 안보리에 대한 '권고적 의견'을 통하여 간접적으로 통제하는 것은 가능할 것이다.[95] ICJ가 '직접적으로' 실체법적 차원에서 안보리 결의의 적법성을 평가하는 일은 ICJ 스스로 원하지도

---

91) 박현석, 전게논문, p.102; S. Rosenne, *The Law and Practice of the International Court*, 2nd ed. (Dordrecht: Martinus Nijhoff, 1985), p.87(나인균, 전게논문, p.65에서 재인용).

92) 이러한 원칙들의 근거로는 유엔의 주요기관이라는 공통의 지위를 규정한 유엔 헌장 제7조 및 국제평화와 안전의 유지라는 공통된 목적을 수행하는 것을 임무로 하는 점에서 찾을 수 있다고 한다. 나인균, 상게논문, p.66.

93) *Military and Paramilitary Activities In and Against Nicaragua Case* (Nicaragua v. The United States of America), *ICJ Reports 1984*, pp.433-434.

94) 나인균, 전게논문, p.67.

95) Sumon Dantiki, *op. cit.*, p.701.

않고 또한 제도적으로 가능하지도 않겠지만, 법치주의의 요청상 ICJ가 갖고 있는 '부수적 관할권'(incidental jurisdiction)에 근거하여 선결적 항변에 대한 판단과 관련하여 절차적 측면에서 안보리 결의의 위법성을 지적하거나 안보리 결의의 효력을 실질적으로 판단하는 것은 가능할 것이다.[96] 전체적으로 볼 때, ICJ는 안보리가 유엔 헌장이 정한 안보리의 평가 특권 내지는 재량행사의 한계를 위반했는지 또는 안보리의 정치적 재량을 헌장의 대상과 목적에 위배하여 사용하지는 않았는지 여부에 대해 심사함으로써 일종의 '실체적 적법성' 통제에까지 그 통제의 범위를 확장하려고 시도할 수도 있을 것이다.[97]

VI. 결론

'국제입법'이나 '입법적 결의'가 무엇을 의미하느냐, 그리고 어떠한 의의를 가지느냐에 대해서는 대체적으로 다수결 원칙 등 국제기구의 의사결정 방식에 의해 회원국 또는 국제사회의 모든 국가들을 구속하는 일반적·추상적 성격의 규범을 제정하는 행위라고 정의할 수 있을 것이다. 이는 오늘날 국제법의 법원론과 관련하여, 관습국제법의 법전화 및 연성법의 형성을 넘어 새로운 국제법의 정립이라는 의의를 가질 수 있다는 점에서 그 중요성이 있다.

안보리의 결의는 일반적으로 유엔 헌장 제25조에 의해 모든 회원국을 구속하는 바, 특히 안보리 결의 제1373호 및 제1540호는 테러의 억제 및 대량살상무기의 확산 방지라는 추상적 목적을 위한 일반적 의무를 부과함으로써 '진정한 의미에서' 국제입법의 요소

---

96) 나인균, 전게논문, pp.68-72.

97) 상게논문, pp.72-73; 이와 관련하여 유럽사법재판소(European Court of Justice, 이하 "ECJ")의 Kadi Case(Joint Cases C-402/05 P & C-415/05 P, Kadi & Al Barakaat v. Council of the EU, *Common Market Law Reports*, Vol.3, 2008, p.41)에 주목할 필요가 있다. 여기서 ECJ는 유엔 헌장 제7장에 따라 안보리가 채택한 결의의 합법성(lawfulness)을 심사할 어떠한 권한도 공동체 법원인 ECJ 및 CFI(제1심법원)이 보유하지 않는다는 점을 분명히 하고, 심지어 그 결의가 강행규범(*jus cogens*)과 양립 가능한지 여부에 대한 경우로 심사의 범위가 제한되는 경우에도 마찬가지라는 입장을 표명한 바 있다. 그러나 ECJ는 재판소의 관할권이 '국제협정' 그 자체가 아니라 '국제협정을 이행하기 위하여 정립된 공동체법'에 대하여 미친다는 점을 강조함으로써 실제로 유엔 헌장상 의무(안보리의 결의에 따른 의무 포함)를 반영한 EU 법이 EU의 기본권 원칙을 침해하는 경우 **유엔 헌장상 의무 및 안보리 결의 우위 원칙이 배제되고 EU 기본권이 우선할 수 있음**을 인정하고 있다(Albert Posch, "The *Kadi* Case: Rethinking the Relationship Between EU Law and International Law?", *The Columbia Journal of European Law Online*, Vol.15, 2009, pp.3-5).

를 갖추고 있다고 평가되고 있다. 이들은 안보리에 의하여 최초로 시도된 입법적 결의에 해당하며, 적법성 또는 법적 근거와 관련하여 헌장 제24조, 제25조, 제39조, 제41조 및 헌장상 안보리의 목적과 권한에 따른 묵시적 권한 등에 근거를 두고 있는 것으로 설명되어진다.

안보리에 의한 국제입법의 정당성과 관련하여, 이는 유엔 기관 간의 권한 배분에 위배되고 회원국들의 그 구속성에 대한 개별적 동의 절차를 거치지 않은 채 채택되는 것이기 때문에 기본적인 국제법 정립 방식인 조약체결과정에 반한다는 비판이 제기되고 있다. 이는 국제법의 기본원칙인 주권평등의 원칙에도 반하는 결과가 된다는 점에서 심각한 문제라는 것이다. 나아가서 안보리는 그 구성 및 의사결정 과정상 민주적 대표성과 전문성이 결여되고 있을 뿐만 아니라 입법과 관련된 헌법주의의 요청에도 반한다는 비판이 있다.

그러나 안보리의 입법적 결의는 유엔이라는 국제기구가 기능적 평등의 관점에서 주권평등의 원칙을 현실적으로 반영하고 있다는 점, 유엔 창설 시부터 국제평화와 안전의 유지를 위한 제1차적 책임을 안보리에 부과하고 있다는 점, 입법적 결의는 헌장상 안보리에 명시적·묵시적으로 부여된 권한에 입각하여 매우 예외적인 상황에서 긴급하게 채택되어진다는 점, 국제공동체는 물론 개별국가들의 공통의 기본적인 이익을 위하여 필요한 사항에 대하여 채택된다는 점, 입법적 결의는 그 채택 과정을 보면 매우 신중히 이루어지고 있다는 점, 채택 과정에서 안보리 체제를 벗어나서 일반 유엔 회원국의 참여가 보장되며 NGOs 등의 의견을 반영하고 있다는 점, 일반적이고 추상적인 용어의 사용 및 의무의 부과를 통해 각국의 헌법 상황에 맞는 국내입법을 담보할 수 있다는 점 등에 비추어 이러한 비판에 대하여 반론이 제기될 수 있다고 본다.

국제사회의 다양한 구성요소들과 개별국가들의 이해관계가 복잡하게 얽히고 있는 현실을 반영하여 안보리에 의한 국제입법의 필요성과 당위성에 대해서도 이견들이 많이 나오고 있다. 국제법의 법원론과 유엔 헌장체제상 법·제도적 관점에서 안보리에 의한 입법적 결의의 법적 근거에 대한 부정적인 입장도 많이 있다는 것이 사실이다. 그러나 현실적으로 안보리 결의 1373호 및 결의 1540호와 같은 입법적 결의가 이미 채택되기 시작하였고, 이들은 지금까지의 안보리 결의들과는 분명히 다른 개념적 특징을 가지고 있음이 인정되고 있다. 이러한 새로운 결의들을 이른바 입법적 결의로 규정하고 국제법의 정립과 관련하여 조약이나 관습법의 창설과는 구별되는 하나의 국제입법으로서의 성격을 가지는 것으로 인식되고 있다는 사실은 국제법의 발전과 관련하여 전향적으로 평가될 필요가 있을 것이다.

이제는 안보리에 있어서 결의 1373호 및 결의 1540호와 유사한 성격을 갖는 입법적 결의가 채택될 가능성이 현실적으로 인정되고 있는 것이다. 그러나 국제기구에 의한 국제입법은 아직은 제도화되어 있지도 않으며, 모든 주권국가들에 의하여 환영받는 방식은 아닌 것임을 명심할 필요가 있다. 따라서 안보리에 의한 국제입법의 시도에 대하여 계속하여 논란이 제기될 가능성이 많다. 아마도 이제는 입법적 결의의 법적 근거 자체보다도 그 내용적·절차적 정당성을 중심으로 논란이 제기되고 특히 그 남용 가능성에 대한 문제가 주로 제기될 것으로 보인다. 따라서 안보리에 의한 국제입법의 '한계'를 분명히 인식함으로써 그 적법성 및 정당성 문제를 해결하는 한편, 특히 ICJ에 의한 적법성 통제의 가능성에 대한 적극적인 검토를 통하여 안보리에 의한 입법적 결의의 남용을 방지하기 위한 대책을 수립하는 데도 관심을 가질 필요가 있다.

제5장

국제법의 해석과 유추

Ⅰ. 서론

국제법은 16~7세기, 즉 근대 국제사회의 법으로 성립되고 발전하여 왔다. 그 당시까지 로마법(Roman law)을 계수한 유럽 대륙의 국가들과 판례법(common law) 중심의 국내 법체계를 가지고 있던 잉글랜드 등 국제사회의 구성원들은 국제법의 연원(sources)과 관련해서도 상당 부분 보편적인 자연법(natural law)이나 계수된 로마법을 토대로 하는 *jus commune*[1])의 내용을 준용하거나 그로부터 유추하는 방법으로 해결하려고 시도하였다. 점차 국제사회는 축적된 국가관행을 바탕으로 관습법이 형성됨으로써 그 기본적인 법체계가 확립되기 시작하였다. 그 후 1648년의 웨스트팔리아 조약(Treaty of Westphalia)을 시발점으로 국가들 간의 명시적 합의인 조약을 통하여 다양한 국제법적 사안에 대한 법규를 체계적으로 정립해 나갈 수 있게 되었다.

그동안 국제사회는 점차 국제공동체로 발전되어 왔으며 근대 국제사회와는 비교할 수 없을 정도로 그 규모나 성격에 많은 변화가 초래되고 있다. 국가의 기본적 권리·의무를 중심으로 평시 및 전시 국가들 간의 관계를 규율하는 것을 위주로 했던 국제법의 내용

---

1) 'ius commune'는 영어로는 'common law'를 의미하며 우리말로는 '보통법'으로 번역되지만, 이는 12세기 에 이탈리아에서 교회법(canon law)과 로마법이 혼합되어 성립되어 중세 유럽 국가들에 전파됨으로써 대부분의 기독교 국가들에 공통되는 일반법의 기초를 제공했던 법을 지칭하는 것으로서, 중세 잉글랜드를 중심으로 형성된 판례법체계로서의 common law와는 구별되는 것이다(Aron X. Fellmeth and Maurice Horwitz, *Guide to Latin International Law*(Oxford: Oxford University Press, 2009), p.152; 한동일, 『유럽법의 기원』(도서출판 문예림, 2013), pp.151-240).

도 인권, 환경, 복지 분야의 국가적 과제들, 나아가서 국제공동체의 가치 실현을 위한 과제를 포함하는 내용으로 바뀌고 있다. 국제법체계 속에는 다양하고 복잡한 사안들에 적용할 수 있는 수많은 법규들이 포함되고 있지만 여전히 조약 및 관습법 중심의 법원만으로 해결하거나 대응할 수 없는 사안이나 과제들도 계속하여 나타나고 있다.

오늘날 국제법이 많이 확충되었다고는 하지만 국제법규에 의하여 충분히 규율되거나 문제가 해결될 수 있는가에 대해서는 여전히 회의적이다. 본질적으로 국제사회는 국제법을 정립할 수 있는 집권적인(centralized) 입법기관을 보유하지 못하고 있기 때문에 국제법 규범을 정합성 있게 발전시켜 나가는 데 커다란 한계가 있다. 따라서 정합성이 약하고 불완전한 국제법을 바탕으로 국제공동체가 제대로 기능을 수행해 나가기 위해서는 국제법의 효율적 운용이 무엇보다도 필요하게 된다.

국제법의 운용에 관한 한 주도적인 역할을 수행하는 국제적 기관이 바로 국제재판소(법원)들이다. 법의 해석은 당위명제로서의 법문이 갖고 있는 의미를 분명히 하고 그 적용 범위를 확정하는 작업이다.[2] 그러나 기술적으로 일정한 법문 속에 그 규율대상으로서 다양하고 복잡한 행위와 현상들을 완벽하게 포함할 수도 없으며, 인식론적 차원에서 법 정립 이후 발생가능한 모든 사안들을 예측하여 규정하는 것도 불가능하다.

따라서 국제법도 국내법과 마찬가지로 그 흠결로 인한 문제가 계속 제기되어 왔다. 게다가 국제법은 국내법에 비하여 그 흠결의 정도가 훨씬 심한 것이 사실이다. 그동안 국내법의 해석 및 적용, 그리고 흠결 보충과 관련하여 다양한 방법이 개발되고 발전되어 왔으며 이러한 방법은 대부분 국제법의 분야에도 도입되고 활용되어 왔다. 그러나 국제재판소는 국제법의 특성에 맞게 국제법의 해석·적용 및 흠결보충의 방법론을 발전시켜 왔던 것도 사실이다.

이러한 배경에서, 본 장에서는 법 일반의 해석론을 기초로 국제법의 해석방법에 관하여 검토하고 나서 흠결보충과 관련해서는 특히 유추의 의의 및 역할을 중심으로 고찰하기로 한다.

---

2) Reinhold Zippelius, *Einführung in die Juristische Methodenlehre*, 김형배 역, 『법학방법론』(삼영사, 1979), pp.34-35; Edgar Bodenheimer, *Jurisprudence － The Philosophy and method of the Law －*, rev. ed.(Cambridge: Harvard University Press, 1981), p.379.

Ⅱ. 법의 해석·적용과 흠결보충[3]

1. 법의 해석 및 적용

법규범의 의미를 분명히 하고 그 적용 범위를 확정하는 작업을 법의 해석(Auslegung, interpretation)이라고 하며 법의 적용을 포함한 그 운용에 있어서 법 해석은 필수적인 과제로 인식되고 있다. 법의 해석에는 일반적으로 유권해석(authentische Auslegung, authentic interpretation)과 학리해석(wissenschaftliche Auslegung, doctrinal interpretation) 의 두 종류가 있다고 설명되고 있다. 전통적으로 유권해석은 법해석의 권한(authority)을 갖고 있는 국가기관에 의한 해석을 의미하며 이에는 일정한 법적 효력이 인정되고 있다. 이에 반하여 학자들이 학술적 차원에서 시도하는 해석을 학리해석이라고 하며, 이는 그 결과에 대하여 법적 효력이 부여되지 않기 때문에 '무권해석'이라고도 한다. 그러나 학리 해석은 이론적인 측면에서 법해석의 발전에 기여하거나 사법해석을 비롯한 국가기관의 유권해석에 많은 영향을 미쳐 왔다는 점에서 그 중요성이 인정된다.

법의 해석 및 적용은 주로 사법과정(judicial process)과 관련하여 이루어지고 있다. 사법이라 함은 구체적 사건에 대하여 재판절차에 따라 법을 적용함으로써 그 의미를 확인하고 이를 통하여 판결이나 결정을 내리는 작업을 말한다. 사법과정은 구체적으로 사실의 확정, 법규의 발견 및 적용, 그리고 판결 등으로 구성된다.

법의 '발견'이란 해석을 통하여 적용 가능한 법문이 포함된 법규를 찾아내는 것을 말한다.[4] 이에 반하여 적용 가능한 법규가 발견되지 않을 때, 즉 법의 '흠결'이 존재하는 경우 그 흠결을 보충하여 재판할 수 있는가 아니면 재판불능 선언이 허용되지 않기 때문에 반드시 흠결을 보충해야만 하는가, 흠결보충이 가능하거나 이루어져야만 한다면 그 권한 또는 의무는 누구에게 귀속되고 있는가, 그리고 그 방법은 어떠한 것인가 등 여러 가지 문제가 제기된다. 왜냐하면 법의 흠결보충은 엄격한 의미에서 법을 발견하고 해석하는 사법작용이 아니라 일종의 '법형성'이나 '법창조'에 해당되기 때문이다.[5]

---

3) 김부찬, 「법의 해석 및 흠결 보충에 관한 고찰」, 『법과 정책』, 제21집 제3호, 2015, pp.97-127.

4) 김영환, 『법철학의 근본문제』(홍문사, 2006), p.224; Maarten Bos, *A Methodology of International Law*(Amsterdam - New York - Oxford: North-Holland, 1984), p.111.

5) 김영환, 상게서, p.224.

  법 해석을 위하여 '문리적—문법적 해석'(grammatical interpretation) '논리적—체계적 해석'(logical and systematic interpretation), '역사적 해석'(historical interpretation) 그리고 '목적론적 해석'(teleological interpretation) 등이 기본적인 방법으로 활용되어 왔다. 이 가운데 논리적—체계적 해석은 그 대상인 법규법의 법체계 내에서의 위치를 바탕으로 법문의 논리적 의미를 파악하는 것을 의미한다는 점에서 흔히 함께 묶어서 논의되기도 하지만, 서로 분리하여 논의되기도 한다.[6]

  법의 해석은 우선 법문에 사용되고 있는 문자의 통상적인 의미와 법문장의 구조에 대한 문법적 이해를 기초로 하여 이루어지는데, 이를 문리적 해석 또는 문법적 해석이라고 한다. 그러나 법문에 사용되고 있는 문자 또는 법률용어의 의미는 통상적으로 사용되고 있는 의미와는 다른 경우가 많기 때문에 주의해야 할 필요가 있다.[7] 문리적 해석에 있어서 문제가 되는 것은, 법문에 사용되고 있는 문자의 의미를 그 '제정 당시의'(ex tunc) 의미로 해석해야 할 것인가 아니면 해석을 하는 '현시점에서의'(ex nunc) 의미로 해석해야 할 것인가 하는 점이다. 전자의 입장을 '연혁적 해석론'이라고 하며, 후자의 입장을 '진화적 해석론'(evolutive interpretation)이라고 한다.

  '연혁적 해석론'이 법제정 당시의 입법자의 의사를 탐구한다는 점에서 '주관적 해석론'(subjective interpretation)에 해당한다면 '진화적 해석론'은 법문으로 표현된 '법규 자체의 의사'(Wille des Gesetzes), 즉 입법공동체의 객관적 의사를 중시한다는 점에서 '객관적 해석론'(objective interpretation)에 해당하는 것이다.[8] 오늘날 법해석은 기본적으로 법을 해석하는 시점에서 법문이 포함하고 있는 객관적인 의미를 기준으로 하여 이루어지는 것이 원칙이라고 본다.[9] 즉, 현실적으로 법규의 '여기에서 그리고 지금 시점'(hic et nunc)에서의 정당한 의미가 중요하다는 것이다.

  '체계적 해석'(systematic interpretation)은 법체계 전체 가운데 문제가 되는 법규가 차지하고 있는 위치와 관련성을 기초로 하여 그 의미를 해석하고자 하는 방법이다. 원래 법규는 독립적 또는 단편적으로 존재하는 것이 아니라 다른 법규와 더불어서 하나의 법체계 속에 통일적으로 포함되어지고 있는 것이기 때문에 어느 한 법규의 의미는 다른

---

6) M. Bos, *op. cit.*, p.139.
7) 김영환, 전게서, pp.251-252; 정영석, 『법학통론』(법문사, 1983), p.81.
8) R. Zippelius, 김형배 역, 전게서, pp.36-37, 73-74; 김영환, 전게서, p.225.
9) 한상수, 『로스쿨시대 법학의 기초』(인제대학교출판부, 2011), p.337.

법규와의 관련성을 바탕으로 서로 모순이 없고 조화를 이루도록 해석해야 할 필요가 있게 된다.

'논리적 해석방법'(logical interpretation)은 기본적으로 (형식)논리법칙을 활용하여 법문의 의미를 확정하는 방법을 말한다. 과거 특히 '개념법학'은 법체계의 자족성(self-sufficiency)을 기초로 '연역적 논증'(deductive reasoning) 및 '귀납적 논증'(inductive reasoning)을 기초로 하는 삼단논법(syllogism)을 활용하는 법학방법론을 의미하였다.[10] 삼단논법은 법적 판단으로 하여금 그 논리적 정합성을 통하여 당사자들에 대한 설득력 및 타당성을 확보하도록 할 수 있는 방법론으로서 의의를 갖고 있다.[11] 논리적 방법으로서 기본적으로 채용되고 있는 논리법칙에는 '同一律'(principle of identity), '矛盾律'(principle of contradiction), 그리고 '排中律'(principle of excluded middle) 등이 있다.[12]

이러한 논리법칙을 기초로 '물론(당연)추론'(argumentum a pari),[13] '반대추론'(argumentum a contrario)[14]이 가능하게 되며 그 결과 '물론해석'과 '반대해석'이 이루어진다. 그런데 이들과 함께 고래로 '유비추론'(argumentum a simili)[15] 즉, '유추의 방법'(per analogiam)[16]도 많이 활용되어 왔다. 그러나 유추의 방법은 하나의 법해석 방법이라기보다는 법의 흠결을 보충하기 위하여 활용되는 방법이라는 점에서 다른 논리적 방법과 그 역할이 차이가 있다.[17]

'역사적 해석방법'은 법규범의 발생사 또는 연혁을 기초로 하는 것이다. 즉 입법자가 입법 당시에 어떠한 목적을 추구하고 무엇을 의도하였는가를 탐구하여 해석하는 방법이다. 따라서 이는 '주관적 해석론' 또는 '연혁적 해석론'과 맥을 같이 한다. 그리고 역사적

---

10) 김부찬, 전게논문, p.106.

11) E. Bodenheimer, *op. cit.*, pp.386-387.

12) 동일률은 "A는 A이다," 모순률은 "A는 A가 아닌 것(非A)이 아니다," 그리고 배중률은 "A는 A이거나 아니면 A가 아닌 것(非A)이거나 둘 중의 어느 하나에 해당되어야 하며, 그 둘 중의 어느 하나도 아닐 수는 없다."는 논리법칙이다(김부찬, 전게논문, p.107).

13) *A pari* means "equally."(Aron X. Fellmeth and Maurice Horwitz, *op. cit.*, p.4.)

14) "Argument from the contrary" An argument for different treatment made by negative reasoning from another argument(*ibid.*, p.36).

15) "Argument from a similar thing" An argument sustained by use of analogy to a comparable scenario or the similarity of one case or the characteristics of one thing to another(*ibid.*, p.37).

16) "By analogy" By inference from a different principle or scenario having sufficient similarities to the matter at hand to resolution(*ibid.*, p.217).

17) 자세한 내용은 후술함.

방법은 입법자의 의사를 중시하는 것이기 때문에 '의사해석'이라고도 한다. 입법자의 의사를 파악하기 위해서 법안이유서, 입법의견서, 의사록 등의 입법기초자료(traveaux préparatoires)를 검토하는 것이 필요하다. 그러나 주관적 해석론자들의 주장과는 달리 입법기초자료에 나타나고 있는 입법기초자의 입법 의도는 결정적인 해석 수단이 아니라 다만 하나의 해석자료에 불과하다는 입장이 유력하다.[18]

　법규범은 일반적으로 또는 개별적으로 일정한 '목적'(purpose)을 지향하고 있다. 따라서 법규범의 일반적인 목적 내지 개별적인 목적을 고려하고 그 적극적인 실현을 위하여 법문을 탄력적으로 해석할 수 있어야 하는 것이다. 목적론적 해석방법은 일정한 법질서에서 객관적으로 요구되는 법의 목적을 실현하기 위한 방법이기 때문에 '목적론적·객관적 해석방법'으로 통합·분류되기도 한다.[19] 법의 목적을 고려한 해석의 결과 법문의 의미나 그 적용 범위가 제한되거나 확장되는 경우가 나타나게 되는데, 전자의 경우를 '축소해석'(restrictive interpretation) 후자의 경우를 '확장해석'(extensive interpretation)이라고 한다.[20] 특히 확장해석은 요구되는 법의 목적을 적극적으로 실현하기 위한 방법론으로서 '실효성의 원칙'(rule of effectiveness)과 연결된다.[21]

2. 법의 흠결보충과 유추

1) 유추에 의한 흠결보충

　'법의 흠결'에는, 해당 법률이 문언상 완전한 행위기준을 제시하지 않음으로써 적용상 문제가 발생하는 '문리적 흠결'과 실정법이 문언상으로는 어떤 보충도 필요 없이 적용될 수 있으나 그 적용의 결과가 법 감정이나 목적에 반하는 경우에 그 보충이 요구된다는 의미에서 '평가의 흠결'이 있다고 한다. 전자는 문리적으로 인식 가능한 데 비하여 후자는

---

18) G. Radbruch, *Einführung in die Rechtswissenschaft*, 정희철·전원배 역, 『법학원론』(양영각, 1971), p.296.
19) 상게서, pp.201-208; 김학태, 「법률해석의 한계 – 판례에서 나타난 법해석방법론에 대한 비판적 고찰 –」, 『외법논집』, 제22집, 2006, p.191.
20) '확장해석'은 해당 법문의 의미가 해석을 통하여 확장되는 것을 말하며 유추는 관련 사안들 간의 '유사성'(similarity)을 근거로 문제가 되는 사안에 다른 사안에 대한 법규범이 간접적으로 적용되는 것을 의미한다는 점에서, 비슷한 결과를 가져오기는 하지만 서로 다른 논리적 근거를 갖고 있는 것이다(김부찬, 전게논문, pp.110-111).
21) M. Bos, *op. cit.*, p.145.

평가작용과 관련해서만 비로소 인식된다는 점에서 차이가 있다.[22] 따라서 전자를 '명시적인 흠결'(offene Lücke)이라고 하며 후자를 '은폐된 흠결'(verdeckte Lücke)이라고 한다.[23]

기본적으로 명시적 흠결은 해당 사안에 대한 법규범이 명백히 존재하지 않는 경우임에 비하여 은폐된 흠결의 경우는 해당 사안에 대한 법규범이 존재하지만 이를 그대로 적용할 경우 불합리한 결과가 나타난다는 점에서 차이가 있다.[24] 법의 흠결은 동위의 규범들이 해석학적으로 배제될 수 없는 모순상태에 있고 그 규범충돌이 '신법우선의 원칙'이나 '특별법우선의 원칙'과 같은 경합원칙에 의해서 해결될 수 없는 경우도 일종의 '문리적 흠결' 내지 '명시적인 흠결'에 속한다. 이러한 경우도 바로 문리상의 불완전성에 해당되기 때문이다.[25] 이러한 의미에서 흔히 법의 흠결은 "입법자의 계획에 반하는 불완전성"으로 설명되기도 한다.[26]

법의 흠결은 보통 법의 해석 및 적용 과정에서 발견된다. 법의 흠결이 발견되는 경우 관련 사안에 대하여 법적 판단을 요구받은 재판소가 그 흠결을 이유로 '재판불능'(non-liquet)[27]을 선언할 수 있는가 하는 문제가 대두되었다. 이에 대해서는 대체로 부정적인 입장이 우세했는데, 이는 '재판불능'을 선언하는 것은 곧 '재판의 거부'(denial of justice)를 의미하는 것이었기 때문이다. 그러나 재판소에 의한 법의 흠결보충은 사실상 법의 형성이나 창조에 해당하는 것이기 때문에 이로 인하여 권력분립의 원칙이 훼손되거나 '법적 안정성'(legal security)이 저해되는 결과가 나타날 수 있다는 점도 지적이 되었던 것이 사실이다.[28] 그 결과 유추의 활용이 엄격하게 금지되는 분야도 나타나게 되었다. 오늘날 형사법상 '죄형법정주의'(nullum crimen sine lege, nulla poena sine lege)에 의하여 '유추의 금지'가 이루어지고 있는 것은 바로 그 때문이다.[29]

사법과정 속에서 이루어지는 법의 해석 및 적용은 기존의 법의 테두리 내에서 형식논

---

22) R. Zippelius, 김형배 역, 전게서, pp.87-89.

23) 김영환, 전게서, pp.227-228; 김학태, 전게논문, pp.196-197.

24) 상게서, pp.227-228.

25) R. Zippelius, 김형배 역, 전게서, p.88.

26) 김영환, 전게서, p.227.

27) 'non-liquet'는 라틴어로 "불명확하다"(it is unclear)는 의미로, 재판과 관련하여 "사법부가 자신에게 부탁된 사안에 적용할 수 있는 법규가 존재하지 아니 한다는 이유로 판정이나 판결을 내릴 수 없음을 선언하는 것"을 의미한다(Aron X. Fellmeth and Maurice Horwitz, *op. cit.*, p.198).

28) 이에 관한 논의는 R. Zippelius, 김형배 역, 전게서, pp.91-92, 115-116 참조.

29) 상게서, p.92.

리적 방법만으로 이루어질 수 있는 것이 아니다. 이는 법의 목적이나 가치, 법의 기본원리, 법 감정, 이익교량, 그리고 사회상규 및 통념 등 법적 판단과 관련하여 활용 가능한 모든 요소들을 고려한 '담론'(discourse)과 '논의'(argumentation)를 필요로 한다.[30] 법에 흠결이 존재하는가, 흠결이 존재하는 경우 그 해결방법은 무엇인가 하는 판단은 모두 일련의 사법과정 속에서 이루어진다. 그 결과 당초 법의 해석 및 적용과 관련하여 불분명한 경우에는 재판소로 하여금 입법부에 조회하여 해결하도록 하려는 시도도 있었으나, 점차 재판소에 흠결보충 권한을 부여하는 것이 바람직하다는 인식이 확산되었다.[31] 그 결과 나중에는 재판소로 하여금 법의 흠결을 이유로 재판을 거부할 수 없도록 규정하는 경우도 나타났다.[32]

법의 흠결을 보충하기 위하여 재판소는 고래로 유추의 방법을 활용해 왔다. 그러나 앞에서 언급한 바와 같이 유추는 다른 논리법칙들과 같이 당연히 활용되어지는 추론 방법은 아니다. 이는 어느 '특수한 사안'(special case)에 대한 법적 평가와 관련하여 그와 다른 '특수한 사안'을 서로 비교하여 서로 '유사성'(analogy)[33]이 인정되는 경우 양자를 동일하게 평가하는 것이 가능하거나 필요하다는 점을 근거로 시도되는 방법일 뿐이다. 유추는 '연역적 논증'이나 '귀납적 논증'과는 달리 직접적으로 적용 가능한 규칙이 아닌 다른 법규를 문제가 되고 있는 사례에 간접적으로 적용하여 판단하는 일종의 간접추론에 해당한다. 이 때문에 유추의 방법은 그 정당성을 둘러싼 논란이 야기되기도 했던 것이 사실이다. 그러나 유추의 방법은 법의 해석·적용과 관련하여 매우 유용한 역할을 수행해 왔던 것이 사실이며 일응 이론적으로도 "같은 것은 같게 취급하라"는 일종의 '평

---

30) Chaim Perelman, 심헌섭 외 역, 『법과 정의의 철학』(종로서적, 1986), pp.175-181 참조.

31) E. Bodenheimer, *op. cit.*, p.424.

32) 이와 관련하여 프랑스의 나폴레옹 민법 제4조는 "법의 침묵, 불명확, 불충분을 이유로 재판을 거부하는 법관은 재판거부죄로 기소된다."고 규정하고 있다(Chaim Perelman, 심헌섭 외 역, 전게서, pp.179-180).

33) 원래 "analogy"는 그 자체가 유비추론, 즉 유추를 의미하는 것이 아니라, 특정한 사안에 적합한 선례가 없을 때 비교되는 사안들 간의 "비례적 동일성 또는 유사성"(identity or similarity of proportion)을 의미하며, 이러한 관계를 법률가들이 법학에 도입하여 활용하고 있는 것이다.(Henry Campbell Black, M. A., *Black's Law Dictionary*, 5th ed.(West Publishing Co., 1979), p.77; H. Lauterpacht, *Private Law and Analogies of International Law*(Archon Books, 1970), p.81. 한편 철학적 관점에서 Kant는 analogy의 의미와 관련하여 "매우 다른 두 개의 사물 간의 완전한 관계의 유사성"(a complete similarity of relation between two quite dissimilar objects)으로, Jevons는 "사물 상호간의 유사성이 아니라 그 관계 간의 유사성"(a resemblance not so much between things as between the relations of things)으로, Mach는 "두 개의 사물 간에 특별한 질적 동일성이나 유사성이 없을지라도 완전히 '유추적'일 수 있다"(although no particular quality in two objects may be similar or identical, they may nevertheless be perfectly analogous)고 하였다(*ibid.*).

등원칙'(principle of equality)에 그 정당성의 근거를 두고 있다.[34]

유추의 방법을 활용한 결과가 그 타당성을 인정받기 위해서는, 우선 법적 판단이 요구되는 사안과 유사한 사안을 규율하는 법규가 분명히 존재해야만 하며, 그 다음으로 적용하고자 하는 규칙에 의하여 포섭되어지는 사안과 문제가 되고 있는 사안 간의 '유사성'이 상당해야만 한다. 나아가서 당해 사안에 대하여 유추 적용을 함으로써 구체적 타당성이 있는 결과가 도출될 수 있어야만 한다. 따라서 그 결과의 타당성에 대한 평가가 일련의 사법과정 속에서 반드시 이루어져야 한다.[35] 사실 엄격히 말하면, 어느 특정 법규의 대상인 사안과 '유사한' 사안이라고 하더라도, 이들은 개념적으로 서로 '다른' 사안이기 때문에 반대추론에 의하여 서로 상반된 결론을 도출하는 것이 논리적 정합성을 갖는다고 볼 수도 있기 때문이다.[36]

이처럼 논리학적 추론의 하나로서 유추는 여타의 추론방법들과는 달리 법의 적용을 위하여 활용 '가능한' 하나의 방법이지 '당연히' 활용해야만 하는 방법은 아니다.[37] 그러나 논리적 방법으로서 반대추론을 통한 결과도 그 자체로 타당성을 확보할 수 없는 것이기 때문에 유추의 방법에 의존하여 문제를 해결하려는 시도가 많이 행해져 왔던 것이다. 결국 형식논리학적 추론으로서 유추의 방법이나 반대추론 모두가 스스로는 그 결과에 대한 타당성을 확보할 수 없다는 점이 그 한계로 지적되고 있다. 생각건대, 이러한 한계는 형식주의적 '개념법학'(Begriffsjurisprudenz)의 방법론적 한계를 의미하는 것이다.[38] 따라서 반대추론과 유추의 방법 모두가 그 활용가능성을 판단하기 위해서 결과의 타당성에 대한 평가가 반드시 필요하게 된다.[39]

유추의 방법론적 역할과 관련하여 '小에서 大에로의 추론'(argumentum a minore ad

---

34) R. Zippelius, 김형배 역, 전게서, p.95.

35) Katja Langenbucher는 법의 흠결을 보충하기 위한 유추의 과정을 3단계로 설명하고 있는데, 1단계는 법의 해석자(법관)가 법률상의 흠결을 인정하는 판단이며, 2단계는 유추를 금지하는 헌법적 제한이 없음을 인정하는 판단이며, 3단계는 법률이 규정하고 있는 사례와 문제된 사례의 유사성을 판단하는 과정이다(박철, 「법률의 문언을 넘은 해석과 법률의 문언에 반하는 해석」, 한국법철학회 김도균 엮음, 『한국 법질서와 법해석론』(세창출판사, 2013), p.72).

36) M. Bos, *op. cit.*, p.144.

37) *Ibid.*, p.144; 김부찬, 전게논문, p.1075.

38) 김학태, 전게논문, p.180; Hermann Kantorowicz, *Der Kampf um die Rechtswissenschaft*, 윤철홍 옮김, 『헤르만 칸토로비츠 법학을 위한 투쟁』(책세상, 2016), pp.121-131.

39) R. Zippelius, 김형배 역, 전게서, pp.101-106.

maius)[40]과 '大에서 小에로의 추론'(argumentum a maiore ad minus)[41]도 유추와 비슷한 역할을 수행하는 것으로 설명되고 있다. 엄격한 의미에서, 유추는 문제가 되는 행위나 사실관계 자체에 대한 법규가 존재하지 않는 경우에 다른 유사한 사안에 대한 법규가 적용될 수 있는 것을 의미하는 반면에 이러한 추론방법은 특정한 법규의 해석 및 적용에 있어서 일정한 '법률 효과'가 발생하기 위한 '요건'이나 그 효과('법률효과')의 적용과 관련하여 논의되는 것이다. '소에서 대에로의 추론'은 주로 '법률요건'과 관련하여 기능을 수행한다.[42] 이는 일정한 요건 하에서 작은 침해행위가 금지되고 있다면 그보다 큰 침해행위는 당연히 금지되는 것으로 볼 수 있다는 추론을 의미한다.

이에 비하여, '대에서 소에로의 추론'은 주로 '법률효과'의 부여와 관련되어 그 기능을 수행한다. 즉, 일정한 요건 하에서 특정한 권한을 갖도록 허용되어 있는 사람은 동일한 상황 하에서 그 보다 정도가 약한 권한을 갖는 것은 당연하다는 논리가 그것이다.[43] 이러한 논증은 특정한 사안의 경우에 어떤 판단이 '당연히' 도출될 수 있도록 해 준다는 점에서 유추가 아니라 '물론추론'의 범주에 속하는 것으로 설명되기도 한다.[44]

2) 유추의 한계

유추의 방법 그 자체는 나름대로 이론적 정당성을 갖고 있으나 결과에 대한 타당성을 스스로 확보할 수 없는 추론방법이기 때문에 그 타당성이 확보될 수 있는가에 대한 평가 과정도 반드시 거칠 것이 요구된다. 이러한 의미에서 유추의 활용과 관련하여 사안 간의 유사성에 대한 검토와 함께 법해석의 방법론의 일종인 목적론적 방법과 형평의 원리와

---

40) "From the smaller scale to the larger one"(Aron X. Fellmeth and Maurice Horwitz, *op. cit.*, p.37).

41) "From the larger scale argument to the smaller one"(*ibid.*)

42) 이는, 예를 들어 하나의 배상의무를 발생시키기 위하여 일정한 책임귀속 조건으로 족한 경우에 그보다 더 중한 책임귀속 조건이 있으면 이와 같은 법적 효과를 발생시킬 수 있도록 하는 것을 의미한다. 민법 제396조[과실상계]에 관한 규정("채무불이행에 관하여 채권자에게 과실이 있는 때에는 법원은 손해배상의 책임 및 그 금액을 정함에 이를 참작하여야 한다.")의 경우, 이러한 추론에 의하면 채권자에게 과실보다 더 중한 고의의 귀책사유가 있는 경우에는 당연히 이를 참작하여야 하는 것으로 해석할 수 있게 된다(김부찬, 전게논문, p.118).

43) 예를 들어, 즉시 해고권을 갖는 자가 통고기간을 정하여 해고권을 행사하는 것은 당연히 인정되는 것은 이러한 추론에 의한 것이다. 이러한 추론은 일종의 *argumentum a fortiori*(당연추론)으로서 논리적 해석방법에 의한 '물론해석'과 비슷한 결과가 나타나는 경우라고 할 수 있다(R. Zippelius, 김형배 역, 전게서, pp.94-99).

44) M. Bos, *op. cit.*, p.141; Kurt Seelmann, *Rechtsphilosophie*, 윤재왕 옮김, 『법철학』, 제2판(세창출판사, 2010), p.168.

같은 비실정적인 원칙을 활용한 가치평가 작업이 필요하게 된다. 문제가 되는 사안과 유사성이 없거나 약한 다른 사안에 대한 법규를 적용하는 것도 허용되지 않을 뿐만 아니라 평가 과정을 거친 다음 그 결과에 타당성이 없다고 판단되는 경우 당연히 유추 적용은 이루어질 수 없게 된다.

그러나 처음부터 유추의 방법이 활용될 수 없는 경우도 있다. 유추 적용이 이루어질 수 없는 대표적인 경우는 법체계 전체적으로나 개별 법규에 의하여 유추 적용이 명시적으로 금지되고 있는 경우이다. 앞에서 언급한 바와 같이, 국내적으로 죄형법정주의를 그 기본원칙으로 삼고 있는 형사법의 경우 유추 적용이 엄격하게 금지되고 있다. 형사법에서는 논리적 법칙 중에서 동일률과 모순율 등의 방법만을 엄격히 적용하도록 되어 있어서 반대추론이나 물론추론만이 가능하며 간접추론인 유추의 방법은 허용되지 않는다. 형사법의 적용상 유추를 인정하게 되면, 사실상 새로운 범죄의 성립과 처벌을 인정하는 결과가 되기 때문이다.

또한 유추의 방법을 활용하기 위해서는 우선 문제가 되고 있는 사안과 유사한 사안에 대하여 규율하는 법규가 존재해야만 한다. 만일 문제가 되는 사안이 전혀 새로운 사안이어서 그와 유사한 사안에 대한 법규가 존재하지 않는 일종의 '不意의 사안'(unprovided case)에 해당하는 경우, 적용 가능한 법규가 현행법(*lex lata*)으로 존재함에도 불구하고 그 법규를 적용함으로써 오히려 문제가 야기되는, 즉 결함(deficiency)이 있는 법규인 경우,[45] 문제가 되는 사안과 유사한 사안에 대한 법규가 존재하지만 유추의 결과가 타당성이 없다고 판단되는 경우 등 단순히 유추의 방법으로 문제를 해결할 수 없게 되는 경우도 발생한다. 이러한 흠결은 곧 '은폐된 흠결'에 해당하는데 이러한 흠결의 경우 유추는 방법론적 한계에 직면하게 되는 것이다.

은폐된 법의 흠결과 관련해서 재판소가 그 흠결을 보충하여 법적 판단을 내릴 수 있는 권한이 있는가와 관련하여 많은 논의가 이루어져 왔던 것이 사실이다. 이에 대해서도 긍정적인 입장이 우세한 것을 보면 법의 해석 및 적용은 물론 법의 흠결보충에 관한 한 재판소의 권한이 매우 폭넓게 인정되고 있다고 할 수 있다. 그러나 특히 적용 가능한 법규가 있음에도 불구하고 재판소의 판단에 따라 그 적용을 배제할 수 있도록 하는 것은 오히려 재판소에 대하여 일종의 무거운 책임을 부과하는 것이라고 할 수도 있을 것이다.

---

45) E. Bodenheimer, *op. cit.*, p.393.

왜냐하면 기존의 법의 적용을 배제하고 다른 판단을 하는 데는 그 만큼 중요한 근거가 있어야만 하고 이를 재판소가 제시해야만 하기 때문이다.

그동안의 사례를 보면, 이러한 판단근거로 흔히 '정의와 이성'(justice and reason) 또는 '형평의 원리'(principle of equity)가 원용되고 있다.[46] 이러한 원칙들은 일반적인 법의 해석이나 유추의 결과에 대한 정당성의 평가를 비롯하여 은폐된 법의 흠결을 보충하는 데 이르기까지 널리 법적인 판단이 요구되는 사안에 대하여 법관의 자의적인 판단을 방지하면서 합리적인 문제 해결을 가능하게 해주는 원리에 해당하는 것이다.[47] 오늘날, 재판소는 법의 해석 및 적용 과정에서 '형평'의 요소를 고려할 수 있을 뿐만 아니라 법의 흠결, 특히 은폐된 흠결이 존재하는 경우에도 '형평의 원리'에 따라 문제를 해결할 수 있게 되었다.[48] 그러나 법 원리는 매우 추상적인 내용을 담고 있는 것이기 때문에 경우에 따라 재판소의 '감정적·자의적'(emotive-volitive) 판단을 초래할 가능성도 배제할 수 없다.[49]

Ⅲ. 국제법의 해석과 유추의 역할

1. 국제법의 해석방법

국제법은 헌법을 중심으로 하는 개별국가의 국내법체계와 비교해 볼 때, 그 정합성 (coherence)이나 완전성(completeness)이 크게 떨어지는 불완전하고 흠결이 많은 법체계라고 할 수 있다. 따라서 국제법체계의 운용과 관련하여 국제재판소는 국제법의 적용과 관련하여 가능한 한 국제법의 정합성을 강화하는 방향으로 법의 해석을 시도해 왔다. 전통적으로 법의 정립, 적용, 그리고 집행과 관련하여 하나의 집권적인(centralized) 정부 조직을 갖지 못하고 있는 국제사회는 국가들이 스스로 법을 해석할 수 있는 권한을 갖는 다고 인식되기도 했기 때문에 이들에 의하여 행사되는 '해석의 자유'(freedom of inter-pretation)[50]를 어떻게 통제할 수 있는가 하는 데 국제법체계의 정합적 운용의 과제가

---

46) *Ibid.*, pp.394-395.

47) *Ibid.*, pp.395-396; Kurt Seelmann, 윤재왕 옮김, 전게서, p.45.

48) E. Bodenheimer, *ibid.*, pp.422-425.

49) *Ibid.*, p.395.

50) 사실, 국제법의 해석 및 적용과 관련하여 성립되어 온 관행이나 규칙은 개별국가들에 의한 해석·적용의 자유

놓여 있었던 것이다.[51]

국제법학자들과 국제재판소는 국제법의 해석 방법을 제도화함으로써 국제법의 정합성과 효율성을 제고하려고 노력하였으며, 이를 통하여 자유로운 법해석에 일정한 한계를 설정하려고 시도하였다.[52] 그 결과 1969년에 채택된 「조약법에 관한 비엔나 협약」(Vienna Convention on the Law of Treaties, 이하 "조약법협약") 제31조에 조약의 해석에 관한 원칙이 세부적으로 규정되기에 이르렀다.[53] 이러한 해석원칙은 '의무적 해석방법'(obligatory methods)으로서의 성격을 가지고 있는 것으로, 국내법의 경우 그 해석방법론이 학술적인 차원에서 논의되는 것과는 달리 국제법(조약)의 경우는 제도적인 차원에서 '객관적 해석기준'(objective standards)이 마련되고 있는 셈이다.[54]

그러나 조약법협약의 관련 규정을 보면 전통적인 국내법 해석방법이 거의 그대로 또는 일종의 유추 과정을 통하여 도입되고 있다는 사실을 알 수 있다. 조약법협약 제31조는 제1항에서 "조약은 조약문의 문맥 및 조약의 대상과 목적으로 보아 그 조약의 문언에 부여되는 통상적 의미에 따라 성실하게 해석되어야 한다"[55]고 규정하고 있다. 제31조 제2항, 제3항, 그리고 제4항은 조약문의 문맥 및 조약문에 포함되고 있는 용어의 특별한 의미와 관련된 세부적인 규정을 시도하고 있다. 이어서 제32조는 "제31조의 적용으로부터 나오는 의미를 확인하기 위하여 또는 제31조에 따라 해석하면 다음과 같이 되는 경우에 (ⓐ 의미가 모호해지거나 또는 애매하게 되는 경우, 또는 ⓑ 명백히 불투명하거나 또는 불합리한 결과를 초래하는 경우) 그 의미를 결정하기 위하여 조액의 교섭 기록 및 그 체결 시의

에 영향을 입은 바 크다고 할 수 있다. 예를 들어, '금지되지 않은 것은 모두 허용된다'(*expressio unius est exclusio alterius*)거나 '의심스러운 경우에는 국가에 유리하게'(*in dubio mitius*)와 같은 법언이 그 대표적인 경우라고 할 수 있다(M. Bos, *op. cit.*, p131 참조).

51) *Ibid.*, pp.127-129.

52) *Ibid.*, p.129.

53) 조약법협약의 규율대상인 '문서에 의한' 조약만이 국제법상 해석 대상이 되는 것은 물론 아니다. '문서에 의한' 조약 외에도 '구두' 조약도 해석의 대상이 되며, 관습국제법도 해석이 필요한 국제법의 연원이다. 그리고 '실질적 법원'(material sources)으로서 재판소의 결정 및 판정도 해석의 대상이 되며, 국제법의 연원으로 인정되지 않고 있는 국제기구의 결의와 국가의 일방적 행위도 국제법적 해석방법을 활용할 수 있는 대상이 된다. 다만 이 가운데 관습국제법의 경우, 조약 해석과 같은 방법이 적용될 수 있는지에 대해서는 논란이 있다(Matthis Herdegn, "Interpretation in International Law," in Rüdiger Wolfrum (ed.), *The Max Planck Encyclopedia of Public International Law*, Vol. VI(Oxford: Oxford University Press, 2012), pp.260-273).

54) *Ibid.*, p.261.

55) "A Treaty should be interpreted in good faith in accordance with the ordinary meaning to be given to the terms of the treaty in their context and in the light of its object and purpose."

사정을 포함한 해석의 보충적 수단에 의존할 수 있다"고 규정하고 있다.

제31조와 제32조에 포함되고 있는 해석방법은 다음과 같이 요약할 수 있다: 첫째, 조약의 이행과 관련하여 '약속은 지켜져야 한다'(*pacta sunt servanda*)는 원칙을 기초로 조약 해석이 '성실하게'(in good faith) 이루어져야만 한다는 의미의 '신의칙'; 둘째, 조약의 해석은 당사자들의 의사가 진정하게 표현되고 있는 조약문(text)을 기본으로 하여 이루어져야 한다는 의미의 '문리적 방법'; 셋째, 조약문의 해석은 그 체계적인 위치 및 문맥(context)을 고려하여 해석되어야 한다는 의미의 '체계적 방법'; 넷째, 조약은 그 '대상 및 목적'(objects and purposes)을 실현하는 방향으로 해석되어야만 한다는 의미의 '목적론적 방법'; 그리고 다섯째, 조약은 조약문과는 구별되는 주관적인 요소로서 당사자들의 의사(intentions)를 고려하여 해석될 수 있다는 의미의 '역사적 방법'. 이 가운데 둘째 번부터 넷째 번까지의 세 가지는 조약해석의 기본적인 방법에 해당되며, 마지막 다섯째 번의 방법은 보충적 방법에 해당된다.[56]

문리적 방법, 역사적 방법, 체계적 방법, 그리고 목적론적 방법 등 네 가지 해석방법은 앞에서 설명한 국내법 해석의 방법론과 거의 일치하는 내용으로 되어 있다. 다만, '논리적 방법'이 조약법협약에서는 별도의 방법으로 규정되지 않고 있는데, 이는 법해석에 있어서 논리적 방법이 매우 당연한 방법으로 간주되고 있기 때문인 것으로 보인다. 이러한 맥락에서 Mark E. Villiger는 조약법협약에 대한 '주석서'(Commentary)에서 이들 네 가지 방법 외에 '논리적 방법'을 조약 해석방법의 하나로 추가하고 있는 것이다. 그런데 그는 '유추의 방법'(*per analogiam*)도 논리적 방법에 포함시키고 있다.[57]

한편 Bos는 국제법의 해석과 관련하여 우선, 문리적 방법, 역사적 방법, 체계적 방법, 목적론적 방법, 그리고 '사회학적 방법'(sociological method) 등 다섯 가지를 제시하고 있다. 앞의 네 가지 방법은 이미 설명한 바와 같은 의미를 가지고 있지만 그가 제시하고 있는 '사회학적 방법'은 국제법의 해석과 관련하여 특별한 의미를 갖고 있는 것이다. 그

---

56) M. Bos, *op. cit.*, p.138; Matthis Herdegn, *op. cit.*, pp.260–265; Mark E. Villiger, *Commentary on the 1969 Vienna Convention on the Law of Treaties*(Leiden · Boston: Martinus Nijhoff Publishers, 2009), pp.421–423.

57) Villiger는 논리적 해석방법으로서 *per analogiam*(유추의 방법) 외에 *e contrario*(반대추론), *contra proferentem*(채권자에 불리하게), *ejusdem generis*(열거된 것에 한한다), 그리고 *expressio unius est exclusio alterius*(언급된 것에 한하고 그 외의 것에는 적용되지 않는다) 등을 제시하고 있다(Mar E. Villiger, *ibid.*, p.422).

는 국제법규의 의미를 해석함에 있어서 특히 국제사회의 변화 및 그 요구에 부응할 수 있도록 해석해야만 한다는 의미로 '사회학적 방법'을 제시하고 있는데, 이는 앞에서 언급한 '진화적·객관적 해석' 및 '실효적·역동적 해석'과 그 맥을 같이하고 있다고 본다. Bos는 이어서 지적(논리) 도구(intellectual instrument)의 활용을 통한 법 해석과 관련하여 '논리적'(logical) 방법과 '비교적'(comparative) 방법을 제시하고 있다. 그는 논리적 방법으로서 반대추론과 물론추론의 경우를 제시하고 있으며,[58] 비교적 방법과 관련하여 사안들 간의 '유사성' 비교를 위한 유추(analogy)의 필요성을 강조하고 있다.[59] 마지막으로 Bos는 해석방법을 통한 해석의 결과(효과)를 기준으로 '제한적 해석'과 '확장해석'을 비교하고 있다.[60]

생각건대, 국제법(조약)의 해석과 관련하여 논리적 방법이 조약법협약에는 별도로 규정되지 않았지만 당연히 활용 가능한 해석방법으로 간주되어야 한다고 본다. 그렇다면 국제법의 해석방법과 전통적인 국내법의 해석방법은 별 차이가 없다고 할 수도 있을 것이다. 그러나 조약법협약에서는 역사적 방법이, 다른 방법들이 '기본적인' 방법으로 규정되고 있는 것과는 달리 하나의 '보충적인' 방법으로만 규정되고 있으며, 그 결과 재판소가 조약문을 해석함에 있어서 당사자들의 주관적 의사에 의존하지 않고 '역동적' 또는 '진화적'으로 조약문을 해석할 수 있도록 하고 있다는 점에서 목적론적 방법이 특히 강조되고 있는 것이다.[61] 목적론적 방법은 특히 오늘날 인권관련 조약이나 국제기구 '설립조약'(constitutive treaty)의 해석과 관련하여 '실효성의 원칙'(principle of effectiveness)[62]을 뒷받침하고 있는 것으로 간주되고 있다.[63]

---

58) 논리적 방법과 관련하여 M. Bos는 *a contrario*(반대추론)과 *expressio unius est exclusio alterius*을 그리고 *a fortiori*(당연추론)과 *a minori ad maius*(소에서 대로의 추론)를 동일한 추론방법으로 설명하고 있다(M. Bos, *op. cit.*, p.141).

59) 이처럼 M. Bos는 유추의 방법을 논리적 방법과 함께 일종의 '법해석 방법론'으로 분류하고 있는 것으로 보인다 (*ibid.*, pp.143-144). 이 때문에 Bos는 유추 적용을 '유추 해석'(analogical interpretation)으로 보며 유추 해석이 가능한 경우에는 법의 흠결이 존재하지 않는다고 본다(*ibid.*, p.307).

60) *Ibid.*, p.139.

61) Matthis Herdegn, *op. cit.*, p.263.

62) 이는 *ut res magis valeat quam pereat*라고 하는 법언으로 표현되는데, "사물을 쇠하게 하지 말고 흥하게 하라"(so that the matter may flourish rather than perish)는 의미를 갖고 있는 것이다(Aron X. Fellmeth and Maurice Horwitz, *op. cit.*, p.286).

63) Malgosia Fitzmaurice, "Treaties," in Rüdiger Wolfrum (ed.), *The Max Planck Encyclopedia of Public International Law*, Vol.Ⅸ(Oxford University Press, 2012), p.1076.

1949년 *Reparation for Injuries* case에서 ICJ는 유엔의 '국제적 법인격'(international legal personality)을 비롯하여 국제청구 제기권 및 직무보호권의 근거를 헌장 상 유엔의 설립 '목적'과 그 목적 달성을 위하여 일정한 권한을 유엔에 부여한 것으로 추정되는 회원국들의 '의사'로부터 찾았다. 이는 일응 문리적 방법과 목적론적 방법을 활용하여 '실효적인 해석'을 시도한 결과로 보이기도 하지만, 헌장 상 명시적 규정의 부존재로 인한 법의 흠결에 대하여 사실상 '유추'의 방법을 활용하여 보충한 것은 아닌가 생각된다.

Reparation for Injuries case를 통해서 확립된 '묵시적 권한의 원칙'(principle of implied powers)은 남용의 여지가 매우 크며,[64] 많은 경우에 실효성의 원칙에 의한 조약의 '역동적 해석'과 법의 흠결을 보충하기 위한 '유추' 간의 차이를 발견하기 어렵게 한다. 이처럼 목적론적 방법을 과도하게 사용하게 되면 법문의 내용이 그 가능한 의미를 넘어서는 범위로 확장되고, 조약의 '해석'은 조약의 '개정'(revision)이나 새로운 '입법'(legislation)으로 변질될 가능성이 커진다는 우려의 목소리가 나오게 되는 것이다.[65]

2. 국제법의 흠결보충과 유추의 역할

1) 서설

전통적으로 유추는 법의 해석 및 적용 과정에서 나타나는 흠결을 보충하는 방법으로 활용되어 왔으며, 이는 국제법의 경우에도 해당된다.[66] 국제법도 법의 일종으로서 국내법의 경우와 마찬가지로 구체적 사안에 있어서 분쟁해결이나 법적 판단을 요구받는 국제재판소가 법의 흠결을 이유로 재판불능을 선언할 수는 없기 때문이었다. 이러한 의미에서 국제법에 있어서 흠결보충의 문제는 매우 중요한 의미를 가지게 되었다.[67]

실제로 국제법의 성립·발전 과정이나 국제재판의 역사를 살펴보면, 법의 흠결이 존

---

64) Jan Klabbers, *Advanced Introduction to the Law of International Organizations*(Cheltenham, Northampton: Edward Elgar Publishing, Inc., 2015), 22-26.

65) Mark E. Villiger, *op. cit.*, p.428. 단순한 법의 해석과 법의 형성 또는 창조를 실제로 구별하기는 어려운 것이 사실이다. 이러한 의미에서 법의 해석을 '인식 과정과 창조 과정의 복합'(both a cognitive and a creative process)으로 규정하기도 한다(Matthis Herdegn, *op. cit.*, p.261).

66) Silja Vöneky, "Analogy in International Law," in Rüdiger Wolfrum (ed.), *The Max Planck Encyclopedia of Public International Law*, Vol.1(Oxford University Press, 2012), p.374.

67) H. Lauterpacht, *op. cit.*, p.68.

재하는 경우에도 그에 대한 법적 판단은 큰 어려움이 없이 이루어져 왔음을 알 수 있다. 국제재판소들도 재판불능의 상황을 벗어나기 위하여 국내법 위주로 발달해 온 다양한 해석방법론을 '일종의' 유추 과정을 거쳐서 도입·발전시켜 왔을 뿐만 아니라 흠결보충과 관련해서도 유추의 방법을 가능한 한 적극적으로 활용하는 방향으로 접근해 왔던 것으로 보인다.[68]

서론에서 언급한 바와 같이, 근대 국제사회의 형성과 더불어 국제사회의 규범으로서의 국제법의 연원(sources)을 어디서 또한 어떻게 충족할 수 있는가 하는 근본적인 문제에 직면했던 것이 사실이다. 유추의 방법은 이러한 문제를 해결하는 데도 광범위하게 활용되어졌다고 할 수 있다. 다시 말하면, 구체적인 문제나 분쟁해결과 관련한 법의 해석이나 적용만이 아니라 기본적인 국제법의 원칙이나 법규를 확충하고 발전시켜 나가는 과정에서도 유추는 매우 중요한 역할을 수행해 왔던 것이다.[69] 이러한 사실은 오늘날 국제법의 연원에 대한 유권적 조항인 국제사법재판소 규정(Statute of the ICJ) 제38조를 통해서도 확인된다.[70]

2) 국제법의 형성과 유추

근대에 접어들어 주권국가을 중심으로 국가간체제가 성립되고 이를 바탕으로 국제법이 성립·발전되는 과정에서 그 기본 개념과 원칙들은[71] 대부분 근대 유럽 국가들에 계

---

68) Silja Vöneky, *op. cit.*, p.374.

69) 국제법의 해석 및 적용과 관련하여 유추의 방법이 널리 활용되고 있는 것이 사실이나 실제로는 조약이나 관습법이 그 자체로 적용되는 것인지 아니면 유추의 방법에 의하여 적용되는 것인지 분명하지 않은 경우도 많다. 조약 규정을 유추하여 적용하는 것인지 아니면 이미 관행이나 관습법으로 성립된 조약 규정의 내용을 적용하는 것인지 그 구별이 모호한 경우도 있는 것이다. 관습법의 적용과 관련한 유추의 활용 가능성 자체에 대해서도 논의가 필요한 것이 사실이다(*ibid.*, p.375; M. Bos, *op. cit.*, pp.255-258). 이처럼 관습국제법의 경우를 포함하여 논의하는 경우 논의해야 할 범위는 더 확대될 수밖에 없으나, 여기서는 주로 조약을 중심으로 한 국제법의 흠결보충과 유추에 관하여 논의하기로 한다.

70) H. Lauterpacht, *op. cit.*, p.68; Thomas Burgenthal and Sean D. Murphy, *Public International Law in a nutsell*, 5th ed.(St. Paul, MN: West Publishing Co., 2013), pp.31-32.

71) 우선적으로 국가의 법인격이나 국제법주체성은 국내법적으로 개인들이 향유하고 있는 법적 지위를 유추하여 정립된 개념이며 국가 간의 관계도 국내법상 개인들 간의 법률관계에 준하여 법적 제도 및 원칙이 정립되기 시작했던 것이 사실이다(*ibid.*, pp.81-82; Edwin DeWitt Dickinson, "The Analogy between Natural Persons and International Persons in the Law of Nations," *Yale Law Journal*, Vol.26, 1917, pp.564-591). 이처럼 국제법의 영역에 개별국가들의 법적 또는 정치적 원칙들이 유추에 의하여 도입되고 있는 것은 그 도입을 정당화 시킬 정도로 국가와 국제체제 간의 '유사성'이 존재하기 때문이다(Terry Nardin, "Book Review on The

수된 로마법 중심의 국내(사)법의 개념과 제도에 광범위하게 의존하고 있었던 것이 사실이다.[72] 이를 바탕으로 국제사회에는 점차 국가들 간의 관계를 규율하기 위한 규칙들이 관행으로 성립되고 이를 바탕으로 관습법적 효력을 갖는 국제법 규범이 형성되는 과정을 거쳐 국제법체계가 자리를 잡아 나갈 수 있게 되었다. 그러나 당초 국제사회의 법형성에 상당한 영향을 미칠 수밖에 없었던 로마법 및 국내사법의 국제법체계 속에서의 지위 및 그 역할에 대한 법적 평가와 관련해서 학자들마다 많은 고민이 있었던 것으로 보인다.[73]

Gentilis, H. Grotius, Bynkershoek, Moser, 그리고 Neyron 등 근대 국제법의 성립과 발전에 기여한 학자들은 본질적으로 국내법으로서의 성격을 가지고 있던 로마법을 그대로 국제사회의 규범으로 도입·적용하는 데 따른 문제점을 지적하면서 로마법 또는 국내사법을 직접적인 국제법의 연원으로 인정하기를 거부하였다. 이들은 기본적으로 로마법이나 국내사법을 국가 간의 법으로서의 국제법에 부합되게 적용시키는 방법, 즉 일종의 유추의 과정을 통하여 국제법의 연원 문제를 해결하려고 하였다.[74] 이에 비하여 Zouche나 Sir Robert Wiseman 등 영국의 국제법학자들은 로마법을 직접적인 국제법의 법원으로까지 수용하려고 했다는 점에서 개방된 태도를 취하고 있었다.[75]

반면에 Jellinek를 비롯한 독일의 법실증주의자들은 국내법을 국제법으로 유추하여 적용하는 데 대해서도 부정적인 입장을 가지고 있었다. 특히 Jellinek는 유추는 일정한 법체계 속에서 그 법원으로 인정할 수 있도록 특별히 허용된 경우에 한하여 활용될 수 있다고 하였다. 그는 국제법은, 국내법을 유추하는 방식이 아니라 비록 국내법의 영향을 받아 성립되었을지라도 국내법과 국제법을 포괄하는 '보편적 법 개념'(universal concep-

Domestic Analogy and World Order Proposals by Hidemi Suganami, Cambridge: Cambridge University Press, 1989," *American Journal of International Law*, Vol.85, 1991, p.571).

72) 근대 국제법의 성립 및 발전과정에 대한 상세한 내용은 Arthur Nussbaum, *A Concise History of the Law of Nations*(New York: The MacMillan Co., 1954); Stephen C. Neff, *Justice Among Nations: A History of International Law*(London, Cambridge: Harvard University Press, 2014) 참조.

73) 국제법에 대한 국내법의 유추 적용은 주로 국내사법을 중심으로 이루어져 왔다. 그러나 이에 대하여 오늘날 국내사법의 유추보다도 국내공법의 유추 적용에 관심을 가질 필요가 있다는 주장이 나오고 있다. 이에 대해서는 福王 守 저, 정호수 역, 「법의 일반원칙' 개념의 변천에 관한 일고찰」, 『아주법학』, 제5권 제1호, 2011, pp.185-249 참조.

74) H. Lauterpacht, *op. cit.*, pp.8-19.

75) *Ibid.*

tions of law)에 의하여 규율되는 것으로 보았다.[76] 그는 직접적으로 유추의 역할에 대해
서는 부정했지만 사실상 국제법에 대한 국내법의 영향을 인정하고 있었던 것이다. H.
B. Oppenheim도 Jellinek와 마찬가지로 국제법에 대한 국내법의 유추적용에 대하여
부정적인 입장을 표명하였다. 그는 국내법의 유추적용은 거부되어야 한다고 주장하였으
며, 인정된다고 하더라도 그 효과에 대해서는 회의적(*cum grano salis*)이었다.[77]

　　어쨌든 국제법의 형성 및 발전에 대하여 국내법이 크게 영향을 끼치고 이를 통하여
국제법이 확충되어 왔다고 하는 사실을 부인할 수는 없다고 본다. 20세기에 들어와서
국제사회가 점점 복잡해지고 그 법적 규율의 범위가 방대해짐에 따라 기존의 관습법이
나 조약만으로 충분히 규율해 나갈 수 없다는 점을 공식적으로 인정하기에 이르렀다.
즉 국제법에는 많은 흠결이 존재하며, 이를 해결해 나가기 위한 제도적인 정치를 마련할
필요가 있다는 데 공감대가 형성되기 시작한 것이다. 최초의 범세계적인 국제재판소로
설치되었던 상설국제사법재판소 규정(Statute of the PCIJ)은 국제법의 연원과 관련된 조
항(제38조)을 두고 있는데, 바로 이 조항이 조약과 관습법만으로는 재판소에 회부된 사건
을 충분하게 처리할 수 없다는 점을 전제로 하고 있는 것이다. 즉, '자족적 법체계'(a
self-sufficing body of rules)로서의 국제법에 대한 회의를 바탕으로 해서 국제법의 연원
에 대한 논의가 이루어졌던 것이다.

　　PCIJ 규정 초안을 마련했던 '법률가 자문위원회'(the Advisory Committee of Jurists)
위원들은, 국제법이 많은 발전을 이루어 왔음에도 불구하고 여전히 불완전하며 많은 문
제들에 대하여 적절한 판단근거를 제공하지 못하는 상태임을 인정하고 있었다. 일부 위
원들은 그 흠결이 확인되는 경우 재판소가 스스로 재판불능을 선언하여야만 한다고 주
장하기도 하였으나, 다수 위원들은 재판의 거부에 부정적인 입장을 표명하면서 적절한
재판근거를 찾아서 판단할 수 있는 근거를 제공해야만 한다는 데 의견을 함께 하였다.[78]
그 결과 PCIJ 규정 제38조는 국제법의 연원으로서 조약과 관습국제법에 이어 "문명제국
에 의하여 승인된 법의 일반원칙"을 포함시키게 된 것이다.[79]

---

76) *Ibid.*, pp.19-20.

77) *Ibid.*

78) *Ibid.*; Hugh Thirlway, *The Sources of International Law*(Oxford: Oxford University Press, 2014), pp.8,
　　93-104.

79) Art. 38: "The Court shall apply: 1. International conventions, whether general or particular,
　　establishing rules expressly recognized by the contesting States;

이는 조약과 관습법이 '기본적인 법원'(primary sources)임을 전제로, 만일 조약과 관습법에서 적절한 법규를 찾을 수 없는 경우에도 '재판불능'(*non-liquet*)을 선언하지 말고 국제법의 '보조적 법원'(subsidiary source)으로서 법의 일반원칙을 적용하여 재판할 수 있도록 규정하고 있는 것이다.[80] PCIJ 규정은 1945년 유엔이 출범함에 따라 그 주요기관으로 설치된 ICJ의 규정으로 계승되고 있는데, 국제법의 연원에 관한 제38조의 내용은 그대로 남게 되었다.[81]

그러나 PCIJ 규정 초안을 작성할 당시부터 '법의 일반원칙'이 무엇을 의미하는가와 관련하여 많은 논의가 있었다.[82] 당초 이를 '자연법의 원칙'으로 규정하려는 입장도 매우 유력했으며 지금도 이러한 주장이 일부 계속되고 있는 것이 사실이다.[83] 그러나 오늘날 '법의 일반원칙'은 기본적으로 모든 또는 주요한 국내법체계에 있어서 공통적인 법 원칙을 의미한다는 데 큰 이견이 없는 것으로 보인다.[84]

기본적으로 국제재판소는 자신에게 부탁된 분쟁, 즉 국제분쟁을 해결함에 있어서 국제법을 적용하여야 하며,[85] 국내법을 적용하여 해결할 수는 없다. 그러나 직접적으로

---

2. International custom, as evidence of a general practice accepted as law;

3. The general principles of law recognized by civilized nations;

4. Subject to the provisions of Article 59, judicial decisions and the teachings of the most highly qualified publicists of the various nations, as subsidiary means for the determination of rules of law. This provision shall not prejudice the power of the Court to decide a case *ex aequo et bono*, if the parties agree thereto."

80) Hugh Thirlway, *op. cit.*, p.111; M. Bos, *op. cit.*, p.261; Conway W. Henderson, *Understanding International Law*(Chichester: Wiley-Blackwell, 2010), p.72.

81) Art. 38: "1. The Court, whose function is to decide in accordance with international law such disputes as are submitted to it, shall apply: a. international conventions, whether general or particular, establishing rules expressly recognized by the contesting states;

b. international custom, as evidence of a general practice accepted as law;

c. the general principles of law recognized by civilized nations;

d. subject to the provisions of Article 59, judicial decisions and the teachings of the most highly qualified publicists of the various nations, as subsidiary means for the determination of rules of law.

2. This provision shall not prejudice the power of the Court to decide a case *ex aequo et bono*, if the parties agree thereto."

82) '법의 일반원칙'의 내용 또는 그 유형에 관한 논의에 대해서는 김영석, 「국제법상 '법의 일반원칙'에 대한 고찰」, 『이화여자대학교 법학논집』, 제12권 제2호, 2008, pp.104-114 참조.

83) H. Lauterpacht, *op. cit.*, pp.69-71; Jean d'Aspremont, *Formalism and the Sources of International Law: A Theory of the Ascertainment of Legal Rules*(Oxford: Oxford University Press, 2013), pp.96-100, 171.

84) Hugh Thirlway, *op. cit.*, pp.94-104.

적용 가능한 국제법규가 존재하지 않거나 유추 적용에 필요한 관련 법규가 발견되지 않는 경우 '법의 일반원칙'을 원용하여 해결할 수 있도록 함으로써 재판소는 국내법을 적용하여 분쟁을 해결할 수 있는 길이 열린 것이다. 그러나 이 경우 재판소는 국내법 규정을 직접적으로 도입하여 적용하는 것이 아니라 바로 법의 일반원칙의 형태로 도입·적용하는 것을 의미한다. 그런데 법의 일반원칙으로서 국내법을 도입하는 것은 기술적인 의미에서 보면 유추의 방법으로 국내법을 도입하는 것과 동일한 과정 및 효과를 갖는 것이다. 즉, 법의 일반원칙의 도입과 관련하여 재판소는 그 '이전가능성'(transferability)을 검토하여야만 하는데, 이와 관련하여 유추의 경우와 마찬가지로 문제가 되고 있는 사안과 국내법의 규율 대상인 사안 간의 '유사성'에 대한 비교·검토가 우선되어야만 한다. 그리고 비교·검토의 결과 그 유사성이 분명하고 또한 관련 국내법 원칙을 국제법적 사안에 적용함으로써 타당한 결과를 가져올 수 있음이 확인되어야만 법의 일반원칙을 적용할 수 있게 되는 것이다.[86]

이러한 사실은 1950년에 ICJ가 권고적 의견(advisory opinion)을 부여한 *International Status of South-West Africa* case에서 Arnold McNair 판사가 제시한 개별의견(separate opinion)을 통해서도 확인된다. 그는, 전통적으로 국제재판소가 새로운 법제도에 직면하는 경우에는 그와 유사한 국내법상 제도로부터 관련 법규 및 제도를 도입해 왔으며 지금도 ICJ 규정 제38조 1항 C호의 규정에 입각하여 이러한 도입 작업이 계속되고 있다고 하였다. 그러나 그는 법의 일반원칙의 형태로 도입되는 국내법은 국내법의 형태 그 자체가 아니라 일종의 유추의 과정을 거쳐 정립된 법원칙의 모습을 띤다고 하였다.[87]

---

85) *Supra* note 79, 81 참조.

86) M. Bos, *op. cit.*, pp.261-262; M Bos는 이와 관련하여 ① 원칙이 일반적이어야 하고, ② 원칙을 승인하는 국가들이 문명화되어 있어야 하며, 그리고 ③ 그 원칙은 국제법으로 적용될 수 있는 성질의 것이어야만 한다는 등 세 가지 조건을 제시하고 있다(*ibid.*, p.262).

87) "International Law has recruited and continues to recruit many of its rules and institutions from private systems of law. Article 38 (1) © of the Statute of the Court bears witness that this process is still active, and it will be noted that this article authorizes the Court to 'apply ⋯ © the general principles of law recognized by civilized nations.' The way in which international law borrows from this source is not by means of importing private law institutions 'lock, stock and barrel,' ready-made and fully equipped with a set of rules ⋯ In my opinion, the true view of the duty of international tribunals in this matter is to regard any features or terminology which are reminiscent of the rules and institutions of private law as an indication on policy and principles rather than as directly importing these rules and institutions."(Advisory Opinion, *1950 ICJ Reports* 128)

2) 국제법의 해석과 유추

국제법의 흠결보충과 관련하여 우선, 국제법은 흠결이 없는 완전한 법체계이기 때문에 그 흠결을 보충하기 위한 방법이 필요 없다는 주장을 검토할 필요가 있다. 이러한 주장으로는, '자연법의 원칙'을 국제법의 연원으로 인정하게 되면 국제법은 그 자체로 완전성(completeness)을 갖게 된다는 입장과, 실제 흠결이 발견되더라도 "실정 국제법규에 의하여 명백히 금지되지 않는 것은 모두 허용된다"는 '일반적 허용의 원칙'(residual principle)[88]이 당연히 적용되기 때문에 그 흠결이 모두 치유될 수 있다는 점에서 국제법의 흠결을 부인하는 입장이 있다.[89] 그러나 본질적으로 완전한 법체계를 의미하는 '자연법'(natural law)[90]을 실정국제법의 연원으로 간주할 수는 없으며 '법의 일반원칙'을 자연법의 원칙으로 인정하는 것도 소수의 의견일 뿐이다. 또한 '일반적 허용의 원칙'은 하나의 단순한 반대추론에 불과한 것으로 그 결과에 대한 타당성을 스스로 확보할 수는 없는 방법인 것이다. 따라서 하나의 실정법체계로서 국제법의 완전성에 대한 믿음은 그 근거가 없는 것이다.[91]

---

88) Louis Henkin *et al.*, *International Law: Cases and Materials*, 3rd.(St. Paul, Minn: West Publishing Co., 1993), p.70.

89) 국제법의 '완전성'에 대한 주장들은 다양한 근거를 제시하고 있다. 먼저, A. Verdross는 법은 '개념적으로'(*per definitionem*) 완전성을 지니고 있기 때문에 '법의 흠결'은 '왜곡된 이론'(*la fausse théorie*)라고 한다. 이밖에 법의 완전성을 주장하는 입장은 크게 '원리'(principle)에 입각한 주장들과 '기타의 근거'에 입각한 주장으로 분류할 수 있다. 전자의 대표적인 관점은 G. Scelle에 의하여 주장된다. Scelle은 '객관적 법'(objective law) 이론에 입각하여 어떠한 사회든 스스로 모든 사안에 대하여 적용할 수 있는 법을 '감추고'(secrete) 있다고 한다. 즉, 실정법으로 문제가 해결되지 않는 경우에는 법 원리인 자연법을 적용하여 해결할 수 있다는 것이다. Scelle은 나아가서 residual principle을 적용하게 되면 법의 흠결이 사리진다는 의미에서 법의 완전성을 주장하기도 한다. 이러한 Scelle의 입장은 법체계의 '자동성'(automatism)을 근거로 하는 것인데 법현실과는 동멸어진 주장이라고 할 수밖에 없다. 다만, residual principle은 경우에 따라 적용될 수는 있으나, 만능이 아니라 제한적인 역할만이 인정되는 것이다. 후자의 대표적인 입장은 Sir H. Lauterpacht의 관점이다. 그는 법은 그 자체 '개념적으로' 완전한 것이 아니라 '부수적으로'(incidental character) 완전성을 띠게 된다고 본다. 즉, '완전성'은 본질적으로 '법'이 아니라 '법질서'에 해당하는 것이라고 하면서 그 결과 법도 부수적으로 완전성을 띠게 된다고 하였다. Lauterpacht는 나아가서 ICJ 규정 제38조 1 (C)의 '법의 일반원칙'을 활용하게 되면 법은 완전성을 보유하게 된다고 설명하기도 한다. 그는 법의 일반원칙을 일종의 자연법적 원칙으로 이해함으로써 국제법의 완전성에 대한 근거로 삼고 있는 것이다. 그러나 '법의 일반원칙'은 당초 국제법의 흠결을 전제로 하여 ICJ 규정에 포함된 것이며, 그 적용도 결국 국내법의 '유추' 적용의 방법으로 이루어지는 것이며 또한 경우에 따라 적합한 법의 일반원칙을 발견할 수 없는 경우도 존재한다는 점에서 Lauterpacht의 주장은 문제가 있다고 본다(*ibid.*, pp.298-300; 박배근, 「국제법규칙의 부존재 - 핵무기사용 위법성 사건을 중심으로 -」, 『국제법학회논총』, 제41권 제2호, 1996, pp.68-78).

90) 상계논문, pp.68-69.

91) M. Bos, *op. cit.*, p.300; Silja Vöneky, *op. cit.*, p.376; Shirley V. Scott, *International Law in World*

따라서 현실적으로 존재하는 국제법의 흠결을 어떠한 방법으로 보충할 것인가 하는 문제에 대한 본격적인 논의가 필요하다. 오늘날 법학 일반에 있어서 흠결보충과 관련한 유추의 방법론적 정당성에 대해서는 이견이 없는 것으로 보인다.[92] 다만, 국제재판소가 법의 흠결을 확인하고 이를 보충할 수 있는 '자격'(entitlement)이 있는지 그리고 재판소가 반드시 흠결을 보충해야만 할 '의무'(duty)가 있는가 하는 논의는 지금도 계속하여 이루어지고 있다. 국제재판소가 본질적으로 '입법적 기능'을 수행할 수 있는 것은 아니기 때문에 흠결보충의 정당성 및 한계에 대한 논란이 있는 것이다.[93] 이 때문에 재판소들은 이러한 논쟁을 피하기 위하여 법규의 흠결이 명백한 데도 불구하고 이를 흠결보충의 문제로 접근하지 않고 단순한 해석의 문제로 처리하려고 시도하기도 한다.[94] 그리고 앞에서 언급하였듯이, Bos나 Villiger와 같이 '유추의 방법'을 일종의 법 해석방법으로 보고 유추에 의한 흠결 보충을 재판소의 당연한 권한으로 간주하는 입장도 나타나고 있는 것이다.

어쨌든 유추가 필요한 경우를 포함하여 국제사회는 불완전한 법체계인 국제법의 흠결을 보충해야만 하는 과제를 스스로 안고 있다. 국제법의 흠결은 사법과정 속에서 발견되거나 확인되는 것이기 때문에 그 보충과 관련하여 기본적으로 국제재판소의 역할이 중요해질 수밖에 없다. L. Siorat는 재판소에 의하여 확인될 수 있는 국제법의 흠결을 다섯 가지 유형으로 분류하였다: 이들은 첫째, 모호성(obscurity), 즉 법규의 의미가 모호한 경우; 둘째, 논리적 흠결(logical insufficiency), 즉 법규가 당해 사안과 오로지 간접적으로만 관련되는 경우; 셋째, 침묵(silence), 즉, 예측 불가로 인하여 미처 법규를 정립하지 못한 경우; 넷째, 사회학적 흠결(sociological insufficiency), 즉, 의도적으로 일정한 사안

Politics: An Introduction, 2nd ed.(Lynne Rienner Publishers, 2010), p.134. 이와 관련하여 일부 학자는 '유추'에 의하여 문제가 해결되는 경우에는 당초 그 흠결이 존재하지 않는 것으로 보아야 하기 때문에 유추는 일종의 법 '해석' 방법이지 그 흠결을 보충하는 방법이 아니라는 입장을 취하기도 한다(M. Bos, *ibid.*, p.144).

92) 국내법의 경우와 마찬가지로 국제법의 경우에도 "같은 것은 같게 취급해야만 한다"는 평등의 원칙이 적용되기 때문에 법의 지배의 요청에 따라 '유추에 의한 논증의 필요성'(the need to reason analogically)은 국내법 및 국제법을 포함한 모든 법체계에 공통적으로 인정된다고 본다(Silja Vöneky, *ibid.*, p.376).

93) M. Bos, *op. cit.*, p.298-299.

94) 예를 들어 1971년 ICJ의 권고적 의견(*Legal Consequences for States of the Continued Presence of South Africa in Namibia (South West Africa) Notwithstanding Security Council resolution 276 (1970)*) 속의 '개별 의견'을 통하여 Petren 판사는 법문(texts)의 흠결은 "해석을 통하여"(by way of interpretation) 보완되어야 한다고 보았으며, 이 경우 재판소에 의한 흠결보충이 허용되는가 여부에 관한 논의는 배제되었던 것이다(*ibid.*, p.302).

에 대하여 법규를 정립하지 않는 경우; 다섯째, 결함(deficiency), 즉, 법규가 존재하지만 충분한(타당한) 해결책을 제공하지 못하고 있는 경우[95] 등이다.

Siorat가 분류하고 있는 국제법의 흠결 가운데 첫째 번 유형, 즉 법규의 의미가 모호한 경우는 다양한 법해석 방법론을 활용하여 그 의미나 적용 여부를 분명히 할 수도 있기 때문에,[96] 단순한 해석방법론으로 접근할 수 없는 경우만이 흠결에 해당될 것이다. 그리고 둘째 번의 논리적 흠결, 셋째 번의 침묵, 그리고 넷째 번의 흠결, 즉 의도적 흠결의 경우는 모두 법규의 '부존재'에 해당하는 것이다.[97] Bos는 Siorat가 법의 흠결에 해당되는 것으로 분류한 다섯 가지 유형 가운데 마지막의 경우를 일반적인 법의 흠결의 유형과는 다르게 보고 있다. 그는 이러한 흠결 유형, 즉 적용 가능한 *lex lata*(현행법) 존재하지만 그 '결함'으로 인하여 적용되어서는 안 되는 경우는 일종의 *lex ferenda*(바람직한 법규)를 전제로 해서만 인정될 수 있는 것이기 때문에 이를 *lacuna de lege ferenda*[98]라고 명명하고 있다.

어느 실정법체계도 모든 가능한 사안들에 대하여 최소한 기술적 측면에서도 완벽하게 규율할 수 없으며 법규의 정립 이후 발생 가능한 사안들을 미리 완벽하게 예측하여 규정하는 것도 불가능하기 때문에 그로 인한 흠결이 처음부터 나타날 수밖에 없는 것이 사실이다. 특히 국제법(조약)은 경우에 따라 당사자들에 의하여 그 흠결이 의도될 가능성도 배제할 수 없다. 게다가 특정 시점에서 다행히 그 흠결이 발견되지 않는다고 하더라도 그 후 언제든지 흠결이 발생할 가능성을 배제할 수 없는 것도 사실이다.[99]

---

95) *Ibid.*, p.301.

96) Silja Vöneky, *op. cit.*, p.377; 앞에서 언급했지만 국가들은 국제법의 해석·적용과 관련하여 *in dubio mitius* 의 규칙을 원용하여 법 적용의 불명확성을 해소시켜 오기도 하였다. 국제법의 해석·적용에 있어서 *in dubio mitius*의 규칙은 "국제법상 의무의 존재가 불확실한 경우에는 국가주권을 제약하는 것을 피하기 위하여 그 의무가 존재하지 않는 것으로 보아야 한다"는 의미로 받아들여지고 있다(*ibid.*; Aron X. Fellmeth and Maurice Horwitz, *op. cit.*, p.126).

97) Siorat는 이 다섯 가지 유형 가운데, 국내법과 국제법 모두에 해당되는 것은 셋째 유형인 법규의 침묵이며 넷째 사회적 흠결, 즉 의도적인 흠결은 국내법의 경우에만 나타난다고 한다. 그러나 M. Bos는 국제법의 경우에도 의도적인 흠결이 발생할 수 있다고 한다(M. Bos, *op. cit.*, p.301). 그리고 국제법의 부존재로 인한 '흠결'은 애초 어떠한 행위(사안)이 국제법의 규율 대상에서 제외되는 경우에 발생되는 부존재와는 구별되는 것이다. 이러한 경우 관련 행위나 사안에 대해서는 합법성 판단이 필요 없기 때문에 '흠결' 문제가 제기되지 않는다. 이러한 영역을 이른바 '국제법으로부터 자유로운 영역'(rechtsfreier Raum)이라고 한다(박배근, 전게논문, pp.67-68).

98) M. Bos, *op. cit.*, p.301. 이를 번역한다면 "결함 있는 법규의 엄격한 적용으로 인한 부작용(흠결)"이라고 할 수 있을 것이다.

국제법체계는 국내법에 비하여 그 입법체계가 불완전하기 때문에 국제법의 정립권한을 행사하고 있는 국가들 간의 이해관계에 따라서 입법의 불비나 흠결이 나타날 가능성이 훨씬 높은 것이 사실이다. 그 결과 국제법의 흠결보충과 관련된 국제재판소의 역할이 매우 중요해질 수밖에 없다. 실제 국제재판의 역사에서 유추의 방법이 활용되었던 초기 사례로 1905년 *Muscat Dhows* case와 1912년 *Russian Indemnity* case가 언급되고 있다.[100] 이밖에도 여러 사례에서 유추의 방법이 활용되었음을 확인할 수 있다.[101]

3. 유추의 한계와 형평의 원리

유추의 한계와 관련하여, 우선 국제법의 흠결을 인정하면서도 유추의 활용을 반대하는 입장을 언급할 필요가 있다. 국제법이, 문제가 되는 행위(작위 또는 부작위)와 관련하여 그 금지 또는 허용 여부를 명백히 규정하지 않고 있는 경우, 특히 조약의 경우에 당사국들에 의하여 그 흠결이 의도적으로 만들어진 경우에 그 흠결을 보충하기 위하여 재판소가 유추의 방법을 활용하는 것은 국제법의 구속력의 근거가 국가들의 동의(의사)에 있다는 원칙에 반하는 것이기 때문에 허용되지 않는다는 입장이 있다.[102] 이러한 입장은 나아가서, 유추의 방법을 활용하는 경우에도 결과적으로 당사국들의 '합리적 의사'(reasonable intentions)에 반하는 것으로 판단되는 경우에는 허용되지 않는다고 주장하기도 한다.[103] 이러한 입장은, 국제법은 국가의 의사를 중심으로 해석되고 적용되어야만 한다는 '의사중심'(primacy of will) 및 '해석중심'(primacy of interpretation)적 접근에 그 근거를 두고 있는 것이다.[104]

그러나 이러한 입장은, 오늘날 국제사회가 국제공동체로 발전해 나가고 있으며 조약

---

99) *Ibid.*, p.300.

100) Christopher R. Rossi, *Equity and International Law: A Legal Realist Approach to International Decisionmaking* (Irvington, New York: Transnational Publishers, Inc., 1993), p.78.

101) 이밖에도, 1923년 PCIJ의 *the Wimbledon* case, 1928년 PCIJ의 *the German Minorities in Poland* case, 1941년의 *Trail Smelter Arbitration* case, 1984 ICJ의 *Military and Paramilitary Activities in and against Nicaragua* (jurisdiction) case, 2002년 ICJ의 *Land and Maritime Boundary between Cameroon and Nigeria* case 등이 유추에 의한 결정이 내려진 주요한 사례이다(Silja Vöneky, *op. cit.*, p.375).

102) *Ibid.*, pp.376-377.

103) *Ibid.*, p.378.

104) *Ibid.*, p.378.

은 개별국가들의 이익이나 주관적 의사보다도 그 객관적 의미를 바탕으로 국제공공질서 (international public order)를 뒷받침하고 국제법체계가 하나의 '정합성 있고 일관되며 정당한 질서'(coherent, consistent and just order)로 자리잡을 수 있도록 해석되고 적용되어야만 한다는 점을 감안하면 수긍하기 어렵다.[105]

위의 논의가 유추의 '묵시적' 제한과 관련된 논의라고 한다면, 국제재판소에 의한 유추 적용을 금지하는 '명시적' 제한의 경우에도 유추 적용은 불가능하게 된다. 예를 들어, 국제형사재판소 로마규정(the Rome Statute of International Criminal Court) 제22조와 제23조에 규정되어 있는 '죄형법정주의'의 제약으로 국제형사재판소의 관할 범죄 및 처벌과 관련하여 유추의 방법을 활용하는 것은 허용되지 않는다.[106] 또한 국제법상 강행규범 (*jus cogens*)에 반하는 내용으로 유추 적용이 이루어질 수 없다는 것도 분명하다.[107]

Siorat가 분류한 국제법의 흠결 유형 가운데 그 다섯째 유형인 '법규의 결함'의 경우는, 적용 가능한 법규가 존재하기는 하지만 그 '엄격한 적용'(strict application)으로 말미암아 오히려 문제가 야기될 수 있는 경우이다. 이러한 흠결은 단지 유추의 방법으로는 해결될 수 없고 *lex ferenda*를 고려하여 판단해야만 하는 경우가 될 것이다. 즉, 이러한 흠결 유형은 '은폐된 흠결'에 해당하며 이에 대해서는 유추의 방법이 아니라 '형평'[108]이라는 상위의 '법원리'가 활용되어야 하는 경우이다. 이러한 법원리는 그 자체 하나의 '실정적인' 국제법의 연원으로 간주되지는 않고 있으나, 은폐된 법의 흠결을 보충하는 역할만이 아니라, 유추에 의한 흠결보충이나 다양한 법해석 방법론을 활용한 해석의 결과에 대하여 그 타당성 여부를 평가하는 데 중요한 기준으로 활용된다는 점에서 중요한 의미를 갖는 것이다.[109]

---

105) *Ibid.*, pp.379-380.

106) Art. 22 (2) "The definition of a crime shall be strictly construed and shall not be extended by analogy. In case of ambiguity, the definition shall be interpreted in favor of the person being investigated or convicted."

107) Silja Vöneky, *op. cit.*, p.378.

108) Francesco Francioni는 '형평'(equity)의 의미를 세 가지로 구분하고 있는데, 첫째는 가장 일반적인 의미로서, 로마법상 *aequitas* 즉, '재판 과정에서 요구되는 공정성과 합리성', 둘째, 협의의 기술적인 의미로서, ICJ 규정 제38조 제2항에서 규정되고 있는 '형평과 선'(*aequo et bono*), 그리고 셋째, 영미의 사법체계를 통하여 발달된 판례법(common law)의 문제점을 보완하기 위하여 성립된 또 하나의 판례법으로서 형평법(equity)의 의미 등이다(F. Francioni, "Equity in International Law," in Rüdiger Wolfrum (ed.), *The Max Planck Encyclopedia of Public International Law*, Vol. Ⅲ(Oxford: Oxford University Press, 2012), p.632.

109) *Ibid.*, pp.634, 640.

그러나 이와 관련하여 Bos는 '결함' 있는 법규의 경우, 재판소가 스스로 그 흠결을 보충하는 것은 원칙적으로 가능하지 않으며, 특별히 그 권한이 인정되는 경우에만 허용된다는 입장을 취하고 있다. 그 권한이 인정되는 예로서 그는 ICJ 규정 제38조 제2항의 "형평과 선에 의한"(*ex aequo et bono*)[110] 재판의 경우와 '중재인'(amiable compositeur)에 의한 중재재판의 경우를 들고 있다.[111] 이 가운데 특히 '형평과 선'에 의한 재판은 적용 가능한 '실정법규'(positive law)가 존재하는 경우에도 그 적용에 따른 문제를 피하기 위하여 재판소로 하여금 실정법규를 적용하지 않고 '공정과 정의'(fairness and justice)와 같은 일종의 형평의 원칙에 따라 결정할 수 있도록 권한이 부여되는 것을 의미한다.[112]

문제는 이러한 '형평과 선에 의한 재판'은 ICJ 규정에 의하면 재판소의 '직권에 의하여' 행해질 수는 없고 분쟁 당사자의 '동의'가 있어야만 가능하다는 점이다.[113] 따라서 당사자의 동의가 없는 경우에, 재판소는, 어느 법규를 적용하게 되면 심각한 문제가 발생할 것으로 예상되는 경우에도 반드시 그 법규를 적용해서 재판을 해야만 하는지, 아니면 법규의 결함을 근거로 재판불능을 선언할 수 있는지 여부를 검토할 필요가 있다.[114] 재판불능 선언이 허용되지 않는다고 한다면, 재판소가 결함 있는 법규를 적용하여 재판하는 것도 결국 '정의'(justice)에 반하는 결과가 초래되는 것이기 때문에 재판소가 특별한 방법으로 법규의 흠결을 보충할 수 있도록 허용되어야 한다고 본다.[115] 따라서, 극히 예외적인 경우에 해당하겠지만 이러한 경우에는 분쟁당사자의 합의에 의한 요청이 없더라도 재판소가 직권, 즉 자신의 고유한 권한(inherent power)으로 '형평'(aequitas, equity)을 활용하여 법규의 결함을 보충할 수 있다고 해야만 하지 않을까 생각한다.[116][117]

---

110) "From equity and goodness"(Aron X. Fellmeth and Maurice Horwitz, *op. cit.*, p.91).

111) M. Bos, *op. cit.*, pp.302-303.

112) "A manner of deciding a case pending before a tribunal with reference to the principles of fairness and justice in preference to any principle of positive law. A decision *ex aequo et bono* may be sought especially when the law governing a dispute is unclear (*non liquet*) or might fail to resolve the dispute adequately for other reasons."(Aron X. Fellmeth and Maurice Horwitz, *op. cit.*, p.91.)

113) "This provision shall not prejudice the power to decide a case *ex aequo et bono*, if the parties agree thereto."(Statute of the ICJ, Article 38 (2))

114) M. Bos, *op. cit.*, p.305.

115) 재판소의 흠결보충 의무에 대해서는 *ibid.*, pp.305-306 참조.

116) F. Francioni, *op. cit.*, p.635.

117) 뒤의 주 119에서 설명하고 있듯이, 널리 '형평'의 개념에 속하는 것으로 설명되어 온 '법 안의 형평'은 법의 해석과 관련하여 당연히 활용할 수 있는 것이고, '법 밖의 형평'도 유추와 마찬가지로 법의 흠결을 보충하기

그렇다면 이러한 '형평'은 ICJ 규정상 '형평과 선'과는 어떤 차이가 있는가? 앞에서 설명했듯이, '형평과 선'에 의한 재판도 당사자가 원한다면 적용 가능한 실정법규가 존재하더라도 그 적용으로 말미암아 문제가 야기될 수 있는 경우에 '공정과 정의'에 의하여 재판하는 것을 의미한다는 점에서 재판소가 직권으로 결함이 있는 법규를 대신하여 재판에 적용할 수 있는 '형평'과 동일한 의미를 갖고 있는 것이다.[118] 이러한 의미에서, '형평과 선'은 일반적으로 '형평'의 개념과 관련하여 학자들이 제시해 온 유형들, 즉 '법 안의 형평'(equity *infra legem*), '법 밖의 형평'(equity *praeter legem*), 그리고 '법에 반하는 형평' (equity *contra legem*)[119] 가운데 마지막 유형에 가까운 개념이라고 할 수 있을 것이다.[120]

그러나 ICJ 규정 제38조 제2항은 분쟁당사자들로 하여금 법규의 '결함' 여부와는 관계없이 당해 실정법규의 적용을 배제하고 '형평과 선'에 의한 재판을 요청할 수도 있도록 하용하고 있다는 점에서 '형평과 선'의 외연이 일반적인 '형평'의 개념에 비하여 폭넓게 인정되고 있다고 보는 견해도 있다.[121] 이러한 입장에서는 분쟁 당사자들이 법규의 결함

위하여 활용할 수 있는 것으로서 간주되고 있으나, 여기서 문제가 되는 것은 이러한 법의 해석이나 단순한 보충 방법에 의해서도 해결할 수 없는 경우에 어떤 대안이 있을까 하는 것이다. 이러한 경우에 예외적으로 원용할 수 있는 것이 '법에 반하는 형평'이라고 생각된다. 그러나 재판소는 사실상 '법에 반하는 형평'을 활용하여 재판하는 경우에도 ICJ 규정 제38조 제2항에 따른 제약을 의식해서 분쟁 당사자의 동의가 없는 경우에는 이를 '법에 반하는 형평'으로 간주하지 않고 '법 밖의 형평', 즉 '법을 보충하는 형평'으로 원용하여 재판하는 경우도 없지 않다. 사실, 실제 사안에 있어서 '법 밖의 형평'과 '법에 반하는 형평'을 명백히 구별하는 것은 매우 어려운 일이다(F. Francioni, *op. cit.*, pp.634-637; Christopher R. Rossi, *op. cit.*, pp.66-67, 79).

118) H. Thirlway, *op. cit.*, pp.104-106.

119) '법 안의 형평'은 일상적인 법해석 과정에서 그 타당한 결과를 도출하기 위하여 활용되어지는 형평을 의미하며 '법 밖의 형평'은 기존의 법규와 직접적으로 상충되지는 않는 형태로 법규의 흠결을 보충하기 위하여 활용되어지는 형평의 원칙을 의미한다. 그리고 특히 "법에 반하는 형평은 법의 의도하지 않거나 정당성이 없는 결과를 피하기 위하여 실정법규의 적용을 배제하고 그와 다른 내용의 형평을 활용하는 것이 정당화 된다는 것을 의미한다"(A maxim("equity in opposition to the law") justifying the use of equity in derogation of a legal rule to avoid an unintended or unjust result)(Aron X. Fellmeth and Maurice Horwitz, *op. cit.*, pp.23-24; Christopher R. Rossi, *op. cit.*, pp.9-10); ICJ 재판부(Chamber)도 1986년 Frontier Dispute (Burkina Faso v. Mali) case에서 형평의 역할과 관련하여 *infra legem, praeter legem,* 그리고 *contra legem* 등 세 가지로 구분하면서, 그동안 '법 안의 형평'과 '법 밖의 형평'은 재판소에 의하여 계속 적용되어 왔다고 보았다. 그리고 이 가운데 특히 전자는 일종의 '법의 해석방법'에 해당한다고 하였다(H. Thirlway, *op. cit.*, p.106). 그리고 국제재판소에서의 이러한 유형의 '형평의 원칙'을 원용한 판례들에 대해서는, *ibid.*, pp.105-110 참조.

120) Markus Kotzur, "Ex Aequo et Bono," in Rüdiger Wolfrum (ed.), *The Max Planck Encyclopedia of Public International Law*, Vol. III(Oxford: Oxford University Press, 2012), p.1031; 김석현, 「국제재판에 있어서의 「형평」」, 『국제법평론』, 통권 제10호, 1998, pp.9-30 참조.

121) Ian Brownlie는 '형평과 선'에 의한 재판은 '형평의 원칙'이라기보다는 일종의 '타협과 조정'(compromise and conciliation)을 통한 해결을 의미한다고 본다(Ian Brownlie, *Principles of Public International Law*, 7th ed.(Oxford University Press, 2008), p.26; David H. Ott도 '형평과 선'의 개념을 일반적인 '형평'의 개념

을 근거로 하지 않고 "그 밖의 다른 이유로도"(for other reasons) '형평과 선에 의한 재판'
을 요구할 수 있다는 점에서,[122] '형평과 선에 의한 재판'의 독자적인 의의를 인정하고
있는 것이다.

　　Aristoteles도 지적하였듯이, '형평'은 실정법에 내포된 '법적 정의'(legal justice)를 초
월하는 '절대적 정의'(absolute justice)에 포함되고 있는 것이다.[123] 이는 단지 법의 흠결
을 보충하기 위해서뿐만 아니라 법의 해석 및 적용과정 전반에 걸쳐서 활용될 수 있는
지도원리에 해당한다.[124] 따라서 국제재판소는 국제법의 운용과 관련하여 '형평의 원리'
를 적극적으로 활용함으로써 법의 흠결을 보완하고 나아가서 국제공동체의 가치 및 공
공질서의 증진을 적극적으로 도모해 나갈 필요도 있다고 본다.[125]

Ⅳ. 결론

　　국제법적으로 보면 유추는 단순한 법의 해석 및 적용 과정뿐만 아니라 근대 국제사회
의 성립에 따라 요구되었던 국제법 규범들이 국내법의 유추를 통하여 확충되도록 하는
데도 크게 영향을 미쳤다. 국제법의 기본개념이나 국가 간의 관계를 규율하는 법질서로
서의 국제법의 원리들은 당초 대부분 국내법의 개념과 사인간의 법률관계를 규율하는
법 원리를 도입하거나 유추하여 적용하는 방법으로 체계화 된 것이다. 특히 ICJ 규정은
법의 일반원칙을 통하여 국내법의 규정들이 국제법으로 흡수될 수 있도록 제도적 근거
를 마련하고 있는데, 법의 일반원칙으로서의 국내법의 전이는 사실상 유추의 방법과 동
일한 과정을 밟게 된다는 점에서 유추의 역할이 중요함을 알 수 있다.

　　오늘날 국제법이 많이 발전하고 확충되었다고는 하지만 현행 실정국제법규에 의하여
모든 국제문제나 사안들이 충분히 규율되거나 해결될 수 있는가에 대해서는 회의적인

과는 다르게 파악하면서, ICJ 규정 제38조 제2항은 ICJ로 하여금 사실상 당사자들에게 새로운 법규를 창설할
수 있도록 허용하는 효과가 있다고 본다(David H. Ott, *Public International Law in the Modern World*
(London: Pitman Publishing, 1987), p.28).

122) Aron X. Fellmeth and Maurice Horwitz, *supra* note 112, p.91.

123) E. Bodenheimer *et al.*, *op. cit.*, p.39.

124) *Supra* note 119 참조.

125) Matthias Herdegen, *op. cit.*, pp.270-271.

견해가 많은 것이 사실이다. 국내법이든 국제법이든 모든 실정법체계는 본질적으로 불완전하며 흠결을 면할 수 없는 실체이다. 그러나 국제법은 그 성립 역사나 발전 과정을 살펴볼 때 국내법체계에 비하여 그 불완전성이나 흠결의 정도가 훨씬 더 클 수밖에 없다. 따라서 법해석 방법론을 발전시키고 그 흠결을 보충함으로써 법체계의 정합성이나 효율성을 증진시켜 나가기 위한 과제는 국제법 분야에서 더 많이 요구되고 있다.

유추는 기본적으로 국내법체계에 있어서 법의 흠결을 보충하기 위한 방법으로 활용되어 왔다. 이러한 유추의 역할은 국제법체계에 있어서 더 강조될 수밖에 없는 것이 사실이다. 그러나 유추의 역할에도 한계가 있다. 즉 유추의 방법을 통해서도 해결할 수 없는 형태의 법의 흠결도 존재한다는 것이다.

이러한 경우, 재판소가 보충할 수 없는 법의 흠결을 이유로 재판불능을 선언할 수 있는지 여부는 계속적으로 논의될 필요가 있다. 그러나 재판불능을 선언하지 말고 공정하고 정의로운 해결책을 제시해야 할 의무가 재판소에 부과되고 있다고 한다면 유추의 방법을 넘어서는 수준에서 법의 흠결보충을 위한 방법을 모색하지 않으면 안 된다. 형평의 의미 및 역할에 대한 연구가 지속적으로 이루어져야만 하는 이유가 바로 여기에 있다고 할 것이다.

제3편

국제법의 주체

제6장

국제법주체의 의의 및 국제기구의 법인격

Ⅰ. 서론

근대 이후 전통적으로 국제사회는 주권국가들(sovereign States)만을 구성원으로 하여 성립되어 왔으며, 국가만이 유일한 국제법주체(subject of international law)로서 인정되어 왔다.[1] 그러나 오늘날 국제사회는 많은 변화를 겪고 있다. 범죄, 에너지, 환경, 식량, 재정, 인권, 지적재산권, 자연자원, 그리고 무역 등 전 세계가 공동으로 대처해야만 하는 세계적 문제들이 급증하고 있으며, 이와 관련된 '비국가적 실체들'(non-State entities)이 많이 나타나고 있다. 19세기 후반부터 창설되기 시작한 국제기구들(international organizations)의 중요성도 더해 가고 있으며, 개인과 기업의 역할도 점차 증대되고 있다.[2]

아직도 국제사회는 여전히 국가들이 중심이 되고 있으며 중요한 국제적 행위자로 부각되고 있는 국제기구들도 국가들의 합의에 의하여 설립되어진다는 의미에서 국가들의 의사에 그 존립기반을 두고 있다고 할 수 있다. 그러나 국제사회 자체가 '발전적' 현상이니 만큼 국제법의 개념도 탄력적으로 규정되어야 하며 국제법주체의 지위도 국가 이외

---

1) Antonio Cassese, *International Law in a Divided World*(Oxford: Clarendon Press, 1986), p.74; Oppenheim, *International Law*, 2nd ed.(London: Longmans, 1912), p.12.

2) 21세기에 들어와서는 국가, (정부간)국제기구, 그리고 개인(human beings) 외에도 기업(corporations), 지방정부(subnational government), 비정부기구(nongovernmental organizations) 등의 새로운 국제관계 주체들이 생겨나고 있으며, 이들의 국제법주체성에 관한 논란이 야기되고 있는 상황에 접어들었다고 한다. 이에 대해서는 James E. Hickey, Jr., "The Source of International Legal Personality in the 21st Century", *Hofstra Law & Policy Symposium*, Vol.2, 1997, pp.2-3.

에 국제기구를 비롯한 여러 비국가적 실체들에게 널리 인정되어야 한다는 요구가 강해
지고 있는 것이다.

　　이러한 배경 하에 여기서는 국제적 법인격 또는 국제법주체의 개념과 의의, 그리고
종류를 살펴보고, 이어서 특히 국제기구를 중심으로 그 법인격과 관련된 문제에 관하여
검토하기로 한다.

Ⅱ. 국제법주체의 의의 및 종류

1. 국제법주체의 의의

　　'법의 주체'(subject of law) 또는 '법인격자'(legal person)라 함은 법률상의 권리·의무의
귀속자(Träger)를 말하며,[3] 법의 주체로서의 지위를 특히 '법인격'(legal personality)이라
고 한다. 따라서 '국제법의 주체'(subject of international law)[4]라고 하는 말은 곧 국제법에
의하여 직접적으로 권리·의무가 규정되는 자를 의미한다.[5] 다시 말하면 국제법에 의하
여 권리·의무의 주체가 될 수 있는 능력 즉, '국제법상 권리능력'(Völkerrecht-fähigkeit)
이 있는 실체가 곧 국제법의 주체로 정의될 수 있는 것이다.[6]

　　그러나 다수의 학자들은 국제법상 권리와 의무가 귀속되고 있는 것으로는 불충분하
고, 조약체결 또는 기타 국제법의 정립 능력이 있고 또한 국제절차에 의한 소송행위를

---

3) '법의 주체'와 '법인격자'는 혼용될 수 있는 용어이다. 이에 관하여 Peter Malanczuk, *Akehurst's Modern
 Introduction To International Law*, 7th revised ed.(London & New York: Routledge, 2000), p.91; William
 T. Tung, *International Law in an Organizing World*(Thomas Y. Crowell Company, 1968), p.41; Jan
 klabbers, *An Introduction to International Organizations Law*(Cambridge: Cambridge University Press,
 2015), p.41.

4) 한편 오늘날, '국제법의 주체'라고 하는 용어 대신에 '국제법의 참여자'(participants of international law)라
 는 用語를 통하여 '국제법의 주체'와 관련된 복잡한 논쟁을 피하려고 하는 경우도 나타나고 있다. 이에 대해서
 는 Rosalyn Higgins, *Problems & Process: International Law and How We Use It*(Oxford: Clarendon
 Press, 1995), pp.35-55; Lung-Chu Chen, *An Introduction to Contemporary International Law: A
 Policy-Oriented Perspective*(New Haven: Yale University Press, 1989), p.24.

5) Frederic L. Kirgis, Jr., *International Organizations in their Legal Setting*, 2nd ed.(West Publishing
 Co., 1993), p.7; David J. Bederman, *International Law Frameworks*(Foundation Press, 2001), p.49.

6) 山本草二 著, 박배근 역, 『국제법』(국제해양법학회, 1999), p.150; Edward Collins, *International Law in
 a Changing World*(New York: Random House, 1970), p.72; 김정건 외, 『국제법』(박영사, 2010), p.101.

할 수 있거나 책임능력이 인정되는 경우에 한하여 국제법의 주체로 인정될 수 있다고
주장한다.[7] 전통적으로 국가들은 이러한 능력을 충분히 갖추고 있는 실체였던 것이다.
그러나 국제사회의 요청에 따라 새로운 국제법주체로 참여하게 된 국제기구와 개인의
경우에는 이러한 절차적 능력의 유무와 관련하여 많은 논란이 있었으며, 특히 개인의
경우에 자신의 이름으로 국제법상의 권리를 주장할 수 있거나 의무 이행과 관련된 국제
법상의 절차가 마련되어 있는 경우가 극히 제한되고 있었던 것이 사실이다. 따라서 이러
한 입장에 따르면 개인의 국제적 법인격이나 국제법주체성이 인정되는 범위가 매우 협
소해지는 결과가 초래된다.

이와 관련하여 국제청구 제기능력을 국제적 법인격이나 국제법주체성을 인정하기 위
한 개념적 징표로 보고 있는 입장에서는, 국제사법재판소(ICJ)가 1949년 *Reparation
for Injuries Suffered in the Services fo the UN* case에서 유엔이 Bernadotte 백작의
사망에 의하여 자신이 입은 손해에 대하여 소송을 제기할 수 있는 권리를 보유하는지와
관련하여 요청한 '권고적 의견'(advisory opinion)을 통하여 국제법의 주체, 즉 국제적 법
인격자(international person)에 대해서 언급하면서, "국제적 권리와 의무를 보유할 능력
이 있고, 그리고 … 국제청구를 제기함으로써 자신의 권리를 주장할 자격이 있는" 실체로
규정하고 있기 때문에, ICJ도 국제적 청구를 제기할 수 있는 능력이 곧 국제적 법인격이
나 국제법주체성의 개념적 징표가 된다고 한다는 것이다.[8]

---

7) Peter Malanczuk, *op. cit.*, pp.91-104; Ian Brownlie, *Public International Law*(Oxford: Clarendon Press, 1998), p.57; Bengt Broms, "Subjects : Entitlement in the International Legal System", in R. St. J. Macdonald & D. M. Johnston ed., *The Structure and Process of International Law : Essays in Legal Philosophy, Doctrine and Theory*(The Hague: Martinus Nijhoff Publishers, 1986), p.383; 특히 山本草二는 국제법주체의 개념과 관련해서는 권리능력을 기초로 설명하고 있지만 개인의 국제법주체성과 관련해서는 행위능력을 추가로 요구하고 있다. 山本草二, 전게서, pp.150-151 참조.

8) 김대순, 『국제법론』, 제11판(삼영사, 2006), pp.215-216. 그러나 ICJ는 권고적 의견에서 "… 따라서 재판소는 [당해 국제]조직이 국제법상의 법인격자(international person)이라는 결론에 이르렀다. … 이것이 의미하는 바는 당해 조직은 국제법주체이며 국제적 권리와 의무를 보유할 수 있는 능력이 있다는 것과 함께, 당해 조직은 국제청구를 제기함으로써 자신의 권리를 유지할 능력을 보유하고 있다는 것을 의미한다(What it does mean is that it is a subject of international law and capable of possessing international rights and duties, and that it has capacity to maintain its rights by bringing international claims)."고 판시함으로써 국제법주체와 국제적 권리·의무의 보유능력, 즉 권리능력을 等價로 위치시킨 반면에 국제적 청구능력은 일단 국제법주체성이 인정된 다음 국제적 권리·의무를 유지하기 위하여 행사할 수 있는 능력으로 보고 있다는 해석도 가능한 것이다. 이에 대해서는 신창훈, 「개인의 국제법주체성 및 법인격에 대한 이론적 재조명」, 『국제법평론』, 통권 제23호, 2006, pp.50-53 참조.

그러나 법의 주체라고 하는 말은 앞에서 설명한 바 있듯이, 권리·의무의 직접적인 귀속자라는 의미를 가지고 있으며 그러한 권리의 실현 또는 의무의 이행 절차와는 직접적인 개념 관련성이 없는 것이다. 국제적 법인격이나 국제법주체는 국제법상 권리능력과 관련 있는 개념이며, 조약체결 등 국제법상의 의사표시를 하거나 수락하는 능력이나, 국제위법행위와 관련하여 스스로 청구를 제기하거나 그 추궁을 받는 등 능동적·수동적 당사자가 될 수 있는 능력 그리고 국제재판에서 원고나 피고가 될 수 있는 소송능력 등의 행위능력(Handlungsfähigkeit)은 모두 국제법상의 권리능력의 존재를 전제로 하는 것으로 곧 권리능력의 효과와 내용을 구성하는 것이다.[9]

따라서 국제법상 권리 실현이나 의무 이행에 관한 절차가 마련되어 있지 않다고 하여 그러한 권리 또는 의무를 국제법상의 권리 또는 의무가 아니라고 할 수는 없다. 마찬가지로 그러한 권리·의무의 귀속자를 국제법의 주체가 아니라고 할 수도 없는 것이다. 국제법주체성을 논하면서 행위능력, 즉 조약체결능력이나 책임능력 또는 소송능력을 근거로 삼는 것은 법의 주체나 법인격의 개념적 기초인 권리능력과 기타의 능력을 혼동하는 오류를 범하고 있는 것이다.[10]

2. 국제법주체의 종류

오늘날 국제사회에서 국제적 법인격을 갖는 국제법주체로서 국가를 비롯하여, 국제기구, 그리고 개인 등이 존재한다고 하는 데 대해서는 대체로 의견이 일치되고 있다.[11] 전통적 입장에 따르면 국가는 영토적·기본적·일반적·능동적 국제법주체이고, 개인은 비영토적·파생적·제한적·수동적 국제법주체임에 비해서 국제기구에 대해서는 흔히 비영토적·파생적·제한적·능동적 국제법주체로서의 성격을 가지고 있다고 한다. 국제기구에 관해서는 後述하기로 하고, 우선 이하에서 국제기구와 비교되는 국가와 개인의 국제법주체성 또는 국제적 법인격에 관하여 살펴보기로 한다.

---

9) 山本草二, 전게서, p.151; Christian Walter, "Subjects of International Law," in *The Max Planck Encyclopedia of Public International Law*, Vol. IX(Oxford: Oxford University Press, 2012), pp.639-640.

10) 신창훈, 전게논문, pp.53-56; 배재식, 『국제법 I』(한국방송통신대학출판부, 1989), pp.198-199.

11) William R. Slomanson, *Fundamental Perspectives on International Law*, 3rd. ed.(Belmont, CA: Wadsworth/Thomson Learning, 2000), p.57.

1) 국가(States)

(1) 국가의 국제법주체성

국가는 전통적으로 국제사회의 구성원인 동시에 국제법주체로서의 지위가 인정되어
온 실체이다. 국가들은 그 자신의 영토적 관할권과 주권적 지위에 기초하여 국제법주체
로서 인정되는 기본적(primary)·영토적(territorial) 국제법주체이다. 그리하여 국제법은
전통적으로 국가들의 실행(practice)을 기초로 한 관습법 및 국가들 간의 명시적 합의에
의한 조약을 주된 법원으로 하여 성립되어 왔다. '분권적 구조'를 가지고 있는 국제사회
에서 국제법은 주로 기본적 주체인 국가의 법 정립 기능에 의하여 형성되어 왔으며, 국
가들은 국제법의 정립자로서 일정한 목적을 위하여 국제기구와 같은 국제적 실체를 창
설하고 이를 포함한 다른 실체들에 대하여 국제법주체성을 부여할 수 있는 능력을 가지
고 있다. 이점에서 국가들을 제외한 나머지 국제법주체들은 '이차적'(secondary), '파생
적'(derivative or borrowed)[12] 주체이며 '비영토적 주체'(non-territorial subject)라고 할 수
있을 것이다.

완전한 주권국가로서의 국가들은 국제법 정립능력을 포함하여 제한 없는 권리능력을
인정받고 있다. 따라서 국가들은 본원적(original)·일반적(general, universal) 국제법주체
가 되는 것이다. 그리고 국가와 같이 스스로 국제법을 정립할 수 있는 능력을 가지고
있는 국제법 주체에 대하여 A. Verdross는 '능동적 국제법주체'(active Völkerrechtssub-
jekte)라고 하고, 반면에 국제법의 정립 능력이 없이 단지 타국제법주체에 의하여 성립된
국제법에 의하여 권리를 부여 받거나 의무를 부담하는 데 불과한 주체를 '수동적 국제법
주체'(passive Völkerrechtssubjekte)라고 규정하고 있다.[13] 이와 같이 국가의 국제법주체
성의 특징은 한마디로, 영토적·기본적·일반적·능동적이라는 데 있다.

(2) 국가의 성립요건

국가들은 근대 국제사회 및 국제법의 형성기부터 기본적인 국제법주체로서 인정되어
왔다. 특히 국가들은 스스로 조약 및 관습법의 형성을 통하여 국제법의 정립에 기여하여

---

12) Werner Levi, *Contemporary International Law : A Concise Introduction*(Boulder: Westview Press, 1979),
    p.71.
13) Alfred Verdross, *Völkerrecht*, 3 Aufl.(Wien: Springer Verlag, 1955), S.85.

왔으며 일반적인 범위에서 국제법상 권리와 의무를 가지고 있다. 국제법상 국가가 갖는 중요성에 비추어 어떠한 정치적 실체가 국가로서의 자격을 가질 수 있는가, 즉 국가의 성립요건이 명확하게 규정될 필요가 있다.

일찍이 Jellinek는 '헌법적' 관점에서 주민(population), 영역(territory), 그리고 정부(government) 등 3요소가 국가 성립에 필요하다고 하는 '3요소설'(doctrine of the three elements)을 제시한 바 있다.[14] 이에 따르면 국가란 "주민들이 어느 확정된 영역에서 조직된 정부의 통치하에 거주하고 있는 것"을 의미한다. '국제법적' 관점에서 관련 관습법 규칙을 확인하고 있는 것으로 간주되고 있는 1933년의 몬테비데오 협약(Montevideo Convention)과 미국의 법재록(Restatement of Law)에 의하면 '정부'의 의미와 독립적 성격이 보다 엄밀하게 규정되고 있다. 몬테비데오 협약 제2조에 따르면, "국제법의 인격자(주체)로서의 국가는 ① 항구적 주민, ② 명확한 영역, ③ 정부, 그리고 ④ 타국과 관계를 맺을 수 있는 능력 등을 갖추어야 한다."고 되어 있으며,[15] 법재록은 "국제법에 따르면, 국가는 자신의 정부의 통치하에 있는 명확한 영역과 항구적 주민을 보유하고 있는 실체로서 다른 실체(국가)들과 공식적 관계를 맺고 있거나 맺을 수 있는 능력을 갖고 있어야 한다."고 규정하고 있다.[16]

국가가 성립하고 국제법주체로서의 자격을 보유하기 위하여 반드시 갖추어야 할 요소는 바로 '주권'(sovereignty)이다. 국가는 그 자신의 영역 내에서는 최고의 권한인 영역주권 또는 관할권을 가지며, 주권은 또한 독립권, 평등권, 관할권, 자위권 등 국가의 기본권이 인정되기 위한 근거이자 국내문제에 대한 외국의 간섭을 금지하기 위한 기초이기 때문에 국가의 권리 가운데서 가장 기본적인 것이다. 주권은 또한 '국가면제'(State immunity)의 근거로도 작용하고 있으며, 외교적 특권·면제나 군함·군대에 대한 면제의 근거가 되기도 한다. 또한 일반적으로 모든 국가들은 국제법의 위반에 의하여 타국의

---

14) 자세한 내용은, 정인섭, 『신국제법강의』, 제6판(박영사, 2013), pp.147-149 참조.

15) "The state as a person of international law should possess the following qualifications: (a) a permanent population; (b) a defined territory; (c) government; and (d) capacity to enter into relations with other states."

16) "Under international law, a state is an entity that has a defined territory and a permanent population, under the control of its own government, and that engages in, or has the capacity to engage in, formal relations with other such entities."(The American Law Institute, *Restatement of the Law, Third, Foreign Relations Law of the United States*, Vol.1(American Law Institute Publishers, 1987), p.72.)

권리 및 재산을 침해한 경우 국제책임(international responsibility)을 진다.

(3) 국가의 관할권

국가관할권(State jurisdiction)은 국가가 그 주권에 기초하여 사람, 물건 또는 어떠한 상황이나 사건을 지배할 수 있는 권한의 총체를 말한다. 따라서 국가관할권이란 국가주권의 속성 또는 그 구체적 발현 형태라고 할 수 있다. 국가관할권을 법적으로 표현하면 국가가 그 주권 하에 있는 법의 주체들의 법적 이해관계, 즉 권리·의무에 영향을 미칠 수 있는 권한이라고 정의할 수도 있다.

주권의 보유자로서의 국가는 당연히 주권에 기초하여 입법, 사법, 행정과 관련하여 관할권을 행사할 수 있는 것이다. 즉, 국가는 ① 국가기관 및 개인들의 행위에 대하여 적용되는 법규범을 정립할 수 있는 권한, 즉 입법관할권(legislative jurisdiction), ② 법규에서 정한 사항을 행정적으로 시행하고 필요한 경우 강제조치 등을 통하여 법규를 집행할 수 있는 권한, 즉 행정관할권(executive jurisdiction) 그리고 ③ 구체적인 분쟁이나 법위반 사건과 관련하여 법규를 적용하여 재판할 수 있는 법원의 권한, 즉 사법관할권(judicial jurisdiction)을 보유한다.

국제법상 국가관할권에 관한 원칙들은 주로 국가의 입법권과 관련되어 논의되고 있다. 이와 관련하여 모든 국가들은 기본적으로 자국 영역 내에서 발생하는 행위나 사건을 규율하기 위한 국내법규를 제정할 수 있다는 점에서 '역내관할권'(intra-territorial jurisdiction)을 갖는다고 본다. 따라서 어느 국가도 다른 국가의 영역이나 다른 국가의 모든 국민들의 행위에 대하여 규율하는 내용의 법규를 제정할 수 없다는 점은 분명하다. 그러나 정당한 사유 및 근거가 있는 경우, 국가들은 이러한 역내관할권의 범위를 벗어나서 다른 국가 내의 행위나 다른 국가의 국민들의 행위에 대하여 효력을 갖는 법규를 제정할 수 있는 '역외적 관할권'(extra-territorial jurisdiction)을 가질 수 있다고 본다.

오늘날 특히 범죄에 대한 국가의 형사관할권과 관련하여 다음과 같은 다섯 내지 여섯 가지 기본원칙이 논의되고 있으며,[17] 이 중 어느 기본원칙에 입각한 관할권 행사도 그 행사 요건이 충족되는 한 모두 타당하다고 하는 것이 국제법상 널리 수락되고 있다. 이들을 분설하면 다음과 같다 :

---

17) William Slomanson, *op. cit.*, pp.205-214; 정인섭, 전게서, pp.214-229.

첫째, '영토주의' 또는 '속지주의'(territorial principle or territoriality)는 국가관할권의 가장 기본적인 근거가 된다. 이는, 모든 국가는 국가주권의 본질적인 속성상 자신의 영역 내에 있는 모든 사람과 물건들에 대하여 관할권을 행사할 수 있다는 것이다. 따라서 모든 국가는 범죄(행위)자의 국적과 상관없이 자국 영역 내에서 발생한 범죄에 대하여 관할권을 행사할 수 있게 된다. 그런데 오늘날 속지주의는 '주관적 속지주의'(subjective territorial principle)와 '객관적 속지주의'(objective territorial principle)로 나뉘어 설명되고 있다. 기본적으로 범죄(행위)지 또는 범죄(행위)가 개시된 국가에게 관할권이 부여되는 것을 '주관적 속지주의'라고 한다. 그러나 경우에 따라 범죄(행위)가 2개국에 걸쳐서 이루어지거나 범죄행위지와 결과발생지가 다른 경우가 있기 때문에 '객관적 속지주의'의 적용이 필요하게 된다. 이는 범죄(행위)가 완료되었거나 그로 인한 결과(영향)가 발생한 국가도 그 범죄에 대하여 관할권을 행사할 수 있다는 것으로, 일반적인 국가관할권 행사와 관련된 '영향이론'(effects doctrine)과도 연결된다.

둘째, 속인주의(nationality principle)로서, 이는 범죄자, 즉 가해자의 국적에 기초하여 그 국적국이 관할권을 행사할 수 있다는 원칙으로서 '수동적 속인주의'(passive personality principle)와 구별하기 위하여 오늘날 흔히 '적극적 속인주의'(active nationality principle)라고 한다. 속인주의는 국가와 국민 간의 법적 유대인 '국적'(nationality)에 바탕을 둔 것으로 국가와 국민 간의 보호와 충성관계에 그 근거를 두고 있는 것이다.

셋째, 보호주의(protective principle)로서, 이는 외국 또는 국가의 영역 밖에서 발생한 외국인의 행위(범죄)에 대해서 국가의 관할권 행사를 주장하기 위한 것이다. 보호주의는 주로 국가가 자신의 안전(security) 및 영토의 보전(integrity)이나 중대한 경제적 이익에 대하여 위협을 가하는 범죄에 대해서 관할권을 행사하기 위한 기초로 원용되고 있다. 보호주의를 뒷받침하는 근거는, 범죄가 어느 국가에 대하여 매우 심각한 영향을 미칠 수도 있으나, 실제로 범죄가 발생한 국가가 그 범죄를 위법한 것이라고 생각하지 않는 경우에는 다른 방법을 취하지 않으면 처벌되지 않을 수도 있다는 데 있다. 그러나 이러한 보호주의적 관할권 행사에 대해서는 부정적인 견해도 있다. 각국은 어떠한 범죄가 자신의 안전에 위협이 되는가에 관하여 자유롭게 판단할 수 있기 때문에 보호주의에 의한 관할권 행사는 남용의 여지가 있다는 것이다.

넷째, 수동적 속인주의(passive personality principle)로서, 이는 외국인의 국외 범죄에 대하여 국가가 피해자가 자국민인 경우 그 국적에 기초하여 관할권을 행사할 수 있다는 원칙으로서 흔히 '피해자 국적주의'라고도 한다. 수동적 속인주의는 국가의 자국민 보호 정책의 일환으로 행사되는 것으로 주로 자국민 개개인의 법익을 보호하기 위한 목적을 갖고 있다는 점에서 주로 국가적 법익을 보호하기 위한 보호주의와 차이가 있다.

다섯째, 보편주의(universality principle)로서, 이는 특정 개인이나 국가의 법익을 침해 하는 데 그치지 않고 국제사회 전체의 이익이나 공공질서에 반하는 행위를 자행하는 범 죄에 대해서는 모든 국가에게 관할권 행사를 인정해야 할 필요가 있다는 데 그 근거를 두고 있다. 이와 같이 일정 범죄에 대하여 모든 국가들이 관할권을 행사할 수 있는 근거 로 원용되는 원칙을 보편주의라고 한다. 그리고 '보편관할권'(universal jurisdiction) 행사 의 대상이 되는 범죄를 국제범죄(international crimes)라고 한다. 현재, 명백히 보편적 관할권의 적용을 받는 범죄는 해적행위(piracy), 노예매매(slave trafficking) 및 집단살해 (genocide) 등 인도에 반하는 범죄(crimes against humanity), 전쟁 범죄(war crimes) 그리 고 침략범죄(crime of aggression) 등이다.

마지막으로, 이상의 다섯 내지 여섯 가지의 기본원칙 외에, 국가들은 조약 기타의 합 의를 통하여 어느 국가에게 특정 범죄(행위)에 대하여 관할권을 부여할 수 있는 능력이 있다. 예를 들어, 관련 다자조약들에 의하면 고문(torture), 항공기 납치(hijacking), 외교 관에 대한 특별한 범죄, 그리고 테러리즘(terrorism) 등 기타의 범죄들을 일종의 보편주 의적 관할권의 적용을 받는 것으로 규정하고 있는 것을 알 수 있다. 이와 관련하여 특히 항공기 납치나 테러리즘 등 일정한 범죄행위를 방지하고 처벌하기 위한 조약의 경우 혐 의자의 신병을 확보하거나 범죄자가 소재하고 있는 국가로 하여금 그 범죄자를 기소하 거나 아니면 관할권을 행사할 수 있는 다른 국가로 인도할 의무를 부과하는 경우가 있으 며, 이를 '기소 또는 인도 의무'(*aut judicare aut dedere*)라고 한다.

2) 개인(individuals)[18]

개인의 경우, 과거에는 오로지 특정한 국가의 구성원, 즉 국민으로서의 지위만을 갖 는 것으로 규정되어 왔으며 국가를 매개로 해서만 국제사회와 관련을 맺을 수 있다고 설명되었다. 그러나 본래 개인은 보편적인 인류공동체의 일원인 인간(human beings)으로

---

18) 이에 대해서는 김부찬, 「개인의 국제법적 지위」, 『동아시아연구논총』, 제5권 1호, 1999, pp.135-160 참조.

서의 지위를 가지고 있다. 오늘날, 보편주의(universalism) 내지 세계주의(globalism)를 바탕으로 인류공동체(community of mankind)의 이념을 지향하는 세계화(globalization)의 단계에 접어들면서, 개인의 국제법적 지위도 더불어 향상되고 있다.

이제는 개인이 더 이상 오로지 특정한 국가의 국민의 지위만을 갖고 있다고 보지는 않는다. 개인에 대해서도 국가 및 국제기구와 더불어 직접적인 국제법주체로서의 지위가 인정되고 있는 것이다. 그러나 개인은 기존의 국제법에 의하여 그 권리와 의무가 규정되고 있는 범위 내에서 제한적으로 국제적 법인격이 인정되고 있는 국제법주체이다. 따라서 개인은 국제기구와 마찬가지로 비영토적이면서 파생적·제한적(limited) 국제법주체이다. 그러나 국제기구가 국가와 마찬가지로 능동적 주체성을 인정받고 있는 것과는 달리 개인은 아직 수동적 주체성을 보유하는 데 불과하다는 점이 중요하다.

오늘날 자연인에 대해서는 인권 보장의 요청에 따라 국제인권법상 개인의 권리 및 의무의 내용이 중요한 반면, 法人과 관련해서는 다국적기업(multinational enterprises) 또는 국제기업(transnational corporations)의 국제법주체성이 문제가 되고 있다. 특히 이들이 국가와 체결하는 국가계약(State contract) 형태의 '이권계약'(concession contract)에 안정화조항·준거법조항·중재조항 등이 포함되게 됨으로써 이권계약의 법적 성질과 함께 국제기업의 법적 지위 내지 법주체성에 관하여 많은 논의가 야기되고 있는 것이다. 이권계약의 탈국가화를 주장하는 입장에서는 특히 그 목적의 공공성도 감안하여 이를 조약에 준하는 '경제개발협정'(economic development agreement)으로 규정하기도 하고, 그 국제성을 감안하여 '국제양허계약'(international concession contract)으로 규정하기도 한다.[19)]

이러한 주장은 본래 사인에 불과한 계약의 일방 당사자인 국제기업에 대하여 타방 당사자인 국가에 준하는 국제법 정립능력을 부여하고자 하는 시도로 이루어지고 있는 것이다. 그러나 아직 국제기업과 같은 대규모의 법인체의 경우에도 능동적 국제법주체성이 인정되는 단계는 아니다. 다만 이권계약에 포함되고 있는 준거법조항이나 중재조항 등은 이 계약과 관련된 분쟁의 성격을 국제화시키고 최소한 분쟁해결절차에 있어서 국제기업의 지위를 국가와 대등하게 만드는 데 기여하고 있다는 점만은 확실하다.

이와 같이 국제기업과 같은 예외적인 경우도 있지만, 국제법상 개인은 일반적으로

---

19) 장효상, 『新稿 국제경제법』(법영사, 1996), pp.843-867; 최승환, 『국제경제법』, 제3판(법영사, 2006), p.786, pp.861-874.

조약체결이나 관습법의 형성 등 국제법의 정립 면에서나 국제청구나 소송의 제기 등 분쟁해결 절차 면에서 국제법의 운용과정에 직접 참여하기에는 아직도 많은 제한이 있다는 점은 부정할 수 없는 사실이다.

Ⅲ. 국제기구의 의의 및 국제적 법인격

1. 국제기구의 의의 및 종류

넓은 의미에서 국제기구의 범주에는 그 설립 근거와 관련하여 '정부간국제기구'(inter-governmental organizations; IGOs)와 '비정부국제기구'(international non-governmental organizations; INGOs)의 두 종류가 있다고 본다.[20] 물론 전통적으로 국제기구는 곧 정부간국제기구를 의미하는 것으로 여겨져 왔던 것이 사실이나,[21] 최근 비정부국제기구의 중요성이 부각됨에 따라 용어 사용에 주의를 기울여야 할 필요가 있다.

흔히 '정부간국제기구'는 둘 또는 그 이상 다수의 국가가 특정의 공통 목적을 달성하기 위하여 조약 또는 기존의 상위기관의 결의 등 국가 간의 합의에 입각하여 설립한 국가들의 단체(association of States)로서, 고유한 내부기관과 권능(capacity)을 가지고 있는 국제기구를 의미한다고 설명되고 있다. 이러한 국제기구는 국가 간의 합의에 의하여 설립되고 정부대표로써 구성되기 때문에 '정부간국제기구'라고 하며, 이를 '공공국제기구'(public international organization)라고 부르기도 한다.[22]

---

20) 이를 포함하여 국제기구의 다양한 분류에 대해서는 William R. Slomanson, *op. cit.*, pp.115-117 참조.

21) 예를 들어, 1969년 「비엔나 조약법협약」(Vienna Convention on the Law of Treaties) 제2조 1항에서는 본 협약의 목적상 "국제기구라 함은 '정부간기구'를 의미한다."(International organization means an intergovernmental organization)"고 되어 있으며, 1986년 「국가와 국제기구 또는 국제기구 상호간의 조약법에 관한 비엔나협약」(Vienna Convention on the Law of Treaties between States and International Organizations or between International Organizations) 제2조 1항 (i)도 동일하게 규정하고 있다.

22) 정부간국제기구의 범주 속에도 그 회원국의 지리적 분포 및 정책적 연대의 범위와 관련하여 '세계적 국제기구'(global international organization), 유엔의 '전문기구'(Specialized Agencies), 그리고 '지역적 국제기구'(regional international organization) 등 여러 가지 형태가 포함되고 있다. 이러한 정부간국제기구가 정부 상호간 국제적 모임의 성격을 가지는 데 비하여 유럽연합(European Union)의 경우는 회원국의 입법부와 사법부 그리고 회원국 국민과도 '직접적인 관계'를 맺고 있으며 또 이들에 대해 연합(공동체) 자신의 이사를 강제할 수 있는 상당히 실효성 있는 제도적 장치까지 갖추고 있기 때문에 단순한 정부간기구가 아니라 '초국가적' 내지 '연방적' 기구(supranational or federal organization)의 성격을 갖게 된다고 본다. 이에 대해서는 Peter

그러나 국제공동체에는 국내법체계와는 달리 아직 어떠한 단체를 법인으로 인정하거나 등록하도록 하는 제도가 존재하지 않기 때문에 국제기구의 개념은 물론 법적 존재나 국제적 법인격을 인정하기 위한 기준이 분명하지 않는 것이 사실이다.[23) 따라서 국제기구의 법적 존재 및 그 지위에 대해서는 국제공동체의 요청이나 국제기구의 설립조약 및 기능과 관련하여 판단할 수밖에 없는 것도 사실이다.[24) 그동안 국제기구로 간주되어 온 다양한 실체들의 형태, 조직, 활동 사례 및 관련 판례 등을 기초로 유엔 국제법위원회(International Law Commission; ILC)는 국제기구, 즉 'International Organization'의 정의(definition)와 관련하여 "조약 또는 국제법의 규율을 받는 기타의 문서에 의하여 설립되고 독자적 법인격을 향유하는 국제적 단체를 의미한다. 국제기구들은 국가들 외의 실체들도 회원으로 받아들일 수 있다"[25)고 하였으며, 2011년의 「국제기구의 책임에 관한 규정초안」(Draft Articles on Responsibility of International Organization)에서도 이를 재확인한 바 있다.[26)

그러나 학자들에 의한 국제기구의 개념정의가 일의적으로 이루어지지 못하고 있는 것은 오늘날 국제기구들이 매우 다양한 형태와 방법으로 설립되고 있기 때문일 것이다.[27) 이 때문에 ILC도 국제기구에는 국가 이외의 실체들도 가입할 수 있으며 조약이 아닌 기타 문서에 의해서도 설립될 수 있다고 정의를 내리고 있는 것이다.[28) 그러나 대다수의 국제기구의 개념정의는, 일종의 국제법주체로서의 국제기구의 개념에 부합되기 위해서 그 독자적 의사 및 법인격을 보유해야만 한다는 점은 공통으로 요구하고 있음을

Malanczuk, *op. cit.*, p.96 참조.

23) Ian Brownlie, *op. cit.*, p.676; Jan Klabbers, *Advanced Introduction to the Law of International Organizations* (Cheltenham, Northampton: Edward Elgar Publishing Ltd., 2015), p.7.

24) 정인섭, 전게서, p.758.

25) ILC, *Report of the International Law Commission, Fifty-fifth Session[5 May-6July and 7 July-8 August 2003]*, GAOR 58th Session Supp. 10, 38.

26) Article 2(Use of terms) For the purposes of th present draft articles: (a) "international organization" means an organization established by a treaty or other instruments governed by international law and possessing its own international legal personality. International organizations may include as members, in addition to States, other entities;.

27) Jan Klabbers는 대부분의 국제기구에 대한 개념정의를 보면 "국제기구는 조약에 기초하여 주로 국가들에 의하여 설립되며 최소한 한 개 이상의 기관(organ)을 보유하며 그 회원국들의 의사와는 별개의 독자적 의사(*volonté distincte*)를 갖는다는 점이 강조되고 있다"고 하면서도 이러한 정의는 일종의 가이드 라인(guide line)에 불과할 뿐 다수의 예외적인 형태들이 나타나고 있다고 한다(Jan Klabbers, *op. cit.*, pp.8-11).

28) 박기갑, 「국제기구의 책임」, 『국제법평론』, 통권 제25호, 2007, p.32.

알 수 있다. 하지만, 어떠한 국제적 실체가 국제기구로서 국제적 법인격을 가질 수 있는 가 하는 문제는 일종의 동어반복적인 함의를 갖고 있는 것으로 보인다. 많은 경우에 국제적 법인격의 존재는 국제기구의 존재성을 바탕으로 추론되고 있는 것이 사실이기 때문이다.

이러한 사실은 국제기구 법인격의 인정 기준으로 Ian Brownlie가 제시하고 있는 것을 살펴보면 알 수가 있다. 그가 제시하는 세 가지 기준은 다음과 같다.[29] 첫째, 적법한 목적(lawful objectives)과 기관(organs)을 보유한 항구적인 국가의 결합체(permanent association of States)일 것, 둘째, 법적 권한(legal powers)과 목적(purposes)과 관련하여 그 회원국들과 분리된 차별성(distinction)이 있을 것, 셋째, 일국 또는 복수국의 영역 내에서는 물론 국제법적 차원에서 행사할 수 있는 법적 권한을 보유할 것. 그런데 여기서 제시되고 있는 법적 권한은 이미 국제기구가 국제적 법인격을 보유하고 있음을 전제로 한 개념이기 때문이다.

실제로 국제기구의 '설립조약'(constitutive treaty)에 그 국제적 법인격에 대한 규정을 별도로 두고 있는 경우가 드물기 때문에 국제적 법인격이나 국제법적 권한의 유무와 관련하여 논란이 야기될 가능성을 배제할 수는 없다. 다만 '국제결제은행'(the Bank for International Settlements)과 같이 외형상으로는 국제기구의 실체를 갖추고 있는 경우라고 하더라도, 회원국들이 이에 대하여 다만 국내적 법인격만을 부여하고 국제적 법인격은 인정하지 않으려는 의도가 분명하게 확인되는 경우에 국제법주체로서의 지위를 가질 수 없음은 분명하다.[30] 이러한 경우를 제외하고, 그 설립조약에서 국제적 법인격이나 국제법주체성에 관하여 명시적으로 규정하지 않는 경우에는 국제기구의 목적, 기능, 그리고 권한과 관련된 규정으로부터 국제기구의 국제적 법인격이 당연히 전제되거나 추론될 수 있는지를 검토하여 법인격의 유무를 판단하게 된다. 오늘날 대부분의 경우 국제기구의 역할이나 권한에 비추어, 그 회원국들이 설립조약을 통하여 국제기구에 그 법인격을 '묵시적으로' 부여했다고 보고 있다.[31]

---

29) Ian Brownlie, *op. cit.*, pp.677-678.

30) '국제결제은행'은 조약에 의하여 설립되고 국제적 차원에서 국가기업(state enterprises)이나 사기업(private companies)에 대한 재정지원 활동을 수행하기는 하지만 다른 공공국제기구와는 달리 국내법에 의하여 규율되고 있다는 점에서 일종의 '국제공기업'(international(or multinational) public corporations(or enterprises)에 해당한다(Louis Henkin *et al.*, *International Law*, 3rd ed.(St. Paul, Minn: West Publishing Co., 1993), pp.346-347).

오늘날 국제공동체 속에서 '국제사면협회'(Amnesty International)이나 '그린피스'(Green Peace)와 같은 '민간국제기구'(private international organizations)의 역할이 매우 중요해지고 있는 것이 사실이다. 민간국제기구는 정부 또는 국가 간 합의에 의하여 설립되지 않고 그 구성원들이 시민이나 민간단체라는 점에서 '비정부기구'(NGOs)에 해당한다.[32] 그 조직이나 활동 면에서 국제성을 띠고 있는 비정부기구를 흔히 '비정부국제기구' (international non-governmental organizations; INGOs)라고 한다.

그러나 정부간국제기구와 마찬가지로 오늘날 비정부국제기구의 설립이나 법적 지위를 규율하는 국제법 규칙은 존재하지 않는다. 각국의 국내법의 상이성 때문에 그 국제적 활동과 관련하여 여러 문제가 야기되고 있는 것도 사실이지만 비정부국제기구의 경우도 그것이 설립되는 국가의 국내법에 따라 규율되어지는 것이 원칙이기 때문이다.[33] 그 결과 형식적 의미에서 비정부국제기구는 정부간국제기구와 달리 국제적 법인격이나 국제법주체성이 인정되지는 못하고 있는 것이 현실이다.[34]

그러나 일부 비정부국제기구는 유엔이나 그 밖의 국제기구로부터 협의나 자문에 응하여 조언을 하거나 정보를 제공하는 등 국제법주체들과의 협력관계가 증대되고 있을 뿐만 아니라 스스로 국제적 행위자로서 국제사회의 중요한 현안들을 처리하고 있기 때문에 이미 한정된 범위에서 '국제적 지위'(international status)를 향유하고 있으며 실질적으로는 국제법주체로서의 지위를 갖고 있다고 보아도 무방한 경우도 있다.[35] 그 가운데서 '국제적십자위원회'(International Committee of Red Cross; ICRC)는 이미 그 '국제적 법인격'이 공식적으로 인정되고 있는 경우에 해당한다.[36]

---

31) 예를 들어, 「유엔 헌장」 제43조에 근거한 안전보장이사회(Security Council)의 조약체결권, 제105조에 의한 유엔의 특권·면제 등은 유엔의 법인격을 전제로 하지 않으면 논리적으로 인정되기 어렵다는 것이다(James E. Hickey, Jr., *op. cit.*, p.5).

32) Peter Malanczuk, *op. cit.*, p.96.

33) *Ibid.*, p.97.

34) *Ibid.*, p.92; Louis Henkin *et al.*, *op. cit.*, p.346. 이와 관련하여 '유럽심의회'(Council of Europe)는 1986년 4월 24일 「비정부기구의 법주체 자격에 관한 협약」(Convention on the Subject Quality of NGOs)을 채택한 바 있는데, 이 협약은 회원국 내에서의 NGOs의 법적 지위 문제만을 다루고 있으며, INGOs의 국제법상 주체성의 문제에 대해서는 규정하지 않고 있다. Oleg I. Titunov, "The International Legal Personality of States : Problems and Solutions," *St. Louis University Law Journal*, Vol.37, 1993, p.201.

35) NGO의 개념 및 국제적 지위에 관해서는 소병천, 「NGO의 국제법주체성 – 국제환경법을 중심으로 –」, 『국제법평론』, 통권 제23호, 2006, pp.75-105 참조.

36) 1863년 스위스에서 민간단체로 창설된 ICRC는 스위스 연방민법전에 의하여 국내적 법인격을 부여받았으며,

여기서는 국제기구의 법인격 및 권한과 관련하여 '정부간국제기구'에 한하여 논의를 진행하기로 하며 이후 '국제기구'라 함은 곧 '정부간국제기구'를 지칭하는 것으로 한다.

2. 국제적 법인격의 근거

오늘날 대부분의 국제기구들이 국제적 법인격을 향유하고 있다는 데 대해서는 의견이 일치되고 있지만, 그러한 법인격이 국제기구의 자신의 '내재적 또는 객관적인 속성'(inherent or objective attribute)에 속하는 것인지 아니면 국제기구의 설립조약 및 회원국들의 "의사"(will)에 의하여 명시적으로 또는 묵시적으로 부여되고 있는 데 불과한 것인지에 대해서는 여전히 논란이 있으며, 이는 특히 그 법인격이 국제기구의 비회원국에 대해서도 원용될 수 있는가 하는 문제와 관련하여 야기되고 있다.

1) 의사 이론(파생적 법인격론)

'의사 이론'(will theory) 또는 '파생적 법인격론'(theory of derivative personality)은 국제기구의 설립의 기초인 조약, 즉 설립조약에 근거하여 국제기구의 존재 및 법인격을 설명하는 입장으로서, 국가들만이 유일한 국제적 법인격을 갖는 국제법주체로 인정되어 온 전통에 부합하는 것이다. 이에 따르면 국가들은 '기본적·시원적·일차적'(basic, original, and primary) 국제법주체이며 다른 실체, 즉 비국가적 실체들(non-state entities)이 법인격을 향유하기 위해서는 이들에 의하여 그 법인격이 부여되어야만 한다는 것이다. 이러한 의미에서 설립조약은 복수의 국가들이 일정한 기능을 수행하도록 국제기구를 설립하고 법인격을 부여하기 위한 제도적 수단이 되는 것이다.[37] 따라서 국제기구의 존재성 및 법인격은 회원국들의 의사로부터 파생된다는 의미에서 '파생적·부차적·이차적'(deri-

---

1949년 4개의 제네바 협정과 1977년 2개의 추가의정서에 의하여 국제적 인격도 인정받고 국가나 국제기구들과 조약도 체결하고 있다. 예를 들어, 1993년 체결된 ICRC와 스위스 정부 간 본부협정 제1조는 "연방이사회는 국제적십자위원회의 국제적 법인격과 스위스 내에서의 법적 능력을 인정한다. …"(The Federal Council recognizes the international juridical personality and the legal capacity in Switzerland of the International Committee of Red Cross. …)고 규정함으로써 ICRC가 국제적 법인격을 보유하고 있음을 확인하고 있다. 김대순, 전게서, pp.252-253 참조.
37) 국제기구와 회원국들과의 관계를 '기능주의'(functionalism)의 관점에서 규정하는 것이다(Jan Klabbers, *op. cit.*, pp.3-5, 26-27).

vative, ancillary, and secondary) 국제법주체로서의 지위를 갖게 된다고 본다.

의사 이론 또는 파생적 법인격론에 따르면, 기능적인 차원에서 국제기구는 국가들이 국제법상 국제법주체로서 일반적인 권능(general competence)을 향유하는 데 비하여 그 권능이나 권한도 설립조약을 통하여 확인되는 회원국들의 의사에 따라 정해진 범위로 제한된다는 점에서 그 국제법주체성이 '제한적'(limited)이라는 결론이 나오게 된다.[38]

이러한 의미에서 국제기구의 법인격은 그 성립조약의 당사자, 즉 국제기구 회원국에 한하여 인정되어진다는 점에서 '주관적인'(subjective) 성격을 갖게 되며 제3국, 즉 비회원국들에 대해서는 원용될 수 없게 된다. 다만 국제기구는 설립조약 규정에 따라 비회원국이나 다른 국제기구와 조약을 체결하거나 사절을 파견·접수할 수는 있다. 그러나 이로 인하여 당해 국제기구의 '대세적' 또는 '객관적' 법인격이 인정되는 것은 아니며, 이는 단지 관계를 맺는 다른 당사자의 동의를 전제로 하는 것이다.[39]

2) 객관적 법인격론

최근 국제적 법인격이나 국제법주체성과 관련하여 반드시 이를 국가의 의사를 기초로 설명하는 것은 문제가 있다는 주장도 제기되고 있다. 이러한 주장은 국제기구는 물론 다국적기업(multinational enterprises; MNEs), 지방정부(subnational government) 또는 민간국제기구(international non-governmental organizations; INGOs) 등 새로운 국제적 행위자들의 국제적 법인격과 관련하여 기존의 조약이나 관습국제법 등 국가중심의 국제법체계에 따른 설명체계(statist paradigm)를 탈피한 새로운 관점에서 접근할 필요가 있다는 것이다. 이는 새로운 국제적 행위자들은 그들 스스로 국가들에 의항 정립된 기존의 일반국제법이나 설립조약과는 관계없이 "자신의 권리로"(in their own right) 국제적 법인격을 보유할 수 있도록 해야만 한다는 점에서 매우 혁신적인(radical) 입장이다.[40]

---

38) *Ibid.*, pp.20-21; Kirsten Schmalenbach, "International Organizations or Institutions, General Aspects," in R. Wolfrum (ed.), *The Max Planck Encyclopedia of International Law*, Vol.Ⅵ(Oxford: Oxford University Press, 2012), p.1135.

39) 김대순, 전게서, pp.353-354.

40) James E. Hickey, Jr., *op. cit.*, p.12; 따라서 국가들만이 '기본적·시원적' 국제법주체가 되고 기타 비국가적 실체들은 단지 '파생적·부수적' 국제법주체가 된다고 하는 것도 부당한 '차별'이라는 것이다(Guido Acquaviva, "Subjects of International Law: A Power-Based Analysis", *Vanderbilt Journal of Transnational Law*, Vol.38, 2005, pp.384-387).

노르웨이 국제법학자인 Finn Seyersted는 특히 국제기구의 법인격과 관련하여 이러한 논리를 주장하였는데, 이를 '객관적 법인격론'(theory of objective personality)이라고 한다.[41] 객관적 법인격론은, 국제기구의 법인격은 그 회원국들의 합의, 즉 그들의 의사에 종속되는 것이 아니라 국제기구의 고유한 또는 내재적인 속성으로부터 나온다고 한다. 국가들이 그 성립요건을 갖춤으로써 자동적으로 획득하게 되는 국가로서의 지위, 즉 '국가성'(statehood)으로부터 그 국제적 법인격이 당연히 도출되듯이, 어떠한 단체적 실체가 국제기구로서의 요건을 갖추게 되면 국제기구로서의 지위, 즉 '국제기구성'(organizationhood)을 보유하게 되고 이로부터 자동적으로 법인격이 도출된다고 보아야만 한다는 것이다.[42]

나아가서 이러한 국제기구의 법인격은 일반국제법상 확정된 객관적 성질을 가지는 것이므로 회원국의 의사와는 관계없이 회원국은 물론 비회원국들에 대해서도 유효하게 원용할 수 있다는 것이다. 따라서 국제기구의 비회원국(제3국)은 원칙적으로는 국제기구의 설립조약에 구속을 당하지 않는 것이지만 국제기구의 객관적 법인격에 근거하여 일반국제법에 따라 일정한 의무를 부담하는 것도 가능하게 된다.[43] 그리고 국제기구는 설립조약이 특히 배제하지 않는 한 그 목적과 임무의 달성에 필요한 범위에서 국가와 마찬가지로 원칙적으로 자유롭게 국제법상의 행위를 할 수 있는 '내재적(고유한) 법적 권능'(inherent legal capacity)을 가질 수 있게 된다.[44]

3) 절충설

기존의 '법 중심의 전통주의적 접근'(the legal traditionalist approach), 즉 국가중심적 패러다임(statist paradigm)에 따르면 국제적 법인격의 인정과 관련해서는 기본적 주체인 국가들의 의사가 지배적일 수밖에 없기 때문에 이러한 주장은 당연히 수용될 수 없다는 결론에 이르게 될 것이다. 그러나 '사실 중심의 현실주의적 접근'(the factual realist approach)에 입각하면 국제사회에 있어서 점차 국가들의 영향력이 감소하고 새로운 비국

---

41) Jan Klabbers, *op. cit.*, pp.21-22.

42) *Ibid.*

43) Ian Brownlie, *op. cit.*, pp.691-692.

44) 山本草二, 전게서, pp.181-182.

가적 실체들의 수와 영향력이 급증하고 있는 현실을 감안할 때, 국제적 법인격 인정에 대한 국가의 우월적 지위가 감소할 수밖에 없게 되며 개인들도 정부보다는 비국가적 실체들에 크게 의존하게 됨으로써 결국에는 비국가적 실체들이 스스로 국제적 인격을 수립할 수 있도록 해야 할 필요가 생기게 된다는 것이다.[45]

국가중심적 패러다임에 입각하고 있는 의사 이론은 국제기구의 법인격을 인정하기 위한 근거를 보다 확실하게 설명할 수 있다는 점에서 편리한 설명체계이다. 그러나 국제기구의 설립조약도 하나의 '조약'에 불과하다고 본다면 조약의 구속력에 관한 국제법의 원칙인 *pacta sunt servanda*의 원칙 따라 조약은 그 구속력에 동의한 당사자만을 구속한다고 하는 조약 효력의 원칙을 벗어날 수는 없게 되는 것이다. 이러한 의미에서 의사 이론은 국제기구의 비회원국에 대한 법인격의 문제를 해명하는 데 결정적 한계를 지니고 있다.[46]

ICJ가 *Reparation for Injuries Suffered in the Services of the UN* case에서, 유엔이 당시 대다수 국가들이 회원국으로 참여한 헌장(Charter)에 의하여 '객관적 법인격'을 부여받았으므로 이를 근거로 비회원국에 대해서도 국제적 법인격을 주장하고 또한 이를 바탕으로 국제적 청구를 제기할 수 있는 권한이 있다고 본 권고적 의견(advisory opinion)의 논거[47]는 이론적인 문제가 있는 것이 사실이다. 만일 이러한 ICJ의 판시가 수용된다면 유엔 이외에도 많은 세계적 범주의 국제기구들도 그 비회원국들에 대한 법적 지위를 자동적으로 획득하게 되는 결과가 되며, 이는 현행 국제법상 그 논리적 근거를 찾기 어려운 것이다.[48]

---

45) James E. Hickey, Jr. *op. cit.,* pp.12-15.

46) Kirsten Schmalenbach, *op. cit.*, p.1132.

47) 본 사건에서의 ICJ의 논거를 요약하면 다음과 같다(문제가 되는 내용은 진한 글자로 표기): 첫째, 유엔은 국제인격자이다. 유엔은 국제법의 주체로서 권리와 의무를 가질 수 있고, 국제청구를 제기함으로써 자신의 권리를 지킬 능력이 있다. 둘째, 국제공동체의 대다수 구성원을 대표하는 50개 국가들은 국제법에 따라 단지 그들만에 의해 승인된 인격뿐만 아니라 국제청구를 제기할 자격과 함께 객관적 국제인격(objective international personality)을 보유한 하나의 실체를 창설할 권한을 가지고 있었다. 셋째, 유엔은 헌장에 명시되어 있는 권한 이외에 그 임무 수행에 필요한 '묵시적' 권한을 갖는다. 넷째, 국제법의 시각에서 보면, 소속 공무원이 입은 손해에 기초한 배상을 청구함에 있어 유엔은 그 공무원을 대리하는 것이 아니라 유엔 자신의 권리를 주장하고 있다. 다섯째, 국가가 자국민을 위한 '외교보호'의 권한을 갖는다면, 유엔은 소속공무원을 위한 '직무보호'의 권능을 갖는다. 여섯째, 확립된 국제판례에 따라 가해국은 손해배상을 유엔과 피해공무원의 국적국가 양자에게 이중으로 해줄 의무는 없다. 일곱째, 외교보호권과 직무보호권이 경합하는 경우, 어느 한 쪽에 우선권을 부여하는 법원칙은 존재하지 않는다(김대순, 전게서, pp.354-355).

48) Kirsten Schmalenbach, *op. cit.*, p.1132.

반면 Seyersted에 의하여 주장되고 있는 객관적 법인격론은 국제기구의 법인격의 근거는 물론 비회원국에 대한 법인격 및 권한 행사의 근거를 통일적으로 설명하는 데는 매우 편리한 설명체계이기는 하지만, 국제기구의 법인격 및 비회원국에 대한 효력을 설립조약과는 무관하게 인정하는 것은 그 설립조약이 국제기구의 설립에 대한 결정적 기초가 되고 있는 현실과도 유리되며, 만일 설립조약을 통하여 당사국들이 법인격의 인정 여부에 관하여 명시적인 규정을 두고 있는 경우에도 그와 상관없이 법인격이 인정될 수 있다는 문제가 생기게 된다.[49]

따라서 문제의 해결은 앞에서 언급한 두 가지 입장, 즉 '전통주의적 접근'과 '현실주의적 접근' 사이에서 절충을 시도하는 '제3의 입장'(the third theory)으로부터 찾을 필요가 있다고 본다. 제3의 입장도 두 가지 관점에서 이루어지고 있음을 알 수 있다. 그 하나는 국가중심적 접근방법을 탄력적으로 적용하는 것이다. 이러한 접근방법(dynamic statist approach)에 따르면, 전통적인 입장에서 국가들의 의사가 여전히 국제기구의 법인격 인정과 관련하여 중심적인 역할을 수행하도록 하는 데는 동의하지만, 국제기구를 비롯한 비국가적 실체들의 영향력이 현저히 증대되는 현 국제공동체의 변화에 역동적으로 대응할 필요가 있음을 인정해야만 한다는 것이다. 이러한 탄력적 입장에서는 기본적으로 의사이론과 동일하게 비회원국과의 관계에서 국제기구의 존재나 법인격이 인정되기 위해서는 그 존재 및 활동에 대한 비회원국들의 명시적 또는 묵시적 동의를 요한다고 보지만,[50] 그 동의의 존재가 보다 용이하게 인정될 수 있도록 함으로써 비회원국들과의 관계에 있어서 국제기구의 법인격이 사실상 객관적 성격을 갖도록 할 필요가 있다는 것이다.[51]

이와 더불어 객관적 법인격론을 기본으로 절충적인 입장을 취하는 견해도 나타나고 있다. 그 대표적인 입장은 Jan Klabbers에 의하여 시도되고 있는 '법인격 추정론'(presumptive theory of personality)이다.[52] 법인격 추정론은 일단 Seyersted의 객관적 법인격론에 따라 국제기구의 존재 및 그 법인격의 객관성을 추정하되 만일 그 추정이 부인되는 근거, 예를 들어 설립조약에 국제기구의 법인격을 부인하는 명시적인 조항을 두고

---

49) Jan Klabbers, *op. cit.*, p.21.

50) *Ibid.*; 山本草二, 전게서, p.181; Kirsten Schmalenbach, *op. cit.*, p.1132.

51) James E. Hickey, Jr. *op. cit.*, pp.12–15.

52) Jan Klabbers, *op. cit.*, p.22; Jan Klabbers, "Lawmaking and Constitutionalism," in Klabbers, Anne Peters and Geir Ulfstein, *The Constitutionalization of International Law* (Oxford: Oxford University Press, 2011), pp.81–125.

있다거나 비회원국들과의 외부적 관계를 맺을 수 있는 능력이나 의지의 존재가 명백하게 부인될 수 있는 경우 의사 이론과 마찬가지로 비회원국에 대해서는 그 법인격이 인정되지 않는다는 것이다.[53]

4) 소결

생각건대, 국제기구의 설립은 국가들을 중심으로 체결되는 설립조약을 통하여 이루어진다는 점에서 전통적인 입장을 전적으로 무시할 수는 없다고 본다. 따라서 향후 국제법주체론이 비국가적 실체들의 법적 지위가 제고되는 방향으로 전개되어 나가야만 할 필요성과 국제기구와 비회원국들 간의 법적 관계를 설명하는 데 있어서 객관적 법인격론이 갖고 있는 강점에도 불구하고 현행 국제법체계상 국제기구의 법인격은 국가와 마찬가지로 포괄적인 것이 아니라 당사국들의 의사에 기초한 설립조약에 명시되거나 또는 묵시적으로 추론되어지는 범위 내에서만 제한적으로 인정된다는 주장은 여전히 그 논리적 타당성을 갖고 있는 것이다. 따라서 국제기구는 어디까지나 그 설립조약에 참여하고 있는 국가들(회원국들)의 의사에 의하여 제한을 받는 '파생적 법인격체'로서의 본질을 가지고 있다고 해야만 할 것이다.[54]

그러나 오늘날 국제기구의 활동이 점차 증대되고 그 역할도 국가 못지않게 중요해지고 있는 현실 속에서 그 목적과 임무 수행을 위하여 필요한 경우에는 국제기구의 법인격과 권한이 비회원국을 상대로 해서도 인정되지 않으면 안 되는 상황이 일상화되고 있다고 본다. 따라서 의사 이론이나 객관적 법인격론이 양 극단의 입장이라고 한다면 그 절충적인 입장에서 국제기구의 객관적 법인격의 근거를 탄력적으로 설명하는 방법을 취할 필요가 있다고 본다.

이와 관련하여, 국제기구의 설립조약은 그 자체로는 조약으로서의 본질적 성격을 탈피할 수 없지만, 국제공동체의 필요상 국제기구의 설립 및 그 활동에 대한 다수 국가들의 명시적인 반대가 없는 한 그 법인격 및 권한의 기초인 설립조약의 이행에 대한 '법적

---

53) Jan Klabbers, *supra* note 23, p.22.

54) 궁극적으로 "국제기구에 대한 지배권"(the ultimate power over international organization)은 국가들에게 유보되어 있기 때문에 그들이 창설한 국제기구를 해체할 수 있는 권한을 갖고 있다는 점은 여전히 인정된다는 것이다. 물론 국제기구의 기능 수행이 당초 설립조약의 규정 내용과 거리가 멀면 멀수록 회원국들의 국제기구 해체를 위한 결정도 점점 어려워지게 될 것이다(James E. Hickey, *op. cit.*, p.6).

확신'(opinio juris)이 급속히 형성됨으로써, 일종의 '속성관습국제법'(instant customary international law)으로서의 법적 지위를 획득하게 된다고 설명하는 것도 하나의 가능한 방법이 아닌가 생각한다.[55]

Ⅳ. 국제기구 권한의 근거 및 범위

1. 서설

국제기구는 여러 국가들이 공동의 목적 달성을 위해 일정한 기능을 수행하도록 권한을 부여하는 내용의 조약을 체결함으로써 설립된다. 따라서 국제기구의 목적, 기능 및 권한에 관해서는 그 설립조약에 명시적인 규정이 있는 것이 보통이다. 그러나 그러한 기능이나 권한이 회원국들과 별개의 국제기구 자신의 독자적 의사나 법인격을 근거로 행사된다고 하는 점은 국제기구의 독자적 법인격이 확립된 이후 나타난 설명체계이다. 따라서 그 이전에는 설립조약도 하나의 '조약'에 불과하다는 전제에서 국제기구의 기능이나 권한의 범위도 단순한 '조약해석'의 방법으로 이루어져 왔다.[56] 그러나 1920년대 중반에 PCIJ는 '단순한 조약(해석)적 접근'(simple treaty paradigm)만으로 처리할 수 없는 문제가 국제기구와 관련하여 존재하고 있음을 알게 되고 이로부터 일종의 제도로서 국제기구의 기능과 그 기능 수행을 위한 권한에 주목하는 '제도 개념'(institutional notion)을 발전시켜 나갔다.[57]

2. 국제법적 권한의 근거 및 범위

1) 명시적 권한의 원칙 및 묵시적 권한의 원칙

국제기구가 하나의 제도적 실체로 인정됨에 따라 국제기구는 설립조약을 통하여 회원

---

55) Kirsten Schmalenbach, *op. cit.*, p.1132 참조.

56) Jan Klabbers, "The Life and Times of International Organizations," *Nordic Journal of International Law*, Vol.70, 2001, pp.287-317.

57) Jan Klabbers, *supra* note 23, p.22.

국으로부터 부여받은 목적과 권한의 범위 내에서 독자적인 기능을 수행하게 된다는 설명체계가 확립되었다. 이러한 입장은 국제기구의 법인격의 근거에 관한 의사 이론 또는 파생적 법인격설과 같은 맥락에서 주장되는 것이다. 그러나 그 의사가 명시적으로 부여된 범위에 한해서만 권리능력이나 권한이 인정된다고 보느냐 아니면 명시적으로 권한이 부여되지는 않더라도 국제기구의 목적이나 관련 조항에 비추어 그 권한이 추정되는 범위에서 보다 폭넓게 권리능력이나 권한이 인정된다고 보는 두 가지 입장이 제시되어 왔다. 전자를 '전문성의 원칙'(principle of speciality) 또는 '명시적 권한의 원칙'(principle of attributed or conferred powers)이라고 하며,[58] 후자를 '묵시적 권한의 원칙'(principle of implied powers)이라고 한다.[59]

처음에 명시적 권한의 원칙은 PCIJ가 자신에게 회부된 국제기구의 권한 문제를 명쾌하게 해결하는 데 매우 효율적인 기준을 제공해 줄 수 있었다. 그러나 점차 국제기구들은 설립조약 체결 시 회원국들이 미처 규정하지 못했거나 예상하지 못했던 과제나 문제들이 생겨남에 따라 그 효율적인 기능 수행과 관련하여 난관에 봉착하게 되었다. 논리적으로 보면 설립조약에 명시적으로 규정되지 않은 기능이나 권한을 행사할 수 없게 되었기 때문이다. 이러한 난관을 극복하기 위하여 설립조약에는 명시적으로 규정되지 않았지만 국제기구의 목적을 달성하는 데 필요한 기능이나 권한이 추가로 인정될 필요가 있다는 주장이 공감을 얻게 되었다.[60] 이를 계기로 PCIJ는 국제기구가 그 설립조약에 "명시적으로 부여되고 있는 권한의 존재"(the existence of those explicitly attributed powers)로부터 일정한 추가적인 권한을 도출해 낼 수 있다는 논리를 개발하기에 이르렀던 것이다.[61]

이러한 묵시적 권한의 원칙은 제2차 세계대전 후 ICJ에 의하여 국제기구는 설립조약상 명시적인 권한만이 아니라 "국제기구의 존재 자체"(the organization's very existence)로부터도 필요한 권한을 도출해 낼 수 있다는 데까지 발전하였다.[62] 이러한 적극적 관점

58) Niles M. Blokker, "International Organizations or Institutions, Implied Powers," in R. Wolfrum (ed.), *op. cit.*, p.19; "international organizations … do not, unlike States, possess a general competence. International organizations are governed by the 'principle of speciality,' that is to say, they are invested by the States which create them with powers, the limits of which are a function of the common interests whose promotion those States entrust to them."(*Legality of the Use by a State of Nuclear Weapons in Armed Conflict* (Advisory Opinion), 1996 ICJ Rep 66, at para.25.)

59) Jan Klabbers, *supra* note 23, p.22; Ian Brownlie, *op. cit.*, pp.687-689.

60) Niles M. Blokker, *op. cit.*, p.20.

61) Jam Klabbers, *supra* note 23, p.23.

에서 ICJ는 *Reparation for Injuries Suffered in Service of the UN* case에서 국제기구는 자신에 대한 침해(injuries)에 대한 청구권을 '법인격의 부수물'(concomitant of legal personality)로 당연히 보유하게 된다고 보았는데, 그 전제인 국제적 법인격의 근거를 특정한 명시적인 관련 규정이 아니라 유엔의 "전반적 목적 및 기능"(general ambience of purposes and functions)으로부터 찾았던 것이다.[63] 즉, 유엔과 같은 국제기구는 설립조약상의 특정한 권한이 아니라 그 자신의 목적이나 일반적 의무의 이행을 위하여 필수적으로 요청되는 그러한 권한, 예를 들어 국제청구 제기권을 당연히 보유하는 것으로 보아야만 한다는 것이다.[64]

이와 같이 적극적인 관점에서 묵시적 권한이론을 확대 적용하려는 입장(extensive application of the notion of implied powers)은 사실 국제기구의 법인격에 관한 의사 이론이나 파생적 법인격론의 본래의 취지, 즉 제한적 관점(restrictive interpretation of implied powers)에서 보면 비판이나 불만의 소지가 큰 것이다. 경우에 따라 국제기구는 회원국들 가운데 일부나 전체의 이익에 반하거나 회원국들의 통제를 벗어난 활동을 하게 되거나,[65] 심지어는 국제기구가 본래의 목적과 상관없는 활동까지도 정당화 하는 상황, 즉 "임무 변경"(mission creep)의 상황도 초래될 수 있다는 것이다.[66] 이러한 상황에서 회원국들은 국제기구의 권한을 축소하거나 그 지배권을 확보하기 위한 움직임을 보이기 시작했으며, ICJ는 묵시적 권한의 인정 범위와 관련하여 설립조약상 '명시적 규정'으로부터의 '필수적 함의'(necessary implication) 또는 '설립조약 기초자들'의 필수적 의도(necessary intendment)를 강조하는 태도를 보이기 시작했던 것도 사실이다.[67] 그러나, 어쨌든 오늘

---

62) *Ibid.*

63) Ian Brownlie, *op. cit.,* p.682.

64) "… Under international law, the Organization must be deemed to have those powers which, though not expressly provided in the Charter, are conferred upon it by necessary implication as being essential to the performance of its duties. …" (in *Reparation for Injuries Suffered in the Service of the United Nations*, ICJ Advisory Opinion, 1949 *ICJ Report* 174)

65) Niles M. Blokker, *op. cit.,* p.21.

66) Jan Klabbers, *supra* note 23, p.25; Jan Klabbers, *International Law* (Cambridge: Cambridge University Press, 2013), p.99.

67) Jan Klabbers, *supra* note 23, pp.25-26; *Reparation for Injuries Suffered in Service of the UN* case에서 반대의견(dissenting opinion)을 제시했던 Hackworth 판사는 권한은 명시적으로 부여되어야 하며 추론에 의하여 자유롭게 인정되어서는 안 된다고 하면서 '묵시적 권한은'은 명시적으로 부여된 권한의 존재로부터 "필수적인" 범위로 국한되어야 한다고 주장한 바 있다(Niles M. Blokker, *op. cit.,* p.21).

날 국제기구의 권한에 관한 묵시적 권한이론은 논란의 여지가 있음에도 불구하고 널리 수용되고 있는 이론인 것은 확실하다.[68]

2) 내재적(고유한) 권한의 원칙

국제기구의 권한과 관련하여 명시적이든 묵시적이든 회원국의 의사를 고려해야만 한다는 입장은 '기능주의'(functionalism)를 국제기구와 회원국 간의 관계를 중심으로 좁게 적용하려는 것이다. 그러나 오늘날 국제기구는 회원국들과의 관계를 벗어나서 비회원국은 물론 전체로서의 국제공동체와의 관계 및 그 안에서의 역할이 매우 중요시 되고 있는 것이 사실이다. 이러한 의미에서 '넓은 의미의 기능주의'(broader notion of functionalism)[69]의 관점에서 국제기구의 역할 및 권한을 인정하고 그에 대한 근거를 부여해야만 한다는 주장이 나타나고 있다.

국제기구의 권한은 설립조약이나 회원국의 의사와는 상관없이 그 존재 자체에 근거하여 내재적으로 인정될 수 있다는 주장은 Finn Seyersted에 의하여 제기되기 시작하였다. 이는 그가 국제기구의 법인격의 근거로 제시한 '객관적 법인격론'과 같은 맥락을 가지고 있는 것이다.[70] Seyersted는 회원국의 설립조약에 명시적으로 규정된 범위에서 국제기구의 권한을 인정하는 것은 그 범위를 너무 제한하는 결과가 되어 국제기구가 제대로 활동하지 못하게 할 가능성이 있고, 묵시적 권한의 원칙은 그 범위의 기준이 모호해서 국제기구의 권한이 너무 넓게 허용될 위험성이 있다는 비판을 감안하여 국제기구의 권한 범위에 대해서도 객관적 법인격론에 부합하는 논리를 제시하게 된 것이다. 그에 의하면 모든 국제기구는 설립(존재) 그 자체로써 객관적 법인격을 보유하는 동시에 그 활동에 필요한 권한을 획득하게 된다는 것이다. 즉, 국제기구는 모든 국가들이 시원적 국제법주체로서 기본적 권리를 향유하는 것과 마찬가지로 '내재적(고유한) 권한'(inherent powers)을 보유한다는 것이다.[71]

---

68) Niles M. Blokker, *op. cit.*, pp.20-26 참조.

69) Jan Klabbers, *supra* note 23, pp.116-118.

70) Jan Klabbers, *An Introduction to International Organizations Law* (Cambridge: Cambridge University Press, 2015), p.64.

71) Niles M. Blokker, *op. cit.*, p.19.

'내재적 권한의 원칙'(inherent powers doctrine)은 국제기구들이 설립조약상 세부적 규정의 의미나 그 함의에 얽매이지 않고 그 목적 달성이나 국제공동체 속에서의 역할 수행을 위하여 보다 자유롭게 활동할 수 있다는 장점이 있는 반면,[72] 객관적 법인격론과 마찬가지로 회원국 또는 설립조약 기초자들의 의도가 무시되고 비회원국들과의 법적 관계의 근거에 대한 설명이 취약하다는 점, 그리고 권한의 범위와 관련하여 묵시적 권한이론이 갖고 있는 것처럼 '내재적 권한'의 경우 그 범위가 너무 넓어지게 된다는 문제점도 가지고 있다.[73]

3. 소결

전통적인 기능주의의 관점에서 보면 국제기구는 회원국들에 의하여 부여된 기능(권한)을 수행하기 위한 목적으로 설립된 조직 또는 제도를 의미한다. 따라서 명시적 권한의 원칙이나 묵시적 권한의 원칙 모두 이러한 기능주의에 따라 국제기구 권한의 근거 및 범위를 설명하고자 한다. 반면 내재적 권한의 원칙은 국제기구의 존립 기반을 그 회원국의 의사를 넘어서서 국제공동체 질서 속에서 구하고자 하는 입장이다. 국가중심의 국제사회가 점차 개인이나 국제기구와 같은 비국가적 실체들의 역할 및 그 법적 지위가 중요해지는 국제공동체로 발전해 나가고는 있으나,[74] 국제기구의 법인격 및 권한과 관련하여 전통적인 국가중심적 패러다임(statist paradigm), 즉 기능주의의 설명체계를 포기하는 데는 상당한 시간이 소요될 것으로 전망된다.

따라서 국제기구 권한의 근거나 그 범위에 관한 설명체계로서 내재적 권한 원칙은 현실적 측면의 장점에도 불구하고 국제기구의 법인격의 근거에 관한 객관적 법인격론과 마찬가지로 그 수용과 관련하여 많은 시련과 시간적 경과를 필요로 할 것으로 전망된다.[75] 그러나 생각건대 묵시적 권한의 원칙과 내재적 권한의 원칙은 국제기구의 권한의 근거에 대한 설명체계로서 서로 근본적인 차이가 있는 것이 사실이지만 그 적용 결과를 보면 상당 부분 서로 일치되는 측면이 많다는 점도 주목할 필요가 있다고 본다.[76] 즉,

---

72) *Ibid.*, p.65.

73) *Ibid.*, p.66.

74) 김부찬, 「국제공동체의 발전과 유엔의 역할」, 『아주법학』, 제10권 제2호, 2016, pp.227-258 참조.

75) Jan Klabbers, *supra* note 70, p.69.

묵시적 권한의 원칙과 내재적 권한의 원칙은 모두 기본적으로 국제기구의 '목적' 달성을 원활하게 하기 위하여 원용되고 있기 때문에 어느 입장을 기초로 하거나 그 '목적'이 권한 범위 설정에 있어서 중요한 근거로 작용하게 되며 그 실제 결과를 놓고 보아도 공통된 부분이 많이 발견된다는 것이다.[77)]

　오늘날 국제기구의 법적 지위 및 권한과 관련하여 '조약체결권', '특권과 면제', '국제적 청구 제기권', '직무보호권', 그리고 '국제책임' 등은 설립조약의 명시적 규정과 상관없이 독자적 법인격을 갖고 있는 국제기구의 목적 달성 및 원활한 활동을 위하여 기본적으로 인정되어야만 하는 것으로 간주되고 있다.[78)] 그런데 이러한 법적 지위 및 권한은 국제기구의 설립조약으로부터 '필수적 추론'에 의하여 도출된 묵시적 권한에 해당한다고 볼 수도 있고, 아니면 국제기구의 '내재적 권한'에 속하는 것으로 설명될 수도 있는 것이다. 이러한 의미에서, 현행 국제법상 국제기구의 권한 근거와 관련하여 기본적으로 묵시적 권한의 원칙에 따르되 그 실제 범위와 관련해서는 국제기구의 적극적 역할 수행이 가능하도록 내재적 권한 원칙의 긍정적인 요소를 고려하여 보다 탄력적으로 접근할 필요가 있다고 본다.

V. 결론

　오늘날 국제기구는 국가에 못지않은 중요한 국제사회의 행위자로 활동하고 있다. '정부간국제기구'(IGOs)는 물론이고 '비정부국제기구'(INGOs)의 활동도 점차 증가하고 있다. 이 가운데 정부간국제기구는 비록 제한적이기는 하지만 국제적 법인격을 갖는 국제법주체로서 인정되고 있는 반면에, 아직 비정부국제기구에 대해서는 국제적 법인격이

---

76) '묵시적 권한'과 '내재적 권한'이 혼용되는 경우도 많다. 예를 들어, inherent powers라는 용어는 Tadić case에서 구유고국제형사재판소(ICTY)가 자신의 관할권의 근거를 설명하는 데 사용되었으며 유엔 사무총장의 권한을 설명하는 데도 사용되었다(Niles M. Blokker, *op. cit.*, p.19). 이밖에 유엔 평화유지활동의 법적 근거를 설명하는 데도 두 용어가 동시에 사용되고 있는 것을 알 수 있다(Alexander Orakhelashvili, "Legal Basis of the United Nations Peace-Keeping Operation," *Vanderbilt Journal of International Law*, Vol.43, 2003, pp.487-488).

77) Niles M. Blokker, *ibid.*, p.19.

78) 이에 대해서는, 정인섭, 전게서, pp.762-774; 김부찬, 「국제기구의 법인격」, 『국제법평론』, 통권 제25호, 2007, pp.17-21 참조.

인정되지 않고 있는 실정이다. 국제적 법인격 내지 국제법주체성은 국제적 실체나 행위자들이 국제적인 법률관계를 맺으면서 활동을 하기 위한 전제로서의 의미를 갖고 있기 때문에 어떠한 실체들이 국제적 법인격을 향유하고 있으며 어떠한 범위에서 권리능력 및 행위능력이 인정되고 있는가를 확정하는 것이 매우 중요하다.

본원적이면서 기본적 국제법주체인 국가를 제외하고는, 국제기구나 개인을 막론하고 여전히 국제사회의 지배적인 행위자인 국가의 의사 및 합의에 근거를 두고 국제적 법인격이나 국제법주체성이 논의되는 현실이 계속되고 있다. 국제기구에 대한 국제적 법인격의 인정근거 및 대외적 효과의 범위는 물론이고 국제기구의 개별적인 권리·의무와 국제법적 권능에 대해서도 국가 간의 합의로써 성립된 '설립조약'의 효력은 여전히 매우 강력하다. 비정부국제기구의 국제법주체성은 그것이 국가 간의 합의에 근거하여 설립되지 않았다는 이유에서 곧바로 부정되고 있으며 정부간국제기구의 법인격도 어디까지나 설립조약에 포함되고 있는 국가들의 의사로부터 파생된다는 데서 그 근거가 인정되고 있는 것이다.

개별적 국제기구의 권리·의무 또는 권능에 있어서도 설립조약의 규정에 의하여 그 내용이 정해진다고 하는 '전문성의 원칙'이 국제기구와 관련된 매우 중요한 원칙으로 확립되고 있다. 다만 오늘날 '묵시적 권한의 원칙'에 따라 설립조약에서 명시적으로 규정되지 않고 있는 경우에도 일정한 경우 국제기구의 권리·의무 및 권능으로 인정될 수 있는 여지가 있으나, 이러한 접근방법도 어디까지나 국제기구 회원국들이 최소한 묵시적인 방법으로 그러한 권리·의무 또는 권능을 국제기구에 부여한 것이라는 '추론'을 근거로 하고 있다.

그러나 오늘날 국제공동체 속에서 국제기구들이 매우 중요한 역할을 수행해 나가고 있으며 특히 비회원국들과의 법적 관계가 일상화되고 있는 현실을 감안한다면 국제기구와 비회원국들과 전체로서의 국제공동체와 국제기구의 관계를 설립조약의 관점에서만 규정하는 것은 많은 한계가 있다고 본다. 따라서 현 국제법질서의 국가중심적 패러다임에 대한 재검토와 함께 국제기구의 법인격의 근거에 대한 객관적 법인격론과 국제기구의 권한의 근거에 대한 내재적 권한의 원칙의 긍정적인 측면에 대해서도 적극적인 관심을 가질 필요가 있다고 본다.

이러한 의미에서 전통적인 접근방법만을 고집하지 말고 역동적인 현실사회의 변화를 수용할 수 있도록 보다 개방적인 태도를 취함으로써 국제법의 정립·적용·집행과 관련

된 국제기구의 역할을 증대시키고 나아가서 국제공동체의 문제 해결과 관련하여 보다
책임 있는 행위자로 참여할 수 있도록 할 필요가 있다고 본다.

제7장
유엔의 법적 지위 및 국제공동체의 발전

I. 서론

국제질서를 바라보는 관점 가운데 하나인 '그로티우스적 전통'(the Grotian tradition)에 따르면 '국제사회'(international society)는 '국가들의 사회'(society of States)로서, 그 구성원인 국가들이 주권(sovereignty)을 바탕으로 자신의 이익(national interests)을 추구하면서 상호 협력이나 규율체제가 작동되는 '사회'를 의미하며, 국가는 어떠한 도덕이나 법적 제약도 받지 않고 자신의 목표를 추구할 자유를 갖는다고 본 '홉즈적 전통'(Hobbesian Tradition)의 '무정부 상태'(anarchy)와는 다르다.[1] 그러나 상당한 기간 동안 국제사회는 주권국가들에 의하여 국제법이 정립·적용·집행되는 모습을 보여 왔으며, 규범의 정립이나 적용·집행과 관련된 권위(authority) 또는 권력(power)이 하나의 집권적인 조직에 귀속되지 못한 '분권적인 구조'(decentralized structure)를 벗어나지 못하고 있었던 것이 사실이다.[2]

그러나 20세기에 들어와서 국제사회는 점차 조직화되기 시작하였으며 20세기 중반 이후 국제사회는 '세계화'(globalization)에 힘입어 그 통합적 요소가 크게 두드러져 왔다고 평가되고 있다.[3] 국제사회의 조직화와 관련하여 중요한 역할을 수행해 온 것은 바로

---

1) 이상우, 『국제관계이론』, 3정판(박영사, 1999), pp.98-106 참조.

2) Hans J. Morgenthau, Kenneth W. Thompson (rev.), *Politics Among Nations - The Struggle for Power and Peace -*, 6th ed.(New York: Alfred A. Knopf, Inc., 1985), pp.295-296.

3) Francisco O. Vicuña, *International Dispute Settlement in an Evolving Global Society - Constitu-*

국제기구(international organizations)와 국제법이며 세계화의 흐름은 국제기구와 국제법의 성격에도 많은 영향을 미치게 되었다.[4]

국제기구의 급증과 국제법의 확충은 양적인 차원뿐만 아니라 질적인 차원에서 국제사회의 변화를 초래함으로써, 그로티우스적 전통의 국제사회가 이미 '국제공동체'(international community) 또는 '국제법공동체'(international legal community)로 진입해 있음을 보여주고 있다.[5]

국제법의 정립과 관련하여 국제기구 중심으로 매우 조직적인 형태의 조약체결 방식이 행해지고 있으며, 경우에 따라 이는 '국내입법'에 상응하는 의미에서 '국제입법'(international legislation)으로 평가되기도 한다.[6] 국제법의 적용과 집행의 경우도 마찬가지 현상을 보이고 있다. 국제기구들이 중심이 되어 국제법이 정립되고 집행·적용되는 현상을 보면 이미 상당한 수준으로 국제법이 집권화(centralization)의 모습을 보이고 있는 것이 사실이다.[7] 국제법 주체와 관련해서도, 전통적인 주체인 주권국가 외에도 오늘날 국제기구들(IGOs)과 함께 개인들도 널리 국제사회의 구성원이자 국제법 '주체'로서의 지위를 인정받기에 이르렀다는 점에서 전통적인 국제사회의 성격이 상당한 정도로 변화되었다고 보아도 무리가 아닌 것이다.

20세기 중반인 1945년 10월에 창설되어 지난 해 그 70주년을 맞이한 국제연합(the United Nations, 이하, "유엔")은 국제사회의 질적인 변화를 보여주는 대표적인 국제기구이다. 유엔은 과거 국제연맹(the League of Nations)이 겨우 20년간 존속하다가 실패로 끝났다는 사실과 비교하면 그 자체로서도 대단한 의미가 있다고 하지 않을 수 없으며,[8] 회원국의 수도 창설 당시 51개국에 불과하던 것이 지금은 193개국으로 증가한 것을 보면 양

---

tionalization, Accessibility, Privatization -(Cambridge: Cambridge University Press, 2004), p.3.

4) Michael J. Warning, *Transnational Public Governance – Networks, Law and Legitimacy* -(New York: Palgrave Macmillan, 2009), p.1.

5) Hermann Mosler, *The International Society as a Legal Community* (Alphen aan den Rijn: Sijthoff & Noordhoff, 1980), p.15; William L. Tung, *International Law in an Organizing World* (New York: Thomas Y. Crowell Company, 1968), pp.26-29; Boo Chan Kim, "New Trends in International Law and the Common Heritage of Mankind", 『국제법학회논총』, 제40권 1호, 1995, p.19.

6) 정인섭, 『신국제법강의』, 제5판(박영사, 2014), p.79; 橫田洋三 編, 박덕영 옮김, 『국제사회와 법 - 국제법과 인권, 통상, 환경 -』(연세대학교 대학출판문화원, 2013), pp.355-356 참조.

7) 橫田洋三 編, 박덕영 옮김, 상게서, pp.355-360.

8) Chadwick F. Agler, "Thinking About the Future of the UN System", *Global Governance*, Vol.2 No.3, 1996, p.342.

적으로도 대단한 성공을 거두었다고 할 수 있다. 부정적인 평가가 있는 것도 사실이지
만, 그동안 유엔이 어려운 여건 하에서도 설립 목적인, 국제평화와 안전을 유지하고 국
제협력을 달성하기 위하여 많은 노력을 경주해 왔으며 급변하는 국제사회로부터 주어지
는 도전과제들에 적절히 대응하는 한편, 보다 적극적인 시도를 통하여 국제사회가 '칸트
적 모델'(Kantian model)을 지향하는 국제공동체로 변모하도록 하는 데 많은 역할을 수행
해 온 것이 사실이라는 점도 부인하기 어렵다고 본다.[9]

이러한 배경 하에 본 장은 유엔 출범 이후 '국제사회'가 점차 하나의 '국제공동체' 또
는 '국제법공동체'로 변모해 왔음을 밝히고, 이를 바탕으로 오늘날 국제공동체가 직면하
고 있는 다양한 과제들을 해결해 나가는 데 있어서 유엔이 담당해야 할 역할과 과제에
대하여 검토하고자 한다.

Ⅱ. 국제공동체의 의의 및 국제법적 함의

1. '국제공동체'의 의의

국제정치학자들은 물론이고 국제법학자들의 경우도 '국제사회'와 '국제공동체'를 엄
밀하게 구별하지 않고 사용해 왔으며 양자를 흔히 혼용하고 있다.[10] 그러나 양자 사이에
는 분명한 차이가 있으며 국제공동체가 국제사회의 발전된 형태라고 보는 것이 합리적
이다.[11] '사회'와 '공동체' 양 개념은 모두 그 구성원들 간에 '통합성'(cohesion or unifor-
mity) 및 '상호의존성'(interdependence)의 요소가 어느 정도 존재해야만 한다는 점에서는
차이가 없으나, 그 '정도'(degree)에 있어서 차이가 크다는 것이다. '공동체'의 경우 그
구성원들 간의 '동질성'(identity) 및 공동체에 대한 충성심(loyalty)이 매우 큰 것이 특징

---

9) Antonio Cassese, *International Law*, 2nd. ed.(Oxford: Oxford University Press, 2005), p.336.

10) A. Cassese는 근대 국제법의 형성기부터 '국제공동체'라는 용어를 사용하고 있으며(*ibid.*), 국내의 경우 김대
순 교수도 이와 마찬가지이다(김대순, 『국제법론』, 제18판(삼영사, 2015)).

11) 국제사회와 국제공동체의 개념적 차이, 그리고 국제사회가 이미 국제공동체로 전환되었는지 등에 관한 국내
문헌으로, 김성원, 「국제법의 헌법화 논의에 대한 일고찰」, 『국제법학회논총』, 제58권 제4호, 2013, pp.73-
102; 박정원, 「국제사회에서 국제공동체로: 국제법 규범 질서의 질적 변화에 주목하며」, 『국제법학회논총』,
제56권 제4호, 2011, pp.147-168 참조.

이다. 반면에 '사회'는 이러한 요소가 약하며 구성원들 간에 이질성을 조화시키는 것이 주요 과제로 대두된다.[12]

사회학적 측면에서 보면 '국제공동체'는 국가를 비롯한 구성원들이 단순히 집적되어 있는 사회가 아니라, 그 구성원들 간의 강한 친밀도 및 동질감, 그리고 공통의 이익 또는 가치의 실현을 목표로 하여 규범적으로 통합되고 규율되는 사회를 의미한다. 나아가서 법적인 측면에서 보면, 국제공동체는 그 구성원들 간의 관계가 법적으로 연결되고 규율 되어진다는 점에서 하나의 통합적인 '법적 공동체'(legal community)를 의미하는 것이다. 어떠한 사회가 법적 공동체로 존재하기 위해서는 공동체를 유지시키는 데 불가결한 통 합성의 요소가 공동체의 목표로서의 '공동이익'(common interests) '공동가치'(common values)로 설정되고 이러한 공동목표를 위한 의무들이 일종의 헌법적 공동체 속에서 보 편적인 법적 의무로 공동체 구성원들에게 부과될 수 있어야만 한다.[13]

국제사회를 국제공동체로 간주할 수 있기 위한 가장 중요한 통합성의 요소는 공동이 익 또는 공동가치에 바탕을 둔 '공동의 공공질서'(common public order), 즉 '국제공공질 서'(international public order)의 존재라고 할 수 있을 것이다.[14] 국제사회의 조직화 및 국제법의 발전이 함의하고 있는 공동체적 요소를 살펴보건대 국제'사회'는 이미 국제'공 동체'의 과정에 진입해 있다고 보아도 무방하지 않는가 생각한다.[15]

---

12) Conway W. Henderson, *Understanding International Law* (West Sussex: Willey-Blackwell, 2010), p.8.

13) H. Mosler, *op. cit.*, pp.15-17; Bardo Fassbender, "The United Nations Charter as Constitution of the International Community", *Columbia Journal of International Law*, Vol.36, 1996, pp.546-555; Isabel Feichtner, "Community Interest", in *The Max Planck Encyclopedia of Public International Law*, Vol. Ⅱ (Oxford: Oxford University Press, 2012), pp.477-487.

14) 국제공공질서는 곧 '국제공동체의 공공질서'(public order of the international community)를 의미하는 것이 다(H. Mosler, *ibid.*, p.19).

15) 用例와 관련하여, 廣義에 있어서 '국제사회'는 '국제공동체'의 범주를 포함하는 개념으로서 경우에 따라 兩者 는 서로 혼용될 수도 있으나, 狹義에 있어서 국제사회는 국제공동체와 비교되는 차별성을 갖는 개념으로 사용 하고자 한다. 즉, 국제공동체는 그 구성원들 간의 공통의 가치와 통합성 요소의 측면에서 국제사회보다 한층 강화된 단계를 의미하는 것으로 보는 것이다. 그러나 국제공동체의 존재를 인정하는 데 필요한 통합성의 수준 을 객관화할 수 있는지, 과연 지금이 국제공동체 단계인지 아니면 국제사회에 머무르고 있는지, 만일 국제공동 체라고 할 수 있다면 과연 어느 시점에서 국제공동체로의 진입을 완료했는지 등에 대해서 분명한 대답을 하기 는 매우 어렵다.

2. 국제공동체의 국제법적 함의[16]

국제법은 이제 국제공동체의 공통가치 및 공공질서를 반영하는 근본 규칙들에 바탕을 둔 공동체의 법질서로 규정될 수 있게 되었다.[17] 실증주의의 영향을 받아 전통적인 입장에서는 국제법과 관련한 국가주권의 중요성이 거의 절대적이었으며 국제법의 구속력은 국가의 '동의'(consent)에 의해서 도출되는 것으로 인식되기도 하였으나, 국제공동체의 발전에 따라 국제법에 있어서 국가주권이나 동의의 비중은 점차 쇠퇴하고 있다.[18]

국제사회가 국제공동체로 발전하면서 전통적인 주권 개념의 절대성은 점차 약화되는 과정을 밟아왔다. 절대적 주권개념으로부터 점차 상대적인 주권개념으로 전환되고 있는 현실은 국제법이 종래 '국가 간 체제를 규율하는 법'으로부터 점차 '인간 중심적' 법체제로 발전하고 있는 현실과도 밀접한 관련이 있다.[19]

21세기에 접어들어 이러한 주권개념의 변모를 보여주는 대표적인 사례는 바로 '보호책임'(responsibility to protect: 이하 "R2P")[20]의 법리이다. R2P는 2001년 '개입과 주권에 관한 국제위원회'(ICISS)에서 제기한 이래 유엔을 중심으로 계속 논의되고 발전되어 왔으며, 2005년 총회 결의를 통하여 개념적으로 정립된 바 있다. R2P는 집단살해나 인종청소, 인도에 반하는 죄와 같은 극심한 인권 유린 사태가 발생하는 경우 이른바 '인간안보'(human security)의 실현을 위한 주권국가들의 개별적 책임 및 집단적 책임 문제를 국제공동체 차원에서 새롭게 접근하고 있는 증거인 것이다.[21]

---

16) 자세한 내용은 김부찬, 「국제공동체의 성립과 국제법의 공동체적 함의」, 『국제법연구』, 제1권 제2호, 영남국제법학회, 2016, pp.5-23 참조.

17) B. Fassbender, *op. cit.*, p.617.

18) Amitai Etzioni, *From Empire To Community*, 조한승·서헌주·오영달 공역, 『제국에서 공동체로 – 국제관계의 새로운 접근 –』(매봉, 2007), pp.218-221; Nico Krisch, "The Decay of Consent: International Law in an Age of Global Public Goods", *American Journal of International Law*, Vol.108, 2014, pp.1-40.

19) Armin von Bogdandy, "Constitutionalism in International Law: Comment on a Proposal from Germany", *Harvard International Law Journal*, Vol.47, 2006, pp.223-228.

20) R2P는 2000년 캐나다의 주도에 의해 주로 민간인으로 구성된 '개입과 국가주권에 관한 국제위원회'(International Commission on Intervention and State Sovereignty; "ICISS")에서 2001년 발간한 *The Responsibility to Protect*라는 보고서에 의하여 처음으로 제기되었다. 이에 대해서는 The International Commission on Intervention and State Sovereignty(ICISS), *The Responsibility to Protect* (International Development Research Center, 2001)(이하 "ICISS 보고서"); Gareth Evans, *The Responsibility To Protect – Ending Mass Atrocity Crimes Once and For All* –(Washington, D.C.: Brookings Institution Press, 2008); 박기갑 외, 『국제법상 보호책임』, 삼우사, 2010 참조.

21) 박기갑 외, 상게서, pp.24, 40, 146-149; Priyankar Upadhyaya, "Human Security, Humanitarian

국제적 차원에서 법치주의의 실현을 의미하는 '국제적법치주의'(international rule of law) 또는 '법치주의의 세계화'(globalization of the rule of law)는 국제사회로 하여금 국제공동체로 변모하도록 하는 결과를 초래하였다.[22] 국제적법치주의는 공공질서를 지향하는 국제법을 통하여 인류의 공동 이익 및 가치가 실현될 수 있도록 하는 것을 목표로 한다.[23] 국제적법치주의의 현실은, 아직은 국제공동체에 법치주의를 담보하기 위한 집권적 기구들이 존재하지 않는다는 점을 고려하면, 그 증진을 위한 많은 과제들을 던져주고 있다.

국제적법치주의는 글로벌 거버넌스의 구축과도 관련이 많다. 즉 글로벌 거버넌스를 위한 국제공동체의 규범적 수단으로서 국제법의 규제적·조정적 역할이 적극적으로 필요하게 되는 것이다. 국제법의 기본원칙과 다양한 규칙들은 글로벌 거버넌스 차원의 논의 및 의사결정 과정들을 통하여 모색되고 추구되도록 하고 있는 국제공동체 구성원들의 공통의 가치와 목표를 확인해 줄 수 있어야만 하고, 나아가서 그 집행과 적용을 통하여 국제공동체가 하나의 확립된 법적 공동체로 발전해 나갈 수 있도록 하는 데 많은 역할을 수행할 수 있도록 보다 확충되고 그 실효성이 제고될 필요가 있다.[24]

오늘날 국제공동체의 다양한 구성원들은 국제법규범과 국제기구를 비롯한 다양한 네트워크를 통하여 공통과제 및 가치가 실현될 수 있도록 효율적인 협력체제를 구축해 나가고 있다. 이들은 '정부 없는 거버넌스'(governance without government)[25]를 통하여 효율적인 '글로벌 거버넌스'(global governance) 체제를 확립하는 것을 가능한 대안이자 필

Intervention, and Third World Concerns", *Denver Journal of International Law and Policy*, Vol.33, 2004, pp.71-79; *In Larger Freedom: Towards Development, Security and Human Rights for All*, U.N. Doc. A/59/2005 (21 March 2005), para.135.

22) Hans Kochler, *Democracy and the International Rule of Law*(Wien: Springer-Verlag, 1995); Palitha T. B. Kohona, "The International Rule of Law and the Role of the United Nations", *International Lawyer*, Vol.36, 2002, p.1131.

23) Mattias Kumm, "International Law in National Courts: the International Rule of Law and the Limits of the International Model", *Virginia Journal of International Law*, Vol.44, p.22; Brian Z. Tamanaha, *On the Rule of Law: History, Politics, Theory*(Camaridge: Cambridge University Press, 2004), pp.127-136.

24) The Commission on Global Governance, *Our Global Neighborhood: The Report of The Commission on Global Governance*(Oxford: Oxford University Press, 1995), pp.325-334; Karsten Nowrot, "Global Governance and International Law"(http://www.telc.uni-halle.de), pp.15-16.

25) James N. Rosenau and Ernst-Otto Czempiel (eds.), *Government Without Government: Oder and Change in World Politics*(Cambridge: Cambridge University Press, 1995) 참조.

요한 과제로 인식하고 있다.[26]

국제법적 차원에서 글로벌 거버넌스의 구축은 국제법의 헌법화와 밀접한 관련이 있다. 국제법의 헌법화는 전통적으로 국가 내부에서만 문제가 되어 왔던 '법치주의' 원리가 국제공동체의 운영원리로 자리 잡도록 하고 나아가서 '인권'과 같은 국제공동체의 핵심적 가치 및 과제와 관련된 규범들이 국제법 체계의 '상위규범'(higher norm)으로 정립될 수 있도록 하는 것을 전제로 하는 것이기 때문이다.[27] 오늘날 국제공동체의 상위규범으로 확실히 자리 잡고 있는 국제법규범이 바로 '강행규범' 및 '대세적 의무'로 간주되고 있는 국제법의 기본원칙들이다. 국제인권법 또는 인권조약들의 주요 원칙들은 대부분 강행규범 또는 대세적 의무와의 관련성이 인정되고 있기 때문에 이들에게 국제법체계 내에서 헌법적 지위를 인정하는 데는 큰 문제가 없어 보인다.

개인의 국제법적 지위가 확립되고 '인권원칙'을 중심으로 국제인권법이 체계화됨으로써 전통적인 국제법의 국가중심적 성격에도 많은 변화가 초래되기 시작하였다. 이러한 변화는 국제인권법의 영역을 벗어나 국제법 주체론, 국제법 법원론, 국제법 해석론, 그리고 국가책임법 등 국제법 전반에 걸쳐서 '인권'과 '인간의 가치'가 반영되도록 함으로써 일반국제법의 내용 및 연구방법론에도 많은 변화가 나타나도록 하고 있다.[28]

III. 유엔의 법적 지위 및 국제공동체의 발전

1. 유엔의 법적 지위

유엔은 '정부간기구'(intergovernmental organization)[29]의 하나로 창설되었다. 정치적

---

26) Colin I. Bradford, Jr., "Global Governance Reform for the 21st Century", p.5 (http://www.oecd.org/dataoecd/14/62/34983436.pdf)

27) *Ibid.*, p.423.

28) Fen O. Hampson, "Human Security, Globalization, and Global Governance", in John N. Clarke and Geoffrey R. Edwards (eds.), *Global Governance in the Twenty-First Century* (New York: Palgrave Macmillan, 2004), p.178.

29) '정부간기구'란 전적으로 또는 주로 국가들에 의하여 구성되며 이들 간의 '설립조약'(constitutive treaty)에 의하여 창설되어지는 기구를 지칭하는 것이다. 이러한 기구들을 '공공 또는 정부간국제기구'(public or intergovernmental international organizations)라고 하며, 통상 'intergovernmental organizations'(IGOs)

현실주의(political realism)[30]의 입장에서는 정부간기구란 국가들의 자발적인 참여에 의하여 설립되지만 언제든지 자신에게 불리하다고 판단되면 그것을 도외시하거나 탈퇴하면서 권력으로 정의되는 국익을 추구하는 국가들의 상호관계의 부속물로 간주되어진다. 이러한 접근 방법에 의하면 국제기구는 주권국가로서의 회원국들의 의사에 그 존립기반을 두고 있으며 국제체제가 허용하는 범위 내에서만 활동한다고 본다. 그러나 국제기구를 국제사회 속의 독립된 하나의 제도(institution)로 보는 입장에서는 국제기구를 국제정치의 독자적인 행위자로 가정하면서 국제기구를 통한 국제평화의 모색 및 권력정치(power politics)의 극복을 가능한 것으로 보고 있다.[31]

유엔은 국제기구로서 국가들과 마찬가지로 '법인격'(legal personality)을 보유하고 '국제법주체'(international legal subject)로서 활동해 오기는 하였으나, '정부간기구'로서의 본질적인 한계를 지니고 있기 때문에 그 임무나 권한은 원칙적으로 회원국들에 의하여 체결된 '설립조약'(constitutive treaty), 즉 '유엔헌장'(the Charter of the UN)에 규정된 범위로 한정되는 것이다.[32] 따라서 유엔은 그 성공적 임무수행을 위하여 회원국들의 협력을 필요로 하는 '국제적'(international) 기구일 뿐이며 '초국가적'(supranational) 성격을

으로 표기한다. 이러한 '정부간기구'는 크게 설립조약에 의하지 않고 민간인들에 의하여 구성되고 있는 '비정부 국제기구'(international nongovernmental organizations; INGOs)와 구별된다. 이에 관해서는 Louis Henkin *et al.*, *International Law*(St. Paul, Minn.: West Publishing Co., 1993), pp.344–346 참조. '국제기구 연감'(Yearbook of International Organization)에서 제시하고 있는 8가지의 국제기구의 기준을 비롯하여 여러 학자들이 제시하고 있는 국제기구의 정의에 관해서는 Clive Archer, *International Organizations*(London: George Allen & Unwin, 1983), pp.32–35 참조. 그리고 국제기구의 목적, 한계 등에 대해서는 Mark Imber, "International Organizations", John Baylis and N.J. Rengger (eds.), *Dilemmas of World Politics* (Oxford: Oxford University Press, 1992), pp.174–202 참조.

30) 이러한 입장을 대표하는 견해로는, Hans Morgenthau, *Politics among Nations* (New York: Knopf, 1948); Raymond Aron, *Peace and War* (New York: Frederick A. Praeger Publishers, 1967); Hedley Bull, *The Anarchical Society: A Study of Order in World Politics*(New York: Columbia University Press, 1977) 등 참조.

31) 이러한 견해에 관해서는 Inis L. Claude, Jr., *Swords into Plowshares*(New York: Random House, 1956); A. Leroy Bennett, *International Organizations*(Englewood, Cliffs: Prentice-Hall, 1980); Leland M. Goodrich, *The United Nations in a Changing World*(New York: Columbia University Press, 1974) 참조.

32) 이러한 원칙을 '전문성의 원칙'(doctrine of attributed powers or speciality)이라고 한다. 그러나 오늘날 국제기구는 설립조약에 명시적으로 규정되지 않는 경우에도 묵시적으로 부여되고 있다고 추정되는 범위에서도 권한 행사가 가능하다고 보는 '묵시적 권한의 원칙'(doctrine of implied powers)이 일반적으로 승인되고 있다. 그러나 최근 국제기구는 일단 창설되어 법인격을 획득하게 되면 이러한 제한 없이 국제법주체로서 스스로 '고유한 권한'(inherent powers)을 보유하게 된다는 주장도 제기되고 있으나 아직은 논란이 많은 주장이다(Jan Klabbers, *An Introduction to International Organizations Law*(Cambridge: Cambridge University Press, 2015), pp.41–69 참조).

갖는 국제기구나 '세계정부'(world government)로 활동할 수는 없게 되는 것이다.[33] 현실적으로도 유엔은 강대국들의 협조를 바탕으로 그 기능을 수행할 수 있을 뿐 직접 강대국들이 관련되고 있는 문제들을 능동적으로 다룰 수 있는 '힘'은 보유하지 못하고 있다.

이러한 의미에서 유엔이 기존의 헌장상의 임무 수행이나 국제사회(공동체)의 변화에 따른 새로운 요구들을 충분히 감당해 내는 데 많은 어려움과 한계가 있다고 보는 것은 당연한 일일 수도 있다.[34] 그러나 그동안 유엔은 국제법이 곧 '국제공동체의 법'으로 자리잡을 수 있도록 하였으며, 국제공동체의 관심사 및 현안 과제의 해결과 관련하여 대화 및 소통의 장으로 활용되어 옴으로써, 평화 및 안전의 유지 문제를 비롯하여 인권, 환경, 인간안보, 개발 및 복지 문제 등 공동체적 이익 및 가치를 실현하기 위한 과제를 함께 논의하고 그 의제를 설정하는 데 크게 기여해 왔던 것도 사실이다.[35]

오늘날, 유엔의 역할 및 그 중요성이 점차 증대되어 감에 따라 유엔의 법적 지위를 재조명하고 국제공동체와 유엔의 관계에 대하여 새롭게 규정하고자 하는 입장이 나타나고 있다. 이는 유엔의 실질적인 역할뿐만 아니라 유엔 헌장의 성격에 대한 재조명을 근거로 하고 있는 것이다. 즉, 헌장은 국제공동체 구성원들이 거의 모두 당사자로 참여하고 있을 뿐만 아니라 그 속에 포함되고 있는 국제법의 기본원칙들과 국제법 규범들이 대부분 관습법적 지위를 갖게 됨으로써 국제공동체의 보편적 규범으로 적용되고 있다는 점을 중시해야 한다는 것이다.

이러한 입장 가운데는 유엔 헌장은 제103조에 따라 다른 국제법(조약)에 대하여 우선

---

33) Donald Altschiller (ed.), *The United Nations' Role in World Affairs* (New York: The H. W. Wilson Company, 1993), pp.182–183.

34) 국제사회의 무정부적 상태를 완화하기 위한 국제기구의 창설에 대한 이념적 기초로서는 '계약적'(contractual) 관점과 '유기체적'(organic) 관점이 대립되고 있다. 전자는 주권국가를 완전하고도 정당한 사회로 보고 이러한 국가들이 신중하게 제한적이며 통제된 국제체제를 창설한다고 보는 입장이며, 후자는 인간사회의 전체성 (entirety)을 전제로 하여 인간사회가 다양한 수준의 정부제도-국내적 및 국제적-를 창출하는 것으로 보고 있다. 계약적 접근방법은 현실주의 정치학 및 실증주의의 입장에 해당하는 것이며, 이에 따르면 국제기구는 '이차적인 동시에 파생적인 실체'(secondary and derivative entity)에 불과하게 된다. 곧 국제기구는 국가정부들에 의해서만 창설되고 그 정당성을 가질 수 있게 되는 것이다. 이에 반하여, 유기체적 접근에 의하면 국제기구는 모든 구성원들에게 구속력 있는 규범 및 명령을 발할 수 있는 권위를 보유하고 또한 실효적인 강제력도 행사할 수 있어야 한다는 것이다. 현실적으로 국제기구는 계약적 모델을 벗어나지 못하고 있으나, 장차 유기체적 모델에 입각한 새로운 수준의 국제기구의 창설이 요청된다고 본다. 이에 대해서는 John H. Barton, "Two Ideas of International Organization", *Michigan Law Review*, Vol.82, p.1520 이하 참조.

35) Karen A. Mingst and Margaret P. Karns, *The United Nations in The 21st Century*, 4th ed. (Boulder: Westview Press, 2012), pp.97–280 참조.

적 지위를 갖고 있기 때문에 그 자체로 여타의 국제법 규범보다 상위의 효력을 갖는 '국제공동체의 헌법'으로 간주되어야 한다는 주장도 있다.[36] 이러한 주장은 국제기구로서의 유엔이 곧 국제공동체의 '주요 대표기관'(primary representative)으로서의 법적 지위를 갖고 있다는 논리로 연결되기도 한다.[37] 앞에서 언급한 '보호책임'의 경우 그 이행주체와 관련하여 국제공동체는 유엔(안전보장이사회)에 그 책임과 권한을 위임하고 있다는 점을 보면 향후 유엔의 '국제공동체 대표성'이 점차 강화되어 나갈 것으로 전망되기도 한다.[38]

생각건대, 현 단계에서 유엔 헌장을 형식적 의미에서 '국가의 헌법'에 대응하는 '국제공동체의 헌법'으로 간주하거나 유엔이나 유엔의 기관을 헌법적 의미에서 국제공동체의 대표기관으로 간주하는 문제가 있다고 본다.[39] 그러나 기능적 관점에서 유엔의 권능이나 책임이 여타의 국제기구와 비교하여 볼 때 매우 막중하다는 점을 부인하기는 어려우며, 유엔 헌장은 실질적 의미에 있어서 '세계헌법'(global constitution)의 '맹아적 형태'(embryonic form)에 해당한다고 보아도 무리가 아니라고 본다.[40]

---

36) B. Fassbender, *op. cit.*, pp.531-618; B. Fassbender, "Rediscovering a Forgotten Constitution: Notes on the Place of the UN Charter in the International Legal Order", in Jeffrey L. Dunoff and Joel P. Trachtman (ed.), *Ruling the World? – Constitutionalism, International Law, and Global Governance* –(New York: Cambridge University Press, 2009), pp.133-147 참조. 이와 관련하여 Waldock 교수는 국제연맹 '규약'(the Covenant)은 국제사회의 '헌법'이 아니라 국제법 체계 내의 하나의 '다자조약'에 불과하다고 본 반면에 Verdross 교수와 Simma 교수는 유엔 '헌장'(the Charter)은 모든 국제법(조약)들을 포괄할 수 있는 국제공동체의 '헌법'으로 볼 수 있다는 견해를 표명한 바 있다(B. Fassbender, supra note 13, p.585). 이에 반하여 국제(세계)공동체와 '유엔공동체'(UN community)는 소속 회원국 측면에서는 거의 비등하지만 그 구조와 지향하는 바가 확연히 다르다는 이유로 유엔 헌장을 국제공동체의 헌법으로 인정하는 데는 여전히 회의적인 입장도 있다(A. Cassese, *op. cit.*, pp.336-337).

37) B. Fassbender, *supra* note 13, p.567.

38) "The international community through the United Nations, also has the responsibility to use appropriate diplomatic, humanitarian, and other peaceful means, in accordance with Chapters Ⅵ and Ⅷ of the Charter, to help to protect populations from genocide, …. In this context, we are prepared to take collective action, in a timely and decisive manner, through the Security Council, in accordance with the Charter, including Chapter Ⅶ …."

39) Michael W. Doyle, "The UN Charter – A Global Constitution?", in Jeffrey L. Dunoff and Joel P. Trachtman (ed.), *op. cit.*, pp.113-132.

40) M. Scheinen, "Impact on the Law of Treaties" in M. T. Kaminga and M. Scheinen (eds.), *The Impact of Human Rights Law on General International Law* (Oxford: Oxford University Press, 2009), pp.29-30.

2. 국제공동체의 형성과 유엔의 역할

창설 당시 유엔은 '국제주의'(internationalism) 및 '다자주의'(multilateralism)[41]의 기초 위에서 세계평화의 달성이 충분히 가능하다는 전제[42]가 널리 받아들여지고 있었으나, 이러한 전제는 곧바로 전개되어진 미국과 소련을 중심으로 하는 동·서 간의 냉전(cold war) 속에서 한계를 드러내기 시작하였다. 그러나 1990년대 냉전 종식을 계기로 유엔의 활동에 대하여 긍정적인 의미를 갖는 변화들이 나타나기도 했다. 그러나 냉전 종식 이후 세계적인 차원의 이념적 대립에 가려 내면적으로 잠복하고 있던 국내적 차원의 정치적·민족적·경제적·사회적 긴장 및 대립이 국제사회의 평화와 안전을 위협하는 중요한 현안으로 등장함으로써 유엔의 앞길이 낙관적이지만은 아니 하였다. 특히 2001년 9·11 테러 이후 비국가적(non-State) 테러 집단에 의한 안보 위협이 국제사회에 새로운 과제를 안겨다 주었다. 이제 국내적 차원과 국제적 차원이 복잡하게 얽힌 상황에서 국제평화와 안전에 영향을 미칠 수 있는 새로운 형태의 갈등과 분쟁들이 생겨나고 있는 것이다.[43]

서구 중심적 자유자본주의 질서 및 민주주의 질서에 대한 신뢰는 국가와 민족들의 다양한 문화적 배경, 민족자결의 요구, 국가들 간의 사회적·경제적 불균형 등으로 인하여 위협을 받고 있는 것도 사실이다. 특히 '가진 국가들'과 '못 가진 국가들' 사이의 괴리 및 대립으로 인한 '남북문제'(South-North Problem)는 여전히 중요한 문제로 남아 있다. 전 세계적 범주에서 전통적인 시민적·정치적 권리, 경제적·사회적·문화적 권리는 물론 새로운 형태의 '집단적 권리'(group rights) 내지 '인민의 권리'(rights of peoples)의 보장과 관련된 요구도 점차 증대되어 왔다. 이 밖에 '지속가능한 개발'(sustainable development)을 패러다임으로 하는 개발과 환경의 문제, 지구 온난화 및 오존층의 파괴로 인한 기후

---

41) 다자주의는 국가 간의 협의 및 합의에 의하여 국가들의 정책을 조정하려는 것을 의미한다. 이는 정책조정의 제도화와 공동문제에 대한 집단적 관리로서 설명될 수 있으며, 국제관계에 있어서 제도화의 필요성을 말해 준다(John G. Ruggie, "Multilateralism: the Anatomy of an Institution", *International Organization*, Vol. 46, 1992, pp. 567-568, 570-571).

42) 박치영 교수에 의하면 유엔은 ① 제2차 세계대전 중에 볼 수 있었던 강대국들(특히 미국, 영국, 소련)간의 결속이 전후의 평화유지를 위해서도 계속 확보될 수 있으리라는 것, ② 국제평화에 대한 위협은 강대국들이 단결하는 한 실효적으로 방지할 수 있으리라는 것, ③ 모든 국가들이 평화에 대하여 동일한 생각과 이해를 갖고 있으리라는 것, 그리고 ④ 다양한 국가이익들 간의 조화가 가능하리라는 것 등 네 가지 기본전제 위에서 창설되었다고 한다. 이에 관해서는 박치영, 『유엔 정치론』(법문사, 1994), pp. 58-60 참조.

43) Thomas G. Weiss *et al.*, *The United Nations and Changing World Politics*(Boulder: Westview Press, 1994), pp. 83-88.

변화의 문제, 핵무기 통제, 그리고 공해, 남극, 우주공간 등 국가관할권을 벗어나는 지역 (global commons)의 관리를 둘러싼 법체제의 문제도 크게 부각되어 왔다.[44]

　유엔은 이러한 문제들을 해결하기 위한 국제회의의 개최를 주도하거나 지원하고 필요한 경우 그 실천을 위한 의제 및 행동강령을 채택하기 시작하였다.[45] 예를 들어, 유엔은 지난 1992년 6월 브라질의 리우데자네이루에서 '유엔 환경개발회의'를 개최하고 '지속가능한 개발원칙' 등 지구환경보존을 위한 기본원칙을 규정한 「환경 및 개발에 관한 리우 선언」(Rio Declaration on Environment and Development)과 실천계획을 담은 「의제 21」 (Agenda 21)을 채택하였다.[46] 1993년 6월에는 비엔나에서 '유엔 인권회의'를 개최하고 「비엔나 선언 및 행동계획」(Vienna Declaration and Programme of Action)을 채택하였다. 1995년 3월에는 코펜하겐에서 '유엔 사회개발정상회의'를 개최하여 빈곤퇴치, 고용창출, 그리고 사회통합 등 3대 핵심과제와 그 실천의지를 담은 「코펜하겐 선언」 (Copenhagen Declaration)과 「행동계획」(Programme of Action)을 채택한 바 있다. 1995년 9월에는 북경에서 '제4차 세계여성회의'를 개최하고 생활의 모든 분야에서 여성의 현 지위와 인권 상태를 개선하기 위한 노력이 필요함을 인정하고, 여성의 전면적이고 동등한 참여를 보장하는 법, 정책 및 프로그램을 강화하기 위한 「선언 및 행동강령」 (Declaration and Platform for Action)을 채택한 바 있다[47].

　냉전 종식과 세계화의 급진전으로 국제관계가 급변성, 다변성, 복합성을 띠게 되면서 안보 영역에 있어서도 다양한 변화와 확장이 생기기 시작하였다. 안보와 관련하여 군사안보를 중심으로 하는 전통적인 국가안보뿐만 아니라 인간 개개인의 생존과 복지, 그리고 존엄성에 위협이 되는 제반 요소들을 제거하는 맥락으로 확대되어야 한다는 인식이

---

44) B. Fassbender, *supra* note 13, p.580; Jost Delbruck, "A More Effective International Law or a New 'World Law'? : Some of the Development of International Law in a Changing International System", *Indiana Law Journal*, Vol.68, 1993, pp.712-713.

45) '유엔이 후원한 국제회의 및 정상회의'(UN-sponsored global conferences and summits)의 현황에 대해서는 Karen A. Mingst and Margaret P. Karns, *op. cit.*, p.47 참조.

46) 이후 2002년 들어서는 남아프리카공화국의 요하네스버그에서 '지속가능한개발정상회의'를 개최하고 「지속가능한개발을 위한 요하네스버그 선언」(Johannesburg Declaration on Sustainable Development)과 그 「이행계획」(Plan of Implementation)을 채택하여 지구환경을 보호하고 빈곤국 주민들의 삶의 질을 향상시킬 것을 결의하고 그 실천사항을 제시하였으며, 2012년에는 브라질의 리우데자네이루에서 「유엔지속가능개발회의」를 개최하여 그 결과문서로 「우리가 원하는 미래」(The Future We Want)가 채택되었다(오영달, 「인권, 환경, 개발과 유엔의 역할」, 박흥순·조한승·정우탁 엮음, 『유엔과 세계평화』(도서출판 오름, 2013), pp.196-199).

47) 상게논문, pp.185-216 참조.

확산되면서 '인간안보'의 중요성이 부각되었다. 인간안보는 특히 '개발'(development) 의제와 관련하여 국제적 관심을 끌기 시작하였다. 1994년 Boutros Boutros-Ghali 당시 사무총장이 「개발을 위한 의제」(*Agenda for Development*)를 제출함으로써 개발 의제에 대한 유엔의 적극적인 역할을 촉구하였다. 「개발을 위한 의제」에서 Boutros-Ghali 사무총장은 개발에 대한 권리를 기본적 인권의 하나로 선언하고 평화, 경제, 시민사회, 민주주의, 사회적 정의, 환경이 개발과정의 불가결한 구성요소로 작용함을 강조하였다.[48]

유엔은 개발의 개념을 단순한 '경제개발'에서 '사회개발' 및 '인간개발' 문제로 전환시켰으며 유엔개발계획(UNDP)에 의하여 발간되는 「인간개발보고서」(*Human Development Report 1994-New Dimension of Human Security*)에 반영되도록 하였다. 「인간개발보고서」는 바로 인간안보의 관점에서 개발 의제를 다루고 있는 것이다. 1999년 Kofi Annan 당시 유엔 사무총장은 '인도적 개입'(humanitarian intervention)의 문제에 효과적으로 대응하기 위한 국제적 기준과 합의방안을 마련할 필요가 있음을 역설하고, 2000년에 열린 '유엔 새천년정상회의'에서는 '개인의 기본적 자유'로서의 '개인주권'(individual sovereignty)과 '국가주권'이 상호 긴장관계를 이루는 상황에서 개인주권을 보호하기 위한 국제공동체의 대응이 필요하다는 점을 강조하였다.[49]

이에 따라 캐나다에서는 정부의 후원으로 '개입과 주권에 관한 국제위원회'(ICISS)가 구성되어 활동을 개시하였다. ICISS는 2001년에 「보호책임」(*Responsibility to Protect*)이라는 보고서를 발간하였다. 이를 계기로 유엔은 R2P 문제에 관하여 본격적으로 논의하기 시작하였다. 그 결과 2003년에 '위협과 도전, 변화에 관한 고위급패널'에 의하여 진전된 논의가 포함된 보고서(「보다 안전한 세계: 우리가 공유하는 책임」(*A More Secure World: Our Shared Responsibility*))가 발표되고, 2005년에는 '밀레니엄 정상화의' 5주년을 맞이하여 Annan 사무총장의 관련 보고서(「보다 많은 자유」(*In Larger Freedom*))가 발표되었다. Annan 사무총장은 이 보고서에서 기존의 '인도적 개입' 개념을 대체하는 것으로서 '집단적 책임'(collective responsibility)에 근거를 둔 R2P의 개념을 수용한 바 있다. 2005년 9월에 열린 유엔 총회 고위급 본회의에 모인 세계정상들은 그때까지 논의된 R2P의 개념을 받아들이고 개발, 평화와 집단안보, 인권과 법치주의, 유엔의 강화를 포함하는

---

48) 상계논문, p.207 참조.
49) G. Evans, *supra* note 19, pp.34-38.

「세계정상회의 결과물」(*World Summit Outcome*)을 채택·발표하였다. 이 결과물은 그 해 제60회 유엔 총회에서 결의 제60/1호로 만장일치로 채택되었다.[50]

Kofi Annan의 뒤를 이어 취임한 반기문 유엔 사무총장은 2009년 1월 30일 제63차 회기에서 R2P에 관한 보고서인 「보호책임의 이행」(*Implementing the Responsibility*)을 발표하였다. 이 보고서는 R2P 원칙이 유엔 총회와 안보리에 의하여 승인되었음을 전제로 특히 2005년 「세계정상회의 결과물」 제138항과 139항에 포함된 R2P의 내용을 재확인한 다음 그 구체적 이행방안으로 '세 기둥 체계 접근방식'(three-pillar approach)을 채택하였다.[51]

국제공동체의 변화 및 도전에 대응한 유엔의 제반 시도는 지금까지의 국가의 권리·의무를 중심으로 생각되어 오던 국제사회의 문제가 인간 중심의 국제공동체적 문제로 전환되어가고 있음을 보여주고 있다. 기존의 국제평화 및 안전의 확보를 넘어서서 인간의 존엄성 및 인권을 보장하기 위한 '인간안보'의 과제는 이제 유엔을 중심으로 한 국제공동체의 핵심적 과제로 부각되고 있으며 유엔으로 하여금 이에 적절하게 대응할 수 있는 체제 및 역량을 갖추어 나가도록 요청하고 있는 것이다.

3. 국제공동체의 발전과 유엔의 개혁과제

유엔이 국제사회(공동체)로부터 요구 받고 있는 역할 및 과제를 충실하게 수행해 나가는 데 많은 문제와 한계가 있다는 점은 그 창설 당시부터 제기되기 시작했던 것이 사실이다.[52] 유엔의 문제와 한계에 대해서는 주로 개념적·정치적 측면, 제도적·행정적 측면, 그리고 재정적 측면을 중심으로 지적되어 왔으며,[53] 그 문제와 한계를 해결하기 위한

---

50) *Ibid.*, pp43-50; 박기갑 외, 전게서, pp.57-81; 이신화, 「세계안보와 유엔의 역할」, 박흥순 외 엮음, 전게서, pp.147-164 참조; Anne Orford는 유엔 헌장 채택 이후 국제관계에 있어서 가장 중요한 규범적 발전이 있다면 아마도 이는 R2P의 인정일 것이라고 하면서, 이로 인하여 국가들을 국제적 감독 하에 두는 것이 정당화 되고 국가주권의 성격 변화를 가져왔다고 보았다. A. Orford는 국가주권이 상대화됨으로써 궁극적으로 그 정당성은 '국제공동체의 승인' 여하에 따라 판단될 수 있을 것으로 보고 있다(Anne Orford, *International Authority and the Responsibility to Protect* (Cambridge: Cambridge University Press, 2011), Jan Klabbers, *International Law* (Cambridge: Cambridge University Press, 2014), p.198에서 재인용.)

51) 상세한 내용은 박기갑 외, 상게서, pp.87-99 참조.

52) 유엔의 창설 당시로부터 1980년대까지의 유엔 개혁에 관한 논의에 대해서는 조한승, 「유엔 개혁의 주요 쟁점과 도전과제」, 박흥순 외, 전게서, pp.268-275 참조.

방안 또는 대안과 관련해서도 매우 다양한 의견들이 지시되어 왔다. 일부 논자들은 유엔의 헌장 상 기능을 활성화하거나 활동을 재조정하는 정도에서 그 개혁이 이루어져야 한다고 보는 반면에, 유엔이 '사실상' 새로운 국제조직으로 재조직되어야 한다거나 아니면 '본질적으로' 다른 차원의 국제조직으로 전환되거나 대체되어야 한다는 급진적인 입장도 있다.[54]

지금까지 유엔의 활동 및 그 개혁과 관련하여 제기되어 온 다양한 과제들을 요약하면 다음과 같다:[55] 첫째, 유엔은 평화와 안전의 유지라고 하는 고전적인 과제뿐만 아니라 배분적 정의 또는 세계적 복지의 실현, 인간의 존엄 및 가치에 근거한 인권 보장, 그리고 환경의 보호 등 인간안보적 차원의 국제공동체 가치의 실현을 위한 논의를 주도하고 그 해결 과제들을 효율적으로 실천해 나갈 수 있도록 해야만 한다. 이와 관련하여 유엔의 법적 지위 및 목표에 대한 개념적 차원의 혁신이 이루어져야 할 필요가 있다.[56]

둘째, 유엔은 '보편성(universality) 원칙' 및 '주권평등(sovereign equality) 원칙'에 기초를 두고 유엔 체제 내의 '민주적 대표성'과 '민주적 정책결정 과정'을 강화함으로써 그 정당성이 제고될 수 있도록 해야만 한다. 이를 위하여 국가들뿐만 아니라 다양한 비국가 행위자들의 참여를 확대하는 방향으로 제도적 개혁을 추진해야만 한다.[57] 이를 통하여 유엔이 글로벌 거버넌스의 중심 기관으로서 그 역할을 효과적으로 수행할 수 있게 된다고 보는 것이다.[58] 이와 관련하여 안전보장이사회의 확대 재편과 거부권(veto power) 제

---

53) 김부찬, 「국제연합의 개혁」, 『국제법평론』, 통권 제9호, 1997, pp.64-69 참조.

54) Maurice Bertrand and Daniel Warner (eds.), *A New Charter for a Worldwide Organization*(The Hague: Kluwer Law International, 1997); Harold Stassen, *United Nations - A Working Paper for Restructuring* - (Minneapolis: Lerner Publications, 1994).

55) 김부찬, 전게논문, pp.69-73 참조.

56) Thomas G. Weiss *et al.*, *op. cit.*, p.90.

57) C. F. Agler, *op. cit.*, pp.346-347.

58) Karen A. Mingst and Margaret P. Karns, *op. cit.*, pp.11-12, 290; Elisabeth Zoller, "Institutional Aspects of International Governance", *Indiana Journal of Global Legal Studies*, Vol.3, 1995, pp.121-23; Saul H. Mendlovitz and Burns H. Weston, "The United Nations at Fifty: Toward Humane Global Governance", *Transnational Law & Contemporary Problems*, Vol.4, 1994, pp.309-26. 즉, 유엔이 '세계정부'(world government)로서의 역할을 수행하기를 기대하는 것은 어렵지만 적어도 글로벌 거버넌스 차원에서 그 기능을 수행하는 것은 가능하며 또한 필요하다고 본다. 세계정부는 확립된 제도에 의한 집권적 권력행사를 의미하는 것이지만 글로벌 거버넌스는 국가, 정부간기구, 그리고 비정부기구 등의 협력적 권력행사를 통한 문제의 처리 및 해결을 시도할 수 있는 정도의 체제를 필요로 하는 것이기 때문이다. Anne-Marie Slaughter, "The Real New World Order", *Foreign Affairs*, Vol.76 No.5, 1997, p.184 참조.

도를 중심으로 한 의결제도의 개선이 필요하다고 본다.[59]

셋째, 유엔은 국제적법치주의의 강화에 기여할 수 있도록 개혁되어야 한다.[60] 따라서 유엔은 스스로 국제법에 따라 민주적인 방식으로 권한을 행사해야만 할 뿐만 아니라, 국제공동체 규범인 국제법을 확충하고 그 실효성을 제고하기 위한 방안을 마련해 나가야만 한다. 따라서 국제법 정립에 관한 역할을 강화하고 국제사법재판소(International Court of Justice; ICJ)의 관할권을 확대함은 물론 안전보장이사회의 기능 활성화 등을 통하여 국제법의 적용 및 집행과 관련된 역할 제고에 힘쓸 필요가 있다.[61]

넷째, 유엔은 실효성과 비용효율성을 제고하는 방향으로 개혁되어야 한다. 유엔 체제의 방대한 기구와 조직들을 간소화하고 재편하며 업무를 통·폐합 내지 조정하는 문제와 관련하여 그 획기적인 개혁 방안이 마련되어야 한다.[62]

그동안 유엔 개혁과 관련하여 많은 전문가들과 국가들, 그리고 유엔 스스로의 개혁안들이 제기되어 왔다.[63] 이와 관련하여 우선 1969년 발간된 「60년대의 유엔의 개발체제의 능력에 관한 잭슨 보고서」(*Jackson Report on The Capacity of the UN Development System in the Sixties*)와 1977년 12월에 채택된 「70년대의 구조개편에 관한 유엔 총회의 결의 32/197」(General Assembly Resolution 32/197 on Restructuring in the Seventies)가 중요한 의미를 가진다. 유엔은 1969년부터 1985년 사이에 '공동조사기구'(Joint Inspection Unit)의 이름으로 M. Bertrand에 의하여 제출된 선구적 보고서들 덕분에 행정적 차원에서의 유엔의 문제점에 관하여 인식을 하게 되었다.[64]

---

59) Ronald I. Spiers, "Reforming the United Nations", Roger A. Coate (ed.), *U.S. Policy and the Future of the United Nations* (New York: The Twentieth Century Fund Press, 1994), pp.27-35.

60) The Commission on Global Governance, *op. cit.*, pp.303-334; Leo Gross, "The United Nations and the Role of Law", Roberts S. Wood (ed.), *The Process of International Organization* (New York: Random House, 1971), p.341.

61) Richard A. Falk, "The United Nations and the Rule of Law", *Transnational Law & Contemporary Problems*, Vol.4, 1994, pp.611-42; Ernest S. Easterly, Ⅲ, "The Rule of Law and the New World Order", *Southern University Law Review*, Vol.22, 1995, pp.161-83; John Quigley, "The New World Order and the Rule of Law", *Syracuse Journal of International Law and Commerce*, Vol.18, 1992, pp.75-110.

62) Louis B. Sohn, Jay M. Volgelson and Kathryn S. Mack, "Report on Improving the Effectiveness of the United Nations in Advancing the Rule of Law in the World", *International Lawyer*, Vol.29, 1995, pp.293-95; Allen Overland(Reporter), "The United Nations Response to a Changing World: International Law Implications", *American Society of International Law Proceedings*, Vol.86, 1992, pp.303-23.

63) 김부찬, 전게논문, pp.74-79 참조.

64) 중요한 보고서들은 다음과 같다: JIU/REP/69/7, JIU/REP/71/7, JIU/REP/72/10, JIU/REP/74/1, JIU/

이를 바탕으로 유엔은 행정적·관리적 차원에서 보다 나은 조정, 구조재편, 책임 및 비용의 효율성 등을 위한 개혁을 시도하기 시작하였다. 총회는 유엔의 행정적·재정적 기능의 효율성을 보다 강화시키기 위한 방안을 강구하기 위하여 '정부간고위급전문가 그룹'을 설치하였다. 그러나 이러한 대처는 위기의 정치적 근원들을 간과하는 것으로서 유엔이 직면한 '다자주의의 위기'(crisis of multilateralism)를 극복하는 데는 많은 한계가 있었다. 그 결과 1980년대 중반에 이르러 유엔체제에 대한 근본적인 개혁방안(new reform paradigm)으로서 M. Bertrand가 '제3 세대의 세계기구'(third-generation world organization) 창설을 제안하기도 했다.[65][66] '미국유엔협회'에 의하여 발간된 「계승자의 전망에 관한 보고서」(*The Successor Vision Report*)도 유엔의 진로에 대한 '再定向'(reorientation)을 제안함으로써[67] Bertrand의 입장에 동조하는 것이었다.[68]

1990년대 들어서는 1995년 유엔 창설 50주년을 맞이하여 글로벌 거버넌스 위원회 (the Commission on Global Governance)가 보고서의 형식으로 출간한 *Our Global Neighborhood*[69]에서 유엔의 개혁안을 제시하고 있다. 여기서 제시되고 있는 개혁안은

REP/77/1, JIU/REP/78/1, JIU/REP/85/10, 그리고 JIU/REP/85/11 등이다. Victor-Yves Ghebali, "United Nations Reform Proposals Since the End of the Cold War: An Overview", in Maurice Bertrand and Daniel Warner (eds.), *op. cit.*, p.79 주 3 참조.

65) M. Bertrand는 그의 논문인 「유엔의 개혁에 관한 몇 가지 회고」(Some Reflections on Reform of the United Nations)를 통하여 그동안 유엔이 첫째, 집단적 안전보장이 헌장의 규정에 기초하여 성취될 수 있다는 것; 둘째, 남반구의 빈국들이 분파적인 개발전략에 의하여 발전할 수 있으리라는 것; 그리고 셋째, 유엔이 가장 중요한 세계적 문제들을 논의하는 장소로서 그 지지자들에 의하여 널리 수락되지 않는다 하더라도 회원국들 간의 외교적 교섭을 통하여 정치적 합의(political consensus)를 도출할 수 있으리라는 것 등 세 가지 환상 속에서 활동해 왔다는 점을 지적하면서 보다 근본적인 차원에서의 유엔의 개혁을 주장하고 있다 (JIU/REP/85/9; Victor-Yves Ghebali, *op. cit.*, pp.79-80).

66) M. Bertrand는 또한 '세계안보기구'(World Security Organization)이라는 이름을 갖는 새로운 세계적 국제기구의 설립을 제안하고 있다. 이 기구는 '세계안전보장이사회'(Global Security Council), '세계의회'(World Parliament), '총회'(General Assembly), '세계위원회'(World Commission), '소수국민이사회'(Council of National Minorities), '세계중앙은행'(Central World Bank), '다양하고 특수한 영역·기술위원회'(various special, sectoral and technical Committees), '세계 개발 및 투자기금'(World Fund for development and investment), 그리고 '세계사법재판소'(World Court of Justice) 등의 주요기관을 포함하고 있다(M. Bertrand, "Working Paper on the Establishment of a 'Charter-Objective' Project for a New World Organization", in Maurice Bertrand and Daniel Warner (eds)., *op. cit.*, pp.45-66).

67) The United Nations Association of the United States of America, *A Successor Vision: The United Nations of Tomorrow* (New York: United Nations Association of the USA, 1987).

68) Victor-Yves Ghebali, "United Nations Reform Proposals Since the End of the Cold War: An Overview", in Maurice Bertrand and Daniel Warner (eds.), *op. cit.*, p.79.

69) 이 책은 우리나라에서 1995년, 조선일보사에 의하여 유재천 번역의 『세계는 하나, 우리의 이웃』이라는 제목으

기존의 유엔을 해체하고 새로운 기구를 만들기보다는 개조와 쇄신의 방법으로 유엔의 개혁을 요구하고 있다는 점에서 일종의 점진적 접근에 속한다고 할 수 있지만 그 내용을 보면 매우 혁신적으로 접근하고 있는 것이 사실이다.[70]

4. 유엔 개혁의 성과 및 한계[71]

1990년대 유엔의 안팎에서 제시된 다양한 개혁안을 참고로 하여 1997년 당시 유엔 사무총장인 Kofi Annan이 총회에 제출한 「유엔개혁 보고서」에는 'Two-track'의 개혁 방안이 포함되고 있었다. Track Ⅰ 개혁안은 기본적으로 사무총장의 권한에 속한 사항으로서 유엔헌장의 개정 없이 사무총장이 전권을 가지고 행정적으로 추진할 수 있는 수준이며, Track Ⅱ 개혁안은 제도적·재정적 차원의 유엔 개혁을 내용으로 하는 것이어서 회원국들의 대폭적인 협조가 필요하거나 헌장의 개정을 요하는 것이었다.

Annan 사무총장은 1997년 총회의 승인이 필요한 Track Ⅱ 계획과 관련하여 「유엔의 갱신: 개혁프로그램」(Renewing the UN: A Programme for Reform)을 제안함으로써 유엔 내부의 행정·관리 체제에 대한 개혁을 꾀하는 한편 개발과 관련된 유엔 기구들과의 업무 협력과 인도주의 지원 사업을 활성화 하고 마약 및 국제범죄 관련 업무를 총괄하는 사무소의 설치를 추진하였다. Annan 사무총장은 2000년 8월에는 '인적자원관리에 관한 보고서'와 '평화유지활동'(PKO)에 대한 전반적인 개혁조치 구상을 담은 「브라히미 보고서」(*Brahimi Report*)를 발간하였다. 계속하여 2001년 9월에는 2000년에 개최된 유엔 새천년 정상회의에서 채택된 「새천년선언」(Millennium Declaration)[72]의 구체적 이행방안을 제시하는 로드맵(Road Map Towards the Implementation of the UN Millennium Declaration)[73]을 발간하였다.

로 출간되었다.

70) The Commission on Global Governance, *op. cit.*, pp. 225-302.

71) 조한승, 전게논문, pp. 275-282 참조.

72) 이 선언에는 총회의 효율성 제고, 안전보장이사회의 포괄적 개혁, 경제사회이사회의 역할 강화, 사무국 관리 강화 등의 과제가 포함되고 있다(UN Doc. A/RES/55/2(2000)).

73) 여기에서 유엔의 강화를 위한 개혁조치를 추진하기 위하여 유엔의 임무 수행을 위한 안정적인 재원 확보, 내부관리 활동의 강화, 유엔 직원의 보호 강화, 유엔과 세P은행 등과의 관계 강화, 그리고 국제의원연맹, 민간 부문, NGO 등과의 협력 등이 제시되었다(조한승, 전게논문, p.278).

재임한 Annan 사무총장은 2002년에 「유엔의 강화: 미래의 변화를 위한 의제」 (Strengthening of the UN: an agenda for further change)를 발표하여 유엔 개혁에 박차를 가하고자 하였다. 2003년 9월에는 개혁의 본격적 추진을 위한 '고위급패널'을 조직하였는데, 이 패널은 2004년 12월에 평화와 안전에 대한 유엔의 과제를 다룬 보고서 「보다 안전한 세상: 우리가 공유하는 책임」을 유엔에 제출하였다. 2005년 9월 유엔은 2000년에 발표한 「새천년개발목표」(Millennium Development Goals; MDGs)의 진전을 평가하기 위한 '세계정상회의'를 개최하고 제60차 총회 결의문으로 유엔의 역할과 기능을 강화하는 데 필요한 제안을 담은 「세계정상회의 결과물」을 채택·발표하였다.[74]

2005년 세계정상회의를 통해 유엔 개혁이 다시 강조되었지만 지금까지의 경과를 보면 민주성과 대표성을 포함하는 유엔의 구조 및 가치에 대한 근본적 변화보다는 실효성과 전문성, 효율성을 제고하기 위한 실무적 차원의 제도개편이 주로 이루어져 왔다. 그러나 2006년 유엔 총회 결의에 따라 경제사회이사회 산하의 '인권위원회'(Commission on Human Rights)를 대체하는 '인권이사회'(Human Rights Council)를 총회 산하에 설치한 것은 인권의 중요성을 재확인하고 인권보장을 국제공동체의 핵심적 과제로 설정하고 있다는 점을 보여주는 중요한 사례이다.

유엔 개혁의 관건은 안전보장이사회(안보리)의 개혁에 있다고 보아도 과언이 아닐 것이다. 사실 1992년에 취임한 Boutros Boutros-Ghali 유엔 사무총장은 당시 헌장 개정을 포함하는 유엔 기구의 근본적 개혁을 추진하면서 안보리 개편과 유엔의 집단안전보장제도의 활성화를 주된 목표로 삼았었다. 이에 따라 1994년 유엔 총회는 재정상황 개선, 유엔체제 강화, 안보리 개편, 평화를 위한 의제, 그리고 개발을 위한 의제 등의 개혁방안에 관한 고위 실무그룹의 보고를 청취하고 이를 본격적으로 추진하기로 한 바 있다.

그러나 이 가운데 개발 부문에 관한 실무그룹은 임무를 완료했지만 나머지 분야는, 안보리 개편 문제를 제외하고는 활동이 중단되고 말았다. 특히 Boutros-Ghali 사무총장은 평화유지에 대한 유엔의 역할 강화를 포함하는 '평화를 위한 의제'를 제시하였지만 여러 회원국들의 반발에 직면하였다. 그 후 Annan 사무총장과 현재 반기문 사무총장의 재임 기간 동안에도 상임 및 비상임이사국 수의 확대 및 구성 방법, 대표의 형평성

---

74) 이에는 평화구축위원회(PBC) 수립, 중앙긴급대응기금(CERF) 창설, 민주주의 기금(Democracy Fund) 수립, 안전보장이사회강화, 유엔체제 공조 개선, 인권이사회(Human Rights Council) 신설 등이 포함되고 있다(조한승, 상계논문, pp.279-280).

(equitable representation) 문제, 거부권 제도를 포함한 의사결정방식의 개선, 그리고 업무의 효율성 증대 방안을 중심으로 안보리 개혁 방안이 논의되어 왔으나, 지금까지 그 구체적인 성과가 나타나지 않고 있는 상황이다.[75]

앞에서 언급한 바와 같이 유엔이 역점 과제로 추진하고 있는 R2P 이행과 관련하여 필요한 경우 국제공동체가 안보리를 통하여 무력적으로 개입할 수 있는 경우를 명시하고 있다. 사실 R2P의 이행에 있어서 핵심적인 부분은 심각한 인권침해 사태가 발생하였을 경우 이를 제거하기 위한 적절한 수단으로써 무력적 조치를 취할 수 있다는 데 있다. 그러나 현 국제법 하에서 무력사용은 일반적으로 금지되어 있으며, 그 예외는 유엔 헌장 제7장에 따른 집단적 안전보장제도(collective security)와 제51조에 따른 자위권(right of self-defence)에 근거를 둔 경우로 한정되고 있다. 따라서 유엔 헌장체제에 따를 경우 R2P의 이행과 관련한 무력사용에 있어서도 제7장의 규정에 따른 안보리 결의가 있어야만 하며 이 결의가 성립되기 위해서는 거부권을 갖고 있는 상임이사국 모두의 동의가 있어야만 한다.

이 때문에 당초 ICISS의 보고서에서는 안보리 상임이사국에 대하여 거부권 행사를 금지하고 일정한 경우 군사적 개입을 승인하도록 하는 의무를 제안하고,[76] 안보리가 자신의 책임을 다하지 못할 경우 적합한 다른 수단을 강구할 것을 고려해야만 하도록 했던 것이다.[77] 그러나 ICISS 보고서 이후에 R2P 관련 문서에서는 이와 같은 내용은 언급되지 않고 있는 것이 사실이다.[78] 그러나 국제공동체는 특히 R2P의 이행과 관련하여 자신의 권한을 유엔에 위임하고 있다는 점에서[79] R2P의 이행과 관련한 유엔 기관, 특히 안보리의 책임이 효율적으로 이행될 수 있도록 제도적 개선 방안을 마련하지 않으면 안 된다고 본다.

---

75) 조한승, 전게논문, pp.283-292; 김부찬, 「유엔 안전보장이사회의 개혁」, 『국제법학회논총』, 제43권 제2호, 1998, pp.1-20 참조.

76) ICISS는 자국의 중대한 국가이익이 개입되지 않는 한 안보리 상임이사국은 다수가 지지하고 있는 인권보호를 위한 군사적 개입에 대해 거부권을 행사할 수 없으며, 군사적 개입을 승인해야 할 의무가 있는 것으로 보았다 (*ICISS Report*, p.xiii).

77) 박기갑 외, 전게서, p.63. 안보리는 대안과 관련하여 유엔 총회를 활용하는 방안과 개별국가의 보편관할권을 활용하는 방안을 모색할 수 있을 것이나, 이 역시 실현가능성은 높지 않다고 본다.

78) 상게서, p.170.

79) 앞의 주 37 참조.

Ⅳ. 결론

근대에 접어들어 주권국가들을 구성원으로 하는 국제사회가 형성되었으며, 국제사회의 법규범으로서 국제법이 성립·발전하기 시작하였다. 그러나 20세기에 들어와 급격하게 국제사회의 조직화가 이루어지기 시작하였으며 20세기 중반에서부터 국제공공질서에 대한 공감대를 바탕으로 국제사회는 점차 공동체적인 모습을 띠기 시작하였다. 21세기에 접어들어서 세계화의 흐름이 더욱 두드러지게 되었으며 그에 힘입어 통합적 요소가 더욱 증대되어 왔다. 세계화의 흐름은 국가 및 국제사회에 대한 전통적인 관점에 대한 중대한 도전 요소로 작용하였으며, 국제사회는 구조적으로 공동체적 특성을 강하게 지니게 되었다.

국제사회가 국제공동체로 변화되도록 하는 데 중요한 역할을 수행해 온 것은 바로 국제기구와 국제법이며 국제사회가 국제공동체로 발전해 나감에 따라 국제기구와 국제법의 역할 및 성격에도 많은 변화가 나타나게 되었다.

국제사회가 국제공동체로 발전하고 국제법이 국제공동체의 법으로 변화하도록 하는데 결정적인 영향을 미친 것은 바로 유엔이다. 유엔은 엄밀한 의미에서 보면 정부간기구에 불과하지만 국제공동체의 생성과 발전 과정에서 단순히 국가 간의 이해관계를 논의하고 조절하는 국제주의적 기구로서만이 아니라 국가를 비롯하여, 국제공동체의 다양한 구성원들에 의한 글로벌 거버넌스의 중심적 기구로서 그 역할을 수행해 왔음을 알 수 있다. 유엔은 국제공동체의 가치와 목표를 정립하고 그 실현을 위한 의제를 설정하는 중심적 기관으로 활동하고 있는 것이다.

유엔은 그동안 국제평화와 안전에 관한 분야에 있어서뿐만 아니라 국제공동체 차원에서 새롭게 부각되어진 인간안보의 과제를 해결해 나가는 데도 많은 노력을 경주하고 있다. 유엔은 국제인권법이 국제법체계의 중심에 자리잡을 수 있도록 하고 국가주권이 인권 보장을 위하여 그 자리를 양보해야만 하도록 R2P 원칙을 발전 시켜 나가는 데 많은 관심을 기울이고 있다. 유엔은 강행규범 및 대세적 의무의 존재를 제도적으로 확립함으로써 국가 중심의 전통적인 국제법 질서가 인간 중심의 공동체적 법질서로 변모할 수 있도록 하는 데도 크게 기여하고 있다.

국제적법치주의의 증진을 통하여 국제공동체가 법적 공동체로서의 성격을 보다 강화시켜 나가는 것이 국제공동체에 부과된 중요한 과제라고 한다면, 이러한 과제를 해결해 나가는 데 있어서 유엔이 그 중심적 역할을 수행하는 것은 매우 당연하고도 필요한 일이 될 것이다. 창설 70주년을 넘긴 시점에서 유엔은 국제공동체의 대표기관으로서 자신에게 부여된 역할을 효율적으로 수행할 수 있도록 전체 구성원들의 공동체 의식과 의지를 새롭게 다지고, 자신에게 부과된 개혁 과제들을 슬기롭게 해결해 나가지 않으면 안 된다.

유엔이 과연 지금과 같은 제도적·행정적 구조와 조직 체제를 유지하면서 이러한 과제들을 수행해 나갈 수 있을 것인지, 아니면 국제공동체의 대표적 국제기구로서의 기능을 수행할 수 있도록 보다 근본적 차원에서 개혁을 모색해야만 하거나 새로운 형태의 국제기구에 의하여 대체되는 운명을 맞이하게 될지는 국제공동체의 향후 전개 과정과 밀접한 관련을 맺게 되는 문제일 것이다. 유엔이 어떠한 길을 선택할지, 이와 관련하여 국제공동체가 향후 어떻게 발전되어 나갈지 그 귀추가 매우 주목된다고 본다.

제8장

국제기업의 국제법주체성과 외교적 보호

I. 서론

오늘날 해외투자(foreign investment)[1]는 주로 국제기업 또는 다국적기업(multinational enterprises, transnational corporations)[2]을 통하여 이루어지고 있다. 국제기업은 보통 자본수출국에 본사(parent company)를 두고 해외, 즉 자본수입국에 지점(branches)이나 자회사들(daughter companies)을 설치하여 국제적인 경제 및 경영활동을 하고 있는 기업을 말한다.[3] 그동안 해외투자가의 본국에서는 자국민의 해외 투자를 보호하기 위하여 여러

---

1) 해외투자는 투자가의 경영참가 여부에 따라 직접투자(direct investment)와 간접투자(portfolio investment)로 나누어지는데, 국제기업의 형태에 의한 투자는 직접투자에 해당된다. 그 구체적인 형태로는, 사무소와 지점, 판매점, 대리점, 프랜차이즈점, 그리고 현지법인 형태의 해외 자회사 등이 있다. 최승환, 『국제경제법』(법영사, 1998), p.639 참조.

2) 일국의 범위를 벗어나서 국제적인 활동을 하고 있는 기업군의 형태에 대하여 그동안 보통 Multinational Corporations(MNCs)이나 Multinational Enterprises(MNEs)로 불러 왔으며 우리의 경우에는 흔히 다국적기업으로 명명하여 왔다. 그러나 다국적기업이라는 용어는, 이 용어가 지칭하는 실체가 복수의 국적을 가진 기업으로 생각하기 쉽게 하지만 사실 '다국적'기업은 별개의 설립 근거에 의하여 설립되어진, 독립된 기업체들의 복합체로서 단지 경제활동이나 경영면에서 본사의 지휘 하에서 통일적으로 조직·운영되고 있는 기업들의 형태를 의미하는 것이기 때문에 그 의미상 매우 부적절한 것이다. 이 때문에 1974년 8월에 유엔 경제사회이사회에서 Multinational Corporations이나 Multinational Enterprises 대신에 Transnational Corporations(TNCs)를 공식 용어로 채택하였고 현재 이 용어를 사용하는 경우가 점차 많아지고 있다. 여기서도 Transnational Corporations를 사용하고 또한 이를 '국제기업'으로 번역하기로 한다. 그러나 소위 '다국적기업'과 '국제기업'의 개념상 차이를 전제하면서 '국제기업'이라는 용어를 국가 간의 조약에 의하여 설립되는 기업, 즉 International Enterprise의 역어로 사용하는 경우도 있다(용어의 사용에 대해서는 장효상, 『국제경제법』(법영사, 1996), pp.180-182; 유병화 외, 『국제법 I』(법문사, 1999), pp.28, 643; James M. Livingstone, *The International Enterprises*(John Wiley & Sons, 1975), p.9 참조).

가지 방안을 강구하여 왔으며, 투자가인 국제기업 스스로도 국가계약(State contract) 등의 체결을 통하여 자신의 투자를 보호하기 위한 방안을 마련하는 경우가 많다.[4] 그러나 국제기업은 전적으로 일국의 관할이나 보호의 대상으로 취급할 수 없을 만큼 복잡한 조직과 활동 체계를 가지고 있는 것이 보통이며 그 활동의 효과도 여러 국가에 걸쳐서 나타나는 국제적 실체(international entities)로 파악되고 있다. 그리고 국제기업은 점차 국제사회에 있어서 독자적 행위자 내지 주체로서의 지위를 확보해 나가는 과정에 있다.

국제기업은 그 설립 및 활동에 있어서 本國(home country)[5]과 受容國(host country)[6]의 존재를 전제로 한다. 이에 따라 국제기업을 중심으로, 국제기업과 본국, 국제기업과 수용국, 그리고 본국과 수용국 사이에 경제 및 법률관계가 존재하게 됨으로써, 국제기업은 일국의 국내법주체와는 다른 법적 지위를 갖게 된다. 모든 국가는 자신의 영토적 관할권(territorial jurisdiction)에 입각하여, 자국 영역 내의 모든 사람에 대하여 관할권을 행사할 수 있도록 되어 있다. 따라서 국제기업은 그 국적을 불문하고 일차적으로는 수용국의 법에 따라서 활동하도록 요청되고 있다. 또한 국제기업은 자신에게 국적을 부여한 국가의 속인주의 관할권(personal jurisdiction)에 복종하도록 요구되기도 한다. 한편, 본국의 입장에서도 자국민의 해외투자에 대한 법적 보호 및 규제의 필요성에 따라 자국회사의 해외 자회사인 국제기업에 대해서도 관할권을 행사하려고 시도하며, 그 근거로서는 흔히 '지배이론'(Kontrolltheorie, control theory)[7] 내지 '영향이론'(Auswirkungsprinzip, effects doctrine)[8]을 원용하고 있다.

국제기업은 흔히 후진국 내지 개발도상국에 자본과 기술을 투자함으로써 자원개발을

---

3) UN, Department of Economic and Social Affairs, *Multinational Corporations in World Development* (New York: Praeger Publishers, 1974), p.2.

4) Ian Brownlie, *Principles of Public International Law*, 3rd ed.(Oxford: Clarendon Press, 1979), p.545.

5) 국제기업과 관련하여 본국(home country)은 그 본사(parent company)의 소재지국이나 투자가의 국적국을 의미한다. 그러나 보통 개인의 국적국을 본국으로 부르는 것과 혼동을 피하기 위하여 국제기업의 본사의 국적국을 '본사국'으로 부르는 경우도 있다. 이에 대해서는 반병길, 『다국적기업론』(박영사, 1985), p.7 참조.

6) 국제기업의 소재지국을 의미하며, '현지국'이라고도 한다.

7) 이는 '통제이론' 또는 '경영지배자주의'라고도 하며, 소위 '법인실체파악론'이 적용되는 경우에 해당한다. 이에 대해서는 장효상, 전게서, p.168; B. Grossfeld, 정희철 역, 『다국간기업의 법률문제』(삼영사, 1981), p.89 참조.

8) 이는 어느 국가의 영역 밖에서 이루어진 행위라도 만일 그것이 그 자국에 영향을 미치는 행위라면 자국의 국내법을 적용할 수 있다는 이론을 말한다. 장효상, 전게서, p.184; 양명조, 『국제독점금지법』(박영사, 1986), pp.312-314 참조.

비롯한 중요한 경제활동에 참여하는 경우가 많다. 이러한 활동은 주로 '讓許契約'(con-cession contract) 또는 '경제개발협정'(economic development agreement)을 통하여 이루어지는데,[9] 그동안 수용국이 이러한 계약을 일방적으로 파기하고 국제기업을 국유화(nationalization)하는 일이 종종 발생되어 왔던 것이 사실이다. 국제기업과 수용국간의 투자관련 분쟁은 일차적으로는 수용국의 국내법이나 양허계약의 규정에 따라 해결될 수 있는 국내법상의 분쟁이지만, 만일 국제기업의 국적국이 외교적보호권(right of diplomatic protection)을 행사함으로써 직접 수용국을 상대로 국제적 청구를 제기하는 경우에는 국제기업과 수용국 간의 분쟁이 수용국 대 본국 간의 국제적 분쟁으로 전환되기도 한다.

국제기업에 대한 외교적보호권 행사는 국제기업의 국적국이 국제기업을 일종의 자국민 투자가로 간주하고 이를 보호하고자 하는 목적에서 이루어지는 것이지만, 그동안 국제기업에 대한 외교적보호권 행사와 관련하여 여러 가지 문제점이 제기되어 온 것이 사실이다. 외교적보호제도 자체가 후진국이 대부분인 수용국의 입장에서 보면 강대국의 자신에 대한 외교적 간섭을 정당화 시키려는 목적을 가진 것으로 간주되어 온 것도 사실이며, 국제기업 스스로나 본국의 입장에서 보면 그들의 권익을 보호하기에는 매우 미흡한 제도로 인식되어 왔던 것도 사실이다. 이러한 의미에서 1965년에 채택된「국가와 타국국민간의 투자분쟁을 해결하기 위한 협약」(Convention on the Settlement of Investment Disputes between States and Nationals of other States)과 최근에 추진되고 있는「투자보호에 관한 일반조약」의 草案에 의하면,[10] 분쟁해결 절차와 관련하여 국제기업의 지위 및

---

9) 국가가 일방 당사자가 되어 외국의 사인 또는 사기업과 금전채무, 천연자원의 탐사 및 개발, 공익사업, 기술 및 전문적 역무의 제공, 상품의 매매 등 다양한 내용을 대상으로 체결하는 각종의 계약을 '국가계약'이라고 하며, 이 가운데 주로 개발도상국이 자국의 천연자원의 탐사 및 개발, 그리고 이에 필요한 장기적 시설자원의 투자 등을 위하여 외국의 사기업에 일정한 권리를 부여하는 내용의 계약을 '양허계약'이라고 한다(Ian Brownlie, *op. cit.*, p.547; Samuel K. B. Assante, "The Concept of Stability of Contractual Relations in the Transnational Investment Process", in K. Hossain ed., *Legal Aspects of the New International Economic Order*(New York: Nichols Publishing Company, 1980), p.237. 양허계약은 국가가 일방적으로 국제기업에 利權을 부여하는 것이라는 의미에서 과거부터 흔히 '이권계약'으로 불러왔으나, 그 내용을 보면 국제기업이 개발도상국의 장기적인 경제개발을 위하여 협력한다는 '공적인 목적'(public purpose)도 강하게 내포되고 있다. 이러한 관점에서 이러한 계약을 '경제개발협정'으로 불러야 옳다는 견해도 있다(Burns H. Weston, Richard A. Falk, and Anthony A. D'Amato, *International Law and World Order*(St. Paul, MN : West Publishing co., 1980), p.714). 여기서는 관례에 따라 '양허계약'이라는 용어를 사용하되, 계약의 국제성을 고려하여 '국제양허계약'을 혼용하기로 한다.

10) 경제협력개발기구(OECD)에서는 1995년 5월에 열린 OECD 각료회의를 시점으로 하여 '다자간투자협

능력이 국제적 차원에서 인정되도록 하고 있는 점이 특히 주목되고 있다.

여기서는 세계화 경제 시대를 맞아 그 중요성이 점차 두드러지고 있는 국제기업의 법적 문제 가운데 국제법주체성 및 외교적보호제도의 문제점에 대하여 검토하고, 이어서 국제기업의 국제법주체성을 적극적으로 인정하는 바탕 위에서 국제기업에 대한 외교적보호제도의 문제점 및 한계를 극복하기 위한 대안을 모색하고자 한다.

Ⅱ. 국제기업의 국제법주체성

1. 국제법주체의 의의 및 종류

1) 국제법주체의 의의

법의 주체(subject of law)란 보통 법률상 권리·의무의 귀속자를 말하며, 법의 주체로서의 지위를 특히 법인격(legal personality)이라고 한다. 따라서 국제법의 주체라고 하는 말은 곧 국제법상의 권리·의무가 직접적으로 귀속되는 자를 의미하는 것이다.[11] 보통 국제법에 의하여 법인격이 인정되고 그에 따라 국제법이 적용되는 수범자(Adreβat)와 동일한 의미로 사용되고 있다. 다시 말하면 국제법에 의하여 권리·의무의 주체가 될 수 있는 능력 즉, 권리능력(Rechtsfähigkeit)이 있는 실체(body or entity)가 곧 국제법의 주체로 규정되고 있는 것이다.[12] 반면에 일부 학자들은 조약 체결 또는 기타 국제법의 정립 능력이 인정되고 아울러 국제적 절차에 의한 소송행위를 할 수 있거나 책임능력(Zurechnungsfähigkeit)이 인정되는 경우에 한하여 국제법의 주체로 인정될 수 있다고 주장한다. 따라서 특히 개인의 경우에 국제법주체성이 인정되려면 개인이 자기 이름으로 국제

定'(Multinational Agreement on Investment; MAI)을 채택하기 위한 협상을 계속하여 왔다. 이는 기존의 'OECD 투자규범'을 확대·강화하여 실질적인 투자의 자유화를 달성하기 위한 것이다. MAI는 투자보호, 투자의 자유화, 그리고 투자분쟁의 해결이라는 해외직접투자의 핵심분야에 관한 규칙을 제정하기 위한 최초의 국제적 시도로 주목되고 있었으나 1998년 12월 3일 비공식협의에 이어 OECD는 MAI의 제정을 더 이상 추진하지 않기로 하였다. 이에 대해서는 최승환, 『국제경제법』, 제3판(법영사, 2006), p.820; 박덕영 외, 『국제투자법』(박영사, 2012), pp.12, 96 참조.

11) David H Ott, *Public International Law in the Modern World*(London: Pitman Publishing, 1987), p.47.
12) L. Oppenheim, *International Law*, 2nd ed.(London: Longmans, 1912), p.72(Edward Collins, Jr., ed., *International Law in a Changing World*(New York: Random House, 1970, p.76에서 재인용).

법상의 권리를 주장하거나 자신의 의무 이행이 직접 강제되는 국제법상의 절차가 마련되어 있어야 한다고 주장하고 있다.[13]

그러나 법의 주체라고 하는 말은 앞에서 설명한 바 있듯이, 권리·의무의 직접적인 귀속자라는 의미를 가지고 있으며 그러한 권리의 실현 또는 의무의 이행 절차와는 직접적인 개념 관련성이 없는 것이다. 국제법 주체는 자신의 권리를 실현하기 위하여 국제적 절차는 물론 국내적 절차도 활용할 수 있으며, 반드시 국제적 절차에 의하여 법적 구제수단이 확보되는 경우에 한하여 국제법 주체가 될 수 있는 것은 아니다. 또한 국제법상 권리 의무는 그 실현이나 의무 이행에 관한 국제적 절차가 마련되어 있지 않다고 하여 국내법상의 권리 의무로 되는 것도 아니며 그러한 권리·의무의 귀속주체를 단지 국내법의 주체로서만 인정할 수도 없는 것이다. 국제법주체성을 논하면서 국제법 정립 능력을 고려한다거나 권리능력 외에 행위능력(Handlungsfähigkeit) 내지 소송능력(Prozeßfähigkeit) 또는 책임능력을 근거로 삼는 것은 법의 주체의 개념적 기초인 권리능력과 기타의 능력을 혼동하는 오류를 범하고 있는 것이다.[14]

2) 국제법주체의 종류

국가는 국제사회의 가장 중요한 구성원인 동시에 기본적인 국제법주체로서의 지위가 인정되어 온 실체이다. 국가들은 그 자신의 주권적 지위에 기초하여 국제법주체성이 인

---

13) Ian Brownlie, *op. cit.*, p.61; Bengt Broms, "Subjects: Entitlement in the International Legal System", in R. St. J. Macdonald & D. M. Johnston, *The Structure and Process of International Law: Essays in Legal Philosophy, Doctrine and Theory* (Dordrecht: Martinus Nijhoff Publishers, 1986), p.383. 한편 Starke는 국제법의 주체라고 하는 용어가 의미하는 것으로 (a) 국제법상의 권리·의무의 귀속자, (b) 국제재판소에 대하여 청구를 제기할 수 있는 절차적 권리의 보유자, 그리고 (c) 국제법에 의하여 보장되는 이익의 향유자 등이 있는데, 항상 이러한 개념적 의미가 그대로 적용되고 있는 것은 아니라고 한다. 이에 대해서는 J. G. Starke, *An Introduction to International Law*, 8th ed.(London: Butterworths, 1977), p.66.

한편 최근에는 국제법의 주체(subjects)와 객체(objects) 문제를 엄격하게 분리해서 논하지 않고 국제적인 행위자로서 국제법의 정립이나 분쟁 해결 등 각종 국제적 문제의 처리 과정에 참여하고 있는 실체들을 '국제법 체계의 참여자'(participants in international legal system)로 부르는 경우도 있다. 이에 대해서는 Rosalyn Higgins, *Problems & Process - International Law and How We Use it -* (Oxford: Clarendon Press, 1994), pp.39-55; Lung-Chu Chen, *An Introduction to Contemporary International Law* (New Haven: Yale University Press, 1989), pp.25-84.

14) 배재식, 『국제법 Ⅰ』(한국방송통신대학출판부, 1994), pp.212-216; 김명기, 『국제법원론(상)』(박영사, 1996), pp.102-106.

정되고 있는 기본적(primary) 국제법주체이다. 그리하여 국제법은 전통적으로 국가들의 실행을 기초로 한 관습국제법 및 국가들 간의 명시적 합의에 의한 조약을 주된 법원으로 하여 성립되어 왔다. '분권적 구조'(decentralized structure)를 가지고 있는 국제사회에서 국제법은 주로 국가의 법 정립 기능에 의하여 형성되어 왔으며 국가들은 국제법의 정립자로서 일정한 목적을 위하여 국제기구와 같은 국제적 실체들(international entities)을 창설하고 이를 포함한 다른 실체들에 대하여 국제법주체성을 부여할 수 있는 능력을 가지고 있다고 설명되고 있다. 따라서 국가를 제외한 나머지 국제법주체들은 이차적 (secondary) 또는 파생적 주체(derivative subjects)[15]라고 할 수 있을 것이다. 그리고 A. Verdross에 의하면 국가(그리고 국제기구)는 스스로 국제법을 정립할 수 있는 능력을 가짐으로써 '능동적 국제법주체'(aktive Völkerrechtssubjekte, active subjects)로 규정되고 있으며, 국제법 정립능력이 없이 단지 타국제법주체에 의하여 성립된 국제법에 의하여 권리를 부여받거나 의무를 부담하는 데 불과한 주체는 '수동적 국제법주체'(passive Völkerrechtssubjekte, passive subjects)로 규정되고 있다.[16]

국제기구(international organizations)는 일정한 공동의 목적을 달성하기 위하여 국가들 사이에서 설립조약(constitutive treaty)에 의하여 결성한 국제적 단체를 의미한다. 따라서 국제기구라 함은 보통 국가를 대표하는 정부 간의 합의에 의하여 성립된 '정부간국제기구'(intergovernmental organizations: IGOs)를 의미한다. 이와 같이 그 존재 및 법인격이 국가들 간의 합의에 의존하고 있기 때문에 국제조직의 국제법주체성은 파생적이며 또한 제한적인 성격을 가질 수밖에 없다.[17] 따라서 국제기구의 권한은 국가처럼 일반적이지 못하며, 단지 설립조약에 규정되고 있는 범위 내에서 제한적으로 인정되고 있는 것이다. 오늘날은 설립조약의 문면에 구속되어 국제기구로서의 기능을 원활하게 수행할 수 없게 되는 것을 방지하기 위하여 설립 조약에 규정된 목적에 반하지 아니 하는 범위에서 보다 탄력적으로 국제기구의 권한이 인정될 수 있다는 '묵시적 권한의 원칙'(doctrine of implied powers)도 수용되고 있으나, 여전히 국제기구의 권한 범위는 국제기구의 전문성 및 기능적 성격에 기초를 두고 있으며, 이는 국가의 권한에 비하면 제한적이라고 하

---

15) Werner Levi, *Contemporary International Law: A Concise Introduction* (Boulder : Westview Press, 1979), p.71.

16) Alfred Verdross, *Völkerrecht*, 3 Aufl.(Wien : Springer Verlag, 1955), S.85.

17) Werner Levi, *op. cit.*, p.70.

지 않을 수 없다. 그러나 정부간국제기구는 '비정부국제기구'(non-governmental organi-
zations: NGOs)나 개인들과는 달리 기능적 보호권 또는 직무보호권(right of functional
protection)과 아울러 조약체결 능력도 인정되고 있는 능동적 국제법주체이다.

개인(individuals)의 경우는 그동안 국제법주체성의 인정 여부 및 그 범위와 관련하여
많은 논의가 이루어져 왔다. 국제법주체성이 인정되어지는 범위와 관련하여 국제법상
개인의 권리와 의무가 규정되고 있는 범위 내에서 국제법주체성이 인정될 수 있다는 입
장과 개인이 자기 이름으로 권리를 주장하거나 자신의 의무 이행이 직접 강제되는 국제
법상의 절차가 마련되어 있어야만 국제법주체성이 인정될 수 있다고 보는 입장이 대립
되고 있음에도 불구하고 개인도 국제기구와 마찬가지로 파생적·제한적 국제법주체로서
인정되고 있다는 것은 분명한 사실이다.[18] 그리고 지금까지 국가 및 정부간국제기구가
능동적 주체성을 인정받아 온 것과는 달리 개인은 수동적 국제법주체에 불과하다고 설
명되어 왔다. 사실 개인의 범주에는 자연인(natural person)만이 아니라 법인(juridical
person)도 포함되고 있어서 개인의 국제법주체성을 획일적으로 논하는 것은 매우 어려운
일이다. 최근에 와서는 비정부국제기구, 사기업(private corporations), 콘소시엄(consor-
tium) 그리고 국제기업과 같은 단체 내지 법인체들의 국제법적 지위 문제가 국제기구
및 개인의 국제법주체성과 관련하여 활발하게 논의되고 있으며, 이 가운데 특히 국제기
업의 국제법주체성에 대하여 관심이 모아지고 있다.[19]

2. 국제기업의 국제법주체성

근래 들어 해외투자 주체로서의 국제기업의 활동에 대한 법적 규제 및 보호의 필요성
이 강조되어 왔다. 이에 따라 국제기업의 활동을 중심으로 전개되고 있는 국제경제관계
에 적용되는 법규가 국제법과 국내법의 영역에 새롭게 등장하기에 이르렀으며, 이와 같
이 국제경제관계를 규율하기 위하여 성립되고 있는 법을 '국제경제법'(international eco-
nomic law)이라고 한다.[20]

---

18) 최재훈·정운장 외 7인, 『국제법신강』(신영사, 1996), pp.88-92.
19) *Ibid.*, pp.73-77; David H Ott, *op. cit.*, pp.80-81; Louis Henkin *et al.*, *International Law*, 3rd ed.(St.
　Paul, MN: West Publishing Co., 1993), pp.368-373; Antonio Cassese, *International Law in a Divided
　World*(Oxford: Clarendon Press, 1986), p.103.

국경을 넘어서서 행하여지는 모든 경제활동, 즉 상품·자원·용역의 교환, 노동·자본의 이동, 대외투자와 개발, 기타 모든 국제적인 경제활동을 총칭하여 국제경제관계라고 하며 이에 대한 규제는, 각국의 국내법을 비롯하여, 사적 주체들 사이의 국제적 계약(transnational contract), 사적 주체와 국가와의 국가계약, 또는 국가 간에 체결되는 조약 등에 의하여 이루어지고 있다. 그런데 국제경제법을 어떻게 정의하느냐에 따라 국제경제법의 法源을 포함한 국제경제법의 규율 대상이 결정되고 또한 그 법적 성격도 결정된다.

국제경제법을, '다양한 국제경제주체들이 국제적으로 전개하는 경제활동에 대한 법률관계를 규율하는 법'이라고 보면 앞에서의 모든 법규들이 국제경제법의 법원이 될 수 있다.[21] 이러한 견해는 개인·법인·국가 및 국제기구들 간의 국제경제관계를 전통적인 법 영역의 구분에 얽매이지 않고 실제적인 문제 해결을 위하여 종합적인 고찰을 하는 점에서 일리가 있다고 본다. 그러나 국제경제법을 국제법의 한 분야로 파악하여, '경제에 관한 국제법'으로 본다면,[22] 사인간의 거래에 관한 국내법과 국제사법 등은 그 대상에서 제외된다.

앞에서도 살펴보았듯이, 오늘날의 국제경제활동 특히 국제기업과 같은 국제경제주체의 활동에 대하여 국내법만으로 규제하기는 어려운 실정이다. 따라서 여러 계약이나 조약 등이 국제경제활동의 규제를 위하여 새로이 대두되고 있는 것이다. 이 점에서 국제기업의 법적 문제의 해결을 위한 준거법(applicable law)으로서 국내법과 국제법이 종합적

20) 사실 국제경제법이라는 용어와 그 의미도 통일된 것이 아니다. 국제경제법이라는 용어 외에도 비슷한 의미를 가지는 것으로서 '국제거래법'(law of international transactions), '국제사업활동의 법률문제'(legal problems of doing business abroad or international business), '국제경제관계의 법률문제'(legal problems of international economic relations), '국제거래·관계법'(law of international transactions and relations) 등이 사용되고 있으며(전순신, 「국제경제법의 개념에 관한 일고」, 『국제법학회논총』, 제28권 2호, 1983, p.98), 최근에는 '국제통상법' 또는 '국제무역법'(international trade law)이라는 용어도 흔히 사용되고 있다(최승환, 전게서, p.8; 서헌제, 『국제경제법』(율곡출판사, 1996), p.39). 이러한 용어들의 의미 및 그 차이에 대해서는 전게 논문 및 전게서 외에 櫻井雅夫, 『國際經濟法研究』(東京: 東洋經濟新報社, 1977), pp.5-21 참조.

21) Georg Erler, *Grundproblem des internationales Wirtschaftsrecht*(Göttingen: O. Schwartz, 1956); P.V. van Themaat, *The Changing Structure of International Economic Law*(The Hague: Martinus Nijhoff Publishers, 1981), p.10; 櫻井雅夫, 전게서, p.10 참조. 다만, Erler는 국제경제법을 '조직적인 국제경제의 법'으로 이해함으로써, 사인 간의 거래에 관한 규율을 국제경제법의 대상으로부터 제외하고 있다. 반면에 국제경제법을 광의로 이해하는 다른 입장을 보면, 행위의 주체가 누구이든간에 국경을 넘어서 전개되는 모든 경제거래관계를 규율하는 규범을 국제경제법에 포함시킨다. 장효상, 전게서, p.5; 서헌제, 전게서, pp.36-37.

22) G. Schwarzenberger, "The Principles and Standards of International Economic Law", *Recueil des Cours*, Vol.117, 1966, p.7. Roepke, Ruegger, 그리고 Jacquemin 등도 동일한 입장이다. 이에 관해서는 P. V. van Themaat, *op. cit.*, pp.9-10 참조.

으로 고려되어야 한다는 것은 사실이며, 이에 따라 국제경제법을 국제경제에 관한 모든 법으로 정의하는 것도 의의가 없지는 않다. 그러나 이러한 의미의 국제경제법에는 분명히 국내법에 속하는 법규와 국제법에 속하는 법규가 혼재하게 되어 그 법적 성질을 규명하는 데 있어서 통일성과 독자성을 확보할 수 있을지 의문이다.[23]

예를 들어, 국제경제의 주체로서 국가, 국제경제기구 혹은 국제기업과 관련된 법적 문제가 야기되는 경우, 그 문제 해결을 위한 준거법의 해석·적용에 있어서 자동적으로 국제경제법의 원리 및 관련법규가 원용될 수 있을 것인가 하는 것이다. 물론 필요한 범위 내에서 국내법과 국제법, 기타 적용할 수 있는 계약 등이 혼합적으로 원용될 수는 있을 것이다. 그러나 어느 법규이든 전통적인 법역의 구분에 따라서 국내법 아니면 국제법의 어느 한 영역에 속하게 되며, 이들과는 구별되는 '독자적인 제3의 법체계'[24]에 속하는 것으로 보기는 어렵지 않나 생각된다.

이러한 관점에서 일단 국제경제법은 국제적인 경제활동을 합리적으로 조정하고 뒷받침하는 동시에 적절한 규제를 가하는 국제법규범의 총체로서 국제법의 새로운 분야를 구성한다고 보는 것이 타당하다.[25] 그러나 국제경제법은 국제사회의 발전과 변화를 반영하는 새로운 모습의 국제법이다. 법의 실존적 형태는 고착되어 있는 것이 아니라 사회의 변화에 따라서 탄력적으로 대응·발전하는 것이기 때문에 전통적인 국제법의 영역에 국제경제법 분야가 새롭게 나타나게 되었다고 할 수 있는 것이다. 이러한 의미에서 국제경제법의 영역에 국가 간, 국가와 국제경제기구 간, 그리고 국제경제기구 상호간의 경제

---

23) P. V. van Themaat, *op. cit.*, p.11; 박노형, 「국제경제법의 개념에 관한 고찰」, 『통상법률』, 제8호, 1996, 4, pp.38~56; 최승환, 전게서, p.5.

24) Fatouros가 말하는 'extranational law' 또는 Jessup이 제시하고 있는 'transnational law'가 여기에 해당될 수 있다. Jessup은 transnational law로서의 국제경제법의 성립 가능성을 말하고 있다. 이에 따르면 개인, 국가, 그리고 국제기구를 포함한 모든 행위 주체들이 행하는 국제적인 경제활동에 적용되는 모든 법규들이 국제경제법에 포함되게 될 것이다(P. Jessup, *Transnational Law*(New Haven: Yale University Press, 1956), p.3). 그리고 Katz와 Brewster도 전통적인 국제법학이 국제법 질서의 정치적인 측면만을 다루고 국제법과 국내법의 상호작용을 경시하여 국가 간의 법률문제에 그 대상을 한정시킨 데 대하여, 새로운 국제법률문제연구(international legal studies)는 국제법, 국제사법 및 비교법간의 그리고 국제법과 국내법간의 간격을 없애고 국제법 질서 속에 개인, 법인, 국가, 그리고 국제기구의 '국제거래·관계'(international transactions and relations)에 관한 법률문제를 포함시켜야 한다고 하였다. 따라서 이러한 의미의 '국제거래·관계', 즉 국제경제에 관한 법적 규칙의 총체에는 국제법과 공법·사법을 포함한 국내법이 모두 속하게 될 것이다(櫻井雅夫, 전게서, pp.6~8 참조).

25) 최재훈·정운장 외 7인, 전게서, p.425; 이한기, 『국제법강의』(박영사, 1997), p.600; 이병조·이중범, 『국제법신강』(일조각, 1984). p.478.

관계를 규율하는 '조약이나 관습국제법'만이 포함된다고 고집할 필요도 없으며, 국제기업과 같은 새로운 국제경제관계 주체와 관련된 규범도 국제법의 영역에 포함시키는 인식의 전환이 필요하다고 본다.[26]

국제경제법을 넓은 의미에서 '국제경제에 관한 법'으로 본다면 국제기업이 국제경제법의 주체가 되는 것은 분명하다.[27] 그러나 국제경제법을 '경제에 관한 국제법'으로 정의하게 되면, 과연 국제기업이 국제법의 주체가 될 수 있을까 하는 것이 문제가 된다. 전통적으로 국가와 공공국제기구는 공공의 국제적 역할을 담당하며 스스로 국제법의 정립에도 참여할 수 있는 '능동적 국제법주체'로 인정되어 왔음에 비하여 국제기업은 엄격한 의미에서 그 국적을 부여한 국가의 관할권 내에 있기 때문에 사기업으로서 그리고 국내법 주체로서의 지위를 넘어서서 국제법 주체로서는 인정되지 못해 왔던 것이 사실이다.[28] 그러나 이미 언급한 바와 같이 오늘날 국제기업은 타국 정부와 사실상 동일한 당사자의 지위에 있게 되는 등 국제경제활동에 있어서 능동적으로 행위하고 있다는 점은 부인할 수 없다. 한편 국제법 주체가 될 수 있는 자격은 고정적인 것이 아니다. 오늘날 개인에게는 제한된 범위에서 국제법상 권리·의무의 주체로서의 지위가 인정되고 있는데, 이러한 의미의 '수동적 주체성'은 이미 국제기업에 대해서도 부여되고 있는 것이다.[29]

다만, 국제기업에 대하여 능동적 국제법주체성이 인정될 수 있는지에 관하여는 현재 논의가 분분하다. 아직 국제기업의 능동적 주체성을 명백하게 인정하는 주장은 없다. 국제기업의 역할이 사실상 때로는 국가와 대등하거나 능가하는 경우가 있다고 할지라도, 아직도 국제기업은 주권적인 국가나 공적인 국제경제기구와는 구별되는 사법인에 불과하다고 보는 것이다.[30] 그러나 오늘날 국제기업을 단순한 개인, 즉 자연인과 같이

---

26) 예를 들어, Themaat는 국제경제법이 원칙적으로 '국가 간의 경제관계'(economic relations between States)를 규율 대상으로 하더라도, 직접·간접으로 조약과 관계되는 사인간의 법률관계 및 계약 그리고 국가와 사인간의 계약 등도 '국제법으로서의 국제경제법'에 속할 수 있다고 한다(P. V. van Themaat, *op. cit.*, p.58, 주30 참조).

27) 장효상, 전게서, p.178; 그리고 국제경제법을 일종의 'transnational law'로 보는 경우 국제기업은 transnational law의 주체가 된다고 본다. Antonio Cassese. *op. cit.*, p.103.

28) I. Brownlie, *op. cit.*, p.70; Wolfgang Friedmann, *The Changing Structure of International Law*(New York: Columbia University Press, 1964), p.120.

29) 유병화, 『국제법총론』(일조각, 1981), p.446; 横田洋三 편, 박덕영 옮김, 『국제사회와 법』(연세대학출판문화원, 2013), p.24.

30) 국제기업에 대하여 국제법주체성을 인정하지 않으려는 주장은, 이론적인 근거에 입각하기보다는 국제기업의 국제법주체성을 인정하는 경우 국가의 입장에서 국제기업에 대한 통제에 보다 많은 어려움이 예상된다는 정치

취급하는 것도 문제가 있다. 자연인은 국제법주체가 된다고 해도 국제법의 정립에 참여하는 것은 불가능하다. 그런데 국제기업은 실제적으로 국제경제법의 정립 및 발달에 깊이 참여하고 있음을 알 수 있다. 특히 국제기업이 다른 국가와 체결하는 양허계약은 일반적으로 국내법보다는 국제법이나 법의 일반원칙(general principles of law)에 의하여 규제되는 경우가 많으며, 이러한 의미에서 국내법상의 계약과는 다른 '국제화된 계약'(internationalized contract)으로 간주되고 있는 것이다.[31] 특히 이러한 계약에 따라 국제기업이 국가와 대등한 지위에서 국제중재절차에 참여하는 경우를 보면 더욱 이러한 국제양허계약이 조약에 준하는 지위를 갖는 것으로 보이게 한다.[32]

그리고 국제기업은 양허계약을 통하여 개발도상국의 경제개발에 참여하는 등 공적인 역할을 수행하고 있다는 점도 무시할 수 없는 점이다. 국제기업이 이처럼 공적인 기능을 수행하며 그 계약관계가 국제법에 의하여 규제되는 등, 국제경제관계 및 국제경제법의 발달에 기여하는 바가 상당하다는 점에서, 수동적 국제법주체성은 물론 제한적 범위에서 능동적 국제법주체성도 인정될 수 있다고 본다.[33]

Ⅲ. 국제기업과 외교적보호제도

1. 외교적보호제도의 의의

원래 외교적보호제도는 주로 외국에 체류하고 있는 자국민이 현지국에 의하여 그 권익이 침해되는 경우에 '피해 당사자의 국적국'(national State of the injured person)이 외교적·국제적 방법을 통하여 그 구제를 청구할 수 있는 권리가 인정된다는 것으로 그동안 주로 자연인에 관하여 적용되어 왔다. 그러나 자국민이 해외에 투자를 하는 수단으로

적인 이유가 개입되어 있는 것으로 보인다. 심지어 서방 국가들조차 국제기업의 독자적인 국제법주체성을 인정하는 데 소극적인 입장을 가지고 있다고 본다. 이에 대해서는 Werner Levi, *op. cit.*, p.75; Antonio Cassese, *op. cit.*, p.103 참조.

31) Martin Dixon, *Textbook on International Law*(London: Blackstone Press Limited, 1990), pp.61-62.
32) W. Friedmann, *op. cit.*, p.121.
33) 유병화, 전게서, p.449; 이병조·이중범, 전게서, p.302; David H Ott, *op. cit.*, pp.80-81; Conway W. Henderson, *Understanding International Law*(Chichester: Wiley-Blackwell, 2010), pp.39-42; 안태희, 「권고적 의견상 국제인 개념이 다국적기업의 국제법상 지위에 갖는 함의」, 『영남법학』, 제36호, 2013, pp.113-126.

지점이나 자회사를 설립하는 경우 그 지점은 본사와 일체성을 갖는 실체로 규정되거나 독립된 법인격을 갖는 자국민으로 간주될 수 있으며 이러한 법인체에 대하여도 외교적 보호제도가 적용될 수 있게 된다.

외교적보호권은 국제법상 개인 스스로가 자신의 권익을 보호하거나 실현하기 위하여 국제적 절차를 이용할 수 있는 능력이 부인되거나 극히 제한되어 왔다는 사실에 기초하여 인정되어 온 것이다. 어떠한 국가도 타국의 국제법 위반에 의하여 손해를 입은 경우에는 국제적인 청구를 통하여 법적 구제를 받을 수 있다. 그러나 국가가 타국의 국제법 위반행위에 의하여 직접 손해를 입은 경우에는 바로 국제적 청구에 의하여 가해국의 책임을 추궁할 수 있는 데 반하여, 자국민이 외국에서 체류하는 동안에 그 국가나 국민에 의하여 손해를 입은 경우에는 그 본국이 곧바로 가해국의 국제책임을 추궁할 수 없다고 본다. 왜냐하면 개인이 외국에 나가서 살게 되면 일단 그 국가의 법체계에 따라야 하는 의무도 생기는 것이 원칙이기 때문에,[34] 개인이 손해를 입은 경우에 그에 대한 구제도 일단 현지국의 법에 따라서 이루어져야 하는 것이다.

국가책임법(law of State responsibility)의 법리에 따라 피해를 입은 개인을 위하여 그 국적국이 외국을 상대로 외교적보호권을 행사할 수 있기 위해서는 다음과 같은 조건이 충족되어야 한다: ① 체류국 등 외국의 국제법 위반에 의하여 문제가 발생한 것이어야 하며, ② 외교적보호를 행하는 국가와 그에 의하여 권익의 보호를 받고자 하는 개인은 적어도 청구가 제기되는 시점까지 국적으로 연결되고 있어야 하며, ③ 외교적보호권이 발동되기에 앞서 직접 손해를 입은 개인이 체류국의 국내법상 활용할 수 있는 모든 구제 수단을 완료하여야 한다는 것이다.[35]

①의 조건은 국가의 국제책임이 성립하기 위한 당연한 조건이며, ②, ③ 등의 조건이 개인의 손해에 대하여 국가가 국제적으로 상대방 국가의 책임을 추궁할 수 있도록 하는, 즉 외교적보호권이 발동될 수 있도록 하기 위한 전제조건(prerequisite)이 되는 것이다. 전자를 '국적계속의 원칙'(principle of continuous nationality)[36]이라고 하며, 후자를

---

34) David R. Mummery, "The Content of The Duty To Exhaust Local Remedies", *American Journal of International Law*, Vol.58, 1964, p.390.

35) 島田征夫, "多國籍企業株主の外交的保護", 『多國籍企業の法的研究』(東京: 成文堂, 1980), p.170.

36) M. S. McDougal, H. D. Lasswell, Lung-chu Chen, "Nationality and Human Rights: The Protection of the Individual in External Arenas", *The Yale Law Journal*, Vol.83, 1974, p.908.

'국내구제완료의 원칙'(principle of exhaustion of local remedies)[37]이라고 한다. 이러한 원칙들은 특히 국제기업과 같이 그 설립 및 활동과 관련하여 국제적 행위자로 인정되고 있는 법인에 대한 외교적보호가 이루어지는 경우에는 좀 더 복잡한 법적 문제를 야기하게 된다.

2. 국제기업에 대한 외교적보호

국제양허계약이나 투자 보호와 관련하여 수용국과 국제기업 간에 분쟁이 발생할 가능성은 매우 높다. 그런데 과거부터 국제기업의 국유화 등 투자분쟁이 수용국의 국내법에 의하여 해결되도록 회부되는 경우가 많았으며, 그 결과에 대하여 국제기업이나 그 본국이 이의를 제기하는 경우도 비일비재하였다. 특히 모든 국가는 외교적보호권에 근거하여 자국민을 위한 외교적 조치를 취할 수 있기 때문에 수용국 대 국제기업간의 분쟁은 수용국과 본국간의 분쟁으로 발전되는 경우도 종종 발생하였다. 그러나 주로 개발도상국인 수용국측은 국제기업의 본국인 강대국의 외교적보호를 자국의 주권 행사에 대한 부당한 제약이나 간섭으로 규정하고 이를 배제하는 데 적극적이었다.

외교적보호권은 국가의 고유한 권리로서 인정되고 있다.[38] 외교적보호는 원칙적으로 자신의 국적을 가진 국민에 대해서만 행사할 수 있는 것으로서, 국제기업과 같은 회사의 경우에도 국적국에 대해서만 그 권한이 귀속된다고 본다.[39] 왜냐 하면 외교적보호권의 행사는 국가의 인적 관할권행사의 문제이기 때문이다. 그런데 외교적보호의 대상인 개인의 국적은 상대국에 대하여 법적·실효적으로 대항할 수 있는 것이 되지 않으면 안 되며, 이러한 국적의 합법성과 실효성은 국내법뿐만 아니라 국내법과 국제법 모두를 고려하여 판단해야 하는 것이다.[40]

자연인의 경우에 *Nottebohm case*에서 국제사법재판소(ICJ)는 '실효적 국적'(effevtive nationality)이란 관련 국가에 '진정한 관련'(genuine link)이 존재함을 전제로 한다고 판시하였다.[41] 이에 따라 국가마다 출생에 의한 국적 부여의 경우 '혈통주의'(*jus sanguinis*)

---

37) D. W. Grieg, *International Law*, 2nd ed.(London: Butterworths, 1976), p.580.

38) B. Grossfeld, *op. cit.*, p.243

39) I. Brownlie, *op. cit.*, p.401.

40) *Ibid.*, p.398; 유병화, 전게서, p.621.

또는 '출생지주의'(*jus soli*)에 의거하여 국적을 부여하고 있다.[42] 그러나 회사, 즉 법인의 경우 그 국적을 결정하는 일반적인 원칙은 아직 확립되어 있지 않고 설립지주의 내지 설립준거법주의, 영업중심지주의 내지 주소지법주의 등 국가에 따라 상이한 기준이 적용되고 있는 실정이다.[43] 한편 Grossfeld는 내국에서 유효한 것으로 승인받기 위하여 회사는 어느 국가의 법에 의하여 설립되어야 하는가에 관하여 대부분의 국가들은 '설립준거법주의'(Gründungstheorie)와 '주소지법주의'(Sitztheorie) 가운데 어느 하나를 채택하고 있다고 하며,[44] 영미법계 국가에서는 전자를, 대륙법계 국가에서는 후자를 선택하는 것이 지배적이라고 한다.[45]

그런데 설립준거법주의나 주소지법주의에 따르는 경우 이에 따라 부여된 회사의 국적은 극히 형식적임을 면하지 못한다. 예를 들어 외국투자가가 현지 법인에 대규모의 주식투자를 하게 되면 內國法人性도 명목상의 것에 불과하게 되며, 과연 이러한 현지 법인에 대하여 수용국(현지국)이 외교적보호를 부여하게 될지는 의문이다. 즉 회사의 형식적인 국적과 실제 이해관계를 갖는 당해 기업의 대주주 혹은 경영지배자의 국적과는 차이가 있을 수 있다. 이 경우 오히려 기업을 실제로 소유하거나 경영을 지배하는 사람의 국적국이 진정으로 회사와 관련을 맺고 있다는 점에서, 그 국가에 대하여 외교적보호권을 인정하는 것이 오히려 'Nottebohm의 원칙'에 부합되는 것으로 보인다.

이러한 견지에서 유력한 이론으로 등장하고 있는 것이 바로 '지배이론'이다. 국제기업은 형식적으로는 다양한 국적을 가진 복수기업체들의 경영·경제적 결합체이기 때문에 모든 정책이나 경영방침은 이를 실제로 지배하는 자가 하기 마련이다. 이 때문에 오늘날 국제기업의 수용국이나 본국은 다 같이 지배이론을 원용하여 자국의 법률을 적용하려 한다. 즉 지배이론은 회사의 내국법인성과 外國人性을 자국의 실제적 이해에 맞게 결정할 수 있는 좋은 근거가 되는 것이다. 수용국은 이를 원용하여 국내에서 외국(즉, 국제기

---

41) *Nottebohm case*(Liechtenstein v. Guatemala), I.C.J., 1955.

42) Oliver Dörr, "Nationality," in *The Max Planck Encyclopedia of Public International Law*, Vol. Ⅶ (Oxford: Oxford University Press, 2012), p.499.

43) W. Levi, *op. cit.*, p.152; 정희철·정찬형, 『상법원론(상)』(박영사, 1997), p.968 참조.

44) '설립준거법주의'는 회사가 어느 나라든 한 국가의 법에 의하여 합법적으로 설립되기만 하면 족하다고 하면서 그러한 회사의 자국 내 활동을 승인하는 데 반하여, '주소지법주의'에 의하면 회사가 자국 내에서 유효하게 활동을 하려면 그 본점 또는 경영본거지(*siège social, siègeréel*)가 소재하는 국가의 법에 따른 설립이 필요하다고 본다(B. Grossfeld, *op. cit.*, pp.43-51).

45) *Ibid.*

업의 본국)의 영향력을 배제하려고 하며, 본국은 반대로 이를 원용하여 외국에서의 자신의 영향력을 증대시킬 목적으로 현지 법인에 대한 실효적 지배를 강화하는 수단을 취하는 것이다.

지배이론은 형식적인 기준에 의하여 회사의 국적을 결정하는 것이 아니라, 법인의 실체를 파악하는 견지에서 판단하는 것이기 때문에 국제기업의 개념적 특성과 부합된다는 점에서, 유력한 이론이 될 수도 있다. 그러나 본국이 외국 회사에 대하여 영향력을 행사하기 위하여 자국민에 의한 회사의 지배를 관철하고자 시도하는 경우에 수용국과의 사이에 그로 인한 마찰을 초래할 가능성도 있으며, 외교적보호권의 주체와 관련하여 국적의 경합(즉, 형식적인 국적과 실효적인 국적의 차이)이 생기는 등 법적 안정성을 저해하는 결과를 초래한다는 문제점도 있다.

1970년에 *Barcelona Traction, Light & Power Co.* case(Belgium, v. Spain)는 주주들의 본국인 벨기에가 스페인을 상대로 국제사법재판소에 손해배상청구를 위한 소송을 제기한 것이었다. 원래 캐나다가 회사의 설립준거법상 본국이었으나, 벨기에는 회사에 생긴 직접적인 손해가 아니라 자국민인 주주에게 발생한 손해를 청구원인으로 삼아 ICJ에 제소하였는데, 이때 ICJ는 벨기에가 회사와 관련하여 외교적보호를 행사할 수 있는 근거가 충분치 못함을 인정하고 회사의 손해에 대한 법적 구제를 청구하기 위한 외교적보호권은 그 국적국인 캐나다에 있음을 확인한 바 있다.[46]

이러한 ICJ의 결정은 바로 회사의 국적 결정에 있어서 지배이론의 적용을 인정하지 않았다는 것을 보여 주는 것이다. 다시 말하면, 회사의 국적 결정에는 자연인과 같은 '진정관련의 원칙'이 적용되지 않음을 보여 주는 것이다. 오늘날의 국제기업에 있어서 주소라든가 설립지는 극히 형식적인 것에 지나지 않으며 보다 중요한 것은 자본(소유)과 통제(경영)이기 때문에, 이러한 실질적 내용을 전혀 외면하는 것도 문제가 될 것이다.[47] 어쨌든 국제기업에 대한 외교적보호권은 국적국만이 행사할 수 있으며, 그것도 기업이 피해를 당한 시점에서의 회사의 국적국만이 외교적보호를 행사할 수 있다는 것이 국제

46) I. Brownlie., *op. cit.*, pp.488-489; L. Henkin *et al.*, *op. cit.*, pp.710-721.
47) 장효상, 전게서, p.168; 영미의 관행은 외교적 보호를 행사하는 국가와 보호대상인 회사간의 실질적이며 실효적인 관련을 요구하고 있다. 그리고 이태리와 스위스도 그러하다고 한다(I. Brownlie, *op. cit.*, p.486). 이 때문에 「국가와 타국국민간의 투자분쟁해결에 관한 협약」에서는 당사자들이 분쟁을 조정 또는 중재에 회부하기로 동의한 일자에 '외국의 지배'(foreign control) 때문에 본협약의 목적상 다른 체약국의 국민으로 간주하기로 당사자들 간에 합의된 어떤 法人도 '타방체약국의 국민'으로 본다고 되어 있다(제 25조 2항 b 후단).

사법재판소의 판시였다.

국제법은 자국의 국민이 손해를 입었다고 하여 곧 바로 국가로 하여금 외교적 보호를 행사할 수 있도록 하지는 않는다. 외교적보호권을 행사하기 위해서는 권익을 침해당한 자국민이 현지국에서 이용 가능한 행정적·사법적 구제절차를 일단 완료해야만 한다. 위법한 국유화의 경우에도 국유화국이 국내적 구제방법을 제공하지 않거나 적절한 구제를 거부하는 경우, 즉 '사법의 거부'(denial of justice)가 인정되는 경우에만 본국의 외교적보호권이 발동됨으로써 국제기업과 수용국 간의 문제가 수용국과 본국 간의 국제적 문제로 전환되는 것이다.[48] 그러나 이러한 국내구제완료의 원칙은 당사국 간의 조약이나 계약의 규정에 의하여 그 적용이 배제될 수도 있는 것이다. 양허계약에 규정되고 있는 중재조항(arbitration clause)이나 「국가와 타국국민 간의 투자분쟁해결에 관한 협약」에 따라 국제기업과 수용국간의 투자분쟁이 국제중재절차에 바로 회부되는 경우가 바로 그것이다.[49] 물론 이 경우에도, 양허계약에 의하여 수용국의 국내적 구제를 완료할 것이 요구되고 있다면 중재절차에 앞서서 국내적 구제절차가 일단 완료되어야만 한다.[50]

앞에서 논하였듯이, 외교적보호권은 피해를 당한 국민 혹은 기업의 권리가 아니라 국가의 고유한 권리이다. 따라서 어떠한 국가도 타국의 외교적보호권의 행사를 거부할 수 없으며, 수용국과 국제기업 간의 양허계약을 통해서도 국제기업의 본국이 보유한 외교적보호권의 행사를 배제할 수는 없다. 그러나 수용국과 국제기업간의 분쟁에 본국의 개입 가능성을 열어 주는 외교적보호제도는 많은 문제점이 있는 것이 사실이다. 피해 기업을 위하여 외교적보호권을 행사하고자 하는 국가는 상대적으로 강대국에 해당하기 때문에, 피청구국인 개발도상국들은 강대국의 외교적 조치가 자신에 대하여 정치적 독립성(political independence)을 위협하는 결과가 발생하는 것을 배제하기 위하여 사기업(국제기업)으로 하여금 여하한 경우에도 본국의 외교적보호를 원용하지 않겠다는 의사를 계약 조항에 명기하도록 하는 예도 많이 있다. 이러한 내용의 조항을 '칼보 조항'(Calvo clause)이라고 하며,[51] 수용국의 국내법적 절차에 의해서만 관련 분쟁을 해결하도록 한다

---

48) 장효상, 전게서, p.169 참조.

49) S. M. Schwebel and J. G. Wetter, "Arbitration and Exhaustion of Local Remedies", *American Journal of International Law*, Vol.60, 1989, p.484.

50) 「국가와 타국국민간의 투자분쟁해결에 관한 협약」 제26조 후단 참조.

51) 이한기, 전게서, pp.430-431, 593-594; L. Henkin *et al.*, *op. cit.*, pp.684-685, 701-703.

는 원칙을 '칼보주의'(Calvo doctrine)라고 한다.[52] 그러나 국제법상 이러한 원칙이나 조항은 수용국의 국내 법원으로 하여금 배타적 재판관할권을 갖도록 하는 의미로는 허용되지 않는다고 본다. 다만 계약에 이러한 조항이 들어 있는 경우에 이를 '국내구제의 원칙'을 확인하는 의미로 해석하는 경우에는, 한정적인 유효성을 가진다고 볼 수도 있다.[53]

그러나 이러한 경우에도, 만일 국내적 구제절차에 의하여 분쟁이 해결되지 않거나 적절한 구제가 제공되지 않는 경우에는 여전히 국가의 외교적보호권 행사가 가능하다고 하지 않으면 안 되는 것이다. 「국가와 타국국민 간의 투자분쟁해결에 관한 협약」제 27조 1항에 의하면 협약에 의한 중재절차, 즉 '국제투자분쟁해결 센터'(International Center for the Settlement of Investment Disputes; ICSID)에 의하여 분쟁을 해결하기로 하는 경우에 본국의 외교적보호권의 행사를 제한하고 있다. 그러나 이 경우에도 분쟁 당사국이 계쟁사안에 관하여 내려진 중재판정(award)에 따르지 않을 때에는 다시 외교적보호권을 행사할 수 있게 되는 것이다.

Ⅳ. 외교적보호제도의 한계 및 과제

1. 외교적보호제도의 한계

외교적보호권의 행사를 위해서는 국제법상 일정한 조건이 충족되어야 한다. 그리고 외교적보호권은 피해 당사자인 개인의 권리가 아니라 국가의 고유한 권리(inherent right)로 간주되므로 그 국가의 재량에 의하여 그것이 행사될 수도 있고 또 거부될 수도 있다. 이러한 외교적보호권 행사의 재량적 특성 때문에 당사자적격(legal standing, *jus standi*) 있는 국가가 외교적보호를 거부하는 경우에 피해 당사자는 아무런 국제적 차원의 법적 구제도 청구할 수 없게 된다.[54] 이미 살펴보았듯이 현행 외교적보호제도는 국가가 주도

52) Donald R. Shea, *The Calvo Clause*(University of Minnesota Press, 1955), pp.19-20.
53) '*The North American Dredging Co. case* (Mexico v. United States), 1926'에서 1912년에 텍사스의 북미준설 회사와 멕시코 정부 간에 체결된 계약이 파기된 데 대하여 미국이 직접 仲裁節次에 의하여 손해배상을 청구한 데 대하여, 계약에 Calvo clause가 들어 있다는 이유로, 양국이 국내적 구제절차를 경유하지 않기로 별도로 합의하지 않고 회부된 중재사건에 대하여 중재위원회는 이를 수리할 수 없다는 이유로 기각한 바 있다.
54) D. Kokkini-Iatridou and P. J. I. M. de Waart, "Foreign Investments in Developing Countries - Legal

적인 역할을 수행하도록 되어 있기 때문에, 국제기업 자신이나 주주의 입장에서 어느 국가가 국적국으로서 당사자 적격을 가지고 국제적 청구를 할 수 있는가를 판단하여야 하는데 여기에 많은 어려움이 있다.

사실 국제기업은 소유와 경영면에서 복잡한 구조를 가지고 있으며 나름대로 독자적인 국제적 행위자로 활동하고 있기 때문에 본사의 국적국이나 자회사로서의 국제기업의 국적국, 아니면 株主의 국적국 등이 적극적으로 외교적보호권을 행사하려고 할지 의문시되고 있다. 그리고 또 외교적보호권의 행사는 약소국의 독립성에 대한 위협으로 간주되어 왔기 때문에 칼보 조항을 원용함으로써 강대국의 외교적 간섭으로부터 벗어나려고 시도하는 등 수용국의 저항에 직면하게 되는 경우도 많이 있다. 때문에 현행 외교적보호제도는 국제투자가로서의 국제기업을 실효적으로 보호하는 데 충분한 제도적 장치라고 볼 수 없다.[55]

특히 외교적보호제도는 외국법인에 출자한 자국민 주주를 보호하기 위한 목적으로 원용되기는 매우 어려운 실정에 있는 것이 사실이며, 국제기업이 수용국의 국적을 갖고 있는 경우, 수용국이 자신과 분쟁 상태에 놓여 있는 국제기업을 위하여 외교적보호권을 행사해 주기를 기대하는 것도 거의 불가능한 것이 사실이다.

2. 국제기업의 국제법인격을 전제로 한 분쟁해결

근래 들어 수용국과 국제기업 간의 투자분쟁이 국제중재절차에 따라 해결되고 있는 것은 바람직한 현상으로 보인다. 그동안 중재는 주로 양허계약에 규정되고 있는 중재조항에 따라서 행하여져 왔으나, 특히 「국가와 타국국민 간의 투자분쟁해결에 관한 협약」에 의하여 설치되는 ICSID에 의한 분쟁해결 방식을 주목할 필요가 있다. ICSID에 의한 분쟁해결절차에 따르면 타국 국민으로서의 국제기업은 어느 한 국가에 종속된 존재가 아니고 스스로 국제재판소의 분쟁해결절차에 참가할 수 있는 당사자 적격을 가지게 되는 것이다.[56] 국제적 분쟁해결절차에 국제기업이 직접 당사자로서 참여할 수 있다고 한

Personality of Multinationals in International Law", *Netherlands Yearbook of International Law*, Vol. XIV, p.128.

55) *Ibid.*, p.129.

56) Jonathan I. Charney, "Transnational Corporations and Developing International Law", *Duke Law*

다면 이러한 한도에서 외교적보호제도는 그 존재이유(*raison d'être*)를 상실하게 되며,[57] 오히려 수용국의 입장에서 보면 본국의 간섭을 배제할 수 있는 명분이 성립될 수도 있을 것이다. 왜냐 하면 피해당사자가 직접 국제적 분쟁해결절차에 참여하여 스스로 법적 구제를 받게 되는 한 이에 대하여 국가가 개입할 필요는 없는 것이며, 이론적으로도 외교적보호제도는 개인이 직접 국제적 청구를 할 수 없고 오로지 국가만이 이러한 능력을 보유하고 있다는 전제에서 인정되어 온 것이기 때문이다.

이에 국제기업을 어느 한 국가에 소속된 실체로 보고 전통적인 외교적보호제도를 통하여 국제기업의 권익을 보장하려는 태도보다는 국제기업으로 하여금 스스로 국제적인 청구를 제기하거나 분쟁해결 절차에 참가할 수 있도록 하는 자격을 인정하는 것이 훨씬 효과적인 보호 방안이 될 수 있다는 주장이 제기되어 온 것이다.[58] 즉 국제기업에 대하여 절차법적인 능력을 부여함으로써 보다 적극적으로 국제기업의 국제법주체성을 인정하도록 하자는 것이다.[59] 이 문제는 그동안 유엔 경제사회이사회의 산하에 설치된 유엔 국제기업위원회(UN Commission on Transnational Corporations)와 국제기업센터(Center on Transnational Corporations)에서 주도하여 온 '국제기업행위법전'(Code of Conduct on Transnational Corporations)의 초안작성 및 협의 과정에서 선진국들과 개발도상국들 사이에 날카로운 대립을 보여 온 분야이다.[60] 그동안 다수를 점하고 있는 개발도상국 측의 반대로 국제기업과 수용국간의 분쟁이 원칙적으로 국제중재에 의하여 해결되도록 하고 국제기업에 대하여 국제적인 분쟁해결절차에 있어서 당사자능력을 부여하도록 하자는 선진국측의 주장이 받아들여지는 데는 많은 장애가 있었던 것이다.[61]

생각건대, 국제기업에 대하여 국제법주체성을 부여함으로써 관련 문제를 해결하고자 하는 의도가 부정적으로만 평가되어서는 안 된다고 본다.[62] 국제경제활동의 주체로서의

Journal, Vol.1983, pp.748–788.

55) D. Kokkini-Iatridou and P. J. I. M de Waart, *op. cit.,* p.129.

58) *Ibid.*, pp.117–123; Jonathan I. Charney, *op. cit.*, pp.748–788.

59) 국제법인격이나 국제법주체성이 인정되기 위하여 단순히 국제법상의 권리·의무를 향유·부담할 뿐만 아니라 스스로 국제적 청구(international claims)를 제기할 수 있는 능력을 가져야만 한다는 입장을 취하더라도 국제기업의 국제법주체성이 충분히 인정될 수 있도록 하자는 것이다.

60) L. Henkin *et al.*, *op. cit.*, pp.1454–1468; D. Kokkini-Iatridou and P. J. I. M. de Waart, *op. cit.*, p.114.

61) 주로 개발도상국 학자들에 의하여 제기되고 있는 주요한 반대 이유는 이것이 국가, 특히 개발도상국들에게는 불리한 반면에 국제기업이나 본국에 대하여는 '부당한 이익'(undue benefit)을 가져다준다는 데 있다. D. Kokkini-Iatridou and P. J. I. M. de Waart, *op. cit.*, pp.116–118 참조.

국제기업을 적절히 규제하는 것도 필요하지만 그 실체를 인정하여 국제 투자분쟁 해결 절차에 공정하게 참여할 수 있는 자격을 주는 것이 형평의 원칙에 부합하는 것이다. 국제기업에 대하여 국제법주체성이 부여되지 않음으로써 오히려 국제기업이 그로부터 이득을 취하고 있다고 볼 수도 있다. 왜냐 하면 국제기업의 국제법주체성이 인정되지 않는 경우 국제기업에 대하여 직접적으로 국제책임이 귀속될 수도 없기 때문이다. 따라서 국제기업에 대하여 국제법주체성을 인정함으로써 스스로 그에 상응하는 국제책임의 주체가 될 수 있게 하는 것이 국제기업에 대한 국제적 규제를 위하여 보다 적절한 조치가 될 수 있는 것이다.[63]

이제 국제기업에 대하여 보다 적극적인 의미에서 국제법주체성을 인정하자는 주장을 긍정적으로 수용할 필요가 있다고 본다. 국제기업에 대하여 국제법주체성을 인정한다고 하여 국가와 같이 일반적인 국제법주체성을 인정하도록 하는 것은 결코 아니며 오히려 그 적절한 규제와 보호를 위하여 필요한 범위에서 제한적으로 그 법인격을 인정하도록 하자는 것이다.[64]

앞에서도 살펴보았듯이 점차 국제기업에 대하여 국제법주체성을 인정하는 경향이 많이 나타나고 있으며, 지금까지도 국제기업의 국제적 법인격이 인정되어 왔다는 증거는 분명히 존재한다.[65] 다수의 국제양허계약에 규정되고 있듯이 중재조항에 의한 분쟁해결의 경우 국제기업과 수용국이 대등한 당사자로서 국제 중재절차에 참여하게 되며, 국제투자분쟁해결센터의 중재절차에 따르기로 양당사자가 합의한 경우에도 역시 공정하고도 국제적인 분쟁해결절차에 국제기업이 국가와 대등하게 참여할 수 있게 되는 것이다. 이러한 경우에는 제한적이기는 하지만 절차적인 측면에서 국제기업의 국제법주체성이 이미 인정되고 있다고 보아야 할 것이다.[66] 안정화조항(stabilization clause)이나 중재조항 등이 포함됨으로써 국제화된 계약으로 인정되고 있는 양허계약의 효력은 곧 국제기업의 국제법주체성을 인정할 수 있는 근거가 된다고 할 수 있는 것이다. 그리고 칼보 조항이 포함되고 있는 양허계약의 경우에도 칼보 조항이 국가 간의 합의인 중재부탁합

---

62) *Ibid.*, p.119.

63) Jonathan I. Charney, *op. cit.*, pp.762-769 참조.

64) D. Kokkini-Iatridou and P. J. I. M. de Waart, *op. cit.*, p.121.

65) J. I. Charney, *op. cit.*, p.762.

66) *Ibid.*, p.763.

의(*compromis*)에 의한 중재재판소의 관할권 행사를 일시적으로나마 배제하는 효과를 인정받고 있는 것을 보면, 양허계약의 효력이 조약의 효력보다 우선하는 결과가 된다는 것을 알 수 있게 된다. 이는 양허계약과 조약이 서로 대등한 효력이 있음을 전제로 하는 것이며 양허계약의 일방당사자인 국제기업의 법적 지위를 타방 당사자인 국가에 준하는 것으로 볼 수 있게 하는 근거가 되는 것이다. 따라서 양허계약상 칼보 조항의 효력이 제한적이나마 인정되는 것은 적어도 이론적으로는 일방 계약당사자인 국제기업의 능동적 국제법주체성을 전제로 하는 것이라고 볼 수도 있는 것이다.[67]

국제법정(international forum)에 국제기업이 당사자로서 직접 청구를 제기할 수 있다고 한다면 이러한 한도에서 외교적보호제도는 그 존재 이유를 상실하게 된다고 해야 할 것이다.[68] 피해 당사자가 직접 국제적 분쟁해결절차에 참여하여 스스로 법적 구제를 받게 되는 한 이를 위하여 국가가 나설 필요는 없는 것이며, 이론적으로도 외교적보호제도는 자국민인 개인이 스스로 국제적 청구를 할 수 없고 오로지 국가만이 이러한 능력을 보유한다는 것을 전제로 성립되어 온 것이기 때문이다. 그러나 국제기업이 현재와 같이 특정국가의 국적을 가지고 있는 한 앞에서 언급한 국제양허계약에 의한 국제중재나 국제투자분쟁해결센터의 중재 절차에 따라서 분쟁을 해결하는 경우처럼, 이러한 절차가 진행되는 동안에 한하여 외교적보호가 원용되거나 행사될 수 없고, 결과적으로 중재의 거부 또는 그 결정의 불이행에 대하여 수용국의 책임이 있는 경우에 한하여 다시 본국의 외교적보호가 이루어질 수 있다고 본다.

현재로서는 국가의 외교적보호제도가 외국에 체류하고 있는 자국민의 권익을 보호하기 위한 국제적 제도로 존재하고 있으며 개인의 권익에 대한 실효적 보호를 위하여 필요한 것임을 부인할 수 없다. 다만 보호의 대상이 국제기업의 권익인 이상, 이미 국제기업은 국제경제관계에 있어서 주요한 행위자로 인정되고 있으며 근래 들어 분쟁해결 과정에 있어서도 어느 한 국가의 국민으로만 보아서는 해결하기 곤란한 점도 많이 나타나고 있다는 점을 고려할 때, 국제기업에 대하여 독자적인 국제법주체성을 인정하여 이러한 문제를 해결하는 것이 합리적이라 보인다.

국제기업에 대하여 국제 분쟁해결절차에 당사자로 참가할 수 있는 자격을 인정함으로

---

67) 김진섭, 「국제법상에 있어서 「칼보」 조항의 효력」, 『경기대학논문집』, 1971, p.213.
67) D. Kokkini-Iatridou and P. J. I. M de Waart, *op. cit.*, p.129.

써 관련분쟁의 해결절차에 있어서 국가와 대등한 역할을 인정한다고 하면, 이러한 범위에서 국제기업에 대한 외교적보호권은 제한되는 결과를 가져오게 되고 국가의 부당한 외교적 간섭이 이루어질 가능성도 훨씬 줄어들게 될 것이다. 이러한 관점에서 국제투자가로서의 국제기업의 권익과 동시에 투자수입국으로서 개발도상국들의 이익을 균형 있게 보호하기 위한 국제 투자분쟁해결절차에 대하여 D. Kokkini-Iatridou 와 P. J. I. M. de Waart는 다음과 같이 제안하고 있다:[69]

① 국제기업으로 하여금 직접 국제재판소에 청구할 수 있는 능력 또는 자격을 인정하되, 수용국의 국내재판소에 우선적으로 구제절차를 밟아야 한다는 점에서 국내구제완료의 원칙이 유지되도록 한다. ② 수용국의 국내구제절차를 완료해야 하는 경우, 피해 당사자인 국제기업이 수용국의 국적을 가지고 있는 경우에 그 청구 자격은 국제기업 즉 자회사뿐만 아니라 국적이 다른 본사에 대해서도 인정한다. ③ 수용국은 자국적의 국제기업뿐만 아니라 타국적의 본사에 대해서도 자국의 국내재판소에 피고로 제소할 수 있도록 허용한다. ④ 수용국의 국내재판소에 피고로 제소된 경우 그 결과에 불복하는 국제기업은 국제재판소에 항소할 수 있도록 한다. ⑤ 수용국은 직접 국제기업을 상대로 국제재판소에 제소할 수도 있다. ⑥ 국제재판소는 ⑤의 경우에는 제1심이자 종심(a forum of first and of final instance)으로, ④의 경우에는 제2심이자 종심(a forum of second and of final instance)으로 판결한다. ⑦ 국제재판소의 판결은 인가장(*exequatur*)이 없어도 국제기업의 수용국뿐만 아니라 본국, 그 밖에 국제기업의 본사에 의하여 통제되는 다른 자회사들이 활동하고 있는 국가들에 있어서도 유효하게 실행될 수 있도록 한다.

V. 결론

국제기업은 여러 국가에 걸쳐서 국제적인 투자와 경영 활동을 하고 있는 기업이다. 세계화 시대를 맞아 국제경제 및 해외투자의 주체로서 국제기업이 수행하고 있는 역할이 점차 중요해지고 있다. 국제기업은 활동범위는 물론 조직적인 면에 있어서도 점점

---

69) *Ibid.*, pp.129-130.

탈국가화함으로써 경제의 자유화 및 세계화의 흐름을 주도하고 있다. 국제기업은 국제적으로 자본·자원·기술의 이전을 통하여 세계경제의 균형적 발전을 도모하고 있다는 점에서 긍정적으로 평가되기도 하지만, 그 자신이 가지고 있는 막강한 경제력과 정치력을 배경으로 약소한 수용국을 경제적으로 예속화하거나 국내문제에 간섭한다는 비판을 받아 온 것도 사실이다.

그러나 현재 국제기업은 엄연히 독자적인 국제적 행위자 내지 국제경제의 주체로서 활동하고 있다. 국제기업은 사실상 국가와 대등한 지위에서 국제화된 계약을 체결하고 분쟁 해결에 임하는 등 개인이나 국내 법인과는 다른 활동 영역을 보여주고 있는 것이다. 이에 따라 국제기업의 법적 문제를 다루는 입장에서 국제기업의 국제법주체성에 대하여 보다 적극적인 관점을 취해야 할 필요성이 제기되고 있다. 이러한 문제는 국제기업과 수용국이 체결하는 양허계약의 법적 성질 및 관련분쟁의 해결방법과도 밀접한 관련을 맺고 있다. 오늘날 양허계약이 경제개발협정 내지 준조약으로 간주되고 또한 수용국 정부와의 분쟁도 국제중재의 방법으로 해결되어지고 있는 현실을 보면, 이론적인 관점에서 국제기업의 국제법주체성을 인정하는 데 별다른 어려움은 없다고 본다.

다만 국제기업에 대하여 국제법주체성을 인정하는 경우에 수용국이나 본국 등 국가의 입장에서 국제기업에 대한 법적·정치적 통제력이 약화될 수 있다는 우려가 제기되고 있는 실정이다. 그러나 국제기업에 대하여 국제법주체성이 부여되는 경우 그 국제적 지위가 격상되는 만큼 그에 상응하는 국제적 책임도 함께 요구할 수 있을 것이기 때문에 큰 문제는 없다고 본다. 아울러 전통적인 외교적보호제도가 국제기업 자신이나 주주의 권익을 보호하는 데 많은 문제가 있는 것이 사실이고, 또한 수용국의 입장에서도 강대국의 부당한 간섭을 정당화 시켜주는 제도로 인식되어 왔다는 점을 감안한다면, 국제기업에 대하여 국제법주체성을 부여하고 분쟁해결절차에 스스로 참여할 수 있도록 함으로써 외교적보호제도의 한계 내지 문제점을 극복하는 동시에 관련 분쟁을 공정하게 해결하는 데도 도움을 줄 수 있을 것이다.

제4편

국제법상 제재와 국가책임

제9장

국제법상 제재의 의의 및 과제

I. '제재'의 의의에 관한 서론적 고찰

1. 사회규범의 의의 및 개념적 요소

1) 사회규범의 의의

어떠한 사회든 '규범'(norm)이나 '규칙'(rules) 없이는 존재할 수 없다. 따라서 사회가 존재하고 있다면, 거기에 일정한 규범이나 규칙들이 존재하고 있음을 알아볼 수 있게 된다. "사회 있는 곳에 법이 있다."(*Ubi societas, ibi jus*)라고 하는 말은 이를 나타내는 法諺이다. 물론 여기서 법(*jus*, law)이라고 하는 말은 반드시 국가적 의미의 법만을 의미하지는 않으며, 널리 사회생활에 필요한 행위준칙으로서 사회의 질서를 유지하고 사회적 공동 목표를 달성하기 위하여 준수되어야 하는 '제사회규범'(social norms)을 지칭한다고 본다.

규범, 즉 norm이라는 말은 라틴어인 *norma*에서 유래한 것으로서 일차적으로는 명령 또는 규칙을 의미한다. 그러나 명령이 규범의 유일한 기능은 아니며 수권·허용·폐지 등도 규범의 기능이라고 할 수 있다.[1] 따라서 사회규범은 사회의 구성원들에 대하여 어떠한 행위를 허용하거나 뒷받침해 주는 방식으로 또는 명령하거나 금지하는 방식으로써 사회의 질서를 유지하고 이를 바탕으로 그 사회의 목적 달성을 용이하게 하는 기능을

---

[1] H. Kelsen, *Schriften zur Rechtstheorie*, 심헌섭 편역, 『켈젠법이론선집』(법문사, 1990), p.15.

수행하고 있는 행위규준을 의미한다. 자치적 규칙, 관습, 도덕, 종교규범, 법규범 등 다양한 형태의 규범들이 사회공동체 속에서 발견되며, 따라서 사회구성원으로서의 개인들의 행위는 법적으로만 명령되거나 규제되는 것은 아니다.

2) 규범의 개념적 요소 : 權威 및 制裁

(1) 권위(authority)

'규범'이라는 말이 명령 또는 규칙을 의미할 때, 이는 그 어떠한 것이 규범에 따라 존재하거나 발생하여야 한다는 것을 표시하는 것이다. 따라서 규범의 언어적 표현은 하나의 명령 또는 당위 명제로 나타나게 된다. 규범적 명령 또는 규칙은 일차적으로 인간의 행위에 대하여 이루어지며 인간의 행위는 의지적으로 이루어지는 것이 보통이다. 규범적 행위는 따라서 의지적 행위라고 할 수 있다. 또한 Kelsen은 "규범이 규정 또는 명령일 경우, 이는 타인의 행동을 지향하는 의지행위의 의미이고 타인이 일정한 방법으로 행하여야 한다는 의미를 가지는 의지적 행위의 의미"[2]라고 하면서, 규범은 무엇을 명령하거나 규정하는 사람의 의욕에 의하여 성립하게 된다고 하였다.

그러나 규범은 의식적으로 그 '창설을 위한 의지적 행위'만이 아니라, 관습의 경우와 같이 사람들이 실제로 '일정한 형태로 행동하고 있다는 사실'에 의해서도 성립될 수 있으며, 경우에 따라 그 이외의 방법으로도 성립될 수 있다. 관습이나 풍속, 도덕규범, 종교규범은 물론 '자연법론'(natural-law doctrine)에 의하면 자연법 규범은 그것이 존재하기 위하여 특별히 어떠한 의지적 행위를 통하여 제정되거나 승인될 필요가 없다고 주장되는 규범에 해당한다. 왜냐하면 이러한 '자연법'은 현실, 즉 인간본성 또는 이념적 자연에 이미 내재하고 있다는 근거에서 규범적 효력이 인정되고 있는 규범이기 때문이다.

어떠한 방법에 의해서든 사회규범은 그것이 성립되고 사회의 구성원들, 즉 수범자(addressee, Addressat)들이 그러한 규범을 승인하고 이를 지켜야만 하는 근거, 즉 규범으로서의 '권위'(authority, Autorität), 즉 '타당성'(validity, Gültigkeit)의 근거를 가지고 있어야 한다. 달리 말하여 모든 사회규범은 '권위'를 확보함으로써 규범으로 '존재'(existence)하고 또한 '효력'(Geltung)을 갖게 되는 것이다. 이러한 의미에서 규범의 '권위' 또는 '타

---

2) 상게서, p.16.

당성'은 그 규범이 효력 있는 규범으로 존재하기 위한 '필요조건'인 것이다.[3]

(2) 제재(sanctions)

규범이 그 '권위'가 인정되고 규범으로 존재하고 있다고 하더라도 반드시 그 규범이 실제로 준수되고 이행되리라는 보장은 없다. 당위적 측면에서 일정한 행동을 명령하거나 금지하고 있는 규범은 오히려 그에 의하여 요구되고 있는 행위의 내용이 현실적으로는 제대로 이루어지지 않을 수 있다는 가능성을 전제로 하여 성립되고 있다. 당위규범은 '자연법칙'과는 달리 인간 행위에 대한 '인과적 결정론'(Kausaldeterminismus)을 거부하며 현실적으로는 언제나 그 위반이나 침해가 예상될 수 있다는 데 그 특징이 있는 것이다.[4] 따라서 사회규범은 수범자들에 의하여 정상적으로 준수되거나 혹은 위반되는 경우에 그에 따른 대응이 가능해야만 한다. 그 대응은 일정한 효과 발생이나 불이익의 형태로 나타날 수 있는데, 이를 넓은 의미에서 '제재'(*santus*, sanctions, Sanktionen)라고 하는 것이다. 모든 규범은 따라서 그 자신의 규범적 요소의 하나로 '제재'의 가능성 및 '제재'의 현실적 집행을 위한 최소한의 체계(장치)를 가지고 있어야 한다고 본다.

제재, 즉 *santus*라는 용어는 종교적 유래를 가진 것으로 본래 종교상 '계율'(precepts)의 신성성(sanctity)에 관계되는 것이었다. 어떤 계율을 '裁可'(sanction)하는 것은 그것을 신성화하기 위한 것이었다. 이로부터 규범 위반에 대한 불이익 또는 '형벌'(punishment)의 관념이 나왔다고 한다. 이는 바로 '소극적 제재'(negative sanctions)에 해당한다. 그러나 많은 경우, 규범에 부합하는 행동에 대해서는 그에 따른 적극적인 효과, 즉 포상(reward)이 발생함으로써 규범의 존재성이 의미를 갖게 되며, 이러한 포상적 효과를 '적극적 제재'(positive sanctions)라고 한다.[5] 그러나 오늘날에는 규범 위반에 따르는 불이익이나 처벌 등의 유해한 결과에 대해서만 제재의 개념을 적용하는 것이 보통이다.[6]

어쨌든 효력 있는 규범은 자신이 요구하고 있는 일차적인 내용 – 행위의 명령 또는

---

3) Nobert Hoerster, *Was ist Recht? – Grundfragen der Rechtsphilosophie*, 윤재왕 역, 『법이란 무엇인가?』 (세창출판사, 2009), p.58.

4) R. Zippelius, *Einfürung in das Recht*, 김형배 역, 『법학입문』(삼영사, 1990), p.19.

5) 최대권, 『헌법학』(박영사, 1989), p.20; Hans Kelsen, *Pure Theory of Law*(University of California Press, 1970), pp.24-5; H. Kelsen, 변종필·최희수 역, 『순수법학』(길안사, 1999), pp.57-8; Vilhelm Aubert, *In Search of Law – Sociological Approaches to Law –*(Oxford: Martin Robertson, 1983), pp.51-54.

6) H. Kelsen, *ibid.*, p.25; H. Kelsen, 전게서(변종필·최희수 역), p.58.

금지 – 이 준수되거나 준수되지 않을 경우, 자연법칙과는 달리 그 시점에서 오히려 현실적 기능을 발휘하기 시작한다는 데 특징이 있다. 이러한 특성을 규범의 '실효성'(efficacy, Wirksamkeit)이라고 한다.[7] 결론적으로 말하면, 사회규범이 보유하는 '제재'의 요소는 그 자체로 사회규범의 규범적 존재성 또는 효력을 근거 지우는 요소가 될 뿐만 아니라 실제로 규범에 반하는 행위가 나타나는 경우에는 규범의 '실효성'을 보장하는 메커니즘(mechanism)으로 기능하게 되는 것이다.

3) 사회규범들의 특성 비교

모든 사회규범은 규범으로 존재하기 위하여 두 가지 규범적 요소를 가지고 있다. '타당성'의 근거 또는 '권위'와 '제재'는 사회규범의 양대 요소인 것이다. '도덕규범'(moral norm)은 그 스스로 정당하기 때문에 수범자들로 하여금 준수하도록 요구되는 '도덕적 의무감'에 근거하고 있으며, 이를 이행하지 않는 경우에는 수범자 스스로의 양심의 가책 등 '도덕적 제재'(moral sanctions)가 뒤따르게 된다. '관습규범'(customary norm)은 전통적 관행 또는 관습에 대한 신뢰성 또는 '전통의 신성성'(sanctity of tradition)에 근거하여 수범자들로 하여금 이를 지키도록 요구되고 있다. 그리고 사람들이 이를 지키지 않을 경우에는 이웃의 비난 또는 배척 등 '비공식적 제재'(informal sanction)가 뒤따르게 된다. '종교규범'(religious norm)은 절대자에 대한 畏敬 또는 신앙에 기초하여 확신 또는 준수되고 있으며, 이를 위반하는 경우에는 신에 의한 응징을 받거나 구원(salvation)을 받지 못하게 된다는 두려움을 갖게 되거나 죄의식 등 '초월적 제재'(transcendental sanctions)가 수반된다.[8]

법규범은 현실적으로는 '실정법'(positive law)의 형태로 존재하고 있다. '자연법'(natural law)과는 달리 실정법은 국가에 의하여 정립되거나 승인됨으로써 그 타당성이 부여되고 있으며, 만일 이를 위반하는 경우에는 가장 공식적이며 제도화된 법적 절차(주로, 재판절차)에 따라 제재를 받게 된다. 법규범이 다른 사회규범과 구별되는 가장 중요한 특징은 그 규범정립 방식과 규범관철 기술에 있다.[9] 다른 사회규범은 개인의 양심 또는 사회적

---

7) H. Kelsen, 심헌섭 편역, 전게서, p.18.
8) Josef L. Kunz, "Sanctions in International Law", *American Journal of International Law*, Vol.54, 1960, p.324.

압력 등 비공식적 제재를 통한 규범관철력을 보유하는 데 대하여 법규범은 법적으로 조직화된 제재 장치에 의하여 그 효력이 뒷받침되고 있다는 데 그 규범적 특성이 있다.

이와 같이 법을 위반하는 경우에는 일반적으로 법절차에 의하여 형벌을 받거나 강제집행 등의 강력한 제재를 받게 된다. 일반적으로 법적 제재란, 법이 그 목적을 달성하기 위하여 법을 위반한 자에게 가하는 여러 가지 강제수단 또는 불이익을 말한다. 법은 매우 조직적인 강제력에 입각한 제재의 수단을 가지고 있음으로써 강제성이 없거나 약한 도덕적·관습적 규범 그리고 종교적 규범과 구별되고 있다고 본다.

2. 법의 규범적 요소

1) 법적 권위(legal authority)

'자연법론'의 입장에서는 법은 개인의 자유 및 권리, 또는 공동선(common good) 등과 같은 이념적인 법의 목적을 실현하기 위한 존재론적 의미를 가지고 있다고 한다. 자연법론자들도 이념적인 자연법과는 별도로 현실적인 '실정법'(positive law)의 존재 및 그 필요성을 인정한다. 그러나 자연법론은 자연법의 존재를 인정하는 전제에서, 실정법이 '타당성'을 갖게 되려면 자연법의 존재를 근거로 하고 또한 그 내용적 한계 속에서 정당하게 정립되어야 한다는 입장이다. 자연법론은 법의 규범적 요소인 '권위'와 관련하여 '정당성'(legitimacy)을 내세우는데, 여기서의 정당성은 곧 '내용적 정당성'(righteousness, justness, fairness)을 말한다. 자연법론은 이러한 '정당성'의 요소를 충족하지 못하고 있는 법은 법으로서의 자격이나 가치가 없다고 한다.

이와 같이 자연법론의 입장에서는 법이념 또는 그 내용적 정당성으로부터 '법적 권위'(legal authority)를 도출하고자 한다. 자연법론은 이념적 요소인 정의 또는 도덕이 법적 의무의 근거를 부여해 준다고 한다. 따라서 자연법론의 입장에서는 법 정립 주체의 '정치적 권위'(political authority)도 궁극적으로 도덕적 권위에 의하여 정당화되어야 한다고 한다. 이러한 의미에서 '정당성'이나 '도덕'을 바탕으로 하는 '권위'의 개념을 흔히 '정

---

9) 하트는 비공식적 규범과 비교하여 법규범은 '승인의 규칙', '변경의 규칙' 그리고 '재판의 규칙' 등 '이차적 규칙'에 의하여 행위 의무에 관한 '일차적 규칙'의 결함이 보충된다는 데 그 특징이 있다고 한다(H. L. A. Hart, *The Concept of Law* (Oxford: Clarendon Press, 1993), pp.89-96; H. L. A. Hart, *The Concept of Law*, 오병선 역, 『법의 개념』(아카넷, 2001), pp.120-129.

당한 권위'(legitimate authority)라고 규정하기도 한다.[10]

반면에 자연법의 존재를 인정하지 않고 '실정법'만을 법의 전부로 생각하는 '법실증주의'(legal positivism) 입장에서는 법의 존재를 규정하는 법개념의 문제와 그 선·악을 규정하는 법이념의 문제를 별개의 것으로 보고 있다. 국가적 법실증주의자들은 일반적으로 법은 국가에 의하여 정립되거나 효력이 인정되어야만 법으로서의 자격이 생기게 된다고 하는 점에서 '법명령설'(command theory of law)의 입장을 취하고 있다. 명령설적 입장을 취하고 있는 사람들은 규범 정립행위 없이 규범은 존재하지 않는다고 한다. 다시 말하면, 규범제정 의지, 즉 규범제정 당국이 없이 규범은 존재하지 않으며, 하나의 규범이 법규범의 절차에 따라 입법자의 의지행위를 통하여 제정될 때 거기에 '합법성'(legality, Legalität)이 인정되고 '실정성'(positivity, Positivität)이 생겨난다는 것이다.[11]

법실증주의 입장에서 명령설적 법개념을 주장하는 사람들은 법의 타당성의 근거 또는 권위의 요소를 형식적 권위로서의 '합법성'이나 정치적 권위로서의 국가의 '힘'(power) 내지 '의사'(will)에서 구하고 있다. 합법성이 법적 권위로 원용되는 것은 실정법은 국가기관이 일정한 절차에 의하여 법으로 제정함으로써 법으로서의 타당성을 갖게 된다는 근거에서 비롯되는 것이다. 한편 정치적 권위라고 하는 것은 법규범에 형식적 권위를 부여하는 국가기관이 그것을 뒷받침할 수 있는 '유형적·물리적 실력'(physical forces)을 가지고 있다는 것을 의미한다. 이러한 관점에서 국가는 강제력을 보유하는 정부에 의하여 또한 정부가 제정하고 공포하는 법을 통하여 그 기능이 수행된다는 설명이 가능하게 된다. 반면에 법사회학적 입장에서는 법의 권위를 국가적 의사 또는 강제력의 뒷받침과는 상관없이 현실적으로 사회질서를 유지하는 규범적 힘 또는 사실적 강제력에서 구하고 있다.

오늘날 법은 반드시 국내법으로만 존재하는 것도 아니며 또한 반드시 국가의 인위적인 법정립 행위에 의해서만 실정성을 획득하게 되는 것도 아니다. 국내법 이외의 국제법도 오늘날 실정법에 포함된다고 하는 데는 이론이 없으며, 국내법이든 국제법이든 일정한 법제정행위에 의하지 않고 법으로 성립되는 관습법의 존재를 포함하고 있다는데 대

---

10) Dennis Lloyd, *The Idea of Law*(New York : Penguin Books, 1983), pp.27-29, p.36; Samantha Besson, "The Authority of International Law - Lifting the State Veil", *Sydney Law Review*, Vol.31, 2009, pp.343-51.

11) H. Kelsen, 심헌섭 편역, 전게서, p.113 참조.

해서도 누구든지 수긍하고 있다. 생각건대, 법이 단지 국가 또는 법정립 권한을 가지고 있는 실체에 의하여 정립되었거나 그 타당성이 인정되고 있다는 이유만으로 모두 예외 없이 법으로서의 효력을 가진다고 하는 것은 옳지 않다고 본다. 실정법은 그것이 국민 또는 기타 수범자에게 강제적으로 적용되는 것이기 때문에 외형적으로 '실정성'을 갖추는 것만으로는 부족하고 내용적으로도 '정당성'의 요건을 충족함으로써 그 '권위'를 확보할 필요가 있다고 본다.

2) 법적 제재(legal sanctions)

(1) 법적 제재의 의의

Kelsen에 따르면 법은 '강제질서'(coercive order)로서 다른 사회규범과 구별된다고 한다.[12] 즉, 법이란 강제적인 사회규범으로서 이에 대한 위반이 있는 경우에는 객관적이고 조직적인 제재가 따르도록 되어 있다고 보는 것이다. 법적제재란 법규범을 위반한 경우 법규에 의하여 예정되어 있는 일정한 조치가 정치권력에 의하여 그 위반자에게 강제적으로 부과되는 것을 말한다. "법질서에 의해 규정된 '강제행위'가, 법질서가 정한 인간의 행위에 대한 반작용으로 나타나는 한 이 강제행위는 '제재'의 성격을 가지며, 그리고 강제행위의 대상이 되는 인간 행위는 금지되고 있는 위법한 행위, 즉 '불법'(delicts)이나 '범죄'(crimes)의 성격을 가진다."[13] 이러한 의미에서 분쟁당사자 또는 법위반자보다 우월한 지위에 있는 힘(권력)을 통한 확실한 관철 가능성을 보유함으로써 비로소 실효적인 보호질서 및 평화질서가 될 수 있다고 한다.[14]

그러나 모든 법규범은 Kelsen이 말하는 것처럼 '명령적 규범'(obligatory rules)이나 '강제질서'로서만 존재하는 것은 아니다. 명령적 규범 이외에도 일반국민과 공직자들을 수범자로 하여 '명령'이 아니라 '권한'을 부여하는 형태의 법규범인 '수권규범'(power-conferring rules)도 존재한다. 명령적 규범의 경우에만 그 위반에 대한 제재가 가능하다는 견해도 있을 수 있다. 그러나 모든 법규범은 직접적 또는 간접적으로 그 위반에 대하여 제재가 가해진다는 설명이 합리적이라고 본다.[15] Hoerster에 의하면, 일반국민을 수

---

12) 상게서, p.37.
13) 상게서, p.38.
14) R. Zippelius, 김형배 역, 전게서, p.33.

범자로 하는 '일반적 수권규범'은 비록 직접적으로 강제와 연결되어 있지는 않으나 명령적 규범이 이를 원용함으로서 결정적 의미를 갖게 된다는 점에서 간접적으로 강제와 결합하게 된다고 하며, 공직자를 수범자로 하는 '내재적 수권규범'은 그 수범자로 하여금 다른 사람에게 새로운 법의무를 부과하는 법규범을 스스로 창설할 수 있는 권한을 가질 수 있게 한다는 점에서 명령적 규범과 관계를 갖게 된다고 본다.[16]

H.L.A. Hart는 법규범을 Austin이나 Kelsen과 같이 단순히 '주권자의 명령'이나 '강제질서'로 규정하는 것에 반대하면서 그 의무의 근거 및 법의 규범적 특성에 대하여 분석적인 접근을 시도하였다. Hart는 일반적으로 모든 사회공동체에는 그 구성원들의 행동을 규율하는 법규범이 존재하며 이를 '행위규범', 즉 '일차적 규범'(primary rules)이라고 한다. 그러나 법규범은 '이차적 규칙'(secondary rules)으로서 규범적 효력의 확정과 관련된 '승인의 규칙'(rule of recognition), 규범의 변경·개폐와 관련된 '변경의 규칙'(rule of change)과 함께 '재판의 규칙'(rule of adjudication)을 보유하고 있다는 데 그 특성이 있다고 한다.

특히 '재판의 규칙'은 법규범으로 하여금 그 규칙을 유지하기 위하여 법 위반 사실을 최종적으로 그리고 유권적으로 확인할 수 있는 권한을 부여받은 기관을 통하여 분쟁해결이나 제재의 '비효율성'을 극복할 수 있도록 해주는 것이며, 이를 통하여 조직적·제도적인 방식으로 법적 '제재'가 이루어질 수 있다고 한다.[17] 이와 관련하여 국가는 그 자신의 규범 또는 규칙으로서 특히 법규범을 정립하여 시행할 수 있는 '집권적 구조'(centralized structure), 즉 법의 운용에 필요한 권력적 조직체계 및 강제력을 가지고 있는 사회를 말하는 것이다.

(2) 법적 제재와 법의 실효성

법규범은 스스로 관철 가능성으로서의 '제재'의 요소를 가짐으로써 현실적으로 효력을 발휘할 수 있게 되며, 이러한 현실적 효력을 법의 '실효성'이라고 하는 것이다. 법규범이 실효성을 갖는다고 하는 것은 법규범이 수범자들에 의하여 대체로 '준수'(compliance)

---

15) Mary E. O'Connell, *The Power & Purpose of International Law* (Oxford: Oxford University Press, 2008), p.10.

16) N. Hoerster, 윤재왕 역, 전게서, pp.14-34.

17) H. L. A. Hart, *op. cit.*, pp.89-96; H. L. A. Hart, 오병선 역, 전게서, pp.120-29.

된다는 사실을 말하며, 이러한 의미에서 법규범의 '실효성'은 곧 법규범의 '존재' 또는 '타당성'의 증거가 되는 것이다. 왜냐하면 법규범의 존재 자체가 수범자들의 규범 합치적 행동에 대한 결정적 요인으로 작용하기 때문이다.[18]

법규범의 타당성 또는 존재 문제와는 달리 '실효성' 문제는 현실적으로 법규범이 적용되고 준수된다는 점에서 확인될 수 있는 '사실'(fact)의 문제이다. 따라서 '실효성'은 법규범에 대한 준수의 동기와는 관계없이 수범자들의 행위가 단순히 법규범에 '부합'(conformity)되고 있다는 사실만으로도 인정될 수 있다는 점에서 그 중요성이 간과될 수도 있다. 그러나 하나의 법규범은 그것이 규율하는 인간의 행위가 적어도 어느 정도까지는 규범에 사실로 합치할 때에만 객관적으로 효력이 있다고 볼 수 있으며, '최소한의 실효성'(ein Minimum an sogenannter Wirksamkeit)도 없는 경우에는 법규범으로서의 '존재' 또는 '타당성' 자체가 부인될 수도 있다는 점에서 '실효성'의 의의가 있다.[19]

따라서 법규범의 '실효성' 제고와 관련하여, 수범자들의 법 준수가 실제로 '제재'에 대한 두려움 때문인지 아니면 그 '권위'에 대한 자발적 인정이나 동의에 기인하는 것인지에 관한 논의가 필요하게 된다. 법에 대한 복종이나 준수와 관련하여, '권위' 중심적 접근과 '제재' 중심적 접근이 가능하다고 본다. 전자는 법규범이 갖는 권위 또는 정당성이 압도적이거나 충분한 경우 제제의 존재나 그 강도와는 관계없이 법규범에 대한 복종이나 준수가 기대되거나 요구될 수 있다는 것을 의미하며, 후자는 해당 법규범을 준수하지 않는다면 수범자 자신에 대해 강제제재가 부과된다는 점에서 그 복종이나 준수의 근거를 찾는 것을 의미한다.[20]

일반적으로 자연법론적인 접근의 경우, 전자의 경우처럼 법규범 자체의 정당성에서 권위의 근거를 확보하고자 하는 것이기 때문에 그 자발적 복종이나 준수 가능성을 제고할 수 있도록 '정당한 권위'를 확보하는 문제가 논의의 중심에 있게 되고, 법실증주의적 접근의 경우에는 법규범의 내용적 정당성과는 무관하게 그 타당성이 인정된다고 보기 때문에 그 실효성 제고를 위한 제재의 가능성 및 수단에 관한 논의에 관심이 집중될 수밖에 없게 된다.

---

18) N. Hoerster, 윤재왕 역, 전게서, p.51.
19) H. Kelsen, 심헌섭 편역, 전게서, p.34.
20) N. Hoerster, 윤재왕 역, 전게서, pp.129-132.

(3) 법적 제재의 종류

법적 '제재'는 그 자체로 법의 규범적 요소의 하나에 해당하지만 넓은 의미에서 법의 이행보장 또는 법의 관철을 위한 메커니즘이라고 할 수 있는 것이다.[21] 이러한 의미에서 '법적 제재'는 구체적인 상황 및 분야에 따라 여러 가지 형태로 나타날 수 있다. 예를 들어, 법적 제재는 위반되어지는 법규 및 제재가 주어지는 법규에 따라 헌법상 및 행정법상의 제재인 공법상의 제재, 민법 및 상법상의 제재인 민사상의 제재, 그리고 형법에 의거한 형사상의 제재로 나누어질 수 있다.[22]

Kelsen에 의하면 법은 '강제질서'로 규정되며 "법질서에 의해 규정된 일정한 조건 아래에서 법질서에 의해 규정된 강제행위가 가해져야 한다는 언명"으로 표현된다. 이때 "강제행위란 관련 대상자의 의사에 반해서도 집행되며 또 그 자가 저항할 경우에는 물리적 강제를 동원해서 집행될 수 있는 행위"를 말한다. 이 경우 강제행위는 곧 '제재'를 말하는데, 제재라는 말은 좁은 의미에서는 '형벌'의 형태이고, 넓은 의미로는 '민사적 강제집행'(civil execution)의 형태를 포함한다고 한다. '강제집행'도 형벌과 마찬가지로 '해악'을 강제적으로 부과하는 것인데 형벌과의 차이점은 그것이 불법에 대한 '배상'(reparation)을 의미한다는 것이다. '배상'은 곧 "불법을 바로잡는 것"(righting a wrong)으로서, "위법행위로 발생한 상태가 종식되고 법에 부합하는 상태가 회복된다는 점"에 그 본질이 있다고 한다.[23]

'제재'의 종류는 그 성격에 따라 설명하는 것이 일반적이다. 여기에는 우선 위법상태를 위반자가 규범을 위반하기 이전의 상태로 회복시키거나 법 위반이 없었다면 존재했을 상황(status *quo ante*)으로 회복시키는 '원상회복'(*restitutio in integrum*, restitution)의 방식이 있다. 이는 위법행위 발생 이전에 존재하였거나 또는 그 행위가 발생하지 않았더라면 존재하였을 사실적·물적 상황을 회복시키는 방식과 의무자의 위법행위를 '무효'(nullity, invalidity)로 선언하거나 '취소'할 수 있게 하는 '효력의 부인'을 통하여 법의 준수를 보장하는 방식을 포함한다.[24] 예를 들어, 헌법 위반의 법률이 헌법재판소의 결정에 의하여 무효로 선언되거나 위법한 행정행위가 행정쟁송절차를 통하여 취소되는 것

---

21) R. Zippelius, 김형배 역, 전게서, p.35.

22) 나아가서, 보다 넓은 기준에 의하여 국내법상의 제재와 국제법상의 제재로 나눌 수도 있다.

23) H. Kelsen, *op. cit.*, pp.108-10; H. Kelsen, 변종필·최희수 역, 전게서, pp.189-92.

24) R. Zippelius, 김형배 역, 전게서, p.35.

등이 원상회복의 방법에 속하는 것이다.[25]

이와 같이 어떠한 법규범이 수범자에 대하여 일정한 '행위'를 요구하는 것이 아니라 '입법권'과 같이 '권한'을 부여하는 '수권규범'의 경우에 권한의 행사와 관련하여 그 요건이 충족되지 못할 때는 그 법률행위가 '무효'가 된다는 점에서 '명령적 규범'의 위반의 경우와 본질적인 차이가 없다고 본다.[26]

그리고 원상회복에는 넓은 의미에서 의무자가 법규범을 이행하지 않음으로써 법을 위반하는 경우에는 공권력에 의하여 법의 내용을 실현하도록 강제하는 '강제이행'의 방식이 포함된다. 예를 들어, 사법상의 채무자가 책무를 이행하지 않는 경우에 권리자의 제재청구에 의하여 지급판결이 이루어지고 궁극적으로는 국가의 공권력으로써 강제집행이 행하여지는 것이나, 행정법규 또는 행정처분에 의하여 일정한 공적인 의무를 부담하는 자가 그 의무를 이행하지 않는 경우에 국가의 강제력으로써 그 의무를 이행하게 하거나 그 의무가 이행된 것과 동일한 상태가 이루어지도록 하는 것을 말한다.

원상회복이 불가능한 경우에는 '금전배상'(pecuniary reparation, compensation)을 하도록 하는 것이 보통이다. 이러한 손해배상의 방법은 채무불이행 또는 불법행위 등의 경우에 부과되는 민사상의 제재방법으로서 가장 일반화되어 있는 형태이다. 그리고 친권의 상실과 같이, 일정한 권리를 갖는 자가 법을 위반하는 경우, 그 법률상의 자격 또는 권리를 상실하도록 하는 실권의 방법도 민사법상의 제재라고 할 수 있을 것이다.

'징벌적인 제재'(punitive sanctions)도 법위반에 대한 제재의 방식으로 흔히 채택되고 있으며, 보통 제재라고 하면 징벌적 또는 형사적 제재를 의미하는 것으로 보기도 한다.[27] 이는 법 위반자에 대해서 그 위반을 근거로 일정한 고통을 주거나 법익을 박탈하는 것을 말한다. 이에는 형법상의 형벌, 행정법상의 행정벌 및 공무원에 대한 징계처분 등이 있

---

25) 이상돈, 『법학입문』(박영사, 1997), pp.24-26.

26) H. L. A. Hart, *op. cit.*, pp.26-38; H. L. A. Hart, 오병선 역, 전게서, pp.39-52 참조. 국제법의 일정한 규칙들은 일종의 '수권규범'으로 존재한다. 예를 들어, 국제법의 '수범자'이자 '능동적 국제법주체'(active international legal subjects)로서 국가들 간의 조약체결절차 및 효력을 규정하고 있는 「조약법협약」(Vienna Convention on the Law of Treaties)은 대표적인 '수권규범'에 해당한다고 본다. 그런데 만일 국가 간에 체결된 조약이 국제법의 소정 절차, 예를 들어 '羈束的 同意'를 의미하는 '비준'(ratification) 절차를 거치지 않고 체결되거나 그 체결 시에 '강행규범'(*jus cogens*)과 충돌하는 경우에는 조약법협약의 규정에 따라 '무효'(invalidity)가 된다. 이는 어떠한 법규범이 수범자에 대하여 '행위'를 명하지 않고 '입법권'과 같이 일정한 '권한'을 부여하는 '수권규범'의 경우에 그 권한의 행사와 관련하여 효력발생에 필요한 요건이 충족되지 못할 때 그 법률행위의 효력이 부인되는 것과 같다고 볼 수 있을 것이다.

27) 이상돈, 전게서, p.25.

다. 그리고 행정벌에는 다시 행정법상의 의무 위반에 대하여 형법상의 형벌을 가하는 행정형벌과 단지 과태료를 부과하는 방법으로 제재를 가하는 행정상의 질서벌 등 두 종류가 있다. 형법상의 제재로서의 형벌이란 형법 기타의 형벌법규를 위반한 자에 대하여 가하는 제재를 말하며, 법적으로 질서 지워진 사회 체제를 장래에 대하여 안정시키고 법적 질서의 기능을 확보하기 위하여 이루어지는 가장 강력한 제재 수단이다.

마지막으로, '자력구제'(self-help)는, 상기한 제재들이 일단 법적 제재수단과 절차를 독점적으로 보유하고 있는 정부기관, 즉 사법기관과 집행기관 등에 의하여 조직적·제도적으로 이루어지는 것이 일반적인 특징인 데 비하여, 법 위반에 의하여 피해를 입은 당사자가 스스로 가해자를 상대로 그에 상응하는 조치를 취하는 방식을 말한다. 오늘날 집권적인 정부를 가지고 있는 국가 내에서 이러한 방식은 단지 예외적인 경우에만 허용되는 제재의 방식이다. 그리고 자력구제가 허용되는 경우에 있어서도 이는 엄격히 법에 의하여 통제되는 것임을 주의할 필요가 있다.[28]

II. 국제법상 제재의 의의 및 종류

1. 국제법의 존재성 및 법적 지위

1) 국제법의 권위 : 자연법론 및 법실증주의적 논의

국내법(municipal law)이 일국의 통일적 법체계에 속하는 법규범의 총체를 의미한다면, 국제법은 자신의 영역에 한하여 주권적·법적 관할권을 갖는 주권국가들을 기본적인 구성원으로 하여 성립되고 있는 국제사회의 법규범의 총체를 의미한다. 간단히 말한다면 국내법은 '국가(국내사회)의 법'이며, 국제법은 '국제사회의 법'이다. 그러나 그동안 '국제법'의 법적 성질과 관련하여 법으로서의 효력을 가질 수 있는 '타당성의 근거' 또는 '권위'가 존재하지 않는다거나, 심지어 그 효력이나 준수를 보장할 수 있는 '제재' 장치가 없다는 이유에서[29] 그 법적 지위를 전적으로 부정하거나 최소화 하려는 시도도 많이 있

---

28) R. Zippelius, 김형배 역, 전게서, pp.36-38.
29) J. L. Kunz, *op. cit.*, pp.324-25.

었던 것이 사실이다.

사실 16~17세기에 걸쳐서 근대국제법의 창시자로 규정되고 있는 Grotius를 비롯하여 국제법의 선구자들인 Vitoria, Suarez 등은 모든 법은 보편적이며 영원한 효력을 갖는 '정의의 원칙'(principles of justice), 즉 자연법에서 나온다고 하면서 국가의 권리·의무에 관한 국제법 규칙들을 자연법적 원칙으로부터 도출하고자 하였다.[30] 그러나 Grotius 사후 18세기에 들어와 Bynkershoek로부터 법실증주의에 바탕을 둔 국제법 연구가 시작되었다. 특히 Vattel은 국가들의 '실정국제법'(positive international law)에 대한 준수 의무는 그들의 자발적 '동의'(consent)에 근거를 두고 있지만 '자연법'과 관련해서는 그들 자신의 양심(conscience)에 대해서만 책임을 진다고 하면서 그 법적효력을 부정함으로써 법실증주의적 국제법학이 본격적으로 전개될 수 있도록 하였다.[31]

15~17세기에 걸쳐서 국가의 성립 및 근대 국제사회의 형성 과정에 많은 기여를 한 '주권론'(theory of sovereignty)이 '법실증주의'의 흐름과 더불어 근대 국제법학에 끼친 영향도 지대한 것이었다. Machiavelli와 Bodin에 이어 국가 주권의 절대성을 주장했던 Hobbes나 Austin과 같은 실증주의 학자들은 법을 '주권자의 명령'(command of the sovereign)으로 정의하면서, 소위 국제법은 주권자에 의하여 정립되지 않았다는 근거에서 법으로서의 성격을 갖지 못한다고 하였다.[32] 이들은 '법적 권위'(legal authority)는 물론 제재의 가능성을 오로지 주권국가의 의사 및 권력에 근거하여 설명하고 있다. 따라서 이들은 국제사회에는 주권국가들에 대하여 '우월한 권위'(superior authority)나 정부적 강제기구가 존재하지 않기 때문에 이들에 대하여 효력을 갖는 '국제법'이 성립될 수는 없다고 보았던 것이다.[33] 이들은 이른바 '국제법'은 기껏해야 '실정적 도덕'(positive morality)에 불과하다고 하였다.[34] Jellinek도 국제법은 국가의 '자기제한'(self-limitation)에 근거하여 설정되는 것으로서 그 자체로서는(*per se*) 법적 지위를 가질 수는 없으며 단지 국가

30) Peter Malanczuk, *AKEHURST's Modern Introduction to International Law*, 7th rev.(London & New York: Routledge, 1997), pp.15-16.
31) *Ibid.*, pp.16-17.
32) Ibid., p.17; D. Lloyd, op. cit., p.175, pp.183-186; John Austin, *The Province of Jurisprudence Determined* (1832), pp.86-8.
33) 국제법의 법적 성질에 대한 부정론의 근거와 이에 대한 비판에 대해서는 Terry Nardin, *Law, Morality and the Relations of States*(Princeton: Princeton University Press, 1984), pp.115-48 참조.
34) Wolfgang Friedmann, *The Changing Structure of International Law*(New York: Columbia University Press, 1964), p.83.

의 '대외적 국가법'(äusseres Staatsrecht)으로서만 효력을 가질 수 있다고 주장하였다.

현대 국제법 시대에 들어와서 Triepel, Anzilotti, 그리고 Oppenheim 등은 '국내법'과 '국제법'의 법적 성질을 다 같이 인정하면서도 양자는 서로 다른 법체계에 속한다고 하는 '이원론'(dualism)의 입장을 견지하고 있다. 이들은 그 논거로서, '의사주의'(voluntarism)에 입각하여 국내법은 일국의 의사 또는 권력에 근거를 두고 성립되는 반면에 국제법은 둘 이상의 국가 간의 '합의' 또는 '공동의사'(common will)에 근거를 두어 성립한다는 점을 들고 있다. 이에 따라 국제법과 국내법은 서로 다른 법의 주체, 규율 대상 및 타당 범위를 갖게 되고, 따라서 양자는 서로 충돌하지도 않으며 상대방의 영역에서 효력을 발생하지도 않는다고 한다. 이원론은 결국 국익이 우선하는 경우 국제법 규칙을 국내적으로 이행하지 않음으로써 국제법 규칙이 갖는 법적 의의를 차단할 수도 있다는 입장이다.[35]

Kelsen은 법실증주의를 견지하면서도 규범주의의 입장에서 국제법의 법적 성질 및 국내법에 대한 우월적 지위를 논증하고 있다. Kelsen은 Austin과 같은 '법명령설'에 의존하지 않고 독자적인 논거를 제시하면서 국제법의 법체계적 지위를 인정하고 있다.[36] Kelsen은 국제법의 효력을 '근본규범'(basic norm, Grundnorm)에 입각하여 설명하고 있으며, '위임의 우위'(Delegationsprimat)에 입각하여 국제법의 국내법에 대한 우위를 논증하고 있다.[37] Kelsen에 이어 Brierly,[38] W. Friedmann[39] 그리고 Hart[40] 등도 법의 존재에 대한 확신 내지 승인에 입각하여 국제법의 근거를 설명하고 있다. 예를 들어, Brierly는 "국제법의 존재에 대한 가장 분명한 증거는 실재하는 모든 국가들이 국제법의

---

35) Antonio Cassese, *International Law*, 2nd ed, 강병근·이재완 역, 『국제법』(삼우사, 2012), pp.294-95.

36) D. Lloyd, *op. cit.*, pp.195-96.

37) G. Radbruch, *Rechtsphilosophie*, 최종고 역, 『법철학』(삼영사, 1986), p.258; Gray L. Dorsey, *Beyond the United Nations: Changing Discourse in International Politics & Law*(University of America Press, 1986), p.1; R. Wacks, *Jurisprudence*(Blackstone Press Limited, 1993), pp.81-7.

38) 브라이얼리는 국제법을 포함한 모든 법의 근거는 법철학적으로 탐구되어질 수 있는 문제라고 하면서, "인간이 단순한 개인이거나 또는 국가 내에서 타인과 결합되어 있거나 상관없이 인간이 이성적 존재인 한 인간이 살아가야 할 세계의 지배원리는 질서이지 혼란은 아니라는 것을 믿지 않을 수 없다"는 데에서 법의 구속력에 대한 궁극적인 해답이 나온다고 한다(J. L. Brierly, *The Law of Nations*, 6th ed.(Oxford: Clarendon Press, 1976), p.56).

39) W. Friedmann, *op. cit.*, pp.86-88. Friedmann에 의하면 Jessup, Hackworth, Fitzmaurice, Fisher 등도 비슷한 견해를 가지고 있다고 한다.

40) H. L. A. Hart, *op. cit.*, pp.208-31; H. L. A. Hart, 오병선 역, 전게서, pp.277-308 참조.

존재와 그 준수 의무를 인정하고 있다는 사실에 있다."고 하였다.[41]

국제법의 의무 근거와 관련하여 T. Franck는 현실주의와 법실증주의적 경향에 대항하여 소위 '가치지향적 방법론'(value-oriented approach)을 전개하고 있다. Franck는 '정당성 이론'(legitimacy theory)에 입각하여 국제법의 효력 및 준수의 근거를 설명하고 있는 대표적인 학자라고 본다.[42] Franck는 국제법에 대한 준수가 '권력'(power)을 통해야만 가능하다고 보는 입장에 반대하면서, 국제법에 대한 '자발적 복종'을 유도하기 위한 요소로 '정당성'의 개념을 제시하고 있다. 프랑크는 초기에는 절차적 형식과 관련하여 '정당성'의 요소를 강조하였으며, 후기에는 법적 의무의 원천과 관련하여 '공정성'(fairness)과 '정당성'의 문제를 제기한 바 있다. 즉, 당초 절차적으로 접근했던 규칙의 정당성 문제는 '절차적 공정성'(procedural fairness)을 거쳐 '실질적 공정성'(substantial fairness)의 문제로 발전하였으며, 실질적으로 공정한 규칙은 강제성이 없는 경우에도 법적 의무와 함께 법준수에 대한 견인력(compliance-pull)을 발휘하게 된다는 것이다.[43]

2) 사견

국내법이 국제법보다 상위에 있다는 '국내법우위의 일원론'이나 국제법의 법적 성질을 부정하는 입장은 과도한 '국가주의' 내지 '권력정치적' 관점에 의존하고 있다.[44] 국제법의 법적 성질을 부인하거나 국내법우위의 입장을 국제적으로도 관철하고자 시도하는 경우 국제사회의 법공동체로서의 토대는 부인되고 최소한의 평화와 질서도 유지될 수 없게 된다. 이원론에 의하더라도 어느 국가가 국제법 규칙을 국내적으로 적용하지 않거나 국가의 국제법적 의무를 이행하지 않는 경우 국제책임을 면할 수는 없다는 점에서

41) J. L. Brierly, *The Outlook for International Law*(1944), p.4(W. Fridemann, *op. cit.*, p.86에서 재인용).
42) Thomas M. Franck, *The Power of Legitimacy Among Nations*(Oxford: Oxford University Press, 1990); T. M. Franck, "Legitimacy in the International system", in: Beth A. Simmons ed., *International Law*, Vol. II(SAGE Publications Ltd., 2008), pp.3-30.
43) 오병선, 「국제법의 가치지향적 연구방법에 대한 일고찰」, 『서울국제법연구』, 제18권 제2호, 2011, pp.139-42; Andrew T. Guzman, "A Compliance-based Theory of International Law", *California Law Review*, Vol.90, 2002, pp.1834-1835; Sean D. Murphy, *Principles of International Law*(St. Paul, MN : Thompson/West, 2006), p.157; Louis Henkin도 법은 '제재' 때문이 아니라 공동체가 이를 '권위 있는'(authoritative) 것으로 수용함으로써 효력이 발생하고 준수되어진다는 입장이다(M. E. O'Connell, *op. cit.*, p.71).
44) A. Cassese, 강병근·이재완 역, 전게서, pp.294-95.

국제법과 국내법의 상호관계를 법적인 측면에서 단절시켜 논하는 것도 불가능하다고 본다.

법의 존재 또는 '타당성'이 인정되는 것은 단지 주권적 권력기관에 의하여 의도적으로 정립되었기 때문만은 아니다. 또한 입법적 권한을 가지고 있는 기관에 의하여 정립되었다고 모두 법으로서의 효력을 갖게 되는 것도 아니다. 자연법이든 실정법이든, 또는 제정법이든 관습법이든 그것이 법으로서의 효력을 갖게 되는 것은 그로 하여금 법으로서의 효력을 갖게 해 주는 '권위', 즉 법효력의 근거가 존재하기 때문이다. 오늘날 여전히 많은 국제법학자들이 국제법의 존재 또는 '실재'(reality) 여부에 대한 근본적인 잣대로 '의무감'(sense of obligation)을 원용하고 있으며, (주권자의) 명령이나 제재의 위협이 아니라 그러한 실정적 요소를 초월하는 곳으로부터 국제법 규범의 '존재성'(ontology)과 '정당성'의 근거를 도출하려고 한다.[45]

일단 '법'으로서의 타당성이나 존재성이 인정되고 있는 경우 그것이 실제로 얼마나 잘 준수되고 있는지는 '타당성'과는 별개의 '실효성'과 관련된 문제인 것이다. 따라서 국제법과 관련하여 '실효성' 또는 실효성을 뒷받침하는 제재 또는 강제력(coercive forces)이 미흡하다는 점을 근거로 그 존재성이나 효력을 부정하는 것은[46]은 타당하다고 할 수 없다.

2. 국제법상 제재의 의의

1) 국제법의 실효성과 제재의 관계

근대의 국가 간 체제 속에서 형성된 '국제법'은 태생적으로 개별국가의 '국내법'과는 다른 특성을 가지고 있다. 이러한 특성을 Morgenthau는 '분권적'(decentralized)이라고 규정한 바 있다.[47] 따라서 국제법은 법의 '정립', '적용' 그리고 '집행'을 담당하는 집권적

---

45) W. Friedmann, *op. cit.*, p.85; M. E. O'Connell, *op. cit.*, p.9.

46) T. Hobbes나 J. Austin과 같이 법명령설에 입각하여 국제법의 법적 성질을 부정하고 있는 사람을 포함하여 A. Lasson, P. and A. Zorn, E.I. Bekker, H. Geffcken, J. Lorimer 등이 이러한 입장을 가지고 있는 대표적인 학자들이다.

47) Hans J. Morgenthau·Kenneth W. Thompson, *Politics Among Nations*, 6th ed.(Alfred A. Knopf, Inc., 1985), pp.293-327.

정부기관이 없는 '국제사회' 속에서 형성되고 발전되어 왔던 것이 사실이다. 오늘날 비록 국제법학계에서는 국제법의 법적 성질에 대한 부정론이 거의 사라졌지만 아직도 국제정치학이나 국제관계학을 보면 국제법의 존재나 그 실효성에 대한 평가는 매우 미약한 측면이 있음을 부인할 수 없는 것도 사실이다. 따라서 오늘날 특히 문제가 되는 것은 국제사회에 있어서 '입법부'(the legislature)의 부존재에 기인하는 국제법의 '존재'에 관한 회의론이 아니라 국제법상 '제재' 또는 '이행확보 수단'과 직결되는 '실효성'에 관한 회의론이다.[48]

오늘날 국제법의 효력에 대한 부정적인 논의는 그 유력한 근거로서 국제법의 실효성에 대한 부정적 평가를 바탕으로 하고 있다. 앞에서 언급한 것처럼 실효성의 문제는 국제법의 '법'으로서의 존재 여부와 직접적으로 관계있는 것은 아니며, '(강제)제재' 자체가 국제법의 의무이행 또는 준수와 관련하여 반드시 필요한 것도 아니다.[49] 그러나 국제법이 실효적으로 준수되거나 강제될 수 없다고 한다면 국제법의 현실적 기능 수행에는 많은 제약이 따를 수밖에 없다. 이 때문에 '제재' 및 '실효성'의 결여를 근거로 하여 국제법의 규범적 효력에 대하여 부정적으로 보는 견해도 꾸준하게 나타나고 있는 것이다.[50]

따라서 국제법은 그 정립 못지않게 이행(적용과 집행)을 위한 효과적인 장치를 마련해야만 하며 이를 통하여 국제법의 수범자들로 하여금 그 이행 또는 준수를 확보할 수 있도록 하지 않으면 안 되는 것이다. 전통적으로 많은 비중을 차지하고 있던 국제법의 '정립' 및 '연원'에 관한 논의 못지않게 '준수' 및 '집행'과 관련된 이론적·실무적인 문제에 대해서도 많은 관심을 가질 필요가 있다.[51]

이제 세계적 범주에서 '법치주의'의 강화를 통한 국제법공동체의 구축을 위하여 필요한 과제가 무엇인지와 관련하여 진지한 논의가 필요하다고 본다. 이와 관련하여 국제법의 규범적 효력의 기초를 이루는 '권위' 및 '타당성' 문제에 대한 재검토는 물론 국제법의

---

48) P. Malanczuk, *op. cit.*, pp.6-7; Patrick Capps, *Human Dignity and the Foundations of International Law*(Oxford: Hart Publishing, 2009), p.33.

49) 예를 들어, T. Franck 국제법을 이른바 '제재 없는 법'(law without sanctions)으로 규정하면서, 국제법은 그럼에도 불구하고 '정당성'(legitimacy)에 바탕을 두고 국제법의 '타당성'이나 '의무'의 근거를 도출하고 있다고 한다. 즉 '정당성'의 제고를 통해서 그 '준수'를 보장하고 '실효성'을 확보할 수 있다는 것이다. 이에 대해서는 Mary E. O'Connell, *op. cit.*, p.84-86 참조.

50) Jack L. Goldsmith·Eric A. Posner, *The Limits of International Law*(Oxford: Oxford University Press, 2005) 참조.

51) M. E. O'Connell, *op. cit.*, pp.84-86; Sean D. Murphy, *op. cit.*, pp.153-78 참조.

'이행' 및 '실효성' 확보를 위한 현실적 방안들을 모색하는 일들을 적극 추진할 필요가 있다고 본다. 이러한 논의를 통하여 국제법상 제재를 효과적으로 발동하고 집행할 수 있는 '사법체제'(courts system)를 강화하는 것을 포함하여 국제법의 이행을 확보하기 위한 '효율적인 감시 및 준수체제'(efficient monitoring and compliance regime)가 마련되도록 해야 한다.[52]

2) 국제법상 제재의 개념

국제법상 '제재'의 개념에 관하여 유권적인 정의를 내리고 있는 문서나 법규가 존재하지는 않는다.[53] 국내법적인 관점에서 '제재'의 종류 및 범위 등이 일반적으로 입법부에 의하여 정립되는 법률에 의하여 규정되며 구체적인 사안에 있어서 사법부의 판결에 의하여 적용되고 많은 경우 경찰력이나 형벌제도에 의하여 집행되는 것과는 달리 국제법의 경우, '제재'의 개념 및 종류와 관련하여 논자에 따라 매우 다양한 형태로 사용되고 있는 것이 사실이다. 심지어 일부의 경우는 법위반에 대한 '사후조치'가 아니라 법위반을 '방지'하거나 일정 외교적 목적을 달성하기 위한 '유인책'(즉, 일종의 '적극적 제재')에 대해서도 '제재'의 개념을 사용하기도 하며,[54] 실질적으로 제재의 성질을 가지고 국제법 위반에 대하여 취해지는 조치나 효과에 해당하지만 '제재'라는 용어를 사용하지 않는 경우도 있다.[55]

---

52) The Commission on Global Governance, *Our Global Neighborhood* (Oxford: Oxford University Press, 1995), p.326; 머피는 국제법의 준수와 관련하여, 동의를 통한 '준수에 대한 약속 효과'(effect of initial commitment), 국제법 준수와 관련된 '평판 효과'(effect of reputational consequences), '상호주의의 존중'(fear of reciprocity), '규범의 준수견인 효과'(effect of "compliance pull" of the norm), 보고 및 감시체제 등 국제법 '불준수에 대한 확인 기법'(techniques for identifying non-compliance) 확충, 국제법 '준수역량의 강화'(capacity-building), 국내적 적용을 위한 '국내절차의 보완'(compliance due to national processes) 등 다양한 **국제의무 이행확보** 방안을 제시하고 있다. 그리고 다른 국가가 국제법을 준수하지 않는 경우에 그 준수를 강제하는, 일종의 **제재** 수단으로서 먼저 '외교적 제재'(diplomatic sanctions), '경제적 제재'(economic sanctions), '대응조치'(countermeasures) 등 '비군사적 제재방안'을 거론하고 이어서 '군사적 대응'으로서 '자위권'(right of self-defence)과 유엔 헌장 제7장에 의한 '군사적 제재' 방식을 제시하고 있다. 이에 대해서는 S. D. Murphy, *op. cit.*, pp.153-178 참조.

53) Jean Combacau, "Sanctions", in: R. Bernhardt (ed.), *Encyclopedia of International Law*, Vol. Ⅳ(2000), p.312.

54) Jeremy M. Farrall, *United Nations Sanctions and the Rule of Law* (Cambridge: Cambridge University Press, 2007), pp.6-7.

55) 그 대표적인 경우가 '국가책임법' 관련 논의 및 초안 채택 과정이다(J. Combacau, *op. cit.*, p.311).

그러나 국제법학에서도 법학일반 및 법철학적으로 사용되고 있는 일반적인 의미로 접근하는 것이 순서일 것이다. 이러한 의미에서 '국제법상 제재'도 일단 국제법 위반에 따른 효과 또는 조치로서의 개념적 의미를 가지고 있어야 하는 것이다.[56] 이러한 관점에서 보면, 이른바 '일방적 제재', '집단적 제재'와 같은 국가 또는 국가들의, 나아가서 국제기구를 중심으로 이루어지는 조치들만이 아니라 국제법위반에 따른 '무효화' 및 '국가책임' 문제도 널리 국제법상 '제재'의 범주에서 다루어질 수 있는 것이다.[57]

우리는 흔히 유엔 헌장 제7장을 '유엔 제재' 또는 '강제제재'(coercive sanctions)에 관한 규정으로 설명하고 있다.[58] 그러나 사실 헌장의 관련 조항을 보면 단지 '조치'(measures) 또는 '집단적 조치'(collective measures) 등의 표현만 사용되고 있을 뿐,[59] 어디에서도 '제재'라고 하는 용어가 등장하지 않고 있다.[60] 하지만 안전보장이사회 결의를 통하여 집행되는 '집단적 조치'(collective measures)를 일종의 '집단적 제재'로 규정하는 것은 그러한 조치가 바로 '제재'의 개념에 부합하는 형태로 보기 때문이다.[61]

'집단적 제재'로서의 '유엔 제재'는 엄밀히 말하면 어떤 경우에도 그것이 국제법을 위반하여 이루어진 행위나 사태와 관련하여 발동되어야만 한다. 그러나 일부의 경우, 유엔 헌장상 '집단적 제재'를 "평화에 대한 위협이나 파괴, (그리고 침략행위)에 이르는 중대한 국제법 위반"에 한정하지 않고 "국제법 위반은 아니지만 평화와 안전을 위태롭게 하는 사태"에 대해서도 발동할 수 있다고 함으로써, '유엔 제재'의 개념이나 성격 규정을 어렵게 만들기도 한다.[62]

---

56) *Ibid.*, p.312.

57) *Ibid.*, pp.312-13; Alan Pellet and Alina Miron, "Sanctions," in *The Max Planck Encyclopedia of Public International Law*, Vol. IX(Oxford: Oxford University Press, 2012), pp.1-3.

58) J. M. Farrall, *op. cit.*, p.3.

59) 유엔 헌장 제1조 제1항: "To maintain international peace and security, and to that end: to take effective **collective measures** for the prevention and removal of threats to the peace, and for the suppression of acts of aggression or other breaches of the peace, and ⋯ 생략 ⋯."; 제39조: "The Security Council shall determine the existence of any threat to the peace, breach of the peace, or act of aggression and shall make recommendations, or decide what **measures** shall be taken in accordance with Articles 41 and 42, to maintain or restore international peace and security."

60) 국제연맹의 '제재' 시스템이 실패로 귀결되었기 때문에 유엔은 헌장에서 '제재'라는 용어를 의도적으로 피하고 '조치', '집단적 조치', 또는 '예방 또는 집행조치'(preventive or enforcement measures, 제2조 제5항)라는 표현을 사용하게 되었다(Edmund J. Osmańczyk, *Encyclopedia of the United Nations and International Agreements*(Philadelphia : Taylor and Francis, 1985), pp.700-701).

61) J. Combacau, *op. cit.*, pp.312-313.

오늘날 유엔 헌장 제7장이 '집단적 제재'에 관한 일종의 유권적 규정인 것처럼 간주하
면서부터, 개인의 '국제범죄'(international crimes)에 대하여 '뉘른베르크 군사재판소'를
비롯하여 '구유고 국제형사재판소'(International Criminal Tribunal for the Former Yugo-
slavia; "ICTY"), '르완다 국제형사재판소'(International Criminal Tribunal for Rwanda;
"ICTR") 등 '특별형사재판소'나 '국제형사재판소'(international criminal court; "ICC")를 통
하여 '형벌적 제재'(penal sanctions)를 가하는 경우와 같이 전통적인 '제재' 방식이 국제법
적으로 적용되는 경우는 且置하면서,[62] 국제법상 '제재'의 개념은 오로지 유엔과 같은
국제기구의 결의에 따라 이루어지는 '집단적 조치'에 한정되는 것으로 설명하는 경우도
생겨나고 있다.[63] 이와 같이 국제법상 제재를 '좁은 의미의' 그것으로 한정하는 것은 이

---

62) Antonio Cassese, *International Law*(Oxford: Oxford University Press, 2001), p.302; 한편 유엔 "헌장
제39조의 제재는 대세적 의무 위반에 대한 책임이행의 확보수단인가?" 하는 문제를 제기하면서, 김석현 교수는
"평화에 대한 위협, 평화의 파괴 또는 침략행위에 처하여 평화를 유지하고 회복하기 위한 안보리의 제재는
침략국에 대하여 즉각 ⋯ 생략 ⋯ 그러한 행위를 중단하도록 함으로서 '위법행위의 중지'를 확보하기 위한 목적
을 가진다는 점에서는 책임이행의 확보수단으로서의 성격을 지님을 부인할 수 없다. 그러나 책임의 핵심적
내용은 피해국 또는 피해자에 대한 '손해배상'인 바, 대부분의 경우 안보리가 제재를 결정함에 있어서 위법행위
국에게 손해배상을 요구하지는 않는다는 점에서 그 제재를 책임이행의 확보장치로 보는 데는 한계가 있는
것이다. 아울러 안보리는 사법기관이 아닌 만큼 문제행위의 위법성 여부에 대해서는 직접 관심이 없으며, 그
행위가 국제평화와 안전을 위협하거나 파괴하는가의 여부에 주목할 뿐이라는 사실을 고려하더라도, 안보리의
조치가 위법행위에 대한 대응조치로 의도된 것이라고 보기는 어려울 것이다."라고 한다(김석현, 『국제법상
국가책임』(삼영사, 2007), pp.586-87).
　　사실 이러한 접근은 '국제책임'은 국제위법행위에 대해서만 추궁할 수 있는 데 반하여 유엔 안보리의 '제재'는
국제위법행위가 발생하지 않는 상황에서도 취해질 수 있다고 보는 점에서 '제재'의 본질과 '유엔 제재'의 성격을
규명하는 데 중요한 시사점을 주고 있다. 그러나 국제법상 '제재'의 본질이 국제법 위반에 대한 '해악'의 부과에
있다고 한다면, 국제법 위반과는 무관하게 '평화와 안전의 위협이나 파괴' 문제만을 '유엔 제재'의 근거로 삼을
수 있다는 설명이나 국제법상 '배상책임'과 '제재'가 그러한 의미에서 서로 분리⋅구별된다고 보는 것은 문제가
있다고 본다. 헌장 제39조의 "안전보장이사회는 평화에 대한 위협, 평화의 파괴 또는 침략행위의 존재를 결정
하고, 국제평화와 안전을 유지하거나 이를 회복하기 위하여 권고하거나 또는 제41조 및 제42조에 따라 어떠한
조치를 취할 것인지를 결정한다."고 하는 규정은 Hart와 Kelsen의 이론을 빌려서 설명하면 일종의 '이차적
규칙'으로서 '제재규범' 또는 '재판규범'에 해당하는 것이다. 헌장 제39조의 규정은 따라서 유엔 회원국은 물론
전체 국제사회의 구성원들에 대하여 최소한 "평화에 대한 위협, 평화의 파괴 또는 침략행위를 자행하지 말라"는
'행위규범'을 '일차적 규칙'으로 당연히 전제하고 있다고 보아야 한다. 이러한 행위규범의 존재는 '주권평등의
원칙', '무력사용금지의 원칙', '국내문제불간섭의 의무' 그리고 '국제분쟁의 평화적 해결원칙' 등 기본원칙과
유엔 헌장의 전체적인 내용을 통하여 충분히 인정할 수 있는 사항이기 때문이다. 따라서 '유엔 제재'는 당연히
국제법 위반행위를 전제로 하여 취해진다는 점에서 '제재'의 본질을 충족하고 있는 형태인 것이다(J.
Combacau, *op. cit.*, p.314). 결과적으로 '유엔 제재'는 국제법 위반에 대한 '제재'이자 '국제의무 이행확보수단'
으로서의 성격을 동시에 갖고 있다고 볼 수 있을 것이다.

63) Emmanuel Decaux, "The Definition of Traditional Sanctions: Their Scope and Characteristics",
International Review of the Red Cross, Vol.90, No.870, 2008, p.252.

64) James Crawford, *The International Law Commission's Articles on State Responsibility – Introduction*,

론상 가능하기도 하고 현실적으로도 제재의 유형을 단순화할 수 있는 장점이 있기는 하다. 그러나 '집단적 제재'만을 '국제법상 제재'로 규정하는 것은 규범학이나 법학 일반에서 다루고 있는 '제재'의 개념과 범위를 과도하게 축소시키는 결과가 되며, 국제법상 '제재' 메커니즘에 대한 관심을 약화시킬 수도 있다는 점에서 문제가 있다고 본다. 따라서 여기서는 보다 넓은 의미에서 '제재'의 개념을 사용하기로 한다.

3. 국제법상 제재의 종류 및 내용

국제법상 제재는 흔히 그 집행 주체의 숫자와 관련하여, '강제적 행동'이나 '조치'가 어느 한 국가에 의하여 이루어질 때 이를 '개별적'(individual) 또는 '일방적'(unilateral) 제재라고 하며, 복수의 국가집단에 의하여 행해지는 경우 이를 '다자적'(multilateral) 또는 '지역적'(regional) 제재라고 하며, 나아가서 특별히 전 세계 대다수의 국가들에 의하여 이루어질 때 이를 '집단적'(collective) 또는 '보편적'(universal) 제재라고 한다.[65] 그러나 근래 들어, 과거 국제연맹이나 오늘날 유엔에 의한 제재와 같이 권한 있는 국제기구의 의사결정에 따라 이루어지는 제재를 '다자적 제재'와 '보편적 제재'를 불문하고 '집단적 제재'라고 하고, 국가 또는 국가들이 관련 국제기구의 의사결정 과정을 거치지 않고 집행하는 제재를 그 주체의 수와 관계없이 '일방적 제재'라고 설명하는 경우도 있다.[66]

Text and Commentaries −(Cambridge: Cambridge University Press, 2002), p.168, 282; 한편 Cassese는 '제재'의 개념에 다음과 같이 언급하고 있다(A. Cassese, 강병근·이재완 역, 전게서, pp.445-46.). "제재의 개념에 대해서는 논리적·어휘론적으로 몇 가지 구분할 필요가 있다. 'sanctions'(혹은 sanctions *lato sensu*) 라고 할 경우는 국가 혹은 기타 국제법 주체들의 비정상적 행위에 대응할 목적에서 국가집단 혹은 국제기구 기관들이 취하는 모든 조치들을 일컫는다. 결국 이처럼 넓은 부류는 포괄적 개념으로서 다음과 같은 것을 포섭한다. ① 집단적 대응조치(복수의 국가들이 국제기구의 허가 없이 다른 국제법 주체의 국제법 위반에 대응하여 취하는 국제법 위반조치로서 그러한 위반에 대한 대응이고 그 행위자가 국제법을 준수하도록 강제한다는 면에서 합법이다), ② 엄밀한 의미의 제재('중앙집중적인' 대응조치로서 국제기구의 기관이 결정하거나 권고함), ③ 정치적 제재(즉 고난을 강제하는 조치로서, 국제법 위반을 수반하지 않고 회원국가의 비정상적 행위에 대응하여 국제기구가 취하는 것으로 그러한 행위가 국제규범에 반하는지 여부는 구별하지 않음)."

C. Parry와 John P. Grant 등은 국내법이든 국제법이든 "제재는 개별적인 것이 아니라 일반적 권위에 의하여 적용되는 것이 법의 본질"이라고 하면서, 국제법의 경우에도 제재는 원칙적으로 개별국가에 의하여 취해지는 것이 아니라는 점을 언급하고 있다(Clive Parry, John P. Grant, Anthony Parry & Arthur D. Watts, *Parry & Grant Encyclopaedic Dictionary of International Law*(Oceana Publications, 1986), p.354.

65) J. M. Farrall, *op. cit.,* pp.7-8.

66) S. D. Murphy, *op. cit.,* pp.167-69; William H. Kaempfer·Anton D. Lowenberg, "Unilateral Versus Multilateral International sanctions: A Public Choice Perspective", *International Studies Quarterly*, Vol

이하에서는 주로 후자의 관점에서 국가(들)의 '일방적 제재'와 국제기구(유엔)에 의한 '집단적 제재'의 문제를 검토하고, 나아가서 국제법상 제재의 측면에서 '(배상)책임 추궁'과 '개인에 대한 제재' 문제를 언급하고자 한다.

1) 국가에 의한 '일방적 제재': '보복'과 '대응조치'

국제법의 타당기반인 국제사회에는 국가의 집행기관이나 사법기관에 견줄 만한 '집권적인'(centralized) 기관이나 권력이 존재하지 않는 것이 사실이다. 전통적으로 국제법의 적용 및 집행과 관련하여 원시적 법공동체에서 일반적으로 행해지고 있던 '복수'(Fehde, *bellum privatum*)와 같은 '자력구제'의 방식이 국제사회의 구성원들인 국가들의 일방적인 조치를 통하여 이루어져 왔다. 오늘날 고도로 조직화된 국내사회의 경우 자력구제의 방식이 극히 예외적인 경우에 한하여 인정되고 있는 반면, 국제사회의 경우에는 '복구' 또는 '대응조치'[67]와 같이 자력구제에 바탕을 두고 있는 제재의 방식이 상대적으로 넓게 인정되고 있는 것이다.[68]

21세기에 들어와서도 국제사회는 여전히 '분권적' 성격을 벗어나지 못하고 있으며, 위법행위로 인하여 피해를 입은 국가 자신에 의한 일방적인 '대응조치'가 하나의 기본적인 제재 방식으로 남아 있는 것이다. 피해국에 의하여 일방적으로 취해지는 대응조치는 그 자체로 국제법상 '의무불이행'이나 '위법행위'에 해당되는 것이지만 상대국의 선행하는 위법행위에 상응하여 취해지는 것이기 때문에 그 위법성이 조각되는 제재 수단이다.[69] '대응조치'에 관한 조항이 2001년 유엔 국제법위원회(International Law Commision; 이하 "ILC")가 마련한 「국가의 국제위법행위책임 초안」(Draft Articles on Responsibility of States for Internationally Wrongful Acts, 이하 "국가책임초안")에 포함된 것은 '대응조치'가

43, 1999, pp.37-58; Navin A. Bapat·T. Clifton Morgan, "Multilateral Versus Unilateral Sanctions Reconsidered: A Test Using New Data", *International Studies Quarterly*, Vol.53, 2009, pp.1075-94.

67) '대응조치'와 '복구'는 사실상 동일한 개념이라고 할 수 있는데, 전통적 의미에서 '복구'에는 '무력적 수단'에 의한 복구도 포함되고 있었기 때문에 오해를 피하기 위하여 의도적으로 '복구'라는 용어 대신에 '대응조치'라는 용어를 사용하게 되었다고 한다(김석현, 전게서, p.541).

68) Jan Klabbers, *International Law*(Cambridge: Cambridge University Press, 2014), pp.165-170 참조.

69) Article 22: "The wrongfulness of an act of a State not in conformity with an international obligation towards another State is precluded if and to the extent that the act constitute a countermeasure taken against the latter State in accordance with chapter II of part three."

상대국의 국제위법행위에 대한 '제재'로서의 성격을 가짐과 동시에 위법행위국으로 하여금 그 책임의 이행을 유도하려는 목적을 동시에 가지고 있다고 보았기 때문이다.[70]

전통적으로 '대응조치'에 대해서는 '복구'라는 용어가 사용되어 왔으며, 이는 '위법행위'에 대응하는 제재조치로서, '적법하지만 비우호적인 행위'에 대응하여 이루어지는 또 하나의 '비우호적 행위'인 '보복'(retorsion)과는 엄격하게 구별된다고 설명되어 왔다.[71] 그러나 오늘날 국제법 위반행위에 대하여 전통적인 '복구'의 방식이 아니라, 적법하지만 비우호적인 방식으로 대응할 수도 있으며 이러한 행위도 '보복'이라고 함으로써 '보복'에 대해서 일종의 국제법적 제재로서의 성격을 인정하고 있다.[72] 이러한 관점에서 보면, 상대국의 국제법 위반행위에 대하여 취해지는 '외교단절'은 그 자체 국제법 위반이 아니기 때문에 일종의 '보복'에 해당하는 것이지만 매우 효과적인 '외교적 제재'(diplomatic sanctions) 또는 '정치적 제재'(political sanctions) 수단이 될 수 있다고 본다.[73]

유엔 헌장 제51조에 규정되고 있는 '자위권'(right of self-defence)의 경우는 '개별적 자위'(individual self-defence)와 '집단적 자위'(collective self-defence)의 형태를 불문하고 '복구' 또는 '대응조치'와는 달리 그 발동을 유발한 국가를 상대로 하여 사후에 '응징적'(retributive) 차원에서 행해지는 것이 아니라는 점에서 엄격한 의미에서 '제재'의 성격을 갖지는 않는다고 보아야 한다.[74] 그러나 무력사용을 수반하는 '자위권'의 발동은 과거 국제법상 합법적인 제재수단으로 허용되던 '전쟁'(war)의 방식이 오늘날 매우 제한적인 형태로 변용된 경우라고 볼 수도 있다. 따라서 '자위권'의 발동은 넓은 의미에서 '자력구제적인' 법 보장 수단의 하나로 간주할 수도 있을 것이다.[75]

---

70) 김석현, 전게서, pp.545-46 참조.

71) J. L. Kunz, *op. cit.*, pp.324-25 참조.

72) "Countermeasures are to be contrasted with retorsion, i.e. "unfriendly" conduct which is not inconsistent with any international obligation of the state engaging in it even though it may be a response to an internationally wrongful act."(J. Crawford, *op. cit.*, p.281); P. Malanczuk, *op. cit.*, p.4.; A. Cassese, *op. cit.*, p.244; J. M. Farrall, *op. cit.*, p.51; 김석현, 전게서, pp.538-39.

73) S. D. Murphy, *op. cit.*, p.167; Jan Klabbers, *op. cit.*, p.168.

74) J. L. Kunz, *op. cit.*, pp.332-33.

75) P. Malanczuk, *op, cit.*, pp.3-4.

2) 유엔에 의한 '집단적 제재'

국제연맹(the League of Nations) 이전의 전통국제법 시대에는 위법행위를 저지른 국가에 대한 '제재'를 목적으로 하는 '전쟁'의 방식이 일반적으로 허용되고 있었다. 과거 '정전론'(theory of *bellum justum*)을 통하여 국가의 무력사용에 대한 규제가 시도되기도 하였으나, 실제로는 '무차별전쟁관'에 입각하여 전쟁은 광범위하게 행해져 왔던 것이 사실이다.[76] 또한 '전쟁'에 이르지 않은 단계의 무력사용을 통한 '무력복구'(armed reprisals)의 방식도 위법을 자행한 국가에 대한 제재의 목적으로 흔히 활용되고 있었다.[77] 그러나 점차 국제사회가 조직화되고 국제법의 적용과 집행이 조직적·집단적으로 이루어지는 현대국제법 시대에 접어들면서 국제법의 '제재'와 관련한 제도적 형태에 많은 변화가 있었다. 이 가운데, '무력사용금지'(non-use of force) 원칙의 정립에 따라 '전쟁'과 '무력적복구'의 방식이 국제법상 제재의 방식으로부터 제외된 것이 가장 큰 변화라고 할 수 있을 것이다.

1945년 유엔이 창설되면서 그 '헌장'을 통하여 '무력의 사용 및 위협'을 일반적으로 금지하는 원칙이 규정되었다.[78] 이 원칙은 어느 누구의 일탈도 허용되지 않는 국제법의 '강행규범'(peremptory norm of general international law, *jus cogens*)으로서의 지위를 갖고 있는 것으로 승인되고 있다. 이제 국제관계에 있어서 무력 사용에 대해서는 '국제공동체'(international community)가 통제를 가해야만 하며 국가들에 의한 일방적인 무력사용은 엄격히 제한되어야 한다는 인식이 확고하게 정착된 것이다. 이러한 변화를 보여주는 제도적인 증거가 바로 유엔의 '집단적안전보장제도'(collective security system)이다.[79] 이제 국가에 의한 일방적 제재는 적어도 '무력사용'을 수반하는 방식으로는 더 이상 허용되지 않고 오로지 유엔을 통한 '집단적 제재'의 방식으로만 허용될 수 있게 되었다.[80]

유엔의 '집단적 제재'는 '강제제재'의 방식으로 이루어진다.[81] 집단적안전보장제도와 관련하여 국제연맹은 '분권적인 의결 절차'를 가지고 있었던 데 비하여 유엔 헌장은 보다

---

76) J. M. Farrall, *op. cit.*, p.47.

77) J. L. Kunz, *op. cit.*, p.325.

78) 유엔 헌장 제2조 4항.

79) J. L. Kunz, *op. cit.*, p.328-31.

80) *Ibid.*, p.333.

81) J. M. Farrall, *op. cit.*, p.62.

'집권적인 의결 절차'(centralized decision-making procedure)를 규정하고 있다. 나아가서 헌장은 그 회원국으로 하여금 안전보장이사회의 제재 결의를 수락하고 이행하도록 의무화할 수 있는 권한도 함께 규정하고 있다는 점이 특징이다.[82] 안전보장이사회의 '제재권한'(sanctions powers)의 법적 근거는 헌장 제7장이다. 제7장은 안전보장이사회로 하여금 국제평화와 안전을 유지하거나 회복시키기 위하여 '조치'를 취할 수 있는 권한과 책임을 부여하였다. 특히 헌장 제39조는 이러한 조치를 취하는 데 기초가 되는 매우 중요한 조항이다. 이는 안전보장이사회로 하여금 국제평화와 안전을 유지하거나 회복시키기 위하여 '권고'를 하거나 헌장 제41조와 제42조에 따라 취할 수 있는 조치를 결정하기 위한 기초로서 "평화의 위협, 평화의 파괴, 또는 침략행위"의 존재를 결정할 수 있도록 하고 있기 때문이다.

제41조에 따라 안전보장이사회는 경제적·통상적·외교적 분야를 포함하는 '비군사적 제재조치'(coercive measures short of armed force, non-military sanctions)를 취할 수 있다. 나아가서 제42조에 따라 '군사적 제재조치'(military sanctions)도 취할 수 있다. 그러나 제43조에 따라 '특별협정'(special agreement)이 체결되지 않는 한 회원국에 대한 법적 의무가 성립되지 않는 '군사적 제재조치'와는 달리 제41조에 근거한 '비군사적 제재조치'는 헌장 제25조, 제10조 그리고 제2조 5항에 따라 모든 회원국으로 하여금 그 조치를 이행하도록 법적 의무를 부과하고 있다는 점에서 그 중요성이 더 크다고 할 수 있다.[83]

'비군사적 제재'의 방식과 관련하여 안전보장이사회는 제41조에서 직접적으로 규정하지는 않았지만 보다 탄력적인 다양한 형태의 방법들을 활용해 왔다. 예를 들어, 평화를 파괴하거나 침략을 자행한 국가에 대하여 직접적인 제재를 가하는 데 의견의 불일치 등으로 제재결의가 어려울 경우 심각한 국제법위반 사항을 '공개폭로' 한다든지 '비난'하는 것을 내용으로 결의를 채택함으로써 '압력'을 가하는 경우들이 종종 있었다.[84]

ICTY와 ICTR 등 잔혹한 '국제범죄'를 저지른 자들을 처벌하기 위한 목적으로 안전보장이사회가 설치한 '특별형사재판소'의 경우도 일종의 '비군사적 제재'로 볼 수 있다.[85] 안전보장이사회는 심각한 국제법위반 사태에 직면하여 스스로 효과적인 제재를 권고하

82) *Ibid.*, pp.62-63.
83) J. L. Kunz, *op. cit.*, p.334-335.
84) A. Cassese, 강병근·이재완 역, 전게서, pp.447-450.
85) 상게서, p.451; J. M. Farrall, *op. cit.*, p.9.

거나 강제할 수 없는 경우에는 위법사태에 대한 '불승인'(non-recognition)을 통하여 위법을 자행한 국가를 소외시킴은 물론 위법사태가 '기정사실화' 또는 '합법화' 하는 것을 저지하는 방식을 택하기도 한다.[86]

그동안 여러 가지 이유로 헌장상 '군사적 제재'가 제대로 시행되지 못하는 가운데 우회적인 방법으로 국가들의 무력사용을 '허가'(authorization)하는 방식을 취함으로써 사실상 '군사적 제재'의 목적을 달성하거나 '경제적 제재' 조치의 실효성을 제고하려고 시도한 경우도 많이 있었다.[87] 이처럼 제재와 관련된 유엔 헌장 체제는 매우 탄력적으로 활용되어 왔던 것이 사실이다. 그 결과로 안전보장이사회의 '제재권한'과 관련한 부작용이나 문제점이 계속 지적되어 왔으며,[88] 그 제한 및 통제에 관한 논의도 많이 이루어져 왔다.[89] 그러나 또 다른 한편으로는 개인이나 그 집단에 의한 '국제테러리즘'이라는 새로운 형태의 평화에 대한 위협 또는 파괴의 경우 그 효과적인 대응(제재)과 관련한 현행 시스템의 문제점도 지적되고 있다.[90]

3) (배상)책임 추궁 : 원상회복· 금전배상· 만족

ILC가 채택한 '국가책임초안'은 국가들의 국제법 위반에 대하여 추궁할 수 있는 '국제책임'에 관한 규범을 Hart가 『법의 개념』(The Concept of Law)에서 제시하고 있는 것과 같이 '이차적 규칙'의 차원에서 법제화하려는 시도에 해당하는 것이다. 일반적으로 국제법상 국가들에 부과되고 있는 '일차적' 행위 의무를 위반한 데 대하여 그로 인하여 피해를 입은 국가에 의하여 '제재'가 부과될 수 있다는 점이 하나의 확립된 국제법 원칙이라고 한다면, '국가책임초안'은 바로 국제법 위반에 대한 국제법적 '제재'가 실효적으로 이루어질 수 있도록 하는 법적 토대로 작용할 수 있다고 본다.

Kelsen에 의하면, '국제위법행위'(internationally wrongful acts)에 따른 일차적 효과로서 피해국은 책임 있는 국가를 상대로 '제재'를 가할 수 있는 권한이 있는 반면 가해국의

---

86) 상게서, pp.448-49; Ian Brownlie, *Principles of Public International Law*, 7th ed.(Oxford: Oxford University Press, 2008), p.95.

87) A. Cassese, 강병근· 이재완 역, 전게서, pp.454-457.

88) J. M. Farrall, *op. cit.*, p.5.

89) *Ibid.*, pp.68-76.

90) *Ibid.*, pp.87-89.

피해국에 대한 '배상책임'의 의무는 '이차적'(subsidiary)인 의미를 가진다. 그리고 R. Ago는 국제위법행위에 따른 효과와 관련하여 '배상책임'과 '제재' 중 어느 하나만을 문제 삼을 수 없다고 하면서, 양자의 관련성에 주목하고 있다.[91] J. Crawford도 또한 어느 법체계의 경우와 마찬가지로 '국제위법행위'에 기인하여 다양한 법률관계가 발생할 수 있으며, 동일한 '국제위법행위'가 동시에 '제재'의 문제와 국가책임에 따른 '배상' 문제를 야기할 수 있다고 한다.[92]

사실 ILC에 의하여 1955년부터 시작된 '국가책임초안' 작업은 1960년대에 들어와서 국가의 국제법상 의무위반에 대한 책임 문제를 전반적으로 다루는 것은 물론, '국제위법행위'를 '국제범죄'와 '국제불법행위'(international delict)로 구분하여 국가의 범죄행위에 대한 제재 문제도 포함하여 규정하는 방향으로 전개되기도 하였다. 즉, 개인들과 같이 국가의 중대한 범죄행위에 대해서도 일종의 '형사적 책임'(criminal responsibility)이나 '징벌적 제재'(punitive sanctions)를 부과하는 문제를 적극 검토했던 것이다. 그러나 국가의 '범죄주체성'에 대한 반론이 강력하게 제기됨으로써 '국제범죄'에 대한 내용이 제외된 가운데 최종 초안이 채택된 것이다.[93]

그러나 '국가책임초안' 작업을 통하여 구체화되고 있는 '국제책임'(international responsibility) 법리는 국내법적 관점의 민사적 '배상책임'의 구조와는 달리 사실상 '민사' 분야와 '형사' 분야가 혼합되어 있는 형태로 추진되고 있으며, 그 내용도 단순한 '배상책임'의 성립 및 이행만이 아니라 국제법상 '법의무 위반에 대한 비난'(condemnation of breaches of legal obligations), '국제적 합법성의 회복'(restoration of international legality) 그리고 '(국제공동체의 법으로서) 국제법에 대한 존중'(respect for international law) 등 전반적으로 국제법상 의무위반과 관련된 법리를 포괄하는 새로운 형태의 '국제책임법'(International Law of Responsibility)을 지향하고 있다고 볼 수 있다.[94]

'국가책임초안'은 기본적으로 국제위법행위를 범한 국가는 그 상대국에 대하여 '배상'

91) R. Ago, "Le delit international", *Recueil des cours*, Vol.68(1939/ II), p.417, at pp.430-440; H. Lauterpacht, *Oppenheim's International Law*, 8th ed.(London: Longmans, 1955), Vol. I, pp.352 -354(J. Crawford, *op. cit.*, p.79에서 재인용)

92) J. Crawford, *ibid.*, pp.78-79.

93) *Ibid.*, pp.1-60; 김석현, 전게서, pp.23-26.

94) James Crawford, Alan Pellet and Simon Olleson (eds.), *Oxford Commentaries on International Law - The Law of International Responsibility*(Oxford: Oxford University Press, 2010), pp.11-15.

의 책임을 지도록 하고 있으며 그 세부적인 형태를 보면, '원상회복', '금전배상', 그리고 '만족'(satisfaction)의 방식으로 되어 있어서 국내법상 법위반에 따른 '제재'의 내용과 거의 동일하게 규정되고 있음을 알 수 있다. 그러나 '국가책임초안'은 국제법상 '강행규범'의 중대한 위반의 경우에는 공동체 전체의 이익에 대한 침해로 규정하여 '특별한 효과'(particular consequences)를 규정하고 있다. 당초 위반국에 대한 가중 책임의 형태로 일종의 '징벌적 배상'(punitive damages) 또는 '형벌적 효과'(penal consequences)를 명문화하자는 주장이 제기된 바 있었으나,[95] 논의 끝에 위반국 이외의 국가들에게 "문제의 강행규범 위반을 종식시키기 위한 협력 의무", "그 위반으로 인하여 창설된 상황을 승인하지 않을 의무", 그리고 "그러한 상황의 유지를 위한 지원 내지 원조를 삼갈 의무" 등[96]을 규정하는 방식으로 귀결된 바 있다. 그러나 이러한 접근방법은 강행규범 위반국을 상대로 넓은 의미에서 국제공동체 전체에 의한 '제재' 방식을 도입한 것이라고 볼 수도 있는 것이다.

국제법상 국제위법행위에 대한 '책임'의 추궁을 위한 '국가책임초안'이 진정한 의미에서의 '이차적 규칙'으로 작동할 수 있도록 하기 위해서는 국내법의 경우와 마찬가지로 이를 강제로 집행할 수 있도록 하는 '사법기관'이 상당한 정도로 그 역할이 수행되어야만 한다.[97] 국내법적으로는 Kelsen이 말하고 있는 '제재'로서의 '배상' 또는 '강제집행'이 전적으로 국가기관에 의하여 이행됨으로써 '제재규범'을 바탕으로 한 '배상'의 '제재적 성격'이 분명하게 나타나고 있다. 다만 아직 국제사회에는 국가에 대한 '민사적 강제집행'을 위한 사법기관이 충분하지 않으며 ICJ의 경우에도 그 관할권이 임의적인 데 불과한 실정이다. 따라서 '(배상)책임'의 이행과 관련하여 일차적으로 피해국에 의한 '일방적 요구'나 '대응조치'의 행사가 중요한 의미를 가질 수밖에 없다는 것도 사실이다.

그러나 결론적으로 말하면 '국가책임초안'에 포함되고 있는 국제법상 '책임'의 내용은 단순한 민사적 배상책임의 범위를 넘어서서 국제법상 일반적인 제재수단이나 의무 준수(이행) 확보수단을 포함하거나 밀접하게 연결되고 있으며, 바로 이점에서 국제법상 '제

95) 김석현, 전게서, pp.447-451 참조.
96) '국가책임초안' 제41조 참조.
97) 이러한 관점에서 보면, '중앙집권적 제도'가 존재하지 않는 한 진정한 의미의 '제재'는 존재할 수 없게 되는 것이다. L. Cavare, "Les Sanctions dans le Cadre de l'ONU"(1952) 80 *Recueil des cours* 191, 200-201 (J. Crawford *et al.*, *op. cit.*, p.126에서 재인용).

재'와 '책임' 사이에 강력한 연계 내지 유사성이 존재한다고 볼 수 있는 것이다.[98]

4) 개인에 대한 국제법적 제재

오늘날 개인도 국제법주체로서의 지위를 가지고 있다는 것은 분명하게 인정되고 있는 사실이다. '권리' 면에서 개인의 국제법적 지위는 20세기 중반에 들어와서 비로소 확립된 '국제인권법'(International Human Rights Law)의 발달에 따라서 제고되어 온 반면에, 개인의 국제법적 의무는 그보다 훨씬 오래 전인 19세기 중반부터 인정되어 왔다.[99]

'제노사이드'(genocide), '인도에 반하는 범죄'(crimes against humanity), '전쟁범죄'(war crimes), '침략범죄'(crime of aggression) 등 인권을 심각하게 침해하거나 국제공동체의 법익에 대한 중대한 침해를 야기하는 개인의 행위는 '국제범죄'를 구성하는 것으로 간주되어 왔으며, 그 기소 및 처벌에 관한 '보편관할권'(universal jurisdiction) 및 '국제형사법'(International Criminal Law)의 발달을 가져오게 하였다. 개별국가의 국내법원(national courts)과 ICC 등 국제재판소에 의한 국제범죄자의 '처벌'은 개인에 대한 국제법상 제재의 대표적인 형태이다.[100] 앞에서 언급한 것처럼 국가 자체의 '형사적 책임'이 인정되지 않고 있는 상황에서 단순한 개인이든 아니면 국가 공무원이든 개인에 대한 '처벌'은, 국제법의 심각한 위반에 대한 형사적 제재의 유일한 형태로 간주되고 있으며 '국가책임'에 관한 국제법과는 분리된 분야로서 '국제형사법' 체계의 근간이 되고 있는 것이다.[101]

국제공동체는 국제위법행위를 저지른 개인에 대하여 형사적 제재 외에도 필요한 경우 '경제적 제재'를 가하는 방법으로 국제범죄나 기타 국제위법행위의 발생을 억제하거나 국제의무 이행을 확보할 수 있다. 예를 들어, 유엔 안전보장이사회는 테러단체와 연계된 개인들의 재산을 동결하도록 관련 국가들에게 의무를 부과하는 결의안 채택을 통하여 개인에 대한 일종의 '다자적 경제제재'를 취한 경우가 있다.[102] 물론 국가들은 국제법을

---

98) H. Kelsen, *supra note* 5, pp.108-110; H. Kelsen, 변종필·최희수 역, 전게서, pp.189-192; E. Decaux, *op. cit.*, pp.249-257.

99) Ian Brownlie, *Principles of Public International Law*, 5th ed.(Oxford: Oxford University Press, 1998), p.565.

100) *Ibid.*, pp.565-567.

101) A. Cassese, 강병근·이재완 역, 전게서, pp.327-328.

102) S. D. Murphy, *op. cit.*, pp.171-172.

위반한 개인들을 상대로 '일방적 경제제재'의 방식을 통하여 개별적인 제재를 가할 수도 있을 것이다.[103]

Ⅲ. 전망과 과제

모든 법의 위반에는 어떠한 형태든 반드시 '제재'가 따르도록 되어 있다. 그리고 효과적인 '제재'를 위해서는 강제력에 의한 뒷받침이 필요하다. "보다 나은 국제법을 향한 목표가 '강제력 없는 법'(law without force)이 아니라 '진화된 제재를 수반하는 법'(law with less primitive sanctions)에 있을 수밖에 없다."고 한다면 국제공동체에 있어서 '국제법의 우위'를 확립하고 '제재'의 집행력을 제고하는 일이 중요한 과제로 대두된다.[104]

분권적인 국제사회에 있어서 여전히 '대응조치'와 같은 자력구제 방식의 제재수단이 중요한 기능을 수행하고 있지만 국가의 일방적 조치는 보다 효과적인 수단으로 대체되거나 개선될 필요가 있다고 본다. 오늘날 국제사회는 점차 조직화 되어가고 있으며, 국제법의 정립, 적용, 집행과 관련된 집권적 요소들이 많이 나타나고 있는 것이 사실이다. 본질적으로 '분권적인 성격'을 가지고 있는 국제법은 국제사회의 조직화를 통하여 점차 '집권적인' 성격으로 변화되고 있다. 이와 함께 국제법상 '제재'의 조직화·집단화 경향도 점차 강화되고 있다.

오늘날 국제법의 집행 및 적용과 관련하여 유엔의 '집단적 안전보장제도'에 의한 강제조치 및 ICJ를 비롯하여 분쟁의 평화적·사법적 해결을 위한 법제도가 크게 발전하고 있음을 목격할 수 있게 되었다. 국제법을 심각하게 위반하고 국제평화를 위협 또는 파괴하거나 침략을 자행하는 국가에 대하여 '제재'를 가함으로써 국제평화를 유지하고 국제법을 수호하려는 집단적 안전보장제도는 개별국가들로 하여금 국제법을 준수하고 그 실효성에 대한 인식을 제고하도록 유인하는 데 많은 역할을 수행하여 왔다. 헌장 제94조에 의하면 안전보장이사회는 ICJ의 판결에 대하여 필요하다고 인정할 때에는 판결을 집행하기 위하여 권고를 하거나 취하여야 할 조치를 결정할 수 있도록 함으로써 국제법의

---

103) *Ibid.*
104) J. L. Kunz, *op. cit.*, p.347.

실효성이 증대되도록 하고 있다.[105] 이와 같이 안전보장이사회와 ICJ의 존재는 국제법의 '제재력'과 '실효성'을 결정적으로 강화시켜 주는 요소가 되고 있다.

유엔에 의한 '집단적 제재'는 오늘날 국제법체계가 보유하고 있는 가장 제도적인 제재 시스템이라고 할 수 있다. 그러나 안전보장이사회는 '사법기관'이 아니라 단지 '집행기관'으로서 경우에 따라 '법적 고려'보다도 '정치적 고려'를 우선하는 등 그 '재량권'이 폭넓게 인정되고 있어서 '유엔 제재'의 정당성 및 신뢰성에 대한 도전을 초래하기도 한다. ICJ에 의한 '사법심사' 등 안전보장이사회의 정치적 행보에 통제를 가할 수 있도록 제도적 장치를 확보할 필요성도 이에 따라 제기되고 있는 것이다.[106]

'국가책임법'의 확립은 민사적 측면에서 국제법적 '제재'와 '배상책임'을 연결시킬 수 있는 매우 의미 있는 발전이라고 본다. 그러나 아직 국제적 사법제도가 국내법 수준으로 확립되어 있지 않은 상황에서 '배상책임' 문제를 '제재'의 한 방식으로 규정하는 것은 무리가 있다고 할 수도 있을 것이다. 그러나 '일방적 제재'와 '집단적 제재'를 비롯하여 개인에 대한 제재 문제까지도 포함하는 넓은 의미의 국제법상 '제재'의 개념에 대한 보다 심층적인 논의를 통하여 '제재'와 '책임'의 관계가 재정립될 필요가 있다고 본다.

오늘날 절실히 필요한 것은 '국제법공동체'와 '국제적법치주의'의 실현을 위한 국제법의 증진과 그 실효성의 강화라고 본다. 이제 국제법상 제재 시스템을 포함한 국제법 이행확보 방안에 대한 체계적 접근이 필요한 시점이다. 국제평화와 안전에 바탕을 둔 전 세계적 인권보장과 복지증진이 21세기 국제법에 부과된 과제라고 한다면, 이러한 과제를 실현하기 위한 우리 모두의 노력이 보다 적극적으로 시작될 필요가 있는 것이다.

---

105) 유엔 헌장 제94조 2항 참조.
106) J. M. Farrall, *op. cit.*, pp. 68-76.

제10장

국가책임과 외교적보호제도

Ⅰ. 서론

관습국제법상 국가는 자국민이 외국에 의하여 입은 손해에 대하여 적절한 구제를 받을 수 있도록 국제적 청구 등의 필요한 조치를 취할 수 있는 권리를 인정받아 왔다. 이러한 권리를 '외교적보호권'(right of diplomatic protection)이라고 한다. '외교적 보호'는 자국민의 손해에 대하여 가해국의 적절한 구제가 주어지지 않는 경우 이를 자신의 손해로 간주하여 책임 있는 가해국(injuring State)의 국제책임을 추궁하기 위한 수단으로 활용되어 왔다. Vattel이 활동하던 18세기에 성립하여 19세기 및 20세기를 거치면서 발달되어 온 외교적보호제도의 기본원칙은 지금도 여전히 유지되고 있다.[1] 그러나 외교적 보호제도는 관습국제법상 확립된 제도임에도 불구하고 여전히 많은 논쟁점이 남아 있는 분야이기도 하다.[2]

외교적 보호는 지금도 주로 관습국제법에 기초를 두고 이루어지고 있으나, 그동안 국가 간 상호의존 및 교류의 증대, 인권의 발달, 그리고 개인의 국제법주체성을 제고하려는 시도 등에 의하여 계속적으로 변화되어 왔다. 특히 외교적 보호제도는 개인의 국제법적 지위나 능력이 부인되거나 극히 제한되고 있던 시대적 상황 속에서 성립되어 온

---

1) R. B. Lillich, *The Human Rights of Aliens in Contemporary International Law*(Manchester: Manchester University Press, 1984), pp.8-11 참조.

2) *Ibid.*, p.1.

것이기 때문에, 오늘날 개인의 국제법적 능력이 크게 제고되고 있는 현실에서는 그 존재 근거(*raison d'être*) 및 역할에 대한 재검토가 필요하다는 주장도 있다. 일부 국가들은 전통적인 외교적보호제도가 '국내문제'(domestic matters)에 대한 강대국의 경제적·정치적·군사적 압력이나 개입을 정당화하는 법제도로 악용될 수도 있다는 점을 지적하면서, 칼보 조항(Calvo clause) 등을 통하여 그 적용을 배제하려고 시도해 왔던 것도 사실이다.

이러한 변화 및 문제점을 반영하여 외교적보호제도를 법전화하고 그 점진적 발달을 모색하기 위한 작업이 1996년부터 유엔의 '국제법위원회'(International Law Commission; ILC)에 의하여 시도되었다. ILC에서는 2000년 제52차 회기에서 제1차 보고서[3]가 제출된 것을 시발로 하여, 2005년의 제57차 회기의 제6차 보고서에 이르기까지 해마다 한 차례 특별보고자의 보고서가 제출된 바 있다. ILC는 2002년 제54차 회기부터 그동안의 보고서를 바탕으로 '초안위원회'(Drafting Committee)를 구성하고 외교적보호의 초안을 채택하기 위한 본격적인 심의를 시작하였다.[4] 그 결과 드디어 2006년에 열린 제58차 회기에서 그동안 심의해 온 외교적 보호에 관한 초안(Draft Articles on Diplomatic Protection, 이하 "ILC 외교보호초안")이 채택되어 유엔 총회에 제출된 바 있다.

여기서는 외교적보호제도에 관하여, 관습국제법 및 ILC외교보호초안을 중심으로 그 의의 및 전제조건을 고찰하고 개인의 청구권, 외교적 보호의 방법, 칼보 조항, 국제기구와 외교적 보호 등 관련 문제들에 대하여 검토하고자 한다.[5]

---

3) 외교적보호제도에 대하여 ILC는 1996년 제58차 회기에서 '국제법의 법전화 및 점진적 발달'(codification and progressive development of international law)을 위한 연구가 필요한 주제로 선정하고 지금까지 법전화를 위한 작업을 수행하여 왔다. 2000년 제52차 회기에서 ILC는 특별보고자로부터 제1차보고서(A/CN. 4/506)를 제출받았다. 제1차보고서의 외교적 보호에 관한 초안의 내용 및 검토 사항에 관해서는 UN General Assembly, *ILC Report on the Work of its Fifth-second Session*(*Official Records Fifty-fifth Session, Supplement No. 10*(A/55/10), 2000; UN General Assembly, *Report of the ILC, Fifty-third Session* (*Official Records Fifty-Sixth Session, Supplement No. 10*(A/56/10), 2001; UN General Assembly, *First Report on Diplomatic Protection* by Mr. John R. Dugard, Special Rapporteur(*ILC, Fifty-second Session* (A/CN.4/506)), 2000; UN General Assembly, *Second Report on Diplomatic Protection* by Mr. John R. Dugard, Special Rapporteur(*ILC Fifty-third Session*(A/CN.4/514)), 2001 참조.

4) 대한국제법학회, 「국제법상 국가의 재외국민 보호의무의 범위와 한계」(외교통상부 연구용역보고서, 2005. 10), pp.64-65.

5) 2000년까지 진행된 ILC 법전화 작업에 대한 상세한 검토의 하나로서, 김부찬, 「외교적보호제도와 국내구제완료의 원칙 -ILC 草案과 관련하여-」, 『국제법학회논총』, 제46권 제3호, 2001, pp.1-23 참조.

Ⅱ. 외교적보호제도의 의의 및 국가책임과의 관계

1. 서설

외교적보호제도는 관습국제법상 확립된 제도이다. 1924년 초 *Mavrommatis Concessions* cases의 첫 판결에서 '상설국제사법재판소'(PCIJ)는 타국의 국제법 위반행위에 의하여 손해를 입은 자국민을 보호할 수 있는 국가의 권리를 '국제법의 기본원칙'(an elementary principle of international law)으로 규정한 바 있다.[6]

지배적 관행 및 판례에 의하면 '외교적 보호'는 "개인들을 위하여 국가에 의하여 국제법을 위반한 다른 국가를 상대로 행해지는 보호"로 정의되며,[7] 통상적으로 "배상이나 기타의 구제를 얻기 위한 외교적 채널을 통한 청구"에 의하여 이루어진다.[8] 외교적 보호의 대상이 되는 개인은 자연인과 법인을 불문하고 '私人'(private individual)을 의미하며, 국가원수, 외무장관, 외교관, 그리고 영사 등의 국가기관은 제외된다. 국가나 국가기관에 대하여 직접 손해를 야기하는 행위는 외교적 보호에 의한 해결 대상이 아니라 바로 국제적 책임을 추구할 수 있는 국제위법행위를 구성한다. 이처럼 양자의 기본적인 차이는 '국내구제의 원칙'(local remedies rule)의 적용 여부에 있다.

원래 외교적보호제도는 외국에 체류하고 있는 자국민이 현지 체류국에 의하여 그 권익이 침해되는 경우에 '피해자의 국적국'(national State of the injured person)[9]이 외교적 수단을 통하여 그 구제를 청구할 수 있는 권리가 인정된다는 것으로, 오랫동안 주로 자연인에 대하여 적용되어 왔다. 그러나 법인의 해외활동이 이루어지고 다국적기업에 의한 해외투자 활동이 활성화되면서 법인, 특히 다국적기업에 대한 외교적 보호 문제가 국제법의 중요한 과제로 등장하게 되었다.

---

6) PCIJ Series A, No. 2(1924), p.6 at p.12.

7) W. K. Geck, "Diplomatic Protection", in B. Rudolf (ed.), *Encyclopedia of Public International Law* (Amsterdam: North-Holland, 1987), p.100.

8) Peter Malanczuk, *Akehurst's Modern Introduction to International Law*, 7th ed.(London & New York: Routledge), 1997, pp.256-257.

9) '국적국'을 '본국'이라고도 한다. 그러나 '다국적기업'(transnational corporations)의 경우 '자회사'(subsidiary company)의 소재지국을 '受容國'(host State)이라고 하며 그 '본사'(mother company)의 국적국을 흔히 '본국'(home State)으로 부른다. 김부찬, 「국제기업의 국제법주체성과 외교적보호제도」, 『국제법학회논총』, 제44권 제2호, 1999. 12, p.18 참조.

외교적보호제도는 국제법상 개인 스스로가 자신의 권익을 보호하거나 실현하기 위하여 국제적 절차를 이용할 수 있는 능력이 부인되거나 극히 제한되어 왔다는 사실에 기초하여 인정되어 온 것이다. 어느 국가도 타국의 국제법 위반행위에 의하여 손해를 입은 경우에 국제적인 청구를 통하여 법적 구제를 받을 수 있다. 그러나 국가가 타국의 국제법위반행위에 의하여 직접 손해를 입은 경우에는 바로 국제적 청구에 의하여 가해국의 책임을 추궁할 수 있는 데 반하여, 자국민이 외국에 의하여 손해를 입은 경우에는 그 본국이 곧바로 가해국의 국제책임을 추궁할 수 없다고 본다. 왜냐하면 개인이 외국에 나가서 거주하게 되는 경우 일단 그 국가의 법체계에 따라야 하는 의무도 생기는 것이 원칙이기 때문에,[10] 개인이 손해를 입은 경우에 그에 대한 구제도 일단 현지 가해국의 국내법에 따라서 이루어져야 하는 것이다.

가해국이 외국의 개인에게 야기한 손해에 대하여 위법행위에 따른 국제책임(international responsibility)을 지는 경우 피해자의 국적국이 피해자를 위하여 외교적보호권을 행사할 수 있기 위해서는 전통적으로 다음과 같은 조건이 충족되어야 한다고 설명되어 왔다: ① 가해국의 국제위법행위(internationally wrongful acts)에 의하여 개인의 손해가 발생한 것이어야 하며, ② 외교적 보호를 행하는 국가와 그에 의하여 피해 구제를 받게 되는 개인은 위법행위에 의한 손해가 발생한 시점부터 최소한 청구가 제기되는 시점에 이르기까지 동일한 국적으로 연결되어야 하며, 그리고 ③ 외교적보호권이 발동되기에 앞서 피해자가 가해국의 국내법상 활용할 수 있는 모든 구제절차를 완료하여야 한다는 것 등이다.

그러나 일부 국가들은 관습국제법이나 조약에 근거를 둔 외교적 보호를 통하여 외국인에 대한 특별한 대우가 이루어지는 데 대하여 상대적으로 그러한 대우를 받지 못하고 있는 자국민들의 불만을 야기할 수도 있다는 점을 우려하고 있다. 나아가서 외교적보호제도가 자신들의 '국내문제'(domestic matters)에 대한 강대국의 경제적, 정치적, 나아가서 군사적 압력이나 개입을 정당화하는 '제국주의'(imperialism) 또는 '신식민주의'(new colonialism)의 정책적 기초를 제공할 수 있다고 비판하기도 한다. 이러한 태도들은 특히 '칼보주의'(Calvo Doctrine)의 성립에서 알 수 있듯이 라틴 아메리카 국가들과 많은 신생

---

10) David R. Mummery, "The Content of The Duty To Exhaust Local Remedies", *American Journal of International Law*, Vol.58, 1964, p.390.

독립국들 사이에서 나타나고 있었다.

2. 국가책임과 외교적보호제도의 관계

앞에서 언급한 바 있듯이, 외교적보호제도는 한 국가의 국제위법행위에 의하여 피해를 당한 개인의 국적국이 가해국의 국가책임을 추궁하기 위하여 취할 수 있는 권리에 관한 국제법상 제도라는 점에서 국가책임 또는 국가의 국제책임 법리와 밀접한 연관성을 갖고 있는 것이다. '외교적 보호'는 어느 국가가 외국인에 대한 국제위법행위로 인하여 책임을 지는 상황에서 이루어지는 것으로서 국가의 '국제책임' 또는 '국가책임' 이론과 밀접하게 관련되어 있다. 따라서 이는 '외국인의 손해에 대한 국가책임'(State responsibility for injuries to aliens)의 문제로 규정할 수도 있다.[11]

그동안 관습국제법상 제도로 인정되어 오던 국가의 국제위법행위 책임은 2001년 유엔 국제법위원회(ILC) 제53차 회기에서 채택된 「국제위법행위에 대한 국가책임 규정초안」(Draft Articles of Responsibility of States for Internationally Wrongful Acts, 이하 "ILC 국가책임초안")의 채택에 따라 일단 법전화의 기초가 마련된 바 있다. ILC 국가책임초안 제44조는 "청구의 허용성"(admissibility of claims)과 관련하여 '청구국적계속의 원칙'과 '국내구제완료의 원칙'을 언급하고 있으며, 국제법위원회는 2006년 제58차 회기에서 바로 이들 두 가지 원칙에 관하여 자세한 규정을 포함하는 ILC 외교보호초안을 채택한 바 있는 것이다. 이러한 의미에서 ILC 외교보호초안은 곧 ILC 국가책임초안의 '이행입법'에 해당한다고 본다.[12]

---

11) para.33(*First Report on Diplomatic Protection* by Mr. John R. Dugard, Special Rapporteur, A/CN.4/506); R.B. Lillich, "The Current Status of the Law of State Responsibility for Injuries to Aliens", in R.B. Lillich (ed.), *International Law of State Responsibility for Injuries to Aliens* (Charlottesville: University Press of Virginia, 1983), pp.1-3.

12) 김대순, 『국제법론』, 제17판(삼영사, 2013), p.742.

3. 외교적보호 법리의 기초

1) 가해국의 국제책임(international responsibility)

일반적으로 외교적 보호가 이루어지기 위해서는 가해국의 국제책임이 성립되어야 하며, 이를 위해서는 가해국에 그 책임이 귀속되는 국제위법행위가 인정되어야만 한다.[13] 이와 같이 국가의 국제책임이 성립되기 위해서는 객관적인 요소와 주관적인 요소 등 두 가지 요소가 충족되어야 한다. 첫째로 '객관적 요소'(objective element)는 국제위법행위를 의미하며, 이는 국제법상의 의무위반 또는 불이행에 해당하는 국가의 作爲(act) 또는 不作爲(ommission)를 말한다. 둘째로, '주관적 요소'(subjective element)는 실제 위법행위자와 국가 사이에 특별한 연결관계가 있음으로써 그 행위의 결과가 국가 자신의 행위로 인정될 수 있어야 한다는 점이다. 이를 '귀속성'(attributability or imputability)이라고 한다.[14] 이밖에도 관습국제법상 손해의 발생과 '고의·과실'이 국가책임의 발생요건인가에 관해서는 의견이 대립되고 있으나, ILC 국가책임초안을 보면 고의·과실 및 구체적 손해의 발생 여하는 책임의 성립과 직접적으로 관련이 없다는 입장에서 규정되고 있다.[15]

2) 청구국의 간접손해(indirect injury)

외교적보호제도는, 국기의 손괴, 대사관에 대한 약탈, 영토에 대한 침략, 영해의 오염, 영역 내에서의 외국의 강제조치의 집행, 국가면제의 침해 등 국가에 대하여 '직접적 손해'(direct injury)를 야기하는 경우와는 달리 사인(자연인 또는 법인)이 다른 국가의 국제위법행위에 의하여 손해를 입은 경우에도 국가가 이를 근거로 자국민을 위하여 국제적인 청구를 제기할 수 있는 권리가 인정된다는 것이다. '청구국'(claimant State)은 '실제로는' 사인에게 발생한 손해를 근거로 외교적보호권을 행사하는 것인데, 이때 국가는

---

13) 그러나 넓은 의미에서 외교적보호권이 상대국의 국가책임이 성립되는 경우에만 행사되어야 하는 것은 아니며, 반드시 사후적 구제로만 보는 것도 옳지 않다는 견해도 있다. 장효상, 『국제경제법』(법영사, 1996), p.723 참조.

14) I. Brownlie, *Principles of Public International Law*, Fifth Edition(Oxford: Oxford University Press, 1998), pp.436-438; Lung-Chu Chen, *An Introduction to Contemporary International Law*(New Haven and London: Yale University Press, 1989), pp.407-408.

15) 김대순, 전게서, pp.712-716 참조.

사인의 손해가 곧 국가 자신의 손해를 구성한다고 하는 '의제'(fiction)를 기초로 '피청구국'(respondent State), 즉 가해국에 대하여 국제책임을 추궁하는 것으로 이해되어 왔다. 이와 같이 사인의 손해를 통하여 국가가 손해를 입는 것을 '간접적 손해'(indirect injury)라고 한다.[16]

3) 국적(nationality)의 문제

(1) 일반원칙

관습국제법상 국가들은 자신과 특별한 관련을 맺고 있는 개인들에 대해서만 외교적 보호를 행사할 수 있다. 이와 같이 국가와 개인간의 특별한 관련, 즉 국제법의 목적상 개인이 어느 국가에 속함을 인정하는 지위를 '국적'(nationality)이라고 한다.[17] *Panevezys-Saldutiskis Railway case*에서 PCIJ는 다음과 같이 판시하였다:

> "개인을 위하여 외교적 보호나 국제재판 절차에 호소할 수 있는 국가의 권리는 자국민을 위한 간섭에 국한되는 것이다. 왜냐 하면 특별한 약정이 없는 경우에 외교적보호권을 국가에 부여하는 것은 국가와 개인 사이의 '국적이라는 유대'이기 때문이다. 그리고 청구를 제기하고 국제법규에 대한 존중을 담보할 수 있는 권리가 인정될 수 있도록 하는 것이 외교적 보호의 역할이기 때문이다. 손해가 어떤 다른 국가의 국민에 대하여 이루어진 경우에는 그러한 손해에 기인하는 어떠한 청구도 어느 국가가 취할 수 있는 외교적 보호의 범주에 포함되지 않으며, 그로부터 그 국가가 후원할 수 있는 청구권도 발생되지 아니 한다."[18]

전통적으로 자국민에 대한 외교적 보호는 국가들에 의하여 지속적으로 시행되어 왔다. 이러한 권리를 확인하는 국제위원회나 재판소의 수많은 결정들이 특별히 *Nottebohm case*[19]와 *Barcelona Traction case*[20] 등 '국제사법재판소'(ICJ)의 주목할 만한 판결을 이끌어냈다.

---

16) para. 36(A/CN. 4/506).

17) P. Malanczuk, *op. cit.*, p.263.

18) PCIJ Series A/B, No. 76(1939), p.4, at p.16.

19) ICJ Reports(1955), p.4, at p.24.

20) ICJ Reports(1970), p.4, at pp.32, 33.

관습국제법상 외교적 보호는 '국적'에 기초하여 자국민에 대해서만 행사될 수 있도록 제한되어 왔음에도 불구하고 보호국과 피보호국의 관계 등 국제법에서 인정되고 있는 특별한 조건 하에서 또는 자국적의 선박에 승선하고 있는 외국인 승무원의 보호를 위한 경우 등에 있어서 국가는 '국민이 아닌 자들'(non-nationals)을 자국민으로 간주할 수 있도록 허용되어 왔다.[21] 또한 예외적인 상황에서 영역권 또는 영역에 대한 국제책임은 국가로 하여금 그 영역 내에서 체류하고 있는 자국민이 아닌 주민들을 위하여 외교적 보호를 부여할 수 있는 권리가 인정될 수 있는가에 관하여 논란이 되어 왔다.

이와 관련하여 ILC 외교보호초안은 외국인 승무원에 대한 '기국'(State of nationality of a ship)의 외교적 보호와 함께, '무국적자'(stateless persons) 또는 '난민'(refugees)에 대한 '상거주지국'의 외교적 보호를 인정하고 있다(제8조 및 18조). 특히 무국적자 및 난민에 대하여 상거주지국에게 외교적보호권을 인정하는 전향적인 태도는 전통적인 외교적보호제도가 오늘날의 국제인권법적 차원의 인권보호제도와 결합될 수 있는 가능성을 보여주는 것이다.

(2) 자연인

① 원칙

원칙적으로 국제법은 국적의 부여와 상실에 관한 법을 통과시키고 또한 이러한 법률을 시행할 수 있는 권한을 국가에 위임하고 있다. 즉 국적에 관한 권능은 본래 '국내문제'에 속하는 것이다.[22] 보통 국가는 출생의 사실, 혈통, 그리고 귀화 등을 근거로 개인에게 국적을 부여하고 있다. '출생지주의'(*jus soli*)나 '혈통주의'(*jus sanguinis*)는 출생에 의한 국적부여의 원칙으로 광범위하게 채택되고 있는 것이다.[23] 국가는 출생 이후의 경우에도 '넓은 의미에서의' '귀화'(naturalization)[24]를 근거로 국적을 외국인에게 부여할 수 있도록 되어 있다. 그러나 국적부여에 관한 국가의 재량권은 관습법과 조약에 의하여 어느 정도 제약되고 있다. 특히 '국적'이 외교적 보호와 같은 국제문제와 결부되는 경우에는

---

21) I. Brownlie, *op. cit.*, p.482 참조.
22) *Ibid.*, p.385.
23) *Ibid.*, p.391.
24) 이에는 혼인(marriage), 인지(legitimation), 입양(adoption) 등 '비자발적 귀화'(involuntary naturalization)와 '자발적 귀화'(voluntary naturalization) 등이 있다(*ibid.*, pp.394-397).

그 국제법적 타당성이 인정되어야 한다고 본다.

*Nottebohm case*에서 ICJ는 리히텐슈타인(Liechtenstein)이 Nottebohm에 대하여 귀화를 근거로 국적을 부여한 데 대하여 이를 정당화할 수 있는 사회적 애착 사실, 즉 '진정한 연결'(genuine link)이 결여되어 있다는 이유로 과테말라(Guatemala)를 상대로 한 리히텐슈타인의 외교적 보호를 인정하지 않았다. 즉 과테말라는 노테봄이 취득한 리히텐슈타인 국적을 인정해야 할 의무가 없다고 보았던 것이다.[25]

그러나 '진정연결의 원칙'이 적용되어진 상황과 관련하여 대다수의 논자들은 *Nottebohm case*에서의 ICJ의 판시에 비판을 가하고 있는 것이 사실이다.[26] 진정연결의 기준은 이중국적(dual nationality)의 문제를 해결하는 경우에는 유용하게 적용할 수도 있으나, *Nottebohm case*와 같은 상황에서는 적용될 수 없다는 것이다. 그런데 Nottebohm은 리히텐슈타인에 귀화함으로써 독일의 국적도 상실했고 또한 리히텐슈타인으로부터도 외교적 보호를 받지 못하는 상황이 되어버렸다. *Nottebohm case*에서 제시되었던 '진정연결의 원칙'(genuine link rule)이 출생에 의한 국적 부여의 경우에도 적용되어지는가 또한 외교적 보호를 비롯하여 국제법상 '국적'이 문제되어지는 경우에 어떠한 효과를 갖는가 하는 데 관하여 오늘날 많은 논란이 야기되고 있는 것이 사실이다.[27]

Flegenheimer claim에서 '미국-이탈리아 조정위원회'(the Italian-US Conciliation Committee)는 진정연결의 원칙에 기초한 '실효적 국적'(effective nationality) 또는 '국적의 실효성'(nationality's effectiveness) 원칙은 '이중국적'의 문제를 해결하기 위한 경우에 한하여 적용된다는 점을 분명히 한 바 있다. 그리고 *Nottebohm case*에서 ICJ가 진정연결

25) 독일 태생의 Nottebohm은 1905년 과테말라에 이주하여 그곳에서 사업을 하고 있던 자이다. 2차 대전 발발 직후 만일 과테말라가 연합국 측에 가담하게 되면 자신이 독일 국적인 것이 불리한 영향을 줄 것이라고 생각한 그는 형을 방문차 리히텐슈타인에 입국하여 1939년 10월 9일 귀화요건의 하나인 거주요건은 면제받고 수수료 및 세금 지급 보증금을 내고 귀화절차를 마쳤다. 그 후 과테말라에 돌아와 사업을 계속하였고 과테말라 정부는 그의 신청에 따라 외국인 등록부상의 국적을 변경시켜 주었다. 그러나 1941년 6월 17일 미국은 Nottebohm을 적국 국민으로 분류하여 1946년까지 미국에 감금하였다. 석방 후 그가 과테말라에 재입국 신청을 했으나 거부당하고 리히텐슈타인에 정착하고 있던 중 과테말라는 그의 재산을 압류하였다. 이에 리히텐슈타인은 과테말라의 Nottebohm에 대한 일련의 조치는 국제법 위반이며 이에 대한 배상을 해야 한다고 ICJ에 제소하였던 것이다. 이에 대하여 ICJ는 타국에 대한 외교적 보호의 주장도 '진정한 관련'(genuine link)을 기초로 하여 국적을 부여하고 있는 국가만이 할 수 있는 것인데, Nottebohm의 귀화 당시를 보면 그의 주거, 가족관계, 활동범위, 이해관계 그 어느 것도 리히텐슈타인과 진정한 관련을 맺고 있지 않고 있었다는 이유에서 리히텐슈타인은 과테말라에 대하여 Nottebohm의 보호를 위한 주장을 할 자격이 없다고 판시하였다(*ICJ Reports*(1955), p.4 참조).
26) I. Brownlie, *op. cit.*, pp.413-414.
27) *Ibid.*, pp.411-413; Lung-Chu Chen, *op. cit.*, pp.199-200.

관계를 인정할 수 있는 요소로서 '습관적(일상적) 거주'(habitual residence), 이해관계의 중심, 가족적 유대, 공적활동에의 참여, 기타 사회적 애착 등을 제시한 바 있으나,[28] 이 조정위원회는 개인과 국가 사이의 연결의 실효성을 밝혀 줄 어떠한 분명한 기준의 존재에 대해서도 회의를 표명하였다.[29]

한편 ILC 외교보호초안은 외교적 보호를 행사할 수 있는 국적국의 정의와 관련하여 '진정한 연결'의 필요성을 명시적으로 포함시키지 않음으로써 그에 대한 비판적인 견해를 반영하고 있는 것으로 보인다.[30]

② 이중국적(dual nationality)

관습국제법상 이중 또는 그 이상의 복수국적을 보유하고 있는 개인에 대한 외교적 보호는 두 가지의 주요한 문제를 야기해 왔다. 첫 번째는 한 국적국이 다른 국적국을 상대로 외교적 보호를 행사할 수 있는가 하는 점이다. 이와 관련하여 대다수의 학자들 및 국가관행은 전통적으로 1930년 「국적법 충돌의 어떤 문제에 관한 헤이그 협약」(the Convention Governing Certain Questions Relating to the Conflict of Nationality Laws) 제4조에 명시되고 있는 원칙을 근거 지우고 있는 국적국 간의 평등원칙을 지지하고 있다.[31] 여기서 규정되고 있는 입장은 "어느 국가도 동시에 동일한 개인에게 국적을 부여하고 있는 다른 국가를 상대로 외교적 보호를 부여할 수 없다."는 것이다.

그러나 근래 들어 이중국적의 문제를 해결하는 과정에서 유력하게 주장되어지거나 적용되고 있는 또 하나의 원칙은 '실효적 국적'(effective nationality)의 원칙이다.[32] 일부 국제위원회 및 중재재판소는 '실효적'(effective), 아니 좀 더 정확히 말하면 '지배적'(prevalent) 국적의 원칙을 적용해 온 것이 사실이다.[33] 1930년 헤이그 협약 제5조는 실효적 또는 지배적 국적이란 개인이 "습관적으로 또는 주로 거주하고 있는 국가" 또는

---

28) *ICJ Reports*(1955), p.22.

29) W. K. Geck, *op. cit.*, p.104.

30) 정인섭, 『신국제법강의』, 제4판(박영사, 2013), p.380.

31) I. Brownlie, *op. cit.*, p.403.

32) *Ibid*.

33) *Canevro case*(*Hague Court Reports*, p.284); *Mergé* claim(*RIAA*, Vol.14, p.236, at 241-8); *Flegenhemeir* claim. 그리고 '실효적'(effective)과 '지배적'(prevalent)의 개념은 엄밀히 말하면 서로 차이가 있으나, 보통 혼용되고 있다.

"개인이 실제로 가장 밀접하게 연결되어 있는 조건을 보이고 있는 국가"의 국적이라고 설명하고 있다. 이와 관련하여 '지배적 국적의 원칙'(principle of prevalent nationality)을 적용한 가장 중요한 결정은 아마도 1955년의 *Mergé* claim이라고 본다.[34] *Mergé* claim 의 결론은 *Nottebohm case*의 '진정연결' 개념을 전제로 하고 있다. *Mergé* claim의 결정은 승인된 국적을 가지고 있는 개인을 외교적 보호와 관련하여 무국적자로 분류하지 않는 장점을 가지고 있다. 그러나 *Mergé* claim의 결정에도 불구하고 국가들은 어느 개인을 동시에 자국민으로 인정하고 있는 국가를 상대로 외교적 보호를 부여하는 데 소극적인 것이 사실이다. '지배적 국적' 이론은 아마도 다른 국적이 법적으로 의문시되거나 또는 사회적 애착과 유대가 전적으로 결여되어 있기 때문에 그 국적을 부인할 수 있는 상황에서 오직 하나의 진정한 연결만이 존재한다고 보이는 경우에만 유용한 이론이 될 것이다.[35]

한편 ILC 외교보호초안에 따르면, 이중국적의 경우 '우세한'(predominant) 국적국은 타방 국적국을 상대로 외교적 보호를 행사할 수 있다고 규정하고 있다(제7조). 이는 경우에 따라 이중국적국 사이에서는 외교적 보호가 제한될 수 있는 여지를 배제함으로써 개인의 권익 보호와 관련하여 좀 더 적극적인 입장을 보이고 있는 것이다.

두 개 이상의 복수국적을 가지고 있는 개인과 관련된 외교적 보호의 두 번째 문제는 국적국이 각각 제3국을 상대로 외교적 보호를 부여하고자 시도할 때 발생한다. 이러한 경우에는 관습법상 대체로 국적국 모두가 자국민을 위하여 외교적 보호를 행사할 수 있는 것으로 보고 있다. 다만 '피청구국'은 모든 국적국의 외교적 보호를 수용할 필요는 없으며, 개인과 실효적으로 연결되어 있는 국적국의 외교적 보호만을 인정하면 된다고

---

34) Mergé는 1909년 뉴욕에서 태어나 미국 국적을 취득하였다. 24세 때 로마에서 이탈리아인과 결혼하여 이탈리아 법에 따라 이탈리아 국적도 취득하였다. 그 후 그녀는 남편이 동경 주재 이탈리아 대사관에 근무하게 되어 동경에 살게 된 1937년까지 이탈리아에 거주하였다. 동경 거주 당시 동경 주재 미국 영사관은 그녀의 요청에 따라 그녀를 미국인으로 등록하였다. 그녀는 1946년까지 일본에 살다가 미국 영사 발행의 여권으로 9개월간 미국을 방문한 후 다시 이탈리아로 돌아갔다. 도착 직후 그녀는 미국 대사관에 미국 국민으로 등록하였다. 1948년 미국은 이탈리아에 대해 1947년의 평화조약에 근거하여 2차 대전으로 인한 Mergé의 재산상 손해의 배상을 청구하였다. 이탈리아가 Mergé는 이탈리아인이라는 이유로 손해배상을 거절하자 이 문제의 해결은 '미·이탈리아 조정위원회'에 회부되었다. 위원회는 Mergé와 같은 이중국적자의 경우 미국에 주소를 두고 있지도 않을뿐더러 그녀의 생활이 미국에서 이루어지지도 않았기 때문에 그 밀접성과 유효성 면에서 이탈리아에 비하여 미국의 국적이 우선한다고 볼 수 없다는 이유에서 평화조약 제78조상의 미국인으로 볼 수 없으므로 미국은 이탈리아에 대하여 그녀를 위한 보호 청구를 할 수 없다고 판시하였다(*RIAA*, Vol.14, p.236 참조).
35) W. K. Geck, *op. cit.*, p.105.

설명되고 있다. 그러나 '실효성' 또는 '지배성'과 관련하여 우열을 가리기 곤란한 경우에는 어떻게 대처할 수 있는지 또 국적국간에 연대를 통하여 공동으로 외교적 보호를 부여할 수 있는지 여부에 관해서는 논란이 있다.

ILC 외교보호초안은 이와 관련하여, 이중국적자에 대하여는 어느 국적국이라도 제3국에 대한 외교적 보호를 할 수 있고 필요한 경우에 이중국적국이 공동으로 외교적보호권을 행사할 수도 있도록 하고 있다(제6조).

(3) 법인과 주주

① 법인

법인에 대한 외교적 보호는 19세기 후반 수십 년 동안에 걸쳐서 확립된 것이다. 오늘날 국가가 자국민인 법인에 대해서도 외교적 보호를 부여할 수 있다는 것은 확립된 원칙이다. 그러나 자연인에 대한 외교적 보호와 관련되었던 *Nottebohm case*의 결정이 이루어질 때까지 법인에 대한 외교적 보호를 위한 전제조건으로서 '진정연결'이 요구되었다는 증거는 없다. *Barcelona Traction case*에서 ICJ는 '진정연결'과 같은 특별한 쟁점에 대한 유추 및 *Nottebohm case*의 결정을 받아들이지 않았다. 그러나 법인의 '국적'은 그 의미나 결정에 있어서 자연인과 비교할 때 훨씬 복잡하다.

국제법상 법인의 국적에 관하여 ICJ는,

> "외교적 보호를 부여하기 위하여 국가에게 법인적 실체를 포함하도록 할 것인가를 결정함에 있어서 국제법은 제한적 범위에서 개인의 국적을 규율하는 법규를 유추하도록 하고 있다. 전통적인 규칙은 법인적 실체에 대한 외교적보호권을 그 법인의 '설립준거법'을 제공한 국가와 등록된 사무소가 소재하고 있는 국가에게 귀속시키고 있다. 이러한 두 가지 기준은 오랜 관행과 수많은 조약들에 의하여 확인되어 왔다. 그럼에도 불구하고 법인에 대한 외교적보호권이 행사되기 위해서는 추가적인 연결관계가 필요하다고 종종 주장된다. 사실 일부 국가의 경우 설립준거법뿐만 아니라 그 영역 내에 사무소(si ge social) 또는 경영·통제 본부가 위치하고 있는가 하는 점을 고려해서, 또는 주식의 과반수 또는 대부분이 자국의 국민에 의하여 보유되고 있을 때 한하여 외교적 보호를 부여하는 관행을 가지고 있다. 이러한 경우에만 진정한 연결관계가 인정된다고 보는 것이다. 그러나 법인에 대한 외교적 보호의 특별한 문제에 있어서 '진정한 연결'에 관하여 일반적으로 수용되고 있는 절대적 판단기준은 나타나지 않고 있다. 지금까지 적용되어 온 몇 가지 판단기준은 상

대적 가치를 가지고 있을 뿐이며 가끔 어느 국가와의 연결이 타국과의 연결에 비하여 강한지를 조사해 보아야 할 경우가 있었다는 것이다."[36]

이와 같이 회사(법인)의 국적 결정과 관련하여 지적되고 있는 불확실성의 요소는 여전히 존재하고 있다. 특히 '국제기업' 또는 '다국적기업'(multinational enterprises 또는 transnational corporations)의 경우에 특별히 이러한 문제가 심각성을 더해 주고 있다.[37] 자연인의 경우와 같이 외교적 보호의 목적상 두 개 이상의 국가에게 관할권을 인정하는 것도 종종 가능할 것이다. 그러나 설립지국 또는 등록된 사무소 소재지국 가운데 어느 국가가 제3국에 대하여 보다 타당한 청구권을 행사할 수 있는가를 결정하는 것은 아직 해결되지 않고 있다.

그러나 앞에서 언급한 조건들에도 불구하고 이러한 경우에는 법인에 대한 '지배적 국적' 이론, 즉 일종의 '지배이론'(control theory)을 적용하는 것도 가능하다고 본다.[38] 다만 '청구국' 즉 '원고국'(plaintiff State)과 '피청구국' 즉 '피고국'(defendant State) 모두가 관련 법인을 자국민으로 '善意로'(*bona fide*) 주장할 수 있는 경우에는 '법적 평등의 이론'(theory of legal equality)이 적용되어 외교적 보호가 가능하지 않는 상황이 나타날 수도 있다는 점이 문제이다.

'지배이론'의 적용은 형식적인 기준에 의하여 회사의 국적을 결정하는 것이 아니라, 법인의 실체를 파악한다는 견지에서 적용되는 것이기 때문에 회사나 국제기업의 개념적 특성과 부합된다는 점에서, 유력한 이론이 될 수도 있다. 그러나 국제기업의 '본국'(home

---

36) *Barcelona Traction Case*, *ICJ Reports*(1970), p.4, at p.42.

37) A. A. Fatouros, "Transnational Enterprise in the Law of State Responsibility", in R.B. Lillich (ed.), *op. cit.*, pp.361-391 참조. '국제양허계약'(international concession contract)이나 투자 보호와 관련하여 수용국(host State)과 국제기업간에 분쟁이 발생할 가능성은 매우 높다. 그런데 과거부터 국제기업의 국유화 등 투자분쟁이 수용국의 국내법에 의하여 해결되도록 회부되는 경우가 많았으며, 그 결과에 대하여 국제기업이나 그 본국(home State)이 이의를 제기하는 경우도 비일비재하였다. 특히 모든 국가는 외교적보호권에 근거하여 자국민을 위한 외교적 조치를 취할 수 있기 때문에 수용국 대 국제기업간의 분쟁은 수용국과 본국간의 분쟁으로 발전되는 경우도 종종 발생하였다. 그러나 주로 개발도상국인 수용국측은 국제기업의 본국인 강대국의 외교적 보호를 자국의 주권 행사에 대한 부당한 제약이나 간섭으로 규정하고 이를 배제하는 데 적극적이었다(김부찬, 전게논문(주 9), p.25).

38) 이에 관한 사례를 미국과 스위스 등에서 찾아볼 수 있다. 미국의 경우 외교적 보호를 위해서는 회사가 미국법에 의하여 설립되고 또 주식의 50% 이상이 자국민에 의하여 소유되고 있어야 한다는 조건을 설정하고 있다. 스위스의 경우도 회사가 주로 자국민에 의하여 소유되는 것을 요구한다(W. K. Geck, *op. cit.*, p.107).

State)이 외국 회사에 대하여 영향력을 행사하기 위하여 자국민을 통한 회사의 지배를 관철하고자 시도하는 경우에 '수용국'(host State)과의 사이에 마찰을 초래할 가능성도 있으며, 외교적보호권의 주체와 관련하여 '형식적' 국적국과 '실효적' 국적국 간에 경합이 발생하는 등 문제가 발생할 소지도 많다는 점이 지적될 수 있는 것이다.[39]

한편 ILC 외교보호초안은 회사(법인)의 국적과 관련하여 전통적인 '설립지법주의'를 채택하면서도, 그 회사가 설립지국이 아닌 타국에 의하여 지배되고 있고 설립지국에서는 '실질적인 영업활동'(substantial business activities)이 이루어지지 않고 있는 경우 그리고 '경영 및 자본적 지배의 중심지'(seat of management and the financial control)가 모두 타국에 있는 경우에는 그 국가에 대하여 외교적 보호에 관한 한 '국적국'으로 간주될 수 있도록 하고 있다(제9조).

그러나 다른 한편으로 외교적보호권은 피해자 개인의 권리가 아니라 국가의 고유한 권리로 간주되고 있기 때문에 '당사자적격'(jus standi)이 있는 국가가 외교적 보호를 거부하는 경우에 피해 당사자는 아무런 국제적 차원의 법적 구제도 청구할 수 없게 된다.[40] 이미 살펴보았듯이, 특히 다국적기업 또는 국제기업은 그 형식적 국적국이 외교적 보호를 부여하는 데 소극적이고 또한 실효적 국적국도 그 역할 수행에 어려움을 갖게 될 가능성이 큰 경우이다. 국제기업은 소유와 경영면에서 복잡한 구조를 가지고 있으며 나름대로 독자적인 국제적 행위자로 활동하고 있기 때문에 본사의 국적국이나 자회사로서의 국제기업의 국적국, 아니면 주주의 국적국 등이 적극적으로 외교적보호권을 행사하려고 할지 의문시 된다.[41]

② 주주

'지배이론'(control theory)의 기초가 되고 있는 '법인실체파악론'(the lifting/ piercing of the corporate veil)이 국가로 하여금 소유자 또는 주주로서의 자격을 가지고 있는 자국민들을 보호할 수 있는 권리를 부여하고 있는지, 또는 외교적 보호가 단지 법인, 즉 회사

---

39) 김부찬, 전게논문(주 9), p.26.

40) D. Kokkini-Iatridou and P. J. I. M. de Waart, "Foreign Investments in Developing Countries – Legal Personality of Multinationals in International Law", *Netherlands Yearbook of International Law*, Vol. XIV, p.128.

41) 김부찬, 전게논문(주 9), p.29.

그 자체에 대해서만 적용되는 것인지 여부가 실제에 있어서 상당히 중요한 문제로 대두된다.

주주에 대한 외교적 보호와 관련하여 *Barcelona Traction case*[42]에서 ICJ는 다음과 같이 우려하고 있다:

> "경합적 외교적 보호를 허용함으로써 주주 그 자체의 외교적보호제도를 채택하는 것은 국제경제관계의 혼란과 불안정을 야기할 수 있다. 국제적 활동을 수행하고 있는 회사의 주식이 광범위 하게 분산되고 또 자주 소유자가 변동되는 만큼 그 위험은 더욱 커질 것이다."[43]

'법인의 실체를 파악하는 것'은 회사가 법적으로 소멸되었거나 회사의 국적국이 보호권을 행사할 수 없는 경우 등 오로지 예외적인 상황에 한하여 주주의 국적국에 대하여 외교적보호권을 부여하는 데 필요한 범위에서 정당화될 수 있을 것이다. 그러나 ICJ는 *Barcelona Traction case*에서는 이러한 예외적인 상황이 존재하지 않는다고 보았다. 때문에 벨기에는 캐나다 회사인 Barcelona Traction co. 주식의 대부분을 보유하고 있던 자국민 주주들을 보호하기 위하여 스페인을 상대로 청구할 수 있는 자격이 없다고 판단되었다. 그러나 이 판결은, 청구의 경합에 대하여 과도하게 염려함으로써 경제의 실체(realities)를 간과하고 실질적인 피해자들을 보호받지 못하게 만들었다는 점에서 비판되어지고 있다. 그러나 여기서 일부 판사들은 주주의 본국이, 만일 주주와 그 본국 모두가 경제적으로 불이익을 당하는 경우에는 외교적 보호를 할 수 있다고 보았다.

주주의 외교적 보호에 관한 관습국제법의 규칙은 포괄적이지도 못하고 또 분명하지도 못 하다. 그러나 두 가지 점에 관하여는 어느 정도 합의가 이루어지고 있다: 첫째 국가는, 주주의 권익이 국제법위반에 의하여 직접 침해된 경우 주주의 자격을 가지고 있는

---

42) Barcelona Traction co.는 1911년 캐나다 토론토에서 설립되어 그곳에 본점을 두고 있는 持株會社(holding company)로서 스페인 현지에 자회사를 두고 있었다. 그런데 1948년 스페인 재판소가 이들에게 파산선고를 내렸으며 비슷한 시기에 회사를 침해하는 일련의 조치가 스페인 당국에 의하여 취해졌다. 캐나다가 먼저 외교적 간섭을 시도하였으나 곧 철회되었다. 이 회사의 주식의 88%를 벨기에 인들이 보유하고 있었으므로 벨기에 정부는 스페인 당국의 회사에 대한 침해로부터 야기된 자국민 주주들의 피해와 관련하여 배상을 청구하였다. 이에 대해 ICJ는 문제의 침해 행위는 회사 자체에 대한 것이지 주주를 대상으로 한 것은 아니기 때문에 벨기에 정부의 당사자 적격이 인정되지 않는다고 결론지었다(김대순, 전게서, pp.400-401 참조).

43) *ICJ Reoprts*(1970), p.4, at p.49.

자국민에 대하여 외교적 보호를 할 수 있다. 예를 들면 적절한 보상 없이 주주의 주식을 收用하는 경우와 회사의 정당한 '이윤배당'(due dividends)이 방해를 받아 주주의 이익이 침해되는 경우 등이다.[44] 그러나 이러한 경우 외교적 보호가 적용될 수 있기 위해서 법인의 실체가 파악될 필요는 없을 것이다. 왜냐 하면 주주에 대하여 직접 침해가 이루어졌기 때문이다.[45]

둘째, 주주로서의 권리가 직접 침해되지 않고 회사의 손해로 인하여 주주들의 이익이 침해되는 경우, '특별한 상황에서' 법인의 실체가 파악되도록 하는 데 합의가 이루어질 수 있다. 예를 들어, 회사의 국적국에 의하여 회사가 '수용 또는 국유화'(expropriation or nationalization)될 수도 있는데, 만일 이때 법적 구제가 오로지 회사의 국적국에 의해서만 이루어질 수 있다면 가해국과 외교적 보호를 행사할 수 있는 국가가 동일하기 때문에 외교적 보호가 불가능하게 되고 따라서 주주들은 법적 구제를 받지 못하게 될 수도 있다. 이러한 경우, '정의와 형평'(justice and equity)에 입각하여 주주의 본국으로 하여금 외교적보호권을 행사할 수 있도록 하자는 주장이 나오고 있다.[46] 그리고 많은 학자들이 회사가 해산 조치되어 이미 법적으로 소멸된 경우(legal demise)도 이러한 예외가 허용되어야 한다고 본다.[47]

*Barcelona Traction case*에서의 반대 또는 개별의견(dissenting or separate opinions)과 함께 법학자들이 주주의 본국에 의한 외교적 보호를 정당한 것으로 간주하고 있는 다른 유형의 사안들도 더러 있다. 이에는 회사의 국적, 회사의 존재 및 해산 여부, 주주의 주식 수 등에 관계없이 '주주의 법적 지위' 자체가 그 본국에 의한 외교적 보호의 대상이 되도록 해야 한다는 입장[48]과, 회사가 경제적 목적 달성을 하지 못할 정도로 국가가 회사의 활동에 심각한 규제를 가하는 경우에 주주의 본국으로 하여금 외교적 보호를 행사할 수 있도록 허용해야 한다는 주장이 있다. 그리고 회사의 기능이 거의 마비되거나 사실상 부존재 상태에 놓여 있는 상황에서 회사의 국적국이 회사를 보호할 수 없거나

---

44) D. Kokkini-Iatridou and P. J. I. M. de Waart, *op. cit.*, p.127.
45) W. K. Geck, *op. cit.*, p.108.
46) *Ibid.*; F. A. Mann, "The Protection of Shareholder's Interests in the Light of the Barcelona Traction Case", *American Journal of International Law*, Vol.67, 1973, pp.271-273.
47) F. A. Mann, *op. cit.*, pp.264, 273.
48) Separate Opinion of Barcelona Traction case: The Position taken by Judge Tanaka, *ICJ Reports*(1970), p.126.

또는 보호하지 않으려고 하는 경우에도 주주의 본국으로 하여금 외교적 보호를 행사할 수 있도록 허용해야 한다고 한다. 물론 이러한 경우 주주의 본국이 주주들을 보호할 수 있는 권리가 있다고 하는 데 이견이 없는 것은 아니다. 외교적 보호의 부여가 가능하기 위해서 어느 정도 실질적인 이해관계가 있어야만 하는지, 또는 ICJ가 판시했듯이 주주가 어느 정도의 주식을 보유해야만 하는지 여부에 대해서도 의견이 일치되지 않았다.[49]

한편 ILC 외교보호초안은 이와 관련하여 첫째, 회사가 그 피해와 관계없는 이유로 인하여 설립지국법상 더 이상 존속하고 있지 않을 때, 둘째 회사의 국적국이 피해의 책임자로 주장되고 있으며, 기업활동을 하기 위해서는 그 국가에서의 설립이 필수적이었을 때는 주주의 국적국도 외교적 보호를 행사할 수 있다고 규정하였다(제11조). 그리고 국가의 위법행위로 말미암아 회사의 이익이 아니라 주주의 이익이 직접적으로 침해된 경우에는 주주의 국적국이 주주를 위하여 외교적 보호를 행사할 수 있도록 하고 있다(제12조).

(4) 선박과 항공기

국제법 위반에 의하여 상선에 발생된 손해는 소유주가 자연인이든 법인이든 불문하고 예외 없이 그 소유주에, 그리고 많은 경우에는 승무원에 대해서도 손해를 야기하게 된다. 따라서 선박 소유주의 국적국이, 경우에 따라서는 선박 소유주의 국적국과 승무원의 국적국이 모두 외교적 보호를 행사할 권리를 갖게 된다. 따라서 이러한 경우 앞에서 언급한 것과 같은 문제점들을 야기한다. 승무원의 경우 그 국적이 다양할 것이고 또 경우에 따라서는 이중국적을 가진 승무원들도 있을 수 있으며, 소유주가 '국적'이 불확실한 법인일 가능성도 많이 있기 때문이다.[50]

상선에 관하여 야기되는 주된 문제는 소유주와 승무원들은 물론, 선박 그 자체도 국제법상 외교적 보호의 기초인 '국적'을 보유하는 데서 야기되고 있다. 선박의 '국적'도 자연인과 마찬가지로 일종의 '진정연결관계'를 기초로 부여되는 것이 원칙이며 이는 등록(registration)을 통하여 국적국의 국기(flag)를 게양할 수 있는 권리와 연결되어 있기도 하다.[51] 그러나 선박의 경우에 '진정연결관계'를 결여한 채 국적취득이 허용되는 '便宜置

---

49) *ICJ Reports*(1970), p.4, at p.48.
50) W. K. Geck, *op. cit.*, pp.108-109.
51) 1994년 11월부터 발효되고 있는 「유엔해양법협약」(the United Nations Convention on the Law of the Sea) 제91조 1항은 기본적으로 1958년 「공해에 관한 협약」 제5조와 관습국제법의 내용과 동일하다.

籍'(flag of convenience) 때문에 외교적 보호 문제를 더욱 복잡하게 만들기도 한다. 민간 항공기에 대한 외교적 보호도 법·제도적으로 상선의 경우와 유사하다. 그러나 항공기의 경우에 '편의치적' 문제는 별로 제기되지 않는다.[52]

앞에서 이미 언급하였듯이, ILC 외교보호초안은 이와 관련하여 외국인 승무원의 손해 구제와 관련하여 '旗國'(State of nationality of a ship)에 대해서도 외교적보호권을 인정하고 있다.

Ⅲ. 외교적보호권 행사의 전제조건

1. 서설

외교적 보호는 피해자 개인에 대한 가해국의 행위가 청구국과 피청구국 간의 국제문제로 전환되어지는 기초가 된다. 따라서 '칼보 조항'의 배경에서 알 수 있듯이, 외교적 보호조치는 피청구국의 입장에서 보면 자신의 주권 및 관할권에 대한 청구국의 부당한 '간섭' 또는 '개입'(intervention)으로 인식될 수 있는 경우도 비일비재하다. 따라서 개인의 손해를 근거로 국가책임을 추궁하기 위해서 이루어지는 외교적 보호는 관습법상 몇 가지 전제조건(prerequisites)을 충족시킨 경우에 한하여 행사될 수 있도록 발전되어 왔다. 만일 이러한 전제조건을 충족하지 못한 경우에 피청구국은 일종의 '선결적 항변'(preliminary objection)을 통하여 청구국의 외교적보호권 행사를 거부할 수 있게 된다.[53]

이러한 전제조건으로서, 외교적 보호를 행하는 국가와 그에 의하여 구제를 받게 되는 피해자는 국제위법행위에 의한 손해가 발생한 시점부터 최소한 청구가 제기되는 시점에 이르기까지 동일한 국적으로 연결되어야 한다는 '청구국적계속(continuous nationality of the claims)의 원칙' 또는 '국적계속의 원칙'(principle of continuous nationality)과, 외교적 보호가 행사되기에 앞서 피해자가 가해국의 국내법상 활용할 수 있는 모든 구제절차를 완료하여야 한다는 '국내구제완료의 원칙'(principle of exhaustion of local remedies)이 있다.

---

52) 김정건, 『국제법』(박영사, 1998), p.547.

53) P. Malanczuk, *op. cit.*, pp.252-263 참조.

2. 청구국적계속의 원칙

관습국제법상, "외교적 보호는 개인의 국적에 근거를 두고 있다."는 원칙으로부터 당연히 '국적계속의 원칙'이 도출된다. 일부 조약에서 예외가 규정되기도 하였지만,[54] 이 원칙은 2차 대전 이후에 체결된 수백 개의 '일괄처리 협정'(lump-sum Agreements)과 같은 수많은 조약을 통해서 재확인되고 있다. 무엇보다 이 원칙은 오랫동안 관습국제법의 규칙으로 인정되어 왔다.[55] '국적계속의 원칙'의 첫 번째 요청은 외교적 보호를 받는 개인은 국제위법행위가 행해진 시점에서 '청구국'의 국적을 가져야 한다는 것이다. 그리고 두 번째는 청구가 외교적 보호 부여국에 의해서 제기되는 시점 또는 국제적 절차에 의하여 문제가 해결되는 시점까지 그 국적이 계속되어야 한다는 것이다. 논의의 여지가 있지만 지배적 관행과 의견은 문제해결 시점보다는 청구의 제기 시점까지를 더 지지하는 것으로 보인다.

청구국이 피해자인 국민의 손해를 통하여 스스로도 손해를 입은 것으로 간주되기 위해서, 국적이라는 유대는 분명히 가해국의 국제법 위반 시에 존재해야만 한다. '국적계속의 원칙'의 또 하나의 중요한 기능은 위법행위 시점과 최소한 청구제기 시점 사이에 다른 국적을 가지고 있는 사람에게 개인적 청구권이 양도되거나 피해자의 국적이 변경된 경우에는 외교적 보호가 제기될 수 없도록 하는 데 있다. 피해자의 국적 변경은 사망으로 인한 청구권의 상속, 외국인에 대한 청구권의 양도, 혼인, 인지, 입양 그리고 국가상속에 의한 국적 변경 등 여러 가지 사유로 일어날 수 있는 것이다. 그러나 피해자의 의사와는 관계없이 이루어지는 소위 '비자발적 귀화'(involuntary naturalization)의 경우에는 변경된 국적국이 외교적 보호를 행사할 수 있도록 해야 하며, 이미 舊 국적국이 외교적 보호를 행사하고 있는 상태라고 한다면 新 국적국과 구 국적국이 공동으로 행사하거나 아니면 신국적국이 단독으로 외교적 보호 조치를 속행할 수 있도록 해야 한다고 본다.

일반적으로 국가들은 최소한 국제청구의 제기 시점에 이르기까지 자신의 국적을 유지하지 않는 개인을 위하여 외교적 보호를 부여하지 않으려 하는 것이 사실이다. 그러나 외교적 보호의 기초가 되는 국적이 변경되었기 때문에 구 국적국이 외교적 보호를 계속

---

54) 예를 들어, 1952년의 독일과 이스라엘간의 협정(UNTS, Vol.162), p.206.

55) *PCIJ Series* A/B, No. 76(1939), p.4, at p.16.

할 수 없는 상황에서 신 국적국으로 하여금 외교적 보호를 행사할 수 없게 하는 것은 피해자 구제 차원에서 매우 불합리한 결과를 초래할 것이기 때문에, 비록 'Vattel의 의제'가 적용될 수 없는 경우이지만, 신 국적국의 외교적 보호를 인정해야 한다고 본다. 다만 개인적 청구가 단지 강력한 외교적 보호를 확보하기 위하여 강대국의 국민으로 양도되거나 강대국으로의 국적 변경이 이루어지는 경우 '국적계속의 원칙'은 청구국의 외교적 보호에 대한 강력한 항변 사유의 기초가 되어야 한다는 점은 여전히 유효하다.

한편 ILC 외교보호초안에 따르면, 국가의 국제책임을 추궁하여 최종적으로 법적 구제를 받을 때까지 보통 오랜 시간이 소요된다는 점을 감안하여 피해 발생 시로부터 최소한 청구제기 시까지 국적이 계속되어야 하는 것으로 규정하고 있다(제5조 1항 및 10조 1항). 또한 동 초안은 피해 발생 이후 청구와 관계없는 이유로 국적이 변경된 경우, 신국적국이 외교적 보호를 행사할 수 있도록 함으로써(제5조 2항) 피해자의 권익 보호에 유리한 규정을 두고 있다. 그러나 신 국적국이 구 국적국을 상대로 외교적보호권을 행사할 수는 없도록 하고 있다(제5조 3항).

3. 국내구제완료의 원칙

1) 원칙의 적용 및 예외

이는, 외교적 보호의 행사는 피해자 개인이 가해국의 법에 따른 '국내적 구제절차'(local remedies)를 완료한 경우에만 가능하다는 것을 의미한다. 이러한 원칙은 많은 관련 조약들에서 발견될 수 있으며, 또한 관습국제법의 규칙으로 확립되어 온 것이기도 하다.[56] *Mavrommatis Concessions cases*와 같이 관습법 또는 조약 규정에 근거를 두고 행해진 상당수의 결정들이 이 원칙을 분명히 언급하고 있다. 1959년 *Interhandel case*[57]는 '국내구제완료의 원칙'과 관련하여 특히 구제절차가 지나치게 지연되는 경우에도 여러 개의 가능한 구제절차를 완료하지 않으면 안 된다는 것을 보여준 판결로 인용되

---

56) '국내구제완료의 원칙'의 상세한 내용에 대해서는 A. A. Cançado Trindade, *The Application of the Rule of Exhaustion of Local Remedies in International Law*(Cambridge: Cambridge University Press, 1983) 참조.

57) *ICJ Reports*(1959), p.6, at p.27.

고 있다.

ILC 외교보호초안은 일부 예외적인 경우를 제외하고 어느 국가든 피해를 당한 개인이 모든 국내구제를 완료한 경우가 아니면 국제적 청구를 제기할 수 없다고 함으로써 '국내 구제완료의 원칙'을 명시적으로 규정하고 있다(제14조 1항).[58]

이미 언급한 바와 같이 '국내구제완료의 원칙'은 국가에 대한 '직접적 손해'가 아니라 '간접적 손해'가 발생한 경우에 한하여 적용되어지는 것이다. 그러나 문제는 발생된 손해 또는 사안이 국가에 대한 직접적 손해와 개인에 대한 손해, 즉 국가에 대한 간접적 손해를 구성하는 경우이다. 이러한 이른바 '혼합청구'(mixed claim)와 관련하여 2000년 ILC 외교적 보호초안은 "국내적 구제는, 국제적 청구 또는 청구에 관련된 선언적 판결 (declaratory judgement)[59]이 압도적으로 국민의 손해에 기초하여 제기되고 또한 당해 법적 절차가 국민에게 손해가 발생하지 않았더라면 제기되지 않았을 경우에 완료되어야 한다. [이 문제를 결정함에 있어서 청구된 구제, 청구의 성질, 그리고 분쟁의 주제 등과 같은 요소들을 고려하여야 한다.]"[60]고 규정함으로써, 이른바 '압도성'의 기준과 '필요성'의 기준을 모두 채택하고 있었다.

관습국제법상 일반적으로 손해의 유형을 결정하기 위하여 고려될 필요가 있다고 주장되어 온 ① '압도성'(preponderance)의 기준과 ② '필요성'(*sine quo non*)의 기준 가운데서, 전자는 그 손해가 "압도적으로"(preponderantly) 청구국의 국민(개인)에 대하여 발생한 것인가 여부를 판단기준으로 삼아야 한다는 입장이다. 압도적으로 국민에 대하여 발생한 경우 국가 자신에 대해서는 그 손해가 간접적이어서 '국내구제완료의 원칙'이 적용되어진다는 것이다. 이에 반하여 후자는, 청구국의 국민에 대하여 손해가 발생하지 않았더라도 청구가 제기될 수 있었겠는가, 즉 청구가 국가 자신이 아니라 피해 당사자를 위하여

---

58) "A State may not present an international claim in respect of an injury to a national or other person referred to in draft article 8 before the injured person has, subject to draft article 15, exhausted all local remedies."

59) '선언적 판결'이란 피청구국, 즉 피고국의 행위의 '불법성'(illegality)에 대한 법원의 확인선언으로서 일종의 만족(satisfaction), 즉 광의에 있어서 배상(reparation)에 해당한다고 본다. I. Brownlie, *op. cit.*, p.462.

60) 초안 제11조(A/CN.4/514, p.10.)

"Local remedies shall be exhausted where an international claim, or request for a declaratory judgement related to the claim, is brought preponderantly on the basis of an injury to a national and where the legal proceedings in question would not have been brought but for the injury to the national. [in deciding on this matter, regard shall be had to such factors as the remedy claimed, the nature of the claim and the subject of the dispute.]"

제기되었는가 여부를 판단 기준으로 삼아야 한다는 것이다.[61]

'압도성'의 기준은 문제된 청구의 경우 국가가 당한 손해가 개인이 당한 손해와 동등하다고 판단되는 경우에는 국내적 구제가 완료되어야 할지 판단이 어렵게 된다는 점에서 문제가 생길 수도 있다. 다만 이와 관련하여 *Interhandel case*와 *Elettronica Sicula(ELSI)case*는 국가가 '선언적 판결'을 청구함과 동시에 자국민의 손해에 대한 별도의 구제를 청구하는 경우에는 '국내적 구제'를 완료해야 한다고 판시하고 있다.[62] 그리고 '선언적 판결'이 명백히 '국민의 손해'를 근거로 요청되고 있는 경우에도 '국내적 구제'가 완료되어야 한다고 본다.[63]

이와 관련하여 ILC 외교보호초안은 문제의 '국제청구'가 "압도적으로" 자국민이나 무국적자 또는 난민 등 개인의 손해에 기인하여 행해진 경우에는 국내구제를 완료해야만 하는 것으로 규정하고 이른바 '선언적 판결'의 경우에도 그것이 "압도적으로" 개인의 손해를 근거로 요청되고 있는 경우에는 국내구제를 완료해야만 한다고 규정함으로써(제14조 3항),[64] '압도성'의 기준을 도입하고 있음을 알 수 있다.[65]

관습국제법상 국내구제완료의 원칙은, 문제가 되는 국제위법행위가 피청구국의 영역내에서 이루어진 경우는 물론 피청구국의 법을 통하여 법적 구제가 가능하다는 전제가 인정되는 경우에는 공해 또는 청구국의 영역에서 국제법 위반에 의한 손해가 발생한 경우에도 적용되는 것이다.[66] 이는 '관련필요성'(necessity of link)의 요구에 근거하는 것으로, 이때 피해당사자와 피청구국의 '연결'(link)은 '자발적'(voluntary)임을 요한다고 본다. 따라서 '자발적 관련성'(voluntaty link)이 결여된 경우에는 위법행위가 피청구국의 영역외에서 발생하는 경우는 물론 피청구국의 영역 내에서 발생하는 경우에도 국내구제완료의 원칙이 적용되지 않는다고 본다.[67] 즉, '관련필요성'의 원칙은 사건 당시 피해자가 반드시 가해국의 영토 내에 있었다거나 또는 위법행위가 가해국 영토 내에서 발생한 경

61) para.201(*ibid.*).
62) para.29(*ibid.*).
63) para.30(i*bid.*).
64) "Local remedies shall be exhausted where an international claim, or request for a declaratory judgement related to the claim, is brought **preponderantly on the basis of an injury to a national or other person** referred to in draft article 8."
65) 김대순, 전게서, p.765.
66) W. K. Geck, *op. cit.*, p.110.
67) *Ibid.*, p.583.

우에 한하여 적용되는 것이 아니라 피해자와 가해국간에 '자발적 관련성'이 있는 경우에 국내구제완료의 원칙이 적용된다는 점을 의미하는 것이다.[68] 따라서 불가항력(*force majeure*)이나 납치 등의 방법으로 피해자가 강제로 가해국의 영역 내로 들어간 경우나 피청구국의 영역 밖에서 이루어진 위법행위 자체로 인하여 피해자와 피청구국이 연결되어진 경우에는 국내구제완료의 원칙이 적용되지 않는다고 본다.[69]

관습국제법상 이 밖에도 이용 가능한 실효적인 구제절차가 없거나, 국내법정이 피해자에 대한 구제를 제공하지 않을 것이 명백한 경우와 같이 국내적 구제의 완료가 명백히 무익한 경우에는 국내적 구제를 완료할 필요가 없다.[70] 그리고 피청구국이 일방적으로 또는 청구국과의 조약 등 합의에 의하여 국내구제절차의 적용을 포기한 경우에는 역시 이를 완료할 필요가 없게 된다.[71]

ILC 외교보호초안은 국제적 구제가 완료될 필요가 없는 경우로, 첫째 합리적으로 활용 가능한, 효과적인 구제를 제공받을 수 있는 국내적 구제절차가 존재하지 않거나 국내구제절차를 통하여 효과적인 구제를 받을 수 있는 합리적인 가능성이 없는 경우, 둘째 가해국 내에서 그러한 구제절차가 불합리하게 지연되고 있는 경우, 셋째 피해당사자인 개인과 가해국 사이에 '적절한 관련'(relevant connection)이 결여된 경우,[72] 넷째 피해당사자에 의한 국내구제절차 활용이 명백하게 제한되고 있는 경우, 그리고 다섯째 가해국 자신이 국내구제절차의 완료를 면제하고 있는 경우 등을 열거하고 있다(제15조).

2) 원칙의 목적 및 역할

국내구제완료의 원칙은 국가주권을 존중하여 가해국으로 하여금 자신의 국내법체계 내에서 그 위반행위에 대한 시정을 할 수 있도록 기회를 부여하기 위한 목적을 가지고 있는 것이다. 이밖에도 국내구제완료의 원칙은 국내적 절차를 통하여 보다 쉽게 처리할 수 있는 사안을 국가 간 문제로 전환시켜 국제적 청구나 분쟁이 양산되어지는 것을 방지

---

68) 김대순, 전게서, pp.767-769.
69) 상게서; 김정건, 전게서, pp.572-573.
70) P. Malanczuk, *op. cit.*, p.268.
71) 김대순, 전게서 pp.774-776 참조.
72) 다만, ILC 외교보호초안에 따르면, 전통적으로 사용되어 온 '자발적 관련성'이 '적절한 관련성'(relevant connection)이라는 용어로 바뀌어 있다.

함으로써 국가간 우호관계를 유지하기 위한 목적도 아울러 가지고 있다.[73] 국내구제완료의 원칙은 *Interhandel case*과 *ELSI case*[74] 등에서 ICJ에 의하여 관습국제법의 원칙임이 분명히 확인되고 있으며, 이는 가해국의 사법기관은 물론 그 주권에 대한 존중에 근거를 두고 있다고 설명되고 있다.[75]

국내구제완료의 원칙의 역할 및 그 적용과 관련하여, 이 원칙이 '실체법적 요소'인지 아니면 '절차법적 요소'인지 여하가 매우 중요하다. 이는 이론적인 문제일 뿐만 아니라 실제로도 중요한 의미를 가지고 있다. 국내구제완료의 원칙이 '실체법적'인 성격을 가지고 있다고 보는 학자들, 즉 '실체법적 입장'(substantive school)은 보통의 경우에 피청구국 내에서 발생한 개인의 피해는 단순히 국내법 위반에 기인한 경우가 대부분이며 또한 국제법 위반에 기인한 경우에도 위법행위 그 자체로서는 국제책임이 발생하지 않고 가해국, 즉 피청구국이 자국 내에서의 법적 구제를 통하여 위법행위에 따른 문제를 시정하지 않는 경우에야 비로소 개인에 대한 위법적 대우가 국제의무 위반으로 간주될 수 있다고 보고 있다. 실제로 이러한 입장은 2000년 8월 이전까지 유지되고 있던 '국가책임'에 관한 'ILC 초안' 제1부 제22조[76]의 이론적 기초가 되었다.[77]

이에 대하여 국내구제완료의 원칙은 가해국의 국제위법행위에 기초하여 청구국이 국제적 청구를 제기하기 위한 전제조건이 되는 데 불과하다는 점에서 그 '절차법적' 성격을 강조하는 입장, 즉 '절차법적 입장'(procedural school)이 대립되고 있다. 이러한 입장은 국제위법행위는 이미 그 자체로서 국제의무에 위반되는 행위의 발생 시 또는 당초의 국내법 위반행위에 대한 피청구국의 '사법의 거부'(denial of justice) 또는 일차적 국내구제

---

73) A. A. Cançado Trindade, *op. cit.*, pp.47–56; P. Malanczuk, *op. cit.*, p.268; Martin Dixon, Text on International Law (London: Blackstone Press Limited, 1990), p.153; Rebecca M. M. Wallace, *International Law* (London: Sweet & Maxwell, 1997), p.194.

74) *ICJ Reports*(1989), p.15.

75) para.185(A/56/10).

76) "한 국가의 행위로 인하여 자연인이냐 법인이냐를 불문하고 외국인에게 부여되어야 할 대우에 관련된 국제의무에 의하여 요구되는 결과와 일치하지 않는 상황이 초래되었으나, 그럼에도 불구하고 그 의무의 성격상 이 결과 또는 이에 상응하는 결과가 그 국가의 후속행위에 의하여 달성될 수 있는 경우에는, 당해 외국인이 이용 가능한 실효성 있는 국내구제수단을 완료하였지만 그 의무에 의하여 요구되는 대우, 또는 이것이 가능하지 않은 경우에는 그에 상응하는 대우를 받지 못했을 경우에만 의무의 위반이 존재한다."

77) 그러나 2001년에 열린 ILC 제53차 회기에서 채택된 「국제위법행위에 대한 국가책임에 관한 초안」(Draft Articles on Responsibility of States for Internationally Wrongful Acts)에서는 '국내구제완료의 원칙'과 관련된 이러한 조항이 삭제되었다. *Official Records of the General Assembly, Fifth–sixth Session, Supplement No.10*(A/56/10) 참조.

의 실패와 동시에 성립된다고 보며, 국내적 구제의 미완료는 국제위법행위의 성립이나 국제책임을 부인할 수 있는 근거가 아니라 단지 청구국의 외교적보호권 행사에 대한 절차적 장애요소가 되는 데 불과하다고 본다.[78] 이러한 입장에서는 가해국의 행위가 국내법과 국제법 모두를 위반함으로써 이미 국제의무의 위반이 인정되는 상황에서도 단지 외교적 보호가 이루어지도록 하기 위한 목적에서 '국내구제완료의 원칙'이 적용되어야 한다고 주장하며, 이러한 원칙은 '절차적' 기능을 수행할 뿐이며 국제법위반행위의 성립과는 무관하다고 본다.[79]

국내구제완료의 원칙의 역할 및 성격에 관한 세 번째 입장은 앞에서 언급한 양자의 입장을 절충하고 있는 '제3의 입장'(the third position or school)이다. 이 입장은 '국내법' 위반에 의한 외국인의 손해와 '국제법' 위반에 의한 외국인의 손해를 분리하여 접근하고 있다. 이 입장에 의하면 개인의 손해가 국제법 위반에 이르지 않는 단순한 국내법 위반에 의하여 야기된 경우, 국제책임은 오로지 피해자 개인이 국내법 위반에 대한 구제를 얻기 위하여 시도하는 과정에서 피청구국의 사법기관에 의하여 행해진 '사법의 거부'에 해당되는 작위 또는 부작위를 근거로 해서 발생한다고 본다. 따라서 이때 국내구제완료의 원칙은 가해국의 국제위법행위에 기한 책임이 성립되기 위한 '실체법적 조건'이 되는 것이다. 반면에 외국인의 손해가 국제법 위반에 의하여 발생하는 경우 국제책임은 손해의 발생 시점에서 성립되며, 외교적 보호를 위하여 국내구제가 완료되어야 한다는 요건은 다만 '절차법적' 전제조건에 불과하게 된다고 한다.[80] '제3의 입장'은 또한 가해국이 국내법과 국제법 모두를 위반함으로써 외국인에게 손해를 야기 시킨 경우에도 '절차법적' 입장과 동일하게 '국내구제완료의 원칙'이 '절차적' 기능을 수행할 뿐이라고 한다.[81]

국내구제완료의 원칙에 대한 법전화의 시도는 일반적으로 '절차법적' 접근과 '실체법적' 접근 가운데 명확히 어느 하나를 채택하는 것을 회피하여 왔다. 그러나 1977년에 '국가책임 초안'과 관련하여 ILC가 실체법적 접근을 시도하기 전에는 절차법적 관점을 선호하는 분명한 흐름이 이루어지고 있었다.[82] 그러나 사법적 결정들(judicial decisions)

---

78) W. K. Geck, *op. cit.*, pp.110-111.

79) I. Brownlie, *op. cit.*, p.497.

80) para.32(A/CN.4/514).

81) para.61(*ibid.*).

82) 1927년 '국제법학회'(the Institute of International Law)의 입장; 1929년 '1930 헤이그 국제법전편찬회의 준비위원회'(the Preparatory Committee of the 1930 Hague Conference for the Codification of

은 절차법적 접근을 취하는 입장과 실체법적 접근을 취하는 입장에서 공히 자신들의 입지를 강화하기 위하여 이들을 원용할 수 있을 정도로 모호한 입장을 취하고 있었다.[83] 이에 대하여 학자들은 각각의 입장을 지지하는 세 부류로 나뉘고 있으나, 다수가 '절차법적' 접근 아니면 '제3의 입장'을 선호하고 있다고 본다.[84]

이와 관련하여 2000년에 제출된 외교적 보호에 관한 제1차 보고서의 초안 제12조는 다음과 같이 규정하고 있었다:

> "국내구제가 완료되어야 한다는 요건은, 문제된 행위가 <u>국내법과 국제법 모두의 위반에 해당하는 경우</u> 자국민에게 행해진 국제위법행위로부터 야기된 손해를 근거로 국가가 국제적 청구를 제기하기 위하여 반드시 이행되어야 하는 절차적 전제조건이다."[85]

그리고 동 초안 제13조는 다음과 같이 규정하고 있었다:

> "외국인이 어느 국가의 <u>국제법 위반에 이르지 않는 국내법 위반</u>을 근거로 구제를 청구하기 위하여 그 국가의 국내법원에 법적 절차를 제기하는 경우, 당해 국가는 외국인에 대한 '<u>사법의 거부</u>'가 존재하는 경우에 국제책임을 부담하게 된다. 제14조에 따라, 손해를 입은 외국인은 자신을 위하여 국제적 청구가 제기될 수 있도록 하기 위해서는 <u>가능한 다른 국내적 구제를 완료하지 않으면 안 된다.</u>"[86]

International Law)의 초안; 1929년 하버드 법과대학의 '자국영역 내에서 외국인 및 그 재산에 대하여 가해진 침해에 대한 국가책임 협약 초안'(Draft Convention on Responsibility of States for Damage Done in their Territory to the Person and Property of Foreigners); 1956년 '국제법학회'의 입장; 1956년 '국제법위원회'의 국가책임에 관한 보고서에서의 특별보고자 Garcia Amador의 입장; 1977년 특별보고자 Roberto Ago의 강력한 주장에 따라 '국제법위원회'가 채택한 '국가책임에 관한 초안'(Draft Articles on State Responsibility); 2000년 '국제법협회(ILA)의 개인 및 재산에 대한 외교적 보호 위원회'(the Committee on Diplomatic Protection of Persons and Property of the ILA)의 1차보고서 등 참조(paras. 36-43(*ibid.*)).

83) para. 44(*ibid.*).

84) '실체법적 입장'을 취하는 학자로서, Borchard, Ago, Gaja, O'Connell 등이 있으며, '절차법적 입장'에는 C. F. Amerasinghe, Doehring, Verzijl, C. de Visscher, Freeman, M. N. Shaw, P.C. Jessup, Geck, Herdegen, Kokott, Schwarzenberger 등이 참여하고 있으며, 제3의 입장(the third school)에는 Hyde, Eagleton, Fawcett, Dunn, Fitzmaurice, Brownlie, J. G. Starke 등이 속하고 있다(paras. 53-62(*ibid.*) 참조).

85) 제12조(A/CN.4/514, p.15.); "The requirement that local remedies must be exhausted is a procedural precondition that must be complied with before a State may bring an international claim based on injury to a national arising out of an internationally wrongful act committed against the national where the act complained of is <u>a breach of both local law and international law</u>."

86) 제13조(*ibid.*); "Where a foreign national brings legal proceedings before the domestic courts of a State

2000년의 제1차 보고서의 초안 제12조의 규정은 국내구제완료의 원칙을 '절차법적' 입장이나 '제3의 입장'과 동일한 관점에서 접근하고 있으며, 제13조의 규정은 '재판의 거부'와 '국내구제완료의 원칙'을 별개의 관점에서 보는 '절차법적' 접근에 해당한다고 보인다.

일부 학자들은 국내구제완료의 원칙이 '절차법적' 요건인가 아니면 '실체법적' 요건인 가에 관한 논쟁은 순전히 이론적인 문제라고 지적하고 있기도 하다. 그러나 이는 국제책 임의 발생 시점이 그 접근방법에 따라 차이가 있을 수 있기 때문에 명백히 적절하지 못한 지적이다. 이 원칙이 실체법적인 조건이라면 국제책임은 모든 국내구제절차가 완료된 이후에 성립하게 될 것이며, 반면에 이 원칙이 절차법적인 조건이라면 국제위법행위가 이루어진 시점에서 바로 국제책임이 성립될 것이다. 이러한 차이는 국제위법행위의 발 생 시점에서 손해를 입은 외국인이 청구국의 국민일 것을 요구하는 '국적계속의 원칙'의 적용에 대하여 중요한 영향을 미치게 된다.

이는 또한 분쟁 당사국이 자신의 관할권 수락과 관련하여 시간적 제한을 두고 있는 경우 재판소의 관할권과 관련해서도 영향을 미치게 된다. 나아가서 이 원칙의 역할 및 성격 규명은 국내구제를 완료하지 않은 경우 '선언적 판결'(declaratory judgement)을 행 하는 데도 영향을 미치며 또한 피청구국에 의한 국내구제절차의 면제에 대해서도 영향 을 미치게 된다. 이 원칙이 '실체법적'인 것인지 아니면 '절차법적'인 것인지에 대한 성격 규정은 국제재판소의 절차 진행에 있어서 이 문제가 '선결적 항변' 사유로 처리되느냐 아니면 '본안'(merits) 문제로 처리되느냐에 관해서도 영향을 미치게 된다.[87] 이와 관련하 여 통설은 '절차법적' 관점 또는 '제3의 입장'에서 '국내구제완료의 원칙'을 선결적 항변 사유로 간주하고 있다.

이와 관련하여 ILC 외교보호초안은 단지 일부 예외적인 경우를 제외하고 어느 국가든 피해를 당한 개인이 모든 국내구제를 완료한 경우가 아니면 국제적 청구를 제기할 수 없다고만 규정함으로써(제14조 1항), '국내구제완료의 원칙'의 성격 및 역할에 대한 논란

---

in order to obtain redress for a violation of the domestic law of that State not amounting to an international wrong. The State in which such proceedings are brought may incur international responsibility if there is a denial of justice to the foreign national. Subject to article 14, the injured foreign national must exhaust any further local remedies that may be available before an international claim is brought on his behalf."

87) para. 33(*ibid.*).

에 대하여 명확한 결론을 내리지 않고 있다.[88]

3) '국내적 구제'의 의미 및 범위

외교적 보호와 관련한 *Ambatielos case*에서의 중재결정에 의하면 국내적 구제는 "법원과 재판소에 대한 제소뿐만 아니라 국내법이 그러한 법원과 재판소에 대한 제소자들에게 활용할 수 있도록 제공하고 있는 절차적 수단의 이용"을 포함하는 개념이다.[89]

이와 관련하여 외교적 보호에 관한 2000년 ILC 외교보호초안 제10조 2항은 " '국내법적 구제'(local legal remedies)는 권리로서 통상적이든 특별한 것이든 불문하고 사법재판소 및 행정재판소 또는 행정당국에 자연인 또는 법인이 활용할 수 있도록 허용되고 있는 구제절차를 의미한다."[90]고 규정하고 있었다. 그러나 '국내법적 구제'라는 용어의 정의는 용이하지 않다. 이는 국내법체계 하에서 활용 가능한 모든 사법적 절차뿐만 아니라 행정적 절차도 포함하는데, 이들이 '권리로서'(as of right) 활용 가능해야 하며, 단지 재량적으로 부여되고 있거나 '시혜적 차원에서'(as a matter of grace) 허용되고 있는 것까지 포함하는 것은 아니라고 본다.

'법적'(legal)이라는 용어의 의미와 관련하여, 이는 개인이 사법적 결정 및 판결 또는 행정재결을 구할 수 있는 모든 법제도를 포함한다는 의견이 있다. '법적'이라고 하는 말은 불필요한 것일 수도 있으나, '비법적'(non-legal) 또는 '재량적'(discretionary) 구제절차는 '국제구제완료 원칙'의 적용 범위에서 제외된다고 본다. 그러나 중요한 것은 구제의 '결과'(result)이지 그 결과가 얻어지는 '수단'(means)이 아니라고 본다. 이는 국내구제의 수단이 존재하고 그리고 그것이 이용 가능함에도 불구하고 그 결과가 명백히 실효성이 없는 무익한 것임이 인정되는 경우에는 그 절차를 완료할 필요가 없다는 의미이다.[91]

ILC 외교보호초안도 "국내적 구제(local remedies)라 함은 일반적인 절차든 특별한 절차든 관계없이 피해자가 활용할 수 있는 사법적 기관 또는 행정적 기관(절차)에 의한 법

---

88) 김대순, 전게서, p.766.

89) *UNRIAA*, Vol.12, p.83.

90) 제10조 2항(A/CN.4/514, p.3.); " "Local legal remedies" means the remedies which are as of right open to natural or legal persons before judicial or administrative courts or authorities whether ordinary or special."

91) para.192(*ibid*.).

적 구제를 의미한다(제14조 2항). "[92)]고 규정하고 있다.

Ⅳ. 외교적보호제도의 관련문제와 과제

1. 외교적보호제도와 개인의 지위

1) 국가의 외교적보호권과 개인의 권리

관습국제법상 외교적보호제도는 개인의 국제법적 지위가 부인되고 국가만이 국제법 주체로서의 지위를 보유한다는 전제에서 발전되어 온 것이다. 또한 자국민인 개인에 대한 국가의 절대적 지위는, 국가는 개인에 대하여 외교적 보호를 부여할 '권리'(right)를 가질 뿐 그 어떠한 '의무'(duty)도 지지 않으며, 개인은 외교적 보호에 대한 어떠한 권리도 향유하지 못한다고 하는 설명의 근거가 되어 왔다. 그러나 오늘날 국내·외적으로 개인의 지위가 향상되고 인권 보호의 요청이 증대됨에 따라 이러한 관점에 중요한 변화가 나타나고 있다.

국가에 따라 국내법을 통하여 '외교적 보호에 대한 개인의 권리'를 규정하고 있는 경우도 있으며 국가(정부)에 대하여 '재외국민 보호의무'를 부과하고 있는 경우도 있는 것이다.[93)] 일부 국가의 경우에 '외교적 보호에 대한 개인의 불문헌법적 권리' 또는 최소한 일정한 전제조건이 충족되는 경우 개인에 대하여 '외교적 보호를 부여할 국가의 불문헌법적 의무'가 인정된다고 한다. 이러한 경우 개인은 본국의 국내법에 의하여 외교적 보호를 요청하는 등 '일종의' 법적 권리를 향유할 수도 있을 것이다.

국민들을 단지 국가권력의 대상이 아니라 국가의 주요한 구성원으로 간주하는, 진정으로 민주적인 사회는 최소한 외국을 상대로 자국민을 보호할 '도덕적 의무'(moral duty)

---

92) ""Local remedies" means legal remedies which are open to an injured person before the judicial or administrative courts or bodies, where ordinary or special, of the State alleged to be responsible for causing the injury."

93) 예를 들어, 중국의 1975년 헌법 제27조 (6)과 1982년 헌법 제50조는 "국가는 해외에 거주하는 자국민의 정당한 권리와 이익을 보호한다."고 규정하고 있으며, 현행 대한민국 헌법 제2조 2항은 "국가는 법률이 정하는 바에 의하여 재외국민을 보호할 의무를 진다."고 규정하고 있다. 이밖에도 수십 개국이 헌법상 개인의 '외교적 보호를 받을 수 있는 권리'나 국가의 '외교적 보호의무'를 규정하고 있다(para.80(A/CN.4/506) 참조).

가 있음을 인정해야만 할 것이다.[94] 이러한 국가들의 경우에 외교적 보호에 대한 '개인의 권리'는 국가에 대하여 의무를 덜 부담하는 외국인 및 무국적자들과 비교할 때 그들이 부담하는 특별한 의무에 상응하는 의미를 가지고 있다. 그러나 외교적 보호에 대한 개인의 권리가 인정되더라도 이는 국내법적 의미를 가진 것이기 때문에 이러한 국가의 의무는 국제법상 모든 전제조건들이 충족되고 또한 외교적 보호가 국가의 결정적 이익과 상충되지 아니 하는 경우에 인정될 수 있을 것이다.[95]

국제법상 외교적보호권은 국가의 권리로 확립되어 온 것이기 때문에 '외교적 보호에 대한 권리'를 갖고 있는 개인이라 할지라도 '칼보 조항'에 관한 논의에서 보듯이 스스로 '외교적보호권' 자체를 포기하는 것은 불가능하다. 다만 개인은 스스로 국내법상 인정되고 있는 외교적 보호에 대한 요청권을 포기하는 것은 가능할 것이나, 이러한 경우에도 국가는 재량적인 판단에 의하여 외교적보호권을 행사할 수 있게 되는 것이다.

이러한 상황을 반영하여 ILC 외교보호초안은 제19조("관행의 권고")를 통하여 외교적 보호를 행사할 '권리'를 갖고 있는 국가에게 다음과 같이 세 가지를 권고하고 있다: ① 중대한 침해(significant injury)가 발생한 경우에는 외교적 보호의 행사를 특별히 고려해야 한다. ② 가능하다면 피해자가 외교적 보호를 받기를 원하는지 그리고 원하는 배상이 무엇인지를 고려해야 한다. ③ 침해에 대해 책임 있는 국가로부터 획득한 배상금(compensation)은 적당한 공제를 조건으로 피해자에게 양도하여야 한다.

2) 국제법상 개인의 청구권

개인에 대하여 손해를 야기하는 국제위법행위는 국가의 외교적보호권 행사를 위한 기초가 된다. 이러한 국제위법행위는 피청구국의 국내법의 일부로 편입되고 있는 조약의 위반일 수도 있다. 이러한 경우에 개인들은 국내법상 스스로 실체적인 권리를 가질 수 있을 것이다. 그러나 전통국제법상 조약의 당사국들은 통상적으로 개인적 수혜자들이 아니라 다른 당사국들과의 사이에 국제적인 차원에서 의무를 부담하고 타당사국에 대해서만 실체적인 권리를 인정하게 된다고 한다. 이때 국민들은 국제법상 실체적인 권

---

94) Grotius나 Vattel과 같은 학자들도 국가는 개인을 위하여 외교적 보호의무를 지고 있는데, 다만 이러한 의무의 이행을 강제할 수 없기 때문에 이는 '일종의 '도덕적' 의무로 볼 수밖에 없다고 한다(para. 77(*ibid.*)).
95) W. K. Geck, *op. cit.*, pp.105-106.

리의 보유자로서가 아니라 다만 실체적 권리자인 동시에 '청구권 보유자'(holder of claims)인 본국을 통하여 수혜자로서 혜택을 받게 되는 것이다.

그러나 오늘날 국가들만이 국제법상 권리를 향유하며 또한 그러한 권리는 조약이나 관습법에 의하여 개인들에게는 직접 인정되지는 않는다는 전통적인 견해는 많은 비판에 직면하고 있다. 외교적 보호에 관한 한 손해와 이익에 관한 이해관계의 주체는 국가가 아니라 바로 피해자 개인이라는 점에서 '국가' 위주의 전통적인 외교적보호제도에 문제가 있다는 지적이 나오고 있는 것이다. 국가가 비록 자신의 손해를 근거로 외교적 보호를 행사하지만 이는 '의제'에 기초하고 있다는 것은 명백한 사실이다. 개인이 손해를 입지 않고 그 본국이 손해를 입을 수는 없는 것이다. '국적계속의 원칙'이 요청되고 있는 것은 바로 이 때문이다. 따라서 본국의 외교적 보호는 여전히 개인의 국적에 의존하게 되며 개인의 행위 여하에 따라 본국의 권리행사가 좌우될 수도 있다. 즉, 만일 개인이 국내적 구제를 완료하지 않게 되면 본국은 국제적 차원의 청구를 제기할 수 없게 되는 것이다.

이러한 이유 때문에 국제적 차원에서 자국민이 가해국의 국제법 위반으로 손해를 입은 경우에도 본국이 유일한 '실체적 권리'의 보유자가 된다는 전통적인 법리는 수정 될 필요가 있다고 본다. 외교적 보호에 관한 전통적인 개념은 또한 궁극적으로 국제법이 국가의 권익보다는 인간으로서의 지위를 가지고 있는 개인들의 권익을 보호하기 위하여 기능하여야 한다는 점증하는 요구에 직면하고 있다. 오늘날 '국제인권법'은 바로 이러한 요구에 부응하기 위하여 발전되고 있는 것이다.

이러한 배경에서 전통적인 원칙에 입각하여 개인의 국제법적 지위를 강화하고자 하는 사람들은 개인에 대해서도 국제법상 '실체적 권리'가 있음을 인정하고 있다. 우선 외교적 보호가 이루어지는 상황과 관련하여 국가와 개인 모두에게 '실체적 권리'를 인정하고자 하는 입장이 있다. 개인은 특히 조약에서 정한 조건에 따라 대우받을 수 있는 '실체적 권리'를 향유하며, 국가는 개인으로 하여금 그러한 대우를 받게 할 수 있는 '실체적 권리'를 향유한다는 것이다. 그러나 문제는 별도의 조약 규정이 없는 한 국가는 국제적 차원에서 그러한 '실체적 권리'를 집행할 수 있는 '절차적 권리'를 배타적으로 향유하고 있다는 점이다. 이에 대하여 조약에 의하여 일정한 대우를 받을 수 있는 '실체적 권리'는 오로지 개인들에게만 주어지고 있으며, 다만 국가는 국제적 차원에서 개인의 실체적 권리를 보호하기 위한 '절차적 권리'만을 갖는다는 견해도 있다.[96] 그러나 이러한 입장은, 비록 개인들에 대하여 조약상 실체적 권리가 인정된다고 하더라도 이를 국제적 차원에서 스스로 주장할 수 없음은 물론 국내적 차원에서도 권리보호를 위하여 본국을 상대로 요청할 수 있는 그러한 것이 아니라면, 여전히 문제가 있는 것이다.

최근 국제인권법의 발전에서 현저하게 발견되는 점의 하나는 조약체제 또는 국제기구를 통한 절차에 의하여 피해자가 국가를 상대로 진정을 하거나 청원을 할 수 있도록 하는 제도가 일반화되고 있다는 것이다. 이러한 추세는 개인들이 갖고 있는 인권의 중요성, 즉 인간의 존엄성에 대한 국제적 확인 및 준수를 전제로 한다. 1988년에 유엔 '인권위원회'(Commission on Human Rights; CHR) 산하의 '차별방지 및 소수자보호 소위원회'(Sub-Commission on Prevention of Discrimination and Protection of Minorities)[97]는 "인권 및 기본적 자유의 대량적 위반에 의한 모든 피해자는 개별적으로 또는 집단적으로 그들이 입은 여하한 손해에 대해서도 정당하고 공정한 보상을 받을 권리와 가능한 한 완전한 복구를 위한 수단이 부여되어야 한다."는 선언을 채택하고, 계속해서 인권 및 기본적 자유의 심각한 위반(gross violation)에 의한 피해자를 구제하는 문제에 대한 논의를 심도 있게 진행하고 있다.[98]

국가가 국제법위반 행위로 인하여 개인에게 손해를 야기한 경우 국가는 단지 '간접적인' 손해를 입을 뿐인 데 반하여 '직접적인' 피해자는 바로 손해를 입은 개인이다. 이때 국가는 국제법상 외교적 보호를 근거로 가해국을 상대로 국제적 청구를 제기할 수 있는 권리를 갖는 반면에 개인의 국제법상 청구권은 부인될 수밖에 없다는 것은 오늘날의 관점에서 보면 시대착오적인 측면이 있다.[99] 국제법상 개인의 '실체적인 권리'가 인정되고 있는 경우 절차적인 측면에서도 '개인의 청구권'이 인정될 수 있도록 하는 방향으로 이론이 전개되어 나가야 할 것으로 보인다. 조약 등의 국제법규 자체에 개인의 국제적 절차에 의한 손해 구제를 청구할 수 있다는 취지와 그 절차가 명시되어 있는 경우는 물론 그 외에도 국제법 위반행위로 인한 손해 구제를 위하여 개인이 독자적으로 청구권을 행사할 수 있도록 해야만 한다는 것이다.[100]

---

96) W. K. Geck, *op. cit.*, p.112.

97) 1999년부터 '인권소위원회'(Sub-Commission on the Promotion and Protection of Human Rights)로 명칭이 변경되었다. 오윤경 외 외교통상부 직원 공저, 『현대국제법』(박영사, 2000), pp.177-178 참조.

98) 김성준, 「국제법상 개인의 청구권」, 『국제법평론』, 제15호, 2001, p.9.

99) 상게논문, p.3 참조.

100) A. Randelzhofer, "The Legal Position of the Individual under Present International Law", in A.

그러나 현재의 상황에서 일반국제법상 전통적인 국제책임이론이 개인의 국제적 청구권을 인정하는 새로운 체제로 전환되어져야 한다고 주장하는 것은 시기상조인지도 모른다.[101] 따라서 현실적으로 국제재판소나 기타 국제적 절차에 의하여 개인의 청구권이 실현될 수 없는 상황이라면 국제법상 청구권에 근거하여 국내 사법절차를 이용할 수 있도록 보장하는 것도 한 가지 대안이 될 수 있을 것이다.

2. 외교적 보호의 수단

외교적 보호를 위한 수단의 선택은 여러 가지 변수에 의하여 결정된다. 자국민에게 보호를 부여할 것인가 아니면 거부할 것인가의 결정은 다양한 법적·정치적 고려[102]에 의하여 좌우된다. 청구국이 자신의 국내법에 의하여 보호를 부여해야만 하는 의무를 가지고 있는 예외적인 경우조차도 외교적 보호의 수단을 선택하는 데는 재량의 여지가 많다.

보통 청구국은 비공식적인 외교 활동이나 공식적인 항의 또는 교섭 등의 방법으로 시작하게 된다. 청구의 대부분은 긍정적이든 부정적이든 이러한 방법에 의하여 종결된다. 다른 경우에 청구국은 사건을 국제법원이나 중재재판소에 회부할 수도 있다.[103] 그러나 흔히 청구국은 상대방에 대하여 다양한 압력이나 보복을 가하는 방식을 쓰기도 한다. 활용 가능한 비우호적 또는 보복적 방법 가운데는 정부승인의 거부 또는 외국의 입법 및 행정 조치의 거부 등이 포함되고 있다. 청구국은 또한 피청구국에 필요한 조약의 체결을 거부할 수도 있으며, 피청구국의 국민에게 부여되고 있던 특권을 철회할 수도 있다.

Randelzhofer and C. Tomuschat (eds.), *State Responsibility and the Individual*(The Hague: Martinus Nijhoff Publishers, 1999), pp.231-242 참조.

101) C. Tomuschat, "Individual Reparation Claims in Instances of Grave Human Rights Violations: The Position under General International Law", in A. Randelzhofer and C. Tomuschat (eds.), *ibid.*, pp.1-25 참조.

102) 관련 요소들은 다음과 같다. ① 피청구국에 의하여 손해를 입은 개인의 권리의 종류(예를 들어, 생명, 자유, 재산 등), ② 손해의 정도, ③ 개인과 본국 자신에 미치는 손해의 중요성, ④ 피청구국의 법제도 및 정치적 입장에 대한 청구국의 태도, ⑤ 조치의 강도에 따라 피청구국과의 관계를 악화시킬 수 있는 가능성, ⑥ 청구국의 다른 정치적·경제적 이익을 증진시키기 위한 수단으로서의 외교적 보호 수단의 활용 가능성, ⑦ 피청구국과 우호적 또는 대립적 관계를 맺고 있는 정치적 또는 경제적 블럭 내에서의 회원국들, ⑧ 해외에서의 정치적 위신 그리고 국내에서의 강력한 개별적 또는 집단적 압력 등(W. K. Geck, *op. cit.*, p.116).

103) P. Malanczuk, *op. cit.*, p.257.

이와 같이 외교적 보호의 수단에는 국제법 위반이 아닌 한 모든 형태의 조치가 포함될 수 있다.[104] 문제는 오늘날 일반적인 '무력사용금지의 원칙'이 확립되어 있는 상황에서 예외적으로 외교적 보호의 수단과 관련하여 '무력사용'이 가능한가 하는 것이다. 즉, 무력사용이 관습국제법과 유엔 헌장 등에 의하여 확립된 국내문제불간섭, 영토주권, 영토보전 및 정치적 독립의 원칙 등에도 불구하고 '자위권'(right of self-defence)에 근거하여 정당화되는 것처럼 '외교적 보호'를 근거로 정당화될 수 있는가 하는 것이 문제되고 있는 것이다.[105]

3. 외교적보호권과 '칼보 조항'

'칼보 조항'(Clavo clause)은 라틴 아메리카 국가들이 외국인과 체결하는 경제관련 '양허계약'(concession contracts) 속에 어떠한 경우에도 계약관련 분쟁에 대한 관할권을 자국 재판소에 대해서만 부여하기로 하고 외국인으로 하여금 본국의 외교적 보호를 원용할 수 없도록 하는 내용을 규정하고 있는 계약 조항을 말한다.[106] 본래 칼보 조항을 주창한 칼보(Calvo)의 의도는 외국인 보호에 관한 '내국민대우' 기준을 관철하고 '국가주권 절대성'에 입각하여 '국내문제불간섭의 원칙'을 확립하고자 하는 데 있었다. 이를 기초로 국내재판소가 설사 외국인을 명백히 차별대우하더라도 이를 근거로 외국인의 국적국에 의한 국제적 청구가 허용되어서는 안 된다는 것이다.[107] 이는 곧 '외교적보호제도'에 대한 '급진적 비판'(radical critique)에 해당된다.

외교적보호제도에 대하여 이루어지고 있는 또 하나의 비판인 '온건한 비판'(moderate critique)이, '국제주의적 관점의 비판'(internationalist-oriented critique)으로서 '비례성의 원칙'(doctrine of proportionality)에 입각하여 외교적 보호의 문제점과 남용을 방지하는 데 관심을 가지고 있다면, 칼보 조항의 기초가 되고 있는 급진적 비판은 '국가주의적 관점의 비판'(nationalist-oriented critique)으로서 외교적보호제도를 완전히 거부하려는

104) R. J. Vincent, *Nonintervention and International Order* (Princeton: Princeton University Press, 1974), p.245.
105) W. K. Geck, *op. cit.*, p.117.
106) Donald R. Shea, *The Calvo Clause* (University of Minnesota Press, 1955), pp.19-20.
107) R. B. Lillich, *op. cit.*, pp.16-17.

입장을 말한다.[108] 이러한 급진적 비판은 외교적보호제도가 강대국의 약소국에 대한 무력적 위협이나 간섭의 수단으로 활용되어 왔다는 데 근거를 두고 있는 것이다.

국가들은 일관되게 자국민에 대한 불법적 침해에 대하여 손해배상을 청구할 것인지 여부를 결정하고, 개인이 입은 손해가 극심한 경우 청구를 제기하기도 하고 또 경우에 따라서는 개인의 의사 여하에 불구하고 청구를 완전히 포기할 수도 있는 재량권을 향유하여 온 것이 사실이다. 국제적 차원에서 자국민을 위한 조약상 권리를 실현할 수 있는 국가의 배타적인 권리는 '칼보 조항'의 국제법적 효력과 관련하여 확인할 수도 있다. 국제법상 이러한 칼보 조항은 본국의 외교적 보호를 배제하고 수용국의 국내법원으로 하여금 배타적 관할권을 갖도록 하는 의미로는 허용되지 않는다고 본다. 외교적보호권은 국가의 고유한 권리이기 때문에 개인은 그 국적국이 자국민을 위하여 스스로 외교적 보호를 행사하는 것을 방해할 수 없기 때문이다.

이와 같이 칼보 조항은 국가 자신의 외교적보호권을 포기하거나 부인하기 위한 목적을 가지고 있는 것이라면 당연히 무효가 된다고 본다. 따라서 칼보 조항이 포함되어 있더라도 피해자의 국적국에 의한 외교적 보호가 행사될 수 있다면 칼보 조항은 단지 가해국의 국내구제절차의 완료를 확인하는 의미를 가진다고 볼 수도 있는데, 그러나 국내적 구제는 칼보 조항과는 관계없이 당연히 요구되는 절차이기 때문에 이는 불필요한 규정이 되어 버린다.

다른 한편 칼보 조항은 경우에 따라 조약에 의하여 배제된 '국내구제완료의 원칙'을 계약당사자들 간의 합의에 의하여 다시 적용되도록 할 수 있다는 점에서 '한정적인' 효력을 가진다고 볼 수도 있다.[109] 그러나 칼보 조항에서 규정하고 있는 국내 재판소를 통한 분쟁의 해결은 국제적 청구를 제기하기 위한 '전제조건'으로서의 국내적 구제가 아니라 가해국의 국내 재판소에 대하여 '배타적 관할권'을 인정하기 위하여 포함되고 있는 것이기 때문에 그 목적이 다르다는 점을 지적할 필요가 있다고 본다.

---

108) *Ibid.*

109) *The North American Dredging Co. case*(Mexico v. United States)에서 미국 텍사스의 北美浚渫會社와 멕시코 정부간에 1912년에 체결된 '계약'이 멕시코 정부에 의하여 파기된 데 대하여 1923년 미국과 멕시코간의 「일반청구조약」에서 국내구제의 완료가 배제되어 있는 것을 근거로 미국이 직접 멕시코를 상대로 손해배상을 청구한 데 대하여, '계약'에 칼보 조항이 들어 있다는 이유로, 국내적 구제절차를 경유하지 않고 회부된 중재사건에 대하여 '미국-멕시코 일반청구위원회'(US-Mexico General Claims Commission)는 이를 각하한 바 있었다(*RIAA*(1926), Vol.4, p.26).

4. 국제기구와 외교적 보호의 문제

개인들은 국제기구들의 국제법 위반행위로 인하여 손해를 입을 수도 있다. 국제기구가 국제법의 주체이고 개인의 본국이 그 회원국인 경우 또는 본국이 국제기구의 국제법인격을 승인하고 있는 경우, 앞에서 언급한 외교적 보호와 유사한 접근이 필요하게 된다. '국내구제완료의 원칙'과 관련하여 국가에 대한 경우와는 다르지만 약간의 수정을 거쳐서 본국이 국제기구를 상대로 외교적 보호를 행사할 수 있는 권리가 있다고 해야만 한다.

그러나 국제기구의 직원인 개인들이 입은 손해 구제를 위하여 국제기구를 통하여 이루어지는 보호의 경우는 좀 더 복잡한 문제가 있다. '유엔을 위하여 근무 중에 입은 손해배상'(Reparation for Injuries Suffered in Service of the UN)에 관한 '권고적 의견'(advisory opinion)에서 ICJ는 '기능적 접근'(functional approach)을 시도함으로써, 전원일치로 유엔이 그 자신이 입은 손해배상을 청구할 수 있는 법적 능력인 '기능적 보호권'(right of functional protection)이 있음을 인정한 바 있다.[110]

이러한 '기능적 보호'는 국가에 의한 '외교적 보호'와 동일하지는 않지만 여러 면에서 유사한 측면이 있다. 그러나 문제는 외교적 보호와 기능적 보호가 상호 충돌되는 경우이다. 개인은 국제기구의 직원이 되더라도 자신의 국적을 상실하지 않는다는 것은 당연하다. 그러나 유엔 헌장 제 100조 1항[111]에서 보듯이 국제공무원과 그의 본국과는 일정한 분리관계가 존재한다. 모든 공적인 활동에 있어서 국제기구의 직원은 법적으로 자신의 본국과는 단절되며 오로지 국제기구에 대해서만 책임을 진다. 따라서 공적인 능력을 가지고 있는 직원에 대하여 손해를 발생시킨 국제위법행위는 그의 본국이 아니라 국제기구에 대하여 손해를 야기한 것이다. 따라서 국가와 국제기구 사이에 우호적 해결이 필요하다고 본다.

국제기구의 직원으로서의 직무와 관련된 것인 한 '기능적 접근'에 의한 청구(functional claim)가 본국에 의한 '청구국적의 원칙'을 적용한 외교적 보호보다 우위에 놓이게 되며,

---

110) *ICJ Reports*(1949), p.174, at pp.184-185; 이는 일종의 '묵시적 권한'(implied power) 이론에 근거한 것이다 (*ibid.*, at pp.180, 182-183). 그리고 '기능적 보호'는 '직무보호'라고도 한다.

111) "사무총장과 직원은 그 임무의 수행과 관련하여 여하한 정부로부터도, 또는 이 기구 이외의 여하한 당국으로부터도 지시를 받거나 또는 구하여서는 안 된다.…"

다만 기능적 보호가 제공되지 않는 경우에는 본국의 외교적 보호에 의한 구제가 가능하게 되는 것이다. 문제는 경우에 따라 본국을 상대로 해서도 기능적 보호가 이루어질 수 있다는 것이다. 어떠한 국제기구도 직원 없이 활동할 수는 없으며 어느 직원도 자신의 본국과 단절되어 국제기구의 이익만을 위하여 활동할 수는 없는 것이다. 그러나 직원이 자신의 본국의 이해관계와 상충되게 활동해야만 하는 의무가 요구된다면, 국제기구에 의한 기능적 보호는 실제로 그의 의무를 완수하는 데 필요한 전제조건이 될 것이다.[112]

V. 결론

관습국제법상 외교적보호제도는 국제적 최소한의 기준에 입각하여 개인이 입은 손해를 적절하게 구제 받을 수 있도록 보장하는 중요한 수단으로 활용되어 왔다. 외교적 수단을 통하여 피해를 입은 자국민을 보호할 수 있는 국가의 권리로서, 외교적보호권은 개인의 권익과 관련된 조약 및 관습법에 기초한 국제적 의무를 소홀히 하기 쉬운 국가들에 대한 경계로 작용해 왔다.

'외교적 보호'는 어느 국가가 외국인에 대한 국제위법행위로 인하여 책임을 지는 상황에서 이루어지는 것으로서 국가의 '국제책임' 이론과 밀접하게 관련되어 있으며, 이는 곧 '외국인의 손해에 대한 국제책임' 이론으로 통합될 수 있는 것이다. 국가에 대하여 직접적인 손해를 야기하는 경우와는 달리 개인을 위하여 외교적보호권을 행사하기 위해서는 그 전제조건으로서 '국적계속의 원칙'과 '국내구제완료의 원칙'을 충족시켜야 한다는 관습국제법상 외교적보호제도의 기본이론은 지금도 여전히 유지되고 있다.

그러나 외교적보호제도는 관습국제법상 제도임에도 불구하고 여전히 많은 논쟁점이 남아 있는 분야이기도 하다. 특히 외교적 보호는 강대국에 의한 정치적·무력적 간섭의 구실로 활용되어진 경우도 있었으며 이는 지금도 여전히 문제가 되고 있다. 전제조건의 적용 및 외교적 방법에 대한 제한은 외교적 보호의 과도한 활용 또는 남용을 방지하는 데 도움을 주고 있다. 그러나 다른 한편으로 전제조건의 엄격한 적용은 외교적보호제도의 결함으로 나타나기도 한다.

---

112) W. K. Geck, *op. cit.*, pp.119-120.

특히 외교적 보호의 기초로서의 '국적'의 엄격한 적용은 수백만의 무국적자와 난민들을 인권보호의 사각지대로 방치하는 결과를 가져 올 수 있으며, '국적계속의 원칙'은 경우에 따라 비자발적으로 국적이 변경된 상당수의 개인들에 대한 외교적 보호에 커다란 난관을 조성할 수 있는 것으로 지적되어 왔다. 이러한 의미에서 ILC 외교보호초안이 무국적자와 난민에 대하여 상거주지국의 외교적 보호를 인정한 것은 커다란 성과라고 본다.

개인의 손해는 곧 국가 자신의 손해를 구성한다고 하는 '의제'를 기초로 인정되어 온 외교적보호권의 재량적 성격으로 말미암아 그 전제조건이 충족되고 총체적인 국가이익과 상충되지 않는 상황에서조차 자국민을 위한 외교적 보호에 나서지 않는 국가들이 많다. 또한 '국내구제완료의 원칙'도 엄격히 적용되는 경우, 외교적보호권 행사에 장애요소로 작용할 가능성이 많은 요건이다. 이러한 의미에서 ILC 외교보호초안이 개인에 대한 중대한 침해(significant injury)가 발생한 경우에는 외교적 보호를 행사할 수 있는 국가로 하여금 외교적 보호의 행사를 특별히 고려하도록 하고, 이어서 가능하다면 피해자가 외교적 보호를 받기를 원하는지 그리고 원하는 배상이 무엇인지를 고려하도록 권고하고 있는 것은 특기할 만 한 발전이라고 본다.

관습국제법상 외교적보호제도에 내재하고 있는 가장 큰 약점은 일반적으로 국제법이 가지고 있는 취약점을 반영하고 있는 것이다. 아직 모든 국가가 자신들이 관련된 분쟁을 독립적이고 중립적인 기관에 의한 구속력 있는 결정을 통한 해결에 부탁해야만 하는 국제법상의 의무는 없다. 국제적 차원은 물론 종종 국내적 차원의 의사결정 과정에서 정치적 요소가 과도하게 작용하는 것도 문제가 아닐 수 없다. 국가에 의한 외교적보호권의 남용 사례는 아마도 피해자들을 위하여 외교적 보호가 제대로 행사되지 못하는 경우에 비하여 그 수효는 훨씬 적지만 보다 극적으로 이루어지기 때문에 주목의 대상이 된다.

오늘날 국제인권법의 발달에 따라 국제법상 개인의 지위가 보장되고 그 권익보호를 위한 조약상의 제도가 나타나면서 개인의 절차적 권리가 훨씬 강화되고 있는 것도 사실이다. 그러나 그럼에도 불구하고 국제법상 개인의 능력이 결여되고 있다는 데 근거를 두고 발달되어 온 전통적인 외교적보호제도가 이에 의하여 대체될 수 있다는 기대는 아직 무리라고 본다. 인권협약들에 의한 개인의 보호는 여전히 취약한 것이어서 이로써 전통적인 외교적보호제도가 완전히 대체되기는 불가능하며 오히려 외교적보호제도의 적용범위를 확대하고 그 실효성을 강화하기 위한 방안이 모색되어야 한다는 주장이 더 설득력이 있다고 본다.

오늘날 국제법 질서의 일부로서, 그 결점들에도 불구하고, 외교적보호제도는 위법행위를 자행하는 국가를 상대로 개인들의 지위를 개선하고 인권을 증진하기 위한 불가결의 수단으로 인식되고 있다. 이제 외교적보호제도는 자국민을 위한 제도로서 뿐만 아니라 국적과는 상관없이 인권의 주체로서의 개인을 보호하기 위한 유용한 수단으로 간주되고 있는 것이다.

여기서는 논외로 하였지만, ILC의 작업 과정을 보면 외교적보호제도를 확대·강화하려는 입장과 전통적인 원칙을 유지하려는 입장 사이에 견해차가 많이 나타나고 있는 것이 사실이다. 이러한 입장과 견해의 차이는 진지한 연구와 토론을 거침으로써 그 거리가 좁혀지고 상호간 합리적인 타협점이 마련될 수 있도록 해야 할 것이다. 관련 원칙과 규정들에 대한 사소한 수정은 쉽게 합의에 이를 수 있겠지만, 그러나 근본적인 제도의 변경이나 개선은 국제법의 근간과 관련되는 것이기 때문에 보다 신중한 접근이 이루어져야 한다고 본다.

제5편

국제법상 무력사용과 인도적 개입

제11장
무력사용금지의 원칙과 그 예외

I. 서론

지난 2003년 3월 20일 개시된 미국의 대 이라크 전(War against Iraq)[1]에 있어서의 무력사용(use of force)을 두고 그 적법성에 관한 논란이 치열하게 전개된 바 있다.[2] 당시 미국은 예방적 자위권과 유엔 안전보장이사회의 허가 등 여러 가지 국제법적 근거를 제시하면서 자신의 무력사용을 정당화 하려고 시도하였지만 이에 대한 반론이 만만치 않았던 것이 사실이다. 특히 2004년 9월 당시 유엔의 Kofi Annan 사무총장은 영국 BBC와의 인터뷰를 통하여 2003년 당시의 이라크에 대한 군사 작전은 '불법적'(illegal)인 것이었다는 입장을 밝힌 바도 있다. 아난 사무총장은 '무력사용금지의 원칙'을 집행함으로써 국제사회의 평화와 안전을 유지하는 것을 가장 중요한 임무로 하고 있는 유엔을 대표하여 미국(과 영국)을 비롯하여 이라크를 상대로 군사행동에 참여한 국가들의 행위가 유엔 헌장에 부합되지 않는 불법적인 행위였다고 천명함으로써, 대 이라크 전에서의 무력사용의 적법성 논란에 하나의 전기를 마련한 것이다.[3]

---

1) 사실 미국과 영국을 비롯한 일부 국가들이 '다국적군'(coalition of forces)을 결성하여 이라크에 대하여 무력 공격을 감행한 것을 지칭하는 것이지만 미국이 주도한 것이므로 여기서는 주로 '미국의 대 이라크 전' 또는 '미국의 무력사용'이라는 표현을 쓰기로 한다.

2) 다만 이는 미국과 이라크 사이의 무력충돌(전쟁) 과정에서 행해진 미국 무력사용의 적법성에 관한 논의, 즉 *jus in bello*와 관련된 논의가 아니라 이라크에 대한 미국의 선제적 무력사용의 적법성, 즉 *jus ad bellum*과 관련된 논란이라는 점이 전제되고 있다.

3) Adam Tait, "The Legal War: A Justification for Military Action in Iraq", *Gonzaga Journal of*

20세기에 접어들어 국제법이 이룬 성과 가운데 하나가 전쟁을 위법화 하고 무력사용을 일반적으로 금지하는 '무력사용금지의 원칙'(principle of non-use of force)을 강행규범(*jus cogens*)으로 확립시킨 점이다. 국제사회는 또한 전쟁을 방지하고 국제평화와 안전을 유지하기 위하여 제2차 대전 이후 유엔을 창설함으로써 국제법의 규범력 및 실효성 제고를 위하여 노력해 왔다. 오늘날 '무력사용금지의 원칙'은 가장 공식적인 국제법의 연원으로 자리 잡고 있는 유엔 헌장 제2조 4항에 명시되고 있으며, 그 예외로서는 헌장 제51조에 의한 '자위권'(right of self-defence)의 행사와 헌장 제7장의 '집단적안전보장제도'(collective security system)에 의한 무력사용만이 명시적으로 인정되고 있다고 본다. 결과적으로 대 이라크 전에 있어서 미국의 무력사용이 적법성을 획득하기 위해서는 일응 안보리의 의결에 따른 집단적안전보장제도의 발동에 해당하거나 아니면 자위권 발동에 근거한 무력사용으로 평가될 수 있어야만 하는 것이다.

그러나 엄밀히 따지고 보면 헌장 제2조 4항이 규정하고 있는 '무력사용금지의 원칙'도 앞에서 언급한 두 가지 예외를 제외하고 무력사용을 절대적으로 금지하는 것은 아니라고 하는 해석론도 있기 때문에 미국 무력사용의 적법성 논의는 간단하게 결론을 지을 수 있는 문제는 아닐 것이다. 특히 헌장 제2조 4항은 무력사용의 금지와 관련하여 모든 무력사용을 완전히 금지하고 있는 것은 아니기 때문에, 어느 국가가 '자국민보호를 위한 개입'(intervention to protect its nationals), '인도적 개입'(humanitarian intervention), 또는 '민주적 개입'(democratic or pro-democratic intervention)의 유형과 같이 타국의 영토보전이나 정치적 독립을 저해하지 않고 또한 유엔의 목적과 양립 가능한 방법으로 무력을 사용하는 것은 허용되어야 한다는 주장이 제기되고 있다. 따라서 이러한 '인도적 개입' 또는 '민주적 개입'의 논리가 이라크에 대한 미국의 무력사용의 적법성이나 정당성을 위한 근거로 원용될 가능성이 있는 것이다.

이와 같이 국제법상 '무력사용'의 적법성(legality)을 판단하는 기준으로 원용되고 있는 유엔 헌장 제2조 4항은 그 해석 및 적용과 관련하여 여러 가지 문제를 가지고 있기 때문에 국가들과 학자들 사이에 많은 의견 대립을 야기하고 있는 것이 사실이다.[4] 유엔 헌장 제51조의 자위권 규정의 경우도 마찬가지다. 문제가 되는 것은 '무력사용금지의 원칙'의

---

4) Christine Gray, *International Law and the Use of Force*(Oxford: Oxford University Press, 2000), p.24.

예외로 인정될 수 있는 자위권의 발동 요건과 행사 범위에 관한 것이다. 헌장 제51조는 자위권의 발동요건을 "무력공격이 발생한 경우"(if an armed attack occurs)로 한정하고 있는데, 무력공격이 현실적으로 발생하지 않고 다만 공격의 우려가 명백하고 그 위험이 절박한 경우에도 자위권의 발동이 허용되지 않는가에 관해서 해석의 대립이 야기되고 있다. 특히 대량파괴무기(weapons of mass destruction; WMD)가 확산되고 있는 오늘날, 자위권의 발동을 반드시 무력공격이 발생한 경우로 제한하는 것은 문제가 있다는 전제에서 '선제적 또는 예방적 자위'(preemptive, anticipatory, or preventive self-defence)의 필요성을 주장하는 국가들과 학자들이 늘어나고 있는 것이 사실이다.

당초 미국은 미국의 국가방위에 위협이 되는 WMD나 테러리즘의 제거를 위한 '예방적 자위' 또는 '테러리즘에 대한 자위'의 논리에 입각하여 이라크에 대한 무력사용의 적법성을 주장하기도 했으며, S. Hussein 치하에서의 이라크 주민들의 열악한 인권 및 복지의 수준을 거론하면서 "압제적이며 포악한 지도자"(despotic and abusive ruler)의 축출을 명분으로 내세움으로써 '인도적 개입'과 '민주적 개입'의 논리를 원용하려는 움직임도 있었던 것이 사실이다.[5]

여기서는 이러한 배경 하에 유엔 헌장 제2조 4항에서 규정되고 있는 '무력사용금지의 원칙'의 의의 및 그 예외에 대하여 논하고 이어서 2003년 당시 대 이라크 전에 있어서 미국이 행사한 무력사용의 적법성에 관하여 집중적으로 검토하기로 한다.

II. 국제법상 무력사용금지의 원칙 및 그 예외

1. 유엔 헌장 제2조 4항의 의의 및 해석론

유엔 헌장 제2조 4항[6]은 "모든 회원국은 그 국제관계에 있어서 무력에 의한 위협 또

---

5) 그러나 궁극적으로 미국은 '예방적 자위'의 논리에 입각한 '부시 독트린'(Bush Doctrine)을 제쳐 놓고 1990년에 채택된 안보리 결의 제678호에 따라 이라크에 대한 무력사용이 '허용'되었다는 논리로 자신과 동맹국의 이라크 침공의 정당성을 주장하기에 이르렀다. 미국이 논란이 많은 '예방적 자위권'에 의존하지 않고 유엔 헌장상 '무력사용금지의 원칙'에 대한 명시적인 예외를 인정할 수 있는 안보리의 허용 결의를 원용함으로써 무력사용에 대한 유엔 중심의 규율체제에 치명적인 훼손이 가해질 수도 있었던 상황을 피해 나갈 수 있게 된 것은 그나마 다행이라고 보고 있다. Sean D. Murphy, "Assessing the Legality of Invading Iraq", *Georgetown Law Journal*, Vol.92, 2004, pp.174-177 참조.

는 무력의 행사를 여하한 국가의 영토보전이나 정치적 독립에 대해서도 또한 유엔의 목적과 양립 불가능한 다른 여하한 방법에 의한 것이라도 이를 삼가야 한다."고 규정함으로써, '무력사용금지의 원칙'을 규정하고 있다. 이러한 헌장의 원칙은 관습국제법으로 확립되어 있는 것이기도 하다.[7] 헌장 제2조 4항은 무력의 '행사'뿐만 아니라 무력에 의한 '위협'도 금지하고 있다는 점을 유의해야만 한다. 다만 이 조항이 대부분의 무력행사를 금지하고 있다는 것이 분명함에도 불구하고 헌장에 의하여 명백히 허용되는 경우를 제외하고 무력의 행사를 절대적으로 금지하고 있는지 여부에 대해서는 상당한 논란이 있어 왔다.[8] 아래에서 요약되고 있는 견해들은 이러한 논의의 두 가지 극단적인 입장들을 대표하는 것들이다. 많은 학자들은 이러한 극단적인 입장들 사이에서 자신의 입장을 취하고 있다.[9]

1) 제한적 해석론(restrictive reading)

제한적인 해석을 취하는 학자들은 헌장 제2조 4항의 문구를 단순하고도 상식적인 의미로 해석해야 한다고 주장한다.[10] 이러한 입장에 따르면, 제2조 4항은 오로지 어떠한 국가의 '영토보전'이나 '정치적 독립'을 침해하는 무력의 행사만이 금지되는 것이다.[11] 이러한 해석은 국가로 하여금 다른 목적으로 타국에 대하여 무력을 행사하는 것은 허용된다고 본다. 예를 들어, 국가는 타국으로부터의 예상되는 공격에 대응하여 무력을 사용하여 자신을 방어할 수 있으며 외국에 있는 자신의 국민이나 재산을 보호하기 위하여

---

6) *Article* 2(4); "All Members shall refrain in their international relations from the threat or use of force against the territorial integrity or political independence of any state, or any other manner inconsistent with the Purposes of the United Nations." 국제사법재판소(ICJ)는 이러한 유엔 헌장 제2조 4항을 강행규범(*jus cogens*)으로 설명하고 있다. *Nicaragua v. United States*, *ICJ Rep* (1986), p.14, para.190.

7) C. Gray, *op. cit.*, p.4.

8) William R. Slomanson, *Fundamental Perspectives on International Law*, 3rd. ed.(Belmont, CA, Wadsworth/Thomson Learning, 2000), p.440.

9) Linda A. Malone, *International Law*(Emanuel Law Outlines, Inc., 1995), pp.140-141 참조.

10) D. W. Bowett, *Self-Defence in International Law*(Manchester: Manchester University Press, 1958), p.152.

11) Julius Stone, *Aggression and World Order: A Critique of United Nations' Theory of Aggression*(L.A. : University of California Press, 1958), p.95; Fernando R. Tesón, *Humanitarian Intervention: An Inquiry into Law and Morality*(New York : Transnational Publishers, 1997), p.151.

무력을 사용할 수도 있다. 왜냐 하면 두 가지 경우 모두 그 주요 목적이 다른 국가의 영토보전이나 정치적 독립을 침해하려는 것이 아니기 때문이다.[12]

제한적 해석론에 의하면 헌장 제2조 4항이 헌장상 명시적으로 허용되는 경우를 제외하고 모든 형태의 무력사용을 금지하는 것으로 해석하는 것은 너무 기계적이며 '몰가치적인'(value-free)인 해석으로서, 이러한 해석론을 견지하는 한 "테러리즘과 사악한 지도자들이 판을 치는 세계"(world of terrorism and rogue leaders)에 있어서 국제법이 앞으로 '무력사용'의 적법성 문제의 판단을 더 이상 주도할 수 없게 될 것이라고 비판하기도 한다.[13] 이들은 헌장의 해석에 도덕이나 정치적 고려를 도입해야 한다고 주장하면서, 예를 들어 인권에 대한 중대한 침해행위를 시정하기 위한 목적으로 타국의 국내문제에 무력사용을 통하여 개입하는 '인도적 개입'이나 '민주적 개입'에 대한 승인의 가능성을 열어 놓고 있다.

2) 확장적 해석론(expansive reading)

확장적(포괄적) 해석을 지지하는 학자들은 헌장 제2조 4항의 문구에 대하여, "국가의 영토보전이나 정치적 독립을 저해하는 무력의 행사"라는 구절이 제한적인 해석론과 같이 무력사용의 기회를 확대할 수 있도록 의도된 것이 아니라 그 반대로 국제관계 속에서 무력사용에 대한 제한을 강화하도록 의도되었다고 한다.[14] 이는 특히 국제사회에 있어서 무력사용의 가능성을 억제함으로써 민주주의 또는 인권을 명분으로 강대국들이 약소국들의 국내문제에 대하여 부당하게 개입할 수 있는 가능성을 제한하고 이들의 안전에 대하여 보다 특별한 보장을 부여하기 위한 의도로 채택되었음을 보여 주는 '준비문서'(travaux préparatoires)에 의해서도 뒷받침되고 있다고 주장한다.[15]

---

12) W. M. Reisman, "Coercion and Self-Determination: Constructing Charter Article 2(4)", *American Journal of International Law*, Vol.78, 1984, p.642.

13) Abraham D. Sofaer, "On the Necessity of Pre-emption", *European Journal of International Law*, Vol.14, 2003, pp.212-213.

14) Ian Brownlie, *International Law and the Use of Force by States* (Oxford: Clarendon Press, 1991), p.267; Rosalyn Higgins, *The Development of International Law through the Political Organs of the United Nations* (Oxford: Oxford University Press), 1963, p.183.

15) J. L. Holzgrefe and R. Keohane eds., *Humanitarian Intervention - Ethical, Legal, and Political Dilemmas* (Cambridge: Cambridge University Press, 2003), p.38.

특히 제2조 4항의 마지막 구절은 무력사용은 어느 경우에도 유엔의 목적과 양립되는 범위에서만 허용된다고 규정하고 있기 때문에 유엔 헌장에 의하여 명백하게 허용되지 않는 무력행사는 국제평화 및 안전을 증진하고 유지하려는 유엔의 목적과 양립하지 않는다는 것을 보여주는 것으로 이해하고 있다. 따라서 유엔의 목적과 제2조 4항의 규정을 종합해 볼 때, 헌장 스스로 허용하고 있는 '집단적안전보장제도'와 '자위권'의 경우를 제외하고, 특히 '자조'(self-help)를 비롯하여 일방주의적으로 행해지는 기타 모든 형태의 무력사용 및 위협을 포괄적으로 금지하고 있는 것으로 해석되어야 한다는 것이다.[16)]

2. 무력사용금지의 원칙에 대한 예외

1) 유엔 헌장상 예외

유엔 헌장 제2조 4항은 무력사용을 절대적으로 금지하고 있지는 않다. 헌장은 개별국가 또는 국가들에 의한 집단적 무력행사가 허용되는 몇 가지 경우를 명시적으로 규정하고 있는 것이다. 우선 헌장 제7장은 안보리로 하여금 국제평화와 안전의 유지를 위하여 무력사용을 통한 강제조치의 권한을 행사할 수 있도록 하고 있으며, 제51조의 자위권 조항[17)]을 통하여 "이 헌장의 여하한 규정도 유엔 회원국에 대하여 무력공격이 발생한 경우에는 안전보장이사회가 국제평화와 안전의 유지에 필요한 조치를 취할 때까지의 개별적 또는 집단적 자위의 고유한 권리를 저해하는 것은 아니다.…"라고 규정함으로써 '개별적' 및 '집단적' 자위의 권리를 명시적으로 인정하고 있는 것이다.

흔히 또 다른 헌장상 예외로서 원용되는, 제53조 1항의 규정, 즉 지역적 협정이나 기구가 안보리의 수권에 의하여 무력을 사용하는 경우는 널리 집단적안전보장제도에 근거

---

16) Oscar Schachter, "The Right of States to Use Armed Forces", *Michigan Law Review*, Vol.82, 1984, pp.1720, 1633.

17) *Article* 51; "Nothing in the present Charter shall impair the inherent right of individual or collective self-defence if an armed attack occurs against a member of the United Nations, until the Security Council has taken measures necessary to maintain international peace and security. Measures taken by Members in the exercise of this right of self-defence shall be immediately reported to the Security Council and shall not in any way affect the authority and responsibility of the Security Council under the present Charter to take at any time such action as it deems necessary in order to maintain or restore international peace and security."

한 무력사용에 포함되는 것으로 이해될 수 있으며, 제53조 1항 후단 및 제107조의 舊敵國 관련 조항의 경우는 이미 실효된 것으로 보아도 좋을 것이다.

(1) 집단적안전보장제도 : '군사적 강제조치'(military enforcement actions)

유엔 헌장 제7장 제39조는 "평화에 대한 위협(threats to the peace), 평화의 파괴(breaches of the peace), 또는 침략행위(acts of aggression)"에 대하여 안보리가 행동을 취할 수 있는 권한에 관하여 규정하고 있다. 만일 안보리가 이러한 상황이 존재한다고 판단하면 스스로 "국제평화 및 안전을 유지하기 위하여" 헌장 제41조 및 42조에 따라 '강제조치'를 취할 수 있는 것이다.[18] 그러나 헌장 제40조에 따라 안보리는 강제조치를 취하기 전에 필요한 '잠정조치'(provisional measures)를 취할 수도 있다.

강제조치와 관련하여 안보리는 제41조[19]에 근거하여 회원국들에 대하여 무력사용을 수반하지 않는 조치들을 이행하도록 요구할 수 있는 권한을 부여받고 있다. 이러한 '비군사적 조치들'(non-military enforcement actions)에는 "경제관계 및 철도, 해상, 우편, 전신, 무선, 그리고 기타 통신 수단의 전면적인 또는 부분적인 중단, 그리고 외교관계의 단절" 등이 포함된다. 그리고 필요한 경우, 안보리는 헌장 제42조[20]에 근거하여 '군사적 강제조치'(military enforcement actions)를 취할 수 있도록 되어 있다. 즉, "안보리는 제41조에 의한 조치들이 부적절할 것으로 판단하거나, 또는 부적절한 것으로 드러났다고 간주하는 경우에는 국제평화 및 안전의 유지 또는 회복을 위하여 필요한 공군, 해군, 또는 육군에 의한 조치를 취할 수 있다. 이러한 조치에는 유엔 회원국의 공군, 해군, 또는

---

18) *Article* 39; "The Security Council shall determine the existence of any threat to the peace, breach of the peace, or act of aggression and shall make recommendations, or decide what measures shall be taken in accordance with Article 41 and 42, to maintain or restore international peace and security."

19) *Article* 41; "The Security Counil may decide what measures not involving the use of armed force are not to be employed to give effect to its decisions, and it may call upon the Members of the United Nations to apply such measures. These may include complete or partial interruption of economic relations and of rail, sea, air, postal, telegraphic, radio, and other means of communication, and the severance of diplomatic relations."

20) *Article* 42; "Should the Security Council consider that measures provided for in Article 41 would be inadequate or have proved to be inadequate, it may take such action by air, sea, or land forces as may be necessary to maintain or restore international peace and security. Such action may include demonstrations, blockade, and other operations by air, sea, or land forces of Members of the United Nations."

육군에 의한 시위, 봉쇄, 그리고 기타 작전들이 포함될 수 있다."

그러나 헌장 제43조[21]는 회원국으로 하여금 안보리의 제안에 따라 안보리와 '특별협정'(special agreement)을 체결하기 위한 교섭에 나서도록 요구하고 있을 뿐, 만일 특별협정이 체결되지 않는 경우 회원국의 의무에 대해서는 규정하지 않고 있기 때문에 헌장 제42조에 따라 '군사적 강제조치'가 실제로 취해질 가능성은 매우 낮다. 특별협정이 체결되지 않은 상황에서 설사 제42조에 의하여 강제조치가 의결되더라도 회원국들은 단지 자발적으로 군대를 파견하거나 군사적 편의 및 원조를 제공하도록 권고를 받는 데 불과하게 되는 것이다. 그리고 지금까지는 헌장 제43조에 따른 특별협정이 체결된 경우는 한 건도 없는 게 사실이다.

(2) 지역적 협정 또는 기구의 강제조치

유엔 헌장 제53조는 안보리가 강제조치를 위해서 '지역적 협정 또는 기구들'(regional arrangements or agencies)을 활용할 수 있도록 규정하고 있다. 다만 "안보리의 허가 (authorization) 없이는 지역적 협정이나 기구들에 의하여 어떠한 강제조치도 취해져서는 안 된다."[22]고 되어 있기 때문에 지역적 협정이나 기구에 의한 무력적 강제조치는 넓은 의미에서 집단적안전보장제도에 포함된다고 볼 수도 있고 아니면 최소한 안보리의 허가에 근거하여 적법성이 담보되는 무력사용에 해당하는 것으로 볼 수 있는 것이다.

(3) 구적국(former enemy State)에 대한 조치

유엔 헌장 제107조는 구적국에 대한 강제조치와 관련하여 "이 헌장의 여하한 규정도 제 2차 세계대전에서 이 헌장의 서명국의 적이었던 국가에 대한 행동 중 그 행동에 대한

---

21) *Article* 43 (1); "All members of the United Nations, in order to contribute to the maintenance of international peace and security, undertake to make available to the Security Council, on its call and in accordance with a special agreement or agreements, armed forces, assistance, and facilities, including rights of passage, necessary for the purpose of maintaining international peace and security." (2); ⋯ ⋯ (3); "The agreement or agreements shall be negotiated as soon as possible on the initiative of the Security Council. They shall be concluded between the Security Council and Members or between the Security Council and groups of Members and shall be subject to ratification by the signatory States in accordance with their respective constitutional processes."

22) *Article* 53; "⋯ But no enforcement action shall be taken under regional arrangements or by regional agencies without the authorization of the Security Council. ⋯"

책임을 지는 정부가 이 전쟁의 결과로서 취하고 또는 허가한 것을 무효로 하거나 배제하는 것은 아니다."라고 규정하고 있다. 그리고 헌장 제53조 1항은 특별히 헌장 제107조에 따라 지역적 방위기구에 의하여 취해지고 있는 조치들에 대한 안보리의 허가 요구를 면제시키고 있다. 그러나 이러한 조항은 제2차 세계대전이 끝난 지 60년이 지나고 과거 연합국과 상대하여 싸웠던 독일과 일본 등이 안보리 상임이사국으로의 진출이 모색되고 있는 오늘날, 사실상 '폐기된'(obsolete) 상태에 있다고 본다.

(4) 자위권에 의한 무력사용

유엔 헌장 제51조는 자위권에 근거한 무력사용을 규정하고 있으며 '개별적 자위권' (right of individual self-defence)과 '집단적 자위권'(right of collective self-defence)의 두 가지 형태를 인정하고 있다. 특히 헌장은 전통적인 자위권의 개념 속에는 포함되지 않았던 '집단적 자위권'의 형태를 규정함으로써 직접 공격을 받고 있는 국가가 자위를 위하여 개별적으로 무력을 행사할 수 있을 뿐만 아니라 다른 국가들도 집단적 자위권에 입각하여 공격을 당하고 있는 국가와 협력할 수 있도록 하고 있다. 다만 집단적 자위권의 행사에 의하여 지원을 받게 되는 국가의 명시적인 요청 없이 집단적 자위권이 행사될 수 있는가 여부에 관하여 약간의 문제가 있다.

특히 유엔 헌장 제51조가 적용상 '배타성'(exclusivity)을 가지고 있는지 여부가 많은 논란의 대상으로 떠오르고 있다. 이는 제51조가 국가들의 자위권 행사에 있어서 관습국제법을 배제하고 '배타적으로' 정당성을 부여할 수 있도록 규정되고 있는지 아니면 국가들이 헌장 제51조의 규정보다 더 넓은 범위에서 관습법상의 자위권을 원용할 수도 있는지 여부에 관한 것이다. 이 때문에 '예방적 자위권', '테러리즘에 대한 자위'(self-defence in response to terrorism), 그리고 '자국민을 보호하기 위한 자위'(self-defence to protect its nationals)의 허용 여부와 관련하여 의견이 일치되지 않고 있는 것이다.[23]

2) 무력사용에 대한 '헌장 외적 정당화 사유'(non-Charter justifications)

집단적안전보장제도나 자위권 규정 등 무력사용에 대한 유엔 헌장의 명시적인 허가

---

23) C. Gray, *op. cit.*, p.84.

규정이 '망라적인'(exhaustive) 것도 아니며 또한 헌장 제2조 4항도 제한적으로 해석되어야 한다는 전제에서, '무력사용금지의 원칙'에 대한 예외적인 정당화 사유들을 폭넓게 인정할 수 있다는 주장들이 국가(들)의 실행이나 학자들의 견해를 통하여 제시되고 있다. 이러한 정당화 사유의 대부분은 오늘날 '인권보호'를 위한 국가의 역할 증대와 국가에 의한 '자조'의 논리에 입각하고 있다. 이들 가운데 '무력사용금지의 원칙'이 확립되기 이전에 관습법상 당연히 허용되는 것으로 이해되고 있던 '復仇'(reprisals)의 경우를 포함하여 '자국민 보호를 위한 개입', '인도적 개입' 또는 '민주적 개입' 등이 문제가 되고 있다.

국제법상 '복구'는 타국의 국제법 위반에 의하여 법익의 침해를 받은 국가가 자신의 이익을 보호하거나 또는 일정한 다른 목적을 위하여 그 국제법 위반에 대한 구제책으로서 침해국을 상대로 행하는 '불법적 행위'(illegal act)를 의미한다. 흔히 이러한 불법적 행위는 무력 사용을 수반하게 되는데, 이를 '무력복구'(armed or military reprisals)라고 한다. 유엔 창설 이전까지 무력복구는 이를 행하는 국가가 '필요성'과 '비례성'의 범위 내에서 행동하는 것을 전제로 국제법상 허용되고 있었던 것이다.[24] 그러나 오늘날 일반적인 무력행사의 금지와 더불어 무력행사를 수반하는 복구 행위도 국제법상 금지되고 있다. 이밖에 무력사용의 헌장외적 정당화 사유로 주장되고 있는 '자국민 보호를 위한 개입', '인도적 개입', 또는 '민주적 개입' 등에 대해서는 관련 문제를 검토하는 곳에서 함께 논하기로 한다.

Ⅲ. 사례연구 : 미국의 대 이라크전 무력사용의 적법성 검토

1. 집단적안전보장제도와 무력사용의 적법성

1) 서설

2003년 대 이라크 전에서 미국은 영국, 스페인 등과 더불어 안보리로 하여금 이라크에 대한 무력사용을 허용하도록 하는 결의안의 채택을 위하여 노력해 왔었으나, 그 통과가 무망하게 되자 이미 채택된 안보리 결의 제1441호 및 그 이전의 결의 제678호 및

---

24) 김대순, 『국제법론』, 제9판(삼영사, 2004), pp.969-970.

결의 제687호에 의한 허가와 스스로 국가안보를 확보할 수 있는 주권적 권한에 입각하여 무력을 사용하기로 하고 실행에 옮김으로써 대 이라크 전이 시작되었다. 그러나 미국이 안보리 결의를 통하여 자신의 무력사용을 허가받기 위하여 애써왔던 사실은 이라크에 대한 무력사용을 위하여 '추가적인'(further) 결의가 필요했다는 사실을 증명하는 것으로 이해될 수 있는 것이어서 미국의 자신의 무력사용을 이전의 안보리 결의를 근거로 정당화 하려고 시도하는 데는 무리가 있다는 견해가 많다.

유엔 헌장 제7장은 안보리로 하여금 "평화에 대한 위협, 평화의 파괴 그리고 침략행위"의 존재를 결정하며 국제평화와 안전을 유지하거나 이를 회복하기 위하여 권고를 하거나 또는 헌장 제41조 및 제42조에 따라 어떠한 조치를 취할 것인가를 결정할 수 있도록 하고 있다. 이에 따라 안전보장이사회는 어느 국가의 평화에 대한 위협, 평화의 파괴 또는 침략행위가 인정되는 경우 제41조에 의한 비군사적 강제조치는 물론 제42조에 의한 구속력 있는 결의로써 '군사적 강제조치'를 결정할 수 있으며, 제39조 등 헌장 규정에 의거하여 군사적 강제조치를 회원국들에게 권고할 수도 있다고 본다.

헌장 제42조에 의한 결의는 법적구속력을 가지고 있으나, 실제로는 헌장 제43조에 따른 '특별협정'(special agreement)이 체결되어 있지 않은 경우에 그 결의를 근거로 회원국들에게 직접 의무 이행을 요구할 수 없도록 되어 있다. 현재까지 안보리와 특별협정을 체결하고 있는 회원국은 전무하기 때문에 안보리의 결의가 헌장 제42조 본래의 취지에 부합되게 이루어질 수는 없는 상황이다. 따라서 본래의 집단적안전보장제도의 발동으로서의 군사적 강제조치는 일종의 대안적 의미를 갖는 형태로 시도될 수밖에 없는 것이다.[25] 많은 경우에 유엔 안보리는 이와 관련하여 유엔 회원국들에게 군사적 강제행동에

---

25) 1950년에 발생한 북한(North Korea)의 남침과 관련하여 유엔 안보리는 결의 제82호를 통하여 북한은 남한 (South Korea)에 대하여 무력공격을 감행함으로써 '평화의 파괴'(breach of the peace)를 범했다고 결정하고, 결의 제83호를 통하여 회원국들로 하여금 무력공격을 격퇴하고 지역의 국제평화와 안전을 회복할 수 있도록 하기 위하여 필요한 지원을 남한에 제공하도록 권고하였다. 이 결의는 유엔 회원국들에 대하여 처음부터 구속력 없는 '권고'의 형식을 취하고 있었으며 '유엔 군'의 창설을 규정하지도 않았다. 또한 안보리는 결의 제84호를 통하여 모든 회원국들로 하여금 미국의 지휘 하에 설치되는 '연합사령부'(Unified command)에 군대 및 기타 군사적 지원을 제공하도록 권고하고 미국으로 하여금 사령관을 지명하도록 하였으나, 다만 군대로 하여금 '유엔 旗'(UN flag)를 사용하도록 함으로써 그 군대가 유엔의 후원으로 활동하는 것임을 확인할 수 있도록 하였다. 이 때문에 한국전과 관련된 안보리 결의의 근거 및 '유엔 기' 아래에서 참여한 군대 활동의 법적 근거에 대하여 많은 논란이 있는 것이다. 이와 관련하여 헌장 제42조에 따른 강제조치로 보는 견해, 제39조 및 헌장 7장 전반에 근거를 둔 조치로 보는 견해, 그리고 '집단적 자위권'에 근거를 둔 행위로 보는 견해 등이 있다. 이에 대해서는 C. Gray, *op. cit.*, pp.147-148 참조.

참여할 '의무'를 부과하는 방법이 아니라 오히려 그 결의를 통하여 회원국들로 하여금 개별적 또는 집단적으로 무력을 사용할 수 있도록 하는 '권한'을 부여하거나 무력사용을 '허용'함으로써, 안보리를 대신하여 회원국들 스스로 국제사회의 평화와 안전을 위한 행동에 나설 수 있도록 하고 헌장 제2조 4항에 의한 '무력사용금지의 원칙'에 대한 예외로서 무력사용의 합법성(정당성)을 제공해 주고 있는 것이다.[26] 따라서 엄격하게 말한다면 본래의 집단적안전보장제도에 따른 '집단적 강제조치'로서의 무력사용과 안보리의 '허용'에 따른 무력사용은 그 성격이 기본적으로 다르다고 볼 수 있다.[27][28]

이러한 의미에서 대이라크전의 경우 미국의 무력사용이 헌장 제42조에 따른 강제조치로서 행해진 것이 아니라는 것은 분명하지만, 최소한 안보리의 '허용' 결의에 따라 무력을 사용할 수 있는 근거를 '제공' 받은 것으로 볼 수 있는지 여부가 그 적법성 논의와 관련하여 우선적으로 검토되어야만 한다.

2) 안보리의 결의와 미국의 무력사용에 대한 적법성 검토

(1) 무력사용에 대한 적법성 논거 ; 適法論

미국의 이라크에 대한 무력사용의 적법성에 대한 논거를 요약하면 다음과 같다:[29]

첫째, 1990년 8월에 발생한 이라크의 쿠웨이트 침공에 대하여 안보리는 1990년 11월

---

26) 이때 안보리는 명시적으로 '무력'(force)이라는 용어를 사용하거나 아니면 '필요한 모든 수단'(all necessary means)이라는 표현을 사용함으로써 무력사용을 허가해 왔다. 1945년부터 1999년까지 채택된 안보리의 무력사용 허가 결의들 가운데 'force'는 5번, 'all necessary means'는 13번 사용되어진 것으로 나타나고 있다. 다만 all necessary means라는 용어가 반드시 무력사용을 의미하는 것은 아니며 결의의 내용과 문맥에 따라서 해석되어야 한다는 지적을 주목할 필요가 있다. Marjorie Ann Browne, "The United Nations Security Council – Its Role in the Iraq Crisis: A Brief Overview", *CRS Report for Congress*, Order Code RS21323, Updated March 18, 2003, p.2.

27) 1990년 이전에 무력사용을 허가했던 4건의 안보리 결의를 보면 헌장(제7장)의 근거조항을 원용하지 않고 있음을 알 수 있다. 다만 1990년 이후에 채택된 결의들의 경우에는 모두 헌장 제7장을 원용하고 있다. 다만 이 경우에도 헌장에 의거하여 소집되는 '유엔 군'에 의한 무력사용이 전제되는 것은 아니라는 것이다(*ibid.*).

28) 따라서 김석현 교수는 유엔 헌장 제42조 및 43조에 근거하여 취해지는 '강제조치'가 아니라 단지 안보리가 회원국들로 하여금 무력을 사용할 수 있도록 '허용'함으로써 이루어지는 무력사용도 헌장상 근거가 없는 또 하나의 '예외'로 보고 있다. 김석현, 「유엔 헌장 제2조 4항의 위기」, 『국제법학회논총』, 제48권 제1호, 2003, pp.93-98 참조.

29) S. D. Murphy, *op. cit.*, pp.178-179 참조.

이라크와 관련된 안보리 결의들을 지지하고 "그 지역의 국제평화와 안전의 회복을 위하여" 유엔 회원국들로 하여금 "필요한 모든 수단을 사용할 수 있도록" 허용하는 결의 제678호를 채택하였다; 둘째, 이라크 군이 쿠웨이트로부터 격퇴된 이후 1991년 4월 안보리는 결의 제687호, 즉 '휴전결의'를 채택하였는데, 이 결의는 "휴전결의에 의하여 수립되는 휴전의 조건으로 가장 중요한 광범위한 군축의무를 포함하여 일련의 의무들을 이라크에 부과하였다." 안보리 결의 제687호는 이라크에 대한 무력사용의 허용을 일시 정지시키는 데 불과한 것이며 그 허용을 종료시킨 것은 아니다; 셋째, 이라크는 자신에게 부과된, WMD 프로그램들을 공개하고 중단하며 또한 철폐하도록 한 군축의무를 "중대하게 위반했다." 안보리는 2002년 만장일치로 결의 제1441호를 채택할 때를 포함하여 수차례 이라크가 그 의무에 대한 "중대한 위반"을 범했다는 사실을 인정했다. 안보리 결의 제1441호는 이라크에 대하여 "군축의무를 이행하도록 마지막 기회를 부여하고" 만일 의무를 이행하지 않는다면 "심각한 결과"에 직면하게 될 것임을 경고했다; 넷째, 안보리 결의 제687호에 대한 중대한 위반은 휴전의 법적 근거를 소멸시키고 1990년의 결의 제678호에 따른 무력사용 권한을 부활시키는 것이다; 다섯째, 이러한 모든 사실로부터 미루어 보건대, 2003년 3월의 무력사용은 상당기간에 걸쳐 이루어진 이라크의 의무 불이행에 대하여 취해진 필요한 조치였다고 본다.

(2) 적법론에 대한 검토

대 이라크 전에 있어서 미국 무력사용의 적법성에 대한 주장은 우선적으로 그 논거로서 안보리의 결의 제678호, 제687호, 그리고 제1441호 등을 원용하고 있다. 즉, 미국 무력사용에 대한 적법론은 결의 제660호부터 1441호에 이르기까지 그동안 채택된 관련 안보리의 諸決議를 종합해서 판단하면 미국의 군사행동은 이미 안보리의 결의에 의하여 적법하게 이루어질 수 있도록 되어 있다는 데 그 근거를 두고 있다는 것이다.[30]

2002년 11월 8일 채택된 안보리 결의 제1441호[31]는 제1항에서 안보리는 이라크가 결의 제687호를 비롯하여 그 후 채택된 제 결의에 따른 의무를 실질적으로 위반해 왔다는

---

30) A. Tait, *op. cit.*, pp.96 ff.
31) *Security Council Res. 1441* (The Situation Between Iraq and Kuwait) [November 8, 2002], *U.N. Doc. S/RES/1441* (2002).

사실을 인정하고, 제2항 이하에서 이러한 결의에 의거한 군축의 의무를 이행하기 위한 마지막 기회를 부여하면서 결의 제687호 및 이후 채택된 제 결의에 따른 군축절차의 전면적 이행을 검증하기 위한 사찰단(UN Monitoring, Verification and Inspection Commission ; UNMOVIC)을 구성하고 국제원자력기구(International Atomic Energy Agency; IAEA)와 함께 사찰활동에 임하도록 하였다. 그리고 제13항을 통하여 이라크가 제 의무를 계속적으로 위반하게 된다면 "심각한 결과"(serious consequence)에 직면할 수 있다는 점을 명기하고 있다.[32]

이라크에 대한 무력사용의 적법성을 주장하면서 미국이 결정적인 것으로 원용하고 있는 안보리 결의는 바로 1990년 11월 29일 채택된 결의 제678호[33]이다. 결의 제678호는 이라크에 대해 쿠웨이트 침공을 비난하고 이라크 군의 무조건적이고 즉각적인 철군을 요구하는 안보리 결의 제660호 및 그 후의 모든 관련 결의들을 완전히 준수할 것을 요구하고(제1항), 이라크가 1991년 1월 15일에 혹은 그 이전에 전기한 제 결의를 완전히 이행하지 않을 경우에는 그러한 결의들을 지지 및 이행하고 "그 지역에 있어서의 국제평화와 안전을 회복하기 위해"(to restore international peace and security) "필요한 모든 수단"(all necessary means)을 사용할 권한을 부여한다고 하고 있다(제2항). 이와 같이 "필요한 모든 수단을 사용할 수 있다"는 안보리 결의 제678호는 쿠웨이트 정부와 협력하는 유엔 회원국들에게 실질적으로 '무력사용'을 허가하기 위한 것이었다고 보는 것이다.

이라크 군이 쿠웨이트로부터 격퇴된 후에 '휴전결의'(cease-fire resolution)로서 1991년 4월 3일 채택된 안보리 결의 제687호[34]는 이라크에게 여러 가지 의무를 '휴전 조건'(conditions of cease-fire)으로 부과하였다. 이는 이라크에게 휴전의 한 조건으로서 "광범위한 군비축소 의무"(extensive disarmament obligations)를 규정하고 있다. 여기에는 모든 화학적·생물학적 무기 및 그 원료, 이와 관련된 자료와 제조시설, 사정거리 150㎞를 초과하는 모든 탄도 미사일과 그 주요부품 및 생산시설을 국제적 감시 하에서 무조건 폐기, 제거 또는 무력화한다는 내용이 포함되고 있다(제8항). 이라크는 이 결의 채택 후 15일 이내에 유엔 사무총장에게 상기한 모든 항목의 소재, 수량 및 종류를 보고하고, 긴급 현장 사찰을 받아야 한다는 점도 첨가되고 있다(제9항).

---

32) *Security Council: Res. 1441*, 13.

33) *Security Council Res. 678*(November 11, 1990), *U.N. Doc. S/RES/678*(1990).

34) *Security Council Res. 687*(April 2, 1991), *U.N. Doc. S/RES/687*(1991).

결의 제687호에는 이 밖에 이라크가 「핵무기비확산조약」(Nuclear Non-proliferation Treaty; NPT) 상의 제의무를 무조건 재확인하고 핵무기, 핵무기에 이용할 수 있는 물질, 그리고 관련 자료 또는 제조시설을 취득하거나 개발하지 않는다는 데 무조건 동의한다는 규정이 있다. 그리고 이라크로 하여금 결의 채택 후 15일 이내에 이러한 것들의 소재, 수량 및 종류에 관한 신고를 유엔 사무총장과 IAEA 사무국장에게 하도록 되어 있다 (제12항).

안보리 결의 제678호는 이라크에 대해 쿠웨이트로부터의 철군을 명하는 결의 제660호[35]뿐 아니라 그 후의 모든 관련 제 결의를 완전히 준수할 것을 요구하고 이라크가 이를 이행하지 않을 경우에는 그러한 결의들을 유지하고 그 지역에 있어서의 국제평화와 안전을 회복하기 위해 "필요한 모든 수단"(all necessary means)을 취할 것을 허가한 바 있다. 이 경우 결의 제678호서 말하는 "그 후의 모든 관련 결의들"(all subsequent relevant resolutions)에는 당연히 결의 제687호가 포함되는 것으로 보아야 할 것이며, 따라서 결의 제687호의 규정을 완전히 이행하지 않게 되면 이에 근거하여 발효된 휴전은 효력을 상실하고 자동적으로 결의 제678호에 의해 '무력사용'을 포함한 '필요한 모든 수단'을 취할 수 있게 된다는 것이다.

이러한 해석(주장)은 안보리 결의 제1441호에 의해서도 입증된다고 한다. 즉, 결의는 첫째, 이라크가 UNMOVIC 및 IAEA의 활동에 협력하지 않음으로써, 또한 안보리 결의 제687호 제8항에서 제13항까지의 규정이 요구하는 조치를 이행하지 않음으로써 결의 제687호를 포함한 관련 제 결의상 의무를 "중대하게 위반해 왔다"(materially breached)고 지적한다(제1항). 이 결의는 둘째, 그러한 맥락에서 안보리가 이라크에 대해 "심각한 결과"에 직면하게 될 것임을 거듭 경고해 왔다고 확인하고 있다(제2항). 그리고 이러한 심각한 결과 속에는 널리 '무력사용'도 포함될 수 있다는 것이다.

이러한 주장은 이라크가 제 의무에 대한 "중대한 위반"(material breach)을 범했기 때문에 이전의 1991년 결의 제687호, 즉 '휴전결의'의 근거가 소멸되고 1990년 결의 제678호의 효력이 여전히 계속될 수 있게 되었기 때문에 2003년 시점에서 다시 '무력사용'이 가능하다는 논리에 입각하고 있다. 특히 이러한 주장은 결의 제1441호에 의거하여 이라크가 협력해야 할 의무를 포함한 제 의무의 위반은 "또 하나의 중대한 위반"(a further

---

35) *Security Council Res. 660, U.N. Doc. S/RES/660* (1990).

material breach)을 구성한다는 표현(제4항)으로부터 확인된다는 것이다. 여기에서 말하는 "또 하나의 중대한 위반"이라 함은 이미 선행하는 이라크의 "중대한 위반"이 있었음을 시사하는 것이며 바로 그러한 의미에서 결의 제1441호는 1990년 및 1991년 결의의 효력을 그대로 인정하고 있다고 보아야 한다는 것이다. 결과적으로 이라크에 대한 미국 무력사용의 적법론은 안보리 결의 제687호에 따른 이라크의 중대한 의무 위반이 인정되는 경우 '휴전 결의'로서의 효력은 소멸되고 다시 살아난 결의 제678호에 의거하여 '무력사용'이 허용될 수 있다는 데 근거를 두고 있는 것이다.[36]

이밖에도 유엔 안보리 결의 제687에 의한 휴전의 효력이 종료될 수 있도록 하는 논리가 다른 견지에서 전개되기도 한다. 유엔 헌장은 모든 회원국들로 하여금 헌장 제7장에 따라 채택된 안보리 결의를 준수할 것을 의무화하고 있다. 그 결과 '안보리 결의'는 국제법상 구속력을 가진다는 점에서 다자조약과 유사한 측면이 있으며, Kirgis의 주장과 같이 어느 회원국의 '중대한 위반'은 조약법협약 제60조의 적용을 가능하게 만든다는 것이다. 안보리 결의 제1441호가 이라크가 결의 제687호를 비롯한 제 결의에 대하여 중대한 위반을 범했기 때문에 그 위반에 의하여 특별히 영향을 받는 당사국이 그 자신과 위반국 사이에서 그 조약의 전부 또는 일부의 시행을 정지시키기 위한 사유로서 그 위반을 원용하는 근거가 인정될 수 있다는 것이다.[37]

이러한 논리에 따른다면 미국은 이라크를 상대로 휴전을 규정하고 있는 안보리 결의 제687호의 시행을 정지하기 위하여 그 위반 사실을 원용할 수 있게 된다는 것이다. 그러나 안보리 결의가 일종의 다자조약으로 간주될 수 있는가에 대한 논의는 차치하고라도 결의에 위반한 사실이 인정됨으로써, 이를 원용하고 상대방과의 사이에서 결의의 시행을 정지하기 위한 별도의 절차를 밟음이 없이 곧 결의의 시행이 정지된다고 보기는 어렵다고 보아야 한다.

그러나 생각건대 안보리 결의 제687호에 따라 1990년에 시작된 '걸프전'(Gulf War)은 이미 종료되었다고 본다. 이 '휴전'은 이라크가 휴전에 따른 일련의 조건을 수락하는 것을 전제로 하는 것이었는데 당시 이라크가 이러한 조건을 수락했기 때문에 휴전이 성립되었던 것이다. 결의 제687호에 따라 '휴전 조건'으로 부과되고 있던 일련의 의무 사항에

---

36) A. Tait, *op. cit.*; 김대순, 전게서, pp.991-997; Frederic L. Kirgis, "Security Council Resolution 1441 on Iraq's Final Opportunity to Comply with Disarmament Obligations", *ASIL Insights* (November, 2002).
37) 김대순, 상게서, p.997.

대하여 이라크가 제대로 이행하지 않을 경우 휴전 결의의 효력이 소멸되고, 이에 따라 자동적으로 결의 제678호에 의거 '무력사용'이 적법하게 행사될 수 있도록 허용되는 사실상의 '전쟁'(Gulf War) 상태로 환원되는 것은 아니라고 본다. 휴전 조건으로서의 제 의무의 불이행 여부의 판단과 미국 등이 그에 따라 취할 수 있는 행동을 포함하여 '필요한 조치'의 내용을 결정할 수 있는 권한은 현행 국제법 및 유엔 체제상 전적으로 안보리의 권한에 속한다고 보아야 하는 것이다.

(3) 결론 : 不法論

주지하다시피 대 이라크 전에 있어서 미국 무력사용에 대한 적법론은 안보리 결의 제678호, 제687호 및 제1441호를 근거로 하고 있다. 특히 안보리 결의 제678호에 의하여 허용되고 있는 "필요한 모든 수단"(all necessary means)에 당연히 무력사용이 포함되고 있기 때문에 미국의 무력사용은 안보리의 수권에 따른 적법한 것이라는 입장이다.

안보리 결의 제678호는 이라크가 1990년 8월 쿠웨이트를 침공하자 안보리가 이라크에 즉각적인 철수를 요구하는 과정에서 나온 것으로서 이른바 '걸프전'이 일어나기 전 마지막 결의였다. 즉, 안보리는 당시 이라크에 1991년 1월 15일까지 군대를 철수하도록 최후통첩하면서 이를 따르지 않으면 모든 필요한 수단을 사용하여 제재할 것이라고 경고하였던 것이다.

쿠웨이트가 이라크에 의하여 무력공격 및 영토점령을 당한 상황에서 쿠웨이트를 지원하기 위한 다국적군(coalition of forces)의 무력사용은 유엔 헌장상 집단적안전보장제도 또는 안보리의 무력사용 허용 결정에 근거하여 정당화하기에 충분한 것이었다. 그러나 쿠웨이트에 대한 이라크의 점령이 종료되고 쿠웨이트가 자신의 영토를 회복한 이후 단지 WMD가 이라크 내에 배치되어 존재하고 있다는 '추정'만으로 미국, 이스라엘 및 주변 국들이 무력공격 또는 침략에 버금가는 위협을 실제로 받았다고 할 수는 없다고 보아야만 한다. 따라서 1990년 안보리 결의 제678호를 근거로 해서 2003년 미국의 이라크에 대한 무력사용이 적법한 것으로 판단하기는 어렵다는 결론이 도출된다.

이라크에 대한 미국 등 무력사용에 대한 적법론의 핵심은 이라크가 '휴전 결의'에 따른 제 의무를 이행하지 않음으로써 '휴전 결의'의 효력이 소멸되고 대신 안보리 결의 제678호가 온전히 '부활'했다는 논리에 있다. 그러나 이러한 '부활 이론'(revival theory)은 그 자체로서 문제가 있는 것이다.[38] 왜냐하면 안보리 결의 제660호에 따라 이라크에 부과된 쿠웨이트로부터 '철군 의무'를 제대로 이행하지 않았기 때문에 다국적군의 이라크에 대한 군사적 행동을 허용한 안보리 결의 제678호는, 해석상 다국적군의 군사행동에 의하여 쿠웨이트가 영토를 회복한 시점에서 그 효력이 종료되었다고 보거나 설사 부활했다고 하더라도 이미 이라크가 쿠웨이트로부터 군사적으로 철군한 시점에서 나머지 이라크의 의무불이행에 대하여 허용되는 조치의 범위는 무력사용을 제외한 여타의 조치로 한정된 것으로 보아야 타당하기 때문이다.[39]

안보리 결의 제687호에는 결의 제678호에 포함된 무력사용에 대한 허가(허용)의 종료에 대한 명백한 언급이 없지만, 결의 제687호 직전에 채택된 안보리 결의 제686호[40]에는 특정한 일부의 목적(즉, 아직 이행되지 않은 이전의 안보리 결의상 요구사항의 이행)을 위한 무력사용에 대해서 계속적으로 타당성을 부여한다고 명백히 언급함으로써 기타의 다른 목적을 위해서도 무력이 타당하게 사용될 수는 없다고 하는 점을 암시했다고 보아야 한다. 다시 말하면, 결의 제686호의 내용으로 보아, 결의 제678호는 결의 제686호에 열거된 안보리의 요구사항 중 아직 이행되지 않은 사항들을 이행하도록 이라크에 요구되는 동안에 한해서만 "계속 유효하다"(remain valid)고 보아야 하며 기타의 다른 목적, 예를 들어 결의 제687호 상 "군축 조항의 집행" 또는 좀 더 일반적인 표현으로 "역내 평화와 안전의 회복을 위해서는" 무력사용을 허용한 결의 제678호가 원용될 수 없다고 보아야 한다.[41]

다만 이에 반해 안보리 결의 제687호와 제1441호는 유엔이 1991년 걸프전 이후 이라크에 무기사찰과 WMD의 폐기를 요구하는 과정에서 나온 것으로서 양자의 관계는 '연속적인 관계'(subsequent relevant resolutions)에 있다고 볼 수 있다. 결의 제687호는 걸프전

---

38) S. D. Murphy, *op. cit.*, pp.196-203 참조.

39) 설사 안보리 결의 제687호가 다시 효력을 갖게 된다는 '부활 이론'을 인정한다고 하더라도 이라크가 쿠웨이트를 군사적으로 침공한 상황에서 허용되었던 무력사용을 포함한 모든 조치를 취할 수 있는 권한이 자동적으로 함께 부활하고 이에 따라 미국을 비롯한 다국적군이 다시 군사적으로 이라크의 영토를 점령하고 정부를 전복할 수 있는 권한까지도 인정된다는 논리는 설득력이 없다는 것이다. 따라서 안보리 결의 제687호에 따라 부활된 권한은 아직 이행되지 않는 의무의 이행을 위하여 요구되는 범위로 한정된다는 것이다. 특히 이러한 해석은 안보리 결의 제687호 직전에 채택된 결의 제686호의 해석을 통해 분명히 확인할 수 있다는 것이다. 이에 대해서는 *ibid.*, pp.188-200 참조.

40) *Security Council Res. 686*(March 2, 1991), *U.N. Doc. S/RES/686*(1991).

41) S. D. Murphy, *op. cit.*, pp.196-203.

이 종료됨과 동시에 이라크에 위의 요구 사항을 처음으로 제시한 것이다. 그리고 결의 제1441호는 안보리가 이라크에 대해서 결의 제687호를 비롯하여 그동안의 무기사찰과 WMD의 폐기를 촉구해 왔던 지난 10여 년 간의 "관련 안보리 결의에 따른 군축의무를 이행하도록 마지막 기회"(final opportunity to comply with its disarmament obligations under relevant resolutions of the Council)를 부여했던 것이다. 즉, 안보리는 이라크가 반복되는 안보리의 결의에도 불구하고 UNMOVIC과 IAEA에 의한 사찰과 무장해제 노력에 적극적으로 협력하지 않았다고 평가하고 즉각적이고도 적극적으로 이들의 노력에 협력할 것을 요구하였다. 그리고 만일 이라크가 이러한 안보리의 요구에 계속적으로 불응하면 "심각한 결과"를 맞이할 것이라고 경고하였다.

미국은 사실 바로 이러한 내용을 원용하면서 이라크에 대한 무력행사가 안보리의 결의에 따른 적법한 것이라고 주장하고 있는 것이다. 그러나 위의 결의 제1441호가 바로 미국에 무력행사를 적법하게 사용할 수 있도록 허용한 것이라고 보는 것은 우선 동 결의의 해석상 어렵다고 본다. 안보리가 결의에 의하여 '무력행사'를 허용할 때는 그 결의의 내용과 관련하여, '무력사용' 또는 '필요한 모든 수단의 사용'에 대한 '허가'라고 하는 용어를 사용하는 것이 원칙인데 위 결의에서는 그러한 문구를 전혀 찾을 수가 없으며, 또한 안보리의 논의 과정에서도 '무력사용'을 허용하는 데 안보리 이사국들의 합의(consensus)가 이루어졌다는 증거도 전혀 없는 것이다.[42]

안보리 결의 제1441호의 목적은, 이라크가 계속적으로 결의에 따른 의무를 위반할 경우 향후 안보리 결정에 따라 무력 제재를 비롯한 "심각한 결과"에 직면하게 될 것임을 예고하는 것이었다. 이 경우 이라크의 의무 위반 여부와 그에 따른 "심각한 결과"의 수준 및 조치의 내용은 결국 안보리가 판단할 수 있는 것이지 국가가 일방적으로 이를 판단하거나 결정할 수는 없는 것이다. 안보리 결의 제678호 이후 명시적으로 '무력사용'을 허가하는 결의가 채택된 적이 없다는 점을 고려할 때, 설사 이라크가 안보리 제 결의에 따른 의무를 이행하지 않았다 하더라도 이를 근거로 자동적으로 미국의 무력사용이 '허용'된다고 보는 것은 논리의 비약이라고 볼 수밖에 없다.[43]

---

42) N. D. White & E. P. J. Myjer, "Editorial: The Use of Force Against Iraq", *Journal of Conflict & Security Law*, Vol.8, 2003, pp.1–8.
43) *Ibid.*; 김석현, 전계논문, pp.97–98: C. Gray, *op. cit.*, pp.191–193; S. D. Murphy, *op. cit.*, pp.173–257.

2. 자위권과 무력사용의 적법성

1) 무력사용금지의 원칙과 자위권

(1) 자위권의 의의

유엔 헌장은 제2조 4항에서 국제관계에 있어서 무력에 의한 위협 및 무력의 행사를 전면적으로 금지하는 '무력사용 금지의 원칙'을 규정하고 있으며 이는 오늘날 '강행규범' 또는 모든 국가들에게 '대세적 의무'(obligation *erga omnes*)를 부과하는 일반국제법상의 원칙으로 인식되고 있다. 그러나 앞에서 언급한 것처럼 "자위권의 발동으로서의 무력사용"은 이러한 '무력사용 금지의 원칙'에 대한 예외로서 유엔 헌장에 명시되고 있는 것이다.

헌장상 자위권의 발동요건과 관련하여, 우선 자위권의 발동을 정당화 하는 '무력공격'(armed attack)[44]이 발생해야만 하며 이는 국가의 영역이나 군대, 또는 정부 선박이나 항공기에 대한 것이어야 한다. 그리고 자위권을 적법하게 발동하고 적법하게 유지되기 위해서는 '필요성'(necessity) 및 '비례성'(proportionality)의 요건을 충족시켜야만 한다는 것이다.[45] 후술하는 것처럼 '필요성' 및 '비례성'의 원칙은 이미 150년 전 *Caroline* case[46]에서 Daniel Webster에 의하여 언급되었으며, 1986년 ICJ의 *Nicaragua v. United States case*[47]에서 재확인되었다. 특히 이러한 요건들은 국가가 이미 발생하고 있는 공격에 대하여 자위적 행동을 취하고 있는지 아니면 예상되는 공격에 대하여 '예방적' 자위조치를 취하고 있는지를 결정할 때 적용되는 것이다.

자위권 행사의 전제조건인 '무력공격'의 개념은 3개의 유엔 총회의 결의들, 즉 「침략에 관한 정의」(Definition of Aggression),[48] 「국내문제에 대한 개입의 배제와 국가의 독립

---

44) '무력공격'이 무엇을 의미하는지에 관하여 헌장을 아무런 규정을 두지 않고 있기 때문에 많은 논란이 야기되는 것도 사실이지만, 대체로는 이를 '무력에 의한' 침략(aggression)과 동일한 의미로 이해되고 있다. 다만 헌장이 '침략'이라는 용어 대신에 '무력공격'이라는 용어를 사용한 것은 '침략'이 '비군사적' 방법에 의해서도 가능하다는 점을 고려하여 '비군사적' 침략의 개념을 배제하기 위한 시도였다고 추정된다. 김석현, 상게논문, p.79 참조.

45) 이러한 요건은 적법한 '자위권'의 발동과 불법적인 '무력복구'의 구별을 위한 기준이 되기도 하고, 또한 '자위'를 명분으로 한 장기간의 '영토점령'의 적법성을 부정할 수 있는 사유가 되기도 한다. C. Gray, *op. cit.*, pp.105-108 참조.

46) Jennings, "The Caroline and McLeod cases", *American Journal of International Law*, Vol.32, 1938, p.86.

47) *Nicaragua v. United States* case, *I.C.J. Rep.*(1986), p.14.

및 주권의 보호에 관한 선언」(Declaration of the Inadmissibility of the Intervention in the Domestic Affairs of States and the Protection of Their Independence and Sovereignty),[49] 그리고 「유엔 헌장에 따른 우호관계 및 협력에 관한 국제법원칙 선언」(Declaration on Principles of International Law concerning Friendly Relations and Cooperation among States in Accordance with the Charter of the United Nations),[50] 등을 통하여 그 의미를 파악할 수 있다.[51] '개입의 배제'에 관한 결의와 '우호관계 및 협력'에 관한 국제법원칙 선언은 다른 국가에 대한 무력적 개입을 금지하고 있다. 특히 '침략에 관한 정의' 결의는 헌장 제7장의 적용을 위하여 '침략'(aggression)의 의미를 분명히 하고 있으며, 또 한편으로 무엇이 '무력공격'에 해당되는가를 결정하는 데도 크게 도움을 주고 있다.[52]

전통적으로 자위권은 관습국제법상 국가의 '고유한 권리'(inherent right)로 인식되어 온 것이 사실이며 다음과 같은 두 가지 조건을 충족하면 발동할 수 있는 것으로 이해되어 왔다: 첫째, "자위의 필요성이 급박하고, 압도적인 상황에서, 다른 수단을 선택할 여지

---

48) *GA Res.* 3314.
49) *GA Res.* 2131.
50) *GA Res.* 2625.
51) 이러한 결의들은 1987년 채택된 유엔 총회의 「무력사용금지 선언」(*Declaration on Non-Use of Force*)에 의하여 보완되고 있다. 이 선언(*GA Res.* 42/22)은 국가들로 하여금 "다른 국가들에서 용병 활동을 포함하여 준군사적인, 테러리즘 또는 전복적 활동을 조직하거나, 개시하거나 또는 지원 내지 참여하는 것을 삼가고", "어느 외국의 경제적 근간에 대한 위협을 삼가며", "어떤 종류의 이익이라도 확보할 목적으로 어느 외국을 강압하기 위하여 경제적, 정치적, 또는 다른 어떠한 종류의 조치라도 이를 취하는 것을 회피하지 않으면 안 된다."고 규정하고 있다. 참고로 1998년 유엔 총회는 「정치적·경제적 강압의 수단으로서의 강제적 경제조치의 제거에 관한 결의」(*GA Resolution 53/10 on the Elimination of Coercive Economic Measures as a Means of Political and Economic Compulsion*)를 채택한 바도 있다. 이러한 결의들은 유엔 헌장상 '무력사용금지의 원칙'의 적용 범위를 확대함으로서 헌장을 보완하는 의미를 가지고 있다고 본다. 이에 대해서는 W. R. Slomanson, *op. cit.*, p.441 참조.
52) 침략의 정의와 관련하여 「침략의 정의에 관한 총회의 결의」는 "평화에 대한 모든 위협, 파괴, 또는 침략 행위"에 대하여 안전보장이사회가 관할권을 가진다는 것을 분명히 하고 있다. 결의 제1조는 '침략'에 대하여 "다른 국가의 주권, 영토보전, 또는 정치적 독립을 침해하거나 또는 유엔 헌장과 양립하지 않는 방법으로 국가가 무력을 행사하는 것"으로 정의하고 있다. 그리고 제2조는, 유엔 헌장을 위배하여 이루어지는 국가의 최초의 무력행사는 제3조에 의하여 다른 국가에 대한 군사적 침략을 포함하는 것으로 규정되고 있는 침략행위에 대한 우선적인(*prima facie*) 증거가 된다. 제3조는 무력에 의한, 타국영역에의 침입(invasion) 또는 공격(attack), 군사점령(military occupation), 병합(annexation), 폭격(bombardment), 타국 항만 또는 연안의 봉쇄(blockade), 타국 군대에 대한 공격 등 침략행위에 해당되는 약간의 행위들을 열거하고 있으며, 침략과 동등할 정도로 충분히 중대한 무력행사를 다른 국가에 대해서 감행하기 위해서 군대를 파견하는 것과 다른 국가 그 자체에 대해서 공격을 감행하는 것 등을 포함하고 있다. 마지막으로 제5조는 '무력침략'(armed aggression)을 "평화에 대한 범죄"로 규정하고 있는 '뉘른베르크 원칙'(Nuremberg Principles)을 채택하고 또한 그러한 침략에 의하여 영토를 획득하는 것을 금지하고 있다.

도 없고 심사숙고할 여유도 없어야 하며"(a necessity of self-defence, instant, over-whelming, and leaving no choice of means, no moment for deliberation), 둘째, "자위의 필요성에 의하여 정당화되는 조치들이 바로 그 필요성에 의하여 제한되며 또한 명백히 그 범위 내에서 이루어져야만 하기 때문에, 불합리하거나 과도한 것이 되지 않아야 한다."(nothing unreasonable or excessive; since the act, justified by the necessity of self-defence, must be limited by that necessity, and kept clearly within it)는 것이다.[53]

위와 같은 전통적인 자위권의 발동은 유엔 헌장상의 자위권 발동요건에 비하여 탄력성을 갖고 있는 것이 사실이다. 그러나 무력사용을 억제하고 전쟁을 금지하기 위한 목적으로 '무력사용금지의 원칙'이 강행규범으로 확립되고 이러한 내용이 유엔 헌장 제2조 4항에 명시되면서부터 무력사용이 예외적으로 허용되는 경우가 엄격히 제한되어야 한다는 견해가 유력해졌으며, 이와 관련하여 헌장 제51조의 자위권에 대한 해석도 엄격하게 이루어져야 한다는 입장(H. Kelsen, R. Ago, P. Malanczuk 등의 Legalists[54])이 다수를 차지해 왔던 것이다.[55]

다만 최근에 와서 유엔 헌장에 명시되고 있는 '무력사용금지의 원칙'에 대한 예외의 경우에 한정하지 않고도 필요한 경우 국가(들)는 무력을 사용할 수 있다는 주장을 제기하는 경우가 많아지고 있으며, 헌장 제51조의 해석과 관련해서도 '예방적 자위권'을 긍정함으로써, 헌장에 충실하려는 Legalists의 입장과는 다른 Rejectionists[56]의 견해가 일부 국가들의 실행에 의하여 뒷받침되는 경우도 나타나는 등,[57] 유엔 헌장 제2조 4항의 실효성이 점차 위협을 받는 상황이 도래하고 있는 것도 사실이다.[58]

---

53) 김대순, 전게서, p.239; Lord McNair, *International Law Opinions*, Vol. Ⅱ(Cambridge: Cambridge University Press, 1956), p.222.

54) 'Legalist'는 실정 국제법인 헌장의 규정에 충실하게 해석하고자 하는 입장(학자)을 지칭하는 것으로서, 일응 '규범주의자'에 가까운 의미를 가지고 있다고 본다.

55) 김석현 전게논문, pp.78-79 참조.

56) 'Rejectionist'는 'Legalist'와는 달리 헌장의 규정보다는 관습법을 중시하거나 국가의 필요성이나 도덕적 가치 등 법외적 요소를 중시함으로써 Legalists의 헌장 해석을 반대하거나 헌장의 변경을 모색하고 있다는 점에서 '현실주의자'의 의미를 가지고 있다고 본다. 그러나 경우에 따라 '자연법론'의 입장에서 현행 헌장 조항의 변경을 주장하는 경우도 있다고 보기 때문에 이들을 모두 현실주의자로 보기도 어려운 측면도 있다.

57) 오윤경 외 외교통상부 직원, 『21세기 현대국제법질서』(박영사, 2001), pp.638-641 참조.

58) C. Gray, *op. cit.*, p.24.

(2) 예방적 자위권

유엔 헌장 제51조에 규정되고 있는 자위권의 발동 요건과 관련하여 가장 주요한 쟁점으로 등장하고 있는 것은 바로 "무력공격이 발생한 경우"라는 구절이다. 다수의 견해는 이를 엄격히 해석하여 자위권은 "실제로 무력공격이 발생한 후"에야 발동될 수 있다는 입장을 취하고 있음에도 불구하고, 일부의 입장을 보면 여전히 자위권이 본래 관습국제법상 인정되어 온 국가의 권리라는 점을 강조하면서 헌장상 자위권의 법리에 대한 도전을 시도하고 있음을 알 수 있다.[59]

앞에서 검토한 바 있듯이, 관습법상 자위권의 법리를 주장하는 학자들은, 국가(들)는 그 위협의 성격이나 종류를 불문하고 현실 급박하고, 압도적이며 다른 수단을 취할 여유가 없는 위협에 직면하는 경우 자신을 방위하기 위하여 '선제적으로'(anticipatory) 또는 '예방적으로'(preemptively or preventively) 무력을 사용할 수 있는 권리를 보유하고 있는 것으로 이해하고 있다.[60] 엄격히 말하면 '예방적 자위권'에 비하여 '선제적 자위권'은 예상되는 공격 가능성이나 계획에 대한 분명한 정보에 근거하여 공격이 '임박한'(imminent) 경우에 행사된다는 점에서 그 차이가 있으나,[61] 혼용되는 경우도 많다.[62]

'예방적' 또는 '선제적' 자위권에 대하여 긍정적인 입장은 유엔 헌장상 "무력공격이 발생한 경우"가 자위권 발동을 위한 예시적 규정인지 아니면 절대적 조건인지 여부와 관련하여, 이를 예시적 규정으로 보아 실제로 무력공격이 행해지지 않더라도 무력공격이 임박해 있거나 그 위협이 급박한 경우에는 그러한 공격에 대비하거나 위협을 제거할 목적으로 '선제적' 또는 '예방적' 자위권을 발동하는 것이 허용되어야 한다는 것이다.[63]

'선제적 자위권' 또는 '예방적 자위권'은 원래 핵무기 등 WMD에 의한 공격과 관련하여 제기되는 것으로서, 2001년에 발생한 9·11 테러 공격 때까지는 국가들의 직접적인

---

59) 김석현, 전게논문, p.78.

60) D. W. Bowett, *op. cit.*; C. Gray, *op. cit.*, p.86.

61) Lucy Martinez, "September 11th, Iraq and the Doctrine of Anticipatory Self-Defence", *UMKC Law Review*, Vol.82, Fall 2003, pp.125-126; Sean D. Murphy, *Principles of International Law*(St. Paul, MN, Thomson/West, 2006), pp.442-444; Jan Klabbers, *International Law*(Cambridge: Cambridge University Press, 2013), p.193.

62) Christopher Greenwood, "International Law and the Pre-emptive Use of Force: Afghanistan, Al-Qaida, and Iraq", *San Diego International Law Journal*, Vol.4, 2003, p.9.

63) 예방적 자위권의 전반에 대해서는 C. Gray, *op. cit.*, pp.111-115; 김석현, 「예방적 자위에 관한 연구」, 『국제법학회논총』, 제38권 제1호, 1993, pp.87 ff 참조.

실행의 문제라기보다는 다소간 이론적인 문제로 남아 있었던 것이 사실이다. Rejec-tionist들은 무력공격이 현실적으로 발생하지 않더라도 단지 무력공격이 발생할 우려 내지 위험이 인정된다면 자위권 발동을 허용해야 한다는 입장을 취함으로써 현행 유엔 헌장상 자위권의 법리를 거부하고 이를 새롭게 제도화하려고 시도해 왔다는 점에서 일종의 '국제법의 변경'을 시도하는 측면도 있다고 본다.

흔히 '평화에 대한 위협'은 방지 및 제거의 대상이고 '침략행위'는 진압의 대상이라고 하며 자위권에 근거한 무력사용은 바로 무력공격을 통한 침략행위가 이루어진 경우에 한정된다고 하는데, 이른바 '선제적' 또는 '예방적 자위'는 예상되는 급박한 군사적 공격 또는 무력사용을 방지하거나 완화시키기 위해서 행해지는 군사행동을 의미하는 것이다. '예방적 자위권' 등의 법리를 주장하는 자들은 자위권의 발동요건 가운데 특히 '필요성'의 요건과 관련하여, 이를 단지 '무력공격의 발생'과 연계하지 않고 "국제법의 원칙과 유엔 헌장의 가치를 고려하여 무력사용의 정당성을 근거지우는 데 관련되는 사실과 정황에 입각하여 인정되어야 한다."(necessity must be established on the basis of factors and circumstances related to establishing the legitimacy of using force under international law and UN Charter values)고 하면서 다음과 같은 요소들을 고려하도록 하고 있다: 첫째, 관련 위협의 성격과 규모; 둘째, 예방적 조치가 취해지지 않는 경우 위협이 실제로 가해질 가능성; 셋째, 무력사용에 대한 대안의 존재 및 그 소진 여부; 넷째, 예방적 무력사용이 유엔 헌장 및 기타 관련 국제협정의 조건 및 목적과 부합되는지 여부 등이다.[64]

그러나 생각건대, 광범위한 국가들의 실행이나 조약 등의 채택에 의하여 기존의 국제 법원칙이 변경되었다고 볼 만한 증거가 없는 한, 국제법상 자위권의 행사는 유엔 헌장 제51조의 요건에 따라 엄격하게 제한하는 것이 '무력사용금지의 원칙'의 강행규범성을 뒷받침하는 해석이라고 본다. 따라서 형행 국제법상 자위권의 발동은 비로소 "무력공격이 발생한 경우"에 한하여 인정된다고 보아야만 할 것이다. 이러한 입장은 1986년 *Nicaragua case*에서 국제사법재판소(ICJ)는 미국의 니카라과에 대한 무력개입의 적법성을 논하면서 "개별적 자위의 권리는 오로지 해당국가가 무력공격을 받은 경우에만 행사될 수 있으며, 이는 집단적 자위에 있어서도 마찬가지"라는 입장을 밝힌 것을 통하여 확인된 바 있으며, 유엔 국제법위원회(ILC)의 「국제위법행위에 대한 국가책임에 관한 규

---

64) A. D. Sofaer, *op. cit.*, pp.220-226.

정 초안」(Draft Articles on the Responsibility of States for Internationally Wrongful Acts)[65] 작업에 있어서도 재확인되고 있는 것이다.[66]

(3) 테러리즘에 대한 자위

2001년 9월 미국을 상대로 감행된 9·11 테러(terrorism)는 과거에 경험하지 못했던 새로운 형태의 '위협'으로 간주되고 있다. 이러한 새로운 위협에 대처하기 위해서는 역시 새로운 정책적 접근이 필요하다고 보았으며, 이러한 논리 하에서 테러리즘을 일종의 새로운 '전쟁'의 형태로 보고 이에 대해서도 '자위권'을 발동할 수 있도록 해야 한다는 주장이 나오고 있는 것이다.[67] 유엔 안보리도 9·11 테러 공격이 발생한 다음 날인 12일 결의 제1368호[68]를 통하여 테러행위로 야기된 국제평화와 안전에 대한 위협에 모든 수단을 다해 대처할 것을 결의하고 동시에 헌장에 따른 고유의 개별적 또는 집단적 자위권을 인정한 데 이어, 9월 28일 결의 제1373호[69]에서도 국제테러에 대한 자위권의 존재를 재확인함으로써, 지금까지의 유형과는 달리 국가의 외부로부터 가해지는 대규모의 테러리즘에 대해서는 이를 국가에 대한 무력공격으로 간주될 수도 있음을 보여주고 있다.[70]

9·11 테러 공격을 받은 직후 미국의 부시 대통령은 '테러리즘에 대한 전쟁'(war on terrorism)을 선포한 바 있다. 미국은 이어진 대 아프가니스탄(Afghanistan) 군사작전을 이러한 의미에서 테러리즘에 대한 전쟁으로 규정하고 이를 자위권에 근거하여 정당화

---

65) *ILC Report*, Fifty-third Session(23 April-1 June and 2 July-10 August 2001), GA, *Official Records*, Fifty-sixth session, Suppl. No. 10(A/56/10).

66) 김석현, 전게논문(주 28), p.79.

67) 새로운 형태의 테러리즘은 지금까지와는 달리 테러리스들이 WMD를 보유하고 언제, 어디서라도 공격을 감행할 수 있게 되었다는 점에서, 과거에 취했던 사후적 대처만으로는 '잠재적 공격자'(potential attacker)의 공격을 제어하거나 '위협의 급박성'(immediacy of threats)이나 '막대한 침해 가능성'(magnitude of potential harm)에 효과적으로 대처할 수 없다는 점을 들어 선제적 공격을 정당화 하는 논리가 필요하다는 것이다. 이에 대해서는 Stephen G. Rademaker, "Use of Force After 9/11", *Chicago Journal of International Law*, Vol.5, 2005, pp.461-465 참조; 과거에도 테러리즘에 대한 무력사용을 자위권으로 정당화하려는 시도가 많이 있었던 것이 사실이다. 이때의 무력사용은 주로 외국에 있는 자국민에 대해서 행해진 테러리스트들의 공격에 대하여 사실상 '복구'(reprisals)의 차원서 행해졌던 것이지만, 이를 '자위권'에 근거한 것으로 주장하기 위해서 무력사용이 단지 '과거의'(past) 공격만이 아니라 '추후'(future) 예상되는 공격에 대비한 것이라는 논리를 내세움으로써 일종의 '예방적 자위권'을 원용했던 것으로 보인다. 이에 대해서는 C. Gray, *op. cit.*, pp.115-119 참조.

68) *Security Council Resolution 1368*(September 12, 2001).

69) *Security Council Resolution 1373*(September 28, 2001).

70) 김대순, 전게서, pp.972-976 참조.

하였으며, 이라크에 대한 무력공격의 경우에도 이라크가 9 · 11 테러공격을 지원한 배후 국가라는 점을 들어 이를 정당화 하려고 시도하였던 것이다.

미국의 이러한 입장은 사실 여러 학자들에 의하여 지지되었는데, 그 논리를 정리하면 다음과 같다:[71] 첫째, 대규모의 테러리즘은 유엔 헌장 제51조상의 '무력공격'(armed attack)으로 간주될 수 있다. 둘째, 테러리즘을 묵인하는 국가는 테러리즘을 행하는 것으로 볼 수 있다. 셋째, 테러리즘의 재발을 방지하기 위한 무력사용도 자위권 행사로 간주될 수 있다. 넷째, 테러리스트들을 고의로 비호하거나 테러리즘을 묵인하는 국가에 대한 무력공격은 자위권 행사로서 정당화 될 수 있다. 다섯째, 테러 공격을 명령하였거나 이에 직접 관련된 자들을 체포하기 위한 무력행사도 자위권으로 정당화될 수 있다.[72]

그러나 이러한 논리들에 대해서는 앞에서 검토한 '예방적 자위권'과 '자국민 보호를 위한 자위권' 발동에 대한 비판과 동일한 논거가 제시될 수 있을 뿐만 아니라, 무엇보다도 국가가 아닌 테러리스트들에 의한 테러리즘을 유엔 헌장상 자위권이 발동될 수 있는 요건인 침략과 동일한 수준의 무력공격으로 간주할 수 있도록 하는 기준 설정이 어려울 뿐만 아니라 사적 주체인 테러리스트들의 공격을 그와 연계된 비호국가의 책임으로 귀속시키는 것도 그렇게 용이한 문제가 아닌 것이다. 만일 자위권 발동이 가능한 '무력공격'의 범위를 '테러 공격'에 대해서까지 확대하고 테러리스들에 대한 선제적 공격을 정당화하는 선까지 자위권의 발동을 확대 · 인정한다면, '무력사용'의 억제를 통하여 국제평화와 안전을 유지하기 위한 현행 유엔 헌장상 '자위권의 법리'가 와해될 위험성도 배제할 수 없게 될 것이다.

2) 자위권과 미국의 무력사용에 대한 적법성 검토

그동안 부시 미국 대통령이나 국방장관은 미국 자신 및 우방국들에 대한 WMD의 사용을 방지하기 위하여 그 보유국에 대하여 '예방적 무력사용'(preemptive use of military force)의 준비가 되어 있음을 천명해 왔던 것이 사실이다. 특히 2002년 9월에 발표한 「미국 국가방위전략」(The National Security Strategy of the United States)을 통하여 이를

---

71) 김석현, 전게논문(주 28), p.84 참조.
72) 상게논문, pp.84-86 참조.

분명하게 밝힌 바 있다.[73] 2003년 이라크에 대한 무력사용을 두고 미국은 이전에 취했었던 예방적 자위의 선례들[74]을 제시함으로써 그 적법성을 입증하기 위해서 시도하였다. 사실 미국은 그동안 이라크의 WMD 계획이 가져 올 미국에 대한 잠재적 위협에 관하여 언급하면서 선제적 무력사용에 대한 확대 적용의 첫 번째 대상국으로서 이라크를 지목해 왔던 것이다. 미국이 2003년 3월 19일 이라크에 대한 군사행동을 감행하면서 안보리 결의 제1441호에 명시되고 있는 것처럼 이라크의 안보리 제 결의에 대한 위반과 함께 미국 '자신의' 안전을 보호하기 위한 것이라는 명분을 내걸었던 것은 바로 예방적 자위의 근거를 원용하기 위함이었던 것이다.[75]

이른 바 '부시 독트린'에 의한 예방적 자위권의 치명적인 문제점은 그러한 자위권의 일방적인 행사를 규제할 수 있는 방법이 없기 때문에 그 발동과 관련하여 '주관성'(subjectivity)과 '자의성'(arbitrariness)을 벗어날 수 없게 된다는 점이다.[76] 만일 부시 독트린이 국제법적 정당성을 획득하고 이를 바탕으로 이라크에 대한 미국 무력사용의 적법성이 인정된다면 이는 '무력사용금지의 원칙'과 '집단적안전보장제도'를 근간으로 국제평화와 안전을 유지하려는 유엔의 목적은 물론 헌장 제2조 4항에 대한 심각한 훼손을 초래할 것이다.[77]

그러나 다른 한편으로 생각건대, 오늘날 WMD를 비롯하여 첨단무기체제의 발달로 인한 새로운 상황 속에서 국가들의 안보상의 필요로 인해 선제적 공격을 가능하게 하는 예방적 자위의 필요성은 계속 제기될 전망이 있다는 것도 부정할 수 없다는 사실이다. 이러한 상황에서 유엔 헌장상 자위권의 행사를 무력공격이 실제로 발생한 경우로만 한정하고 또한 '무력공격'의 범위를 여전히 제한적으로 해석한다면, 이는 결국 실정법과 현실과의 괴리를 계속 심화시키고 나아가서 '무력사용금지의 원칙'과 관련된 국제법의 실효성을 그 만큼 감소시킬 수도 있을 것이다. 따라서 대규모의 테러리즘에 대한 경우를

---

73) 미국은 국가방위전략 차원에서 필요하다고 인정되는 경우 '일방적인 예방적 자위권'(right of unilateral pre-emptive self-defence)의 발동을 불사하겠다는 점을 밝혔으며, 이를 소위 '부시 독트린'(Bush Doctrine)이라고 한다. *The National Security Strategy of the United States*(September, 2002) 참조.

74) Central American and Caribbean interventions, Cuban Missile Crisis of 1962.

75) '예방적 자위'의 논리에 입각한 무력사용의 적법성 논거에 대한 학자의 긍정적 입장에 대해서는 A. Tait, *op. cit.* 참조.

76) Christian Henderson, "The Bush Doctrine: From Theory To Practice", *Jounrnal of Conflict & Security Law*, Vol.9, 2004, pp.22-23.

77) *Ibid.*, p.24.

포함하여 현실적으로 제어하기 어려운 예방적 자위 형태의 무력행사를 더 이상 법 밖으로 방치할 것이 아니라, 이를 법의 테두리 안으로 끌어들여 제도적으로 통제해 나가기 위한 방안을 모색하는 것도 문제의 해결을 위하여 필요하다고 본다.

그럼에도 불구하고 중요한 것은, 이러한 문제 제기는 '법해석론'이 아니라 '입법정책론'의 견지에서 이루어지는 것이기 때문에, 대 이라크 전에 있어서 미국 무력사용의 적법성 여하를 *lex ferenda*의 견지에서 판단하는 오류를 범해서는 안 된다는 점이다. 또한 설사 현행 국제법상 일부 학자들의 주장과 같이 관습법에 근거하여 예방적 자위의 원용 가능성을 인정한다고 하더라도, 대 이라크 전의 경우 이라크의 무력공격의 위협이 현존하면서도 현저히 '급박한'(imminent) 것으로 인정될 수 없는 것이라면 미국의 이라크에 대한 무력사용을 예방적 자위로서도 정당화하기는 어렵다고 본다. 예방적 자위에 근거한 무력사용의 권리가 허용된다고 하더라도 이는 아직 상대방의 무력공격이 가해지지 않은 상황에서 행사되는 것이므로 그 행사가 가능한 경우를 최소한으로 제한할 필요가 있기 때문이다. 예방적 자위로서의 무력사용은 급박한 위협에 직면하여 무력을 사용하지 않고 상대방의 선제공격을 허용하는 경우 그러한 공격에 의하여 방어능력이 결정적으로 상실됨으로써 자위권 행사가 불가능하게 되는 경우로 제한할 필요가 있다는 것이다.

예방적 자위의 상대국이 침략 준비를 완료하여 공격 개시를 앞두고 있다거나 이미 공격작전이 개시되어 국경을 향해 접근해 오고 있는 경우 또는 이미 결정된 핵 공격의 위협에 처한 경우와 같이, 객관적으로 보아 침략이 목전에 임박한 경우에만 제한적으로 예방적 자위를 인정해야 한다면 대 이라크 전에 있어 미국은 이러한 상황 가운데 어느 하나에도 해당되지 않는 것이다. 따라서 대 이라크 전에 있어서 미국의 무력사용은 '급박한 위협이 아닌 장래의 위협'(prospective, but not imminent threat)에 대처하기 위한 것이라는 점에서 그 정당성이 결여되고 있으며, 설사 9·11 테러리즘에 대한 자위권 발동과 관련해서 살피더라도 이라크와 9·11 테러리즘과의 직접적인 연계가 드러나지 않았다는 점에서 그 정당성을 주장할 여지도 전혀 없는 것이다. 따라서 미국의 무력사용은 지위권의 발동이 아니라 단지 예방 '전쟁'(preventive war)에 불과하게 되는 것이다. 예방전쟁은 현행 국제법상 허용되지 않고 있는 불법행위이며, 그 자체 '침략행위'(aggression)에 해당되는 것이다.[78]

3. 인도적 개입과 무력사용의 적법성

1) 무력사용금지의 원칙과 인도적 개입

(1) 인도적 개입의 의의

일반적으로 널리 '인도적 개입'이라 함은 타국 내에 존재하고 있는 사람들의 일부 또는 전부가 생명, 신체나 재산과 관련된 대규모의 중대한 인권침해나 박해를 받고 있는 경우 그러한 사태를 중지시키거나 중대한 침해를 입을 절박한 위협으로부터 구해내기 위해 개별국가 또는 국가들이 집단적으로 그 국가에 대하여 무력사용을 통하여 개입하는 것으로 정의되고 있다.[79] '인도적 개입'은 경우에 따라 외국에 있는 자국민과 그 재산을 보호하기 위한 목적으로 원용되어지기도 하는데, 자국민 보호를 위한 경우는 그 수단을 불문하고 널리 '외교적 보호'(diplomatic protection)의 범주 속에서 논의되거나 '자위권'의 범주 속에서 정당화 될 수 있다는 논거들이 제시되고 있기 때문에,[80] 개념상 '인도적 개입'에는 자국민을 제외하고 인권침해 등 박해를 받고 있는 외국인을 보호하기 위하여 무력을 사용하는 경우만이 해당된다고 보는 견해가 유력하다.[81]

---

78) Chris Bordelon, "The Illegality of the U.S. Policy of Preemptive Self-Defence under International Law", *Chap. L. Rev.*, Vol.9, 2005, pp.111-146 참조.

79) 널리 인도적 개입의 범주에는 '비무력적 개입'(non-forcible intervention)도 포함될 수 있으나 이는 필요성이 있는 경우 그 정당성이 인정될 가능성이 많기 때문에 국제법상 특별한 쟁점이 없는 것이다. 따라서 '인도적 개입'이라는 용어로 국제법상 논의가 되고 있는 것은 무력사용을 수반하는 '인도적 개입'이다(J. L. Holzgrefe and Robert O. Keohane, *op. cit.*, p.18 참조).

80) 예를 들어, 1976년 이스라엘(Israel)에 의해 성공적으로 수행된 우간다(Uganda) Entebe 공항 인질구출 작전이 흔히 '인도적 개입'의 사례로 원용되기도 하는데, 엄격한 의미에서 이를 '인도적 개입'의 선례로 들기는 어렵다고 본다. 그리고 현행 국제법상 자국민을 보호하기 위한 '외교적보호'의 수단으로서 '무력사용'은 허용되지 않고 있기 때문에 현지 합법정부의 동의를 받지 않고 불가피하게 자국민의 생명이나 재산을 보호하기 위하여 무력을 사용할 필요가 있는 경우에 이를 '외교적보호권'(right of diplomatic protection)에 근거하여 정당화 하는 것은 무리라고 보아진다. 그렇다면 자국민을 보호하기 위하여 '자위권'을 발동할 수 있는지 여부가 문제가 될 것이다. 그러나 이 경우에도 유엔 헌장상 '자위권'이, 그 발동요건으로 '무력공격'이 발생해야만 하는 것으로 규정되고 있기 때문에, 해외에 있는 자국민을 보호하기 위하여 무력사용이 불가피하게 요청되는 경우 이를 어떠한 논리로 정당화 시킬 수 있는지에 대한 검토가 필요하다고 본다. 이와 관련하여 D. W. Bowett는 관습법상 다른 국가의 영역 내에서 피해를 입고 있는 자국민을 보호하기 위하여 무력 사용을 통하여 개입할 권리가 있다는 것은 일반적으로 인정된다고 한 바 있다(D. W. Bowett, *op. cit.*, p.87). 이에 대해서는 C. Gray, *op. cit.*, pp.108-111; 노석태, 「재외자국민보호를 위한 무력사용의 합법성", 『중앙법학』, 제7집 제1호, 2005, pp.159-183 참조.

81) C. Gray, *op. cit.*, pp.24-42; J. L. Holzgrefe and Robert O. Keohane, *op. cit.*, p.18; B. Lillich ed., *Humanitarian Intervention and the United Nations*(Charlottesville : University Press of Virginia, 1973),

그리고 이러한 인도적 개입은 유엔 안보리를 통한 '집단적 개입'(collective interven-tion)의 방법과 개별국가나 국가들에 의한 '일방적 개입'(unilateral intervention)의 방법 등 두 가지 형태가 있다고 본다.[82] 한편 개별국가나 국가들에 의한 인도적 개입은 최근에 와서 '민주적 개입'(democratic or pro-democratic intervention)의 논리와 연계되는 경우도 많이 나타나고 있다.

우선 전자와 관련하여, 유엔 헌장 제2조 7항의 '국내문제 불개입의 원칙'과 유엔 헌장 제7장에 의한 '집단적안전보장제도'의 관계가 문제가 된다. 유엔 헌장은 본질상 회원국의 국내관할권에 속하는 사항에 대한 개입을 금지하고 있다. 따라서 유엔이 인도적 개입을 행할 수 있는가의 문제는 유엔 헌장 제2조 7항과의 관계에서 인권에 관한 문제가 본질상 국내관할권에 속하는 사항인가 하는 것이 요체가 된다.[83] 오늘날 '국제인권법' (international human rights law)의 발전에 따라, 국가주권의 '절대적' 개념과 이에 따른 전통적인 '불개입원칙'은 점차 흔들리게 되었고, 이제 국제사회는 심각한 또는 대규모의 인권침해 사태를 더 이상 개입할 수 없는 국내문제라고 보지 않는다. 또한 유엔 안보리는 전통적으로 국내문제로 간주되어 온 사항에 대해서도 국제평화와 안전의 유지를 위하여 적법하게 개입할 수 있는 권한을 가지고 있으며 필요한 경우 집단적안전보장제도에 근거하여 무력사용을 통한 군사적 제재도 취할 수 있는 것이다.[84]

따라서 문제가 되는 것은 유엔 안보리의 결의에 의하지 않는 '일방적인 인도적 개입'(unilateral humanitarian intervention)의 경우이다. 이와 같이 '인도적 개입'은 예방적 자위권과 마찬가지로 '무력사용 금지의 원칙'이 일반적으로 적용되고 있는 현실에서 개별국가의 무력사용을 정당화하기 위한 또 하나의 시도로 주장되고 있는 것이다.[85] 인도

---

p.53.

82) '일방적 개입'은 사실 개별국가에 의한 '개별적 개입'(individual intervention)도 있을 수 있고 여러 국가들에 의한 '집단적 개입'(collective intervention)의 경우도 있을 수 있다. 다만, '집단적 개입'이라는 용어는 유엔의 허가나 주도하에 이루어지는 개입의 형태를 지칭하는 경우도 많이 있는데, 이러한 집단적 개입은 이미 적법성이 확보된 상태이기 때문에 특별히 문제가 될 것이 없다. 그리고 일방적 개입의 형태로 행해지는 경우는 개별적인 경우든 집단적인 경우든 특별히 이를 구별할 실익이 없기 때문에 별도로 일방적인 '집단적 개입'을 분류할 필요가 없다고 본다. 따라서 흔히 '집단적 개입'이라고 하면 유엔의 허가를 받아서 이루어지는 적법한 '집단적 개입'을 지칭하는 것으로 이해되는 것이다. '인도적 개입'의 개념에 관한 여러 학자들의 견해에 대해서는, 이성덕, 「인도적 개입: 자유주의와 포스트모더니즘에 입각한 담론」, 『법철학연구』, 제6권 제1호, 2003, pp.261-269 참조.

83) 성재호, 『국제기구와 국제법』(한울아카데미, 2002), p.160.

84) 상게서, p.163.

적 개입의 정당성을 주장하는 국가나 학자들은 '무력사용 금지의 원칙'에 관한 유엔 헌장 제2조 4항의 규정을 탄력적으로 해석함으로써 조약의 문구보다는 국제사회의 '현실적 요청'에 좀 더 충실하고자 한다. 이러한 입장은 이른바 '법현실주의'(legal realism)에 입각한 것으로서 국제공동체의 현실에 비추어 유엔 안보리에 의한 평화유지 또는 인권보호의 기능이 제대로 수행되지 않는 경우에는 인권보호를 위한 인도적 개입이 허용되어야 한다는 논거를 제시하고 있다.[86] 이러한 논거에 입각하여 1999년 코소보(Kosovo) 사태에 대한 '북대서양조약기구'(NATO)의 무력적 개입과 관련하여 일부 학자들은 '새로운 형태의 인도적 개입에 대한 권리'(new right to humanitarian intervention)를 주장하기도 했던 것이다.[87]

(2) 민주적 개입의 의의

한편 오늘날 국제법에 의하여 '인권 보호'(protection of human rights)의 중요성이 강조되고 인권보호를 위한 자유민주주의 체제의 우월성이 나타남에 따라 국제공동체가 '세계 공공질서'(world public order)의 구축을 위해서 또는 그 구성원인 국가들에 있어서 자유민주주의 체제의 수립을 위하여 적극적으로 개입할 수 있다는 주장도 제기되고 있다. 원래 '민주적 개입'은, "냉전 기간 동안" 유엔 안보리의 기능이 마비되어 있었기 때문에 미국이 스스로 세계 공공질서를 위하여 시도한 무력사용과 민주정부 수립을 명분으로 감행했던 무력적 개입을 정당화하기 위하여 유엔 헌장 제2조 4항에 대한 탄력적 해석을 시도했던 논리였다.[88]

그러나 오늘날 냉전체제가 종식되고 유엔 안보리의 기능이 활성화 되었음에도 불구하고 '민주적 개입'의 논리는 폐기되지 않은 채 여전히 그 존립근거(*raison d'être*)를 찾고자 노력하고 있는 것이다. '민주적 개입'에 근거한 무력적 개입을 옹호하는 입장은 '인권

---

85) 당사자들에 의하여 '인도적 개입'으로 주장된 사례로서는 방글라데시에 대한 인도의 개입(1971년), 캄보디아에 대한 베트남의 침공(1978년), 중앙아프리카에 대한 프랑스의 개입(1979년), 우간다에 대한 탄자니아의 개입(1979년), 그레나다에 대한 미국의 개입, 코소보(Kosovo) 사태(1999년) 등이 있다. C. Gray, *op. cit.*, pp.26-35; 이성덕, 「사례를 통하여 본 인도적 개입(국제법적 적법성)」, 『법학연구』, 제5권(홍익대학교 법학연구소, 2003) 참조.

86) J. L. Holzgrefe and R. O. Keohane, *op. cit.*, p.39 참조.

87) C. Gray, *op. cit.*, p.24.

88) M. W. Reisman, *op. cit.*, p.642; D'Amato, "The Invasion of Panama was a Lawful Response to Tyranny", *AJIL*, Vol 84, 1990, p.516.

보호'와 같은 유엔의 목적 달성을 위하여 무력을 사용하는 것은 적법하다는 논리를 견지하고 있다. 이들은 오늘날 모든 인민들은 '민주적 거버넌스'(democratic governance)를 위한 권리를 향유하고 있으며 국가들은 다른 인민들이 이러한 '민주적 거버넌스'를 성취하는 데 무력을 통하여 지원할 수 있는 권리가 있다고 하는 것이다.[89] 이에 따라 비민주적 국가에서 민주정부가 수립되고 유지되기 위한 가장 효과적이고도 직접적인 수단은 다름 아닌 독재정권의 무력적 전복이라는 전제에서 미국을 비롯한 일부 서방국들이 타국에 대한 군사적 개입을 통한 '민주적 개입'을 정당화하고 있는 것이다.[90]

(3) 인도적 개입 및 민주적 개입의 정당성

유엔 헌장 제2조 4항을 '제한적'으로 해석하는 측에서는 제2조 4항의 문구들이 평범하고도 상식적인 의미에 따라 해석되어야 한다고 본다. 즉 헌장상 "다른 국가의 영토보전이나 정치적 독립에 반하는" 무력사용만이 금지된다고 명시되어 있기 때문에 다른 국가의 영토보전이나 정치적 독립과 직접적인 관련이 없는 무력사용은 "유엔의 목적과 양립하는" 경우에는 허용될 수 있다는 것이다. 예를 들어, 다른 국가에 억류되어 있는 자국민의 생명을 보호하기 위한 무력사용이나 다른 국가에 의한 무력공격이 예상되는 상황하에서의 무력사용은 무력사용 상대국의 영토보전이나 정치적 독립을 침해하고자 하는 것이 아니고, 유엔의 목적과 양립하지 않는다고 볼 수도 없기 때문에 헌장상 허용될 수 있다고 주장한다. 이러한 헌장 해석은 또한 어느 국가가 다른 국가에서 벌어지고 있는 대규모의 인권침해 상황을 시정하기 위해 무력적으로 개입하는 경우도 '인도적 개입'에 근거하여 허용될 수 있다는 주장의 근거를 제공해 준다.[91]

이러한 논리에 대해 제2조 4항을 '포괄적'으로 해석하는 '전통적 입장'(classical view)에서는 무력사용의 가능성을 최소화하기 위하여 유엔 헌장에서 명시적으로 허용된 경우, 즉 집단적안전보장제도 및 자위권에 근거한 경우를 제외한 모든 개별적 무력행사는 국제평화와 안전을 유지하기 위한 유엔의 목적과 양립하지 않는다고 본다. 제2차 대전을 겪고 난 뒤 유엔 헌장의 기초자들은 전쟁의 방지를 통하여 국제평화 및 안전을 유지한

---

89) Thomas M. Franck, "The Emerging Right to Democratic Governance", *AJIL*, Vol.86, 1992, pp.46-91 참조.

90) 김석현, 전게논문(주 28), pp.90-92.

91) J. L. Holzgrefe and R. O. Keohane, *op. cit.*, p.37.

다는 유엔의 목적을 위해 '무력사용 금지의 원칙'을 강조하는 한편 개별국가들에 의한 무력사용의 가능성을 가급적 제한하고, 헌장 제51조에 따른 자위권의 경우와 같이 예외적으로 허용되는 개별국가의 무력사용에 대해서도 그 요건을 엄격하게 적용함으로써 자위권 행사의 적법성에 대한 유엔(안보리)의 통제권을 강화하고자 시도하였던 것이다.

이러한 관점에서 보면 헌장 제2조 4항에 대해서는 '포괄적'으로 해석하고 제51조에 대해서는 '제한적'으로 해석하는 입장이 헌장의 본래 의도에 보다 근접하는 것이며,[92] 헌장 전체의 구조상 '원칙조항'인 제2조 4항으로부터 예외조항인 제51조에 의한 자위권 행사를 포함하여 안보리의 승인을 받지 않고 행해지는 개별국가 또는 여러 국가들에 의한 집단적 무력행사가 이루어지는 예외적인 상황을 정당화 시키는 것은 극히 신중하게 접근해야만 하는 것이다.[93]

또한 '민주적 개입'과 관련해서 보면 어떤 국가에 '불법적'(illegal)이거나 '정당하지 못한'(illegitimate) 정부가 세워졌다거나 지배하고 있다는 사실이 단순히 제3국으로 하여금 그 정부를 전복하고 '합법적'(legal) 또는 '정당한'(legitimate) 정부를 세우기 위해 무력을 사용하도록 할 수 있는 것은 아니다. 비민주적 정부라 하더라도 그 정부가 속하고 있는 국가가 독립성을 향유하며 자결권을 행사할 수 있는 것이기 때문에, 이 문제는 어디까지나 당해 국가의 국민들이 자율적으로 결정할 수 있는 '국내문제'(domestic matters)에 속하거나, 아니면 심각한 인권침해 등 개입의 정당성이 인정될 수 있는 상황이라 하더라도 정부의 전복과 새로운 정부의 수립을 위한 무력사용이 당연히 정당화될 수는 없다고 보아야 할 것이다. 현행 국제법상 '무력사용 금지의 원칙'은 강행규범(*jus cogens*)이고, 반면에 '민주적 거버넌스'의 원리는 아직 강행규범이 아니기 때문에 '무력사용 금지의 원칙'이 더 우선하게 되는 것이다.[94] 따라서 현행 국제법상 '민주적 개입'에 근거한 무력사용은 허용될 수 없다고 보아야 한다.[95]

---

92) *Ibid.*, p.38 참조.

93) 오윤경 외 외교통상부 직원, 전게서, pp.635-637; 이 때문에 1970년에 채택된 「유엔 헌장에 따른 국가 간의 우호관계 및 협력에 관한 국제법의 제원칙 선언」에서도 인도적 개입에 관한 조항을 포함시키지 않았던 것이다 (C. Gray, *op. cit.*, p.27 참조).

94) 이기범, 「무력을 사용하는 인도적 개입의 현행 국제법상 허용여부」, 『법학연구』, 제11권 제4호(연세대학교, 2001), pp.229-255 참조.

95) 김대순, 전게서, p.978; Peter Malanczuk, *Akehurst's Modern Introduction to International Law* (London & New York: Routledge, 2000), p.31.

2) 인도적 개입과 미국의 무력사용에 대한 적법성 검토

유엔 헌장 제2조 4항에도 불구하고 인도적 개입에 대하여 긍정적으로 평가하고 있는 입장에서는 대 이라크 전에 있어 미국 무력사용의 적법성을 근거지우기 위하여 '인도적 개입'이 원용될 수도 있다고 본다. 특히 대 이라크 전의 경우는 특히 안보리의 제 결의를 위반하여 대량파괴무기를 생산·보유하고 테러리즘을 지원하는 S. Hussein 정부의 축출을 목표로 하고 있기 때문에 그 무력사용이 오로지 '정당성을 상실한 정부'(illegitimate Government)를 겨냥하고 있는 경우에는 '민주적 개입'의 논리와 중첩되어 그 필요성이나 정당성이 인정될 가능성이 높다고 하는 것이다.[96]

대 이라크 전에 있어서 미국은 S. Hussein 정권의 반인권적 성격을 지적하면서 전쟁의 목적을 억압적인 이라크 정부를 제거하고 민주적인 정부의 수립을 지원하는 것을 내용으로 하는 '이라크의 해방'(liberation of Iraq)에 두고 있음을 강조하고 있는 것도 자신의 무력사용을 '인도적 개입'과 '민주적 개입'에 근거하여 정당화하려는 시도로 보아진다. 그러나 앞에서 언급한 바와 같이 현행 국제법상 '무력사용 금지의 원칙'에 관한 국가들의 실행과 법적 확신이 현저히 변화되고 있다거나 기존의 조약 규정을 개정하는 수준에서 국제법의 변경이 이루어지지 않는 한 국가(들)에 의한 '일방적인', '무력적 개입'이 허용될 여지는 거의 없다고 본다. 따라서 '인도적 개입'이나 '민주적 개입'의 어느 경우에도 현행 유엔 헌장의 해석상 적법성이나 정당성을 인정받기가 어렵다고 하지 않을 수 없다.[97] 이러한 입장은 미국이 '인도적 개입'이나 '민주적 개입'에 근거하여 이라크에 대한 무력사용의 적법성을 주장하는 데 대한 평가의 경우에도 예외가 될 수는 없는 것이다.

Ⅳ. 결론

유엔 헌장 제2조 4항에 규정되고 있는 '무력사용금지의 원칙'과 그 예외에 대하여 헌장을 중심으로 살펴보고, 특히 이러한 문제에 관하여 2003년에 발생한 대 이라크 전에 있어서 미국 무력사용의 적법성과 관련하여 검토하였다. '무력사용금지의 원칙'에 대한

---

96) Fernando R. Tesón, *A Philosophy of International Law*(Boulder: Westview Press, 1998), p.62.
97) P. Malanczuk, *op. cit.*, p.31.

예외에 대해서 우선 헌장에 명시되고 있는 제7장의 '집단적안전보장제도'와 제51조의 '자위권'의 관점에서는 물론 예방적 자위권, 그리고 인도적 개입과 민주적 개입 등 헌장 외적으로 접근할 수 있는 정당화 근거들에 대해서도 살펴보았다.

현재 비록 유엔 헌장상의 '무력사용 금지의 원칙'이 여러 가지로 도전받는 상황이 전개되고 있기는 하지만, 이러한 원칙이 국제법상 강행규범으로서 국제사회의 평화와 안전의 유지에 커다란 역할을 수행해 왔다는 점을 고려한다면, 그 예외의 인정은 최소한의 범주로 제한되지 않으면 안 된다고 본다. 이러한 관점에서 미국의 이라크에 대한 무력사용에 대하여 검토한 결과 '자위권'에 근거한 경우는 물론 안보리의 '허용'에 근거해서 그 적법성을 인정하는 데는 상당한 어려움이 있다는 결론에 이르게 되었다.

미국이 주장하는 적법성 논거에서 보는 바와 같이 '국제사회의 평화와 안전'을 책임지고 있는 유엔 안보리의 주도적인 역할과 권한을 도외시하고 미국의 일방적인 판단에 따라 안보리 제 결의의 해석 및 그 효력에 대한 최종적 평가가 이루어지도록 한다면, '무력사용금지의 원칙'을 규정하고 있는 헌장 제2조 4항은 더 이상 규범력과 실효성을 가질 수 없게 되고 국제사회는 다시 '권력정치'(power politics) 및 '현실주의'(realism)의 시대로 회귀할지도 모른다는 위구심이 든다.

무력이 아닌 평화적인 방법으로 국제사회의 문제를 해결하고 충돌을 방지하기 위한 법·제도적 장치를 강화함으로써 국제평화와 안전을 항구적으로 확보할 수 있도록 하는 데 강대국과 약소국을 불문하고 모든 구성원들의 노력이 집중되어야만 한다고 본다. 따라서 국제법 규범의 미비점을 보완하고 실효성을 증대시킴으로써 국제법과 국제기구를 바탕으로 '국제적법치주의'(international rule of law)가 강화될 수 있도록 해야만 한다.

국제적법치주의의 증대를 위하여 긍정적인 방향이라고 한다면 국제사회 및 국가들의 새로운 실행들과 의견을 반영할 수 있도록 국제법의 변화도 모색될 수 있어야 할 것이다. 대규모 테러리즘에 효과적으로 대처할 수 있는 방법을 찾고, 이와 관련하여 '예방적 자위', '인도적 개입', 또는 '민주적 개입'의 필요성이 새롭게 인정될 수 있다면 국가들의 실행과 법적확신(*opinio juris*)을 신중히 검토하여 이를 실정국제법의 범주 속에 포함시켜 나가기 위한 작업이 진행될 수도 있다고 본다.

다만 여기서는, 무력사용 문제를 규율하는 현행 국제법(*lege lata*)에 기초하여 판단할 때, 이라크에 대한 미국의 무력사용을 적법한 것으로 보는 것은 많은 문제가 있다는 사실과 함께, 설사 일부의 주장과 같이 '예방적 자위' 또는 '인도적 개입'이 원용될 수 있다는 관점에서 보더라도 그 적법성(정당성)을 인정하는 데는 문제가 있다고 하는 사실을 지적하지 않을 수 없다는 것이다. 이와 관련하여 일부 논자는 미국의 무력사용이 '적법'하지는 않지만 '정당성'은 인정될 수 있다는 주장을 내세우고 있지만, 이라크 내 WMD의 존재가 확인되지도 않았고, 미군이 후세인 정부를 전복시킨 후에도 장기간 이라크 영토에 대한 점령을 유지해 오면서 많은 문제를 야기했다는 점을 감안한다면 '비례성의 원칙'면에서 보더라도 그 '정당성'이 인정될 여지가 없다고 할 것이다.

오늘날 국제사회에서 절실히 요구되고 있는 것 중의 하나가 민주적이며 효과적인 '글로벌 거버넌스'(global governance)를 위하여 '국제적법치주의'를 제고하는 것이다. 이를 위해서 국제법의 위상 제고와 유엔과 같은 국제기구의 권한 및 역할 강화가 절실히 요청되고 있다. 이에 따라 국제법의 정립 및 집행 기관으로서 유엔의 역할이 한층 더 강화될 수 있도록 하지 않으면 안 된다. 안보리의 재편을 중심으로 최근에 거론되고 있는 국제사회의 민주주의와 법치주의를 제고하는 방향으로 추진되어야 한다고 본다.[98]

당초 미국이 이라크에 대한 무력사용을 검토하면서 유엔 안보리로 하여금 '허용' 결의를 채택해 주도록 시도하였음에도 불구하고 안보리는 이에 대하여 소극적인 입장을 견지한 바 있다. 이를 통하여 이라크에 대한 무력사용에 부정적 평가를 드러냈다고 볼 수도 있지만, 미국과 이라크 간의 무력충돌 과정과 그 종료 이후 유엔은 미국의 무력사용에 대한 공식적인 평가를 유보함은 물론, 전후 처리 과정에서도 어떠한 적극적인 역할도 수행하지 않고 있는 것으로 보인다.

'무력사용금지의 원칙'을 비롯한 국제법의 기본원칙들이 규범적 위상을 확립하고 그 실효성을 강화해 나가기 위해서 유엔의 역할이 보다 강화되어야 한다는 점을 고려할 때 매우 유감스러운 일이 아닐 수 없는 것이다. 유엔의 재건 및 위상 강화가 국제사회가 법적 공동체로 거듭나기 위한 필요조건이 아닐 수 없다.

---

98) John C. Yoo, "Force Rules: UN Reform and Intervention", *Chicago Journal of International Law*, Vol.6, 2006, pp.641-642.

제12장

인도적 개입의 적법성 및 법전화 문제

I. 서론

제2차 세계대전 이후 유엔 헌장은 무력사용을 엄격히 금지하고 이를 국제사회의 질서와 평화를 촉진하기 위한 초석으로 삼고 있다. 타국의 국내관할권에 속하는 문제에 간섭해서는 안 된다는 것도 확립된 하나의 국제법원칙이며 국가주권을 강화하는 역할을 하고 있다. 한편, 헌장에서는 전통적인 주권개념에 근본적으로 도전하는 새로운 국제인권법의 등장도 예고하고 있다. 인권 존중의 촉진과 장려가 유엔의 기본적 목적 중 하나로 되어 있다. 그 결과 인권은 국제적 관심사항이 되었고 단순히 국가의 국내관할권 내의 문제만이 아니다. 국제법상 인권 개념은 국가주권이란 절대개념에서 벗어나는 것이며, 국제법이 전통적인 국가중심적인 입장에서 급격히 이탈하고 있음을 보여주고 있다.[1]

인도적 개입은 무력사용을 수반하는, 타국 내의 인도적 위기에 대한 강제개입이란 점에서 이들 원칙들 상호간의 조정의 문제를 내포하고 있어, 국제법에서도 아주 다루기 어려운 문제로 취급되어 왔다. 국제사회에서는 한 국가 내에서 정부의 의도적 행위 또는 내부갈등으로 수많은 인명이 학살되거나 비인도적으로 억압받는 것을 빈번히 목격할 수 있다. 이러한 학살이나 비인도적 억압은 당연히 멈추게 해야 한다. 그러나 이를 위해 무력을 사용해도 된다고 하면 인류가 달성한 무력사용의 위법화(유엔 헌장의 *jus ad bellum*

---

1) Bartram S. Brown, "Humanitarian Intervention at a Crossroads", *William and Mary Law Review*, Vol. 41, 2000, pp.1687-1689.

체제)는 무의미해질 위험도 있다. 실제 인도적 개입이라는 사례에서 보듯이, '순수한'인도
적 개입의 예를 발견하기는 어렵고, 그것은 단지 타 행동을 정당화하는 구실에 불과하였
거나 다른 목적을 함께 가지고 있었던 '남용'의 경우가 거의 대부분이었다. 그러나 한편,
무력을 사용한 개입이 오히려 상황을 그대로 방치하는 것보다 나은 경우도 분명히 있다.
베트남의 캄보디아 개입은 그러한 사례의 한 예가 될 수 있을 것이다.[2] 이처럼 인도적
개입에는 양면성이 있다. 즉, 인도적 개입은 제노사이드와 인종청소와 같은 잔인한 학살
로부터 무고한 민간인을 보호하는 유일한 방법일 수 있지만, 이를 권리로서 인정하거나
아무런 제한 없이 인정한다면 이는 무력사용금지의 원칙을 약화시킴으로써 유엔 헌장의
기본적 평화전략을 무력하게 만들어 버릴 우려도 있는 것이다.[3]

　　현재, 인도적 개입에 관해서는 많은 저작물이 나와 있다. 그러나 국내에서는 개입의
주체, 수단, 목적 또는 기타 활동과의 혼동에 따른 개념적 혼란뿐만 아니라, 용어 사용에
서도 혼란이 보인다. 용어사용과 관련하여, 영어 문헌에서 일관되게 사용되고 있는
'humanitarian intervention'이 한국에서는 '인도적 간섭' 또는 '인도적 개입'으로 번역
되고 있다. 현재, 국내 국제법학에서는 대체로 '인도적 간섭'으로 번역하고 있지만,[4] 최
근 인도적 개입이란 표현을 사용하는 예도 보인다.[5] 심지어 하나의 문헌에서 두 용어가
혼용되거나,[6] 아예 이 용어의 사용 자체가 보이지 않는 문헌도 있다.[7] 또 이러한 저작물

---

2) Ingrid Detter De Lupis, *The Law of War*(Cambridge: Cambridge University Press, 1987), p.79–80; D.P.
　 Murphy, *The United Nations and the Control of International Violence*(Manchester: Manchester
　 University Press, 1983), pp.63–64.

3) Brown, *op. cit.*, p.1690.

4) 김대순, 『국제법론』, 제11판(삼영사, 2006), p.1075; 이석용, 『국제법-이론과 실제』(세창출판사, 2003),
　 p.617; 나인균, 『국제법』(법문사, 2008), p.256, 273; 최재훈 외 5인, 『국제법신강』(신영사, 2004), p.161("인도
　 를 위한 간섭"); 성재호·김정균, 『국제법』(박영사, 2006), pp.189-190; 김병렬, 「지역적 기구에 의한 인도적
　 간섭의 합법성에 관한 연구」, 『교수논총』(국방대학), 제24권, 2002; 성재호, 「국제연합하의 인도적 간섭」,
　 『국제법평론』, 제13호, 2000; 이한기, 『국제법』(박영사, 2006), p.284; 성재호, 「간섭이론과 실제」, 『국제법학
　 회논총』, 제68호, 1990; 유재형, 「국제법상 인도적 원조와 인도적 간섭-유엔을 중심으로」, 『법학논집』(청주대
　 법학연구소); 이기범, 「무력을 사용하는 인도적 간섭의 현행국제법상 허용여부」, 『법학연구』(연세대법학연구
　 소), 2001; 이성덕, 「인도적 간섭-자유주의와 포스트모더니즘에 입각한 담론」, 『법철학연구』, 제6권 1호, 2003;
　 이성덕, 「사례를 통하여 본 인도적 간섭-국제법적 적법성」, 『법학연구』(홍익대법학연구소), 제5권, 2003.

5) 정경수, 「북한에 대한 인도적 개입의 정당성」, 『민주법학』, 제25권, 2004; 김영석, 「인도적 개입과 국제법」,
　 『국제법평론』, 제22호, 2005; 조시현, 「인도적 개입: 인권과 평화의 갈림길」, 한국인권재단 엮음, 『한반도의
　 평화와 인권 Ⅰ』(사람생각, 2001).

6) 오윤경 외 외교통상부 직원, 『21세기 현대국제법질서-외교실무자들이 본 이론과 실제-』(박영사, 2001); 서철
　 원, 「안보리의 승인 없는 인도적 무력개입」, 『사회과학논총』(숭실대), 제6권, 2003. 오윤경 외 외교통상부

에서의 논의는 인도적 개입에 수반되는 무력사용의 적법성에 관한 것이 대부분이고, 복잡한 인도적 위기를 다루는 명확히 정의된 규범이 있는 것이 좋은지, 아니면 그러한 규범이 없어도 국제법의 목적과 인권보호에는 지장이 없는지에 대한 논의는 상대적으로 적다.[8]

이러한 인식 하에서, 먼저 인도적 개입 개념의 변화와 유엔 헌장 이후의 인도적 개입의 적법성 논의를 간단히 분석한다. 이어서 이러한 논의의 배경에는 여러 원인이 있겠지만, 특히 국제법의 규범성의 결여, 즉 관련 국제법규범의 부존재나 불명확성이 중요한 원인으로 자리 잡고 있다는 인식에서, 그러한 국제법규범의 명확화를 위한 법전화의 필요성과 그 접근 방법에 관하여 검토하기로 한다.

II. 인도적 개입의 개념적 문제와 적법성 논의

1. 인도적 개입의 개념적 변화

'인도적 개입(또는 인도적 간섭)'[9]이란 19세기 '간섭(개입)'의 개념이 형성되고 확립됨에 따라 등장한 개념으로 그 의미는 아주 다양하다.[10] 인도적 개입의 다의성은 그 용어가 역시 다의적인 두 개념, 즉 '인도(인권)'와 '간섭(개입)'의 혼합적 개념이란 데서 비롯된다.[11] 따라서 인도적 개입을 논할 때, 인도적 개입의 개념적 혼란이 나타나고 있으며,

---

직원 공저의 저서의 경우는 저자가 다양하다는 점에서 나타나는 현상이라고 보여지나, 서철원 교수의 경우는 논문의 제목에는 '인도적 무력개입'이란 표현이 사용되는 반면 본문에서는 '인도적 무력간섭', '인도적 간섭'이란 표현이 사용되고 있음.

7) 이병조·이중범, 『국제법신강』, 제9개정보완수정판(일조각, 2007), p.178("인권보호를 위한 간섭"이란 표현은 있음); 유재형·정용태, 『국제법학』(대왕사, 1997); 최은범·박관숙, 『국제법』(문원사, 1998).

8) Daphné Richemond, "Normativity in International Law: The Case of Unilateral Humanitarian Intervention", *Yale Human Rights and Development Journal*, Vol.6, 2003, p.46.

9) '간섭'은 위법성이 전제로 되어 있는 반면, '인도적 간섭'은 본래는 위법인 간섭이라도 인도를 이유로 하는 경우에는 위법이 되지 않는다는 의미로 언급된다는 점에서, 위법성을 전제로 하지 않는 '개입'이란 용어를 사용하여 '인도적 개입'이라 불러야 한다는 입장도 있다. 따라서 본고에서도 이 입장에 따라 인도적 개입이란 용어를 사용하기로 한다. 다만, 문맥상 필요에 따라 '간섭'이란 표현이 사용되는 경우도 있다.

10) 인도적 개입의 정당성 또는 합법성을 논할 때 필연적으로 고려해야 하는 요소로서 인도적 개입의 다의성이 지적되고 있다(大沼保昭, 『人權, 國家, 文明 – 普遍主義的人權觀から文際的人權觀へ』(筑摩書房, 1999), p.104).

11) Yogesh K. Tyagi, "The Concept of Humanitarian Intervention Revisited", *Michigan Journal of*

시대에 따라 또 논자에 따라 그것이 의미하는 내용도 다르다.[12] 이러한 개념적 혼란은 자국민구출을 위한 개입과 타국 국민의 보호를 위한 개입과 관련하여 많이 나타나고 있다. 먼저 이 두 개념의 관련성과 차이에 대해 검토하기로 한다.

1) 인도적 개입과 재외자국민 구출

전통적으로 인도적 개입이라 할 때는, 한 국가 내에서 정치, 종교, 인종 기타의 이유로 그 주민의 일부 또는 전부가 박해를 받는 등 인도에 반하는 사태가 발생하는 경우, 피개입국의 동의 및 국제기구(유엔)의 허가 없이, 타국이 이러한 비인도적 행위 또는 사태를 중지시키고 인권을 회복하기 위해 무력을 사용하여 개입하는 것을 말한다.[13] 이러한 개념 하에서는, 타국의 국민의 구제가 인도적 개입의 목적이며, 자국민의 구출 또는 보호를 위한 무력사용은 인도적 개입에서 배제되어 있다. 인도적 개입이 법적, 정치적, 윤리적으로 허용될 수 있는지에 관한 논의도 이러한 인도적 개입의 개념을 전제로 한 것이 대부분이었다. 예컨대, Stowell은 "주권자가 이성과 정의로써 행동하는 것이 상정되어 있는 권한의 한계를 넘을 만큼 자의적이고 일관된 학대를 하고 있는 경우, 그러한 학대로부터 그 국가의 주민을 보호한다는 정당한 목적에서 하는 무력사용"이라고 정의하고 있으며,[14] Tensón은 "어떤 정부가 피개입국의 시민들을 그들 자신의 정부에 의한 인권침해로부터 지키기 위해 수행하는 전쟁"[15]으로 정의하고 있고, Holzgrefe도 "국가 또는 국가집단이 피개입국의 허가 없이 피개입국 시민의 기본적 인권에 대한 광범하고 대규모의 침해를 방지하고 중지시키기 위해 국경을 넘어 무력을 사용하는 행위"로 정의하고 있다.[16] 이처럼 전통적으로 인도적 개입은 타국에서의 비인도적 행위를 근거로 타

International Law, Vol.16, 1995, p.884.

12) 梅田 撤, 「國際法における人道的干涉をめぐる論議の變容」, 『現代國際社會と人権の諸相』(宮崎繁樹先生古稀祈念)(成文堂, 1996), pp.213-214.

13) 인도적 개입은 유엔의 허가를 기준으로 '일방적' 인도적 개입과 '집단적' 인도적 개입으로 구분할 수 있는데, 본고에서도 이러한 구분에 입각하여 주로 일방적 인도적 개입을 중심으로 논의를 전개한다.

14) E. Stowell, *Intervention in International Law*(Washington, D.C. : John Byrne, 1921), p.53(大沼保昭, 전게서, p.128에서 재인용).

15) Fernando R. Tesón, *A Philosophy of International Law*(Boulder : Westview Press, 1998), p.59

16) J.L. Holzgrefe, "The Humanitarian Intervention Debate", in J.L. Holzgrefe & Robert O. Keohane(eds.), *Humanitarian Intervention: Ethical, Legal, and Political Dilemmas*(Cambridge: Cambridge University Press, 2003), p.18.

국의 국민의 구호를 위해 이루어지는 무력개입의 일반을 의미하는 것이었다.

그러나 실제로는 '인도적 개입'은 흔히 타국에 거주하는 자국민의 생명, 신체, 재산을 보호하기 위한 무력개입에서도 주장되어, '재외자국민보호를 위한 개입' 자체를 의미하거나, 그것을 포함하는 용어로 사용되곤 하였다.[17] Baxter는, "어느 국가(피개입국) 내에 있는 개입국 국민(우연히 다른 국가의 국민이 포함되는 경우도 있음)을 그 영역으로부터 구출함으로써 살해 또는 중대한 침해로부터 보호하기 위한 단기간의 무력사용"을 인도적 개입이라 정의하고 있다.[18] 여기서는 중대한 인권침해로부터 타국의 국민이 아니라 자국민을 구출하기 위한 무력사용 자체가 인도적 개입으로 이해되고 있다.[19] 이처럼 순전히 자국민보호를 위한 무력사용을 인도적 개입이라 부른 것은, 현실 정치상 '인도'라는 말이 만인에게 호소력이 있어 타국의 주권을 침해하는 무력사용에 대한 국내적·국제적 지지를 얻기 쉽기 때문이다. 그러나 이는 인도적 개입의 개념 자체에 대한 이해를 어렵게 하거나 혼란을 초래하는 원인이 되기도 하였다.[20]

한편, 인도적 개입이 자국민보호를 위한 무력사용을 포함하는 의미로 사용되기도 하였다. 인도적 개입의 개념에 관한 논의가 재외자국민의 보호를 위한 무력사용에서 출발하여 오늘날에는 타국의 국민의 보호를 포함하게 되었다는 주장이나,[21] 오히려 인도적 개입은 애당초 타국의 국민의 보호를 위한 무력사용을 의미하다가 그 뒤 서서히 자국민의 생명과 자유를 보호하는 경우를 포함하게 되었다는 주장[22]이, 그 예이다. 논자의 입장에 따라 여기에는 다시 두 가지 경우가 있다. 하나는 자국민 보호를 포함하는 인도적 개입(광의의 인도적 개입)과 타국 국민의 구제를 목적으로 한 인도적 개입(협의의 인도적 개입)으로 구분하여 인도적 개입의 개념을 정의하는 경우이다.[23] 다른 하나는, 이처럼

---

17) 大沼保昭, 전게서, p.128, 각주 1 참조.

18) Baxter in Lillich(ed.), *Humanitarian Intervention and United Nations*(Charlottesville : University of Virginia Press, 1973), p.53(A. Cassese(ed.), *The Current Legal Regulation of the Use of Force*(The Hague : Martinus Nijhoff Publishers 1986), p.58에서 재인용).

19) 梅田 撤, 전게논문, p.217.

20) 大沼保昭, 전게서, p.104.

21) K. Pease and D. Forsythe, Human Rights and Humanitarian Intervention and World Politics, *Human Rights Quarterly*, Vol.15, 1993, p.298(梅田 撤, 전게논문, p.221, 각주 45에서 재인용).

22) U. Beyerlin, Humanitarian Intervention, R. Bernhardt(ed.), *Encyclopedia of Public International Law*, Vol.3(North Holland Publishing Co., 1982), pp.211-212.

23) 梅田 撤, 전게논문, p.218. 인도적 개입을 유형별 또는 세대별로 구분하여 논하는 것이 바로 그것이다. 예컨대, 인도적 개입에는 재외자국민의 보호와 구출의 인도적 개입(제1세대 인도적 개입), 피개입국 국민(특히 소수자)

두 개념을 구별하지 않고 포괄적으로 인도적 개입을 정의하는 경우이다. M.N. Shaw는 "제3국 내에 존재하고 있는 사람들(개입국 국민에 한정되지 않음)의 생명을 보호하기 위해 그 제3국에 대해 무력으로 개입하는 것"으로 인도적 개입을 정의하고 있다.[24] 또한 David J. Sheffer도 냉전이후의 국제사회의 변화에 적응할 수 있도록 인도적 개입을 새롭게 정의할 필요성을 제기하면서, 자국민의 구출과 보호를 위한 무력사용에 의한 개입도 인도적 개입의 개념에 포함시킬 것을 주장하였다.[25] Sheffer는 "자국민 구출을 위한 무력사용은 본질상 인도적 성격이 있음에도 불구하고 유엔 헌장 하에서 자위의 법영역에 속하는 것으로 이해하고 인정해 왔다.[26] 그런데 인도적 개입은 자신의 정부의 억압적 행위로 생명이 위험에 처해 있는 수천 심지어 수백만의 사람을 구출하는 활동임에도 헌장상의 무력사용의 정당성 기준을 충족시키지 못해 왔다는 것은 국제법의 역설이다.[27] ⋯ 이처럼 자국민구출활동만을 자위 또는 자조 행위로 범주화하는 것은 없애야 할 인위적인 구분이며, 또 이러한 활동이 단지 자위의 법 영역으로만 규율된다면, 국제법은 하나의 개인집단(개입국 국민)의 목숨의 가치를 피개입국의 국민의 목숨보다 더 위에 두게 되는 결과가 된다. 이는 일종의 인종차별주의이며, 이를 막기 위해서 자국민구출활동을 (위험에 처한 타국(피개입국)의 국민에 대한 보호활동과 함께) 인도적 개입에 포함시켜야 한다."[28]고 주장하였다.

이러한 시각의 바탕에 깔려 있는, 자국민이든 타국민이든 인명이나 인권의 중요성에 있어서 다르지 않다는 발상은 휴머니즘으로서는 이론의 여지가 없다.[29] 그러나 양자는 국제법상 정당화의 논리가 다르다. 자국민보호의 경우는 기본적으로 자위권의 법리로 정당화를 생각하는 데 반하여, 타국민보호의 경우는 전통적으로 자연법이나 기독교신학

이나 제3국의 국민을 보호하기 위한 개입(제2세대 개입), 파탄국가에 대한 개입(제3세대 인도적 개입), 인도적 위기의 발생의 예방차원에서 이루어지는 혁신적인 개입(제4세대 인도적 개입)이 있다고 하는 것이다(Tyagi, *op. cit.*, pp.884-887).

24) M. N. Shaw, *International Law*, 3rd. ed.(Cambridge : Cambridge University Press, 1991). p.724; 김대순, 전게서, pp.1075-1076.

25) David J. Sheffer, "Toward a Modern Doctrine of Humanitarian Intervention", *University of Toledo Law Review*, 1992, p.271.

26) *Ibid.*

27) *Ibid.*, p.272.

28) *Ibid.*, pp.272-273.

29) 日本國際フォーラム,「人道的介入に關する國際社會の議論狀況」(外務省委託研究報告書), 2001, p.8.

에 기초를 둔 규범을 인용하거나, 자조의 법리, 법의 영역을 넘은 고도의 정치적 행위, 긴급행위 등의 관점에서 정당화가 시도되었다. 따라서 각각에 대해서는 국제사회와 학자들의 반응과 수용의 정도에는 분명 차이가 있는데, 대체로 자국민보호의 경우가 타국민의 보호의 경우보다 정당하게 보이기 쉬워 수용의 정도가 크다. 따라서 이 둘의 개념을 구별하지 않고 하나의 포괄적 개념으로서 그 정당성을 주장하는 것은 수사(rhetoric)에 지나지 않는다고 비판을 받고 있다.[30]

이러한 점에서 인도적 개입의 논의에서는 재외자국민보호의 경우를 제외하고 개념화하는 것이 합리적 분석에 도움이 될 것이다.[31]

2) 냉전 종식 후 인도적 개입의 개념적 확대

전통적 개념의 인도적 개입은 통상적으로 국제기구의 결정을 거치지 않은 국가의 독자적 판단에 따른다는 점, 극도의 인권침해가 존재하는 점, 피개입국이 그러한 인권침해를 자행하고 있거나 이를 막을 의사 또는 능력이 없는 점, 통상적으로 무력이 사용된다는 점을 그 구성요소로 지니고 있다.[32] 따라서 유엔이 개입 주체가 되는 경우, 유엔의 허가를 받아 국가가 단독 또는 공동으로 개입주체가 되는 경우, 그리고 개입 주체가 누구이든 무력사용이 수반되지 않는 경우는 인도적 개입의 논의의 대상에서 제외되어 온 것이 사실이다.[33]

그런데 냉전 후, 안보리의 의사결정기회의 증대에 수반하여, 세계 각지의 분쟁에서 유엔이 적극적인 역할을 하게 되었다. 특히 국제사회의 어느 지역에서 대규모의 인권억압이 이루어지고 있거나 긴급히 인도적인 원조를 필요로 하고 있는 사람들이 있는 경우, 유엔의 결정을 통해서 국가들이 원조의 손을 내미는 현상이 나타났다.[34] 또 사적 주체에

---

30) 상게 보고서. 타국민 보호를 위한 무력개입(인도적 개입)의 정당성을 인정하는 논자뿐만 아니라, 이를 부정적인 입장을 취하는 논자라도 그 상당수가 자국민의 구출과 보호를 위한 무력사용은 국제법상 인정될 수 있다고 보고 있다는 점에서, 자국민의 구출 쪽이 타국민의 보호를 목적으로 한 인도적 개입보다 수용의 정도가 크다는 입장이 있다(梅田 撤, 전게논문, p.221).
31) 日本國際フォーラム, 상게 보고서, pp.8-9.
32) 모가미 도시키 지음/조진구 역, 『인도적 개입-정의로운 무력행사는 가능한가』(소화, 2003), p.22.
33) 상게서, p.56.
34) 梅田 撤, 전게논문, p.206. 예를 들면, 이라크(1991), 보스니아-헤르체고비나(1992-1995), 소말리아(1992-1993), 르완다(1994), 아이티(1994), 알바니아(1997), 시에라리온(1997-2000), 코소보(1998-1999)에서 실시

의한 인도적 원조가 활발해짐에 따라 피개입국의 동의 없이 이루어지는 사적 주체에 의한 개입의 형태도 나타나고 있다. 이러한 변화를 감안하여, 지금까지 제외되었던 개입 형태도 인도적 개입의 개념에 포함시켜야 한다는 입장이 나타났다.[35] 예컨대, David J. Sheffer에 따르면, 무력적 개입뿐만 아니라 비무력적 수단에 의한 개입도 피개입국의 명백한 동의 없이 이루어지는 경우에는 현실적으로 다른 대안이 없고 개입의 목적이 인민의 대규모 고통을 방지하거나 완화하기 위한 것이라면 인도적 개입에 해당된다고 하면서, 비무력적 개입의 주체로는 NGO도 포함시키고 있다. 또 그는 한 발 더 나아가, 개입상황과 관련하여 이제까지의 정부에 의한 대규모 인권침해나, 내전으로 초래된 인도적 위기뿐만 아니라, 인위적 및 자연적 재해 시의 개입도 인도적 개입에 포함시켜야 한다는 의견을 표명하고 있다.[36]

그러나 최근의 문헌에서는 인도적 개입을 국제적인 인도지원단체 등이 피해자를 구원하는 것과 국가나 국제기구가 무력으로 강제활동을 전개하는 것으로 크게 구분하여 다루고 있다. 양자 모두 인도주의를 표방하는 점에서는 공통하고 있지만, 본질적으로 '무력에 의한 강제성' 유무에서 차이가 있다.[37]

웨스트팔리아 조약 이후 주권국가로 구성된 국제사회에서는 '국가주권'과 '국내문제 불간섭'은 주요한 국제법 기본원칙이다. '무력에 의한 강제성'은 이런 원칙들과 충돌하게 된다. 또, 무력사용에 대해서도 전쟁의 위법화가 진행되었고 특히 유엔 창설 후 국제사회에서는 무력에 의한 위협까지도 포괄적으로 위법화 하였으므로, 이 점에서도 무력사용금지원칙과 정면에서 모순된다. 이러한 점은 인도적 개입의 가장 근본적인 쟁점을 구성하므로 '무력에 의한 강제성'이 있고 없고는 아주 중요한 기준이며 그에 따라서 개념과 명칭을 엄격히 구별할 필요가 있을 것이다.[38]

된 유엔의 개입이 있다.

35) 모가미 도시키 지음/조진구 역, 전게서, pp.55-56. 개입 주체와, 개입 수단의 강제성과 군사성 등의 기준을 조합하여 '타국에서 그 국가의 국민이 심각한 고통을 당하고 있을 때 이를 구제하려고 하는 행동'을 세분화하여 설명하고 있는 것에 대해서는, 日本國際フォーラム, 전게 보고서, pp.9-10.

36) Sheffer, *op. cit.*, pp.264-275. 자연적 재해와 개입에 관한 내용은 Tyra Ruth Saechao, "Natural Disasters and the Responsibility to Protect: From Chaos to Clarity", *Brooklyn Journal of International Law*, Vol.32, 2007, pp.663-707 참조.

37) 日本國際フォーラム, 전게 보고서, p.11.

38) 상게 보고서, p.12.

2. 인도적 개입의 적법성에 관한 논의

인도적 개입이 지닌 여러 측면으로 인하여, 그 옳고 그름에 대한 논의는 여러 각도에서 시도되었다. 즉 철학적 정당성, 도덕적 정당성, 정치적 정당성 및 법적 정당성(적법성)에 관한 논의가 그것이다.[39] 여기서는 인도적 개입의 법적 정당성, 즉 그 적법성에 관한 논의를 중심으로 살펴보기로 한다.

적법성에 관한 논의의 대부분은 앞서 지적하였듯이 일방적인 인도적 개입에 관한 것이다. 유엔 헌장 이후 확립된 전쟁의 위법화의 강화로 이에 관한 논의가 거의 없었지만, 70년대 발생한 대규모 인권침해(대량학살)를 계기로 다시 논의가 여러 각도에서 활발히 이루어지게 되었으며,[40] 90년대 냉전의 종식과 더불어 국제사회의 상황변화, 특히, 코소보에 대한 NATO의 공습을 계기로 일방적 인도적 개입의 가능성 여부가 또 다시 각광을 받게 되었다.[41] 그런데 냉전기 동안에는 국가의 무력사용을 인도적 개입이론으로서 정당화하려고 시도한 쪽은 국가보다는 학자들이었으나, 냉전 종결 후에는 학자들뿐만 아니라 국가들도 인도적 개입 이론을 주장하는 변화가 나타나고 있다.[42]

유엔 헌장 체제하에서 이처럼 인도적 개입에 관한 논란이 발생하는 배경에는, 유엔 헌장 이후의 국제법질서의 주요한 두 측면, 즉 국가주권과 인권 사이의 긴장상태가 자리 잡고 있다.[43] 나아가 냉전기 동안의 유엔의 기능마비가 이 논의에 미친 영향도 무시할 수 없다. 국제사회에서 인권보호의 요구는 높아졌지만 유엔이 제대로 작동하지 않는 이상, 인권보호의 기능은 국가에 의한 인도적 개입이라는 형태로 대체되어야 한다는 시각이 인도적 개입 지지론을 중심으로 나왔기 때문이다.[44]

많은 체계적인 국제법 해설서는 이 문제에 대해서 침묵하고 있긴 하지만, 현재의 유

39) 인도적 개입의 철학적, 정치적 이해에 관한 것은 Ravi Mahalingam, The Compatibility of the Principle of Non-intervention with the Right of Humanitarian Intervention, *UCLA Journal of International Law and Foreign Affairs*, Vol.1, 1996, pp.228-237 및 이성덕, 「인도적 간섭 —자유주의와 포스트모더니즘에 입각한 담론」(전게주 4), pp.261-284 참조.
40) 大沼保昭, 전게서, p.104.
41) 모가미 도시키 지음/조진구 역, 전게서, p.5.
42) Christine Gray, *International Law and the Use of Force*(Oxford: Oxford University Press, 2004), pp.32-37.
43) Brown, *op. cit.*, p.1687.
44) 梅田 撤, 전게논문, p.206.

엔 헌장의 *jus ad bellum* 체제상의 무력사용금지원칙을 엄격히 해석하여 인도적 개입을 위법으로 보는 것이 지배적인 생각이다.[45] 이러한 태도는 인도적 개입이론의 남용 가능성에 대한 우려에 근거를 둔 것이다. 즉 실제로는 다른 목적을 위해서 군사적 개입(전쟁)을 하면서, 이를 합법화하는 구실로서 인도적 개입을 이용할 수 있다는 우려가 일방적인 인도적 개입의 합법화에 대한 반대의 가장 일반적이며 주요한 근거로 파악되고 있다.[46]

그러나 다음과 같이 인도적 개입을 유엔 헌장의 *jus ad bellum* 체제와 조화시키려는 시도도 있다. 첫째, 유엔 헌장의 해석을 통해 유엔 안보리의 승인을 거치지 않고 국가나 지역기관의 판단만으로 인도적 개입을 정당화할 수 있다고 한다. 헌장 제2조 4항이 금지하는 것은 '국가의 영토보전 또는 정치적 독립'을 침해하는 무력사용에 한정된다고 한다. 이 입장에 따르면, 만약 인도적 개입이 피개입국의 영토보전의 훼손이나 정치적 종속의 결과를 초래 하지 않는다면, 유엔 헌장 제2조 4항에 입각하여 금지된다고 주장할 수 없다는 것이다. 이러한 입장은 인도적 관점에서는 다소 매력적이다. 한 국가 내에서 제노사이드(genocide)와 같이 국제범죄 수준의 중대한 인권침해에 대해 국제법과 국제기구가 대응불능 상태에 빠지는 것을 막을 수 있기 때문이다.[47] 그러나 이처럼 유엔 헌장 제2조 4항을 제한적으로 해석하는 것은 유엔 헌장의 기초자의 의도와 역사적 경위를 무시하는 것이다. 한편, 헌장 성립 후 무력사용금지원칙의 타당성은 인정하지만, 그 후의 상황변화로 그 원칙의 내용이 바뀌고 있다거나 바뀌어야 한다는 주장(수정주의)도 나타났다.[48] 예컨대, 헌장체제하에서 인도적 개입은 금지되지만, 헌장체제가 실제로 작동하지 못함으로써 헌장을 현실적으로 해석하여 인도적 개입을 무력사용금지에 대한 하나의 예외로

---

45) 상게논문, p.211; 김영석, 전게논문, p.51. 한편 Rogers는 인도적 개입에 관한 국제법학자들의 입장을 좀 더 세분화하여 다음 6가지로 정리하고 있다: (1) 인도적 개입은 위법이라는 입장, (2) 인도적 개입은 지금은 위법이지만 장래에는 명확히 정의된 상황에서 합법일 수 있으며, 인도적 개입에 관한 상문법전을 주장하는 입장, (3) 미온적 수락의 입장(특히 수많은 인명을 구하기 위해 이용될 경우), (4) 국가가 파탄이 나서 인명을 보호할 즉각적이고 단기간의 긴급조치를 취할 필요가 있는 경우, 인도적 개입은 정당화된다는 입장, (5) 아직은 초기 단계이지만 인도적 개입권을 인정하는 입장, (6) 대규모 인명 손실을 초래하는 극단적인 인도적 긴급 상황에서만 최후의 수단으로서 인도적 개입에 대한 법적 권리가 존재한다는 입장 등이다(A. P. V. Rogers, Humanitarian Intervention and International Law, *Harvard Journal of Law and Public Policy*, Vol.27, 2004, pp.730-732.).

46) Ryan Goodman, "Humanitarian Intervention and Pretexts for War", *American Journal of International Law*, Vol.100, 2006, p.113.

47) Brown, *op. cit.*, pp.1697-1698.

48) 梅田 撤, 전게논문, p.211.

서 인정하는 것이 가능하다는 것이다. 인도적 개입에 반대하는 입장의 주된 근거는 무력 사용을 금지하는 제2조 4항의 절대적 해석과 인도적 개입의 남용 가능성이다. 그러나 현재 국가관행의 현실을 통해, 유엔 헌장을 절대적으로 해석하는 것은 무의미해졌다. 따라서 유엔 헌장 제2조 4항을, 대량학살을 방지하기 위해 무력사용이 요구될 때 유엔 헌장상의 금지에 대한 예외를 인정하는 현실의 국가관행에 기초하여 탄력적이고 현실적으로 해석할 필요성이 있다.[49] 냉전 종결 후 변화된 국제적 상황을 배경으로 전개되고 있는 인도적 개입론의 대부분은 이 입장을 배경으로 한 것이다. 그러나 이러한 견해가 반드시 학계의 주류로 되어 있는 것은 아니다. 국제법학자의 대부분은 수정주의를 받아들이지 않거나, 적어도 신중한 태도를 취하고 있다.[50]

둘째, 인권보호가 국가주권의 옹호보다 우선하므로 인도적 개입의 합법성을 인정할 필요가 있다는 것이다. 특히 인권규범의 강행규범성(*jus cogens*)을 전제로 하는 입장이 눈길을 끈다. 즉 제노사이드 및 인도에 대한 죄를 금지하는 규칙은 적어도 이론적으로는 일탈이 허용되지 않는 강행규범이다. 그러면 한 국가 영역 내에서 이러한 인권규범에 반하는 광범한 침해가 발생하고 영역국이 이를 방지할 의사나 능력이 없다면 어떻게 해야 하는가? 만약 외교적 수단이 실패한다면, 군사적 개입이 무고한 사람들이 계속 학살되는 것을 막을 수 있는 유일한 수단일지도 모른다. 그러나 현재 강행규범의 존재에 대해서는 의견이 일치되지만, 구체적으로 어떠한 국제법규칙이 강행규범으로 될 수 있는가에 대해서는 완전한 합의를 보지 못하고 있는 상태이다. 설령 인권규범의 강행규범성을 인정한다고 해도, 무력사용의 일반적 금지를 규정하는 제2조 4항이 국제사회에서 이견 없이 강행규범으로 수락되고 있다는 점과 어떻게 조화를 이룰 것인가 하는 문제가 남는다.

셋째, 관습국제법상 인도적개입권에 근거하여 인도적 개입의 적법성을 주장하는 논자가 있다. 이들에 따르면, 인도적개입권은 19세기와 20세기 초의 국가실행을 통해 확립되었으며, 유엔의 창설에 의해서도 없어지거나 약화되지 않았다고 한다.[51] 이 권리는,

---

49) Daniel Wolf, "Humanitarian Intervention", *Michigan Year Book of International Legal Study*, Vol.9, 1988, pp.333, 368(Brown, *op. cit.*, note 48에서 재인용).

50) 梅田 撒, 전게논문, p.212.

51) Richard Lillich, "Forcible Self-help by States to Protect Human Right", *Iowa Law Review*, Vol.53, 1967, p.334.

자국민의 대우에 관한 국가의 자유재량권이 절대적인 것이 아니고 기본적 인권이 부정되고 잔학행위가 이루어지는 때에는 그 문제는 국내문제가 될 수 없다는 전제에 기초하고 있다.[52]

그러나 관습법상 인도적개입권이 성립하기 위한 충분한 국가실행은 존재하지 않고, 인도·인권에 관한 개념이 다양하여 일치하지 않는다는 문제가 있다. Brownlie는, 먼저 국가실행과 관련하여, 유엔 헌장 이전에 실제로 발생한 최대의 인도적 재앙에 직면하여 그러한 개입권은 행사는커녕 원용조차 되지 않았던 경우가 많았던 사례를 언급하면서, 헌장 이전의 인도적 개입에 관한 국가 실행은 관습국제법상 인도적개입권을 형성하기에는 충분하지 못하였다고 지적한다.[53] 그리고 20세기 후반 역시 인도적 목적을 위한 개입(협의의 인도적 개입 즉, 일방적 인도적 개입)이 거의 없는 시기였다. 예컨대, Byers와 Chesterman의 분석에 따르면, 이 시기의 인도적 개입으로서 정당화되었어야 좋았을 약간의 사례들(방글라데시, 캄보디아, 우간다)은 다른 관점(자위, 기타 여러 동기)에서 정당화되었고, 동시에 또 어떤 사례들은 안보리의 허가에 근거한 것(라이베리아, 소말리아, 보스니아, 아이티 르완다)이거나, 피개입국의 요청에 근거한 것(1978 프랑스의 자이레 개입)이었다.[54] 따라서 헌장 이후 인도적개입권을 인정하는 관습법규칙이 새로 확립되기에 필요한 충분한 국가실행은 없었다.[55] 한편, 헌장 이후 이러한 권리를 창출하는 관습국제법의 또 하나의 요소인 법적 확신을 증명하기는 더 어렵다. 국제공동체가 그러한 권리를 법적으로 구속력 있는 것으로 여겼다는 증거(법적 확신)가 거의 없거나 전무하기 때문이다.

또한, 설령 관습법상의 인도적 개입의 권리가 존재하였다고 하더라도, 유엔의 *jus ad bellum* 체제의 창설에 의해 소멸되었다고 보는 것이 적절할 것이다.[56] 일반적으로 명확한 조약이 관습국제법에 우선하므로, 개입을 허용하는 관습법규칙은 제2조 4항을 무효화하기에는 충분하지 않기 때문이다.[57]

---

52) 藤井京子,「人道的干涉」,『國際關係法辭典』(三省堂, 1995), p.448.

53) I. Brownlie, *International Law and the Use of Force*(Oxford: Oxford University Press, 1963), pp.339-41; Beyerlin, *op. cit.*, p.212.

54) "Michael Byers and Simon Chesterman, Changing the Rules about Rules? - Unilateral Humanitarian Intervention and the Future of International Law", in J.L. Holzgrefe & Robert O. Keohane(eds.), *op. cit.*, p.183.

55) *Ibid.*, p.184.

56) J. L. Holzgrefe, *op. cit.*, p.46.

57) Michael Byers and Simon Chesterman, *op. cit.*, p.182.

Ⅲ. 법전화를 통한 국제법의 규범성 강화

1. 법전화의 필요성

일반적으로 인도적 목적을 동반하는 무력에 의한 개입으로 이해되고 있는 인도적 개입은, 실제로 제국주의 시대에 강대국이 약소국에 영향력을 확대하는 수단 또는 구실의 역할을 하였다. 반대로 약소국이 강대국에 인도적 개입을 하는 상황은 생각조차 하기 어렵다. 여기에 인도적 개입 이론의 위험성이 잠재해 있다.[58] 이러한 위험성 때문에 인도적 개입의 적법성은 오랫동안 학문적 논의의 대상이 되어 왔다. 이러한 논의에서 인도적 개입의 예측불허성, 관련법제도의 모호성, 선택적 개입(selective intervention), 위장개입 (pretextual intervention) 등 여러 문제점이 지적되었다. 무엇보다, 앞서 지적하였듯이, 인도적 개입의 위법성을 주장하는 논자들의 가장 중요한 논거는 인도적 개입의 남용의 위험성이었다. 따라서 인권보호의 이름으로 취해지는 개입이 과잉(남용적) 개입(abusive intervention)을 위한 구실로서 이용되어서는 안 된다는 것이 근본적 관심의 대상이 되고 있다.

그런데 그러한 개입의 남용 가능성은 특정 개입을 평가하고 구별하는 명확한 기준이 없다면 막을 수가 없다.[59] 현재, 인도적 개입의 적법성의 논란과 함께, 비록 학문적 논의에서 인도적 개입의 위법성을 지지하는 쪽이 우세할지라도, 선택적 개입이나 위장개입의 문제가 발생하고 있는 것도 이러한 명확한 기준이 없는 것이 그 중요한 이유이다. 예컨대, 개입해서는 안 되는 상황에서 개입을 한다든지, 인도적 차원에서 개입을 해야 함에도 불개입으로 일관하는 예들, 또는 인권보호가 아닌 자국의 이익을 위해서 타국에 무력을 사용하는 예들은 최근의 국제사회에서도 찾아볼 수 있다. 또 아주 새롭고 급진적인 인도적 개입 이론을 암암리에 내세우면서 개입을 하는 예도 있다. 예컨대 미국과 동맹국들이 알바니아의 코소보인들을 원조하기 위한 무력사용을 결정할 때가 그러하였다.[60] 이러한 강대국들의 행동은 국제시스템의 불안정과 혼란을 초래하고 궁극적으로는 스스로도 많은 손실을 입는 경우에도 감행되고 있는 실정이다.[61] 그런 의미에서 인도적

---

58) 김대순, 전게서, p.1076.
59) 성재호, 「국제연합하의 인도적 간섭」(전게주 4), p.15.
60) Brown, *op. cit.*, p.1710.

개입에 적용 가능한 엄격하고 명확한 규범을 법전화하는 것은, 비난의 대상과 이유를 명확히 하고 남용적 개입을 구성하는 것이 무엇인지를 정의함으로써, 개입의 남용 여부를 판단할 때 참조할 수 있는 견고한 법적 틀을 제공할 수 있을 것이다.[62] 나아가 앞서 지적된, 개념적 혼란을 비롯한 여러 문제점들도 명확한 규칙이 법전화되면 자연적으로 해결될 수 있을 것이다.

인도적 개입에 대해, 현재와 같이 명확한 법적 기준이 없는 상황(규범적 모호성의 상태: normative ambiguity *status quo*)에서는 느슨하고 유연한 기준을 적용하는 것이 가능해진다. 이는 엄격하고 명확한 법적 기준이 있을 때보다 오히려 국가가 타국 내의 기본적 인권의 침해에 대한 행동을 국제적으로 쉽게 하도록 할 수도 있어, 인도적 시각에서는 바람직하게 보일 수도 있다.[63] 물론, 명확하고 엄격한 기준을 적용할 경우, 때로는 인도적 위기에 대해 국제사회가 적절히 대처할 수 없게 될지도 모른다. 국가는 엄격한 규범이 존재함으로써 그러한 규범의 위반과 그에 따른 비난과 책임을 우려하여 개입 자체를 삼갈 수 있기 때문이다.[64] 그러나 기준 적용의 유연성이 반드시 인도적 개입과 관련하여 바람직한 것만은 아니다. 왜냐하면, (개입)행위를 하지 못하는 것보다 오히려 개입 했을 때 발생할 수 있는 남용에 대한 우려에 더 큰 관심이 있기 때문이다.[65]

인도적 개입의 법전화는 결국 일정한 요건 하에서 인도적 개입을 합법화하는 것(유엔 헌장 제2조 4의 새로운 예외를 인정하는 것)이다. 그런데 이러한 합법화가 오히려 인도적 개입의 남용을 부추길 수 있다는 우려에서, 법전화에 반대하는 입장도 있다. 즉, 인도적 개입의 문제는 정치적 요소도 많이 반영되고 있다는 점에서, 엄격하고 명확한 규범을 만든다 하더라도 그것의 부정적 측면(법전화가 오히려 남용될 가능성)이 부각될 가능성도 아주 크다. 예컨대, Chopra와 Weiss에 따르면, 인도적 개입의 법전화가 이루어지면, 오히려 강대국이 자국의 이익 등 다른 동기를 숨기면서 겉으로 인권보호를 구실로 약소국에 무력으로 개입하는, 이른바 위장된 인도적 개입을 법적 근거에 입각하여 정당화할 수 있게 되어, 개입의 남용 가능성이 높아진다고 한다.[66] 앞서 지적한 것처럼, 현 상황에

61) *Ibid.*
62) Richemond, *op. cit.*, pp.51-52.
63) *Ibid.*, p.77.
64) Richemond, *op. cit.*, p.77.
65) Michael L. Burton, "Legalizing the Sublegal: A Proposal for Codifying a Doctrine of Unilateral Humanitarian Intervention", *Georgetown Law Journal*, Vol.85, 1996, p.420.

서 일방적 인도적 개입의 법전화를 주장하는 가장 중요한 논거가 개입의 남용에 대한 우려란 점을 감안하면,[67] 이러한 반론은 어느 정도 수긍이 가는 점도 없지 않다. 그러나 이러한 우려는 지나치게 과장된 것이며 법전화의 장점, 특히 정당한 인도적 개입과 부당한 인도적 개입 모두에 적용되는 한계와 제한을 무시하는 것이다. 또한, 어떠한 법규범이든 잠재적 남용에서 완전히 자유로울 수 없지만, 법전화된 엄격하고 명확한 기준을 통해 인도적 개입을 제한하는 것은 위장개입의 문제를 악화시키기보다 오히려 줄여줄 것이다.[68]

이러한 법전화는 집단적 인도적 개입보다 일방적 인도적 개입의 경우 더 필요한 것으로 생각되고 있다. 그 이유로는, 다소 논란은 있지만, 집단적 인도적 개입과는 달리 일방적 인도적 개입에 대해서는 현행 유엔 헌장체제상 어떠한 절차적 안전장치도 마련되어 있지 않다는 점, 그리고 현재 선례를 통해 발전 중에 있는 인도적 개입 기준도 대체로 집단적 인도적 개입에 적합한 것이라는 점을 들 수 있다.[69]

이러한 법전화의 필요성의 주장은, 엄격하고 명확한 규범의 법전화가 국제사회와 국제법에 가져올 수 있는 긍정적인 점들을 근거로 하고 있다. 즉 법전화가 이루어질 경우, 국가의 부당한 행위의 억지, 국가행위의 예측가능성 제고, 그리고 국제법의 정당성 제고를 통하여 국제사회에서 법의 지배를 통한 법적 안정성을 확보할 수 있다는 것이다. 이를 분설하면,

첫째, 법전화와 국가의 부당한 행위의 억지의 관계를 보면, 이론이 하나의 정식의 규범으로 선언되고 객관적인 법적 기준이 마련되면, 국가는 부당하거나 남용적인 개입을 하려는 유혹을 덜 받게 될 것이다.[70] 법전화를 통해 인도적 개입에 관한 객관적인 명확한 기준이 마련되면, 국제사회는 개입의 남용 여부를 판별할 수 있는 능력이 향상되어, 개별국가(개입국)가 자신의 부당한 개입행위를 합법적인 인도적 개입으로 정당화하기가 훨씬 어려워지기 때문이다.[71] 이러한 억지의 효과는 잠재적 개입국에도 이익이 될 수 있

66) Jarat Chopra & Thomas G. Weiss, "Sovereignty Is No Longer Sacrosanct: Codifying Humanitarian Intervention", *Ethics & International Affairs*, Vol.6, 1992, p.99(Burton, *ibid.*, p.421, note 20에서 재인용).
67) Barry M. Benjamin, "Unilateral Humanitarian Intervention: Legalizing the Use of Force to Prevent Human Rights Atrocities", *Fordham International Law Journal*, Vol.16, 1992-1993, pp.120, 135.
68) Burton, *op. cit.*, p.422.
69) *Ibid.*, p.420.
70) Richemond, *op. cit.*, p.51.

다. 예컨대, 국제적으로 명확한 법적 기준이 없는 상황에서의 개입은, 국내의 모호하고 기회주의적인 인도적 개입 정책에 따라 이루어질 가능성이 높다. 그러나 이러한 무원칙한 개입은 부정적인 결과를 수반할 수 있으며, 만약 그렇게 되면, 국가의 인도적 개입 정책이 피개입국뿐만 아니라 궁극적으로 개입국의 이익에도 반하는 결과를 초래하게 될 것이다. 법전화는 이러한 현상을 막을 수 있는 것이다.[72] 한편, 부당한 개입의 억지뿐만 아니라, 법전화는 정당한 개입을 촉진하여 특정 국가 영역 내의 인권침해를 억지하는 역할도 할 수 있을 것으로 기대된다. 현 유엔 헌장체제하에서 인도적 개입은 위법성의 개연성이 크다. 이 경우, 진정한 인도적 개입으로 볼 수 있는 상황이라도 법위반으로 인한 침략국으로 낙인찍힐 것을 우려하여 그러한 개입을 하지 않게 될 것이다. 이는 오히려 인권침해국에만 이익을 주는 결과를 초래한다. 따라서 정당한 개입의 국제법적 기준이 설정된다면, 각국 정부가 대규모 인권침해를 영역 내에서 저지르는 것을 억지하는데 도움이 될 수 있다.[73]

둘째, 법전화는 국가행동의 예측가능성을 높인다. 법규범이 존재할 때와, 존재하지 않거나 모호할 때를 비교하면, 그나마 명확한 규범이 존재하는 쪽이 국가행동의 방향성을 예측하는 데 도움을 준다. 일반적으로 국제사회에서 국제법은 국가의 행동에 영향을 미치며, 국가도 법적 기준에 입각하여 자신의 행동을 정당화 하는 경향이 있다. 이를 감안할 때, 인도적 개입의 경우, 법전화를 통해 명확하고 객관적인 기준이 마련되면, 국가는 이 영역에서 자신의 행동을 새로운 규범에 맞출 것이고, 시간의 경과에 따라 예측가능한 행동양식이 나타나게 된다. 반면, 명확한 규범이 없다면, 국가 행동의 방향성은 상실되고 어떠한 예측가능성도 존재할 수 없게 된다. 그 결과 인도적 개입의 경우, 개입국의 주관성과 선택성이 개재되어 개입의 남용의 문제가 더 크게 발생할 수 있게 되는데, 이것이 앞서 말했듯이, 인도적 개입의 위법성의 주된 논거로 되고 있는 것이다.

셋째, 법전화는 국제법의 정당성을 높일 수 있다. 현재 인도적 개입과 관련하여 국제법은 진정한 법체계가 아니라는 비판을 받고 있다. 왜냐하면 이 분야에서 국제법은 국가의 행동을 효과적으로 규제하지도 못하고 국가의 행동에 관한 신뢰할 수 있는 지침도 제공하지 못하고 있기 때문이다.[74] 인도적 개입의 적법성을 둘러싼 이론적 논란이 발생

---

71) Burton, *op. cit.*, pp. 422-423.

72) Brown, *op. cit.*, p. 1710.

73) Burton, *op. cit.*, pp. 425-426.

하는 것도 바로 이 때문일 것이다. 논의에서 나타난 입장을 보면, 현행 유엔 헌장 체제하
에서는 인도적 개입은 무력사용금지의 위반이라는 것이 지배적이다. 그렇지만 국제현실
에서는 국가에 의한 무력사용이 종종 발생하고 있으며 그때마다 무력사용국은 여러 사
유를 들어 유엔 헌장의 *jus ad bellum* 체제와의 조화를 시도하였다. 재외자국민보호를
비롯한 인도적 개입도 바로 그러한 시도의 예들이다. 어떤 행위가 실정법에 위반되더라
도 더 높은 동기(도덕적, 정치적, 인도적 기타의 성격)로 인해 '수락될 수 있는'(acceptable)
것으로 보이는 행위에 대해서는, 국제사회는 사실상 이를 용인 또는 묵인하는 경우가
있다.[75] 국제사회에서 인도적 개입이란 명분하에 취해진 국가의 무력행동 중에서도 그
러한 예를 발견할 수 있다. 예컨대, 1971년 인도의 동파키스탄 개입과 1979년 탄자니아
의 우간다 개입은 인도적 개입의 이름으로 취해진 행동이지만 유엔 헌장에 반영된 국제
법규범을 엄격히 준수한 것이 아니라는 비난을 유엔총회와 국제법학자들로부터 받았으
나, 당시 국제사회는 이를 묵인하였다.[76]

그러나 어떤 행위를 사실상 용인하는 것과 합법적인 행위로 인정하는 것은 큰 차이가
있다.[77] 이것은 국내사회에서 범죄가 발생한 것과 관련하여 국내형법에서 행위에 대한
변명과 정당한 사유를 구별하는 것과 마찬가지이다. 인도적 개입이 법적으로는 위법임에
도, 이를 사실상 용인하는 것은 국제법의 정당성을 근본적으로 훼손한다. 즉 이는 유엔
헌장 제2조 4항에 대한 불문의 예외(unwritten exception)를 인정하는 것과 같다.[78] 인도
적 개입의 법전화는 이러한 사실상의 접근과는 대조적으로 "이론과 실행을 조화시킴으로
써" 국제법의 정당성을 높일 것이다.[79] 이러한 생각은, 법전화가 일관성(coherence)은 더
크게 하고 자의적인 결정을 더욱 줄이게 되어, 국제법의 정당성을 높일 수 있을 것이라는

---

74) Richemond, *op. cit.*, p.58.

75) Jean Pierre Fonteyne, "The Customary International Law Doctrine of Humanitarian Intervention: Its
  Current Validity Under the U.N. Charter", *California Western International Law Journal*, 1974,
  p.247(Burton, *op. cit.*, p.429, note 69에서 재인용).

76) Sheffer, *op. cit.*, pp.264-265.

77) Burton, *op. cit.*, p.429.

78) Fonteyne, *op. cit.*, p.250.

79) Burton, *op. cit.*, p.430. 이밖에 법전화는 현재의 "법규범의 모호성"(sublegal status)에 내재하는 긴장, 즉
  정의와 평화 사이의 긴장, 인권과 주권 사이의 긴장을 줄여준다는 점, 그리고 인도적 개입을 허용하는 쪽으로
  유엔 헌장을 억지로 해석하는 것을 줄여줌으로써 국제법의 정당성을 높일 수 있다고도 한다(*ibid*, pp.426,
  430-433).

데에 근거하고 있다.[80]

2. 법전화의 방법과 내용

국제법규범은 국제사회의 타협의 산물이란 점을 감안할 때, 엄격한 규범의 창출은 그렇게 쉽지만은 않다. 따라서 국가들이 인도적 개입 이론의 법전화의 필요성에는 동의했다고 하더라도, 그러한 이론의 내용에 대해서는 쉽사리 합의에 이를 수 없을지도 모른다.[81] 각국은 수락할 수 있는 개입과 그렇지 않은 개입 사이 어디에 선을 그을지에 대해서는 나름의 독특한 생각을 가지고 있을 수도 있기 때문이다.[82] 여기서는, 인도적 개입과 관련하여 국제법의 규범성을 어떻게 강화할 것인지, 즉 법전화의 방식과 내용에 관하여 고찰하기로 한다.

1) 법전화의 방법

(1) 유엔 헌장의 개정을 통한 법전화

유엔 헌장을 개정하여 인도적 개입을 유엔 헌장 제2조 4항의 예외로 인정하는 것은 현재의 법 상태에서 일어나고 있는 '예외'의 법적 지위에 관한 논쟁을 불식시킬 수 있다는 점에서 가장 명확하고 강력한 법전화 방법이다.[83] 그러나 다음 두 가지 점에서 현실적으로 이 방법은 가장 실현가능성이 낮아 보인다.[84] 첫째, 헌장 개정을 통한 법전화에는 현실적인 정치적 장애가 있다는 점이다. 특히 개도국이 헌장에 개입이론을 구체화하는 것에 격렬히 반대하고 있다는 점, 그리고 법전화 개념에 동정적인 입장을 취하는 국가들 사이에서도 헌장개정을 통한 법전화의 제안은 격렬한 논쟁의 대상이 될지도 모른다는 점이다. 둘째, 유엔 헌장상의 헌장개정절차의 엄격성(헌장 제108조, 제109조)을 들 수 있

---

80) Simon Chesterman, Just War or Just Peace? - *Humanitarian Intervention and International Law* (Oxford: Oxford University Press, 2001), pp.161-162(Richemond, *op. cit.*, note 58에서 재인용).

81) Richemond, *ibid.*, p.62.

82) *Ibid,* p.64.

83) Burton, *op. cit.*, p.441.

84) *Ibid.*, p.442.

다. 대부분의 법이 그러하듯이, 유엔 헌장은 유엔이 국제사회의 변화에 신속하고 유연하게 적응할 수 있도록 하기 위해 개정에 관한 규정을 두고 있다.[85] 이 규정에 따르면, 총회 구성국의 2/3 다수가 채택하고 안보리의 상임이사국 전체를 포함한 전체 회원국의 2/3의 비준이라는 비교적 엄격한 요건을 설정하고 있다. 실제 헌장개정이 이루어진 예는 극히 드물며 지금까지의 개정의 예도 주로 국가주권에는 크게 영향을 주지 않는 영역이었다. 이러한 헌장개정의 역사적 사례에 근거를 두고 판단할 때, 인도적 개입은 국가의 주권과의 조정을 요하는 아주 민감한 문제이므로 이 분야에서의 헌장 개정은 사실상 불가능에 가까울 것으로 보인다.

(2) 다자조약을 통한 법전화

일정한 기준을 합의하고 이 합의된 기준을 위반할 경우 개입에 대한 동의를 사전에 표명하는 조약으로 법전화하는 방법이 있다. 그러나 이 방법도 가까운 장래에 실현될 것 같지는 않다. 유엔 헌장의 개정과 마찬가지로 이러한 일방적 인도적 개입을 인정하는 조약에 대해서도 광범한 국가들의 반대가 예상된다. 물론 그러한 반대는 조약 자체가 지니는 효력의 한계로 인해 헌장 개정의 경우보다는 덜 할 수 있다. 그러나 조약체결의 자유로 인해, 실제 억압적 성격의 체제가 정당한 개입의 가장 적절한 대상이 되겠지만 바로 이러한 체제의 국가가 자국에 대한 개입을 인정하는 조약에 동의하고 당사국이 되리라곤 생각되지 않는다. 한편, 이 방법에는 법적 장애도 있다. 첫째, 일방적 개입을 인정하는 조약은 강행규범과 저촉될 수 있다. 왜냐하면, 유엔 헌장 제2조 4항의 무력사용의 일반적 금지는 강행규범으로 평가받고 있기 때문이다. 따라서 이러한 조약이 체결되더라도 강행규범으로 평가되는 유엔 헌장 제2조 4항과의 관계에서 그 조약의 유효성이 문제로 될 가능성이 높다.[86] 둘째, 설령 무효가 되지 않는다 하더라도, 유엔 헌장 제103조와 관련하여 법적 효력의 우선성이 문제로 될 수 있다. 즉 유엔 헌장상의 의무는 타 조약상의 의무에 우선하므로, 일방적 인도적 개입을 법전화한 조약이 체결되더라도, 국가가 이 조약을 근거로 일방적 인도적 개입에 대한 유엔 헌장상의 금지, 즉 무력사용의 일반적 금지를 피해갈 수는 없을 것이다.[87]

---

85) 佐藤哲夫, 『國際組織法』(有斐閣, 2005), p.108.
86) Burton, *op. cit.*, p.444.

(3) 총회 결의를 통한 법전화

다자조약은 명확한 규칙을 정비한다는 의미에서는 새로운 문제에 대응하기 위한 좋은 수단이지만, 다수국 간에 상세한 규칙을 기초하는 데에는 상당한 시간이 필요하며, 서명 개방되더라도 다수국이 비준하는 데에는 다시 오랜 시간이 필요한 것이 일반적 실상이다.[88] 또한 관습법도 적어도 개별국가의 실행의 축적과 법적 신념의 형성이라는 전통적인 관습국제법의 형성을 기다려서는 신속히 대처하기가 곤란하다. 이리하여 국제사회에서 새롭게 발생하는 문제에 국제법이 신속히 대응하기 위해 유엔 총회의 결의라는 수단이 이용되었다.[89]

이러한 상황을 감안하여, 인도적 개입에 관한 엄격한 규칙을 구체화하는 가장 현실적인 방식으로 제시되고 있는 것이, 유엔 총회결의(GA Resolution)이다.[90] 이는 역설적이게도 총회결의가 안고 있는 가장 큰 결점, 족법적 구속력의 결여에 근거를 두고 있다. 즉, 이러한 법적 구속력의 결여 때문에, 헌장수정이나 다자조약의 체결을 통한 법전화에 비해 국가주권에 대한 위협이 그다지 크지 않다고 생각하고, 그 결의 채택에 강력한 반대는 없을 것이라는 판단인 듯하다.

유엔 총회결의는 일반적으로 법적 구속력은 없지만, 일종의 '연성법'(soft law)으로서 유엔 헌장상의 규범의 의미를 명확히 하는 역할을 하는 경우가 있다. 따라서 개입의 정당성을 평가하는 기준을 설정하는 결의는 일방적 인도적 개입을 합법화하는 것은 아닐지라도, 그 모호성을 어느 정도 제거하게 될 것이다.[91] 즉 결의를 통해 기준을 설정하는 것은, 그러한 기준을 결여한 개입을 고려하는 국가에게 비난의 위험성을 알림으로써 부당한 개입을 억제할 것이다. 반면, 그러한 결의는 동시에 호의적인 개입자에게는 일방적 행동의 일반적 금지에도 불구하고 개입이 용인될 수 있는 드문 상황을 알려주게 될 것이다. 기준에 따라 개입하는 국가는 국제사회의 강제조치의 대상이 될 우려를 할 필요가 없으므로, 개입 결의는 진정한 인도적 개입에 대한 주요한 저해 요인, 즉 보복의 우려를 없애줄 것이다.[92]

---

87) *Ibid.*, p.445.

88) 佐藤哲夫, 전게서, p.216.

89) 상게서, pp.216-217.

90) Burton, *op. cit.*, p.445.

91) *Ibid.*

총회결의를 통한 법전화는 법전화의 이점과 일방적 인도적 개입이론을 인정하는 데 대한 정치적 장애 사이의 타협을 대표하는 것이다.[93] 즉 유엔총회 결의를 통하여 구체화되는 인도적 개입이론은 국가주권과, 국내분쟁 사례에서 인권을 보호할 충분한 수단의 필요성 사이에 균형을 이루는 것이다.[94] 또, 이러한 결의는 일방적 인도적 개입에 관한 일반적 인식을 보여줌으로써 향후 구속력 있는 국제법규범을 채택하기 위한 토대가 될 수도 있을 것이다.[95] 이는 총회결의가 법원칙선언의 성격을 띨 경우 특히 그러하다. 법원칙선언 결의도 총회의 결의이므로 그 결의 자체는 법적 구속력이 없지만, 법원칙선언의 의도와 함께 컨센서스로 채택된다는 점에서, 회원국 집단의 공식적이고 엄숙한 의사의 표명으로 간주되고, 원칙의 내용과 그에 대한 국가들의 규범의식의 중요한 인식수단이 될 수 있기 때문이다. 다만, 개입에 관한 결의가 과연 이러한 요건을 충족할 수 있을지는 의문이다. 또, 유엔이 규범을 선언하는 적절한 場일지라도, 그 유엔이 과연 인도적 개입에 적용될 수 있는 규범을 공식화할 의향과 능력이 있는가 하는 것이 문제가 될 수 있을 것이다.

2) 법전화의 내용

어떤 방식의 법전화이든, 그것이 실제로 성공을 거두려면, 인도적 개입의 정당성을 평가할 수 있는 적절한 기준을 잘 선택해야 할 것이다. 그리고 선택된 그러한 기준은 규범적으로도 바람직해야 할 것이다. 그런데, 법전화를 통해 기준을 정할 때 그 기준을 엄격히 정할 것인지 아니면 넓게 정할 것인지가 문제이다. 기준이 엄격할 경우 정당한 인도적 개입이 방해를 받을 수 있고, 기준을 넓게 설정하면 개입의 남용을 초래할 수 있기 때문이다.[96]

이 분야의 국제법의 현상에서 나오는 인도적 개입 이론에 대한 대부분의 비판이 느슨하고 모호한 개입기준에 집중되어 있는 점, 일방적 개입의 남용을 특히 심각하게 우려하

---

92) *Ibid.*, p.446.
93) *Ibid.*, p.448.
94) Richemond, *op. cit.*, p.63.
95) *Ibid.*
96) Burton, *op. cit.*, p.449.

고 있는 점,[97] 엄격한 기준을 설정할 경우 법전화에 대한 국가들의 반대를 최소화할 수 있는 점, 앞서 언급한 법전화 된 새로운 인도적 개입이론의 이점도 바로 일방적 무력사용을 규율하는 명확한 실체적 기준의 존재에서 나온다는 점을 감안하면, 법전화는 인도적 개입의 남용을 막고 이 분야의 국제법의 규범성을 높일 정도로 충분히 엄격하고 명확한 것이어야 할 것이다. 그러한 기준들로 생각할 수 있는 것들은 다음과 같다.

첫째, 개입상황에 관한 기준이다. 개입이 무력사용을 전제로 하는 것인 만큼 인도적 개입의 상황은 무력사용금지의 원칙을 능가할 아주 극단적인 경우에 한정되어야 할 것이다. 즉, 개입은 '대규모의 조직적이며 잔혹한 인권침해'를 포함한 경우에만 할 수 있어야 한다.[98] 왜냐하면, 인권침해를 근거로 하는 강제조치는 유엔과 같은 높은 정통성이 인정되는 국제기구라도 그 규모가 작거나 심각성의 정도가 낮은 경우에는 인정되지 않기 때문이다.[99] 안보리의 강제조치는 헌장 제39조의 "침략, 평화의 파괴 또는 평화에 대한 위협"의 존재가 인정되어야 비로소 발동된다. 소말리아와 르완다 등 유엔의 무력사용을 포함한 강제조치의 발동의 예를 보면 인권침해가 '평화에 대한 위협'으로 되기 위해서는 최저한 일정규모의 생명의 가치의 침해가 그 요건이었다.[100] 따라서 인권침해의 규모가 작거나 정도가 경미하다면 그 시정은 기본적으로는 국내구제에 맡겨야 할 것이다.[101] 이처럼 개입을 대규모 잔혹 인권침해에 한정하게 되면, 위장된 개입의 가능성을 줄이게 되어 법전화에 대한 정치적 반대를 줄일 수 있을 것이다. 나아가 자국 내의 인권상황이 좋지 않은 국가들도 자국 내의 억압조치가 학살로 이어지지 않는 한, 자국이 개입대상이 될 수 있다는 우려를 할 이유가 거의 없을 것이다.[102]

둘째, 개입의 절차적 조건에 관한 기준이다. "일방적인"(unilateral) 인도적 개입이 유엔의 허가 없이 국가 또는 국가집단이 무력사용을 통하여 타국에 행하는 개입임을 전제로 할 때, 그것은 유엔 안보리가 제대로 작동하지 않는다는 것을 조건으로 해야 한다.[103]

---

97) Shin, Kak-Soo, 「A New Horizon on Humanitarian Intervention in the Post-Cold War Era」, 『서울국제법 연구』, 제6권 2호, 1999, p.562.

98) *Ibid.*, p.563; Burton, *op. cit.*, p.449.

99) 大沼保昭, 전게서, p.117.

100) 상게서.

101) 상게서, p.116.

102) Burton, *op. cit.*, p.450.

103) 박정원, 「민족분쟁과 인도적 개입이 국제정치-유고슬라비아에서의 인종청소를 중심으로」, 『세계지역연구 논총』, 제23집 2호, 2005, p.76. 안보리의 기능마비는 주로 거부권의 행사 때문에 나타나는 것이다. 그런데,

제12장. 인도적 개입의 적법성 및 법전화 문제 **397**

이와 관련하여 일방적인 인도적 개입에 앞서 안보리에 인도적 개입의 필요성을 통보하고 우선 '집단적 행동'(collective action)에 대하여 허가를 하도록 요청하는 것이 규정되어야 할 것이다. 만약 안보리가 허가를 하지 않거나 할 수 없는 상황이라면, 국가가 '일방적으로' 인도적 개입을 하더라도 다른 기준이 충족되는 한, 그 개입은 정당화될 것이다.[104] 만약 이러한 절차적 요건이 없다면, 안보리를 무력사용의 유일한 규제자로 두고 있는 유엔의 기본적 구도가 크게 훼손될 것이다.[105] 또한, 자위권과 관련하여 안보리를 통한 무력사용의 사후통제를 정하고 있는 유엔 헌장체제를 감안할 때, 인도적 개입에서도 개입국은 개입 후 즉시 인도적 개입의 목적을 위해 어떠한 조치를 취했는지를 통보하도록 해야 할 것이다. 이러한 통보의 의무는 개입의 동기를 파악할 수 있도록 해 준다는 점에서 개입의 남용을 억제하는 데 기여할 것으로 기대된다.[106]

셋째, 개입동기에 관한 기준이다. 일방적 개입의 주된 동기는 인도적 관심이어야 한다. 순전히 이타적인 이유로 개입하는 국가는 거의 없으므로, 위장된 개입의 위험을 줄이기 위해서 개입국의 동기를 주의 깊게 검토해야 한다.[107] 국가 행동의 진정한 동기가 무엇인지를 찾아내기란 쉽지 않지만, 인도적 개입과 관련하여 개입동기의 인도성 여부를 판단하는 데 유용한 지침으로 이용할 수 있는 것은 바로 개입국의 행위이다.[108] 무력사용의 최종성과 함께, 개입을 위해 개입국이 취한 조치가 상황적 필요와 균형을 이루고 있는지와 인도적 목적을 달성하는 데 최소한의 것이었는지가 다른 숨은 동기를 가려내는 중요한 지침이 된다.

넷째, 무력사용의 목적과 지속기간과 수준에 관한 제한이 있어야 한다. 인도적 개입은 무력사용의 한 종류이므로 이는 국제사회의 기초인 국가주권을 훼손하는 가장 중대한 행동을 취한다는 것을 의미한다. 따라서 거기에 이르는 단계에서의 신중한 판단과 함께, 평화적 해결수단과 무력사용보다 덜 강제적인 수단의 사용이 선행되어야 할 것이다(무력사용의 최종성).[109] 즉, 현행 제도상의 인권이행 확보절차에 대한 호소, 외교적 압

최근 유엔의 예산상의 문제도 안보리가 국제분쟁에 적극적으로 대처하지 못하게 하는 하나의 요인으로 지적되고 있다.

104) Burton, *op. cit.*, p.450.
105) Shin, Kak-Soo, *op. cit.*, p.566.
106) Fonteyne, *op. cit.*, p.265(Shin, Kak-Soo, *ibid*, p.567, 주 72에서 재인용).
107) Burton, *op. cit.*, p.451.
108) Shin, Kak-Soo, *op. cit.*, p.564.

력, 국제기구에서의 비난, 경제제재와 같은 평화적 해결수단이 먼저 활용되어야 한다는 것이다.[110] 이는 시기상조의 무력사용, 즉 평화적 수단(외교적 압력, 국제기구에서의 비난, 경제제재)을 통해 구제가 가능할 수 있는 상황에서 무력을 사용하는 것을 방지할 것이다.[111] 개입국이 평화적 해결수단에 적절한 주의를 기울이는 것은 개입의 인도적 동기의 진정성을 뒷받침하는 요소로서 이용될 수 있다.[112]

다음으로, 인권침해의 저지 수단이 적절하고 균형을 취해야 한다(무력사용의 균형성). 무력사용에 일반적으로 수반되는 균형성의 요건을 갖추어야 한다. 또 인권침해가 당해 국내 정치권력의 본연의 모습에서 유래하는 경우, 눈앞에 벌어지는 인권침해를 저지하고 나아가 장래의 재발을 막으려면 개입국은 일정 정도 피개입국의 정부권력 본연의 모습에 관여할 수밖에 없겠지만, 이는 피개입국의 정치적 독립을 침해하지 않도록 필요최소한에 그쳐야 한다. 이 기준은 피개입국의 권력구조를 개입국이 지나치게 변경하는 행위의 적법성을 제한하는 것이다. 다만, 인권유린체제를 축출하는 것이 잔혹한 행위를 방지하는 유일한 수단일 때는 어떨지에 대해서는 논란이 있다. 그리고 인도적 개입은 인도적 위기를 해결할 때까지 일시적으로 이루어져야 한다. 인도적 개입의 목적을 달성 한 후에도 오랫동안 군대를 주둔시키거나 괴뢰정권을 조직하는 것은 허용되어서 안 된다.[113] 만약 이런 사태가 발생한다면, 개입동기의 인도성에 큰 의문이 제기되고 설령 개입 결과의 인도성이 인정되더라도 국제사회의 지지는커녕 큰 비난의 대상이 될 것이다.[114]

Ⅳ. 결론

무력사용의 허용과 관련하여 모호한 이론을 원용하는 것은 국제평화와 안전의 관점에

---

109) 오오누마 교수는 유엔의 인도적 개입과 관련하여 이 요건을 제시하고 있는데, 무력사용을 바로 해야 할 이례적인 인도적 위기에서는 이 요건의 충족은 현실적이지 못하다고 지적하고 있다(大沼保昭, 전게서, p.126).

110) Burton, *op. cit.*, p.451.

111) *Ibid.*

112) Shin, Kak-Soo, *op. cit.*, p.565.

113) 大沼保昭, 전게서, p.126.

114) 개입의 동기의 인도성에는 문제가 있으나 결과의 인도성이 인정되는 사례로는 베트남의 캄보디아 개입 (1978-79)이 있다(상게서, p.105).

서 볼 때 그 위험성이 크다는 것은 쉽게 짐작할 수 있다. 현 상태의 인도적 개입 이론은 법적으로 제재의 대상이 되는, 국가영역에 대한 군사개입의 가능성을 열어 두는 것으로, 전체 국제사회를 불안정하게 만들 가능성을 안고 있다. 국내사회와 마찬가지로 국제사회에서도 법과 도덕 사이 그리고 법과 현실 사이에 괴리가 발생하고 있다. 이러한 괴리는 주로 법의 흠결, 즉 규범의 부존재나 모호성에서 비롯되며, 국제법의 규범성을 떨어뜨리고 있다. 따라서 그러한 괴리를 막기 위해서는 법의 변경이나 새로운 규범의 정립을 통해서 현재의 법을 개선하여 규범성을 높여 나가는 것이 필요하다. 바로 이러한 이유에서, 현재 규범의 모호성으로 여러 가지 논란이 제기되고 있는 인도적 개입에 대해서도 명확하고 객관적인 규칙을 법전화할 필요가 있는 것이다.

물론, 인도적 개입의 법전화를 통하여 합법화하는 것은 지금까지 단순히 수사적 선언에 지나지 않았던 인도적개입권에 법적 지위를 부여하게 되고, 유엔 헌장 제2조 4항의 예외를 또 하나 추가하는 것으로 무력사용의 사례를 증가시킬 위험이 있다는 우려가 없는 것은 아니다. 또, 국제사회체제의 현상을 감안할 때, 정확한 규범의 법전화는 현재의 모호한 제도보다 더 바람직하지 않을 수도 있을 것이다.

그러나 엄격한 규범의 법전화가 이루어질 경우, 모든 인도적 개입의 적법성은 명확한 필수적인 법적 기준을 충족하는 것을 조건을 하게 될 것이므로, 이러한 객관적 기준을 결여하는 위장된 인도적 개입뿐만 아니라 선의이지만 부적절한 인도적 개입도 분명 줄일 수 있을 것이다. 그 결과 무력사용의 일반적 금지 원칙을 강화하는 역할도 할 수 있을 것이다. 이처럼 법전화가 가져다주는 순기능이 분명 있다고 본다. 다만, 그 역기능, 즉 법적으로 예외를 인정한 것이 자칫 운영과정에서 일반화되는 것을 막을 수 있도록 주의를 기울일 필요가 있다. 그런 의미에서 최근 코소보 사례와 관련하여 독일의 국제법학자인 Bruno Simma의 다음의 지적은 법전화 과정에서 되새겨봄직하다.

"… 우리들은 단지 인도적 충동에 좇아서 규칙을 바꾸는 것과 같은 일들을 해서는 안 된다. 하나의 사례에서 정당한 일을 하고 싶다고 해서 그것을 위해 새로운 기준을 만들어서는 안 된다. 코소보 위기로 초래된 법적인 논점이 선명하게 가르쳐 주는 것은 선악이나 합법·위법의 판단이 어려운 사례는 악법을 만들기 쉽다는 것이다."[115]

---

115) Bruno Simma, "NATO, the UN and the Use of Force: Legal Aspects," *European Journal of International Law*, Vol.10, No.1, 1999, p.14.

제13장

인도적 개입과 보호책임의 법리

I. 서론

'주권평등의 원칙' 및 '국내문제불간섭의 원칙', 그리고 '무력사용금지의 원칙'은 유엔 헌장에 의해 명시적으로 규정되었을 뿐만 아니라 일반국제법의 강행규범(*jus cogens*)으로 인식되어 왔다. 따라서 유엔 헌장 제7장에 따른 개별적 또는 집단적 자위권의 행사나 유엔 안전보장이사회의 결의에 의한 집단적 안전보장 제도의 발동 이외에는 원칙적으로 국가 간 무력의 사용은 금지되어 왔다. 한편, 제2차 세계대전의 참상 및 전후 여러 나라에서의 집단살해(genocide)이나 인종청소(ethnic cleansing) 등을 겪으면서 각종 인권규약이나 협약이 제정되는 등 인권의 보장이 주요한 국제법의 과제로 대두되었다. 오늘날 주권의 평등과 무력사용의 금지, 인권의 보장은 국제법의 가장 근본적인 원칙이자 핵심적인 과제라고 할 수 있지만, 때로는 이들이 극명하게 충돌하게 되는데, 대표적인 경우가 바로 '인도적 개입'(humanitarian intervention)의 문제이다. 인도적 개입, 특히 안보리의 결의를 거치지 않은, 무력사용을 수반한 '일방적인 인도적 개입'이 허용되는가에 대해서는 여전히 논란이 진행 중이다.

한편 2001년 '개입과 국가주권에 관한 국제위원회'(International Commission on Intervention and State Sovereignty, ICISS)가 '보호책임'(Responsibility to Protect)이라는 원리를 제시한 이후, 인도적 개입과 관련하여 보호책임의 적용이 새로운 화두로 떠오르게 되었다. 여기서는 인도적 개입의 적법성에 대한 기존의 논의를 요약해 보고, 보호책임의 내용을 간략히 살펴보는 한편, 인도적 개입의 적법성과 관련해서 보호책임의 논의가 미치는 영향 및 그 한계에 대해 논하기로 한다.

Ⅱ. 인도적 개입의 적법성 문제

1. 인도적 개입의 의의

인도적 개입의 적법성 여부와 관련하여 우선 '인도적 개입'이라는 용어의 의미를 명확히 할 필요가 있다. 학자들 중에는 인도적 개입을 광의로 파악하여 피개입국의 동의가 없다면 무력사용을 수반하지 않더라도, 또는 국가가 아닌 비정부기구(NGOs)에 의한 것이라도 인도적 개입으로 보아야 한다는 주장이 있다. 또한 재외자국민의 보호를 위한 개입도 인도적 개입의 범주에 포함시키는 견해도 있으며, 나아가 대규모 자연재해 시의 구호활동도 인도적 개입의 범주에 포함시켜야 한다는 주장도 있다.[1] 그러나 인도적 개입과 관련하여 주로 문제가 되는 것은 '무력사용'의 가능성 및 적법성이며 따라서 이 글에서는 인도적 개입을 개입국에 의한 무력사용을 전제로 하는 것으로 파악하기로 한다. 또한 유엔 헌장의 규정이나 국제관행상 유엔 안보리의 사전 승인이나 수권에 의한 무력개입은 일반적으로 허용된다고 보기 때문에,[2][3] 집단살해나 인종청소 등 평화에 대한 위

---

[1] Ulrich Beyerlin, Humanitarian Intervention, in: R. Bernhardt (ed.) *Encyclopedia of Public International Law*, Volume Ⅱ, 1992, pp.926-933.

[2] 유엔 총회는 1970년 「우호관계에 관한 선언」(Declaration on Principles of International Law Concerning Friendly Relations and Cooperation among States in Accordance with the Charter of the 유엔ited Nations)에서 "국가의 주체성이나 국가의 정치적, 경제적, 혹은 문화적 요소에 반하는 무력적 간섭이나 모든 형태의 간섭이나 의도된 위협은 국제법에 반한다."고 하면서도 "이 선언이 헌장상 안보리의 권한에는 영향을 미치지 아니한다."고 한 바 있다(U.N. Doc. A/RES/2635(XXV)(24 October 1970). 또한 1987년 「무력사용이나 무력위협의 억제에 관한 선언」(Declaration on the Enhancement of the Effectiveness of the Principle of Refraining from the Threat or Use of Force in International Relations)에서는 "어떠한 고려사항도 헌장을 위반하는 무력사용을 보장하기 위한 사유로 원용될 수 없다."라고 하여 헌장에 근거한 무력사용만이 허용됨을 명백히 하고 있다(U.N. Doc. A/RES/42/22(18 November 1987), para.1.1.).

[3] "안보리의 승인 없이 지역기구가 군사조치를 취한 것을 안보리가 사후에 합법적이라고 승인해 준 사례가 증가하는 것은 안보리가 이러한 군사행동을 합법적으로 하는 것으로 그 관행이 변화한 것이라고 주장할 수도 있다. 그러나 이것을 반드시 그렇게 해석할 수는 없다. 오히려 안보리의 승인 없이 군사행동을 취한 후에 사후에라도 승인을 받으려고 하는 것은 지역기구에 의한 군사행동에 사후에라도 안보리의 승인이 필요하다는 것을 국가들이 의식하고 있다는 방증이라고 볼 수도 있다."(서철원, 「안보리의 승인 없는 인도적 무력개입」, 『사회과학논총』, 제6집(숭실대학교, 2003), p.238.)

협에 해당하는 사태가 발생할 경우 안보리의 결의에 의한 인도적 개입의 적법성 및 정당성에 대해서는 별다른 논란이 제기되지 않고 있다. 따라서 유엔 안보리의 결의에 의한 수권이 없이도 한 국가 또는 국가집단에 의하여 이루어지는 인도적 개입, 즉 '일방적인 인도적 개입'(unilateral humanitarian intervention)[4]이 국제법상 논란의 대상이 되고 있는 것이다. 이와 같은 의미에서의 인도적 개입이란 "한 국가 내에서 정치, 종교, 인종 기타의 이유로 그 주민의 일부 또는 전부가 박해를 받는 등 인도에 반하는 사태가 발생하는 경우, 피개입국의 동의 및 유엔의 허가 없이, 타국이 이러한 비인도적 행위 또는 사태를 중지시키고 인권을 회복하기 위해 무력을 사용하여 개입하는 것"을 말한다.[5]

2. 인도적 개입의 적법성에 대한 논의

1) 인도적 개입을 지지하는 견해의 논거

(1) 국가주권보다 인권의 보장을 우선하는 견해[6]

자국민에 대한 대규모의 인권유린이나 박해는 더 이상 한 국가의 국내관할권에만 머무르는 문제가 아니다.[7] 집단살해나 인도에 반한 죄 등에 관한 인권규범은 국제강행규범이고 이를 방지해야 할 의무는 '대세적 의무'(obligation *erga omnes*)이므로, 주권을 기초로 하는 국가들의 병렬적인 국제사회에서는 개입국이 어느 정도의 정치적 목적을 갖고 있다고 하더라도 그 국민을 급박한 생명의 위험으로부터 구출하기 위한 인도적개입권의 행사는 정당한 국가권력의 행사로서 인정해야 한다는 것이다.[8] 더구나 여러 사정에 의해 안보리가 그 임무와 기능을 다하지 못하는 경우에는 지역적 국제기구에 의한 인도적 간섭도 허용되어야 한다고 한다.[9] 즉 정의의 실현이라는 적극적인 평화의 가치

---

4) 대표적인 예로는 1999년 북대서양조약기구(NATO)에 의한 코소보 공습 사건을 들 수 있다. NATO는 무력사용을 승인하는 안보리의 결의 없이 '인도적 목적'으로 코소보에 대한 공습을 감행하였다.

5) 김부찬·노석태, 「국제법상 인도적 개입」, 『법학연구』, 제49권 제1호(부산대학교, 2008), p.4.

6) 상게논문, pp.11-12.

7) 오병선, 「인도적 간섭의 적법성과 정당성」, 『국제법학회논총』, 제54권 제3집, 2009, pp.246-247.

8) 제성호, 「국제법상 인도적 간섭의 합법성에 관한 일고찰」, 『국제법학회논총』, 제32권 제2호, 1987, pp.111-145, 127, 143 참조.

9) 김병렬, 「인도적 간섭의 정당성에 관한 일고」, 『국제법학회논총』, 제46권 제2호, 2001, pp.15-16 참조; 다만 무력행사의 남용을 견제하기 위해 ICJ나 ICC의 강제관할권을 사전에 수락하도록 해야 한다고 제안하고 있다.

가 무력분쟁의 부존재라는 소극적 가치보다 우월하다는 것이다.[10]

(2) 유엔 헌장 제2조 4항에 대한 제한적 해석론[11]

이는, 유엔 헌장 제2조 4항에 규정된 무력사용금지의 원칙을 "다른 국가의 정치적 독립과 영토보전을 침해하는 경우" 및 "유엔의 목적과 양립하지 않는 경우"에만 해당하는 것으로 보면서 이러한 경우에 해당하지 않는 인도적 개입은 헌장 제2조 4항에 의해 금지되지 않는 것으로 해석하는 견해이다.[12] 한편 유엔 헌장 성립 후 '무력사용금지의 원칙'(principle of non-use of force)의 타당성은 인정하지만, 유엔 안보리가 그 기능을 제대로 수행하지 못하는 등 헌장체제가 실제로 작동하지 못하는 경우에는 헌장의 기능과 목적을 근거로 하여 예외적으로 인도적 개입을 허용할 수 있다는 주장 역시 유엔 헌장 제2조 4항을 제한적으로 해석해야 한다는 범주로 볼 수 있다.

(3) 관습국제법상 인도적개입권

인도적개입권을 관습국제법적 지위를 갖는 것으로 파악하고 심각한 인도적 사태를 종식시키기 위한 강제적 간섭은 국제법상 불법이라고 간주할 수 없다는 견해이다.[13] 대규모의 인명 상실을 초래하는 중대한 인도적 위기와 같은 위협에 직면하고 있고, 인명의 상실을 종료하거나 방지할 수 있는 유일한 수단으로서 군사적 간섭이 필요한 경우에는 예외적으로 관습국제법에 의해 인도적 개입이 허용될 수 있다는 것이다. 즉 인도적 목적으로 인한 무력사용이 단기에 그치고 그로 인한 인명의 피해가 불개입으로 인해 일어날 수 있는 인명 살상보다 비교할 수 없을 정도로 적다면, 19세기와 20세기의 국가실행을 통해 확립된,[14] 또는 유엔 헌장체제 하에서 새롭게 형성된 관습국제법에 의해 인도적

---

10) Antonio Cassese, "*Ex iniuria ius oritur*: Are We Moving towards International Legitimation of Forcible Humanitarian Countermeasures in the World Community?", *European Journal of International Law*, Vol.10, 1999. pp.26-27.

11) 김부찬·노석태, 전게논문, pp.10-11.

12) Fernando R. Tesón, *Humanitarian Intervention: An Inquiry into Law and Morality* (New York: Transnational Publishers, 1997), pp.15-16.

13) 김태운, 「국제법상 인권을 유린하는 부당한 정권에 대한 인도적 간섭의 적법성 및 유형화」, 『국제법학회논총』, 제47권 제2호, 2002, p.16.

14) Richard Lillich, "Forcible Self-help by States to Protect Human Rights", *Iowa Law Review*, Vol.53, 1967, p.334.

개입이 허용될 수 있다는 주장이다. 다만 무력을 통한 인도적 개입은 제한된 범위 내에서만, 그리고 인권침해 위협의 급박성과 비례성원칙의 준수를 조건으로 하여 허용되어야 한다고 한다.[15]

2) 인도적 개입을 부정하는 견해의 논거

(1) 유엔 헌장상 근거의 부재

유엔 헌장 제2조 4항은 '무력사용금지의 원칙'을 천명하고 있으며 제2조 7항은 '국내문제불간섭의 원칙'(principle of non-intervention)을 규정하고 있다. 특히 헌장 제2조 4항은 국제 평화와 안전의 유지를 위한 원칙 조항으로서 유엔 헌장의 목적이나 유엔 설립자의 의도 등을 고려할 때 제한적으로 해석될 수 없으며, 따라서 정치적 독립(political independence)과 영토보전(territorial integrity)을 해하지 않는 경우라도 자위권(right of self-defence)의 발동이나 유엔 안보리의 허가에 의하지 않고서는 무력사용이 전제되는 인도적 개입은 허용될 수 없다는 견해이다. 유엔 헌장 제2조 4항에 규정된 무력사용의 금지 조항은 강행규범으로서 개별국가나 지역기구의 구성국, 또는 지역기구 자체에게도 구속력이 있는 규범이라는 것이다.[16] 국제인권규범의 강행규범성을 인정할 수는 있지만, 무력사용의 일반적 금지를 규정한 유엔 헌장 제2조 4항 역시 국제사회에서 이견 없이 강행규범으로 수락되고 있는 점과 어떻게 조화를 이룰 것인가의 문제가 남으며,[17] 강행규범이라는 의미는 집단살해 등의 인권침해 행위가 금지된다는 것이지, 그러한 사태가 발생한 경우 인도적 개입이 당연히 허용된다는 의미로 볼 수는 없다는 견해이다.

---

15) 일방적 인도적 개입이 허용되는 예외적인 경우로서 다음과 같은 요건들이 충족되어야 한다고 한다: ① 인도에 반하는 범죄에 해당할 정도의 중대하고 현저한 인권 위반, ② 주권국 정부의 무대응이나 대응의지 결여, ③ 거부권 행사 등으로 인한 유엔 안보리의 강제조치가 불가능할 것, ④ 다른 모든 평화적 수단의 강구에도 해결이 불가능할 것, ⑤ 사건과 이해관계 없는 간섭국에 의할 것, ⑥ 잔학행위 중지 및 인권의 회복 목적 내에서만 행사 가능(A. Cassese, *op. cit.*, pp.24-25).

16) Bruno Simma, "NATO, the UN and the Use of Force: Legal Aspects", *European Journal of International Law*, Vol.10, 1999, p.3.

17) 김부찬·노석태, 전게논문, pp.11-12.

(2) 인도적 개입을 허용하는 국가관행의 부재[18]

Ian Brownlie 교수는 인도적 개입의 법적 지위에 관하여 어느 국가가 개별적으로 또는 집단적으로 인도적 목적을 위한 무력행사를 할 수 있는 법적 권리를 입증하는 충분한 근거가 생성되지 않았다고 한다. 또한 인도적 개입을 주장하는 사람들은 새로운 관습법 원리의 형성조건을 무시하거나 때때로 법적 확신의 요건을 완화하려 한다고 비판하고 있다.[19]

최근 국제사회의 실행을 보더라도 일방적 인도적 개입의 권리가 개별 국가나 국제기구에 인정되지 않고 있음은 분명하다고 한다. 가령 1971년 인도의 동파키스탄 개입이나 1978년 베트남의 캄보디아 개입, 1979년 탄자니아의 우간다 개입 등은 주로 자위권의 행사나 자국민의 보호차원에서 정당화 논의가 있었으며, 1978년 프랑스의 자이레 개입은 피개입국의 요청에 의한 것이었고, 기타 다른 상황들은 유엔 안보리의 승인에 근거한 것이었으므로, 유엔 헌장 제정 이후 인도적개입권을 인정하는 관습법 규칙이 새로 확립되기에 충분한 국가실행은 존재하지 않는다는 것이다.[20] 또한 보스니아 내전이나 소말리아 사태, 르완다 내전, 아이티 사태 등에 있어서 무력개입을 허용하는 결의들은 그 개입을 희망하는 상임이사국들의 적극적인 제의에 의해 채택되었으며, 이들 국가들은 안보리의 결의를 통한 승인을 받은 후에야 군사적 개입을 개시했음을 그 근거로 들고 있다.[21][22]

(3) 인도적 개입의 남용 우려

인도적 개입을 허용하는 경우, 그 허용으로 인한 이익 보다는 인도적 개입을 명분으

---

18) 상계논문, p.12.

19) Ian Brownlie, *International Law and the Use of Force*(Oxford: Oxford University Press, 1963), pp.339-341; Ian Brownlie, *Principles of Public International Law*, Seventh Edition(Oxford: Oxford University Press, 2008), p.745.

20) Simon Chesterman, *Just War or Just Peace?- Humanitarian Intervention and International Law* (Oxford: Oxford University Press, 2001).

21) 김석현, 「유엔헌장 제2조 4항의 위기 – 그 예외 확대와 관련하여」, 『국제법학회논총』, 제48권 제1호, 2003, p.71.

22) 1991년 및 1992년의 이라크 사태, 보스니아 내전, 르완다 사태에 대한 개입 등은 모두 유엔 안보리의 승인에 의한 것일 뿐 일방적 인도적 개입의 예로는 볼 수 없다고 한다(김영석, 「인도적 개입과 국제법」, 『국제법평론』, 제22호, 2005, pp.56-71).

로 하는 무력사용이 남용됨으로써 초래되는 불이익이 더 크다는 입장이다. 인도적 개입이 순수한 인도적 동기에 의해 이루어지는 경우는 거의 없으며 대부분의 개입에는 그 개입국의 현실적 목적이 작용하고 이는 그동안의 국제관계의 역사가 입증한다고 한다.[23]

3) 소결

인도적 개입을 허용할 것인지의 여부는 평화와 주권, 인권이라는 국제법의 가장 근본적인 가치들이 상충하는 문제로서 이러한 가치들의 조화를 모색할 필요가 있다. 일방적 개입을 포함해 인도적 개입의 전면적인 허용을 주장하는 견해는 이를 통하여 인권 보장을 강화할 수는 있으나 무력사용금지의 원칙에 대한 (법적 근거가 희박한) 예외를 인정함으로써 무력의 억제를 통한 평화의 유지라는 전후 국제법 질서의 근간을 훼손하고 주권평등의 원칙을 침해할 소지가 크다. 따라서 현행 국제법의 원칙과 규범에 의하면 유엔의 결의에 의하지 아니하고 지역 국제기구나 국가에 의하여 일방적으로 행해지는 일반적 의미에서의 인도적 개입에 대해서는 부정적으로 볼 수밖에 없게 된다. 오늘날 국제법학자들의 대부분은 이러한 입장에 속하고 있다.[24]

그러나 대규모의 심각한 인권 침해 상황과 같이 유엔 안보리의 결의에 의한 인도적 개입이 허용되는 예외적인 경우, 적법성에 대한 부정적인 견해와는 별도로 일방적인 인도적 개입의 필요성 및 정당성에 대한 긍정적인 입장은 계속 표명되어 왔던 것도 사실이다. 이러한 입장은 일정한 요건 하에서 일방적 인도적 개입을 합법화하는 조건을 법전화함으로써 그 정당성 및 적법성에 대한 논란을 차단하고 나아가서 인도적 개입의 남용 가능성을 방지할 수 있다는 주장으로 이어지고 있다.[25] 다만 이러한 입장도 법전화 이전 단계에서의 일방적 인도적 개입의 적법성 문제에 대해서는 분명히 부정적인 입장을 취하고 있는 것이다.

---

23) 김석현, 전게논문. p.71.
24) 오병선, 전게논문, p.249; 김영석, 전게논문, p.51.
25) '인도적 개입의 법전화' 논의에 대해서는 김부찬·노석태, 전게논문, pp.13-25 참조.

Ⅲ. 보호책임의 문제

1. 보호책임 논의의 의의 및 배경

인도적 개입 문제의 복잡성과 의견의 다양성으로 인해 21세기 초부터 유엔이나 다른 국제회의에서 이 문제에 대한 새로운 접근법이 논의되었는데 이것이 소위 '보호책임의 원리'(doctrine of responsibility to protect, R2P)이다. 이 원리는 집단살해나 인종청소, 인도에 반한 죄와 같은 극단적인 인권유린의 경우 '인도적 개입의 권리'(right to humanitarian intervention)는 보호책임의 원리에 근거하여 개입해야 할 '의무'나 '책임'으로 전환된다는 것이다.[26]

냉전 시대의 종식 이후 안보의 개념은 확대되어 왔다. 냉전시대에는 주로 핵무기의 위협이나 무력공격 등 군사적 안보를 위협하는 행위가 문제된 반면에 탈냉전 이후에는 전통적 위협뿐만 아니라 사회, 경제 및 환경문제와 관련한 비전통적 위협 역시 중요하게 다루어지고 있다. 나아가 인간중심의 국제공동체 개념이 국제사회에서 강조됨에 따라 안보의 기본단위가 국가에서 개인의 단계로 확대되는 '인간안보'(human security)의 개념이 등장하였다. 이에 따라 기존의 집단안전보장체제 전체에 대한 재고가 요청되어 왔다.[27]

또한 안보리에 의한 인도적 개입의 한계 역시 또 다른 문제점으로 대두되었다. 1992~1993년 소말리아에서의 유엔 평화유지활동의 철수나 1994년 르완다 사태, 1995년 보스니아 스레브레니차에서의 학살 등은 안보리에 의한 인도적 개입이 실패한 대표적인 예들로 거론되었다. 또한 1990년대 들어 내전상황으로 인한 인권침해가 평화에 대한 위협이 됨을 선언한 안보리 결의 제688호 이후 안보리는 여러 상황에서 인도적 개입의 적법성과 정당성을 승인해 왔지만, 그러한 결의들이 인도적 개입에 대한 어떠한 원칙 또는 규범을 형성하였다고 보기는 어려웠다.[28] 따라서 안보리가 심각한 인권침해에 대응하는 인도적 개입을 허용하는 개별적 결의를 채택하는 관행을 만들어 왔다고는 하지만, 향후 유사한 상황에서 지속적으로 자신의 결정을 구속시키는 선례를 만들지는 않았다고 할

---

26) 오병선, 전게논문, p.259.

27) Priyankar Upadhyaya, "Human Security, Humanitarian Intervention, and Third World Concerns", *Denver Journal of International Law and Policy*, Vol.33, 2004, pp.71-79.

28) 유엔 안보리는 인도적 개입을 승인하는 결의에서 이러한 개입이 해당 사태와 같이 특수한 상황에서만 인정되는 예외적이고 특별한 수단이라는 점을 누누이 강조해 왔다.(박기갑 외, 『국제법상 보호책임』(삼우사, 2010), p.55.)

수 있었다.[29] 따라서 대규모 인권침해를 효과적으로 방지하기 위해서는 안보리의 결의에 대한 일정한 기준을 정립할 필요가 있었다.

2. 보호책임 논의의 전개

보호책임의 원리는 2000년 캐나다의 주도에 의해 주로 민간인으로 구성된 '개입과 국가주권에 관한 국제위원회'(International Commission on Intervention and State Sovereignty, ICISS)에서 2001년 발간한 「보호책임」(*The Responsibility to Protect*)이라는 보고서에 의하여 처음으로 제기되었다.[30] 여기서 자국민에 대한 '1차적 보호책임'(primary responsibility to protect)은 주권국가에 있지만 주권국이 자국의 시민을 보호할 의사가 없거나 보호할 능력이 없는 경우에는 국제공동체가 '2차적 보호책임'(secondary or surrogate responsibility to protect)을 지며 마지막 수단으로 필요한 경우 무력으로 보호책임을 수행할 책임이 있다는 '보호책임'의 개념 및 원리가 새롭게 등장하게 되었는데, 이러한 보호책임의 원리는 전통적인 '지배권으로서의 주권'(sovereignty as control) 개념을 '책임으로서의 주권'(sovereignty as responsibility) 개념으로 새롭게 인식하는 데 근거를 두고 있는 것이다.[31]

이어서 2003년 9월 당시 유엔 사무총장이었던 Kofi Annan은 유엔의 집단적 안전보장 기능 강화방안을 마련하기 위하여 '위협과 도전, 변화에 관한 고위급 패널'(The High-level Panel on Threats, Challenges and Change)을 구성하였고, 이 고위급 패널은 2004년 12월에 「보다 안전한 세계 : 우리의 공통 책임」(*A More Secure World: Our Shared Responsibility*)[32]라는 제목의 보고서를 발표하고 사소한 변화가 있기는 했지만 기본적으로 ICISS에 의하여 정립된 '보호책임'의 원칙을 승인한 바 있다.[33] 이후 Annan 사무총장은 2005년 「보다 더 큰 자유: 모두를 위한 발전, 안보 및 인권을 향하여」(*In Larger Freedom:*

---

29) 상게서, pp.55-56.

30) The International Commission on Intervention and State Sovereignty(ICISS), *The Responsibility to Protect*, International Development Research Center, 2001(이하 'ICISS 보고서').

31) Emma McClean, "The Responsibility to Protect: The Role of International Human Rights Law", *Journal of Conflict & Security Law*, Vol.13, 2008, pp.127-128.

32) U.N. GAOR, U.N. Doc. A/59/565(2 December 2004)(이하 "*A More Secure World*")

33) E. McClean, *op. cit.*, p.132.

Towards Development, Security and Human Rights for All)라는 보고서에서도 이 보호책임
의 원칙을 지지하는 견해를 표명한 바 있다.[34]

이어서 2005년 「세계정상회의 결과보고서」(*World Summit Outcome Document*)는 "국
가들이 명시적으로 자국의 인민들을 집단살해, 인종청소 및 인도에 반한 죄로부터 보호
하지 못하고 평화적 수단이 부적절할 때, 우리는 유엔 헌장 제7장에 따라 사안별로, 경
우에 따라 필요하면 지역기구와 협력하며, 안보리를 통하여 적시에 그리고 단호한 방법
으로 집단적 행동을 취할 준비가 되어 있다."라고 하였으며,[35] 이는 유엔 안보리 결의
제1674호[36], 제1704호[37]에서도 확인되고 있다. 또한 2009년에는 보호책임의 실행의 내
용을 다룬 Ban, Ki-moon(반기문) 현 유엔 사무총장의 「보호책임의 이행」(*Implementing
the Responsibility to Protect*)이라는 보고서[38]가 발표되었으며, 이어서 "보호책임"(The
Responsibility to Protect)이라는 제목의 유엔 총회 결의 제63/308호[39]가 통과되었다. 한
편 최근에는 리비아에 대한 개입을 승인한 안보리 결의 제1973호가 최초로 보호책임을
근거로 무력사용을 허용한 바 있다.[40]

3. 보호책임 법리의 내용[41]

1) 2001년 'ICISS 보고서'

ICISS는 다음과 같이 '보호책임의 기본원칙'을 제시하고 있다. "1. 주권은 그에 따른

---

34) U.N. Doc. A/59/2005(21 March 2005)(이하 *"In Lager Freedom"*), paras.135 참조.
35) U.N. Doc. A/60/1(24 October 2005)(이하 *"World Summit Outcome"*), paras.139 참조.
36) U.N. Doc. S/RES/1674(28 April 2006). para.4.
37) U.N. Doc. S/RES/1706(31 August 2006). preamble.
38) U.N. Doc. A/63/677(12 January 2009)(이하 *"Implementing the Responsibility to Protect"*).
39) U.N. Doc. A/RES/63/308(14 September 2009).
40) 유엔헌장 제41조에 의한 권고 및 리비아에 대한 ICC 제소, 금수조치 등을 결의한 안보리 결의 제1970호
(S/RES/1970(2011))는 전문에서 리비아 정부의 '보호책임'을 강조하고 있으며("Recalling the Libyan
authorities' responsibility to protect its population"), 무력사용을 포함한 리비아에 대한 필요한 모든 조치
("to take all necessary measures")를 취할 것을 승인한 안보리 결의 제1973호 역시 전문에서 리비아 정부의
일차적 보호책임을 강조하고, 그 위반을 지적하고 있다("Reiterating the responsibility of the Libyan
authorities to protect the Libyan population and reaffirming that parties to armed conflicts bear the
primary responsibility to take all feasible steps to ensure the protection of civilians").
41) 이하의 내용은 주로 E. McClean, *op. cit.*, pp.131-133; 박기갑 외, 전게서 pp.59-104 참조.

책임을 내포하고 있으며, 한 국가의 국민을 보호할 일차적 책임은 해당 주권국가가 가진
다. 2. 한 국가의 국민이 내전이나 반란 혹은 국가의 실패상태로 인하여 심각한 피해를
겪고 있고, 해당 주권국가가 이를 개선할 의지가 없거나 혹은 개선할 역량이 없을 경우,
국제공동체에 보호책임이 있으며, 이는 국내문제불간섭의 원칙에 우선한다."[42]

이어서 ICISS는 보호책임의 구조를 3단계로 설정하고 있는데, 이는 보호책임을 그
구체적 실행의 단계에 따라 '예방책임'(responsibility to prevent), '대응책임'(responsibility
to react), '재건책임'(responsibility to rebuild)으로 구분할 수 있다는 것이다.[43] ICISS 보
고서에 따르면 대응책임의 경우 국제사회는 우선적으로 비군사적 대응을 통해 사안을
해결하도록 노력하여야 하고 이로써 해결이 되지 않는 경우에만 무력사용(use of coercive
military force)을 통한 개입이 허용되는데, 이러한 군사적 개입은 반드시 '정당한 이
유'(just cause), '올바른 의도'(right intention), '최후의 수단'(final resort), '합당한 국제기
구'(legitimate authority)에 의한 시행, '비례원칙에 따른 수단'(proportional means), '합리
적인 성공 가능성'(reasonable prospect) 등 여섯 가지의 정당성 요건(criteria of legitimacy)
을 갖추어야 한다.[44]

한편, 무력적 개입과 관련하여 국제사회의 평화와 안전에 대한 일차적 책임을 지고
있는 안보리가 가장 적합한 판정 기관이며, 안보리는 대규모의 인명살상이나 인종청소
가 개입된 문제에 대해서 사실을 확인하고, 군사적 개입이 필요한지 여부를 판단하기
위해 제시된 군사개입원칙의 기준에 따라 사전조건이 충족되는지 여부를 신중히 검토하
여야 한다고 한다.[45] 또한 "안보리의 상임이사국은 자국의 중대한 국가이익이 개입되지
않는 한, 다수가 지지하고 있는 인권보호를 위한 군사적 개입에 대해 거부권을 행사할
수 없으며, 군사적 개입을 승인해야 한다."[46]

안보리가 중대한 문제의 승인을 거부하거나, 합의 도달에 실패하여 이러한 문제를
논할 수 있는 시의적절한 기회를 놓치게 되는 경우, 보충적으로 유엔 총회의 특별긴급총

---

42) ICISS 보고서, Synopsis. p.XI.

43) Gareth Evans는 이를 '책무의 연속'(continuum of obligations)으로 규정하고 있다. 이는 G. Evans, "From
Humanitarian Intervention to the Responsibility to Protect", *Wisconsin International Law Journal*,
Vol.24, 2006, p.708 참조.

44) *Ibid.*, pp.130-131; "Responsibility to Protect", (http://en.wikipedia.org/wiki/Responsibility_to_protect);

45) E. McClean, *op. cit.*, pp.130-131.

46) 'ICISS 보고서', Synopsis. p.XIII.

회인 '평화를 위한 단결'(Uniting for Peace) 절차를 이용할 수 있다. 만일 유엔 차원에서 적절한 개입조치가 이루어지지 않을 경우에는 유엔 헌장 제8장에 따르는 지역기구 혹은 보조지역기구에 의한 보호책임의 이행을 인정한다. 단 이 경우 역시 사후에 안보리의 승인을 받을 것을 전제로 한다.[47]

2) 2004년 고위급 패널 보고서(*A More Secure World*)

2003년 9월 Kofi Annan 유엔 사무총장에 의하여 구성된 고위급 패널은 2004년 12월에 *A More Secure World*라는 제목의 보고서를 발표하고 유엔의 강화를 위한 총 101개의 권고사항을 제시하였다. 이 보고서는 인간안보 및 포괄적 집단안보의 필요성을 제기하고 ICISS의 '책임으로서의 주권'의 개념을 받아들이고 있다. 그리고 보고서는 이 집단적 보호책임을 새롭게 '생성되는 규범'(emerging norm)이라고 규정하고 안보리가 보호책임을 승인할 때 고려해야 할 원칙을 재검토하여 새롭게 정리하였다. 이에 따르면 '정당한 이유'는 '해악의 심각성'(seriousness of harm)으로 '올바른 의도'는 '적절한 목적'(proper purpose)으로, '합리적인 성공 가능성'(reasonable prospect)은 '균형있는 결과'(balance of consequences)로 용어가 변경되고 이 밖에 '최후의 수단'(last resort)과 '비례원칙에 맞는 수단'(proportional means)을 포함하여 5가지 원칙이 제시되고 있다.[48] 그리고 고위급 패널은 ICISS와 마찬가지로 보호책임의 이행과 관련하여 가장 적절한 기구로 유엔 안보리를 예정하고 있다.[49]

보호책임과 관련해서 고위급 패널은 기본적으로 ICISS 보고서의 논의를 따르고 있다. 다만 ICISS 보고서와는 달리 상임이사국의 거부권과 관련해서는 "집단살해나 대규모의 인권침해의 경우에는 거부권 행사를 자제할 것을 요청"하는 수준으로 그 표현을 완화하였으며,[50] 지역기구의 경우 안보리의 (사전) 승인 하에서만 보호책임을 이행할 수 있다고 한다.

---

47) 'ICISS 보고서', para.6.5.
48) "Collective security and the use of force" in *A More Secure World*; G. Evans, *The Responsibility to Protect* (Brookings Institution Press, 2008), pp.141-147.
49) E. McClean, *op. cit.*, p.132.
50) *A More Secure World*, para.256.

3) 2005년 유엔 사무총장 보고서(In Larger Freedom)

2005년 3월 당시 유엔 사무총장인 Kofi Annan은 밀레니엄 정상회의 5주년을 맞이하여 유엔 사무총장 보고서 *In Lager Freedom*을 발표하였다. Annan 사무총장은 ICISS와 고위급 패널의 16개 회원국이 인도적 간섭의 논의를 대체하는 새로운 규범인 집단적 보호책임(collective responsibility to protect)을 승인하였음을 언급하였다. 또한 자국민의 보호책임은 1차적으로 그리고 또 최우선적으로 개별 국가에 있으며 개별 국가 당국이 자국민을 보호할 의지가 없거나 능력이 없는 경우 보호책임은 외교적, 인도적 및 다른 방법을 사용하기 위해 국제공동체에 이전되며, 이러한 방법이 불충분할 경우 안보리는 강제조치를 포함하여 유엔 헌장상의 조치를 취할 것을 결정할 수 있음을 강조하였다. 한편, ICISS 보고서나 *A More Secure World*와는 달리 *In Lager Freedom*에서는 보호책임이 발생하는 상황으로 집단살해, 인종청소, 인도에 반한 죄로 한정하고 있다.[51]

4) 2005년 세계정상회의 결과물(World Summit Outcome) 및 유엔 총회 결의 제60/1호

2005년 9월 14일부터 16일까지 유엔 총회의 고위급 본회의에 모인 정상들은 밀레니엄 발전과제의 달성을 위한 협력을 약속하고 '평화구축위원회'(Peace-building Commission : PBC)를 설립할 것을 결의하였으며, 전반적인 유엔의 역할 증대에 관해 논의하였다. 이러한 맥락에서 세계정상들은 개별국가들은 자신의 영토관할권 내에 있는 주민들을 집단살해, 전쟁범죄, 인종청소 및 인도에 반한 죄로부터 보호할 책임을 지며 이러한 책임에는 적절하고 필요한 수단을 통해 그러한 범죄 및 범죄 유인을 예방할 책임도 포함한다고 하였다. 또한 국제공동체는 적절하게 각 국가들이 이러한 책임을 수행할 수 있도록 장려하고 도와주어야 하며 유엔이 조기 경보능력을 확립할 수 있도록 지원해야 한다고 규정하였다. 이어서 정상들은 국제공동체는 또한 유엔을 통해 상기 집단살해, 전쟁범죄, 인종청소 및 인도에 반한 범죄로부터 영토관할권 내에 있는 주민들을 보호하도록 돕기 위해 유엔 헌장 제6장과 제7장에 따른 적절한 외교적, 인도적 및 기타의 평화적 수단을 사용할 책임이 있으며, 이러한 맥락에서 평화적 수단이 부적절하고 국가 당국이 상기

---

51) *In Larger Freedom*, annex, recommendation 7(b).

범죄로부터 자신의 영토관할권 내에 있는 주민들을 보호하는 데 명백하게 실패한 경우에는 제7장을 포함한 유엔 헌장에 근거하여 안보리를 통해, 적절한 경우 관련 지역기구와 함께 시의적절하고 단호한 방법으로 집단적 조치를 취할 준비가 되었음을 천명한 바 있다.[52]

이와 같이 각국 정상들은 집단살해, 전쟁범죄, 인종청소 및 인도에 반한 범죄와 관련하여 개별 국가의 보호책임이 실패로 귀결되는 경우 국제공동체의 집단적인 보호책임을 이행해 나갈 것에 합의하고 특히 유엔 안보리를 통하여 "시의적절하고 단호한"(timely and decisive) 방법으로 집단강제조치를 취한다는 의미로 '보호책임'의 개념과 원칙을 받아들였다. 이러한 내용의 *World Summit Outcome*은 2005년 10월 24일 유엔 총회에서 결의 제60/1호로 만장일치로 통과되었는데, 다만 보호책임과 관련한 군사적 개입의 허용에 관한 실질적인 기준은 이 결과보고서에서는 제외되었다.[53]

5) 2009년 유엔 사무총장 보고서*(Implementing the Responsibility to Protect)*

반기문 유엔 사무총장은 2009년 1월 30일 *Implementing the Responsibility to Protect*라는 제목의 보고서를 발표하였다. 이는 2005년 *World Summit Outcome* 제138항 및 제139항의 보호책임을 재확인하고 그 구체적인 이행방안을 제시하고 있다. *Implementing the Responsibility to Protect*는 *World Summit Outcome*에서 규정되고 있는 보호책임의 개념을 바탕으로 함으로써 집단살해, 전쟁범죄, 인종청소 및 인도에 반한 죄에 그 적용영역을 한정하고 있으며, 보호책임의 이행방식을 '세 기둥 체계'(three-pillar approach)로 나누어 설명하고 있다.[54]

제 1기둥은 국가의 보호책임으로서 집단살해, 전쟁범죄, 인종청소 및 인도에 반한 죄로부터 자국의 영토관할 내에 있는 사람을 보호해야 하는 개별 국가의 일차적 책임이다.[55] 이를 위해서 개별 국가에 대해 각종 인권협약상의 의무를 이행할 것과 인권관련 국제협약 및 「국제형사재판소 로마 규정」(Rome Statute of the ICC)의 당사국이 될 것을

---

52) *World Summit Outcome*, paras. 138-139 참조.

53) 박기갑 외, 전게서, pp.78-79 참조.

54) 상게서, pp.90-97 참조.

55) *Implementing the Responsibility to Protect*, para.11(a).

권고하고 있다.[56] 제 2기둥은 개별 국가가 제1기둥의 책임을 이행할 수 있도록 국제공동체가 개별 국가의 역량을 강화하도록 지원을 해야 함을 강조한다. 이러한 활동에는 조기경보능력의 확립, 중재능력의 함양, 민간 및 경찰차원의 상시 지원, 평화건설위원회(PBC) 활동에 대한 참여 등이 포함된다. 제3기둥은 개별 국가가 자국의 영토관할 내에 있는 사람을 보호하는데 "명백히 실패한"(manifestly failing) 경우 집단살해, 전쟁범죄, 인종청소 및 인도에 반한 죄를 예방하고 중지하기 위한 "시의적절하고 단호한" 행동을 취할 국제공동체의 책임을 말한다.[57] 이는 강제조치 뿐만 아니라 헌장 제6장 및 제8장에 따른 비강제적조치를 모두 포함한다.[58]

6) 소결

보호책임은 '책임으로서의 주권' 개념에 입각하여 주권국가 및 국제공동체에 대규모 인권침해로부터 국민을 보호할 책임을 부여하고 있다. 그러나 보호책임의 적용범위나 안보리의 사전승인 요부, 군사적 개입이 필요한 상황의 기준 등 그 구체적인 내용은 보호책임을 언급하는 문서마다 조금씩 차이를 보이고 있다. 따라서 보호책임의 원리는 아직은 확립되지 않은 '생성 중인 규범'(emerging norm)에 불과하며 이에 관한 국제법 규범은 아직 하나의 확립된 '법적인 원리'(legal principle)로 규정될 수는 없다고 본다.[59]

Ⅳ. 인도적 개입과 관련한 보호책임 논의의 의의와 한계

1. 인도적 개입과 보호책임 법리의 관계

2008년 7월 15일 반기문 유엔 사무총장은 "보호책임은 인도적 개입의 새로운 이름이 아니다. 그것은 '책임으로서의 주권'에 대한 보다 적극적이고 긍정적인 개념에 근거한

---

56) *Ibid*, para.17.
57) *Ibid*., para.50.
58) *Ibid*., para.55.
59) E. McClean, *op. cit.*, pp.135-138.

다."라고 하여 인도적 개입과 보호책임을 구분하였다.[60] 그러나 보호책임의 개념이 대규모의 인권침해를 방지하기 위한 인도적 개입의 근거를 마련하기 위한 것임을 감안한다면 양자를 명백히 구분하여 다른 선상에서 논의할 수는 없다고 본다. ICISS 보고서 역시 서두 첫 문장에서 이 보고서는 어떤 상황에서 인도적 개입이 가능한지에 대한 것이라고 밝히고 있다.[61]

그럼에도 보호책임이 기존의 인도적 개입과 구별되는 점을 살펴보면 다음과 같은 점들을 들 수 있을 것이다. 우선 보호책임의 원리는 기존에 개별 국가 또는 지역기구 등의 '권리'(right) 차원에서 논의하던 인도적 개입과는 달리, '책임'(responsibility) 또는 '책무'(obligation)의 차원에서 보호책임을 논함으로써, 국제공동체가 시혜를 베푸는 것이 아닌 자신이 지고 있는 '의무'(duty)[62]를 이행하는 입장으로 논의의 관점을 전환하고 있는 것이다.[63] 또한 인도적 개입은 인권 침해 사태가 발생한 이후의 사후적 조치에 그 주안점을 두고 있으나, 보호책임은 '예방-대응-재건'이라는 3단계의 이행 조치를 전제로 함으로써 보다 포괄적이고 지속적인 책임이나 책무의 이행을 강조하고 있으며, 단순한 개념 이상의 실질적 이행체계라고 볼 수 있다.[64] 즉, 보호책임은 기존의 인도적 개입에 관한 논의와 비교하여 규범성의 결여, 사후적 대응 위주의 접근, 그리고 이행 방법의 한계 등의 문제점을 보완한 것으로 평가된다.[65]

한편 인도적 개입과 보호책임은 그 적용범위에 있어서도 차이를 보이는데, 인도적 개입이 가능한 상황과 관련해서는 명확한 기준이 결여되어 있어서 종종 그 정당성에 관한 논란을 야기했던 것이 사실이다. 다시 말하면, 유엔 안보리의 결의에 의한 무력적

---

60) Press release, Secretary-General Defends, Clarifies 'Responsibility to Protect' at Berlin Event on 'Responsible Sovereignty: International Cooperation for a Changed World', U.N. Doc. SG/SM/11701(15 July 2008).

61) 원문은 다음과 같다: "This report is about the so-called "right of humanitarian intervention": the question of when, if ever, it is appropriate for states to take coercive -and in particular military -action, against another state for the purpose of protecting people at risk in that other state.", ('ICISS 보고서' p.vii).

62) 'duty'와 'obligation'은 흔히 혼용되기도 하지만 양자를 구별하여 사용하기도 한다. 그리고 duty를 '의무'로 obligation을 '책무'로 번역하는 것에 대해서 H. L. A. Hart, *The Concept of Law*, 오병선 역, 『법의 개념』(아카넷, 2001), p.10 참조.

63) 박기갑 외, 전게서, p.156.

64) 상게서, p.157.

65) 상게서, p.155.

개입의 경우 어떠한 인권침해 상황을 안보리가 '평화에 대한 위협'(threat to the peace)으로 간주할 것인가와 관련하여 이는 전적으로 안보리의 재량에 속한다는 것이다. 이에 반하여 그동안의 논의를 토대로 살펴보면 보호책임의 경우는 집단살해, 전쟁범죄, 인종 청소, 인도에 반한 죄 등으로 그 적용범위를 명백히 한정하고 있는 것을 알 수 있다.

2. 인도적 개입과 보호책임 논의의 의의

위와 같이 보호책임의 원리는 기존의 인도적 개입을 기초로 하고 있으나, 인도적 개입에 비하여 확장되고 수정된 개념으로서 '인간안보'를 위한, 발전하고 있는 이행원칙이라고 규정할 수 있을 것이다.[66] '인간안보' 개념이 등장함에 따라 '인도적 개입'은 퇴출 단계에 있다는 극단적인 견해도 있으나,[67] 보호책임과 인도적 개입은 동일한 사항을 규정하는 개념은 아니며 그 역할에서도 서로 구별되는 측면이 분명히 존재한다. 이하, 이를 토대로 보호책임의 원리가 인도적 개입과 관련된 논의에 미칠 긍정적 영향을 평가해 보면 다음과 같은 점들을 들 수 있을 것이다.

1) 인간안보와 보호책임 논의의 연계

유엔 개발계획(UN Development Programme: UNDP)은 1994년 발간한 「인간개발보고서」 (Human Development Report)에서 '인간안보'의 개념을 제시하였다. 여기서 '인간안보'란 두 가지 측면으로 정의되고 있는데, "첫째, 기아, 질병, 가혹행위 등 만성적인 위협으로부터 보호하는 것, 둘째, 가정, 직장, 사회공동체 내에서의 일상생활의 방식이 갑작스럽게 파괴되는 것으로부터 보호하는 것"을 말한다.[68] 보고서는 인간안보는 인간중심의 개념으로 국경을 초월하는 상호의존적인 문제이자 국제공동체의 관심사이며, 이를 보호하기 위하여 사후적 대응보다는 사전 예방이 효과적임을 밝히고 있다.[69] '인간안보'는 '국

---

66) 상계서, p.156.

67) "Concepts come and go; they do not stay forever. "Human security" is in, "Humanitarian intervention" is on its way out."(P. Upadhyaya, op. cit., p.71.)

68) UNDP, Human Development Report 1994 (Oxford: Oxford University Press, 1994), p.23.

69) Ibid., pp.22-23.

가안보'를 초월하여 국제사회의 평화와 안전 문제에 대한 '인간 중심의 접근방법'(people-centered approach)을 요구하고 있으며, 오늘날 인권 및 인간 존엄성을 포함한 인간안보의 보호는 현대 국제기구들의 근본적 목표 가운데 하나라고 하는 점이 점차 광범위하게 승인되고 있다.[70]

앞에서 논의한 바 있는 '보호책임'은 대규모 인권침해를 방지하기 위해 개별국가의 주권이라는 경계를 넘어 국제사회가 직접 개입할 수 있는 이론적 근거 및 제도적 장치를 마련하기 위한 원리로서 '인간안보' 논의의 한 축을 이루고 있다. 유엔 안보리는 이미 1990년대 이후 대규모의 인권침해 상황이 평화에 대한 위협이 될 수 있음을 인정함으로써 실무적으로는 이미 '인간안보' 개념을 도입했다고 할 수 있으나, 개별 국가 내의 인권침해 상황에 대해 국제공동체가 개입할 수 있다는 명시적인 규정이나 이론적 근거는 박약했던 것이 사실이다. 그러나 오늘날 '보호책임'의 원리가 민간기구의 보고서를 넘어 유엔 총회 및 세계정상회의, 안보리 등에서 공식적으로 받아들여짐에 따라, 대규모 인권침해를 자행하는 국가의 주권 침해 항변을 불식시키고 안보리를 중심으로 국제사회가 공동으로 대응할 수 있는 이론적, 제도적 기틀이 마련되었다고 평가할 수 있다.

2) '대규모 만행'(mass atrocity)에 대한 일관되고 예측 가능한 개입의 가능성

안보리를 중심으로 하는 유엔 차원의 집단적 개입에 대해, 개입 대상의 선택이나 방법이 선별적으로 이루어졌기 때문에 그동안 일관된 관행이 없다는 비판이 제기되어 왔다. 안보리 자신도 인도적 목적의 군사적 개입을 승인하는 결의에서 이러한 개입이 해당 사태와 같이 특수한 상황에서만 인정되는 예외적이고 특별한 수단이라는 점을 누누이 강조해 왔다.[71] 실제로, 앞에서도 언급했듯이 1992~1993년 소말리아(Somalia) 사태나 1994년 르완다(Rwanda) 사태, 1995년 스레브레니차(Srebrenica) 학살, 수단 다르푸르(Darfur) 사태 등에 대해서는 안보리의 적절치 못한 대응이 문제가 되었다.

이와 같이 안보리의 군사적 개입이 일관성이 없다든지 적절한 대응에 문제가 있었던

---

70) Yuka Hasegawa, "Is A Human Security Approach Possible? Compatibility Between The Strategies of Protection and Empowerment", *Journal of Refugee Studies*, Vol.20, 2007, p.2.
71) 박기갑 외, 전게서, p.55.

점은 '보호책임'이 제도적으로 정착되어 감에 따라 상당 부분 개선될 수 있을 것으로 보인다. 보호책임은 집단살해, 전쟁범죄, 인종청소, 인도에 반한 죄와 같이 심각한 인권침해 상황, 즉 '대규모 만행'의 경우를 국제공동체의 무력적 개입이 필요한 상황으로 명시함으로써 적어도 이러한 사태의 발생 시에는 안보리가 즉각 개입할 수 있는 근거가 확보될 수 있게 되었다. 한편, 비록 ICISS 보고서에서 언급된 바 있는 안보리 상임이사국의 거부권 행사 금지나 군사개입 상황에 대한 기준 등은 그 이후의 관련 문서에서는 언급되지 않고 있지만, 이러한 논의의 존재 자체로서 상임이사국으로 하여금 대규모 인권침해 사태에 대해서는 정치적 이유로 거부권 행사를 삼가도록 할 수 있으며, 이를 통하여 좀 더 신속한 국제공동체의 개입이 가능하리라 생각된다.[72]

3) 인도적 개입에 대한 '연성법'적 근거[73]

보호책임의 논의가 국제기구, 특히 유엔 총회를 중심으로 이루어지고 있으며, 관련 문건과 결의가 채택되고 있는 점 등을 고려한다면 보호책임은 현재 국제법상 '연성법'(soft law)의 지위를 다지고 있다고 볼 수 있다.[74] 연성법은 합의에 도달하기 쉬우며, 국가들로 하여금 책임의 부담을 덜어주기 때문에 보다 자세하고 정교한 규정을 만들 수 있으며, 사태에 대해 좀 더 유연하게 대처할 수 있다는 장점이 있다. 또한 연성법으로서의 보호책임은 일정한 국가관행이나 법적확신의 증거가 됨으로써 인도적 개입에 관한 국제법 형성 과정에도 영향을 미칠 수 있으며, 연성법 그 자체로서 관습국제법의 전 단계로서의 지위를 가진다고 볼 수도 있다.

이제 연성법으로서의 보호책임은 하나의 과정으로서 점진적으로 인도적 개입에 관한

---

72) 비록 보호책임 원리의 도입 이후에도 일방적 인도적 개입은 허용되지 않지만 유엔 안보리의 승인 등을 통한 합법적인 수단과 절차에 의해 국제사회가 집단적인 인도적 개입을 할 가능성은 높아졌다고 평가된다.(김영석, 전게논문, p.77)
73) 박기갑 외 전게서, pp.217-220 참조.
74) 연성법(soft law) 개념이 무엇인지와 개념 자체를 인정할 것인지 여부에 대해서도 논란은 있다. 그러나 연성법은 의사합의 과정이 빠르고 유연하며 국가에게 넓은 범위의 재량을 부여하여 구체적 타당성 있는 사태의 해결을 가능케 할 수 있으므로 국제법의 발전과정에서 필요하다고 본다. 한편 연성법은 "국가가 이행하고 수행하는 것을 기대할 수 있는 조약규범인 硬性法(hard law)와 구별되는 개념으로서, 다양한 정도의 설득력(cogency)과, 동기(persuasiveness), 그리고 합의(consensus)가 국가 간의 약속에 포함되어 있지만 권리와 의무의 이행의 강제를 창설하지 않는 것"으로 개념 정의할 수 있다고 한다(상게서, p.212).

국제법규범으로 발전해 나가는 단계에 놓여 있으며, 아울러 개별 국가의 입법이나 정책에도 영향을 미침으로써 보호책임과 관련된 국가관행의 형성을 자연스럽게 유도할 수 있다고 본다. 이러한 측면에서 '보호책임' 논의는 국제법상 '인도적 개입' 논의와 관련하여 '국제적법치주의'(international rule of law)의 확립에도 기여할 수 있으리라 본다.

4) 유엔 중심의 '글로벌 거버넌스'(global governance)의 강화

글로벌 거버넌스란 "국제 공동체 사회에서 다양한 행위자들을 전제로 이들의 전체 행위에 영향을 미치는 공식 및 비공식 절차 및 제도"라고 정의할 수 있다.[75] 즉 빈곤과 기아, 환경문제, 인권침해, 자연재해, 핵확산 등 세계적 규모의 여러 문제에 국가가 충분히 대응하지 않을 때, 국제공동체가 이를 방치하지 않고 공동으로 그 해결에 나서는 것을 말한다. 여기서의 국제공동체에는 국가뿐만 아니라 각종 지역기구(regional IGOs), 다국적기업(TNCs), 비정부기구들(NGOs)도 포함될 수 있다.

1948년 세계인권선언 이후 다양한 국제인권협약 및 관련 결의들이 채택되고 발효되면서 인권은 주권의 경계를 넘어서 보편적 가치를 지니는 것으로 인식되어 왔다. 이에 따라 각 인권협약은 협약의 당사국에 대해 인권 보장의 의무를 부여하고, 그 이행기구는 국가 간 통보 및 개인통보, 보고제도 등을 통해 인권규범의 이행을 촉구해 왔다. 그러나 인권조약에 부가되는 수많은 유보조항들, 국내구제완료의 원칙, 인권문제에 대한 정치적 차원의 접근 등은 인권의 문제를 여전히 주권의 제약으로부터 완전히 자유롭게 하지는 못하고 있다.[76] 더구나 각 인권조약별로 이행체제가 분리되어 있고, 유엔과의 긴밀한 협조가 부족하다는 평가도 있다.

보호책임의 원리가 활발한 논의와 실행을 통해 제도적으로 정착된다면 이와 같은 국제인권체제의 불완전성을 상당히 개선할 수 있으리라 본다. 이미 국제형사재판소(ICC)의 설립은, 그 관할범죄에 대해 국제기구가 독립적으로 재판권을 행사할 수 있도록 함으로써 국가주권의 절대성에 획기적인 변화를 가져온 것이라 평가되고 있다.[77] 이에 더하여 개별 국가뿐만 아니라 국제공동체 전체의 책임을 강조하는 '보호책임'이 정착된다면 유

---

75) 정서용, 「글로벌 거버넌스와 국제법」, 『서울국제법연구』, 제16권 제1호, 2009, p.168.
76) 상게논문, p.178.
77) 상게논문, p.179.

엔, 특히 안보리를 중심으로 다양한 국제공동체의 주체들이 유기적 협력을 통해 집단살해나 인종청소 등의 대규모 인권침해 상황에 대해 보다 효율적으로 대처할 수 있게 될 것이다.

5) '국가주권'에 대한 인식의 전환

보호책임의 논의는 전통적인 인도적 개입의 적법성과 정당성에 관한 논의를 '권리' 중심으로부터 '책임' 중심으로 그 방향을 전환하고자 하는 시도라 할 수 있다. 인도적 개입의 적법성에 대한 논의에 대해서는 이미 앞에서 살펴본 바 있는데, 이에 더해 '인도적 개입'은 그 용어 자체부터 그 정당성 논란을 더욱 가중시켜 왔다고 본다. 즉 '인도적'(humanitarian)이라는 단어와 강제성의 의미가 포함된 '개입 또는 간섭'(intervention or interference)이라는 단어는 그 자체가 상호 모순적인 것으로 받아들여질 여지가 크기 때문이다. 이에 대하여 보호책임의 개념은 '권리'에서 '책임' 또는 '의무'로, '무력사용의 적법성'으로부터 '인권침해로 고통 받는 주민들'로 논의의 초점을 전환시킨다. 또한 '주권'과 '인권'의 이분법적 대립을 '책임으로서의 주권'이라는 개념을 통해 서로 조화시키고 있다. 따라서 보호책임을 통한 인도적 목적의 무력적 개입은 더 이상 주권의 침해가 아니라 주권국가와 국제공동체가 함께 지는 책임의 적극적 실현이라고 평가할 수 있게 되는 것이다.[78]

'인도적 개입'이 아니라 '보호책임'에 기초한 최근의 무력적 개입 시도는 국제사회의 여론을 긍정적으로 이끄는 데 어느 정도 성공하였다고 평가할 수 있을 것이다. 가령 얼마 전 리비아 Kadafi 정권의 인권침해에 대한 군사적 개입과 관련해, 독일과 소위 BRICs 국가들(브라질, 러시아, 인도, 중국)은 기권을 통해 묵시적으로는 반대의 의사를 표했음에도 불구하고, 국제적인 여론은 과거의 독재정권에 대한 무력개입 사례들과는 달리 비교적 호의적인 것으로 나타났다.[79] 물론 보호책임의 남용을 경계하는 시각도 있지

---

78) Mehrdad Payandeh, "With Great Power Comes Great Responsibility? The Concept of the Responsibility to Protect within the Process of International Lawmaking", *Yale Journal of International Law*, Vol.35, 2010, pp.470-471.

79) "[사설] 카다피처럼 김정일의 국민보호책임 물어야"(http://news.donga.com/3/all/20110322/35765076/1), "[사설]유엔 국민보호책임 원칙 확고히 적용하라"(http://news.kukinews.com/article/view.asp?page=1&g Code=kmi&arcid=0004769070&cp=nv), "[동서남북]카다피가 김정일에게 가르쳐 준 것들"(http://news.

만, 적어도 보호책임의 이행이라는 명분 자체에 비판을 제기하는 견해는 찾기 어렵다. 비록 다국적군의 군사작전에는 반대했지만 특히 아랍연맹(the League of Arab States) 국가들이 보호책임을 근거로 한 안보리의 결의 채택에 동의했다는 사실은 매우 고무적이라 할 수 있다.

3. 인도적 개입과 보호책임 논의의 한계

현 단계에서 보호책임의 개념이나 원칙이 하나의 '법적 원칙'(legal principle)이라거나, 아니면 최소한 '생성 중인 지도원리'(emerging guiding principle) 또는 '생성중인 규범'(emerging norm)에 해당한다는 입장[80]에 대하여는 많은 비판이 존재한다. 이하, 이러한 견해를 중심으로 살펴보기로 한다.

1) 인도적 개입과 관련한 논의에 실질적인 영향이 없다는 견해

2001년 ICISS 보고서가 발간된 후 과거 수년 동안 '보호책임'에 대한 논란이 법적 원칙과 국제적 실행 모두와 관련하여 광범위하게 전개되어 온 것이 사실이다. 이 중에는 적극적인 수용과 반대 입장은 물론, 이를 단순한 정치적 선전문구(catchword)로 간주하여 무관심하게 대하고 있는 입장들이 포함되고 있다.[81] '보호책임'과 관련한 유엔 총회 논의 과정에서 모든 국가들은 보호책임의 문제를 사실상 인도적 개입의 문제로 파악하였던 것이 사실이다. 상당수의 국가들은 보호책임을 이행하기 위한 인도적(무력적) 개입에 반대 의사를 표시하였으며, 일부 국가는 안보리의 결의에 의한 인도적 개입에도 반대하였다. 그리고 보호책임을 근거로 한 인도적 개입에 찬성하는 국가들 역시 일방적 인도

---

chosun.com/site/data/html_dir/2011/03/29/2011032902345.html), "[이대근칼럼] 리비아 공습은 옳았다"
(http://news.khan.co.kr/kh_news/ khan_art_view.html?artid=201103301925155&code=990 339).

80) ICISS 보고서에 따르면, 보호책임은 아직 '새로운 관습국제법상 원칙'으로 성립되었다는 충분한 근거는 없지만, 그럼에도 불구하고 이미 '생성 중인 지도원리'로서 논의 대상이 되고 있다는 점은 여러 가지 증거를 들어 인정할 수 있다는 입장이며, 이는 기본적으로 *A More Secure World*와 *In Larger Freedom*에서도 유지되고 있다(Carlo Focarelli, "The Responsibility to Protect Doctrine and Humanitarian Intervention: Too many Ambiguities for a Working Doctrine", *Journal of Conflict & Security Law*, Vol.13, 2008, pp.195, 200).

81) *Ibid.*, pp.191-192.

적 개입에 반대하면서 인도적 개입은 안보리의 결의를 통해서만이 가능하다는 시각이었으며, 이 경우도 집단살해, 인종청소, 그리고 인도에 반한 죄 등 극히 한정된 상황으로 인도적 개입을 제한해야만 한다는 입장이었다.[82] 결국 보호책임과 관련한 유엔 총회 논의에서 각국의 입장을 살펴보면 인도적 개입에 관한 종전의 논의 방향과 근본적으로 큰 차이가 없었음을 알 수 있다.

그러나 세계정상회의에서 채택한 *World Summit Outcome*에 의하여 '보호책임' 원칙이 공식적으로 승인 된 후 유엔 안보리는 2006년 4월 무력충돌 과정에서의 민간인 보호와 관련한 결의 1674에서 '보호책임'을 종종 언급하고 있으며, 상당수 국가들이 보호책임에 대하여 긍정적인 입장을 취하고 있는 것도 사실이다.[83] 나아가서 일부 국가들은 보호책임의 등장으로 인해 유엔 헌장체제 외의 '일방적 인도적 개입'이 법적 근거를 가지게 되었다고 보기도 하나, 이러한 주장은 보호책임의 내용을 제대로 이해하지 못한 결과라고 본다.[84] 'ICISS 보고서'나 *A more Secure World, In Larger Freedom, Outcome Document* 등 보호책임을 다룬 어느 문서에서도 그 이행과 관련하여 유엔 안보리의 중심적 역할을 강조할 뿐, 안보리의 수권이 없는 일방적인 인도적 개입이 허용된다고 하지는 않았기 때문이다. 반기문 유엔 사무총장 역시 "(보호책임 논의는) 권한 있는 기관으로서 안보리의 대안을 모색하는 것이 아니라 안보리가 보다 역할을 잘 수행하게 하기 위한" 것이라고 밝힌 바 있다.

결국 당초 '보호책임' 논의는 '일방적인 인도적 개입'의 가능성을 완전히 배제하지는 않았지만, 현재까지 전개된 논의와 국제문서로 보아 그 적법성을 명시적으로나 묵시적으로 인정한 적이 없으므로, 보호책임 논의가 과거 인도적 개입과 관련한 논의와 크게 달라진 점을 발견할 수 없다는 것이다.[85] 따라서 보호책임 논의가 아직은 무력사용금지 원칙에 대한 하나의 확립된 예외를 구성하는 데까지는 미치지 않았다고 할 수 있다.

82) *Ibid.*, pp.201-205.
83) *Ibid.*, p.205.
84) Mehrdad Payandeh, *op. cit.*, pp.506-507.
85) *Ibid.*, p.508. 마찬가지로 비무력적인 대응조치(countermeasure)와 관련해서도, 보호책임은 유엔체제 내에서의 대응조치만을 다루기 때문에, 유엔 체제 외에 개별 국가나 지역기구가 어떤 국가의 인권침해를 이유로 독자적인 대응조치를 할 수 있는지에 대해서는 보호책임의 원리가 해답을 주지는 않는다고 한다. 다만 인권침해가 대세적 의무(obligations *erga omnes*)의 위반인 경우에는 정당화될 수 있을 것이라 보고 있다(*ibid.*, pp.508-513.)

이러한 관점에서 보면 보호책임의 개념이나 원칙 논의는 과거 인도적 개입과 관련해서 무력사용금지, 주권평등, 국내문제불간섭, 인권 보장 등 다양한 법 원칙이 혼재되어 벌어지던 논란의 연장선에 있을 뿐이며, '책임으로서의 주권'이라는 개념도 완전히 새로운 법적 개념이라고는 볼 수는 없다는 것이다. 인도적 개입은 국가주권뿐만 아니라 무력사용금지의 원칙, 국내문제불간섭의 원칙 등 다른 국제법 원칙과 유기적으로 연관된 문제이기 때문에, '책임으로서의 주권' 개념을 인정한다고 하더라도 인도적 개입의 논의와 관련하여 근본적으로 다른 결론을 유도할 수 있을 정도로 영향을 미치기는 어렵다는 전망도 배제할 수 없다.[86]

한편, 'ICISS 보고서'는 안보리가 적절히 개입하지 않을 경우, 유엔 총회가 '평화를 위한 단결' 절차를 통해 인도적 개입을 결정할 수 있다고 하였으나, 이러한 내용은 이후의 문서에서는 배제되었으며 오직 안보리만이 군사적 개입을 결정할 수 있음을 명백히 하고 있다. 이러한 측면에서도 보호책임은 기존의 논의에서 크게 벗어나지 못했다고 평가할 수 있다.

2) 보호 '책임' 개념의 모호성

보호책임의 개념은 최초 'ICISS 보고서'로부터 최근의 논의에 이르기까지 기본 골격만 유지하고 있을 뿐, 그 세부적인 내용에는 많은 변동이 있었다. 더구나 그 개념을 이루는 의무 자체가 법적인 것과 정치적, 윤리적인 것이 혼재하고 있고, 나아가 법적인 개념도 해석의 여지가 있는 것과 원칙을 선언한 것들이 있어 '법규범'으로서의 지위를 인정하기에는 부적절한 면이 있다.[87]

법적인 관점에서 볼 때 '책임'이라는 용어는 법적 '의무'와는 명백히 구별되는 개념이다. 국제법상 책임이라는 용어는 주로 어떠한 국제법 주체가 국제적 의무를 위반했을 때 부과되는 결과(부담)를 의미한다. 또한 책임이라는 용어는 일반적으로 '권리'(right)와 대비되는 '책무'의 의미로 쓰이기도 하는데, *World Summit Outcome*에 대한 논의 과정에서 Kofi Annan 사무총장은 국제공동체의 '책무'라는 용어를 사용할 것을 제안했으나

---

86) *Ibid.*, pp.485-487.
87) *Ibid.*, pp.481-483; C. Focarelli, *op. cit.*, pp.209-212.

미국의 반대로 상대적으로 약한 의미인 '책임'이라는 용어를 그대로 사용하기로 한 점에 비추어, 반드시 그렇게 볼 수만도 없다. 유엔 헌장 제24조 1항이나 제13조 2항의 '책임'이라는 용어도 그 자체로서는 의미가 확정되지 않고 구체적 권리 또는 의무를 규정하고 있는 헌장상의 다른 규정들과 결합하여야만 그 의미가 명확해지는 점에 비추어 보아도, 보호 '책임'이라는 용어는 그 의미가 명확하다고 보기 어렵다.[88]

용어의 의미를 떠나서도, '보호책임'의 법리는 인권침해가 어느 정도에 이르렀을 때 군사적 개입이 가능한 지에 대해서 명확한 기준을 설정하지 못하고 있으며, 예방 및 재건 책임과 관련해서도 그 범위가 어느 정도까지를 의미하는지 등에 대해 해답을 주지 못한다는 비판이 가능하다.

3) '국가 관행' 및 '법적 확신'의 결여

현 단계에서 '보호책임'은 그와 관련된 국가 관행(State practice) 및 법적 확신(*opinio juris*)이 결여되어, 보호책임 관련 문서들이 표현하는 것과는 달리 생성 중인 (관습법)규범(emerging norm)으로 볼 수 없다는 것이다. 보호책임을 언급한 국제문서들로는 앞서 언급한 것들을 들 수 있지만, 보호책임이라는 명분 아래 인도적 개입이 실행된 것은 몇몇 평화유지군 활동 및 최근의 리비아 사태에 대한 개입뿐이다. 더구나 처음으로 보호책임을 직접적인 근거로 무력적 개입을 승인했다고 일컬어지는 리비아에 대한 안보리 결의 제1973호도, 그 전문(preamble)에서 리비아나 국제공동체의 당위적인 보호책임을 간략히 언급하고 있을 뿐, 그것이 보호책임의 내용 중 구체적으로 어떠한 내용을 근거로 하는지에 대한 언급은 찾아볼 수 없다는 것이다. 따라서 보호책임이 등장한지 얼마 되지 않았을 뿐만 아니라, 안보리 결의에서의 간략한 언급만으로는 인도적 개입과 관련해서 보호책임에 대한 국가의 일반관행이 성립되었다고 보기는 어렵다고 본다.

또한, 보호책임의 개념이 모호한 점과 보호책임에 대한 유엔 총회의 논의과정에서 각 나라의 입장이 여러 가지로 갈리고 있었음은 앞서 살펴본 바와 같으며, 보호책임을 명분으로 한 리비아에 대한 개입과 관련해서도 이를 반대하는 국가가 상당수에 이르는 점을 볼 때, 보호책임의 원리에 대해 법적 확신이 존재한다고 볼 수는 없다는 것이다.[89]

---

88) M. Payandeh, *op. cit.*, pp.481-483.

4) 법적 '의무'가 아닌 점

대규모 인권침해 사태가 발생할 경우 보호책임의 법리는 묵시적으로는 안보리의 개입을 요청한다고 할 수 있지만, 명시적으로 이에 개입할 법적 '의무'를 부과하지는 않는다는 것이다. 보호책임과 관련한 문서들은 무력사용과 관련한 안보리의 권한만을 언급할 뿐, 안보리의 직접적인 '의무'를 언급하지는 않고 있다. 이러한 점은 "미국은 보호책임과 관련해 안보리의 어떠한 법적 의무도 거부한다."고 밝힌 John Bolton 당시 주 유엔 미국 대사의 총회 의장에 대한 서한에서도 명백히 드러난다고 한다.[90] 마찬가지로 보호책임은 개별 국가나 지역기구에 대해서도 어떠한 법적 의무를 부과하지는 않고 있다. 따라서 보호책임의 이행은 인도적 개입의 경우와 마찬가지로 결국 안보리나 각국의 실행의지에 달려 있다고 볼 수밖에 없게 되는 것이다.[91]

5) 남용의 우려

보호책임과 관련한 문서에는, 인권침해의 정도가 어느 정도에 이르렀을 때 국민의 보호책임이 주권국가로부터 국제공동체로 이전되는지에 대한 실질적인 기준이 마련되어 있지 않다. 비록 "해당 주권국가가 이를 개선할 의지가 없거나 혹은 개선할 역량이 없을 경우"라든지 주권국가가 "명백히 실패한" 경우를 들고 있지만 이러한 언급만으로는 그 기준을 명확히 알 수가 없다. 따라서 무력사용과 관련해서 안보리의 권한을 실질적으로 제한할 기준은 없으며, 이는 결국 기존과 마찬가지로 '비례의 원칙'(principle of proportionality)에 의존할 수밖에 없다. 더구나 보호책임이 집단살해, 전쟁범죄, 인종청소, 인도에 반한 죄로 그 적용범위를 한정한다고 해서 이에 해당하지 않는 다른 인권침해 상황에 대해 안보리의 개입을 막을 근거도 없다. 따라서 보호책임을 명분으로 강대국이 정치적 개입을 시도할 우려가 크다고 할 수 있다. 또한 예방과 재건 책임을 이유로 기존에 일부

---

89) 같은 논지로 박기갑 외, 전게서, pp.203-210; M. Payandeh, *op. cit.*, pp.484-485.

90) M. Payandeh, *ibid.*, p.501.

91) 그렇다고 인권침해로부터 주권국가가 국민을 보호해야 할 법적 의무가 부정되는 것은 아니다. 이러한 의무는 이미 각종 국제인권협약에서 그 당사국에 대해 부과하고 있으며, 스레브레니차 학살에 대한 ICJ의 genocide 판결에서도 국가 관할 내에서의 비국가주체에 의한 집단살해에 대해 국가의 보호의무를 인정한 바 있다. (Application of the Convention on the Prevention and Punishment of the Crime of Genocide (Bosnia and Herzegovina v. Serbia and Montenegro), Judgement, *I.C.J. Reports 2007*, p.221 para.430.)

학자나 국가들에 의하여 주장되던 소위 '민주적 개입'(democratic intervention)의 시도 가능성도 배제할 수 없다.[92]

반대로, 보호책임이 1차적 책임을 주권국가에 부여했음을 이유로, 이를 정치적으로 이용하여 인권침해 당사국은 물론 다른 국가들 역시 당해 국가의 인권상황이 아직 주권국가의 책임 하에 있음을 주장할 여지도 있다. 이는 이미 수단의 다르푸르 사태와 관련해 현실화된 적이 있다. 안보리의 개입에 대한 논의 과정에서 일부 국가는 수단의 상황이 아직 수단 정부의 책임 하에 있음을 주장하였고, 이에 따라 안보리의 개입이 지연된 점을 지적할 필요가 있다.[93]

V. 결론

인도적 개입, 즉 안보리의 승인 없는 '일방적 인도적 개입'이 허용되는지 여부는 보호책임의 개념이 도입된 현재에도 여전히 논란의 여지가 있다. 국제평화와 안전의 유지를 위한 무력사용금지의 원칙, 주권평등의 원칙, 유엔을 중심으로 하는 인간안보 및 보호책임 등을 고려한다면 무력을 수반한 인도적 개입은 유엔 헌장의 체제 내에서만 가능하다고 봄이 타당하다.

보호책임의 개념 및 원칙은 인간안보를 포함한 포괄적 안보개념의 정립에 기여하고, 대규모 인권침해 상황에 대한 일관되고 예측 가능한 개입을 가능하게 할 뿐만 아니라, 연성법으로서 인도적 개입의 근거를 마련하고, 유엔을 중심으로 한 글로벌 거버넌스의 강화에 기여하며, '개입할 권리'에서 '보호할 책임'으로 인식의 전환을 이루게 했다는 점에서는 긍정적인 측면이 있는 것으로 평가할 수 있다.

반면에 보호책임은 그 개념이 모호하고, 아직 그 관습법적 지위와 법적 의무로서의

---

92) '민주적 개입'을 옹호하는 입장에서는 인도적 개입의 정도와 관련해 독재정권의 무력적 전복까지 정당화할 수 있다고 본다. 그러나 정당하지 못한(illegitimate) 정부라도 이는 국내문제일 뿐 타국이 간섭할 성질의 것이 아니며, 무력사용금지의 원칙은 강행규범(*jus cogens*)인 반면에 '민주적 거버넌스'(democratic governance)의 원리는 강행규범이라 할 수 없으므로 민주적 개입이 정당화될 수는 없다(김부찬, 「국제법상 무력사용금지의 원칙과 그 예외에 관한 고찰」, 『인도법논총』, 제26호, 2006, pp.344-346). 더구나 역사적으로 독재 정권의 타도를 목적으로 타국이 무력적으로 개입한 경우 민주적 정권의 수립에 성공한 예도 찾아보기 어렵다.

93) M. Payandeh, *op. cit.*, pp.498-499.

성격을 인정하기 어려우며, 그에 기초한 무력적 개입의 경우 남용의 우려가 크다는 점이 지적될 수밖에 없다고 본다. 특히, 보호책임에 기초한 무력적 개입과 관련하여 그 적용 대상을 집단살해, 전쟁범죄, 인종청소, 그리고 인도에 반하는 범죄 등으로 한정하고 오로지 유엔 안보리 결의를 통해서만 개입할 수 있는 것으로 제한한다면 '보호책임' 논의는 '인도적 개입'의 문제 해결과 관련한 논의에 실질적인 영향을 미칠 수 없다는 비판도 있다. 그러나, '보호책임'이 아직 생성 중인 개념임을 감안한다면, 향후 활발한 법적 논의와 실제 관행을 통하여 인권 및 인간안보의 보호를 위한 인도적 개입의 정당성과 적법성 사이의 간극을 메울 수 있는 이론적, 제도적 장치로 발전해 나갈 수도 있으리라고 본다.

제6편

국제적 인권보호와 한국 관련 문제

제14장

국제인권법의 국내 이행과 국가인권기구

I. 서론

지난 2013년은 1948년 대한민국(이하 "한국"과 혼용) 정부가 수립된 지 65년이 되고 1953년 창립된 대한국제법학회가 그 60주년을 맞이한 뜻 깊은 해였다.[1]

일제의 불법적 강점으로부터 벗어나 1948년 8월 15일 새롭게 정부를 수립한 대한민국은 미처 국가의 존립과 안전을 위한 토대를 구축하지도 못한 1950년 6월 25일 북한의 남침으로 발발한 이른바 '한국전쟁'으로 그 존립에 커다란 위기를 맞게 되었다. 그러나 국제사회 및 유엔의 지원으로 북한의 침략은 격퇴되고 1953년 7월 27일 '휴전협정'이 체결되어 오늘에 이르고 있다. 1952년 1월 18일에는 이승만 대통령에 의하여 「인접해양의 주권에 대한 대통령의 선언」으로 이른바 '평화선'이 선포되었으며, 1953년 6월 18일에는 남한 각지에 수용되고 있던 '반공포로'를 석방하는 조치가 단행되기도 하였다. 또 일찍이 1951년부터 한·일 양국 간에 일제강점으로 인한 피해배상 등 과거사 청산과 관계정상화를 목표로 예비회담이 열렸으며 이듬해인 1952년부터는 본격적으로 '한일회담'이 시작되었다.

일본에 대한 국제책임 추궁 및 국교수립 문제, 남·북 간 무력충돌에 대한 유엔의 개입 및 휴전협정의 체결, 포로의 석방 문제, 평화선 문제 등 당시 한국을 둘러싸고 전개되고

---

1) 이 글은 대한국제법학회 창립 60주년 기념학술대회 발표용으로 작성되고 학회논총인 『국제법학회논총』(제58권 제3호, 2013)에 게재된 "인권/환경문제와 한국" 가운데서 인권 분야를 중심으로 재 작성한 것이다.

있던 모든 문제들이 국제정치는 물론 국제법에 바탕을 두고 처리되어야 할 사안들이었다. 이 때문에 정치인들 및 외교실무가들, 그리고 법학자들 사이에 국제법에 대한 관심 및 그 중요성에 대한 인식이 급속도로 높아지게 되었으며, 피난지인 부산에서 1953년 6월 16일 '대한국제법학회'가 한국 최초의 법학관련 학회로 창립되는 계기가 마련되었다.

한일회담의 핵심의제였던 '재일한국인의 법적지위' 문제와 한국전쟁으로 인한 '피난민 보호' 및 '포로석방' 문제 등은 본질적으로 외국인의 인권 보호에 관한 '국제인권법'(International Human Rights Law) 및 전쟁희생자 및 민간인 보호에 관한 '국제인도법'(International Humanitarian Law)의 관점에서 다루어져야만 하는 '인권'(human rights) 문제였다. 그러나 당시 국가적 차원이나 학회 차원에서 국제인도법이나 국제인권법에 대하여 본격적으로 다루는 데는 한계가 있었던 것으로 보인다.

이승만 정부를 지나 박정희·전두환·노태우 정권 등 이른바 '군사정권'을 거치는 동안 국민에 대한 인권보장 수준은 여전히 취약한 상태에 머무르고 있었으며, 국제적 차원에서도 한국의 국가권력에 의한 인권침해 문제가 계속하여 제기되었다. 이처럼 인권 분야에서의 대한민국의 위상은 보잘 것 없었음에도 불구하고 학술적 접근을 포함하여 학회 차원의 적극적 대응은 이루어지지 않았던 것이 사실이다.

이와 같이 1945년 유엔의 창설을 계기로 활발히 진행되었던 인권의 국제적 보호를 위한 국제인권법의 발전에 한국은 정부 차원은 물론 학회의 입장에서도 적극적인 역할을 수행하지 못하였을 뿐만 아니라, 1980년대 중반까지는 일종의 '국외자'의 지위에 머물러 왔다고 보는 것이 솔직한 평가일 것이다.[2] 그러나 1990년대 들어 유엔에 가입하고 이른바 '문민정부'인 김영삼 정부가 출범함으로써 우리나라는 인권 문제에 관한 한 하나의 전기를 맞게 되었다고 할 수 있다. 국내의 정치·사회적 상황도 많이 개선되어 한국은 대부분의 주요 국제인권조약에 가입함으로써 당사국의 지위를 보유하게 되었으며, 국내의 인권 상황도 긍정적인 방향으로 변화할 수 있는 토대가 마련되었다.

오늘날 '인권문제'는 개별국가의 '국내문제'(domestic matters)의 영역을 벗어난 국제공동체의 핵심적 가치 및 이념을 지향하는 '국제문제'(international matters)로 인식되고 있다. 국제인권법의 발달은 '국가 중심의' 전통적인 국제법을 '사람 중심의' 새로운 국제법 체계로 탈바꿈하도록 요구하고 있는 것이 사실이다.

---

2) 정인섭, 『신 국제법강의』, 제4판(박영사, 2013), p.816.

이러한 배경 하에 여기에서는 인권 문제에 대한 국제법의 발전 및 한국의 국가적 참여 동향, 국제인권법의 국내적 수용 및 이행 등을 검토하고 국가인권기구인 국가인권위원회의 활동 현황 및 평가에 관하여 언급하기로 한다.

II. 국제인권조약과 한국의 참여

1. 인권의 의의와 국제인권법

'인권' 또는 '인간의 권리'란 인간으로서 당연히 향유하는 권리를 말하며, 헌법상으로는 흔히 '기본권'(fundamental rights)이라고 한다. 인권의 개념은 보편적인 것으로서, 어떠한 경우에도 침해될 수 없는 불가침의 고유한 권리로 이해되고 있으며, 본래 '자연권'(natural rights) 사상에 바탕을 두고 발전해 온 것이다.[3] 실정법체계상으로는 국제인권법에 앞서서 개별국가의 「헌법」(Constitutional Law)적 차원에서 '기본권' 보장체계가 성립되어 온 것이 사실이지만 국민에 대한 '기본권' 보장이 오로지 단순한 국내문제로 간주되면서 오히려 국가권력에 의한 '기본권침해'가 인류사회 구성원으로서의 '개인'(individuals)의 인권보장에 대한 가장 위협적인 결과를 초래할 수 있다는 것이 경험적으로 입증된 바 있다. 이에 따라 국제인권법은 국가 또는 국가권력에 의한 인권침해를 방지하고 나아가서 적극적으로 인권을 증진하기 위한 목적을 가지고 성립된 국제법의 분야를 의미하는 것이다.[4]

이러한 의미의 국제인권법은 제2차 세계대전의 종식과 더불어 탄생한 1945년 「유엔헌장」(the UN Charter)을 시발점으로 하여 탄생한 셈이다. 유엔 헌장은 그 '전문'(preamble)에서 "… 기본적 인권, 인간의 존엄 및 가치, 남녀 및 대소 각국의 평등권에 대한 신념을

---

3) 채형복, 『국제인권법』(높이깊이, 2009), p.15.

4) '국제인권법'은 넓은 의미에서 인간의 보호 및 대우와 관련된 분야로서 주로 무력충돌 시 인간보호를 중심으로 한 '국제인도법', 난민의 보호에 관한 '국제난민법'(International Refugees Law), 그리고 개인의 중대한 국제법 위반에 대한 처벌을 내용으로 하는 '국제형사법'(International Criminal Law) 등과 밀접한 관련이 있으나 좁은 의미에서는 이들과는 별개의 국제법 분야로 이해되고 있다(정경수, 「한국의 인권조약 비준·가입의 성취와 과제」, 『안암법학』, 제26권, 2008, pp.608-9). 그러나 여기에서는 인접 국제법 분야에 대해서도 이들이 인권문제와 관련되어 논의되는 한 필요한 범위에서 언급하기로 한다.

재확인"하고, 유엔의 목적을 규정하고 있는 제1조 3항에서는 "··· 또한 인종·성별·언어 또는 종교에 따른 차별 없이 모든 사람의 인권 및 기본적 자유에 대한 존중을 촉진하고 장려함에 있어서 국제적 협력을 달성한다."고 규정하고 있다. 유엔은 이러한 규정에 의거 하여, 지난 1964년에 경제사회이사회(ECOSOC) 산하에 '인권위원회'(Commission on Human Rights; CHR)를 설치하였으며, 이는 지난 2006년에 총회(GA) 산하의 보다 강화된 위상과 기능을 갖는 '인권이사회'(Human Rights Council; HRC)로 대체된 바 있다. 유엔에는 이밖 에도 인권문제를 총괄하는 '인권고등대표'(High Commissioner for Human Rights; UNHCHR) 사무실이 설치되어 있다.

그러나 유엔체제 하의 국제적 인권보장과 관련하여 가장 획기적인 일은 1948년 「세계 인권선언」(Universal Declaration of Human Rights; UDHR)을 채택하고, 이어서 1966년에 「경제적, 사회적 및 문화적 권리에 관한 국제규약」(International Covenant on Economic, Social and Cultural Rights; 사회권규약 또는 ICESCR)과 「시민적 및 정치적 권리에 관한 국 제규약」(International Covenant on Civil and Political Rights; 자유권규약 또는 ICCPR) 등 이 른바 '국제인권장전'(International Bill of human Rights)의 핵심적 규범을 마련한 것이 다.[5] 당초 세계인권선언은 '조약'이 아니라서 법적 구속력이 없는 것으로 간주되었지만 그 중요한 내용들은 모두 두 개의 국제인권규약에 포함되어 구속력 있는 규범으로 발전 하였으며, 나아가서 오늘날에는 거의 대부분의 세계인권선언 조항들이 관습국제법으로 성립되었다고 해석되고 있다.[6]

이러한 국제인권장전을 바탕으로 유엔은 「모든 형태의 인종차별 철폐에 관한 협약」 (International Convention on the Elimination of All Forms of Racial Discrimination; CERD), 「여성차별철폐협약」(Convention on the Elimination of All Forms of Discrimination; CEDAW), 「고문 및 그 밖의 잔혹한·비인도적인 또는 굴욕적인 대우나 처벌의 방지에 관 한 협약」(Convention against Torture and other Cruel, Inhuman or Degrading Treatment or Punishment; CAT), 「아동의 권리에 관한 협약」(Convention on the Rights of Child; CRC),

---

5) Thomas Buerganthal·Dinah Shelton·David P. Stewart, *International Human Rights in a nutshell*, 4th ed.(St. Paul, MN : West Publishing Co., 2002), pp.36-76.

6) 정인섭, 전게서, p.767. 그러나 우리나라 헌법재판소는 '사립학교법 제55조, 제58조 제1항 제4호에 관한 위헌 심판' 사건에서 '세계인권선언'이 보편적 법적구속력을 가지거나 국내법적 효력을 갖는 것으로 볼 것은 아니라 고 했다(헌법재판소 1991.7.22 89헌가 106 결정, p.425).

「모든 이주노동자와 그 가족의 권리보호에 관한 협약」(International Convention on the Protection of the Rights of All Migrant Workers and Members of Their Families; CMW), 「장애인의 권리에 관한 협약」(Convention on the Rights of Persons with Disabilities; CRPD) 그리고 「강제실종협약」(International Convention for the Protection of All Persons From Enforced Disappearances; ICCPED)을 채택하였다. 이들 7개 인권조약과 두 개의 국제인권규약을 합쳐서 흔히 '주요 유엔인권조약'(Core UN Human Rights Treaties)이라고 한다.[7]

2. 한국의 참여 현황

우리나라는 현재 이 가운데 CMW와 ICCPED를 제외한 7개 주요인권조약의 당사국으로 참여하고 있다(〈표 1〉 참조).

〈표 1〉 9대 주요 유엔인권조약의 이행시스템 및 한국의 가입 여부[8]

인권조약	채택일/발효일	감독 기구	위원수	선출기관	국가보고	국가간통보	개인통보	방문조사 등 절차	한국 비준가입/발효
CERD	65.12.21./69.01.04.	인종차별철폐위원회	18	당사국	의무	의무	선택수락		78.12.05./79.01.04.
ICCPR	66.12.16./76.03.23.	자유권규약위원회	18	당사국	의무	선택	제1선택의정서		90.04.10./90.07.10.
ICESCR	66.12.16./76.03.03.	사회권규약위원회	18	경제사회이사회	의무		선택의정서(미발효)(한국미가입)		90.04.10/90.07.10.
CEDAW	79.12.18./81.09.03.	여성차별철폐위원회	23	당사국	의무		선택의정서	선택의정서 제8, 10조	84.12.27./85.01.26.
CAT	84.12.10./87.06.26.	고문방지위원회	10	당사국	의무	선택	선택수락	선택의정서 제20, 28조	95.01.09./95.02.08.
CRC	89.11.20./90.09.02.	아동권위원회	10	당사국	의무				91.11.20./91.12.20.

---

7) 박찬운, 전게서, pp.148-50; 그리고 T. Buerganthal 등은 여기에다 「집단살해죄의 방지 및 처벌에 관한 조약」(Convention on the Prevention and Punishment of the Crime of Genocide; Genocide Convention, 이하 "제노사이드 협약")을 더하기도 한다(T. Buerganthal *et al.*, *ibid.*, pp.77-115).

8) 박찬운, 상게서, p.150; 정경수, 전게논문, pp.616-617; 외교부 홈페이지(http://www.mofa.go.kr) "이슈별 자료실〉 조약과 국제법〉 조약정보" 참조.

CMW	90.12.18./ 03.07.01.	이주노동자 보호위원회	10	당사국	의무	선택	선택수락		미가입
CRPD	06.12.13./ 08.05.03.	장애인권리 위원회	12	당사국	의무		선택의정서 (한국미가입)		08.12.11./ 09.01.11.
ICCPED	06.12.20./ 10.12.23.	강제실종 위원회	10	당사국	의무		선택의정서		미가입

이밖에도 한국은 중요한 인권조약으로서 제노사이드 협약,[9] 「난민의 지위에 관한 협약」(Convention relating to the Status of Refugees; 난민협약),[10] 「국제형사재판소에 관한 로마규정」(Rome Statute of the International Criminal Court; 국제형사재판소규정)[11]을 비롯하여 아동, 여성 및 근로자 보호[12] 그리고 「포로의 대우에 관한 제네바협약」, 「전시에 있어서의 민간인의 보호에 관한 제네바협약」 등 국제인도법과 관련한 다양한 인권조약에 당사자로 참여하고 있다.[13] 그러나 앞에서 언급한 바 있듯이, CMW와 ICCPED와 같은 핵심적 인권조약을 비롯하여, 「사형의 폐지를 목표로 하는 ICCPR 제2선택의정서」(ICCPR-OP2), 「CAT 선택의정서」(OP-CAT), 「CRPD 선택의정서」(OP-CRPD), 「교육상의 차별금지 협약」, 「결사의 자유 및 단결권 보호에 관한 협약(ILO 89호 협약)」, 「단결권 및 단체교섭권 원칙의 적용에 관한 협약(ILO 98호 협약)」, 「노예협약」, 「강제근로에 관한 협약(ILO 29호 협약)」, 「강제근로의 폐지에 관한 협약(ILO 105호 협약)」, 「무국적자의 감소에 관한 협약」, 「무국적자의 지위에 관한 협정」, 「전쟁범죄 및 인도에 반하는 죄에 대한 공소시효 부적용에 관한 협약」 등 기타 중요한 인권조약에는 아직 가입하지 않고 있다 (〈표 2〉 참조).[14]

---

9) 1948년 12월 9일 채택되어 1951년 1월 12일 발효되었으며, 한국에 대하여 1951년 1월 12일 발효함.

10) 1951년 7월 28일 채택되어 1954년 4월 22일 발효되었으며, 한국에 대하여 1993년 3월 3일 발효함.

11) 1998년 7월 17일 채택되어 2002년 7월 1일 발효되었으며, 한국에 대하여 2003년 2월 1일 발효함.

12) 국제노동기구(ILO) 8대 핵심협약 가운데 한국은 남녀동등보수협약(ILO 제100호 협약), 고용·직업상 차별금지협약(ILO 제111호 협약), 취업상 최저연령 협약(ILO 제138호 협약), 가혹한 형태의 아동노동 철폐협약(ILO 제182호 협약) 등 4개의 협약에는 비준·가입하였다.

13) 이에 대해서는 외교부 홈페이지(http://www.mofa.go.kr) "이슈별 자료실〉조약과 국제법〉조약정보"; 정경수, 전게논문, pp.616-620 참조.

14) 이에 대해서는 외교부 홈페이지(http://www.mofa.go.kr) "이슈별 자료실〉조약과 국제법〉조약정보"; 상게논문 참조.

〈표 2〉 한국 미가입 주요 인권조약 및 사유[15]

조약명	미비준(가입) 사유
CMW	송출국 중심의 가입, 국내법령 개정 선행
ICCPR-OP2	국내 합의 부존재
OP-CAT	법무부 검토 중
OP-CRPD	추가 검토 필요
ILO 제87호 협약(결사의 자유·단결권보호)	기업단위 복수노조허용 유예, 해고자(실업자)의 단결권 인정, 필수공익사업 직원중재제도, 노조전임자 임금지급
ILO 제98호 협약 (단결권·단체교섭권원칙 적용)	제3자 지원 신고제도
ILO 제29호 협약(강제근로)	공익근부요원제도, 재소자 근로 중 위탁작업 및 통근 작업의 협약기준 위배여부
ILO 제105호 협약(강제근로의 폐지)	정치범 및 파업 참가자에 대한 강제노역이 포함되는 형사처벌
인신매개의정서	모협약인 초국가범죄협약 미가입
교육상 차별의 금지 협약	불법체류 외국인자녀 중등교육, 소규모 학교 운영, 고등학교 선택권 등 미충족

　우리나라가 비록 짧은 기간 내에 주요 인권조약들에 가입하고 그 이행절차를 확보하고 있다는 점에서 괄목할 만한 발전을 이룩한 것으로 볼 수도 있지만, 그러나 사형의 폐지를 목표로 하는 ICCPR-OP2, 그리고 OP-CAT, OP-CRPD와 근로자의 인권보호에 필수적인 ILO 협약들에 가입하지 않고 있다는 점은 아직도 우리나라가 인권 문제에 대하여 적극적 자세와 개방적 마인드를 갖고 있다고 볼 수 없게 한다. 특히 우리나라는 7개의 핵심적 인권조약의 비준·가입 시에 그 적용 및 효력을 제한하는 '유보'(reservation)를 통하여 조약의 국내적 시행과 관련하여 일부 중요한 조항들의 적용을 배제하는 조치를 취했다는 점을 지적할 필요가 있다(〈표 3〉 참조).

15) 지영환·김민진, 「국제인권조약의 한국적용에 관한 연구」, 『경희법학』, 제46권 제2호, 2011, p.259 참조.

〈표 3〉 주요 인권조약 유보의 현황[16]

조약명	유보 조항	유보 철회	유보 잔류
CAT	해당사항 없음		
CEDAW	제9조, 제16조 제1항(다), (라), (바), (사)호	제16조 제1항 (다), (라), (바) 호, 제9조	제16조 제1항 (사)호
CRC	제9조 제3항, 제21조 제1항, 제40조 제2항 (나)호 (5)	제9조 제3항	제21조 제1항, 제40조 제2항 (나) 호 (5)
CERD	해당사항 없음		
ICCPR	제14조 제5항 및 제7항, 제22조, 제23조 제4항	제23조 제4항, 제14조 제7항, 제14조 제5항	제22조
ICESCR	해당사항 없음		
CRPD	제25조 (마)호		제25조 (마)호

이를 통하여 우리나라는 인권조약에 비준·가입과 관련하여 조약의 국내적 수용 및 적용과 관련하여 상충되거나 미흡한 국내법을 정비하거나 확충하기 위한 능동적인 자세보다는 국내법과 상충되는 조항에 대한 유보를 하고 비준·가입하는 소극적인 입장임을 알 수 있게 된다. 다만 최근 들어 유보 철회의 사례가 증가하고 있는 것은 긍정적인 변화라고 본다.[17]

Ⅲ. 국제인권조약의 국내적 수용 및 이행현황

1. 국제인권법의 국내 수용 및 적용

1) 이론적 문제

우리나라 「헌법」 제6조 1항은 "헌법에 의하여 체결·공포된 조약과 일반적으로 승인된 국제법규는 국내법과 같은 효력을 가진다."고 규정하고 있다. 일반적으로 국제법과

---

16) 정경수, 전게논문, pp.622-3; 정진경, 「UN 아동권리협약의 국내법적 및 실천적 수용성: 아동복지법과 아동복지시설을 중심으로」, 『아동과 권리』, 제14권 제2호, 2010, pp.224-5; 김명수, 「장애인권리협약과 장애인 기본권 보장: 조약의 유보와 부대의견의 효력을 중심으로」, 『제도와 경제』, 제6권 제1호, 2012, p.186 참조.

17) 정경수, 상게논문, pp.623-625.

국내법의 관계에 대하여 크게는 '일원론'(monism)과 '이원론'(dualism)이 대립하고 있으나, 우리나라의 경우는 일단 일원론에 따라 조약이든 관습법이든, 국제법은 헌법이나 법률과 같은 국내법의 형태로 '변형'(transformation)을 거치지 않은 채 국내적으로 '편입'(incorporation)되어 효력을 갖게 된다고 본다.[18] 그러나 조약과 관련해서는, 특히 그 규정 형식이나 규범의 내용으로 보아 모든 조약 규정이 직접적으로 적용될 수 없는 '비자기집행적 조약'(non self-executing treaty)이나 '비자기집행적 규정'(non self-executing provisions)의 경우를 제외하고 조약이나 조약 규정들이 그 자체로 직접 적용되는 '자기집행적'(self-executing) 효력을 갖게 된다고 보는 것이 일반적이다.[19]

그러나 조약, 특히 인권조약의 비준·가입과 관련하여 우리나라와 미국의 차이점은 우리의 경우, 당해 조약의 특정 조항에 대하여 유보를 하는 경우는 있어도 조약의 국내적 효력을 배제하기 위하여 조약 그 자체를 '비자기집행적'이라고 선언하는 예는 없다는 점이다. 따라서 ICCPR을 포함하여 우리 정부에 의하여 비준·공포된 인권조약은 특별한 이유가 없는 한 추가적 입법조치 없이 국내법의 지위를 가지게 되는 것이다.[20]

2) 국내적 적용 및 효력

국제인권조약의 국내적 적용이 이루어짐으로써 그 효력은 국민 개개인들에게도 직접 미치게 된다. 개인들은 정부에 대하여 인권조약상의 권리 보장을 요구할 수 있으며 그 침해에 대하여 구제를 청구할 수도 있게 된다. 그리고 국제인권법의 특성상 인권침해의 주체가 국가(정부)인 경우에도 개인들은 인권조약에 근거하여 일정한 구제절차를 이용할

---

18) 정인섭, 전게서, p.109.

19) '자기집행적 조약'과 '비자기집행적 조약'의 분류는 미국 연방대법원의 판례에서 비롯된 것인데, 비자기집행적 조약은 '이행입법'을 통해서만 국내적으로 적용될 수 있다고 한다. 한편 兩者의 구분과 관련한 미국 내의 논의를 보면 조약 규정의 문구 등 객관적인 상황보다는 조약의 체결이나 가입 시에 정부의 의도 등 주관적인 기준을 중시하는 경향이 있다고 본다(김대순, 『국제법론』, 제17판(삼영사, 2013), pp.285-88; 오승진, 「국제인권조약의 국내 적용과 문제점」, 『국제법학회논총』, 제56권 제2호, 2011, pp.118-22). 이와 관련하여 미국의 경우는 (a) 조약이 이행입법 없이는 효력을 발생할 수 없다거나 국내법이 될 수 없다고 그 의도를 선언하고 있는 경우, (b) 상원에서 특정 조약에 동의하는 과정에서, 또는 의회의 결의에 의해 이행입법을 요구하는 경우, 그리고 (c) 이행입법이 헌법적으로 요구되는 경우에는 미국이 당사국인 조약은 '비자기집행적'이 된다고 한다(The American Law Institute, *Restatement of the Law Third - Restatement of the Law, Foreign Relations Law of the United States*, Vol.1(American Law Institute Publishers, 1987), pp.42-3).

20) 상게논문, p.123.

수 있다는 점에서 인권조약의 직접 적용성(direct applicability) 또는 직접 효력(direct effect)이 갖는 의미가 있다.

전통적으로 개인들은 타국의 국제법위반에 따른 피해와 관련하여 외교적보호제도 (dilpomatic protection)에 근거하여 자신의 본국(국적국)을 통해서만 구제를 받을 수 있었으며, 본국에 의한 권리 침해의 경우에는 일종의 '국내문제'로 간주됨으로써 아무런 국제적 대응을 할 수 없었던 것이 사실이다. 그러나 오늘날 모든 개인들은 인권의 국제적 보호를 지향하는 인권조약에 근거하여 본국 정부에 의한 인권침해 행위에 대해서도 정해진 절차에 의하여 그 구제를 신청할 수 있게 된 것이다. 특히 ICCPR, CERD, CAT, CEDAW 등 인권조약 및 그 선택의정서에 의하여 규정되고 있는 '개인통보'(individual communication) 절차를 우리 정부가 대부분 수락했기 때문에 이들 조약에 규정되고 있는 권리를 침해당한 개인은 당해 인권조약의 이행을 위한 각 위원회에 정해진 요건과 절차에 따라 '통보'를 제출할 수 있게 된 것이다.[21]

그러나 보다 중요한 것은 정부적 차원에서 인권조약의 규정들을 국내적으로 직접 적용하거나 아니면 그 실효적 이행을 위한 세부적인 입법을 추진하는 일이다. 사실 국제법의 국내적 수용과 관련하여 일원론의 입장에서 편입(수용)이론을 취하고 있는 우리나라의 경우, 이론적으로는 비자기집행적 조약과 같이 별도의 입법을 필요로 하는 특별한 경우를 제외하고는 인권조약이나 관습법적 인권법원칙은 그 자체로 국내적으로 사법적 판단이나 결정의 근거로 원용될 수 있는 것이다.

이처럼 국제인권법이 국내적 직접적용성을 가질 수 있음에도 불구하고 인권 관련 사안에서 헌법재판소나 국내 법원이 인권조약 또는 관습법 규칙을 원용하여 판단하는 경우는 거의 없는 것으로 보인다. 헌법재판소 및 대법원 판례를 보면, 일부 소수의견의 경우를 제외하고 실제의 사례에서 국제인권조약을 검토하거나 원용하는 예가 거의 없다. 경우에 따라 국제인권조약을 언급하는 경우에도 인권조약을 국가 간의 권리·의무를 규율하는 문서로 간주하면서 재판규범으로는 직접 적용될 수 없는 것으로 이해하고 있다. 나아가서 국내법과 인권조약이 일견 상충되는 것처럼 보이는 경우에도 국내법이 인권조약에 배치되지 않는다고 해석함으로써 국내적 해석기준을 고집하면서 사실상 국제

---

21) 자세한 내용은 박찬운, 「자유권규약위원회 개인통보제도 결정의 국내적 이행을 위한 방안 소고」, 『저스티스』, 통권 제103호, 2008, pp.201-219 참조.

법에 반하는 국내법의 적용을 강행하려는 경향도 있다.[22]

　국제인권조약에 가입했음에도 불구하고 국내법 우위적 관점에서 인권조약의 해석기준을 고집하는 것은 국제공동체 구성원의 일원으로서의 책임 있는 자세가 아니다.[23] 인권조약이나 관습법이 일반적으로 개인에게 직접적으로 권리를 부여하는 조약일 뿐만 아니라 헌법 규정에 따라 직접적인 국내 적용이 가능함에도 불구하고 행정부는 물론 헌법재판소나 대법원을 비롯한 국내 사법기관이 구체적 사안에서 인권조약을 검토하거나 원용하는 데 유보적인 태도를 보이는 것은 국제인권법상 우리에게 주어진 책임과 의무를 저버리는 행위라는 점에서 국제사회의 비판을 초래하는 결정적 이유가 되고 있다.[24]

2. 국제인권조약의 이행 현황 및 평가

　2006년 유엔 총회결의 60/251을 통해 설립되고 6월 19일 공식 출범한 인권이사회(HRC)는 그 전신인 인권위원회(CHR)의 문제점을 개선하고 더욱 실효적인 인권보장 시스템을 확보하기 위하여 '보편적 정례검토'(Universal Periodic Review; UPR) 제도를 도입하였다. UPR은 모든 유엔 회원국들의 인권상황을 국제적 인권기준에 따라 정기적으로 검토하도록 되어 있다.[25]

　2008년 5월 개최된 우리나라에 대한 제1차 UPR 심사 당시 총 33개의 권고사항이 채택되고 이 가운데 15개의 사항이 수락된 바 있었다.[26] 지난 2012년 10월 25일에는 우리나라에 대한 제2차 UPR 실무그룹(Working Group) 회의가 인권이사회 회의장에서 개최되었다. 이때 우리 정부대표단은 제1차 UPR 심사 시 제기된 권고사항 이행현황을 설명하고 회원국의 질의 및 권고사항에 대하여 우리의 입장을 개진하였다. 이 회의에서는 총 70개의 권고사항이 제시되었는데,[27] 이에 대한 정부의 입장은 2013년 1월에 인권

---

22) 상계논문, pp.125-7; 정인섭, 전게서, p.817.

23) 상게서, p.818.

24) 박찬운, 전게논문(주 21), p.128.

25) UPR에 대해서는 박병도, 「유엔인권이사회의 보편적 정례검토제도 -한국의 실행과 평가를 중심으로-」, 『법조』, 제8호, 2009, pp.211-25; 박진아, 「유엔인권이사회의 성과와 과제 -2011년 "유엔인권이사회 재검토"(Review of the Human Rights Council) 논의를 중심으로-」, 『안암법학』, 제40집, 2013, pp.261-6 참조.

26) Report of the Working Group on the Universal Periodic Review: Response of the Republic of Korea on the Universal Periodic Review recommendations. UN Doc. A/HRC/8/40/Add.1(25 August 2008). 자세한 분석 내용은 박병도, 상계논문, pp.230-234 참조.

이사회 실무그룹에 전달되었다.[28]

1) 유엔인권이사회의 UPR

(1) 국가보고서(제1차 UPR 권고사항 이행)에 대한 평가[29]

제1차 UPR 심사 시 우리나라가 수락한 15개의 권고사항은, CRPD의 비준, 이주노동자와 동반아동의 권리 보호를 위한 정책의 마련, 여성의 권리 증진을 정부의 중요 인권정책 과제로 설정하는 것, 가정폭력·부부강간·아동학대 등의 형사처벌, 난민인정 절차를 국제난민법에 부합하도록 하는 것 등이다. 2012년 8월 우리 정부가 제출한 제2차 UPR 국가보고서[30]에는 한국이 수락한 주요 권고사항 중 지난 4년간 그 이행실적이 두드러진 사항으로서 CRPD의 비준, 「장애인연금법」·「장애인활동지원에 관한 법률」·「장애인아동복지지원법」 등 장애인 지원입법의 정비, 2012년 「난민법」제정, 5년 단위의 '외국인정책기본계획'의 수립을 통한 외국인 근로자의 지원, 「성별영향분석평가법」의 제정 등 실질적인 양성평등의 실현을 위한 법제도의 정비, 개발도상국에 대한 지원 확대를 위한 「국제개발협력법」의 제정 등의 사항이 포함되고 있다.

이에 따라 2012년 10월 25일 제네바에서 개최된 한국에 대한 UPR 실무그룹 회의에 참여한 대부분의 국가들은 한국이 2008년 권고사항을 지난 4년간 충실히 이행하여 왔다고 평가하고 있다. 특히 2012~2016 기간의 '제2차 국가인권정책기본계획'(NAP)을 수립하고 이를 수립하는 과정에서 국제인권기구의 권고사항을 반영한 점, 그리고 개발도상국에 대한 '공적개발원조'(ODA)의 확대를 약속한 점, 그리고 모든 사람에 대한 교육기회의 제공과 높은 교육수준의 유지 등에 대하여 높이 평가하고 CRPD의 비준, CRC 제9조 제3항(면접교섭권)에 대한 유보의 철회, 「성별영향분석평가법」 및 「난민법」의 제정 등에 대해서도 주요 진전 사항으로 평가하고 있다.

---

27) Report of the Working Group on the Universal Periodic Review(UN Doc. A/HRC/22/10(12 December 2013).

28) Report of the Working Group on the Universal Periodic Review. UN Doc. A/HRC/221/10/Add.1(16 January 2013).

29) 이재완, 「대한민국에 대한 제2차 보편적 정례인권검토(UPR)」, 『국제법평론』, 통권 제36호, 2012, pp.155-163.

30) UN Doc. A/HRC/WG.6/14/KOR/1(13 August 2012).

(2) 주요 권고사항[31]

제1차 UPR 검토회의 시 제기된 권고사항으로서 이미 우리나라가 수락했던 것 가운데 특히 이주노동자 권리보호 방안에 대하여 대다수 국가들은 지난 4년간의 추진 노력에 대하여 일부 긍정적인 평가를 내리면서도 이주노동자권리를 더욱 강화하기 위한 정책 및 입법을 추진할 것을 다시 권고하고, 2008년에 제기되었던 표현의 자유의 범위 안에 인터넷 상의 표현의 자유를 추가하였다. 이외에도 아동폭력 및 학대, 가정폭력 그리고 부부강간의 방지 및 형사처벌 문제가 다시 제기되었다.

제1차 UPR 회의에서 한국이 수락의사를 표명하지 않은 주요 권고사항은, 「국가보안법」의 폐지 또는 개정, 사형제 폐지, 양심적 병역거부의 인정, 일반적 성격의 차별금지법의 제정, CMW, ICCPED, OP-CAT, 그리고 팔레르모의정서[32] 등 주요인권조약의 가입 등이었는데, 이러한 사항은 이번 제2차 UPR 회의에서도 다시 권고사항으로 포함되었다. 사형제 폐지와 양심적 병역거부의 인정 문제에 대하여 정부는 현 단계로서는 수용에 어려움이 있다는 점을 표명하고 국가보안법 문제에 대해서는 엄격한 법의 해석 및 적용을 다짐하였다. 일반적 차별금지법 제정에 대해서는 현재 90여개의 개별적 법률에 의하여 이미 차별금지가 규정되고 있음을 밝히면서 일반적 차별금지법의 제정 문제에 대해서는 지속적으로 연구·검토할 것임을 천명한 바 있다. 그리고 CMW, ICCPED 그리고 OP-CAT 가입 건에 대해서도 현실적 여건상 당장 가입하기는 어렵다는 점을 설명한 바 있다.

제2차 UPR 검토회의에서는 2008년도에 제기되지 않았던 새로운 권고사항도 다수 제기되었다. 이에는 '이민'(migrants) 수입국으로서, 이른바 '보편적 출생등록'(universal birth registration) 제도[33] 도입과 관련한 인권보호 문제, 한 부모 여성가장에 대한 차별철폐와 보호에 대한 국가적인 홍보 캠페인 전개, 헤이그 국제입양협약(Hague Convention on the Protection of Children and Cooperation in Respect of Inter country Adoption)의 가입,

---

31) Report of the Working Group on the Universal Periodic Review(UN Doc. A/HRC/22/10(12 December 2013), paras.124.1-124.70; 이재완, 전게논문, pp.159-162.

32) 정식 명칭은 「유엔 초국가범죄방지협약을 보충하는 인신매매의정서」(Protocol to Prevent, Suppress and Punish Trafficking in Persons, Especially Women and Children Supplementing the United Nations Convention against Transnational Organized Crime)

33) 이주노동자 또는 난민신청자 자녀의 아동에 대해 부모의 법적지위나 출신에 관계없이 출생 직후 자동적으로 법적인 등록을 허용하는 제도를 말한다(이재완, 전게논문, p.161).

국가인권위원회의 독립성 강화, 국가인권정책협의회가 수행하는 UPR 권고사항 이행관련 작업에의 참여보장 문제, 그리고 군부대 안에서 이루어지는 성지향 또는 성인지(sexual orientation or gender identity)에 기초한 차별법 폐지 문제도 새롭게 제기되었다.[34]

(3) 권고사항에 대한 정부의 수락 및 답변[35]

70개의 권고사항 가운데 우리 정부는 CMW, ICCPR-OP2, OP-CAT의 비준; UNESCO 교육상 차별금지협약의 서명·비준; 헤이그 국제입양협약의 가입; CRC 제21조제1항에 대한 유보 철회; '고문 특별보고자'(Special Rapporteur on Torture)의 초청, 인종차별·종교 및 신앙의 자유·인신매매 등의 분야에 대한 유엔인권메커니즘의 강화; 독립적 아동권리 감독기구의 법적지위를 명시하고 아동학대 및 가정폭력과 관련된 인권훈련 노력의 증대를 위하여 필요한 조치의 실행; 국가인권위원회 산하 아동권리소위원회 설치 검토; 아동권리의 보호 및 증진을 위한 국가전략의 이행에 대한 우선권의 계속적 부여 및 적절한 인력·예산의 배정, 관련정책의 증진 및 입법 확충, 그리고 특히 가장 취약한 아동그룹인 장애아동 지원 및 적절한 시설의 제공; 무력충돌 시 아동의 관여에 대한 OP-CRC의 규정들을 폭넓게 수용하기 위한 조치의 실행; 아동친화적인 재판제도 절차의 채택; 법치주의 및 사회적 결속을 강화하기 위한 노력의 계속 등 11개의 권고사항에 대하여 수락의 의사를 전달하였으며, 이 가운데 두 번째 특별보고자 초청 및 유엔인권메커니즘의 강화와 관련해서는 이미 2008년 3월에 인권이사회의 모든 '주제별 특별절차'(thematic special procedures)에 대하여 상시 문호를 개방했음을 적시하였다.

2) ICCPR의 이행 현황 및 자유권규약위원회의 권고

한국은 ICCPR, ICESCR, CERD, CEDAW, CAT, CRC 등의 이행과 관련하여 각 위원회에 정기적인 국가보고서(National Report)를 제출해 왔으며, 이에 대하여 각 위원회는 보고서의 내용을 심의한 후 '최종견해'를 발부하였다.[36] 여기서는 ICCPR의 자유권규약

---

34) 상게논문, pp.161-2.

35) Report of the Working Group on the Universal Periodic Review. UN Doc. A/HRC/221/10/Add.1(16 January 2013).

36) 이에 대해서는 채형복, 전게서 참조.

위원회(Human Rights Committee, 이하 "위원회"와 혼용)의 심의 내용 및 견해와 관련하여 살펴본다.

2003년에 한국은 ICCPR 제40조에 따라 그 이행 상황에 대한 제3차 국가보고서를 제출하였으며, 지난 2011년 8월에 제4차 국가보고서[37]를 제출한 바 있다. 이는 제3차 보고서에 대한 위원회의 권고사항과 ICCPR의 조항에 대한 한국의 이행 여부를 중심으로 기술되고 있다. 보고서는 우선 일반적 사항(general comments)으로서 법무부 '인권국'[38] 설립, 국가인권정책기본계획(2007~2011)[39] 수립·이행, 자유권규약의 홍보,[40] 인권교육,[41] 테러관련 법률과 자유권규약의 조화, 국가인권기구 업무 현황,[42] 자유권규약의 효력[43] 및 재판에 원용된 사례,[44] 자유권규약 개인진정 현황 및 국내 이행 노력, 그리고 유보조항의 철회 및 유지에 관하여 언급하고 있다. 이어서 보고서는 제1조 자결권으로부터 제27조 소수민족 보호에 이르기까지 ICCPR의 각 조항에 따른 국내이행 현황에 대하여 언급하고 있다.

특히 일반적 사항에 포함된 '자유권규약 개인진정 현황 및 국내 이행 노력'은 제3차

---

37) 대한민국, 『유엔 「시민적 및 정치적 권리에 관한 국제규약」 이행에 대한 제4차 국가보고서[2011. 8]』, 2011.

38) 2006년 5월 법무부는 국가인권정책 등 인권업무를 주관할 '인권국'을 신설하였다. 이는 「국가인권정책기본계획」(National Action Plan for the Promotion and Protection of Human Rights; 이하 "NAP")을 비롯한 국가인권정책의 수립·집행, 국제인권관련 업무 주도, 법무행정관련 인권침해 사건의 자체 조사와 제도개선, 범죄피해자 보호 및 법률구조 업무, 인권교육 등을 담당한다(상게서, p.1).

39) NAP는 인권과 관련된 법·제도·관행의 개선을 목표로 하는 우리나라 최초로 수립된 인권정책기종합계획으로서, 국제인권기준과 우리 정부에 대한 유엔인권조약감시기구의 권고를 존중하여 수립되었으며, 자유권·사회권·사회적 약자 및 소수자 보호, 국제인권협력, 인권교육에 대한 정책을 포함하고 있다(상게서, p.1).

40) 제3차보고서의 심의결과에 따른 위원회의 권고를 수락하고 법무부 인권국, 외교(통상)부, 국가인권위원회의 홈페이지와 언론을 통하여 일반대중에게 자유권규약 및 그 최종견해를 홍보하고 특히 공무원의 인권인식 증진을 위하여 노력하고 있다고 한다(상게서, p.2).

41) 제3차보고서 심의에서 제시된 권고에 따라 인권교육을 NAP에 포함시키고 공무원 특히 법집행공무원에 대한 인권교육을 강화하고 학교 인권교육을 확대 실시하고 있다고 한다(상게서, pp.2-4).

42) 국가인권위원회의 활동을 소개하고 한국 국가인권위원회는 국가인권기구 국제조정위원회(International Coordinating Committee; 이하 "ICC")에 가입한 2004년 이후 계속하여 인권기구의 독립성과 효과성에 대한 심사에서 A 등급을 유지하고 있으며 아시아태평양 국가인권기구포럼(APF) 의장국을 역임하고 2007년부터 2009년까지 국가인권기구 국제조정위원회 부의장국을 맡았다고 한다(상게서, p.8).

43) 정부는 헌법에 의해 규약이 국내법과 동일한 효력을 가지고 있으며, 새로운 국내법 제정 단계에서 규약과의 충돌 여부를 검토하기 때문에 규약 위반의 국내법이 제정될 가능성이 없다고 하는 입장이다(상게서, p.8).

44) 정부는 그 사례로 舊「노동쟁의조정법」 제13조의 2와 자유권규약 제19조 2항 관련 2008년 11월 13일의 대법원 판결(2006도755)과 자유권규약 제10조 및 제7조 관련 2004년 12월 16일의 헌법재판소 결정(2002헌마478)을 들고 있다(상게서, p.9).

국가보고서의 제출에 대하여 자유권규약위원회가 그동안 한국에서 제기된 개인통보 사건[45]에 대한 위원회의 시정권고가 제대로 이행되지 않고 있음을 지적하면서 위원회가 자신의 견해를 채택하면 당사국은 즉시 이를 실시해 나가도록 권고한 데 따른 정부의 입장을 표명하는 것이다.[46]

자유권규약위원회는 개인통보사건에 대한 인용 사건들의 경우에 그 이행조치로 보통 ① 고발당사자에 대한 적절한 배상을 포함하는 효과적인 구제, ② 경우에 따라 관련 법률의 개정, 유죄판결의 무효화, 소송비용의 지급, 몰수된 재산의 원상회복 및 반환, ③ 유사한 사건에서의 재발방지 보장, ④ 위원회의 결정사항 공표 등을 제시하고 있으며, 일반적으로 이러한 사항에 대한 당사국의 이행조치를 90일 이내에 통지할 것을 요구하였다.[47]

ICCPR에 대한 유보의 철회는 자유권규약위원회의 지속적인 관심사항이었다. 위원회는 제3차보고서 심의에서도 ICCPR 제14조 제5항의 유보철회를 요청하고 자유권규약 제22조의 유보철회를 권고한 바 있다.[48] 이에 따라 한국정부는 2007년 4월 2일 자유권규약 제14조 제5항에 대한 유보를 철회하였다. 따라서 현재 한국은 노동 3권을 규정한 제22조에 대해서만 유보를 유지하고 있다.[49] 위원회는 이밖에도 양성평등과 가정폭력 문제, 피구금자 또는 피의자에 대한 부당한 대우의 방지, 변호인의 조력을 받을 권리 보장 등 신체의 자유 및 사법적 보호를 받을 권리 보장, 인권교육과 홍보 권고, 이주노동자의 보호와 ICCPR에 따른 테러행위의 규제와 처벌 문제에 대한 관심을 표명하였다.

---

45) 2008년까지 한국에서 제기되어 인권위원회가 처리한 사건은 모두 11건이며, 그 중 양심적 병역거부에 관한 윤○범 사건과 최○진 사건은 병합 심리되어 모두 10건에 대한 인권위원회의 검토가 이루어졌다. 그 중에서 교과서 검정제도를 다룬 남○정 사건은 제19조의 적용 대상이 아니라는 다수 견해에 따라 각하 결정되었고, 피의자 조사과정에서 폭행과 고문을 주장한 Ajaz and Jamil 사건과 선거기간 중 여론조가 보도의 합법성 문제를 다룬 김○철 사건은 기각 결정되어 모두 7건에 대한 인용결정이 있었다. 이 가운데 노동쟁의조정법 제13조 2항이 ICCPR 제19조 2항 위반임을 주장한 손○규 사건을 제외하고 김○태, 박○훈, 강○주, 신○철, 이○은 사건은 모두 국가보안법 제7조와 관련된 것이었다. 국가보안법 제7조에 대해 헌법재판소는 1990년 4월에 국가보안법 제7조가 국가의 존립 안전을 위태롭게 하거나 자유민주주의 기본질서에 위해를 줄 명백한 위험성이 있는 경우에 적용되므로 이와 같은 해석 하에서 합헌, 즉 '한정합헌'으로 결정하였고, 이러한 헌법재판소의 입장은 다음 해에 이루어진 국가보안법의 개정에서 수용되어 오늘에 이르고 있다. 그러나 인권위원회는 그 개정 사항도 여전히 인권침해의 소지가 있는 것으로 판단하고 있다(김민서, 「한국에서의 자유권규약 이행 현황에 대한 논고」, 『법학논고』, 제30집, 2009, pp.100-102).

46) 대한민국, 전게서, pp.9-10.

47) 김민서, 전게논문, p.104.

48) CCPR/C/KOR/CO/3/CRP.1, para.8.

49) 규약 제22조에 대해서는 국내법 체계와 충돌하는 부분이 있어서 유보하고 있다고 하면서, 다만 제22조와 관련하여 정부의 개선 노력이 있었음도 언급하고 있다(대한민국, 전게서, p.11).

자유권규약위원회의 권고에 대한 우리나라의 이행 상황은 결코 만족스럽다고 할 수 없다. 우선 인용된 개인통보사건의 경우, 그 효과적인 구제수단으로서의 '배상'과 관련하여 위원회의 결정 그 자체가 국내 법원의 판결을 번복하는 효력이 없기 때문에 유죄의 확정판결이 별도의 절차에 의하여 번복되지 않는 한 상반되는 위원회의 시정권고를 이행할 수 있는 법적 근거가 없다고 하는 것이다. 여타의 시정권고 사항들에 있어서도 현실적으로 관련 법률의 개정을 통하지 않고서는 그 이행이 쉽지 않은 경우가 많다는 것이다.[50]

Ⅳ. 국가인권위원회의 역할 및 평가

1. 국가인권위원회의 의의 및 역할

1993년의 「국가인권기구의 지위에 관한 원칙」(Paris Principles)에 의거 한국에 국가인권위원회(National Human Rights Commission, 이하 "인권위원회"와 혼용)가 설립된 지 10년이 훨씬 지났다. 2001년 5월 24일 「국가인권위원회법」의 제정을 통하여 인권위원회를 설립하는 과정에서 정부와 시민사회 간에 갈등과 대립이 많이 있었지만, 새로운 형태의 국가인권위원회에 거는 국민의 기대는 매우 컸던 것이 사실이다.[51] 정부는 인권위원회의 설립을 국내적 인권상황이 호전되는 커다란 성과로 간주하고 이를 유엔인권이사회에 제출한 제3차 국가보고서에서 특별히 언급하기도 하였다.[52]

한국에서의 국가인권위원회의 설립은 다음과 같은 의미를 가진다고 한다:[53] ① 국제인권규범의 국내적 실행을 위한 '준국제기구'가 출범했음을 의미한다. ② 헌정사상 최초로 기존의 국가권력을 감시하면서 인권의 존중을 도모하는 독립적 기구가 만들어졌음을 의미한다. ③ 사회적 소수자의 권익 옹호자로서의 기능을 수행할 국가기관의 탄생을 의미한다.

인권위원회는 일반적으로 그 설립목적을 달성하기 위하여 인권정책 권고기능, 조사

---

50) 대한민국, 전게서, p.10; 김민서, 전게논문, pp.104-107.

51) 설립경과에 대해서는 박찬운, 전게서, pp.279-280 참조.

52) CCPR/C/KOR/2005/3, paras.4-9.

53) 국가인권위원회, 『2003 국가인권위원회 연간보고서』, pp.17-19 참조.

구제 기능 그리고 인권교육 및 국내외 협력기능을 수행한다.[54] 2011년 연간보고서에 따르면, 인권위원회는 인권관련 법령·제도·정책·관행의 개선, 인권상담 및 진정사건 접수 처리, 인권침해행위에 대한 조사 및 구제, 인권문화 조성을 위한 인권교육의 확산, 국내외 교류협력 및 홍보, 북한인권 개선 등과 관련된 활동을 수행하였으며, 부산·광주·대구에 인권사무소를 설치 운영한 것으로 나와 있다.[55]

2001년 11월 위원회 출범 이후 2011년 12월 말까지 접수한 진정사건은 총 58,672건인데, 이 중 77.0%인 45,162건이 인권침해, 19.7%인 11,547건이 차별, 3.3%인 1,963건이 기타 사건이다.[56] 2001년 출범 이후 2011년 12월 말까지 인권관련 법령·정책 등에 대한 개선 권고 및 의견표명 건수는 총 399건으로 이 가운데, 권고 건수는 42.3%인 169건, 의견표명은 52.6%인 210건, 그리고 의견 제출은 5%인 20건으로 나타났다.[57]

국가인권위원회의 활동과 관련하여 특기할 만한 것은 탈북자를 포함한 '북한인권' 문제에 대한 역할이다. 2003년 이후 인권위원회가 북한인권 사업을 추진해야 한다는 국회의 의견에 따라 비상설조직인 '북한인권연구팀'이 구성되었다. 이 연구팀에 의하여 북한인권 관련 조사·연구가 진행되고 2006년 12월 11일에는 '북한인권에 대한 국가인권위원회의 입장'을 공표한 바 있다.[58] 2007년에는 10대 중점추진과제 중 하나로 '북한인권'을 설정하였고 2008년에는 6대 중점사업과제의 하나로 '북한인권 개선을 위한 정책활동 강화'가 포함된 바 있다. 2010년에는 '북한인권팀'을 신설하여 보다 체계적이고 종합적인 측면에서 북한인권 업무를 추진하기 시작하였다고 한다.[59]

2005년에 부산과 광주에 그리고 2007년에는 대구에 인권사무소가 개설되어 지역주민의 인권의식 향상과 긴급한 인권침해 사안에 대한 신속한 대응 등 국민에 대한 균질

---

54) 박찬운, 전게서, pp.281-5 참조.

55) 국가인권위원회, 『2011 국가인권위원회 연간보고서』, 2011.

56) 상게서, p.111.

57) 상게서, p.64.

58) 인권위원회의 입장 표명에 따르면, '북한인권'의 범주에는 북한지역 내 북한 주민의 인권(이하 "북한 내 인권"), 재외 탈북자·새터민 등 북한 이탈 주민의 인권 및 이산가족·납북자·국군포로 등 남북 간 인도주의적 사안과 관련된 인권이 포함되고 있다. 그러나 「국가인권위원회법」 제4조 및 제30조의 해석상 대한민국 정부가 실효적 관할권을 행사하기 어려운 북한지역에서의 인권침해 행위는 인권위원회의 조사 대상에 포함될 수 없다고 보았다. 다만, 국군포로, 납북 피해자, 이산가족, 새터민 등의 문제는 대한민국 국민이 직접적 피해당사자이므로 인권위원회가 이들의 개별적 인권사항을 다룰 수 있다고 보았다(안경환, 『좌우지간 인권이다』(도서출판 살림터, 2013), pp.248-51).

59) 국가인권위원회, 전게서(주 55), p.321.

한 인권서비스 제공이라는 목적 달성과 특화된 지역인권사업을 위하여 활동하고 있다고 한다.[60]

2. 국가인권위원회 활동의 평가와 과제

인권위원회가 설립된 지 10여년이 흐르면서, 정권도 세 번 교체되었다. 김대중 정부 당시 설립된 후, 노무현·이명박·박근혜 정부로 이어지면서 인권위원회의 위상도 많은 변화를 겪었다. 그러나 정부는 국가인권위원회가 국가인권기구 국제조정위원회(ICC)에 가입한 2004년 이후 계속하여 인권기구의 독립성과 효과성에 대한 심사에서 A 등급을 유지하고 있다고 자평하고 있다. 인권위원회 설립 후 10여년이 흐르는 동안 대내적으로 국민들의 인권의식이 향상되고 인권 관련 법·제도적 기반 조성, 국가기관의 인권관련 조직의 확대 등 인권보호 및 증진과 관련된 많은 변화가 있었던 것도 사실이다.[61]

그러나 지난 10여 년 동안 인권위원회가 스스로 독자적인 판단 하에 인권증진을 위해 적극적으로 조사·연구하고 정부에 인권증진 법안의 제정을 권고한 것은 10건 정도에 불과하였으며,[62] 2009년에는 위원회의 의지가 반영되지 않은 채 직제개편으로 기구가 축소되고 정원이 21% 감축되는 등 위원회 출범 후 최대의 위기상황이 발생하기도 하였다.[63] 이러한 관점에서 이전 정부와 비교하여 이명박 정부 하에서 인권위원회의 위상이 크게 실추했다고 보는 것이 일반적인 평가인 것 같다.[64]

국가인권위원회는 법 제19조 제8호와 제9호에 따라 "인권옹호와 신장을 위하여 활동하는 단체 및 개인과의 협력 그리고 인권과 관련된 국제기구 및 외국의 인권기구와의 교류·협력" 등 국내외 협력체계를 구축하도록 하고 있다. 이에 따라 위원회는 ICC의 승인소위원회 기구 및 ICC의 기업과 인권 실무그룹의 아태지역 대표기구로서도 활동하였으며 국가인권기구포럼(APF) 회의에 참가하여 위원회의 모범사례들을 홍보하는 등 성

---

60) 상계서, pp.333-380.
61) 이발래, 「국가인권위원회에 의한 인권보장과 과제」, 『유럽헌법연구』, 제9호, 2011, pp.293-294.
62) 박찬운, 「국가인권위원회 10년, 인권정책분야를 평가한다」, 『법학연구』, 통권 제14집(전북대학교 법학연구소, 2011), p.43.
63) 안경환, 전게서, pp.120-36; 이발래, 전게논문, p.294.
64) 상계서; 박찬운, 전게논문(주 62), pp.40-41.

공적으로 국제교류협력 사업을 전개했다고 자평하고 있다.[65] 그러나 당초 2010년부터 한국이 맡도록 성공적으로 추진되고 있던 ICC 의장국 선임 문제는 이명박 정부 들어 위원장이 안경환 위원장으로부터 현병철 위원장으로 교체되면서 결국 무산되는 상황을 겪게 되었고, 이 과정에서 한국 국가인권위원회의 대외 신인도는 물론 그 국제적 위상도 크게 실추되었다는 비판의 소리가 있다.[66]

그러나 이전과 비교하여 2009년 이후 현재에 이르는 인권위원회 정책권고의 특징으로 아동과 학생의 인권문제에 대한 관심과 북한인권 문제에 대한 관심 표명을 들 수 있다. 이명박 정부가 출범하기 전까지는 북한인권 문제에 관하여 매우 신중한 행보를 취해 왔는데, 2009년 현병철 위원장이 취임한 이후 인권위원회는 북한인권 문제에 대하여 보다 적극적인 입장으로 선회하였다.[67] 2009년 이후 북한인권 업무는 일종의 '특별사업'으로 지정되어 추진되고 있다.[68] 이에 따라 인권위원회는 2011년 북한주민과 북한이탈주민의 인권개선, 그리고 국군포로·납북자·이산가족 문제의 해결을 포함한 북한인권 개선을 위한 범정부적 종합계획을 수립할 것을 정부에 권고하고, 2011년 10월 24일 국회에 대해서 신숙자 모녀의 송환을 위한 권고를 행한 바도 있다.[69]

북한인권 문제에 대한 적극적인 자세는 한국 국가인권위원회의 성격을 규정하는 하나의 특징적인 역할로 자리 잡고 있다고 할 수도 있을 것이다. 그러나 지금의 국가인권위원회의 독립성 및 역할에 대한 평가와 관련하여 전반적으로 부정적인 측면이 많다고 하는 사실을 외면해서는 안 된다고 본다. 이러한 부정적 평가는 특히 위원장과 인권위원, 그리고 사무처의 전문성과 위원회 차원의 리더십의 부족에 기인한다고 본다.[70] 따라서 국가인권위원회의 위상을 제고하고 역할을 증대시키기 위한 방안을 연구하고 법·제도를 개선하는 데 적극적으로 나설 필요가 있다고 본다.

이와 관련하여 다음과 같은 개선과제들이 제시되고 있다: ① 국가인권위원회를 헌법 기구로 만들어 그 위상과 독립성을 제고해야 한다. ② '자격심사제도' 등을 통하여 전문성과 인권감수성이 높은 인권위원이 임명되도록 해야 한다. ③ 인권위원회의 기능과 관

---

65) 이발래, 전게논문, pp.291-292; 국가인권위원회, 전게서(주 55), pp.295-319.
66) 이에 대해서는 안경환, 전게서, pp.120-153 참조.
67) 박찬운, 전게논문(주 62), p.48.
68) 국가인권위원회, 전게서(주 55), p.321.
69) 상게서, pp.323-325.
70) 박찬운, 전게논문(주 62), pp.62-67.

련하여 '권고'의 실효성을 높일 수 있는 방법을 적극적으로 모색해야 한다. ④ 시민사회
와의 협력관계를 구축하고 지역사무소의 역할을 증대시킬 필요가 있다. ⑤ 교육 및 홍보
사업을 강화한다. ⑥ 국제교류·협력을 강화하고 아시아 지역 인권보호 시스템 구축에
앞장설 수 있도록 한다.[71]

V. 결론

전통국제법 시대에 있어서는 인권 문제에 대한 관심과 접근이 체계적으로 이루어지지
는 않았었다. 유엔이 창설된 지난 20세기 중반 이후 비로소 인권의 국제적 보호와 증진
에 관한 접근이 하나의 체계적인 지위를 차지하면서 국제법의 영역 가운데서 급속한 발
전을 보이게 된다.

21세기에 접어들어 '국가중심'의 전통적인 국제법은 '인간중심'의 새로운 국제법으로
발전하고 있다. 이러한 변화 및 발전을 극명하게 보여주고 있는 국제법의 분야가 바로
국제인권법이라고 생각한다. '인간중심'의 국제법 시대에 있어서 국가의 '주권'은 상대화
될 수밖에 없다. 이제 주권은 '지배'와 '통제'를 요소로 하던 전통적 개념으로부터 '책임'
과 '보호'를 요소로 하는 새로운 개념으로 거듭나지 않으면 안 되는 상황을 맞이하고 있
다. 이러한 상황 속에서 국가는 자국민을 포함하여 국적을 불문하고 자신의 영역에 거주
하거나 관계되는 모든 사람들에게 국제적 수준의 인권을 보장하고 건강한 환경 속에서
삶을 영위할 수 있도록 책임과 의무를 다하지 않으면 안 된다.

국제적 인권보호를 위하여 국제인권법은 다양하고도 실효적인 이행체제를 확보해 나
가고 있다. 이제 개별국가들이 '주권'을 방패삼아 이러한 이행체제로부터 벗어나는 것은
매우 힘들게 되어 있다. 인권과 환경에 관련된 국가의 모든 일들이 관련 조약들의 이행
을 보장하기 위한 국제적 제도 및 절차, 그리고 국제사회에 의하여 감시와 감독을 받도
록 되어 있다. 또한 그 의무위반이나 불이행에 대해서는 시정을 권고 받거나 책임을 지

---

71) ①~③에 대해서는 박찬운, 전게서, pp.287-90, ①, ②, ④, ⑤에 대해서는 안경환, 전게서, pp.179-90,
⑥에 대해서는 장복희, 「아시아 지역인권협약 체결가능성과 한국의 역할」, 『법학연구』, 제18권 제1호, 2008,
pp.57-86; 서창록, 「한국적 인권거버넌스의 특징과 아시아지역으로 확산 가능성」, 『통일연구』, 제15권 제2호,
2011, pp.65-96 참조.

도록 하는 것이 국제인권법의 기본적인 접근방법이다.

20세기 중반에 일제의 강점으로 벗어나 새롭게 정부를 수립한 대한민국은 한동안 국제사회의 주류에서 소외되고 있었다. 1990년대가 되어서야 비로소 유엔에 가입할 수 있었으며, 정치·경제의 측면에서 선진국 그룹에 참여하게 된 것도 그리 오래되지 않았다. 이러한 상황 속에서 한국은 국제법의 정립 및 이행에 능동적으로 참여하고 이를 주도하는 적극적 참여자로서의 역할을 수행하지는 못했던 것이 사실인 것이다.

그러나 20세기 후반을 지나 21세기에 접어들면서 대한민국의 위상은 많이 달라졌다. 정치적으로나 경제적으로 대한민국은 더 이상 국제사회의 변방에 위치한 소외자도 아니고 방관자도 아니다. 이제는 국제사회의 공동관심사를 논의하고 문제를 해결하는 데 능동적으로 그리고 적극적으로 기여하기 위한 의지와 역량을 가져야 만 할 때이다. 더 이상 인권후진국의 소리를 들어서는 안 된다. 유엔 인권이사회나 자유권규약위원회와 같은 국제적 인권기구로부터 일일이 권고를 받고 나서야 문제를 개선하거나 잘못을 바로잡는 수동적인 자세를 버려야만 한다.

우리나라는 보다 적극적인 자세로 인권 관련 국제규범을 수용하고 능동적으로 이를 이행하기 위한 종합적인 대책을 마련해야만 한다. 특히 UPR 권고사항을 비롯하여 인권 메커니즘의 모든 권고사항들, 나아가서 우리 스스로 추진해 나갈 필요가 있는 인권개선 분야에 대하여 우선순위를 정하고 필요한 자원(resources)을 배분하는 등 체계적인 이행계획을 수립하고 상시 이를 점검해 나갈 필요가 있다. 예를 들어, 기업과 인권에 관한 국제기준과 같이 새롭게 제기되는 인권 사안에 대해서도 관심을 가질 필요가 있다.

최선의 방책은 미리 대책을 세우고 예방하는 것이다. 인권침해나 인권 문제를 예방할 수 있는 방향으로 정책을 마련하고 인권의 보호와 증진을 선도할 수 있도록 법제도적 인프라를 구축해 나가야만 한다. 그리고 무엇보다도 중요한 것은 공무원들과 국민들의 인권의식을 개선하고 구체적 실천 프로그램을 마련하는 것이다. 이와 관련하여 공무원들과 국민들에 대한 인권교육 및 홍보가 더욱 강화될 필요가 있다. 지금은 정부의 다른 모든 기관과 국가인권위원회의 보다 책임 있는 역할과 함께 국제인권법의 연구 및 교육과 관련된 대한국제법학회의 분발이 요청되는 시점이라고 생각한다.

제15장
북한 인권문제와 보호책임

I. 서론

북한주민의 극심한 인권침해 문제는 단순한 북한의 내부 문제 또는 남북한간 문제의 수준을 넘어서서 국제사회(공동체)의 관심사 내지 '국제문제'(international matters)로서 주목을 받아 왔다. 최근 북한 '인권문제'의 심각성에 비추어 국제공동체 차원에서 그 효과적인 대응 및 해결 방안을 도출하기 위한 노력이 가시화되고 있다. 북한 인권문제의 해결을 위한 국제공동체의 노력은 유엔을 중심으로 이루어지고 있다. 유엔은 국제사회의 평화 및 안전의 유지와 인권의 증진을 주된 목적으로 하여 창설되었으며, 창설 이후 국제적 인권보장의 실현에 많은 역할을 수행해 왔다. 오늘날 인권문제는 대표적인 국제문제이자 국제관심사이기 때문에 북한 인권문제는 곧 유엔이 주도적으로 해결해 나가야만 하는 주요과제에 해당한다.

그동안 인권문제는 유엔 안전보장이사회(안보리)에서 일종의 국제평화와 관련된 문제로 다루어져 왔으며, 최근에는 새롭게 등장한 '보호책임'(responsibility to protect; R2P) 원칙을 통한 접근이 시도되고 있다. R2P는 전통적으로 타국의 영역 내에서 벌어지고 있는 심각한 인권침해 사태에 대하여 '인도적 개입'(humanitarian intervention)의 권리를 주장해 온 국가들의 요구를 수렴하여 법제화하려는 시도에서 비롯된 개념이다. 그러나 수년 동안의 R2P 발전과정을 지켜보면 당초 기대했던 범위와 수준에는 미치지 못한 채 그 법리가 형성되고 있음을 알 수 있다. 결과적으로 R2P는, 특히 무력사용을 통한 대응책임을 포함하여 유엔(안보리) 중심의 인권보장체제로 수렴되고 있음을 알 수 있다.

타국에서 자행되고 있는 대규모의 심각한 인권침해 사태에 대한 개별국가들의 (무력적) 개입은 여전히 일방적 인도적 개입의 가능성에 관한 논의의 대상으로 남아있는 반면에, 국제공동체 차원의 R2P 이행은 유엔(안보리) 중심의 집단적 안전보장체제의 범주속에서 그 적법성과 정당성을 담보할 수 있도록 논의가 진행되고 있다. 북한 인권문제해결을 위한 국제공동체의 개입이 R2P 차원에서 접근되어지는 경우라 하더라도 그 마지막 수단으로서의 무력적 개입은 결국 유엔(안보리)의 소관으로 귀결되고 있는 것이다.

이러한 관점에서 본 장은 북한 인권문제의 의의 및 현황에 관하여 살펴보고 이를 바탕으로 유엔을 중심으로 한 국제공동체의 접근방법에 관하여 검토하고자 한다. 북한 인권문제의 해결을 위한 국제공동체의 접근과 관련하여 특히 2000년대 접어들어 새롭게 등장한 R2P 원칙과 그 이행을 중심으로 검토하고자 한다.

Ⅱ. 북한 인권문제의 의의 및 현황

1. 북한 인권문제의 의의

최근 그 심각성을 더해가고 있는 북한 '인권문제'(human rights problem)의 범주에는 납북자·국군포로 및 정치범에 대한 탄압, 경제파탄 및 식량부족으로 인한 기아, 북한 주민들의 시민적·정치적 자유의 제약, 그리고 해외 강제노역 등 광범위하게 벌어지고 있는 다양한 형태의 인권침해 유형이 포함되고 있다. 이러한 북한 인권문제는 북한의 내부적 요인이나 외부적 요인에 의하여 언제나 '급변사태'[1]로 인하여 더욱 악화될 수 있다. 북한의 급변사태로 인하여 평화에 대한 위협뿐만 아니라, 심각한 인권침해 내지 인도적 위기가 야기될 수 있다는 것이다.[2] 따라서 북한 '급변사태'는 그 자체로 인권보호

---

1) 북한의 변화와 한반도의 상황 전개 과정에서 북한 당국의 자체적인 통제와 관리가 불가능하여 외부의 개입이 불가피한 중차대하고 근본적인 상황 변화를 일반적으로 '북한붕괴' 또는 '북한 급변사태'라고 한다. 또한, 이러한 북한 변수로 인해 한반도의 평화와 안전이 위협받는 경우를 '한반도 유사시'로 보통 정의하고 있다고 한다. 그리고 1990년대에는 주로 '북한붕괴'라는 용어를, 2000년대에는 '북한 급변사태'라는 용어를 주로 사용되는 것으로 나타나고 있는데, 이들과 관련된 통일된 정의나 용례는 없는 것으로 보인다. 이에 대해서, 정대진, 「한반도 유사시 북한 지역 개입 문제」, 『국제법학회논총』, 제59권 제3호, 2014, pp.195-203 참조.

나 인도적 지원과 관련된 '인권문제'의 범주 속에서 다루어야 할 문제가 될 수도 있다.[3]

사실 북한 인권문제는 한반도 평화체제 및 핵문제와도 관련되어 있는 복합적인 성격을 가지고 있으며 이들은 서로 분리하여 논하거나 접근할 수 없는 문제이기도 하다. 즉, 북한 인권문제를 포함한 북한문제의 근원은 바로 한반도의 분단체제 및 북한의 전체주의적 '유일지배체제'에 있다는 것이다.[4] 궁극적으로는 남북 분단체제를 해소하는 것이 북한은 물론 한국(남한)이 처한 문제를 해결할 수 있는 가장 효과적인 방법임에 틀림없는 것도 사실이지만 북한 인권문제는 그 자체로서 시급히 해결해 나가지 않으면 아니 될 정도로 심각성을 띠고 있다는 점이 문제인 것이다.

이러한 의미에서 유엔 및 국제공동체가 북한문제의 해결에 나서는 경우 기본적으로 인권문제에 초점을 맞추는 전략이 필요하다고 본다. 한반도 평화체제 구축문제도 궁극적으로 북한의 체제불법을 청산하고 주민의 인권을 회복시키는 데 목적이 있으며, 핵문제의 해결도 결국 '핵'을 통하여 불법적 정권을 유지하고 한반도 평화체제의 구축을 어렵게 만드는 것을 방지하는 데 목적이 있는 것이지 핵의 제거 자체가 그 진정한 목적은 아니기 때문이다.[5]

물론 북한 인권문제는 북한의 '반민주성과 전제성'의 원천인 유일지배체제를 청산하고, 그 변화를 유도함으로써 민주주의와 법치주의에 입각한 체제로 전환하도록 하는 데 그 근본적인 해결의 실마리가 있다고 본다.[6] 이는 현재의 '북한 정권'이 매우 조직적이고

2) 홍성필 교수는 '북한 급변사태' 대신에 북한 '급변상황'이라는 용어를 사용하고 있으며, 이를 줄여서 '북한급변'으로 표기하고 있다. 홍 교수는 '급변상황'으로서 ① 정부가 주민에 대한 통제권을 상실하고, 정부조직이 군을 포함하여 비정규적인 준동상황을 제어할 능력과 의사를 잃게 되는 경우, ② 북한 내부에서 군사적 내지 물리적 충돌이 발생하고 북한주민들에 대한 대규모 살상이 발생하거나 발생할 가능성이 있는 경우, ③ 핵무기를 포함하여 군사시설에 대한 정부의 통제력 상실로 인하여 북한 내부와 주변 국가들에 물리적 공격이 발생하거나 발생할 가능성이 있는 경우, 그리고 ④ 정부능력의 상실로 대규모의 기아, 국경이탈, 기타 중대한 인권침해사태가 발생하거나 발생할 가능성이 있는 경우 등을 들고 있다(홍성필, 「북한급변 시 개입의 국제법상 정당성 연구」, 『서울국제법연구』, 제19권 1호, 2012, p.251).
3) 박흥순 교수는 북한급변사태 등 한반도 유사상황과 관련한 안보리의 역할 문제를 북한인권 문제의 범주 속에서 다루고 있다. 이에 대해서 박흥순, 「유엔 안보리의 역할과 인권」, 북한인권사회연구센터 편, 『유엔 인권메커니즘과 북한인권』(통일연구원, 2013), pp.97-100.
4) 박순성, 「북한 인권 문제와 한반도 분단체제: 「2014 유엔 인권이사회 북한인권조사위원회 보고서」에 대한 비판적 독해를 중심으로」, 『북한연구학회보』, 제18권 제2호, 2014, pp.290-295 참조.
5) 김부찬, 「'북한문제'의 해결과 유엔 안전보장이사회의 역할 – 인권문제를 중심으로 –」, 『법과 정책』, 제21집 제2호, 2015, p.65.
6) 이원웅, 「북한인권: 국제사회 동향과 전망」, 『신아세아』, 제20권 제4호, 2013, pp.142-143.

도 체계적인 방법으로 주민들에게 인권침해 행위를 자행하고 있는 일종의 범죄적 집단이라는 평가를 근거로 하는 것이다. '非법치국가가 체제유지를 목적으로 국가기관 또는 그 하수인을 통하여 자행한 불법행위'를 이른바 '체제불법'(Systemunrecht)[7]이라고 한다면, 북한 인권문제 해결의 관건은 바로 체제불법을 제거하는 데 있는 것이다. 만일 북한 정권 스스로가 '체제불법'을 청산하지 못하는 경우, 그 청산 또는 체제전환을 위한 외부로부터의 전략적 접근이 필요한 상황이 도래할 수도 있다고 본다.[8]

2. 북한 인권문제의 현황 및 추이[9]

국제공동체 차원에서는 북한 인권문제에 대하여 여러 비정부기구들(NGOs)을 중심으로 한 시민사회의 대응과 정부간기구들(IGOs)을 중심으로 하는 다자주의적인 접근이 이루어져 왔다. 인권 NGOs는 규범 설정, 정보 제공, 청원, 원조 제공 등 다양한 인권관련 기능을 수행해 왔다.[10] 인권 NGOs는 북한의 인권상황과 관련된 보고서를 발간해 왔는데 이러한 보고서들은 북한의 인권상황이 매우 심각한 수준임을 적나라하게 보여주고 있다.[11] 그동안 북한의 인권상황이 매우 심각하다는 국제적인 공감대가 형성된 것은 이

---

7) '체제불법'의 문제에 대해서는, 손현진, 「북한의 체제전환에 따른 북한주민의 인권개선 방안 연구」, 북한인권 사회연구센터 편, 전게서, pp.271-320 참조. 그리고 북한체제의 불법성에 대해서는 Morse H. Tan, "A State of Rightlessness: The egregious case of North korea," *Mississippi Law Journal*, Vol.80, 2010, pp.708 참조.

8) 이와 관련하여 '민주적 개입'(democratic intervention)의 가능성이 거론되기도 한다. 이는 어느 국가에 '불법적'(illegal)이거나 '정당하지 못한'(illegitimate) 정부가 세워졌다거나 지배하고 있다는 사실이 다른 국가나 국가들로 하여금 그 정부를 전복하고 '합법적'(legal) 또는 '정당한'(legitimate) 정부를 세우기 위해 무력을 사용하도록 할 수 있다는 것이다(Thomas M. Franck, "The Emerging Right to Democratic Governance," *American Journal of International Law*, Vol.86 No.1, 1992, pp.46-91). 그러나 비민주적 정부라 하더라도 그 정부가 속하고 있는 국가가 독립성을 향유하며 자결권을 가지고 있기 때문에, 그 개입이 정당화될 수 있는 다른 사유가 없이 단지 비민주적 정부를 전복하고 새로운 정부의 수립하도록 하기 위하여 무력사용을 사용하는 것은 허용되지 않는다고 본다. 현행 국제법상 '무력사용 금지의 원칙'은 강행규범(*jus cogens*)이고, 반면에 '민주적 거버넌스'(democratic governance)의 원리는 아직 법적 규범으로서의 지위를 갖지 못하고 있으며, 따라서 '민주적 개입'의 법리도 확립되어 있다고 보기 어렵다(Peter Malanczuk, *Akehurst's Modern Introduction to International Law*(London & New York: Routledge, 2000), pp.31-32). 자세한 논의는 후술함.

9) 김부찬, 전게논문, pp.57-62 참조.

10) Claude E. Welch, Jr., *NGOs and Human Rights*(University of Pennsylvania Press, 2001), pp.3-6.

11) Good Friends가 발간한 *Human Rights in North Korea and the Food Crisis* (2004); Human Rights Watch 의 *The Invisible Exodus: North Koreans in the People's Republic of China*; Citizens' Alliance for North Korean Human Rights의 *Prisoners of Their Own Country*; 북한인권정보센터가 2014년에 발간한 『2014

러한 NGOs의 활동에 힘입은 바가 큰 것이 사실이다.

다자주의적 접근은 주로 유엔을 중심으로 전개되어 왔다. 특히 1997년 및 1998년에 유엔 인권위원회(Commission on Human Rights) 산하의 차별방지 및 소수자보호를 위한 소위원회가 북한인권결의안을 채택한 이래[12] 국제공동체는 계속해서 그 대응 수위를 높여 왔다. 2003년부터 2005년까지는 유엔 인권위원회(Commission on Human Rights)에서, 그리고 2008년부터는 인권위원회를 대체한 인권이사회(Human Rights Council; HRC)에서 북한 인권결의가 채택되고 있으며, 2005년부터는 유엔 총회에서 북한 인권결의가 계속하여 채택되고 있다.[13] 북한 인권 상황의 조사 및 해결과 관련하여 2004년 6월에는 유엔 북한인권 '특별보고관'(Special Rapporteur)이 임명되었으며, 특별보고관은 2005년 이래 매년 보고서를 제출함으로써 북한 인권 상황에 대한 국제공동체의 관심을 촉구하였다. 그 결과 2013년 3월 21일 제22차 HRC 회기에서는 만장일치로 북한 인권결의를 채택하고 북한에서 자행되고 있는 '중대하고 조직적이며 광범위한' 인권침해에 대해 유엔 차원에서 체계적이고 면밀하게 조사하고 기록하기 위한 '조사위원회'(Commission of Inquiry; COI)를 설치하도록 결정하였다.[14] 북한인권 COI는 이후 9월에 열린 제24차 HRC 회기 및 제68차 유엔총회에서 구두로 중간보고를 하고, 제25차 HRC 회기에 제출할 최종보고서[15]를 그 다음해인 2014년 2월 17일 발표하였다.

북한인권 COI 최종보고서는 한국, 일본, 영국, 미국 등지에서 수십 명의 탈북자 및 북한인권 전문가들과 가진 청문회, 수백 차례에 걸쳐서 이루어진 폭넓은 인터뷰 및 면밀한 자료조사를 바탕으로 작성되었다.[16] 보고서는 북한 내 최고 지도층의 정책 및 결정으

북한인권백서』 참조.

12) E/CN.4/Sub.2/1997/L.13 (15 August 1997) 및 E/CN.4/Sub.2/1998/L.7 (August 14, 1998) 참조.

13) 2003년부터 2013년까지 유엔 북한인권 결의에서 나타난 우려사항을 보면 고문, 납치, 정치범수용소 수용, 장애인과 장애아동의 권리 침해, 노인·여성·아동 등 취약계층에 대한 인권침해, 아동에 대한 경제적 착취, 성매매·인신매매·낙태·성차별·성폭력 등 여성의 인권과 기본적 자유에 대한 지속적 침해, 사상·양심·종교·언론 등 자유의 제약, 정보에 대한 평등한 접근 제약, 자유로운 이동의 제약, 결사의 자유·단체교섭권 등 노동자의 권리 침해, 강제노역, 자연재해, 농업생산의 구조적 취약성과 국가통제의 강화 등으로 인한 식량상황 악화, 특별보고관의 방문 제한, 인권이사회 권고사항의 불이행 등 다양한 인권침해 유형이 망라되고 있다. 이에 대해서는 서보혁, 「유엔 북한인권정책의 특징과 추세」, 『현대정치연구』, 제6권 제1호, 2013, pp.157-160 참조.

14) 백범석, 「유엔 북한인권 조사위원회 설립의 이해와 활동 전망」, 북한인권사회연구센터 편, 전게서, pp.119-123.

15) UN Human Rights Council, *Report of the commission of inquiry on human rights in the Democratic People's Republic of Korea*, 7 February 2014(A/HRC/25/63).

로 체계적이고(systematic) 광범위하며(widespread) 중대한(grave) 인권침해가 자행되었거나 자행되고 있는 사실을 확인하고,[17] 이는 구체적으로 국제법상 '인도에 반하는 죄'(crime against humanity)[18]를 대상 범죄로 규정하고 있는 국제형사재판소(International Criminal Court; ICC) 로마규정(Rome Statute) 제7조의 범죄구성요건에 해당한다고 판단하였다.[19] 이와 관련하여 특히 체제유지만을 위해 일반 주민들의 기아 상태를 적극적으로 해결하지 않고 오히려 비정상적 국가예산 분배 및 차별적 배급, 국제원조 제한 등으로 많은 희생자를 야기한 상황을 일반 주민에 대한 체계적이고 광범위한 공격으로 인정하고 이를 절멸(extermination) 및 살해(murder)로 간주하고 있음에 주목할 필요가 있다.[20]

북한인권 COI 보고서는 인권침해를 자행한 북한 당국에 대하여 R2P에 따른 책임을 확인하고 있을 뿐만 아니라, 유엔을 비롯한 국제공동체를 향해서도 북한 주민의 인권개선을 위한 방안들을 적극적으로 강구할 것을 요청하였다. 한편 이와 관련하여 보고서는 국제공동체가 북한주민에 대한 R2P를 이행하는 데 있어서 우선적으로 유엔을 통한 적절한 외교적, 인도적, 기타 평화적 수단을 활용해야 하지만, 지금까지 수행된 평화적 수단은 모두 적절하지 못한 것으로 판명되었다고 결론지었다. 이에 따라 보고서는 유엔 안보리로 하여금 북한 정권 하의 고위관료들을 국제형사재판소(ICC)에 회부하고[21] 유엔 헌장

---

16) 그 과정에 대해서는 조정현·장석영, 「국제사회의 유엔 북한인권 조사위원회(COI) 권고 이행과 전망」, 『홍익법학』, 제15권 제3호, 2014, pp.540-543 참조.

17) COI에 의하여 확인된 인권침해 내용은 ① 사상, 양심, 종교, 표현, 결사의 자유에 대한 위반, ② 성분, 성별, 장애 등에 근거한 차별, ③ 해외 출국의 자유, 거주 및 이동의 자유, 강제송환금지 원칙의 위반, ④ 북한주민의 식량권 및 생존권과 관련된 사항에 대한 위반, ⑤ 자의적 구금, 고문, 비사법적 처형, 강제실종 및 정치범수용소의 존재, ⑥ 한국전 당시 및 전후 납북자, 그리고 외국인 납치(강제실종) 등이다(COI 보고서, paras.26-73). 이에 대해서 상계논문, p.543; 백범석·김유리, 「북한인권문제의 새로운 접근 - 유엔 북한인권 조사위원회의 활동 및 보고서의 인권법적 분석을 중심으로-」, 『서울국제법연구』, 제21권 1호, 2014, pp.69-74 참조)석에서 재인용).

18) 국제법상 '인도에 반한 죄'라 함은 민간인 주민에 대한 광범위하거나 체계적인 공격의 일부로서 그 공격에 대한 인식을 갖고 살해, 절멸, 노예화, 주민 추방, 고문 등 다양한 행동을 통하여 신체 또는 정신적·육체적 건강에 대해 중대한 고통이나 심각한 피해를 고의적으로 야기 시키는 각종 비인도적 행위를 가리킨다(정인섭, 『신국제법강의』(박영사, 2014), p.918). '인도에 반하는 죄'는 '국제범죄'(international crime)로서 국제형사재판소의 관할 범죄(ICC 로마규정 제7조)인 동시에 개별국가들의 '보편관할권'(universal jurisdiction)의 대상 범죄로 인정되고 있다.

19) 북한 내 조직적이고 광범위한 인권침해가 인도에 반하는 죄에 해당하는 지에 대한 상세한 논의는, 조정현·장석영, 전게논문, pp.544-545; 백범석, 「심각한 북한인권 사안의 인도에 반한 죄 성립 여부」, 『북한인권문제에 관한 국제법과 정책』(국립외교원 국제법센터·통일연구원 북한인권사회연구센터 공동학술대회 자료집), 2014. 6. 17, pp.5-28 참조.

20) 조정현·장석영, 상계논문, pp.544-545.

상의 제재조치를 취하도록 하고, 유엔 총회와 인권이사회로 하여금 향후 COI 보고서상의 권고 사항들이 실제 이행되는지 모니터 할 수 있도록 기존의 북한 인권 관련 메커니즘을 확대하고, 유엔 인권최고대표(UNHCHR)에게는 북한 정권 내 가해자들에 대한 책임을 물을 수 있도록 북한인권 침해 상황을 체계적으로 데이터베이스화 하도록 하였다.

COI 보고서는 국제공동체 차원에서, 북한인권 문제를 해결해 나가기 위하여 북한 당국과의 협력을 강화하고 북한 내부와의 접촉면을 늘리는 민간교류를 바탕으로 북한 내부의 점진적 변화를 지원하며, 남북한 간 상호 화해를 위한 의제를 설정하는 등 다각적이고 포괄적인 전략을 통해 R2P를 이행해야 한다고 하였다.[22] 그리고 COI 보고서는 2013년 12월 유엔 사무총장이 천명한 '인권우선'(the Right Up Front) 이니셔티브(initiative)를 적극적으로 활용할 필요가 있음을 강조하고 있다.[23] COI는 나아가서 북한의 국제범죄 처벌과 관련하여 이른바 '전환기 정의'(transitional justice)[24]의 검토 필요성도 제기하였다.[25]

---

21) COI는 이 문제와 관련하여 두 가지 가능성을 염두에 두고 있다. 첫째는, 안보리가 북한의 상황을 ICC 로마규정 제13조 b항에 근거해서 ICC에 회부하는 방법이며, 둘째는 '구유고 국제형사재판소'(ICTY)나 '르완다 국제형사재판소'(ICTR)와 같이 안보리가 유엔 헌장 제7장에 따라 북한의 상황을 다룰 특별(*ad hoc*) 재판소를 설립하는 방안이다. 이 모두의 경우에 북한의 동의는 요하지 않는다. 그리고 COI는 (상임이사국의 거부권 행사 등으로) 안보리가 북한의 상황을 ICC에 회부하거나 특별재판소를 설치하는 데 실패하는 경우 유엔총회가 대신 이러한 조치를 취할 수 있음을 언급하고 있다. 이와 관련하여 COI 보고서는 유엔총회 결의 377호(Uniting for Peace Resolution) 및 '인도에 반하는 죄'에 대한 보편관할권을 원용하고 있다(COI 보고서, para.1201(백범석, 전게논문(주 17), p.16). 그러나 유엔총회는 기본적으로 구속력 있는 결의를 할 수는 없으며 또한 중요문제 의결에 필요한 정족수(2/3 다수결)를 충족시킬 수 있는 가능성도 많지 않다는 점에서 그 추진 가능성이 희박하며 보편관할권을 통하여 개별국가의 국내재판소에서 관할권을 행사하는 방안도 현직의 경우 국가면제 등의 그 현실성이 떨어진다고 본다(조정현, 「유엔을 통한 국제형사처벌 가능성: 유엔 북한인권 조사위원회(COI) 보고서 권고와 관련하여」, 위의 자료집, p.52).

22) COI 보고서, para.1210(백범석·김유리, 전게논문, p.81).

23) COI 보고서, para.1209(상게논문, p.81). 사실, 이미 1997년 1월에 당시 유엔 사무총장 Kofi Annan은 유엔의 새로운 조직운영에 대한 보고서(*Human Rights in the Report of the Secretary-General on Renewing the United Nations: a Programme for Reform*)에서, 향후 유엔의 다섯 가지 주요 활동영역을 '평화와 안전'(peace and security), '경제·사회문제'(economic and social affairs), '개발협력'(development cooperation), '인도주의적 문제'(humanitarian affairs), 그리고 '인권'(human rights)으로 정하고, 이 중에서 인권을 모든 영역 중에서 최우선적으로 고려하여 나머지 네 개 영역을 총괄하는 위치로 격상시킨 바 있다(정희석·김도균, 「탈냉전 시대 유엔의 강제적 인권레짐의 형성배경과 실태」, 『사회과학』, 제17집, 2005, p.21).

24) 이를 '과도기 정의' 또는 '이행기 정의'라고도 한다. '전환기 정의'란 권위주의나 전체주의 체제의 국가가 민주체제로 전환하거나 내전이나 분쟁이 종식되고 새로운 체제가 들어설 경우 과거 체제하에서 또는 내전이나 분쟁 중에 발생한 각종 인권유린이나 전쟁범죄 등을 어떻게 처리하여 관련국 및 그 국민이 항구적인 평화 및 화해·통합으로 나아갈 수 있을지에 대한 방안을 고민하기 위하여 고안된 개념을 말한다(조정현·장석영, 전게논문, 전게논문, pp.547-548).

25) 그러나 이러한 조치는 북한의 상황이 개선된 이후에 고려할 수 있는 조치이며 현 상황에서 추진할 수는 없는

2014년 3월 3일부터 열린 제25차 HRC 회기에서 북한인권 COI는 자신의 조사 결과를 인권이사회에 공식 보고하였으며, 관련 후속조치에 대한 내용을 포함하는 인권이사회 '북한인권결의'가 3월 28일에 채택되었다. 이 결의안은 지난 2년 동안과는 달리 표결을 거쳐 찬성 30, 반대 6, 기권 11로 채택되었다.[26] 이 결의에서는 국제형사재판소(ICC)가 직접 거론되지는 않았으나, 안보리로 하여금 북한의 상황을 적절한 '국제형사사법메커니즘'(international criminal justice mechanism)에 회부하고 효과적인 '맞춤형 제재'(targeted sanctions)[27]를 실시하는 방안에 대하여 검토할 것을 권고하고 있다. 결의는 또한 COI의 후속활동을 위한 특별보고관의 임기 연장을 결정하고 모니터링을 강화하며 수집된 증거 및 자료의 보관 등을 위한 UNHCHR 사무소 차원의 현장기반 조직(field-based structure)의 설치를 요청하였다.[28]

2014년 11월 18일 유엔총회 제3위원회는 유럽연합(EU)과 미국, 일본, 우리나라 등 60개국이 공동으로 제안한 북한인권 결의안을 찬성 111, 반대 19, 그리고 기권 55표로 통과시켰다. 이 결의안은 2014년 유엔총회 본회의에서 공식 채택된 바 있다. 이 총회결의는 북한에서 조직적으로 벌어지는 고문·공개처형·성폭행·강제구금 등에 우려를 표명한다고 밝히고 북한인권 COI의 조사결과에 근거하여 북한에서 수십 년 동안 최고위층의 정책에 따라 '인도에 반하는 죄'가 자행됐음을 인정하였다. 이에 따라 유엔총회는 "인도에 반하는 범죄로부터 북한 주민들을 보호할 북한 책임을 상기한다."[29]고 하면서, COI의 보고서를 안보리에 제출하여, 안보리로 하여금 COI의 결론 및 권고에 대하여 검토하고 북한의 상황을 국제형사재판소(ICC)에 회부하는 문제와 COI가 인도에 반하는 죄를 구성한다고 판단한 행위들에 대하여 최고 책임을 지는 자들에 대한 실효적인 맞춤형 제재의 범위를 검토하는 것을 포함하여, 북한의 책임이행을 보장하기 위한 적절한 조치를 취하

내용이라고 본다(상게논문, p.548).

26) 상게논문, p.548.

27) 맞춤형 제재는 흔히 '스마트 제재'(smart sanction)라고도 한다. 이는 그동안의 안보리 제재가 그 대상을 포괄적으로 설정하고 있었기 때문에 무고한 일반 주민들에게 '의도하지 않은 결과'를 초래하였다는 비판에 따른 것이다. '의도하지 않은 결과' 여부를 둘러싼 판단은 크게 ① 비례의 원칙(proportionality principle)과 ② 효과성의 원칙(efficacy principle)을 기준으로 이루어진다고 한다. 이에 대해서는 임갑수·문덕호, 『유엔 안보리 제재의 국제정치학』(한울, 1013), pp.21, 72-104 참조.

28) 조장현·장석영, 전게논문, p.549; 백범석·김유리, 전게논문, p.83.

29) "*Recalling* **the responsibility of the Democratic People's Republic of Korea to protect its population** from crimes against humanity,"(굵은 글자는 필자가 강조)

도록 독려하기로 결정하였다.[30] 이에 따라 국제공동체는 안보리의 결정이 있는 경우 '인도에 반하는 죄'의 책임자들을 처벌할 수 있게 되고 북한 최고위 책임자인 김정은을 ICC에 회부할 가능성도 검토하는 단계에 이르렀다.[31]

2014년 12월 22일, 북한 인권문제는 유엔 안보리에 회부되고 정식 의제로 채택됨으로써 안보리는 북한 인권문제를 평화 및 안전에 관한 문제가 아니라 '인권의제' 차원에서 다룰 수 있게 되었다. 이에 따라 북한인권 COI 보고서를 토대로 총회가 채택한 북한인권 결의에서 요구하고 있는 조치 및 절차의 이행에 대하여 안보리에 의한 검토가 이루어지게 되었다.[32] 한편 올해도 유엔 총회 제3위원회는 지난 11월 19일 북한인권결의안을 찬성 112, 반대 19의 압도적인 지지로 채택하였다. 지난해에 이어 안보리로 하여금 북한 상황을 ICC에 회부하고 인권침해 책임자들에 대하여 제재를 가하도록 하는 등 고강도 조치들이 포함되었으며 특히 정치범 수용소의 폐지 및 정치범 석방을 별도의 조항으로 분리하여 강조하고 있다. 나아가서 유엔 사무총장의 남북한 관계개선과 한반도 안정 및 화해를 위한 노력에 주목한다는 내용이 새롭게 포함되었다.[33]

Ⅲ. 인권문제의 해결과 국제공동체의 개입

1. 서설

오늘날 '인권'(human rights) 개념이나 근본적 인권존중에 대한 원칙을 비롯하여 국제 인권법의 주요원칙들[34]은 대체로 '강행규범'(*jus cogens*)의 지위를 갖고 있다. 또한 이들

---

30) "Decides to submit the report of the commission of inquiry to the Security Council, and encourages the Council to consider the relevant conclusions and recommendations of the commission and take appropriate action to ensure accountability, including through consideration of **referral of the situation in the Democratic People's Republic of Korea to the International Criminal Court and consideration of the scope for the effective targeted sanctions against those who appear to be most responsible for acts that the commission has said may constitute crimes against humanity**:"(굵은 글자는 필자가 강조)

31) "Situation of human rights in the Democratic People's Republic of Korea"(A/C.3/69/ L.28/Rev.1); 중앙 일보(2014. 11. 20.; 조정현·장석영, 전게논문, p.545.

32) 이에 대해서는 정태욱, 「북한 인권 문제의 현황과 전망 – 유엔 안전보장이사회 상정을 계기로 –」, 『민주법학』, 제57호, 2015, pp.55~90 참조.

33) *Korea Times*(2015년 11월 20일자 참조).

을 준수하는 것은 국제법상 '대세적 의무'(obligations *erga omnes*)로 간주되며, 그 위반행위는 '국제범죄'(international crimes)에 해당한다고 본다.[35] 오늘날 주요 인권원칙들을 위반함으로써 국제범죄를 저지른 자는 국가원수를 포함하여 전·현직을 막론하고 국제형사절차에 따라 처벌할 수 있도록 국제형사법이 발전하고 있다. 국제인권법과 국제형사법을 중심으로 한 국제법 구조의 발전은 주요 인권원칙들이 국제법 체계 내에서 사실상 일종의 '헌법적 역할'(constitutional role)을 수행해 나가는 단계에 이르고 있다. 이러한 국제인권법의 발전은 '국가중심의'(State-centered) 전통적 국제법을 '인간중심의'(human-centered) 현대 국제법으로 변모시키는 데 주요 동력으로 작용하고 있다.[36]

이제 인권의 국제적 보장은 인류의 보편적 관심사이자 국제공동체의 공동 과제로 간주되고 있다. 이러한 의미에서 국제공동체의 사실상 대표기관인 유엔(안보리)의 역할은[37] 막중한 것으로 평가된다. 유엔 헌장은 인권의 증진을 중요한 유엔의 목적의 하나로 열거하고 있으며,[38] 국제평화와 안전을 유지할 일차적인 책임은 유엔 안보리에 있다고 규정하고 있다.[39] 유엔의 회원국들은 안보리의 결의를 이행할 의무를 부담하므로[40] 안보리가 인권보호와 관련하여 강제력을 수반하는 결의를 채택할 수 있다면, 안보리는 인권보호 및 증진과 관련하여 매우 중요한 역할을 수행할 수 있게 된다.

안보리는 유엔 헌장에 의거하여 국제평화와 안전을 유지할 주된 책임을 가지고 있으

---

34) 인권관련 주요 관습국제법의 원칙 가운데 가장 중요한 것은 중대하고 반복적이며 조직적인 인권침해를 금지하는 규범이다. 또한 노예제도, 집단살해(genocide), 인종차별의 금지, 인민의 자결권에 대한 무력적 침해의 금지, 고문금지와 같은 규칙들이 이에 속한다(Antonio Cassese, *International Law*, 2nd ed.(Oxford: Oxford University Press, 2005), pp.393-394).

35) *Ibid*.

36) 김부찬, 전게서, pp.56-57. 그리고 이러한 경향을 '국제법의 인간화'(humanization of international law)라고 한다. 이에 대해서는 Thedore Meron, *The Humanization of International Law*(Leiden·Boston: Martinus Nijhoff Publishers, 2006); 김부찬, 「국제법의 인간화'에 대한 서론적 고찰 - 그 배경 및 동향을 중심으로 -」, 『국제법학회논총』, 제59권 제4호, 2014, pp.41-79 참조.

37) "139. The international community **through the United Nations**, also has the responsibility to use appropriate diplomatic, humanitarian, and other peaceful means, in accordance with Chapters Ⅵ and Ⅷ of the Charter, to help to protect populations from genocide, …. In this context, we are prepared to take collective action, in a timely and decisive manner, **through the Security Council**, in accordance with the Charter, including Chapter Ⅶ …."(굵은 글자는 필자가 강조, R2P in the UN General Assembly 2005: *World Summit Outcome Document*).

38) 유엔헌장 제 1조 3항 및 55조 참조.

39) 유엔헌장 제 24조 1항.

40) 유엔헌장 제 25조.

며,[41] 제7장에 따라 "평화에 대한 위협, 평화의 파괴 또는 침략행위의 존재(the existence of any threat to the peace, breach of the peace, or act of aggression)" 여부를 결정할 권한이 있으며, 국제평화와 안전을 유지하거나 회복하기 위하여 필요한 조치를 취할 수 있다.[42] 그러므로 논리상 어느 국가의 영역 내에서 심각한 인권침해 사태가 발생하는 경우에도 그것이 국제평화 및 안전과 직결되는 경우에는 안보리가 국내 인권상황에 개입할 수도 있다.[43]

반면에 개별국가들은 타국 내에서 벌어지고 있는 대규모의 심각한 인권침해 사태에 대한 개입을 정당화하기 위하여 '인도적 개입'(humanitarian intervention)의 권리를 주장해 왔다. 일반적으로 널리 '인도적 개입'이라 함은 타국 내에 존재하고 있는 사람들의 일부 또는 전부가 생명, 신체나 재산과 관련된 대규모의 중대한 인권침해나 박해를 받고 있는 경우 그러한 사태를 중지시키거나 중대한 침해를 입을 절박한 위협으로부터 구해내기 위해 개별국가 또는 국가들이 집단적으로 그 국가에 대하여 무력사용을 통하여 개입하는 것으로 정의되고 있다.[44] 넓은 의미의 인도적 개입에는 안보리를 통한 '집단적 개입'(collective intervention)과 개별 국가들에 의한 '일방적 개입'(unilateral intervention)의 두 가지 형태가 있다고 보지만 안보리를 통한 개입은 그 자체로 적법성이 인정되는 것이기 때문에 보통 '인도적 개입이라 함은 개별국가나 그 집단이 유엔(안보리)의 승인을 얻지 않고 일방적으로 개입하는 경우를 의미한다.[45]

유엔을 통한 개입과 관련하여, 유엔 헌장 제2조 7항의 '국내문제 불개입의 원칙'과 유엔 헌장 제7장에 의한 '집단적 안전보장제도'(collective security system)의 관계가 문제가 된다. 유엔 헌장은 본질상 회원국의 국내관할권에 속하는 사항에 대한 개입을 금지하고 있다. 따라서 유엔이 인도적 개입을 행할 수 있는가의 문제는 유엔 헌장 제2조 7항과

---

41) 유엔헌장 제 24조 1항.

42) 유엔헌장 제 39조.

43) 김석현, 「인권보호를 위한 안보리의 개입」, 『국제법학회논총』, 제40권 제1호, 1995, pp.37-38.

44) 널리 인도적 개입의 범주에는 '비무력적 개입'(non-forcible intervention)도 포함될 수 있으나 이는 필요성이 있는 경우 그 정당성이 인정될 가능성이 많기 때문에 국제법상 특별한 쟁점이 없는 것이다. 따라서 '인도적 개입'이라는 용어로 국제법상 논의가 되고 있는 것은 무력사용을 수반하는 '인도적 개입'이다(J. L. Holzgrefe and Robert O. Keohane (eds.), *Humanitarian Intervention - Ethical, Legal, and Political Dilemmas -* (Cambridge: Cambridge University Press, 2003), p.18).

45) '인도적 개입'의 개념에 관한 여러 견해에 대해서는, 김부찬, 전게서, pp.344-3349; 이성덕, 「인도적 개입: 자유주의와 포스트모더니즘에 입각한 담론」, 『법철학연구』, 제6권 제1호, 2003, pp.261-269 참조.

의 관계에서 인권에 관한 문제가 본질상 국내관할권에 속하는 사항인가 하는 문제와 직결된다.[46] 오늘날 국제인권법의 발전에 따라, 국가주권의 '절대적' 개념과 이에 따른 전통적인 '불개입원칙'은 점차 흔들리게 되었고, 이제 국제공동체는 심각한 또는 대규모의 인권침해 사태를 더 이상 개입이 불가능한 국내문제라고 보지 않는다. 또한 유엔 안보리는 전통적으로 국내문제로 간주되어 온 사항에 대해서도 국제평화와 안전의 유지를 위하여 적법하게 개입할 수 있는 권한을 가지고 있으며 필요한 경우 집단적 안전보장제도에 근거하여 무력사용을 수반하는 군사적 제재도 취할 수 있게 되었다.[47]

따라서 문제가 되는 것은 유엔 안보리의 결의에 의하지 않는 '일방적인 인도적 개입'의 경우이다. '인도적 개입'은 '무력사용 금지의 원칙'이 하나의 '강행규범'(*jus cogens*)으로 확립되고 있는 현실에서 개별국가 또는 그 집단의 일방적 무력사용을 정당화하기 위한 또 하나의 예외를 구성하는 경우로 주장되어 왔던 것이다.[48] 인도적 개입의 정당성을 주장하는 국가나 학자들은 '무력사용 금지의 원칙'에 관한 유엔 헌장 제2조 4항의 규정을 탄력적으로 해석함으로써 조약의 문구보다는 국제사회의 '현실적 요청'에 좀 더 충실하고자 한다. 이러한 입장은 이른바 '법현실주의'(legal realism)에 입각한 것으로서 국제공동체의 현실에 비추어 유엔 안보리에 의한 평화유지 또는 인권보호의 기능이 제대로 수행되지 않는 경우에는 인권보호를 위한 인도적 개입이 허용되어야 한다는 논거를 제시하고 있다.[49] 이러한 논거에 입각하여 1999년 코소보(Kosovo) 사태에 대한 '북대서양조약기구'(NATO)의 무력적 개입과 관련하여 일부 학자들은 '인도적 개입에 대한 새로운 권리'(new right to humanitarian intervention)를 주장하기도 했던 것이다.[50]

한편 오늘날 국제법에 의하여 인권보호의 중요성이 강조되고 인권보호를 위한 자유민주주의 체제의 우월성을 근거로 국제공동체가 '세계 공공질서'(world public order)의 구축을 위해서 또는 그 구성원인 국가들에 있어서 자유민주주의 체제의 수립을 위하여 적극

---

46) 성재호, 『국제기구와 국제법』(한울아카데미, 2002), p.160.

47) 상게서, p.163.

48) 당사자들에 의하여 '인도적 개입'으로 주장된 사례로서는 방글라데시에 대한 인도의 개입(1971년), 캄보디아에 대한 베트남의 침공(1978년), 중앙아프리카에 대한 프랑스의 개입(1979년), 우간다에 대한 탄자니아의 개입(1979년), 그레나다에 대한 미국의 개입, 코소보(Kosovo) 사태(1999년) 등이 있다. 이에 대해서는 C. Gray, *International Law and the Use of Force*(Oxford: Oxford University Press, 2000), pp.26-35; 이성덕, 「사례를 통하여 본 인도적 개입(국제법적 적법성)」, 『법학연구』, 제5권, 홍익대학교 법학연구소, 2003 참조.

49) J. L. Holzgrefe and R. O. Keohane, *op. cit.*, p.39 참조.

50) C. Gray, *op. cit.*, p.24.

적으로 개입할 수 있다는 주장도 제기되고 있다. 이러한 논리를 이른바 '민주적 개입'(democratic or pro-democratic intervention)이라고 한다.[51] '민주적 개입'은, 냉전 기간 동안 유엔 안보리의 기능이 마비되어 있었기 때문에 미국이 스스로 세계 공공질서를 위하여 시도한 무력사용과 민주정부 수립을 명분으로 감행했던 무력적 개입을 정당화하기 위하여 유엔 헌장 제2조 4항에 대한 탄력적 해석을 시도했던 논리였다.[52]

오늘날 냉전체제가 종식되고 유엔 안보리의 기능이 활성화 되었음에도 불구하고 '민주적 개입'의 논리는 폐기되지 않은 채 여전히 그 존립근거(raison d'être)를 유지하고 있는 것이 사실이다. '민주적 개입'에 근거한 무력적 개입을 옹호하는 입장은 '인권 보호'와 같은 유엔의 목적 달성을 위하여 무력을 사용하는 것은 적법하다는 논리를 견지하고 있다. 이들은 오늘날 모든 인민들은 '민주적 거버넌스'(democratic governance)를 위한 권리를 향유하고 있으며 국가들은 다른 인민들이 이러한 '민주적 거버넌스'를 성취하는 데 무력을 통하여 지원할 수 있는 권리가 있다고 하는 것이다.[53] 이에 따라 비민주적 국가에서 민주정부가 수립되고 유지되기 위한 가장 효과적이고도 직접적인 수단은 다름 아닌 독재정권의 무력적 전복이라는 전제에서 미국을 비롯한 일부 서방국들이 타국에 대한 군사적 개입을 통한 '민주적 개입'을 정당화 하고 있는 것이다.[54]

2. 인도적 또는 민주적 개입의 문제

유엔 헌장 제2조 4항을 '제한적'으로 해석하는 측에서는 제2조 4항의 문구들이 문자 그대로 통상적인 의미에 따라 해석되어야 한다고 주장한다.[55] 즉 헌장 상 "다른 국가의 영토보전이나 정치적 독립에 반하는" 무력사용만이 금지된다고 명시되어 있기 때문에 다른 국가의 영토보전이나 정치적 독립과 직접적인 관련이 없는 무력사용은 "유엔의 목

---

51) 앞의 주 8 참조.

52) M. W. Reisman, "Coercion and Self-Determination: Constructing Charter Article 2(4)," *American Journal of International Law*, Vol.78, 1984, p.642; D'Amato, "The Invasion of Panama was a Lawful Response to Tyranny," *American Journal of International Law*, Vol.84, 1990, p.516.

53) Thomas M. Franck, "The Emerging Right to Democratic Governance," *American Journal of International Law*, Vol.86, 1992, pp.46-91 참조.

54) 김석현, 「유엔 헌장 제2조 4항의 위기」, 『국제법학회논총』, 제48권 제1호, 2003, pp.90-92 참조.

55) D. W. Bowett, *Self-Defence in International Law* (Manchester: Manchester University Press, 1958), p.152.

적과 양립하는" 경우에는 허용될 수 있다는 것이다. 예를 들어, 자국민을 보호하기 위한 무력사용이나 타국의 무력공격이 임박한 상황 하에서의 무력사용은 그 상대국의 영토보전이나 정치적 독립을 침해하지도 않고 유엔의 목적과도 양립 가능하기 때문에 허용될 수 있다고 주장한다. 이러한 해석은 타국 영역 내에서 벌어지고 있는 대규모의 인권침해 상황에 대한 무력적 개입으로서의 '인도적 개입'을 정당화 하는 근거를 제공해 줄 수 있다고 한다.[56]

이에 반하여 헌장 제2조 4항을 '포괄적'으로 해석하는 입장에서는 헌장에서 예외적으로 무력사용이 허용된 경우, 즉 제7장의 집단적 안전보장제도 및 자위권에 근거한 경우를 제외 모든 무력행사는 강행규범으로 확립되고 있는 유엔 헌장의 '무력사용금지의 원칙'과 양립할 수 없다고 한다.[57] 제2차 대전을 겪고 난 뒤 창설된 유엔의 헌장 기초자들은 전쟁의 방지를 통하여 국제평화 및 안전을 유지한다는 창설 목적을 위해 '무력사용금지의 원칙'을 강조하는 한편 개별국가들에 의한 무력사용의 가능성을 최대한 억제하고 무력사용에 관한 유엔 자신의 통제권을 강화하고자 시도했던 것이다.

이러한 관점에서 보면 유엔 헌장 제2조 4항에 대해서는 '포괄적'으로 해석하고 제51조에 대해서는 '제한적'으로 해석하는 입장이 헌장의 본래 의도에 보다 근접하는 것이다.[58] 헌장 전체의 구조상 '원칙조항'인 제2조 4항에 대한 예외로서 제51조에 의한 자위권 행사를 포함하여 안보리의 승인을 받지 않고 행해지는 무력사용의 가능성은 엄격하게 제한되어야만 한다고 본다.[59] '민주적 개입'과 관련해서도, 어떤 국가에 '불법적'이거나 정당성이 결여된 정부가 수립되었다는 사실만으로 타국이나 국제공동체가 그러한 정부를 무력에 의하여 전복시키거나 새로운 정부를 수립할 수 있는 권리가 생긴다고 보기는 어렵다. 정부의 수립 및 폐지는 본질적으로 주권국가 또는 국민의 '자결권'(right of delf-determination) 또는 국내문제(domestic matters)에 속하는 것이기 때문이다. 따라서 어떤 국가의 내부에서 심각한 인권침해 사태가 발생하는 경우라 하더라도 외교적·정치적인

---

56) J. L. Holzgrefe and R. O. Keohane, *op. cit.*, p.37.

57) Ian Brownlie, *International Law and the Use of Force by States* (Oxford: Clarendon Press, 1991), 267; Rosalyn Higgins, *The Development of the International Law through the Political Organs of the United Nations* (Oxford: Oxford University Press, 1963), p.183; Oscar Schachter, "The Right of States to Use Armed Forces," *Michigan Law Review*, Vol.82, 1984, p.1633.

58) J. L. Holzgrefe and R. O. Keohane, *op. cit.*, p.38 참조.

59) A. Cassese, *op. cit.*, pp.373-374.

방법이 아닌 무력적인 방법으로 전권 교체를 시도하는 것은 정당성이 인정될 수 없는 접근방법이라고 본다. 인도적 개입의 경우와 마찬가지로 민주적 개입의 논리를 통해서도 강행규범으로 확립되고 있는 무력사용금지 원칙의 적용을 배제하는 것은 쉽지 않은 것이다.[60]

이처럼 국제법상 '인도적 개입'이나 '민주적 개입'을 근거로 해서 타국의 인권문제나 인도적 사태의 해결에 접근하려는 시도는 많은 비판과 논란을 야기해 왔던 것이 사실이다. 그러나 오늘날 인권이 그 중요성 면에서 국가주권을 능가하는 경우도 나타나고 있으며 극히 예외적으로 필요한 경우 무력사용금지 원칙의 유엔 헌장 상 예외와 더불어 헌장 외적으로 무력적 개입이 허용되는 상황이 인정되어야 한다는 주장도 점차 유력해지고 있는 것도 사실이다.[61] 이러한 관점에서 개별국가 또는 국제공동체 차원에서 '인권문제' 해결을 위한 일종의 대안 마련을 위한 논의가 본격적으로 시작되었다.

Ⅳ. 보호책임(R2P)의 원칙과 북한 인권문제

1. R2P의 의의[62]

유엔 개발계획(United Nations Development Programme: UNDP)은 1994년 발간한 「인간개발보고서」(*Human Development Report*)에서 '인간안보'(human security)의 개념을 새롭게 제시하였다. 이에 따르면 '인간안보'란 인간을 그 생명과 자유, 그리고 안전한 생활에 대하여 위협이나 위험을 초래할 수 있는 일체의 것으로부터 보호하는 것을 의미한다.[63] 이 보고서는 인간안보는 '국가'가 아니라 '인간' 중심의 개념으로서 국가들의 국경을 초월하는 상호의존적인 문제이자 국제공동체의 관심사임을 밝히고, 이를 보호하기 위하여

60) 이기범, 「무력을 사용하는 인도적 개입의 현행 국제법상 허용여부」, 『법학연구』, 제11권 제4호, 2001, pp.229-255 참조.
61) Peter Malanczuk, *op. cit.*, pp.31-32 참조.
62) 김부찬, 전게서, pp.367-394; 김부찬, 전게논문(주 5), pp.71-78; 박기갑·박진아·임예준, 『국제법상 보호책임』(삼우사, 2010); Gareth Evans, *The Responsibility to Protect – Ending Mass Atrocity Crimes Once and For All –*(Washington, D.C.: Brookings Institute Press, 2008) 참조.
63) UNDP, *Human Development Report 1994*(Oxford: Oxford University Press, 1994), p.23 참조.

사후적 대응보다는 사전 예방이 효과적임을 밝히고 있다.[64] '인간안보'는 '국가안보' (national security)를 초월하여 평화 및 안전문제에 대한 '인간중심의 접근방법'(human-centered approach)에 입각하고 있다.

오늘날 인권 및 인간 존엄성을 포함한 인간안보의 증진은 국제공동체 및 국제기구들의 근본적 목표 가운데 하나라고 하는 점이 광범위하게 승인되고 있다.[65] 이러한 관점에서 1999년 당시 Kofi Annan 유엔 사무총장은 '국가주권'(national sovereignty)과 '인권보호를 위한 인도적 개입'을 둘러싼 논쟁과 관련하여 그 합의점을 모색해 줄 것을 요청하였다. Kofi Annan의 이러한 요청은 '국가주권' 이외에 '개인주권'(individual sovereignty)의 개념이 국제인권법 차원에서 광범위 하게 요청되고 있음을 전제로 하는 것이었다.[66]

Kofi Annan의 요청에 따라 캐나다 정부의 주도로 민간인들이 참여하는 '개입과 국가주권에 관한 국제위원회'(International Commission on Intervention and State Sovereignty; "ICISS")가 설치되었다.[67] ICISS는 국가주권과 인도적 개입의 연관성에 관하여 논의하고 2001년에 『보호책임』(*Responsibility to Protect*)이라는 제목의 보고서(이하, "ICISS 보고서")를 내놓았다. ICISS 보고서는 '인간안보'의 관점에서 주권의 본질을 '권리'(right) 또는 '권위'(authority)로부터 '책임'(responsibility)으로 전환하고 '인도적 개입의 권리' 대신에 R2P 개념을 도입할 것을 제안하였다.[68] R2P 개념은 대규모 인권침해 시 개별국가의 주권이라는 장벽을 넘어 국제공동체가 직접 개입할 수 있는 이론적 근거 및 제도적 장치를 마련하기 위한 것이다.[69]

유엔 안보리는 1990년대 이후 대규모의 인권침해 상황이 곧 평화에 대한 위협이 될 수 있음을 인정함으로써 실무적으로는 이미 사실상 '인간안보' 개념을 도입했다고 할 수도 있으나, 개별국가 내의 인권침해 상황에 대해 국제공동체가 개입할 수 있다는 명시적인 규정이나 그 이론적 근거에 대해서 논란이 있었던 것이 사실이다. 그러나 이제는 R2P

64) *Ibid.*, pp.22-23.
65) Tadjbakhsh and Anuradha M. Cheny, 박균열·조홍제·김진만·이영진 옮김, 『*Human Security* 인간안보』(철학과 현실사, 2010); Yuka Hasegawa, "Is A Human Security Approach Possible? Compatibility Between The Strategies of Protection and Empowerment," *Journal of Refugee Studies*, Vol.20, 2007, p.2.
66) G. Evans, *op. cit.*, p.37.
67) 박기갑 외, 전게서, pp.19-20.
68) 김부찬, 전게서, pp.65-66; 박흥순·조한승·정우탁 엮음, 『*United Nations and World Peace* 유엔과 세계평화』(APCEJU·오름, 2013), pp.176-177.
69) 박기갑 외, 전게서, pp.146-149.

개념 및 원칙이 유엔 총회 및 세계정상회의, 안보리 등에서 공식적으로 채택됨에 따라, 대규모 인권침해를 자행하거나 방임하는 국가가 주권을 근거로 항변하는 것을 배척하고 국제공동체 차원에서 대응할 수 있는 이론적 기반이 마련되기 시작한 것이다.

유엔 차원에서 R2P에 대한 논의는 2003년 9월 사무총장에 의해 설치된 '위협, 도전 및 변화에 관한 고위급 패널'(The High-Level Panel on Threats, Challenges and Change)이 2004년 12월 발간한 「보다 안전한 세계: 우리가 공유하는 책임」(*A More Secure World: Our Shared Responsibility*)을 통하여 본격화되었다. 이어서 2005년에는 밀레니엄 정상화의 5주년을 맞이하여 사무총장 보고서인 「보다 넓은 자유: 모두를 위한 개발, 안전, 그리고 인권」(*In Larger Freedom: toward development, security and human rights for all*)이 발간되었다. 여기서 Kofi Annan 사무총장은 인도적 개입의 논의를 대체하는 일종의 '집단적 책임'(collective responsibility)으로서 R2P 원칙을 수용한 바 있다.

세계 정상들은 2005년 9월에 열린 유엔총회의 고위급 회의에서 그때까지 논의된 R2P 개념을 수용하고 개발, 평화와 집단안보, 인권과 법치주의, 유엔의 강화를 포함하는 「세계정상회의 결과물」(*World Summit Outcome*)을 채택·발표하였다. 이를 통하여 정상들은 개별국가들은 자신의 영역 관할에 속하는 주민들을 집단살해(genocide), 전쟁범죄(war crimes), 인종청소(ethnic cleansing) 및 인도에 반한 죄(crimes against humanity)로부터 보호할 책임을 지며, 이에는 적절하고 필요한 수단을 통해 그러한 범죄 및 범죄 유인을 예방할 책임도 포함한다고 하였다. 정상들은 나아가서, 국제공동체가 각 국가가 적절하게 이러한 책임을 수행할 수 있도록 장려하고 도와주어야 하며 이와 관련하여 유엔이 조기 경보능력을 확립하도록 지원해야 한다고 하였다. 또한 정상들은 국제공동체는 유엔을 통해 위의 집단살해, 전쟁범죄, 인종청소 및 인도에 반한 범죄로부터 영토관할 내에 있는 주민들을 보호하도록 돕기 위해 유엔 헌장 제6장과 제7장에 따른 적절한 외교적, 인도적, 그리고 기타의 평화적 수단을 사용할 책임이 있다고 하였다.

세계 정상들은 나아가서 집단살해, 전쟁범죄, 인종청소 및 인도에 반한 범죄와 관련하여 개별국가의 R2P 이행이 실패로 귀결되는 경우 국제공동체 차원에서 집단적인 R2P를 이행해 나갈 것에 합의하고 특히 유엔 안보리를 통하여 필요한 경우 "시의적절하고 단호한"(timely and decisive) 방법으로 강제조치를 취할 수 있다는 내용을 포함하였다.[70]

---

70) *World Summit Outcome*, paras.138-139 참조.

이러한 내용의 「세계정상회의 결과물」은 그 해 제60회 유엔 총회결의 제60/1호로 채택되었다.[71) 이 결의의 내용을 보면 그때까지의 R2P의 기본적인 내용이 거의 그대로 수용된 반면에 그 이행과 관련한 무력행사의 요건이 제외된 것이 특징이다.[72)

Kofi Annan의 뒤를 이은 반기문 유엔 사무총장은 2009년 1월 30일 제63차 회기에서 R2P에 관한 보고서(「보호책임의 이행」(Implementing the Responsibility))를 발표하였다. 이후에도 반 사무총장은 R2P의 평가 및 이행과 관련한 보고서들[73)을 계속 발간함으로써 그 본격적 이행을 위한 조치들이 가능하도록 하였다.[74) 반 사무총장은 2009년의 보고서에서 2005년 「세계정상회의 결과물」 제138항 및 제139항의 R2P 원칙을 재확인하고 그 구체적인 이행방안을 제시하고 있다. 이 보고서는 「세계정상회의 결과물」에서 규정되고 있는 R2P의 개념을 바탕으로 집단살해, 전쟁범죄, 인종청소 및 인도에 반한 죄에 그 적용영역을 한정하고, 나아가서 보호책임의 이행방식을 '세 기둥 체계'(three-pillar approach)로 설명하고 있다.[75)

제 1기둥은 '국가'의 R2P로서 집단살해, 전쟁범죄, 인종청소 및 인도에 반한 죄로부터 자국의 영토관할 내에 있는 사람을 보호해야 하는 개별 국가의 제 1차적 책임이다.[76) 이를 위해서 개별 국가에 대해 각종 인권협약 상의 의무를 이행할 것과 인권 관련 국제협약 및 '국제형사재판소 로마규정(Rome Statute of the ICC)의 당사국이 될 것을 권고하고 있다.[77) 제 2기둥은 개별 국가가 제 1기둥의 책임을 이행할 수 있도록 국제공동체가 개별국가의 역량을 강화하도록 지원하는 내용을 포함하고 있다. 이러한 활동에는 조기경

---

71) 박기갑 외, 전게서, pp.57-81; 이신화, 「세계안보와 유엔의 역할」, 박흥순·조한승·정우탁 엮음, 『유엔과 세계평화』(도서출판 오름, 2013), pp.147-164 참조.

72) 박기갑 외, 전게서, pp.78-79.

73) 2010년 「조기경보 및 평가, 그리고 보호책임」(Early Warning, Assessment and Responsibility to Protect), 2011년 「보호책임의 이행에 있어서 지역기구 및 하위 지역협정의 역할」(The Role of Regional and Subregional Arrangements in Implementing the Responsibility), 2012년 「보호책임: 시의적절하고 단호한 대응」 (Responsibility to Protect: Timely and Decisive Response), 2013년 「보호책임: 국가책임과 예방」 (Responsibility to Protect: State Responsibility and Prevention), 2014년 「집단적 책임의 실현: 국제적 지원과 보호책임」(Fulfilling Our Collective Responsibility: International Assistance and the Responsibility to Protect) 등이 있다. 이에 대해서는 승재현·임예준, 『반인도적 범죄로부터 북한주민보호를 위한 국제사회의 보호책임(R2P)에 관한 연구』(한국형사정책연구원, 2014), pp.57-65 참조.

74) 이규창·조정현·한동호·박진아, 『보호책임(R2P) 이행에 관한 연구』(통일연구원, 2012), pp.3-5.

75) 박기갑 외, 전게서, pp.90-97 참조.

76) Implementing the Responsibility to Protect, para.11(a).

77) Ibid., para.17.

보능력의 확립, 중재능력의 함양, 민간 및 경찰차원의 상시 지원, 평화건설위원회(PBC)
활동에 대한 참여 등이 포함된다. 제 3기등은 개별 국가가 자국의 영토관할 내에 있는
사람을 보호하는 데 "명백히 실패한"(manifestly failing) 경우 집단살해, 전쟁범죄, 인종
청소 및 인도에 반한 죄를 예방하고 중지하기 위한 시의적절하고 단호한 행동을 취할
국제공동체의 R2P를 말한다.[78] 이에는 강제조치뿐만 아니라 헌장 제6장 및 제8장에 따
른 비강제적조치가 모두 포함된다.[79]

R2P 원칙은 기존의 인도적 개입 논의와 비교하여 다음과 같은 특징이 있다. 우선 R2P
원칙은 인도적 개입이 '권리'(right) 차원에서 논의되던 것과는 달리, '책임'(responsibility)
또는 '책무'(obligation)의 차원에서 논의되고 있다는 점이다. 특히 R2P 원칙은 그 주체를
'주권국가'와 '국제공동체'로 나누고 '제 1차적 책임'은 개별 주권국가에 있으나, 제 1차적
책임을 지고 있는 개별국가가 자국민을 보호할 책임을 다하지 못하거나 보호할 의사가
없는 경우, 국제공동체에 그 책임이 이전된다고 한다. 따라서 국제공동체의 책임은 '제
2차적 책임'이 되는 것이다.[80] 다음으로, 인도적 개입 논의는 인권 침해 사태가 발생한
이후 그 사후적 조치에 주안점을 두고 있으나, R2P는 그 출발점에서부터 기본적으로
'예방책임'(responsibility to prevent),[81] '대응책임'(responsibility to react),[82] 그리고 '재건
책임'(responsibility to rebuild)[83]이라는 3단계의 이행 조치를 전제로 하고 있다. 이처럼
R2P는 인도적 개입에 비하여 포괄적이고 지속적인 책임 이행을 핵심적 내용으로 포함하
고, 보다 실질적인 이행체계를 활용할 수 있도록 하고 있다.[84] 따라서 R2P는 기존의 인도
적 개입에 관한 논의와 비교하여 규범성의 결여, 사후적 대응 위주의 접근, 그리고 이행

---

78) *Ibid.*, para.50.

79) *Ibid.*, para.55.

80) 박기갑 외, 전게서, pp.131-134, 156.

81) 예방책임의 이행방법으로서 민주주의 역량강화, 합법적인 권력 분배, 권력의 교체 등 정치적·외교적 방법,
경제발전 지원, 경제구조의 개혁 격려 등 경제적 방법, 법치의 강화, 소수자 등 취약집단의 보호 강화 등 법적
방법, 그리고 군사·안보 분야의 개혁 착수, 군비통제 및 군축 지원 등 군사적 방법이 제시되고 있다(상게서,
pp.138-139).

82) 예방조치에 실패했을 경우 국제공동체의 적절한 개입에 의한 대응조치로서는 정치·경제·사법적 조치 등을
포함하여 극한 상황에서는 무력적 조치까지 고려되고 있다(상게서, pp.140-143).

83) 대응책임이 종료한 후에는 재건책임이 따르며, 이에는 분쟁지역의 재건뿐만 아니라 충돌 집단 간의 화해를
위해 필요한 모든 원조가 포함된다. 따라서 소수민 보호, 안보 분야의 개혁, 무장해제, 동원해제, 사회복귀,
전쟁범죄자의 처벌 등이 이에 해당된다(상게서, pp.143-145).

84) 상게서, pp.136-145, 156.

방법의 한계 등의 문제점을 보완할 수 있는 것으로 평가된다.[85]

아울러, 무엇보다도 R2P는 인도적 개입과 비교하여 국제공동체에 의한 군사적 개입이 허용되는 경우 및 그 무력행사의 요건을 엄격하게 한정하고 있다는 점에서 또 하나의 특징이 있다. R2P 이행에 따른 군사적 개입은 집단살해, 전쟁범죄, 인종청소, 인도에 반한 죄 등으로 그 적용범위가 명백히 한정되고 있는 것이다. 그러나 R2P의 이행을 위한 무력행사의 주체나 그 요건[86]의 충족 여부에 관한 판단이 별도의 R2P 이행체제를 통하여 이루어지도록 하지 않고 유엔 헌장 제7장의 집단적 안전보장체제의 틀 속에서 이루어지도록 함으로써 R2P의 실효성에 대한 비판적 견해가 제기되고 있는 것이 사실이다.[87]

2. R2P의 적용 사례[88]

2011년 리비아 사태는 유엔 안보리가 공식적으로 R2P라는 용어를 사용하여 결의안을 채택한 대표적인 사례이다. 안보리는 2011년 2월 26일 결의 1970호를 통하여 리비아에 대한 경제제재와 함께 인권침해 행위자들에 대한 ICC 회부를 결정하고, 2011년 3월 17일 결의 1973호를 통하여 유엔 회원국들이 리비아에서 공격당할 위험에 처한 민간인 거주지역과 민간인을 보호하기 위하여 지상군을 제외하고 무력사용을 포함한 "필요한 모든 수단"을 사용할 수 있도록 허가하였다. 안보리 결의 1973호는 리비아 당국의 제 1차적 R2P를 분명히 언급함으로써,[89] 국제공동체 및 국제법 체계 속에서 R2P 원칙이 하나

---

85) 상게서, p.155.

86) 2001년 ICISS 보고서에 따르면, 무력사용을 통한 군사적 개입의 '정당성의 기준'(criterion of legitimacy)으로 ① 정당한 이유(just cause), ② 올바른 의도(right intention), ③ 최후의 수단(final resort), ④ 합당한 권위 (legitimate authority), ⑤ 비례원칙에 따른 수단(proportional means), ⑥ 성공에 대한 합리적인 전망 (reasonable prospect) 등 여섯 가지 원칙이 제시되었으며(ICISS, *The Responsibility to Protect*, pp. xii, 35-37), 2004년 고위급 패널은 이에 대하여 ① 해악의 심각성(seriousness of harm), ② 적절한 목적(proper purpose), ③ 최후의 수단(last resort), ④ 비례원칙에 따른 수단(proportional means), ⑤ 성공에 대한 합리적 가능성(reasonable chance of success or balance of consequence) 등으로 약간의 수정을 가하면서도 ICISS와 마찬가지로 무력사용은 정당한 권위가 있는 기구에 의하여 수행되어야 한다고 하면서 R2P 이행과 관련하여 가장 적절한 기구로 유엔(안보리)을 예정하고 있다(High-Level Panel, *A More Secure World*, pp.66-67; Kofi Annan, In Larger Freedom, pp.43, 83; G. Evans, *op. cit.*, pp.141-147; Emma Mclean, "The Responsibility to Protect: The Role of International Human Rights Law," *Journal of Conflict & Security Law*, Vol.13, 2008, p.132).

87) 박기갑 외, 전게서, pp.72-73.

88) 김부찬, 전게논문(주 5), pp.78-80 참조.

의 법원칙으로 발전해 나갈 수 있도록 한 대표적 사례로 주목을 받고 있다.

리비아 사태에 대한 R2P의 적용은 일차적으로 리비아의 카다피 정권이 자신에게 부여된 일차적인 '예방책임'의 이행에 실패했다는 데 근거를 두고 있다. 이에 따라 유엔이 개입하여 국제공동체의 제 2차적인 '대응책임'과 '재건책임'을 이행하게 된 것이다. 리비아 사태에 대한 유엔 차원의 대응조치는 2011년 2월 5일 HRC 결의에 따라 리비아 '조사위원회'(COI)가 구성되는 것으로부터 시작되었다. COI의 조사활동을 통하여 민간인에 대한 광범위하고도 체계적인 인권침해 행위가 확인·보고되었으며, 이를 근거로 직접 리비아의 책임을 묻는 안보리 결의 1973호가 채택되었다. 이후 리비아는 자신과 유엔의 '재건책임' 이행을 통하여 과도정부 구성, 새로운 헌법제정 및 선거의 실시, 경제회복 등을 포함하는 민주적 이행과정을 밟아나갈 수 있었다.[90]

유엔을 중심으로 한 국제공동체가 리비아 사태에 R2P 원칙을 적용하여 군사적으로 개입한 것은 향후 유사한 상황에 대한 접근과 관련하여 다음과 같이 중요한 의미와 교훈을 함의하고 있다: 첫째, 리비아 사태는 그동안 유엔에서 발전시켜 온 R2P 원칙을 실제로 인도적 문제가 발생한 국가에 대해 성공적으로 적용하였던 사례라는 점이다. 그 결과 리비아 사태에 대한 R2P 원칙의 적용은 G. Evans에 의하여 "진행 중에 있거나 임박한 대규모의 잔혹 범죄를 중단하도록 하려는 본래의 R2P의 취지에 완벽하게 들어맞는 교과서적인 사례"로 평가되고 있다.[91] 둘째, 유엔의 리비아 사태에 대한 개입 방식이 유엔의 이행계획에 따라 점진적으로 압박 강도를 높여가는 합리적인 방식을 택했다는 점이다.[92]

이외에도 유엔 안보리 결의를 통하여 R2P가 언급된 사례로서 수단 다르푸르(2006년), 코트디보아르(2011년), 예멘(2011년), 말리(2012년과 2013년), 소말리아(2013년), 중앙아프리카공화국(2013년), 남수단(2014년), 그리고 시리아(2014년) 등을 들 수 있다. 이 가운데 리비아 사태와 같이 국제공동체의 제 3기둥에 따른 R2P가 승인된 사례로서 코트디보아르의 경우가 있다.[93] 그리고 시리아 사태는 리비아의 경우와는 달리 국제공동체의 개입

---

89) *Reiterating* **the responsibility of the Libyan authorities to protect the Libyan population** and *reaffirming* that parties to armed conflicts bear the primary responsibility to take all feasible steps to ensure the protection of civilians." (굵은 글자는 필자가 강조, U.N. Doc. S/RES/1973(2011))

90) 이규창 외, 전게서, pp.88~93 참조.

91) 박동형, 「리비아에 대한 '보호책임'(R2P) 적용사례 연구: 북한에 주는 교훈과 시사점」, 『국제정치논총』, 제52집 3호, 2012, p.297.

92) 상게논문.

이 효과적인 역할을 수행하지 못하고 R2P 적용의 한계를 극명하게 보여준 대표적인 사례라고 한다. 즉, 시리아의 경우는 R2P의 규범적 지위에 대한 회의와 함께 국제관계에서 주권이 여전히 인권에 우선하는 현실과 함께, R2P 적용이 실패로 끝나는 경우 초래될 수 있는 폐해를 극명하게 보여 준 사례에 해당한다.[94]

3. R2P 원칙의 문제점

2005년 *World Summit Outcome*에 의하여 R2P 원칙이 공식적으로 승인 된 후 유엔 안보리는 관련 결의들에서 R2P 원칙을 원용하고 있으며, 이에 대하여 상당수 국가들이 긍정적인 입장을 취하고 있는 것이 사실이다.[95] 그러나 당초 R2P 원칙에 대한 논의는 일방적인 인도적 개입의 문제를 R2P 차원에서 수렴하는 것을 염두에 두고 진행되었던 것이 사실이지만,[96] 지금까지 전개된 논의와 그 실행으로 보아 개별국가나 그 집단이 R2P를 근거로 인도적 개입을 정당화할 수 있는 가능성은 배제되고 있다. 다시 말하여, R2P 논의가 아직은 무력사용금지 원칙에 대한 하나의 확립된 예외를 구성하는 데까지는 미치지 않았다고 할 수 있는 것이다. 따라서 앞에서 언급한 바와 같이 R2P 원칙의 발전에도 불구하고 일방적 인도적 개입의 가능성 여부는 여전히 논란의 대상으로 남아있게 되었다.[97]

이러한 관점에서 보면 R2P 논의는 과거 인도적 개입과 관련해서 무력사용금지, 주권평등, 국내문제불간섭, 인권 보장 등 다양한 법 원칙이 혼재되어 벌어지던 논란의 연장선에 있을 뿐이며, '책임으로서의 주권'이라는 개념도 완전히 새로운 법적 개념이라고는

---

93) 이에 대해서는 승재현·임예준, 전게서, pp.73-74 참조.

94) 이규창 외, 전게서, pp.93-102 참조.

95) Carlo Focarelli, *op. cit.,* p.205.

96) 박진아, 「보호책임 이론의 의의와 발전방향」, 『국제법평론』, 통권 제41호, 2015, p.57.

97) Mehrdad Payandeh, "With Great Power Comes Great Responsibility? The Concept of the responsibility to Protect Within the Process of International Lawmaking," *Yale Journal of International Law*, Vol.35, 2010, p.508; 마찬가지로 비무력적인 대응조치(countermeasure)와 관련해서도, R2P는 유엔체제 내에서의 대응조치만을 다루기 때문에, 유엔 체제 외에 개별 국가나 지역기구가 어떤 국가의 인권침해를 이유로 독자적인 대응조치를 할 수 있는지에 대해서는 보호책임의 원리가 해답을 주지는 않는다고 한다. 그러나 인권침해가 대세적 의무(obligations *erga omnes*)의 위반인 경우에는 일반적으로 정당화될 수 있을 것이라 보고 있다 (*ibid.*, pp.508-513.)

볼 수는 없다는 비판이 가능하게 된다. 즉, R2P 개념이나 원칙은 인도적 개입의 적법성 및 정당성 논의를 종식 시키는 효과를 기대하기는 어렵다는 것이다.[98]

R2P 개념 및 원칙은 최초 ICISS 보고서로부터 최근의 논의에 이르기까지 기본 골격만 유지하고 있을 뿐, 그 세부적인 내용에는 많은 변화가 있었다. 더구나 그 개념을 이루는 의무 자체가 법적인 것과 정치적, 윤리적인 것이 혼재하고 있고, 나아가 법적인 개념도 해석의 여지가 있는 것과 원칙을 선언한 것들이 있어 '법규범'으로서의 지위를 인정하기에는 부적절한 면이 있는 것이 사실이다.[99] 법적인 관점에서 볼 때 '책임'(responsibility)이라는 용어는 '의무'(duty 또는 obligation)와는 명백히 구별되는 개념이다. 국제법상 책임이라는 용어는 주로 어떠한 국제법 주체가 국제적 의무를 위반했을 때 부과되는 결과(부담)를 의미한다. R2P에 논의 과정에서 Kofi Annan 사무총장은 국제공동체의 '의무'라는 용어를 사용할 것을 제안했으나 미국의 반대로 '책임'이라는 용어가 유지되었다는 점도 유의할 필요가 있다.[100] 안보리와 총회의 책임을 규정하고 있는 유엔 헌장 제24조 1항과 제13조 2항의 '책임'이라는 용어도 헌장상의 다른 규정들과 결합하여야만 그 의미가 명확해지는 점에 비추어 보아도, R2P 개념상 '책임'의 의미도 명확하게 규정하기는 어렵다고 본다.[101]

현 단계에서 R2P 원칙은 관련 국가관행(State practice) 및 법적 확신(opinio juris)이 결여되어, 생성 중인 규범(emerging norm)으로도 볼 수 없다는 주장이 있다. R2P를 언급하고 있는 국제문서들로는 많이 있지만 실제 R2P의 명분 아래 군사적 개입이 실행된 것은 얼마 되지 않는다. 더구나 처음으로 R2P를 근거로 리비아 사태에 대한 무력적 개입을 승인한 안보리 결의 제1973호도, 전문(preamble)에서 리비아나 국제공동체의 R2P를 추상적으로만 언급하고 있을 뿐, 그 구체적인 내용이 명시되지는 않고 있다. 따라서 R2P에 관한 한 국가의 일반관행이나 그에 대한 법적 확신이 성립되었다고 보기는 어렵다는 것이다.[102]

결론적으로 보면, 대규모 인권침해 사태가 발생할 경우 R2P 원칙은 묵시적으로는 안

---

98) *Ibid.*, pp.485-487; 박진아, 전게논문, pp.65-68.

99) Mehrdad Payandeh, *op. cit.*, pp.481-483; C. Focarelli, *op. cit.*, pp.209-212.

100) 김부찬, 전게서, pp.390-391.

101) M. Payandeh, *op. cit.*, pp.481-483; 박진아, 전게논문, pp.62-65.

102) 같은 논지로 박기갑 외, 전게서, pp.203-210; M. Payandeh, *op. cit.*, pp.484-485.

보리의 개입을 요청한다고 할 수 있지만, 명시적으로 이에 개입할 법적 '의무'를 부과하지는 않고 있다는 점이 문제인 것이다. 사실 R2P와 관련한 문서들은 무력사용과 관련한 안보리의 권한만을 언급할 뿐, 안보리의 직접적인 '의무'를 언급하지는 않고 있는 것이 사실이다. 이러한 점은 "미국은 R2P와 관련해 안보리의 어떠한 법적 의무도 거부한다."고 밝힌 John Bolton 당시 주 유엔 미국 대사의 총회 의장에 대한 서한에서도 명백히 드러난다고 한다.[103] 마찬가지로 R2P 원칙은 개별국가나 지역기구에 대해서도 어떠한 법적 의무를 부과하지는 않고 있다. 따라서 R2P의 이행은 결국 안보리나 각국의 실행의지에 달려 있다고 볼 수밖에 없게 된다.

R2P의 이행에 있어서 핵심적인 부분은 심각한 인권침해 사태가 발생하였을 경우 이를 제거하기 위한 최후의 수단으로써 무력적 조치를 통한 문제해결의 길을 열어주는 것이다. 그러나 현 국제법 하에서 무력사용은 일반적으로 금지되어 있으며, 그 예외는 유엔 헌장 제7장에 따른 집단적 안전보장제도와 자위권에 근거를 둔 경우로 한정되고 있다. 따라서 앞에서 언급한 바와 같이 유엔 헌장체제에 따를 경우 국제공동체의 R2P의 이행과 관련한 무력사용에 있어서도 제7장에 따른 안보리 결의가 있어야만 하며 이 결의가 성립되기 위해서는 거부권을 갖고 있는 상임이사국 전체의 동의가 있어야만 한다는 점이 문제된다.

이 때문에 당초 ICISS의 보고서에서는 안보리 상임이사국에 대하여 거부권 행사를 금지하고 일정한 경우 군사적 개입을 승인하도록 하는 의무를 제안하고,[104] 안보리가 자신의 책임을 다하지 못할 경우 적합한 다른 수단을 강구할 것을 고려해야만 하도록 했던 것이다.[105] 그러나 ICISS 보고서 이후에 R2P 관련 문서에서는 이와 같은 내용은 언급되지 않고 있다.[106] 국제공동체는 특히 R2P의 이행과 관련하여 자신의 권한을 유엔에 위임하고 있다는 점에서[107] R2P의 이행과 관련한 유엔 기관, 특히 안보리의 책임이

---

103) M. Payandeh, *ibid.*, p.501.

104) ICISS는 자국의 중대한 국가이익이 개입되지 않는 한 안보리 상임이사국은 다수가 지지하고 있는 인권보호를 위한 군사적 개입에 대해 거부권을 행사할 수 없으며, 군사적 개입을 승인해야 할 의무가 있는 것으로 보았다(ICISS, *The Responsibility to Protect*, p.xiii).

105) 박기갑 외, 전게서, p.63. 앞에서 검토한 바와 같이 안보리는 대안과 관련하여 유엔 총회를 활용하는 방안과 개별국가의 보편관할권을 활용하는 방안을 모색할 수 있을 것이나, 이 역시 실현가능성은 높지 않다고 본다(앞의 주 21 참조).

106) 상게서, p.170.

107) 앞의 주 37 참조.

효율적으로 이행될 수 있도록 획기적인 개선방안을 마련하지 않으면 안 된다고 본다.[108]

다른 한편으로, R2P 원칙에 따르면 자국민을 인권침해로부터 보호하는 제 1차적 책임을 개별 주권국가에 부여했음을 이유로, 인권침해 당사국 자신이 당해 국가의 인권상황에 대한 처리가 아직 자신의 책임 하에 있음을 주장하면서 국제공동체의 책임이행을 거부할 가능성도 배제할 수 없다고 본다. 이는 이미 수단의 다르푸르 사태와 관련해 현실화된 적이 있다. 안보리의 개입에 대한 논의 과정에서 일부 국가는 수단의 상황이 아직 수단 정부의 책임 하에 있음을 주장하였고, 이 때문에 안보리의 개입이 지연된 점을 지적할 필요가 있다.[109]

R2P 관련 문서에는, 인권침해가 어느 정도에 이르렀을 때 국민의 R2P가 주권국가로부터 국제공동체로 이전되는지에 대한 구체적인 기준이 마련되어 있지 않다. "해당 주권국가가 이를 개선할 의지가 없거나 혹은 개선할 역량이 없을 경우"라든지 주권국가의 R2P 이행이 "명백히 실패한" 경우를 들고 있지만 이러한 언급만으로는 그 기준을 명확히 알 수가 없다. 따라서 무력사용과 관련해서 안보리의 권한 행사를 실질적으로 규제할 기준은 없다는 것이다. 나아가서 R2P 이행을 집단살해, 전쟁범죄, 인종청소, 인도에 반한 죄로 그 범위를 한정한다고 해서 이에 해당하지 않는 다른 인권침해 상황에 대해 안보리의 개입을 막을 근거도 없다. 따라서 R2P를 명분으로 강대국이나 유엔이 자신의 국내문제에 대한 개입을 시도할 가능성에 대하여 우려를 표시하고 있는 국가들이 많은 것도 사실이다.[110]

리비아 사태에 대한 R2P 원칙의 적용이 성공적으로 평가된 후, 과연 R2P가 안보리에 의한 군사적 개입의 법적 근거로 확립되었는지 여부를 둘러싸고 논란이 야기되고 있는 것은 사실이다. 그러나 생각건대, 안보리 결의 1973호를 계기로 고위직 공직자가 자국민에 대하여 체계적이고도 광범위한 인권침해 범죄를 저지르는 경우에 이를 단죄하고 국제공동체가 정당하게 개입할 수 있는 명분을 확보할 수 있게 되었다는 점에서 R2P의 원칙은 점차 그 규범적 가치를 획득해 나가고 있다고 본다.[111] 따라서 향후 리비아 사태

---

108) 박진아, 전게논문, pp.69-73.

109) M. Payandeh, *op. cit.*, pp.498-499.

110) 박동형, 전게논문, p.293; 최민호, 「북한 급변사태 발생 시 보호책임(Responsibility to Protect, R2P) 적용 가능성」, 『군사논단』, 제80호, 2014, pp.71-72.

111) 이러한 의미에서, 아직 R2P가 법적 규범, 즉 '경성법'(hard law)으로 성숙되지는 않았지만 최소한 '연성 법'(soft law)으로서의 지위는 인정될 수 있다고 본다. 이에 대해서 박기갑 외, 전게서, pp.203-220; 임예준,

와 같은 중대한 인권침해 사태에 대해서 유엔 및 국제공동체는 R2P 원칙에 따라 문제해결에 적극적으로 나설 가능성이 높아진 것이 사실이다. 이 때문에 R2P 원칙은 그 반복적 실행을 통한 국가관행의 성립에 앞서서 이미 상당한 정도로 '법적 확신'이 축적되고 있다는 평가도 나오고 있는 것이다.[112]

4. 북한 인권문제와 R2P의 적용

1) R2P의 적용 가능성

R2P에 따른 제 2기둥과 제 3기둥의 주체로서 국제공동체의 책임은 이른바 제1기둥의 주체인 당해 국가(당국)의 상황이 '국가실패'(State failure) 또는 '급변사태'[113]의 상황으로 판단되는 경우에는 분명하게 인정될 수 있을 것이다. '국가실패'란 국가권위의 완전 또는 부분적 붕괴상태를 의미하는 것으로서 한 국가가 내전이나 극심한 치안부재로 인해 내부통제력과 권위를 상실하였거나 국민들의 기본 민생에 필요한 재화와 공공서비스를 제공하지 못할 경우, 혹은 독재, 부정부패 및 극심한 인권침해로 인해 국제공동체의 비난을 받는 경우에 인정될 수 있는 것으로서,[114] 일종의 '급변사태'에 해당하는 것이다. 국가실패나 급변사태는 유엔이 규정한 '복합위기'(complex emergencies)와도 긴밀한 관련성이 있다. 이 경우 '복합위기' 상황이란 정치·경제·사회·인도적 문제들이 복잡하게 얽혀 다차원적으로 발생하는 인도적 위기사태를 의미하며, 이에 대한 국가의 의지 결여 또는 무능력, 비효율성, 부정부패 등으로 인하여 스스로 문제해결을 해나갈 수 없는 상황을 의미한다.[115] 따라서 어느 국가가 복합적 위기 상황에서 국가의 핵심적 기능을 수행하지 못하고 국가정체성을 유지하기 힘들어 붕괴가능성이 높은 경우, 그 정도에 따라 '실패중인 국가'(failing state) 또는 '실패국가'(failed state)로 규정할 수 있을 것이다.[116]

「보호책임의 발전과정과 국제법상 함의」, 『국제법평론』, 통권 제40호, 2014, pp.164-172 참조.

112) 인권관련 국제관습법의 형성에 있어서 국가관행과 법적 확신의 관계에 대해서는, 김부찬, 전게논문(주 33), pp.58-59 참조.

113) 이에 대해서는 앞의 주 1, 2 참조.

114) 이신화, 「국가실패와 보호책임(R2P)의 북한 적용가능성」, 『한국정치학회보』, 제46집 제1호, 2012, p.258.

115) 상게논문, p.258.

116) 상게논문.

이러한 관점에서 보면 그 정도에 비추어 북한의 현 상황이 '실패국가'로 규정하기에는 무리가 있지만,[117] 최소한 넓은 의미에서 일종의 '실패중인 국가'에 해당한다고 볼 수 있을 것이다. 또한 그 상황이 악화되는 경우 북한이 향후 '실패국가'의 단계로 진입하게 될 가능성도 배제할 수 없다.[118] 따라서 예방책임을 포함한 종합적인 차원에서 북한의 인권 사태에 대한 R2P 원칙의 적용 및 그 이행 필요성에 대하여 논의할 필요가 있다고 본다. 실제로 이미 북한 당국의 제 1차적 R2P 이행이 실패했다는 점을 근거로 국제공동체가 R2P 원칙을 적용해야만 요구가 오래 전부터 강하게 제기되어 왔으며,[119] 지난해부터 유엔이 북한에 대한 R2P 이행을 본격적으로 논의·결정하기 시작한 것은 이러한 요청에 부응하기 위한 조치인 것이다.

2) 북한에 대한 R2P의 이행

북한의 상황이 심각한 재난이나 체제의 붕괴를 포함한 '급변사태' 또는 명백한 '실패국가'에 해당되는 경우는 물론 '실패 중인 국가'의 단계에서 그로 인하여 중대한 인권침해 사태가 발생하고 있다고 판단되는 경우, 북한에 대한 국제공동체의 R2P 원칙이 적용되고 그 이행이 현안과제로 등장하게 된다.[120] 다만 북한의 상황이 '실패국가'의 단계는 아니라고 본다면 국제공동체는 제 3기둥의 주체로서 최후의 수단인 무력적 수단을 사용하는 것보다는 북한으로 하여금 스스로 제 1차적인 R2P를 효과적으로 이행해 나갈 수 있도록 역량 강화 및 체제 전환의 기회를 가질 수 있도록 국제적 지원을 시도할 필요도 있다고 본다. 즉 유엔 및 국제공동체는 제 2기둥의 주체로서 자신의 R2P(예방책임)를 이

---

117) 상게논문, p.263

118) 상게논문, pp.264-270.

119) 몇 년 전부터 북한의 인권억압과 관련하여 R2P를 근거로 평화 시 북한정권의 책임을 요구하는 논의가 제기되어 왔다. 일부 국제 NGO들은 북한의 정치범 수용소 운영 등 현재의 억압적 인권사태를 R2P의 실패로 보고 국제사회의 개입을 촉구한 바 있다. 2006년 1월 미국 북한인권위원회는 「보호의 실패」(*Failure to Protect: A Call to the UN Security Council to Act in North Korea*)라는 보고서에서 '북한문제'의 포괄적 해결을 위한 유엔 안보리의 직접 개입을 촉구하였다. 보고서는 북한정부가 자국민들을 인도에 반하는 범죄와 같은 중대한 인권유린으로부터 보호할 책임을 이행하는 데 실패하고, 북한의 상황은 '국제사회의 평화와 안보' 차원에서 '비전통적 위협'(non-traditional threat)에 해당한다는 지적을 하고 있다. 즉, 북한 내의 인권문제들만이 아니라 핵과 같은 대량살상무기 개발, 위조지폐 생산, 대량 난민의 유발 등 국제사회에서 새롭게 제기된 안보문제를 지적하고 있다(박흥순, 전게논문, pp.103-104; 조정현, 전게논문, pp.38-39).

120) 최민호, 전게논문, pp.73-74.

행함으로써 북한 내에서의 급변사태로 인한 인권침해가 발생하지 않도록 사전예방책을
마련하는 데 우선적인 관심을 가져야 할 필요가 있는 것이다.[121]

　제 3기둥의 주체로서의 국제공동체의 R2P는 제 2기둥으로서 자신에게 부과된 책임
을 이행하였으나 자국민을 보호할 일차적 책임을 부담하는 제 1기둥의 주체인 개별국가
(당국)가 사태 해결 능력이 없거나 그 의지가 결여된 경우로 한정된다. 앞에서 언급한
것처럼 제 3기둥은 개별국가가 자국의 관할 내에 있는 사람을 보호하는 데 "명백히 실패
한" 경우 집단살해, 전쟁범죄, 인종청소 및 인도에 반한 죄를 예방하고 중지하기 위한
시의적절하고 단호한 행동을 취할 국제공동체의 책임을 말하는 것이다. 이는 헌장 제7장
에 의한 강제조치뿐만 아니라 헌장 제6장 및 제8장에 따른 비강제적조치를 모두 포함한
다. 그러나 R2P의 이행으로써 국제공동체가 개별국가의 문제에 군사적으로 개입하기
위해서는 먼저 '비군사적 대응'을 통해 문제를 해결하도록 노력하여야 하고 이 방법으로
문제가 해결이 되지 않았거나 불가능하다는 점이 전제가 되어야 한다.[122] 따라서 북한에
대한 유엔 및 국제공동체의 대응책임의 이행은 예방책임의 우선적 이행을 전제로 하며,
대응책임 이행으로서의 제반 조치, 특히 군사적 개입을 통한 R2P 이행은 최후의 수단으
로서만 허용될 수 있다.[123]

　현재의 북한 인권상황에 대한 인식은 다양하게 이루어지고 있는 것이 사실이다. 그러
나 유엔은 이와 관련하여 지금까지 북한 인권사태 및 문제에 대하여 인권결의 채택 및
HRC의 '보편적 정례검토'(Universal Periodic Review; UPR) 등을 통하여 관심 표명과 시정
요구를 계속해 왔으나,[124] 이에 대하여 북한 당국의 문제해결 능력이나 의지가 보이지

---

121) 승재현·임예준, 전게서, p.79; Shin-wha Lee, "The Responsibility to Protect (R2P) after Libya:
　　Practical Implication for North Korea,"『국제관계연구』, 제18권 제1호, 2012, pp.5-37 참조.

122) 박기갑 외, 전게서, p.140.

123) 북한에 대한 군사적 개입의 가능성 및 그 조건에 대해서는 Ido Kilvaty, "Report of the Commission of
　　Inquiry on Human Rights in the Democratic People's Republic of Korea: Green Light for Humanitarian
　　Intervention," *Creighton International and Comparative Law Journal*, Vol.6, 2015, pp.18-21 참조. 그리
　　고 R2P 이행과 관련한 무력사용의 정당성에 대한 조건은 앞의 주 86 참조.

124) 2006년에 설치된 유엔 HRC는 193개 유엔 회원국 전체를 대상으로 하여 UPR을 실시하고 있다. 북한에 대해
　　서는 2009년에 제 1차 UPR이 실시되었으며 2014년 4월 28일부터 5월 9일까지 제 2차 UPR이 실시되었다.
　　북한은 이에 앞서 이사회에 국가보고서를 제출한 바 있으며, 제2차 UPR의 결과물에 포함된 268개 권고 가운데
　　113개를 수락하고 나머지 가운데 58개의 권고의 이행 가능성에 대하여 검토하겠다는 약속을 한 바 있으나,
　　주요 사항에 대해서는 사실상 그 이행을 거부하고 있다고 본다(김부찬, 전게논문(앞의 주 5), pp.61-62; 조정
　　현·장석영, 전게논문, pp.548-549 참조).

않는다는 결론에 도달한 것으로 보인다. 유엔은 북한 인권 COI에 의한 조사결과 이러한 상황을 확인하고 제 3기둥에 따른 국제공동체의 R2P 이행이 가능하고 또한 필요한 단계로 간주하고 있는 것이다.[125)]

유엔 총회는 북한인권 COI 보고서를 바탕으로 한 '북한인권결의'를 통하여 북한에서 수십 년 동안 최고위층의 정책에 따라 '인도에 반하는 죄'가 자행되어 왔음을 인정하고, "인도에 반하는 범죄로부터 북한 주민들을 보호할 북한(DPRK)의 책임을 상기한다."고 천명함으로써 북한의 제 1차적 R2P를 상기시켰다. 이어서 총회는 북한인권 COI의 보고서를 안보리에 제출하고, 안보리가 북한 상황을 국제형사재판소(ICC)에 회부하는 문제와 인도에 반하는 범죄에 대하여 최고 책임을 지는 자들에 대한 실효적인 맞춤형 제재의 범위를 검토하는 등 북한의 책임이행을 보장하기 위한 적절한 조치를 취하도록 독려하기로 결정함으로써 제2차적 책임의 주체로서 국제공동체의 R2P 이행을 다짐하였다.

생각건대, 북한의 현 사태는 R2P와 관련하여 국제공동체 차원의 '예방책임'과 '대응책임'이 동시에 문제가 되고 있는 상황에 해당한다고 본다. 이는 사실 R2P의 제 2기둥과 제 3기둥이 동시에 고려되고 이행될 수 있음을 의미한다.[126)] 유엔이 북한의 현 상황을 극심한 인권침해 사태로 규정하고 이에 대하여 책임 있는 당사자들을 인도에 반하는 범죄자로 처벌하는 등 제재를 가하도록 결정했다는 사실은 제 3기둥에 따른 대응책임에 해당될 수도 있으며 또한 이를 통하여 북한 내에 민주적인 정권을 수립할 수 있도록 조치를 취함으로써 인권이 보장될 수 있도록 지원하는 목적을 가지고 있다는 점에서 제 2기둥에 따른 일종의 예방책임의 이행에 해당한다고 볼 수도 있는 것이다.[127)]

북한의 인권상황이 심각하다는 점은 누구도 부인할 수 없는 사실이다. 그러나 어떠한 방법으로 문제를 해결해 나갈 수 있는가는 매우 어려운 과제가 아닐 수 없다. R2P와 관련하여 국제공동체는 예방과 사후적 조치를 포함한 포괄적 대응이 가능하다. 문제해결을 위하여 일단 외교적·정치적, 인도주의적 수단을 포함한 평화적인 수단을 통하여 북한 주민들을 인도에 반하는 범죄로부터 보호할 수 있도록 최대한 실효적인 방안을 강구할 필요가 있다. 책임자에 대한 사법적 제재는 이론적으로 보면 가장 효과적인 대응이

---

125) 승재현·임예준, 전게서, pp.79-82.

126) 상게서, pp.57-58.

127) 이와 관련하여 유엔의 북한인권 결의는 북한체제의 전복을 위한 무력사용을 묵시적으로 허용하는 것으로 볼 수 있다는 주장도 있다(Ido Kilvaty, *op. cit.*, p.9).

나 예방책이 될 수 있겠지만, 수단 다르푸르, 리비아. 그리고 코트디보아르의 경우와 비교해 볼 때, 아직 실패국가의 단계에 접어들지 않고 있는 현 상황에서 북한의 사태를 ICC나 특별형사재판소에 회부하는 등 고강도의 대응책임을 이행하는 것은 사실상 불가능하지 않나 생각한다.[128] 특히 상임이사국인 중국의 입장이 다른 상임이사국들과 크게 다르고, 또한 결의 채택이 가능하다고 하더라도 범죄자의 신병확보가 매우 어렵다는 점 등 많은 난관이 존재하기 때문이다.

그러나 북한의 상황이 더욱 악화되어 급변사태로 인한 국가실패의 단계로 접어든다면 책임자들에 대한 사법적 조치뿐만 아니라 대응책임과 관련하여 국제공동체가 취할 수 있는 가장 마지막 단계인 '무력사용'을 통한 문제해결의 가능성도 고려할 수 있게 될 것이다. 따라서 현 상황에서 보다 현실적인 방안은 유엔 북한인권결의에 포함되고 있는 것으로, 인권사안과 관련하여 북한 당국을 꾸준히 설득하고 협력을 강화해 나감으로써 남북한 화해를 시도하는 한편 북한 내부와의 접촉면을 늘리는 민간교류에 기반을 두고 점진적으로 북한의 변화를 유도하는 전략이라고 본다. 다양한 전략을 통하여 북한의 체제 전환을 유도하고,[129] 북한의 자유화·민주화를 실현하는 것이 R2P 원칙에 따라 국제공동체가 취할 수 있는 합리적인 접근방법이 아닐까 한다.[130]

V. 결론

최근 들어, 북한 내부에서 발생하고 있거나 해외 탈북자 등과 관련하여 발생하고 있는 인권상황은 매우 심각한 양상을 보이고 있다. 북한 인권문제는 기본적으로 한반도의 분단체제 및 남북대치라고 하는 정치적·군사적 상황과 밀접한 관련성을 맺고 있는 것이다. 그러나 인권문제는 그 자체로 해결되어야만 하는 중요한 과제이면서 여타의 관련 문제들을 해결하는 데 우선적으로 고려해야만 하는 중요성을 가지고 있다. 북한 인권문

---

128) 승재현·임예준, 전게서, pp.87-92; 이신화, 전게논문, pp.274-276; 최민호, 전게논문, pp.80-81 참조.
129) 앞의 주 81 참조.
130) 이와 관련하여 Foluke Ipinyomi, "Is Cote d'Ivoire a test case for R2P? Democratization as fulfillment of the international community's responsibility to prevent," *Journal of African Law*, Vol.56 No.2, 2012, pp.151-174 참조.

제의 해결에 있어서 당사자인 북한 당국의 역할과 함께 분단체제의 일방 당사자인 한국 (남한)의 역할도 매우 중요한 요소를 지니고 있는 것이 사실이다. 그러나 여기서는 인권 문제의 보편성을 기초로 국제공동체가 접근방법으로 채택하고 있는 R2P의 관점에서 북한 인권문제 해결의 가능성과 그 방법에 관하여 검토하였다.

현재 유엔을 중심으로 북한 인권사태를 해결하기 위한 방안이 모색되고 있으며 그 접근방법으로서 R2P 원칙이 적용되고 있다. 앞에서 언급한 바와 같이 R2P 원칙에 따른 국제공동체의 대응책임이 요구되는 상황은, 국제공동체 스스로 자신에게 부과된 예방책임을 이행하였으나 자국민을 보호할 제1차적 책임을 부담하는 개별국가(당국)가 사태 해결 능력이 없거나 의지가 없는 경우로 한정된다. 대응책임의 이행으로써 국제공동체가 개별국가의 인권상황에 개입하기 위해서는 먼저 '비군사적 대응'을 통해 문제를 해결하도록 노력하여야 하고 이 방법으로 해결이 되지 않는 경우에 한하여 최후의 수단으로서 군사적 개입을 할 수가 있는 것이다.

북한 인권상황에 대한 인식은 논자에 따라 다양하게 이루어지고 있는 것이 사실이다. 그러나 유엔은 이와 관련하여 그동안 자신에게 부과된 예방책임을 이행했다는 점을 전제로 하여 국제공동체에 부과된 일종의 대응책임을 이행하기 시작한 것으로 보인다. 보인다. 유엔은 HRC와 총회결의를 통하여 북한에서 오랫동안 자행되어 온 극심한 인권침해의 결과 '인도에 반하는 죄'를 구성하기에 이르렀음을 확인하고 이를 근거로, "인도에 반하는 범죄로부터 북한 주민들을 보호할 책임을 이행하지 못한 책임자들에 대한 제재와 함께 북한의 상황을 국제형사재판소(ICC)에 회부하는 절차를 적극적으로 추진하고 있는 것이다.

생각건대, 북한의 현 상황은 R2P와 관련하여 국제공동체 차원의 '예방책임'과 '대응책임'이 동시에 이행되어야만 하는 경우에 해당한다고 본다. 유엔이 책임 있는 당사자들을 인도에 반하는 범죄자로 처벌하거나 제재를 가하도록 결정함으로써 유엔이 일종의 대응책임을 이행하기 시작했다고 할 수 있을 것이다. 그러나 이러한 조치는 이를 통하여 북한 내에 민주적인 정권을 수립할 수 있도록 지원하는 의미를 갖는 것이기도 하기 때문에 일종의 체제전환을 통한 문제해결을 시도하는 것으로 예방책임의 이행에 해당한다고 볼 수도 있다.

그러나 문제는 이러한 평화적인 방법으로 사태 해결이 불가능한 상황에 봉착하는 것이다. 모든 평화적인 수단을 동원하여서도 문제가 해결되지 않는 경우 R2P 원칙에 따르면 강제조치를 포함한 시의적절하고 단호한 조치를 취할 수 있으며 또한 최후의 수단으로서 '무력사용'을 통한 해결도 고려할 수 있도록 되어 있다. 그러나 무력사용을 통한 문제의 해결은 북한 내부에서 내전이 발생하거나 정권의 붕괴로 인한 급변사태(국가실패)의 경우가 아닌 한 상정하기 어려운 방안이 될 것이다.

제16장

재일한국인 법적지위의 문제와 과제

I. 서론

1945년 8월 일제의 지배로부터 벗어나고 1948년 8월에 정부를 수립한 대한민국(이하, "한국"과 혼용)은 일제의 지배로 인한 문제를 청산하고 양국 간의 관계 정상화를 목적으로 1951년 10월부터 일본 측과 회담을 시작하였다. 이후 14년간에 걸쳐 거듭되었던 '한·일 회담'[1]에서 '재일교포' 또는 '재일한국인'[2]의 법적지위 및 대우 문제는 그 핵심의제의 하나였다. 재일교포 문제는 일본의 불법 지배와 관련된 역사적 특수성을 가지고 있는 묵은 숙제인 동시에 국제법상 외국인 및 소수자(minorities)[3]의 보호 차원에서 접근되어야 하

---

1) '한·일회담'은 1951년 10월 20일 일본에 주둔하고 있던 연합군총사령부(SCAP/GHQ)의 주선으로 동경에서 예비회담을 가지게 된 것이 그 시작이었다. 1952년 2월 15일에 본회담 제1차 회의가 열렸으며, 1965년 6월 22일에 열린 제7차 회담에서 조약을 체결할 때까지 14년이 걸렸다. 이에 대해서는 엄요섭, 「한일회담에 관한 역사적 재조명」, 『일본연구』, 제1권, 1990, pp.65-85; 대한민국정부, 『한일회담백서』, 1965 참조.

2) '재일교포'나 '재일한국인'이라는 용어 외에 '재일조선인', '재일한국·조선인', '재일동포', 그리고 '재일코리안' 등 다양한 용어가 사용되고 있으나(이에 대해서는 김경득, 「재일조선인이 본 '재외동포법'과 향후의 과제」, 『한일민족문제연구』, 제5호, 2003, p.131 주 1) 참조), 여기서는 '재일한국인'과 '재일교포'를 혼용하기로 한다.

3) 사전적 정의에 의하면 '소수자'는 "인종, 종교, 언어, 또는 국적 등에 있어서 그들이 소속되고 있는 사회의 다른 구성원들과 구별되며, 스스로 또는 다른 구성원들에 의하여 분리되고 구별되는 것으로 인식되어지는 사람들의 집단"(an aggregate or a group of people)으로 정의되고 있다. *The New Encyclopedia Britannica*, Vol.27, p.356; Arnold Rose, "Minorities", David L. Sills (ed.), *International Encyclopedia of the Social Sciences*, Vol.10, p.365 참조. 광의로 본다면, '소수자'는 오랜 기간에 걸쳐서 일정한 민족적 집단을 구성하고 있는 소수자, 즉 '소수민족'(national minority)만이 아니라, 정치적·경제적 이유로 외국에 집단적으로 거주하고 있는 난민(refugee), 외국인(foreigners), 그리고 무국적자들(stateless persons)도 그 범주에 포함시킬 수 있을 것이다. 김부찬, 「국제법상 소수자의 권리」, 『동아시아연구논총』, 제8집, 제주대학교, 1997, p.2.

는 보편적인 국제인권법의 문제이기도 하다.

1965년 6월에 회담이 타결되고 「대한민국과 일본국 간의 기본관계에 관한 조약」 (Treaty on Basic Relations between the Republic of Korea and Japan, 이하, "기본관계조약")을 체결함으로써 한·일 양국은 상호간에 외교 및 영사관계를 수립하고,[4] 동시에 「일본국에 거주하는 대한민국 국민의 법적지위 및 대우에 관한 협정」(이하, "법적지위협정")[5]을 통하여 재일한국인의 지위 및 처우에 대한 제도개선에 합의하였다.[6] 그러나 기본관계조약은 물론 법적지위협정의 내용을 보면 당초 한국이 일본으로 하여금 한국에 대한 불법지배 책임을 인정하고 그에 대한 배상의 차원에서 재일한국인의 법적지위에 대한 보장을 받아내고자 했던 목표와 취지는 상당 부분 퇴색되어 버렸으며, 법적지위협정을 통하여 재일한국인의 법적지위를 근본적으로 보장하는 데는 많은 한계가 있었다.[7]

법적지위협정이 발효된 후에도 재일한국인의 법적 지위의 불안정성 및 차별대우 문제가 계속하여 제기되었고 한·일 양국 간의 외교문제로 발전되는 경우도 비일비재하였다. 재일한국인의 법적지위와 관련하여 協定永住權의 범위 확대, 강제퇴거 및 지문날인 철폐, 교육 및 고용과 관련된 차별대우 해소와 관련된 문제들은 여전히 미해결의 과제로 남아 있었다. 법적지위협정에 의하여 이른바 '협정영주권'을 보장 받았던 2세들 이후 3세대가 태어나기 시작할 무렵인 협정 발효 후 25년이 되는 1991년 이전에 협정 제2조에 의거하여 영주권의 범주를 확대하는 문제를 포함한 이른바 '1991년 문제'[8]를 해결하고

---

4) 제1조 "양 체약당사국 간에 외교 및 영사관계를 수립한다. 양 체약당사국은 대사급 외교사절을 지체 없이 교환한다. 양 체약당사국은 또한 양국 정부에 의하여 합의되는 장소에 영사관을 설치한다."

5) 이때 기본관계조약과 함께 채택된 것은, 법적지위협정 외에 「대한민국과 일본국 간의 어업에 관한 협정」(이하, "어업협정"), 「대한민국과 일본국간의 재산 및 청구권에 관한 문제해결과 경제협력에 관한 협정」(이하, "청구권협정"), 그리고 「대한민국과 일본국간의 문화재 및 문화협력에 관한 협정」(이하 "문화재협정") 등이다. 이들 협정을 이른바 '한일협정'이라고 한다(한상범, 「한·일협정(1965년), 왜 개정해야 하나?」, 『아·태공법연구』, 제10집, 2002, p.89).

6) 당시 정부는 "과거 20년 동안 불안정한 지위에 놓여있던 재일한국인들은 위에서 말한 법적지위와 대우에 관한 협정이 발효됨으로써 앞으로 어느 외국인보다도 특수한 대우를 받게 되었다. 즉 재일교포들은 영주권을 얻어 제반 사회생활면에서 본토인과 다름없이 안정된 지위를 얻게 되었으며 …"라고 하면서 법적지위협정의 체결에 대하여 매우 긍정적으로 평가한 바 있다(공보부, 「한일협정을 통해 본 재일교포의 법적지위 및 대우(한일협정조약해설)」, 『지방행정』, 제14권, 1965, p.167).

7) 예를 들어, 1965년 6월 22일 재일한국청년동맹은 비난성명을 발표하고, 자자손손 협정영주권의 보장, 강제퇴거 사유 중 제4항 반대, 일본인과 동등한 사회보장 실시, 교육의 기회균등, 부당과세의 폐지 등을 주장하였다(유철종, 「재외국민의 법적 지위문제」, 『논문집』, 제3집, 1976, pp.250-251); 도노무라 마사루, 「한일회담과 재일조선인 -법적 지위와 처우 문제를 중심으로-」, 『역사문제연구』, 제14호, 2005, p.106.

8) 1965年 한·일 관계 정상화 시 한국 국적을 보유한 재일한국인에게는 협정영주권을 부여하였으나 당시 협정영

법적지위협정의 내용을 보완하기 위한 목표를 가지고 한국 정부는 일본과의 협상을 요청하였다.

그 결과 1991년 1월 한·일 양국 외무장관 간의 「일본국에 거주하는 대한민국 국민의 법적지위 및 처우에 관한 각서」(이하, "合意覺書") 교환을 통해 재일한국인의 법적지위 및 처우개선에 관한 그동안의 협의를 마무리하였다. 현재 재일한국인의 법적지위는 법적지위협정을 대체한 이 합의각서에 의하여 규율되고 있다.[9] 합의각서에 의하여 법적지위협정의 문제점이 보완됨으로써 재일한국인들의 법적지위가 좀 더 안정되고 사회생활상의 처우 개선이 보장되는 계기가 마련되기는 하였으나, 현재도 재일한국인의 법적지위 및 권익 보호에 여전히 많은 문제점이 있다고 지적되고 있는 실정이다.

여기서는 한·일협정이 체결된 지 반 세기 가까운 세월이 흘렀으면서도 여전히 재일한국인의 법적지위 및 대우에 관한 문제가 해결되지 않는 현실을 직시하면서, 당초 기본관계조약과 함께 법적지위협정이 많은 문제점을 안고 체결되었다는 점을 상기하고 그 해결방안을 모색하기로 한다. 1965년 법적지위협정이 1991년에 합의각서로 전면 개정·대체되었음을 감안하여 양자의 의의 및 문제점을 바탕으로 향후 재일교포 법적지위의 개선과제 및 국제인권법적 대응과제에 대하여 검토하기로 한다.

Ⅱ. 재일한국인 법적지위 문제의 의의

1. 법적지위 문제의 배경

'재일교포' 또는 '재일한국인'이라 함은 과거 일제의 불법적 강점기 동안에 일본으로 건너가 현재 일본에 거주하고 있는 한국인 혈통을 가진 외국인 및 그 후손을 의미하며 그 국적이 '大韓民國'인가, 아니면 '朝鮮'인가는 불문한다.[10] 재일한국인은 일반외국인

주권자의 후손의 법적 지위는 미해결 상태로 남겨두었다. 이 문제를 1965년을 시점으로 25년 이내에 한국 측의 요청이 있으면 일본은 재일한국인의 법적 지위에 대하여 재협의하기로 당시 결정한 바 있는데, 그 시한이 1991년 1월로 되어 있기 때문에 이를 이른바 '1991년 문제'라고 한다. 김응렬, 「난민조약과 재일한국인」, 『아세아연구』, 제88호, 1992, pp.79-80.

9) 재일한국인 정책 및 법적 지위의 경과에 대해서는 保坂祐二, 「在日코리안의 法的地位(改正된 '國籍法'과 '入管法'을 中心으로)」, 『평화연구』, 제8권 1호(고려대학교, 2000) 참조.

들과 달리 그 존재의 단서가 일제의 한국에 대한 불법지배로부터 시작되고 있다는 점에서 역사적 특수성을 가지고 있다.[11] 일제강점기에 일본으로 이주한 재일교포들은 자신의 국적(nationality)과 정체성(identity)을 유지하면서 일종의 소수민족으로 지금까지 일본사회의 일원으로 정주하고 있는 것이다.[12]

일본에서 '정주외국인'이라 함은 특히 재일한국인을 가리키는 용어로서, 재일한국인은 대표적인 일본 내 정주외국인이다.[13] 재일한국인들은 일제의 강점기 동안 여러 가지 면에서 일본 국민들과는 다른 차별대우를 받았던 것이 사실임에도 불구하고 적어도 형식상으로는 일본 국민, 즉 일제의 '臣民'으로서의 지위를 부여받고 있었다. 그러나 1951년 9월 샌프란시스코에서 체결된 「대일평화조약」(Treaty of Peace with Japan, 이하, "평화조약")의 체결을 계기로 1952년 法務省 民事局長 通達 제438을 통하여 모든 재일한국인의 일본 국적을 박탈하고 법적으로도 일반외국인과 동일하게 취급하기 시작하였다. 그러나 일본은 그 이전인 1947년 5월의 「外國人登錄令」및 1951년 「出入國管理令」에 따라 재일한국인들에게 외국인 등록을 요구하고 또한 강점기 동안에 재일한국인들에게 부여되고 있던 '참정권'도 인정하지 않는 등,[14] 재일한국인을 외국인으로 간주하고 이들에

---

10) '재일한국인'의 범주에 대해서는 다양한 견해가 있으나, 여기서는 일본에서 거주하는 한국인 혈통을 가진 사람 중에서 한국 또는 조선 국적을 가진 '定住者'에 한정하여 논하기로 한다. 이 경우 '朝鮮籍'이라 함은 외국인 등록 시 자신의 국적을 '조선'으로 기재한 자를 말하며 반드시 북한국적자 또는 친북계를 말하는 것은 아니다. 서용달, 김용기 역, 「재일한조선인의 지방참정권」, 『경영경제』, 제33집 1호, 2000, pp.183-184; 최영호, 「재일한국인의 참정권에 대한 한일양국의 정치적 태도에 관한 연구」, 『영산논총』, 제7집(영산대학교, 2001), p.2; 노영돈, 「재일한인의 국적」, 『백산학보』, 제83호, 2009, pp.690-692.
11) 문경수, 「재일한국인문제의 기원」, 『동아시아연구논총』, 제9집(제주대학교, 1998), pp.179-198 참조.
12) 이광규, 『재일한국인』(일조각, 1993), pp.16-46; 정인섭, 『재일교포의 법적지위』(서울대학교 출판부, 1996), pp.1-6 참조. 과거 한국과 일본 모두 국적법상 '父系血統主義'를 채택하고 있었기 때문에 재일한국인의 수는 1950년대 중반부터 60여만 명 수준으로 유지되어 올 수 있었다. 그러나 이러한 상황은 1985년부터 일본이 국적법을 개정하여 '父母兩系血統主義'를 채택함에 따라 크게 변화하기 시작하였다. 실제 1985년부터 재일한국인의 수는 감소하기 시작하였으며 이러한 추세는 앞으로도 계속될 것으로 전망되고 있다. 1997년부터 한국도 일본과 마찬가지로 '父母兩系血統主義'를 채택했음에도 불구하고 장기적 관점에서 이러한 상황이 달라질 가능성은 없어 보인다(李長熙 편저, 『한일간의 국제법적현안문제』(亞社硏, 1998), pp.111-118 참조).
13) '정주외국인'이라 함은 일본사회에 생활기반이 있고 사회적 생활관계가 일본인과 실질적으로 차이가 없지만 일본 국적을 가지지 않는 외국인을 말한다. 구체적으로는 ① 일본제국의 침략에 의하여 직·간접을 불문하고 渡日을 강요당한 한국인, 중국·대만인 등이며, ② 前項의 한국인이나 중국·대만인 등의 子孫으로서 일본에서 출생하여 성장한 자, ③ 일본에서의 거주 기간 3년(국제법상 귀화 허용 最短年數) 이상인 자로서, 생활기반이 일본에 있고 납세의 의무를 다하고 있는 기타 외국인을 말한다(徐龍達, 전게논문, p.185).
14) 참정권은 사실 1945년 「衆議院選擧法」개정과 1947년 「衆議院選擧法」및 「地方自治法」개정을 통하여 이미 재일한국인에게는 적용되지 않고 있었다. 그러나 오늘날 재일한국인의 지방참정권 획득운동과 관련하여 소위

대한 차별 및 억압 정책을 실시하였던 것이 사실이다.

일본의 경우는 그렇다 치더라도 승전국인 연합국총사령부(SCAP/GHQ)의 경우도 일본 점령 초기인 1945년 11월의 '基本指令'(JCS-1380/15)에서 한편으로는 재일교포들을 '解放民族'(liberated peoples)으로 간주하여 적국인 '일본'인에 포함되지 않는다고 하면서도, 필요에 따라 '적국인'(enemy nationals)으로서 처우해도 된다고 지시하기도 함으로써 재일한국인의 정체성 및 법적 지위에 많은 혼란이 야기되는 빌미를 제공하였다. SCAP/GHQ의 모호한 태도는 '대한민국'의 지위에 대한 경우에도 예외가 아니었다. 1945년 10월 31일의 SCAP/GHQ 각서에서 '대한민국'은 연합국, 중립국, 적국 가운데 그 어느 정의에도 해당하지 않는 것으로 인식되었으며, 그 2년 후인 1947년 8월 4일자의 같은 취지의 각서에서도 한국은 결국 어느 유형의 범주에도 해당하지 않는 '특별지위국'(special status nations)으로 규정되고 있었다.[15]

이와 같이 패전국인 일본은 물론 연합국, 모두에 의하여 때로는 '일본인', 때로는 '외국인', 또한 때로는 '일본인도 아니고 그렇다고 외국인도 아닌' 애매한 지위를 가진 존재로 인식되던 것이 평화조약 체결 이전의 재일한국인의 법적 지위의 실상이었다. 1948년 8월 15일 대한민국 정부가 수립되고, 또한 1952년 4월에 평화조약이 발효되고 나서 일본 정부가 재일한국인을 공식적으로 외국인으로 간주하겠다는 입장을 표명한 것을 계기로 한·일 양국은 상호간에 재일한국인의 법적지위를 확정하고 일본 내에서의 생활안정과 처우를 법적으로 보장해야 할 필요성을 인식하게 되었다. 이것이 제1차 한·일 회담 개최의 중요한 동기가 되었던 것이다.[16]

식민지시대에 재일한국인에게 인정되고 있었던 참정권을 다시 회복하자는 식의 주장은 재고할 필요가 있다고 본다. 왜냐하면 이러한 주장은 日帝의 불법적인 한국 지배를 합법화하는 것으로 오해될 수 있기 때문이다. 최영호, 「일본패전직후 참정권문제에 대한 재일한국인의 대응」, 『한국정치학회보』, 제34집 1호, 2000, p.196 참조.

15) "Definition of 'United Nations', 'Neutral Nations', and 'Enemy Nations'", 外務省特別資料部 編(1989, 33-35) 및 "Definition of United, Neutral, Enemy, Special Status and Undetermined Status Nations", 外務省特別資料部 編(1989, 35-37)(장박진, 「한일회담 개시 전 한국정부의 재일한국인 문제에 대한 대응 분석: 대한민국의 국가정체성과 '재일성(在日性)'의 기원」, 『아세아연구』, 제52권 1호, 2009, pp.207-208에서 인용.)

16) 대한민국정부, 『한일회담백서』, 1965, pp.25-26.

2. 재일한국인의 국적과 법적지위 문제

재일한국인 또는 재일교포의 법적 지위의 불안정성은 곧 대한민국의 '지위' 및 재일한국인의 '국적' 문제에 관한 국제법적 기준 및 사실 인식의 혼란에 바탕을 두고 있었다고 할 수 있다.

국제법상 일반적으로 일정한 국가영역에 대하여 책임을 지는 주체인 국가가 다른 국가로 대체되는 것을 국가승계(Succession of State)라고 하며,[17] ① 국가 영토 일부의 이전(succession in respect of part of territory), ② (식민지 상태로부터) 신생독립국(newly independent State), ③ 국가통합(uniting of States), ④ 분리 독립(secession or separation of part or parts of the territory of a Sate), 그리고 ⑤ 국가의 분열(dissolution of a State) 등의 경우[18]에 이러한 국가승계 문제가 발생한다. 이때 국가의 구성원인 개인의 국적도 국가승계와 관련하여 문제가 되는 것이다. 일반적으로는 개인의 국적은 그 국적을 부여하고 있는 국가의 영토주권과 함께 자동적으로 변경된다고 본다. 즉, 일정한 영역에 대한 주권국가의 변경이 생기면 그 영역에 거주하고 있던 선행국(predecessor State)의 국민들은 일종의 '집단적 귀화'(collective naturalization)가 발생함으로써 자동적으로 승계국(successor State)의 국적을 취득하게 된다는 것이다.[19]

그러나 영토의 전부가 이전되거나 선행국이 소멸되는 경우와는 달리 영토의 일부가 이전되는 경우에는 선행국이 존속하기 때문에 복잡한 문제가 발생할 수 있다. 새로이 영역을 취득한 국가는 스스로 국적법을 통하여 자신에 속하게 되는 '국민'의 자격을 규정하게 되는데, 아울러 영토의 일부를 타국에 할양한 국가도 할양한 지역 내에서 거주하고 있는 자국 국민들이 원래의 국적을 자동적으로 상실하도록 할 것인지, 아니며 그대로 보유할 수 있도록 할 것인지를 국내관할권에 입각하여 결정할 수 있기 때문이다.[20] 그리고 19세기 이래 영토의 일부 이전의 경우 해당 지역의 거주민에 대해서는 종종 신(新)·구(舊) 주권국의 국적 중 '선택권'이 부여되기도 하였으며, 구 국적의 유지를 원하는 주민에 대해서는 일정 기간 내에 출국이 요구되는 예도 많이 있었다.[21]

---

17) 1978년 「조약에 대한 국가승계에 관한 비엔나 협약」 제2조 1항 (b); 1983년 「국가재산·국가문서 및 국가부채에 대한 국가승계에 관한 비엔나협약」 제2조 1항 (a) 참조.

18) 위의 협정 참조.

19) 김대순, 『국제법론』, 제16판(삼영사, 2011), p.945.

20) 상게서.

그러나 실제로는 경우에 따라 국가승계 문제가 발생하는지 여부, 또는 어떠한 유형의 국가승계가 문제되는지가 불분명한 경우에는 일반적인 국가승계 문제와 함께 국적처리 문제가 큰 혼란에 빠질 수도 있다.[22] 일제의 불법지배가 종료된 후 발생한 문제가 바로 이론상 '국가승계' 여부 자체가 문제되는 경우에 해당한다고 본다. 이러한 문제의 '본질' 은 1910년 일본제국이 대한제국을 병합한 것이 법적으로 대한제국의 소멸을 의미하느냐 하는 것이다. 이는 일본과 대한제국이 체결했다고 하는 '조약'이 과연 국제법상 합법·유 효한 것인지 여부와 직결되고 있다. 일본이 합법적으로 대한제국을 병합하여 그 영역을 일제의 영역으로 편입했거나 아니면, 이른바 대한제국에 속하던 영역을 일제의 식민지 로 삼아 정당하게 지배해 왔다고 보는 경우와,[23] 1910년 조약은 국제법상 무효이므로 일제는 1910년부터 1945년 8월 15일 제2차 세계대전에서 패배할 때까지 대한제(민)국의 주권을 강제로 침탈하여 불법적으로 지배하던 것에 불과하다고 보는 경우[24]는 관련 문제

---

21) 정인섭, 『신 국제법강의 -이론과 사례-』, 개정판(박영사, 2011), p.176.

22) 김대순, 전게서, p.945.

23) 나인균 교수는 "대한제국은 1910년 체결된 韓日合邦條約에 의하여 일본의 식민지가 되었고, 이러한 상황은 조약체결 이후부터 일본과 연합국간에 제2차 세계대전이 발발할 때까지 국제사회에서 별다른 이의 없이 승인 되었다. …한일합방조약에 의하여 대한제국이 소멸하였다고 본다면 한반도는 1945년까지 일본의 식민지로서 일본 영토의 일부를 구성하였다고 할 수 있다. 그러나 위 합방조약이 한국에서 주장하는 바와 같이 강압에 의하여 체결되었으므로 무효라고 본다면 대한제국은 소멸하지 않고 존속한 것으로 간주될 것이다."라고 하면 서도 "1910년의 한일합방은 국제법위반이라 하기 어렵다. … 그러므로 臨政의 지위에서 보더라도 대한제국의 계속성은 인정될 수 없다. …대한제국은 국가의 동일성 내지 계속성에 관한 국제법적 원칙과 국가실행에 의하 여 형성된 재수립된 국가로서의 요건을 충족시키지 못하였고 따라서 한국은 원상회복하여 재수립된 국가에 속하지 않는다. … 그러므로 제2차 세계대전 후 한국의 국가수립은 … 대한제국과 법적 동일성이 없는 일본으로 부터 분리의 형태에 의한 국가승계로 간주되어야 할 것이다."라고 한다. 이에 대해서는 나인균, "대한민국과 대한제국은 법적으로 동일한가?"『국제법학회논총』, 제44권 제1호, 1999, pp.127-140.
    이와 관련하여 정인섭 교수는 "대한제국이 일제의 식민지로 전락함으로써 모든 조선인은 국제법적으로는 일본인이 되었다. 해외 거주 조선인들도 특별히 인본국적 이탈조치를 취하지 않는 한 본인으로 처우되었다. 그러나 조선인에게는 일본 국적법이 적용되지 않았으며, 일제는 공통법(共通法)과 조선호적령을 통하여 내부 적으로만 일본인(內地人)과 조선인을 구별하였다. 즉 조선호적에 등재된 자는 국내법적으로 조선인으로 처우 되었다. 일본 여자가 조선 남자와 혼인하여 조선호적에 편입되면 법적으로는 조선인이 되었고, 혈통 상 조선인 이 혼인·입양 등의 사유로 일본 호적에 편입되면 법적으로 일본인으로 처우되었다. … 광복 후 일본에 거주하 던 조선호적 입적자에는 몇 가지 문제가 발생하였다. 일본 정부는 샌프란시스코 평화조약이 1952년 4월 발효하 기 이전까지는 조선호적자도 형식상 일본인의 일부라는 입장을 고수하였다. 식민지배관계의 법적 청산은 평화 조약을 통하여 최종적으로 확정된다는 이유였다. 이러한 입장은 1948년 남북한에 정부가 수립된 이후에도 지속되었다."고 설명하고 있다(정인섭, 전게서(주 21), pp.184-185).

24) 김명기 교수는 "1905년의 '을사보호조약', 1907년의 '정미 7조약', 1910년의 '한일합방조약' 등 일련의 침략조 약에 의해 대한제국은 일본에 병합되었다. 그리고 병합조약은 국가의 소멸원인의 하나이므로 대한제국은 소멸 한 것 같이 보인다. 그러나 이들 諸侵略條約은 우리나라의 '조약체결권자'(treaty-making power)에 대해 강박

의 인식과 그 해결에 있어서 매우 중요한 차이를 가져 오게 되는 것이다.

전자의 입장에서 접근하는 경우에는 앞에서 언급한 국제법상 전형적인 국가승계의 유형 가운데 ④ 또는 ②에 해당하는 경우로 보아 문제 해결에 나설 수 있겠지만, 후자에 해당한다고 보면 일제의 강점기 동안에도 국제법상 대한민국은 대한제국과 '동일성' (identity)[25]을 보유하는 국가로 계속 존재하고 있었다고 볼 수 있기 때문에, 국가승계 문제 자체가 발생할 수 없다는 결론이 나올 수 있는 것이다. 이와 관련하여 일본은 기본적으로 전자의 입장을 견지하고 있는 반면,[26] 한국은 명백하게 후자의 입장에서 문제 해결에 임하고 있었던 것이다.[27]

일반국제법의 원칙으로 보면, 영토의 일부 이전이나 분리·독립과 관련하여 국가승계가 이루어지는 경우에는 영토주권이 이전되는 지역(예를 들어, 할양지)에 거주하던 주민들이 승계국의 국적을 취득하느냐 하는 문제가 발생하며, 이때 개인이 국적 선택권이 존중되지만 그러한 의사가 표시되지 않는 경우에는 거주지국(승계국)의 국적이 부여되는 것이 보통이다.[28] 그러나 국제법상 선행국에 거주하는 할양지 출신자의 국적이 자동적으로 변경되는 것으로 해석되었던 경우는 찾기 어려운 것이 사실이다.[29] 이러한 관점에서 보면 해방 또는 전후 처리과정에서 한국과 일본 간에는 전형적인 국가승계 유형인, 식민지 상태에서의 독립국가 창설이나 기존의 국가로부터의 분리·독립에 따른 국적의 승계 문제가 발생하지는 않았다고 할 수 있는 것이다.[30]

을 가해 체결한 것이므로 그 당시의 국제법에 의해서도 무효이다."라고 하고, 이어서 "1910년의 병합조약은 무효이므로 일본에 의한 대한제국의 병합은 조약에 의거한 병합이 아니라 법적 근거를 결한 일본의 일방적 행위에 의한 위법한 점령에 불과한 것이다. … 위법한 점령에 의하여 법적 효과는 귀속되지 않는다. … 1910년의 병합조약에 의해 대한제국의 법인격이 소멸된 것은 아니다."라고 설명하고 있다. 김명기 교수는 나아가서 설사 대한제국이 일제의 '식민지'(colony)로 지배되었다고 하더라도 일종의 국가로서의 법인격을 보유하고 있었다고 본다. 따라서 "Cairo 선언의 내용을 이행하기로 확약한 Potsdam 선언을 수락한 무조건 항복문서에 일본이 서명하고 同 항복문서에 의거한 연합군최고사령관의 훈령에 따라 **대한제국은 일본으로부터 국제법상 '分離'되어 새로운 법인격을 취득한 것이 아니라 사실상 제한되었던 주권을 회복하였을 뿐이다.**"라고 한다. 이에 대해서는 김명기, 「국제법상 일본으로부터 한국의 분리에 관한 연구」, 『국제법학회논총』, 제33권 제1호, 1988, pp.1-27 참조.

25) 국가의 동일성과 계속성(continuity) 문제에 대해서는, 박배근, 「국제법상 국가의 동일성과 계속성」, 『저스티스』, 통권 제90호, 2006, pp.250-274 참조.
26) 大藏省印刷局, 『日韓條約と國內法の解說』(別冊 『時の法令』), 1965, pp.62-63.
27) 高麗大學校 亞細亞問題研究所 日本研究室編, 『韓日關係資料集』, 第1輯, 高麗大學校, 1976, p.252.
28) Draft Articles on Nationality of Natural Persons in relation to the Succession of States, 제20조 및 23-26조 참조.
29) 노영돈, 전게논문, p.705.

만일 당시 한국 정부의 수립이 일본으로부터의 분리·독립에 해당하거나 식민지 상태로부터의 독립, 즉 신생독립에 해당하는 경우라면 문제가 되어야 했던 것은 당연히 한반도에 거주하던 '일본인의 국적'이어야지 일본에 거주하던 '한국인의 국적'은 아니어야 했다. 따라서 일제의 불법지배로부터 벗어난 대한민국과 일본 간의 국적처리 문제는 일반적인 국가승계문제로는 접근할 수 없는 예외적인 경우이거나 국가승계 문제로 볼 수 없는 특수한 경우라고 해야만 한다. 이와 관련하여 제2차 대전 종료 후 독일의 전후 처리의 예를 드는 경우가 있다. 즉, 1938년 독일의 강제적인 오스트리아 '병합'(Anschluss) 및 1945년 오스트리아 독립 사례가 비교적 한일관계와 성격이 유사하였다는 전제에서 전후 독일이 독일거주 오스트리아인에 대하여 독일국적 선택권을 인정하였던 것을 문제해결의 사례로 원용하고 있는 것이다.[31]

그러나 독일의 전후 오스트리아인의 국적처리는 1938년에 이루어진 '병합'의 합법성을 전제로 하는 것이었으므로 비록 그것이 독일거주 오스트리아인의 '생활보호'를 명분으로 하는 것일지라도 오스트리아로서는 받아들일 수 없는 것이었다. 오스트리아는 국적이전법을 제정하여 모든 오스트리아인은 거주지를 불문하고 1945년 4월 27일 이후 당연히 오스트리아 국적을 '회복'하도록 하였다. 이러한 조치는 '병합', 즉 Anschluss가 처음부터 무효라는 전제하에서 1938년부터 1945년까지도 오스트리아 주권은 계속되었다는 근거에서 이루어진 것이었다.[32]

만일 우리가 일본에 대하여 재일한국인들에게 그 의사에 따른 '국적선택권'을 부여하

---

30) 그러나 이와 관련하여 정인섭 교수는 "일본의 다수설과 판례는 대일평화조약 제2조 a항을 통하여 재일교포의 일본 국적이 상실되었다고 해석하고 있다. … 그러면 한반도에 대한 일본의 권리, 권원, 청구권의 포기는 곧 재일교포의 일본국적 상실을 의미하는 것인가?"라고 하면서, 이에 대하여 "과거의 조약 선례들을 검토하여 보아도 영토주권 포기조항이 곧 선행국(predecessor state)에 거주하는 할양지 출신자의 국적을 자동적으로 변경시키는 것으로 해석되었던 경우는 찾기 어렵다. 영토주권 이전을 규정하는 경우 할양지 주민의 국적에 대하여는 별도의 규정을 두는 경우가 많았으며, 그 같은 별도 조항이 없는 경우에는 거주지를 기준으로 기존 국적이 유지되는 것으로 해석됨이 통례였다."고 함으로써 한·일간에 일종의 영토 할양이나 분리·독립에 준하는 국가승계 문제가 발생하게 된다고 보고, 국적의 승계 문제도 이에 따라야 하기 때문에 "샌프란시스코 조약은 … 일반국제법 원칙과 선례에 입각하여 보더라도 재일교포의 일본국적 상실 근거로는 해석될 수 없다."고 설명하고 있다(정인섭, 전게서(주 12), pp.105–108).

31) 상게서, p.106.

32) 상게서, p.106, 주 42) 참조. 이와 관련하여 1956년 5월 17일 독일연방헌법재판소는 "**오스트리아 재건은 정치적, 역사적 사정이나, 전당사국의 태도 해석으로 미루어볼 때, 국가상속의 특수한 사례인 원상회복으로 보아야 하며, 오스트리아 재건에 의하여 오스트리아인은 전부, 당연히 독일국적을 상실하였다는 결론에 도달한다.**"고 판시한 바도 있다(상게서, p.107, 주 42) 참조).

지 않고 '법무성 통달'에 의거하여 일방적으로 일본국적을 박탈해 버렸다고 비판하는 것은[33] 비록 그것이 재일한국인들의 생활보호를 목적으로 하는 것이라고 하더라도 결국 일제의 대한제국 지배를 합법화 한다는 오해를 받을 소지가 있다는 점에서 문제가 있는 것이다.[34]

반면에 패전에 따라 한국에 대한 일제의 불법지배가 종료되는 시점에서 대한제(민)국의 국적 개념이 실효적으로 적용되기 시작했었다는 사실을 특별히 주목할 필요가 있다고 본다. 즉, 종전 후 1952년 평화조약 발효 시까지 일본을 점령 통치했던 연합군총사령부의 방침 하에 일본은 재일한국인들에게 '외국인' 등록을 의무화하고 이들에 대하여 '참정권' 등 일제하에서 재일한국인들에게 적용했던 일본인으로서의 기본권을 부인하기 시작한 것은 바로 이러한 인식에 바탕을 둔 것이었다고 할 수 있다.[35]

---

33) 상게서, pp.105-108; 오미영, 「국제인권기준에 비추어 본 재일한인의 문제」, 김부자 외 『한일간의 역사현안의 국제법적 재조명』(동북아역사재단, 2009), p.383.

34) 같은 입장에서 최영호 교수는 오늘날 재일한국인의 지방참정권 획득운동과 관련하여 소위 **"식민지시기에 재일동포들이 가지고 있던 참정권을 다시 회복하자는 식의 주장은 일제의 식민지지배를 합법화하는 주장이 되기 쉽다 …"**라고 하고 있다(최영호, 「일본패전직후 참정권문제에 대한 재일한국인의 대응」, 『한국정치학회보』, 제34집 1호, 2000, p.196 참조).

그러나 재일한국인의 법적지위와 국적문제에 관하여 처음으로 학술적 논의를 시도한 배재식 교수는 강화(평화)조약 속에 영역변경에 따른 국적문제에 관하여 별다른 규정이 없다면 이는 암묵적으로 장차 관계국의 합의에 의하여 또는 일반관례에 따라 처리될 것임을 의미하는 것으로 해석되어야 한다고 보았으며, **"일반적 관례에 의하면 在日韓人 같은 경우는 오히려 한국국적을 적극적으로 선택(취득)하지 않는 한 국적에는 아무런 변경이 없으며, 따라서 당연히 일본국적을 보유하는 지위에 있는 것"**이라고 주장하였다. 즉 재일한인들은 대일강화조약이 성립되기 전까지는 종래대로 일본국적을 보유한 것으로 간주함이 법리적으로 타당하다는 입장이라고 한다. 나아가서 배재식 교수는 한일회담 당시에 **한국정부가 재일한인의 국적선택권 문제를 제기하지 않은 것은 이들의 법적지위를 약화시키는 원인이 되었으며, 일본이 이들을 일본사회로부터 배제시키기 위한 첫 번째 수단으로 삼았던 "재일한인의 일본국적 부인"을 확인시켜 주었다고 아쉬워하였다**고 한다(정인섭, 「碩岩 배재식 박사의 학문세계 ―한일관계와 국제인권법 연구를 중심으로―」, 『서울국제법연구』, 제11권 제2호, 2004, p.21).

사실 당초 일본 측은 이른바 **'한일합방' 조약이 합법·유효한 것이었다는 전제에서 대한민국의 '독립'에 대하여 일반적인 '국가승계' 원칙을 적용하고 재일한국인에게 '국적선택권'을 부여하고자 했던 입장**이었는데, 1950년 7월쯤부터 9월 사이에 외무성 조약국 단독으로 '국적선택권 부여' 방식을 '일본국적 박탈' 방식으로 변경하였다고 한다. 이 때문에 한국정부로서는 일본 측에 **'국적선택권'을 요구하는 것이 대한민국의 '국가정체성'과 관련하여 결코 수용할 수 없는 절대적인 한계선**이었다고 한다(장박진, 전게논문, pp.211-12).

35) 이에 관하여 노영돈 교수는 "일본이 패전 직후는 조선반도는 사실상 일본정부의 통치에서 이탈하였고, 조선호적등재자를 말하는 조선인이 계속하여 일본국적을 보유하는가의 문제가 확정되지 않아 법제도상 매우 불안정한 상태에 있었다. 이런 상태에서 1947년 제정된 「외국인등록령」에는 재일한인을 당분간 외국인으로 보게 되었다. 이 시점에서 "조선"이라는 국가는 존재하지 않았지만, 외국인등록상의 편의를 위하여 급한 대로 국적을 "조선"으로 등록하였다. 그 후 1948년에 대한민국 정부가 수립되자 한국정부는 1950년 1월 당시 일본을 통치하던 연합군최고사령부(SCAP)에 대하여 재일한인은 대한민국 성립에 의해 한국국적을 취득하게 되었기 때문에 외국인등록상 "한국"으로 국적표시를 변경해 줄 것을 요청했다."고 설명하고 있다(노영돈, 전게논문,

아울러 대한민국의 경우에 1948년에 제정된 「국적법」에서 '최초국민 조항'을 규정하지 않고 "출생한 당시 父가 대한민국의 국민인 자"에 대하여 대한민국 국적을 부여하기로 한 것도 일응 이러한 입장에서 비롯된 것이라고 할 수 있다. 다시 말하면, 대한민국 정부 수립 이전부터 정신적으로나 법률적으로 대한민국 국민은 계속 존재해 왔다고 보는 것이다.[36] 국가 없는 국민이 존재할 수 없다고 본다면 대한민국 '정부' 수립 이전에도 대한민국은 '국가'로서 여전히 존속해 있었다고 보아야 하는 것이다.[37] 사실 일본의 입장도 1910년의 조약에 의하여 한국을 일본의 영역으로 완전하게 합법·유효하게 편입했다는 전제에서 한국을 통치하거나 한국민을 대우해 왔던 것은 아니라고 할 수 있다.[38]

일본은 일제 강점기 동안에 한국을 '內地'(일본 본토)와는 구별되는 '外地'로 인식하여 왔으며 내지와는 다른 방식으로 '武斷統治'를 해 왔다는 점도 스스로 한국에 대한 지배가 강압과 불법에 의한 것임을 드러낸 결과가 아닌가 한다.[39] 앞에서 언급한 것처럼 겉으로는 대일평화조약의 발효 때까지 재일한국인을 일본인으로 취급하겠다고 하면서도 실상은 진작부터 이들을 외국인으로 간주하고 있었던 것도, 일본의 패전으로 이미 대한민국이 적어도 관념적으로는 그 법적 존재를 드러내고 관할권을 회복하기 시작했음을 인정한 결과라고 할 수도 있다.

Ⅲ. '법적지위협정' 및 '합의각서'의 의의 및 문제점

1. '법적지위협정'의 의의 및 문제점

1) '법적지위협정' 체결의 의의

1951년 10월 교섭의 개시로부터 1965년 6월 한일협정의 체결에 이르기까지 14년이라

p.691).

36) 정인섭, 전게서(주 21), p.639; 장박진, 전게논문, pp.216-219 참조.
37) 이순천, 『조약의 국가승계』(열린책들, 2012), p.250.
38) "1910년 강제병합으로 재일한국인은 강제적으로 일본 국적을 부여받았으나, 일본 국민과 평등한 권리를 취득한 것은 아니었으며, 호적도 일본 국민을 대상으로 하는 '內地戶籍'과는 다른 '朝鮮戶籍'에 의하여 관리되었다."(裵薰, 「재일코리안의 일본 내에서의 법적 지위」, 『고려법학』, 제48호, 2007, p.405.)
39) 박배근, 전게논문, p.273 참조.

는 세월이 경과된 한일회담의 본래 목적은 한국에 대한 일본의 불법 지배가 남긴 유산을 법적으로 청산하고 양국 간의 정상적인 새로운 정치 · 경제관계를 수립하는 데 있었다.[40] 이 때문에 국교정상화를 위한 조약의 명칭으로 흔히 사용되는 '우호 · 통상조약' 대신에 '기본관계조약'이라는 명칭을 고수하고,[41] 재일한국인의 지위 및 처우 개선에 관한 조약의 경우에도 일본 측은 단지 재일한국인의 '대우'라는 표현을 주장하였지만 한국 측은 처음부터 '법적 지위'라는 명칭에 집착했던 것이다.[42]

그러나 한일 기본관계조약의 前文에는 일반적인 양국 간 우호 · 통상조약에서 흔히 볼 수 있는 내용만이 기술되어 있을 뿐, 한국에 대한 침략이나 불법 지배와 관련된 일본의 책임 문제를 비롯한 과거사 청산에 관한 내용이 전혀 포함되지 않았다.[43] 다만, 그 역사적 경위와 관련하여 "1951년 9월 8일 샌프란시스코에서 체결된 일본국과의 평화조약의 관계규정 및 1948년 12월 12일 유엔 총회에서 채택된 결의 제195 (3)호를 상기하여"라고 천명하고,[44] 기본관계조약 제2조와 제3조는 각각 "1910년 8월 22일 및 그 이전에 대한제국과 일본제국간에 체결된 모든 조약 및 협정이 이미 무효임을 확인한다."[45] "대한민국

---

40) 유병용, 「「한일협정과 한일관계의 개선방향」, 『한일역사공동보고서』, 제6권, 2005, p.29; 한국은, 특히 "샌프란시스코 회의에 연합국의 일원으로 참여하지 못하여 일본과의 '식민관계'를 법적으로 청산할 기회를 갖지 못하였기" 때문에 한 · 일 간의 회담 및 협정을 통하여 이 문제를 해결할 필요가 있었던 것이다(정인섭, 전게서 (주 12), p.91).

41) 대한민국정부, 전게서, p.191.

42) 일본 측은 1956년 초부터 '法的地位'란 용어는 그 개념이 광범위하기 때문에 협정의 표제를 일본국에 재류하는 대한민국 국민의 '待遇'에 관한 협정으로 할 것을 강력히 주장하기 시작하였으나, 한국 측은 교섭의 경위나 협정에 규정되는 내용으로 보아 '법적지위' 란 용어는 여하한 경우에도 이를 표제에서 삭제할 수 없다고 교섭의 최종단계에 이르기까지 주장하여 한국 측 입장을 관철시켜 결국 '법적지위와 대우'에 관한 협정으로 체결하였다(공보부, 전게논문, pp.162-163).

43) 한상범, 전게논문, pp.91-93.

44) 대일평화조약 제2조 ⓐ는 "일본은 한국의 독립을 승인하고, 제주도 · 거문도 및 울릉도를 포함하는 한국에 대한 모든 權利 · 權原 및 請求權을 포기한다."고 규정하고 있다. 그리고 유엔 총회결의 제195호 (3) ②는 "임시위원단이 감시 및 협의를 할 수 있었고 전 한국 국민의 대다수가 거주하고 있는 한국 지역에 대한 효과적인 통치력과 사법권을 갖고 있는 합법적인 정부(대한민국 정부)가 수립되어 있다는 것; 이 정부가 한국의 이 지역 유권자의 자유의사의 정당한 표현인 동시에 임시위원단이 감시한 선거에 기초를 두고 있다는 것; 그리고 이 정부가 한국에 있어서 유일한 이러한 정부라는 것을 선언한다."고 규정하고 있다. 이어서 ⑧ "회원국에 대하여 한국의 완전한 독립과 통일을 실현함에 있어 국제연합에 의하여 달성된 성과 및 달성하게 될 성과에 유해한 어떠한 행위도 삼갈 것을 요청한다."고 하고 ⑨ "회원국과 기타 국가는 대한민국 정부와의 관계를 수립함에 있어서 본 결의 ②에 명시된 제사항을 고려할 것을 권고한다."고 하고 있다.

45) Article 2 "It is confirmed that all treaties or agreements concluded between the Empire of Korea and the Empire of Japan on or before August 22, 1910 are **already null and void**."

정부가, 국제연합 총회의 제195(3)호에 명시된 바와 같이, 한반도에 있어서의 유일한 합법정부임을 확인한다."고 규정함으로써 한국 측은 바로 제2조가 일본의 한국 지배의 근거가 되었던 1910년 병합조약의 무효를 확인하고 있다고 주장하고 있다. 그러나 일본은 이에 대하여 1910년 및 그 이전에 대한제국과 체결한 조약은 유효하게 체결되었기 때문에 자신의 한국 지배는 합법적이었으나, 제2차 세계대전에서의 패배로 인하여 그 지배가 종식되고 1948년 대한민국 정부가 수립됨으로써 조약이 이미 사실상 失效 되었음이 확인된 것에 불과하다고 강변하고 있으며,[46] 이러한 기본입장은 한일회담 전 과정을 통하여 변함없이 유지되었다.

사실 한국은 한·일 양국 간의 조약 명칭을 일본의 주장과는 달리 '우호·통상조약'이 아니라 '기본관계조약'으로 할 것을 주장하는 등 처음부터 조약 체결을 통하여 일본의 한국 지배가 불법적인 강압에 의하여 이루어졌음을 확인하고 그에 따르는 책임인정과 배상의무를 규정하는 것을 의도하였으나,[47] 일본의 완강한 반대 및 미국과 일본의 협력관계 구축을 통하여 동북아 자유진영의 결속을 강화하려고 했던 미국의 입장, 그리고 1960년대 들어 협상을 주도한 한국 집권세력의 경제개발 우선 정책 등 대내·외적 요인[48]으로 협상의 타결을 서두르면서 당초의 기대와는 다른 방향으로 협상이 진행되기 시작하였다. 民政 이양 이후 마지막 제7차 한·일 회담이 열렸으며, 1965년 6월 22일 국교정상화에 합의하고 기본관계조약과 함께 법적지위협정도 동시에 타결되었다. 협정 비준서는 1965년 12월 18일 교환되었으며 1967년 1월 17일자로 발효하였다. 그러나 기본관계조약을 비롯하여 법적지위협정이나 청구권협정 등의 내용은 당초의 의도 및 요구에는 크게 못 미치는 수준이 되고 말았으며, 이에 대하여 많은 비판이 가해졌던 것이 사실이다.[49]

---

46) 이장희, 「서론: 한일협정의 재검토가 필요하다」, 이장희 편저, 전게서, pp.6-9.
47) 1949년 한일회담이 개시되기 전부터 이승만 정부는 포괄적인 대일배상을 청구할 목적으로 기획처 산하에 '대일배상청구위원회'를 설치하고 비밀리에 대일배상 청구자료를 수집, 정리하는 작업을 진행하였다. 이러한 대일배상청구위원회의 작업 결과로 이루어진 것이 '대일배상요구조서'였다고 한다(유병용, 전게논문, pp.25-27).
48) 대한민국정부, 전게서, pp.1-9 참조.
49) 유병용, 전게논문, pp.19-28 참조.

2) '법적지위협정'의 주요내용 및 문제점

법적지위에 관한 문서는 법적지위협정을 기본으로 「대한민국과 일본국간의 일본국에 거주하는 대한민국 국민의 법적지위와 대우에 관한 협정에 대한 합의의사록」(이하, "법적 지위협정 합의의사록" 또는 "합의의사록"), 「일본국법무대신의 일방적 성명」 및 「법무성 입 관국장 담화」 등으로 구성되어 있다.

법적지위협정 제1조는 **1945년 8월 15일 이전부터 일본 내에서 계속 거주하던 자(① ⓐ)와 그들의 직계비속으로 협정영주권 신청만료일인 1971년 1월 16일 이전에 일본에 서 출생하고 계속 일본에 거주하던 자(① ⓑ)**, 그리고 이들의 자녀로서 1항의 협정영주 권 신청만료일이 경과한 후에 일본에서 출생한 자(②)에 대하여 신청이 있는 경우 영주 권을 부여하도록 하고 있다.[50] 법적지위협정에 의거하여 부여되는 영주권을 이른바 '협 정영주권'이라고 하며, 그 대상으로 이른바, '협정영주 1세'와 '협정영주 2세'를 포함하 고 있다. 평화조약 발효와 동시에 일본국적을 부인당하고 법126호에 의하여 "당분간" 일본에 거주할 권리만을 인정받았던 재일교포는 법적지위협정을 통하여 비로소 일본에 "계속" 살 수 있는 권리를 인정받은 셈이었다. 이러한 협정영주권은 1952년 평화조약 발효 이후 최장 3년 이내마다 재류기간 갱신허가를 얻어야 했던 법126호 해당자의 직계 비속의 일본 在留權을 보다 안정화시켜 주었다고 평가할 수도 있으나, 법적지위협정에 따라 모든 재일교포들이 영주권을 신청했던 것은 아니며 실제 신청과정에서 "8·15 이 후 계속 거주 요건"이 부각됨으로써 전후 혼란기에 일시 귀국했다가 재입국한 자와 전 후에 일본에 입국한 자들은 8·15 이후 계속 일본에 거주하였어도 협정영주권을 부여받 기가 곤란하였다.[51]

재일한국인의 법적지위 문제와 관련하여 일본은 제2차 및 제3차 회담에서부터 그 토

---

50) 위 영주권의 범위 중 ① ⓐ 및 ① ⓑ에 해당하는 자는 협정 발효 후 5년 이내에 ① ⓐ 및 ① ⓑ의 자녀인 ② 해당자와 ① ⓑ 해당자로서 협정 발효 후 4년 10개월이 경과한 후에 출생한 자는 출생일로부터 60일 이내에 각각 신청하도록 되어 있으며(법적지위협정 제1조), 영주신청 시에 제출 또는 제시하는 서류는 (1) 영주허가신 청서 (2) 국적증명서 (3) 사진 (4) 가족관계와 일본국에서의 거주경력에 관한 진술서 (5) 외국인 등록증명서 등이다(합의의사록 및 토의기록). 이 중 이중국적증명서에 관하여 대한민국 여권 또는 재외국민 등록증을 제시 할 수 있는 신청자는 대한민국의 국적을 가지고 있다는 뜻의 진술서를 우선 신청 시에 제출하고 일본정부 당국의 조회에 관한 한국정부의 확인으로서 족하도록 절차를 간편화 하여 재일한국인 중 소위 조총련계에 속하는 자에 대하여도 널리 포용의 길을 마련하고 있다고 한다(공보부, 전게논문, pp.163-164).

51) 정인섭, 전게서(주 12), pp.50-52 참조.

의 주제를 재일한국인 퇴거강제 문제에 치중하기 시작하였다. 일본은 외국인에 대한 강제송환권이 주권국가의 자주적 권한임을 내세워 「출입국관리령」에 의하여 퇴거강제처분을 받은 재일한국인의 인수를 요구하고 재일한국인에 대한 「출입국관리령」의 적용을 기정사실화 하려고 기도하였다. 제4차 회담에서 일본은 한국과 일본은 상호 독립국가로서 국내문제불간섭과 타국에 대한 주권존중의 원칙이 교섭의 전제가 되어야 한다고 주장하고 재일한국인에 대한 자국의 관할권을 강조하였다. 이에 대하여 한국은 재일한국인에 대해서는 그 체류 및 처우와 관련하여 일본 국내법과는 관계없이 그 지위의 특수성에 상응한 대우가 부여되어야 함을 강조하고, 퇴거강제 사유에 관하여도 「출입국관리령」과는 별도로 양국의 협의가 필요함을 주장하였다.

일본은 영주권 부여 범위가 확대되면 퇴거강제 사유도 이에 따라 확대되어야 한다는 입장을 취하였으나 한국 측은 재일한국인 법적 지위의 보장을 위하여 부득이한 최소한의 사유에 한하여 강제퇴거가 가능하도록 해야 한다고 주장하였다. 그 결과 법적지위협정 제3조는 퇴거강제 사유 가운데 극빈자 관련 사유를 제외하고 나머지 4개 사유만을 규정하게 된 것이다. 협정영주권자의 퇴거강제 요건을 일반외국인에 비하여 엄격하게 규정한 것은 표면상 이들의 거주권을 강화한 것처럼 보일 수 있으나, 실상은 그와 다르다는 비판이 제기되었다. 즉, 과거 한·일 간 미수교 상태에서는 사실상 재일교포에 대한 강제퇴거가 시행되지 못하고 있었던 데 반하여 법적지위협정에 퇴거강제 사유를 명시함으로써 오히려 퇴거강제를 공식화(허용)하는 결과가 되었다는 것이다.[52]

법적지위협정 제4조 a호는 재일한국인의 일본 내 처우와 관련하여 일본은 협정영주권자의 교육, 생활보호 및 국민건강보험에 관하여 "타당한 고려"를 행한다고 규정하고 있다. 이 경우 "타당한 고려"란, "일본의 공립소학교 또는 중학교에 입학을 희망하는 경우에는 그 입학이 인정될 수 있는 필요한 조치를 취하고 또는 일본의 중학교를 졸업한 경우에는 일본의 상급학교에의 입학자격을 인정한다."는 것이다.[53] 그러나 이는 새로운 보장이라기보다는 종전부터 관례적으로 인정되어 오던 사실을 확인한 것에 불과하였으며, (민단계) 민족학교의 경우는 계속하여 정규학교가 아닌 각종 학교로만 규정되고 있어

---

52) 그 이전에는 비록 퇴거강제 대상자로 판명된 경우에도 일본 당국은 법126호에 의한 재류자격만을 취소시키고, 새로이 특별재류를 허가하여 결국 일본에 거주함을 인정하였었기 때문에, 결과적으로 법적지위협정은 퇴거강제 사유의 축소가 아니라 그 공식화라고 할 수 있다는 것이다(상게서, p.55).

53) 합의의사록, 제4조에 관하여 ①.

서 그 졸업생의 상급학교 진학이 불가능할 뿐만 아니라 교포 자녀들에게는 취학연령이 되어도 취학통지서조차도 발부되지 않는 현실이 더욱 큰 문제였던 것이다.[54]

법적지위협정 前文은 "다년간 일본에 거주하고 있는 대한민국 국민이 일본국의 사회와 특별한 관계를 가지게 되었음을 고려하고, 이들 대한민국 국민이 일본국의 사회질서 하에서 안정된 생활을 영위할 수 있게 하는 것이 양국 간 및 양국 국민 간의 우호관계 증진에 기여함을 인정하여" 법적지위협정의 내용에 합의하였다고 밝히고 있을 만큼, 생활보호에 관한 타당한 고려는 재일한국인의 법적지위 및 생활안정에 매우 중요한 의미를 가진다고 할 수 있다. 그러나 "타당한 고려"와 관련하여 "일본국 정부는 협정 제1조의 규정에 의거하여 일본국에서의 영주가 허가되어 있는 대한민국 국민에 대한 생활보호에 대하여는 당분간 종전과 같이 한다."[55]고 규정하고 있을 뿐으로 큰 실익은 없는 것이었다. 특히 법적지위협정 제5조는 동 협정에 특별히 정하는 경우를 제외하고는 협정영주권자도 여타 일반 외국인과 동등한 대우를 받는다고 규정하고 있으므로 일본 내국인에 대한 사회보장제도가 재일한국인들에게 적용되는 데는 한계가 있었던 것이 사실이다.

법적지위 협상과정에서 일본 측은 재일한국인에게 일반외국인과 다른 특별한 지위를 부여한 데 난색을 표명하였다. 일본은 재일한국인에 대하여도 일반외국인과 동일한 대우를 부여하되, 다만 향후 체결될 통상항해조약에 의하여 '최혜국대우'(MFNT)를 부여할 용의가 있음을 표명하였다. 이에 대하여 한국 측은 재일한국인은 여타 외국인과는 달리 특수한 지위를 점하는 외국인임을 지적하고 일정한 권리(참정권, 공무담임권 등)를 제외하고는 일본 국민과 동등한 대우가 부여되어야 하며, 일반외국인에게 금지되어 있는 것일지라도 재일한국인이 이전부터 실제로 향유해 온 권리는 계속 보장되어야 한다고 주장하였다. 그러나 법적지위협정 제5조는 법령에 특별히 규정된 경우를 제외하고는 협정영주권자에 대하여도 "모든 외국인에게 적용되는 일본국의 법령의 적용을 받는 것이 확인된다."고 규정하고 있다. 이 조항은 특수한 배경으로 인하여 일반외국인과는 다른 성격을 가지고 있는 재일교포의 법적지위를 원칙적으로 일반외국인과 같은 위치로 격하시키는 의미를 지니고 있는 것이었다.

해방 후 20년 동안 불안정한 지위에 놓여있던 재일한국인들은 그 법적지위 및 대우에

---

54) 유철종, 전게논문, p.254.
55) 합의의사록, 제4조에 관하여 ②.

관한 협정이 발효됨으로써 일본 내에서 일반외국인들과는 다른 '법적 지위'를 향유하게 된 것은 사실이다. 그러나 이는 당초 한국에 대한 일본의 불법지배 책임의 인정에 바탕을 둔 광범위한 수준에서 '특수한 지위'를 요구했던 것에 비하면 크게 미흡한 것이었다. 한국 측은 당초 재일한국인에 대하여 사실상 일본 국민에 준하는 법적지위와 대우를 요구했었지만, 일본 측은 재일한국인도 기본적으로는 일반 '외국인'의 범주에 속한다고 보는 자신의 입장을 고수하면서 재일한국인에 대한 특별한 지위 인정을 최소한의 범주로 제한하고자 하였던 것이다. 이 때문에 법적지위협정이 체결된 직후부터 협정영주권 허가범위 확대와 퇴거강제 사유의 축소를 비롯하여 교육, 생활보호 및 건강보험 적용 등 일본 내 처우문제를 개선하기 위한 협정의 개정 필요성이 제기되기 시작하였다. 국내와 함께 재일한국인 사회는 이 밖에도 사기업 취직, 교원 등 공무원 채용, 변호사 등 전문직 진출, 나아가서 참정권 문제에 이르기까지 폭넓게 이루어지고 있는 차별대우를 개선하기 위한 법·제도의 마련과 함께 보다 본질적으로 재일한국인에 대한 일본인들의 끊임없는 차별 의식을 해소하기 위한 노력이 다각도로 경주되어 왔다. 그 결과 앞에서 언급한 바와 같이 1991년 1월 한·일 양국 간에 합의각서가 채택되었으며, 현재 재일한국인의 법적지위는 1965년 법적지위협정을 대체한 합의각서에 의하여 규율되고 있는 것이다.

2. '합의각서'의 의의 및 문제점[56]

1) '합의각서' 체결의 의의

1991년 '합의각서'는 '법적지위협정'과 같이 법적구속력을 갖는 條約이 아니라 전형적인 '紳士協定'(gentle's agreement)으로서의 성격을 가진 것이었다.[57] 그러나 이 합의각서는 1965년 법적지위협정을 전면 개정하는 효과를 지니고 있다. 일본은 이 합의각서 채택후 바로 그 이행을 위한 후속조치에 착수하였다. 법률 사항의 이행을 위하여 「出入國管理特別法」과 「外國人登錄法」을 제정하거나 개정하는 한편, 여타 부분에 대하여는 그 이행과 관련하여 일선 행정기관에 행정지도를 하였다.

---

56) 保坂祐二, 전게논문, pp.6-7; 이장희, 전게서, pp.102-111; 정인섭, 전게서(주 12), pp.68-87 참조.
57) 정인섭, 전게서(주 12), p.76.

2) '합의각서'의 주요내용 및 문제점

합의각서의 실천과 관련하여 일본 의회는 「출입국관리특례법」[58]을 제정하였다. 이 法을 통하여 대일평화조약의 발효 이래 복잡하게 구분되던 과거 일제의 불법지배 하에 놓여있던 국가의 출생자 및 그 후손들에 대한 법적 지위가 일원화 되었다.[59] 이에 따라 과거 법적지위협정에 따른 이른바 '협정영주권' 제도가 없어지고 재일한국인의 법적지위가 일원화되었다. 즉, 終戰 이전부터 일본에 거주하다가 평화조약의 발효와 동시에 일본 국적을 상실한 구식민지 출신자 및 그들의 일본 출생 자손으로 이 법의 시행 시에도 계속 일본에 거주하던 자에게는 일률적으로 '특별영주권'이 부여된 것이다(제3조).

그리고 '특별영주권'을 부여받은 자에 대한 강제퇴거 사유를 ① 일본「형법」제2편 제2장(내란에 관한 죄), 제3장(외환에 관한 죄)의 죄를 범하고 금고 이상의 형에 처하여진 자(단, 내란죄로 집행유예를 받거나, 부화뇌동자 등 단순폭동 관여자는 제외); ② 일본「형법」제2편 제4장 국교에 관한 죄에 의하여 금고 이상의 형을 받은 자; ③ 외국의 원수, 외교사절 또는 공관에 대한 범죄행위에 의하여 금고 이상의 형에 처하여진 자로서 법무장관이 그의 범죄행위로 인하여 일본의 외교상 중대한 이익이 침해되었음을 인정한 자(특히 이 경우는 법무장관이 외무장관과 협의를 한다); ④ 무기 또는 7년 이상의 징역이나 금고에 처하여진 자로서 법무장관이 그의 범죄행위가 일본의 중대한 이익을 침해하였다고 인정한 자로 한정하였다(제9조).[60]

재입국과 관련하여, 일본에 거주하는 일반외국인이 다시 귀환할 목적으로 일시 출국을 하는 경우 1년 이내의 기간으로 재입국허가를 받을 수 있고, 이는 다시 1年 이내(총 2년 이내)까지 연장할 수 있도록 규정하고 있음에도(제26조), '특별영주권자'는 일반외국인과 달리 원래의 재입국허가기간을 추가로 4년까지 연장할 수 있도록 하였다. 따라서 일본을 출국한 특별영주권자는 총 5년간 계속하여 외국에 체류할 수 있게 된 셈이었다. 또한 재입국허가를 받아 출국한 특별영주권자가 일본으로 귀환하는 경우의 '상륙심사'는

---

58) 정식 명칭은 「日本國과의 平和條約에 기하여 日本國籍을 離脫한 者 등의 出入國管理에 관한 特例法」이다.

59) 이 법은 1991년 합의각서의 실천을 위하여 제정된 것이었으나, 그 적용 대상은 과거 법적지위협정상 '협정영주권자' 등에 한정되지 않고 조총련계와 재일대만인 등 역사적으로 동일한 일본정착 경위를 갖는 모든 사람들에게 적용되었다.

60) 그러나 협정영주권자는 법적지위협정에 의하여 기왕에도 일반 출입국관리법상의 퇴거강제사유는 적용되지 않았으므로, 합의각서가 체결되었어도 과거에 비해 특별히 그 법적지위가 강화되었다고는 할 수 없다고 본다(정인섭, 전게서(주 12), p.79).

일반외국인과는 달리 여권의 유효성 여부만을 심사하도록 하고, 「출입국관리법」상 여타의 상륙거부 사유의 해당 여부는 심사하지 못하도록 규정하였다.[61]

'합의각서'의 실천을 위한 「외국인등록법」 개정 법률은 1992년 6월 1일에 공포되고, 1993년 1월 8일부터 시행되었다. 신법에 의하여 '특별영주권자'에 대하여는 지문날인이 폐지되었고 대신 본인 확인을 위한 제도로서 '서명 및 가족등록제'가 신설되었다. 즉, 외국인등록 시 본인에 관한 각종 인적사항 외에 세대주, 배우자, 부모의 인적사항 및 외국인 세대주인 경우 그 세대 구성원의 인적사항을 본인의 '외국인등록원표'에 동시에 기재하도록 하였다. 이로써 재일한국인에 대한 지문날인 제도는 폐지되었으나, 「외국인등록법」 분야에서의 또 다른 개정 요구 사항이었던 '외국인등록증'의 상시휴대 의무는 계속되었다. 일본 정부가 재일한국인의 입장을 배려하여 '80년대 후반부터 '상시휴대'의 개념을 대폭 완화시켜 적용하고 있음에도 불구하고 '외국인등록증휴대의무' 자체가 폐지된 것은 아니라는 점이 문제다.[62]

1965년 법적지위협정 체결 이후에도 '문부성 사무차관 通達'[63]을 통하여 재일한국인 학교나 특별학급의 설치를 금지하고 교과과정에 있어서 재일한국인에 대한 특별편성을 억제하는 정책이 계속되어 왔으나, 1991년 '합의각서'에서는 일본 정부가 재일한국인에 대한 민족교육의 실시와 재일한국인 자녀에 대한 '취학안내서'의 발송을 지도하기로 약속한 바 있다.[64]

'합의각서'에 따라 일본 정부는 공립학교 교원채용의 문호를 재일한국인에게도 개방하기로 약속하였다. 그러나 이에는 "공무원임용에 관한 '국적에 따른 합리적 차이'에 입각한 일본국 정부의 법적 견해를 전제"로 한다는 조건이 첨부되고 있었다. 일본 문부성은 일단 「합의각서」에 따라 관련 통지[65]를 발하였다. 이에 따르면 각급학교의 교원임용 선발 시험에서 재일한국인 등 외국인의 응시를 인정하고, 합격된 자에 대하여는 임용기간의 제한이 없는 '상근강사'로 임명할 수 있게 되었다. 그러나 문제는 문부성이 외국인

---

61) 정인섭, 전게서(주 12), p.80.

62) 상게서, pp.80-81 참조.

63) 정식 명칭은 「日本國에 거주하는 大韓民國國民의 法的地位 및 待遇에 관한 日本國과 大韓民國間의 協定에 있어서 敎育關係事項의 實施에 관하여」(1965년 12월 18일자 문부성 사무차관 通達(文初財 第464號))이다.

64) 정인섭, 전게서(주 12), pp.81-83 참조.

65) 정식 명칭은 「在日韓國人 등 日本國籍 없는 자의 公立學校 敎員으로의 任用에 관하여」(1991년 3월 22일 通知(文敎地 第80號)이다.

교사의 자격을 정규교사가 아닌 '상근강사'로 제한함으로써 장기간 근속하더라도 '관리
직'에 임용될 수 없는 한계를 가지고 있다는 점이다. 관리직은 공권력을 행사하는 직이
므로 공무원에 관한 법리상 외국인은 불가하다는 것이 일본 정부의 입장이다. 문부성은
"공무원임용에 관한 '국적에 따른 합리적 차이'에 입각한 일본국 정부의 법적 견해를 전
제"로 한다는 합의각서에 따라 이러한 제한이 정당화된다고 주장하고 있는 것이다.

이러한 문제는 일본 지자체의 공무원 채용에 대해서도 나타나고 있다. 즉, '합의각서'
는 "공무원 임용에 관한 '국적에 따른 합리적 차이'에 입각한 '일본국 정부의 법적 견해'
를 전제로 하면서, 채용기회의 확대를 도모하도록 지방공공단체를 지도해 나간다."고
규정하고 있다는 점을 들어 일본 정부는 국적에 따른 합리적 차이에 입각한 '일본국 정부
의 법적 견해'를 전제로 공무원을 채용할 수 있다는 입장이다. 이에 따라 의사, 의료기
사, 영양사, 보모 등과 같은 전문직의 경우를 제외하고 일반직의 경우, 사법부와 지자체
의 경우 다소간 탄력적인 적용이 이루어지고 있음에도 불구하고,[66][67] 일반적으로는 여
전히 그 문호가 제한되고 있다는 점이 문제이다.[68]

재일한국인은 그 역사적 특수성에 의하여 일본 내 일반외국인에 비해서는 다소 안정
된 법적 지위를 부여 받고 있는 것은 사실이지만 일본 국민에 비해서는 여전히 열악한
법적 지위에 머무르면서 여전히 사법상·공법상 차별 대우를 받고 있는 실정이다. 특히
공법상 지위와 관련하여 일본 정부의 '참정권' 문제에 대한 법제도적인 개선 노력이 크게
미흡한 것으로 지적되고 있다. 합의각서에서도 단지 "지방자치제 선거권에 대하여는 대
한민국 정부의 요망이 표명되었다."는 수준에서 언급되고 있다. 재일한국인들은 '재일한
국인 문제'에 대한 일본의 역사적 책임과 국제인권법적 근거를 원용하면서 일본 정부로
하여금 최소한 지방참정권을 부여해 주도록 투쟁을 전개해 나가고 있지만, 참정권 문제
에 대하여 일본 학계나 정부는 여전히 부정적인 입장을 견지하고 있으며, 그 때문에 아
직 뚜렷한 성과가 나타나지 않고 있는 상황이다.[69]

---

66) 1999年 2月 현재 大阪, 橫兵, 神戸 등 政令市와 神奈川縣, 高知縣, 沖繩縣 등이 지방공무원의 채용과 관련하여
국적조항을 모든 직종에서 철폐한 상태이다. 保坂祐二, 전게논문, p.10.

67) 1994년 3월 東京都에서 보건부로 근무하던 鄭香均이 관리직으로의 승진을 시도하였다가 거부당한 데 대하여
수험자격확인과 위자료청구소송을 제기한 바 있다. 鄭香均은 1심에서는 패소하였으나, 2심인 東京高裁에서는
수험거부에 대한 위자료청구권을 인정받은 바 있다. 『統一日報』 1997年 11月 27日字 참조.

68) 정인섭, 전게서(주 12), pp.85-86 참조.

69) 상게서, pp.397-428; 조상균, 전게논문, pp.371-391; 保坂祐二, 전게논문, pp.6-7; 김부찬, 「재일한국인의

3. 재일한국인 법적지위의 개선 과제

일본 정부는 외국인(재일한국인)에 대해서 사회보장제도와 사법상의 권리는 어느 정도 인정하는 정책을 펴고 있는 반면, 공법상 권리와 관련해서는 「외국인등록법」을 위반하면 퇴거를 강제할 수 있도록 함으로써 국내 체류를 제한하고 있으며 참정권과 교육·노동에 대한 권리도 제대로 보장하지 않고 있다. 따라서 다음과 같은 몇 가지 점에 중점을 두고 재일한국인의 법적지위 개선을 위하여 노력할 필요가 있다고 본다.[70]

첫째, 일본 정부에서는 법·제도의 유연한 운영을 통하여 차별대우를 완화한다고 밝히고 있지만, 재일한국인의 보다 안정적인 법적지위 확보를 위하여 '외국인등록증 상시 휴대 의무'와 '재입국허가제도'가 폐지되도록 노력할 필요가 있다. 둘째, 민족학교 및 민족학급의 설치와 민족교육에 대한 각 지역 교육위원회와 정부 차원의 지원이 보다 많이 이루어질 수 있도록 제도화 하고 공립학교 교사와 지방공무원의 채용 시 적용되고 있는 '국적에 따른 합리적 차이'와 '일본국 정부의 법적 견해'가 새로운 차별의 근거로 원용되지 않도록 해야 할 필요가 있다. 이를 통하여 공립학교 교원채용 시 재일한국인이 상근강사가 아닌 정규교사로 채용될 수 있도록 해야 하며, 지방공무원으로 채용되는 재일한국인들이 전문직만이 아니라 일반사무직으로 진출할 수 있는 기회가 보장되고 또 계속 확대될 수 있도록 해야만 한다. 셋째, 전후처리 및 사회보장과 관련하여 원호관계법상의 국적조항을 철폐하고 「국민연금법」상 적용대상에서 제외되어 있는 무연금장애자 및 고령자에 대하여 일본인과 동등한 대우가 이루어질 수 있도록 해야 할 필요가 있다. 그리고 넷째, 지방참정권의 제도적 보장을 통하여 재일한국인들이 일본사회의 능동적인 구성원으로서 법적 지위를 확보할 수 있도록 해야만 할 것이다.

다섯째, 재일한국인의 법적 지위 및 처우 개선 문제의 해결과 관련하여 재일한국인 문제의 역사적 특수성이라는 관점을 초월하여 이제는 (정주)외국인에 대한 보편적 인권의 보장이라는 미래지향적 관점에서 접근할 필요가 있다고 본다. 마지막으로, "朝鮮籍"으로 남아있는 재일교포에 대한 법적 지위 및 대우문제에 적극적인 관심을 가질 필요가 있다. 현재 재일교포 가운데 한국 국적으로 등록되지 않은 경우에 사실상 일본 내 또는 한국과의 관계에서 향유하여야 할 여러 가지 권익이 박탈되거나 제한되는 경우가 많이

법적 지위 -지방참정권을 중심으로-」, 『지방자치법연구』, 제2권 제2호, 2002, pp.120-125.

70) 김부찬, 상계논문, pp.124-125.

있다. 따라서 한국 정부의 입장에서 모든 재일교포들을 한국민으로 간주해야만 하고 이들에 대해서 필요한 외교적 지원과 보호를 해야 함에도 불구하고 적극적이고 전향적인 조치를 취하지 않는 것은 헌법 및 국제법상 요구되고 있는 국가의 의무를 저버리는 결과가 되는 것이다.[71]

Ⅳ. 국제인권법과 재일한국인 법적지위 문제

1. 서설

앞에서 언급하였듯이, 재일한국인 문제는 일본의 한반도 불법지배와 관련된 역사적 특수성을 가지고 있는 묵은 숙제인 동시에 국제법상 '외국인' 또는 '소수자'의 보호 차원에서 접근해야 하는 보편적인 국제인권법의 문제이기도 하다. 일본은 재일한국인의 법적지위와 관련하여 일종의 시혜적 차원이 아니라 보편적 인권기준에 부합하도록 보장해야 할 국제적 '의무'를 지고 있다.[72] 따라서 재일한국인 법적지위 문제는 국제법 및 국제적 인권기준에 따라 해결되어야만 하는 인류 보편의 과제이기도 한 것이다.[73]

1945년 유엔 창설을 계기로 국제인권법이 점차 체계적인 모습을 갖추게 되었으며, 세계인권선언을 비롯하여 ICCPR과 ICESCR 등 '국제인권장전'이 채택됨으로써 국제사회는 '평등권'(equal rights)과 '자결권'(right of self-determination)에 바탕을 둔 '법적공동체'(legal community)로 발전하기 시작하였다. 종전 후 비약적인 경제발전을 통하여 국제사회의 선진국임을 과시하고 있던 일본은 이제 '인권' 면에서 국제적 책무를 이행해야만 하는 위치가 되었다. 이러한 상황에서 일본은 1980년을 전후하여 ICCPR과 ICESCR 등 '국제인권규약'과 '난민협약'을 비준함으로써 정주외국인으로서의 재일한국인의 법적지

---

71) 그러나 만일 향후 일본과 북한이 수교하고 "조선적" 재일교포의 법적 지위 문제가 검토되는 경우에는 "조선적 재일교포"의 법적 지위 문제와 함께 현행 한·일 간의 재일교포 법적지위협정의 적용 대상을 분명하게 정할 필요성이 대두될 것으로 예상된다(노영돈, 전게논문, pp.719-721).

72) "일본국은 재일한국인을 단순한 일반외국인이라 치더라도 그들의 인권을 잘 보장해야 하거늘 하물며 … 그 역사적 배경에 있어서 특수성을 갖고 있는 재일한국인의 인권에 관해서는 적어도 '準日本人的 地位'까지는 보장해야 할 것이다."(최재훈, 「재일한국인의 국적문제와 인권」, 『일본연구』, 제2권, 1984, pp.4-5.)

73) 배재식, 「기본적인권과 국제법 −특히 재일한인의 법적지위의 본질을 구명하기 위하여−」, 『법학』, 제8권 1호 (서울대학교, 1966), pp.28-62.

위를 국제적 기준에 부합하게 개선해야 할 부담을 안게 되었다.[74] 이제 재일한국인의 법적지위 문제와 관련하여 보편적 국제인권 기준이 재일한국인에게 어떻게 해석되고 적용되는가 하는 문제가 매우 중요한 의미를 갖게 된 것이다.[75]

2. 국제인권법상 외국인대우의 기준과 '시민권'

오늘날 모든 국가들은 외국인의 출입국과 관련하여 '재량권'을 향유하지만 일단 자신의 영역 내에서 재류를 허용하고 있는 외국인들에게는 일정한 대우와 보호를 부여하여야 할 국제법상 의무를 진다. 각국은 '국제표준주의'(international minimum standard) 또는 '국내표준주의'(standard of national treatment) 등의 원칙에 따라 국내 재류 외국인에 대한 대우 및 그 권리·의무의 기준을 설정하고 있다.[76] 특히 국제인권법의 발달에 따라 각국은 그 관할 하에 있는 모든 개인들(외국인 등의 모든 소수자 포함)에 대하여 차별 없이 일정한 수준의 권리를 보장하도록 요구되고 있다.[77] 그러나 전통적으로 대부분의 학자들은 외국인에 대해서 절대적으로 내국인과 동등한 권리를 보장해야만 한다고 보지는 않았던 것이 사실이다. 이른바 기본적 인권은 '국적'(nationality) 혹은 '시민권'(citizenship)에 관계없이 영토 내의 모든 사람에게 인정되어야 한다고 보지만 국가주권에 직접 영향을 미치는 '정치적' 권리를 외국인에게는 부여하지 않을 수 있고 또한 일정한 직업의 향유를 배제할 수도 있다는 것이다.[78]

---

74) '난민조약'의 비준으로 재일한국인의 처우에 두 가지 큰 변화가 있었다. 하나는 사회보장제도의 국적조항이 폐지되어 재일한국인도 일본국민과 같은 사회보장을 받을 수 있게 된 것이고, 또 하나는 난민의 입국과 재류를 인정하기 위해 종래의 「출입국관리령」을 개정하여 그 명칭을 「출입국관리 및 난민인정법」(이하 "입관법"으로 개명하였다는 것이다. 이 법률에 의해 '법적지위협정'에 의한 협정영주 허가의 대상이 되지 않았던 조총련계 동포도 1982년부터 5년간에 한하여 신청에 의해 영주가 허가되었다. 이를 '특례영주권'이라고 한다. 이에 대해서는 김명재 외, 『재외한인의 법적 지위와 기본권 현황』(집문당, 2005), p.86 참조.

75) 김응렬, 전게논문, pp.77–102; 오미영, 전게논문, pp.375–427; 이광규, 「국제인권규약과 재일한국인의 주체성 문제」, 『재외한인연구』, 제1권 1호, 1990, pp.1–16; 서원상, 「다문화사회의 법적 기반에 관한 소고 –국제인권법을 중심으로–」, 『법학연구』, 제21권 1호, 2011, pp.172–84; 大沼保昭, 『在日韓國·朝鮮人の國籍と人權』(東信堂, 2004).

76) Peter Malanczuk, *Akehurst's Modern Introduction to International Law*, 7th ed.(London & New York: Routledge, 1997), p.256; Ian Brownlie, *Principles of Public International Law*, 7th ed.(Oxford: Oxford University Press, 2008), pp.525–28.

77) 김부찬, 「재일한국인의 지방참정권 문제에 관한 고찰」, 『법과 정책』, 제13집 제1호, 2007, p.8.

78) 田畑茂二郎, 『國際法講義 上』(有信堂, 1984), p.233.

이에 따라 외국인에게 참정권을 인정하지 않는 것이 국제법이 금지하고 있는 '차별대우'에 해당되지는 않는다는 입장이 오랫동안 설득력을 지녀왔다. 즉 '국적'을 근거로 하여 외국인에게 참정권을 인정하지 않더라도 이는 '합리적 근거'를 가지고 있는 것으로 간주되어 왔던 것이다. 이러한 입장이 문면상으로 보면 각종 인권조약에도 그대로 반영되고 있다고 해석해 왔던 것도 사실이다. 예를 들어「세계인권선언」제2조[79]는 허용되지 않는 차별의 기초로서 인종, 피부색, 性, 언어, 종교, 정치적 견해, 민족적·사회적 출신, 재산, 출생신분 등을 열거하면서도 '국적'[80]을 제외하고 있다. 이 점을 들어 바로 '국적'을 근거로 내·외국인을 차별하는 것은 허용될 수 있다고 설명되기도 했다.[81] 그리고 '내외국인평등주의'에 입각하여 권리(인권)의 주체를 '모든 자'(everyone)로 규정하고 있는 ICCPR도 참정권에 대해서는 '시민'(citizen)[82]과 관련해서만 규정하고 있다는 점을 들어[83] 외국인의 참정권은 보장되지 않는다고 해석되어 왔던 것이다.

그러나 생각건대, 허용되지 않는 차별의 기초로 '국적'이 열거되지 않고 있다고 해서 '국적'을 이유로 하는 차별대우가 적극적으로 허용되고 있다고 볼 수는 없으며, 조약의

---

79) "**Everyone** is entitled to all the rights and freedoms set forth in this Declaration, without distinction of any kind, such as race, colour, sex, language, religion, political or other opinion, national or social origin, property, birth or other status. …"

80) 제2조에 포함되고 있는 'national origin'은 '출신국가'가 아니라 '출신민족'을 의미한다(채형복, 『국제인권법』 (높이깊이, 2009), p.36.

81) R. B. Lillich, *The Human Rights of Aliens in Contemporary International Law* (Manchester: Manchester University Press, 1984), p.45.

82) 많은 경우 '국적'과 '시민권'은 혼용되기도 하지만, 일부 국가에 있어서 '국민'이라는 용어의 기초가 되고 있는 '국적'이라고 하는 개념은 특정국가에 소속된 개인의 지위를 '대외적으로' 나타내는 데 반해, '시민'이라는 용어의 기초가 되는 '시민권'(citizenship)은 '대내적으로', 즉 국내법질서 내에서 특정부류의 사람들에게 적용되는 권리와 의무를 함축하고 있다. 따라서 일반적으로 '시민'은 '국민' 가운데서도 본질적으로 특정국가의 국내법에 의해서 '완전한 정치적 권리'(full political rights)를 보유하고 있는 사람들을 지칭하는 용어로 사용되기도 한다(김대순, 전게서, pp.815-16). 그러나 오늘날 '시민권'이나 '시민'의 개념은 보다 폭넓게 사용되는 경향이 나타나고 있는 것이 사실이다. 예를 들어, 'EU 시민권'이나 '정주외국인'의 참정권에 대하여 '시민권'의 개념을 적용하는 것이 그것이다. 이에 대해서는 상게서, pp.816-18; Atsushi Kondo (ed.), *Citizenship In A Global World - comparing citizenship rights for aliens -* (Palgrave, 2001), p.11 참조.

83) *Article 25*: "**Every citizen** shall have the right and the opportunity, without any of the distinctions mentioned in article 2 and without unreasonable restrictions: (a) To take part in the conduct of public affairs, directly or through freely chosen representatives; (b) To vote and to be elected at genuine periodic elections which shall be by universal and equal suffrage and shall be held by secret ballot, guaranteeing the free expression of the will of the electors; (c) To have access, on general terms of equality, to public service **in his country**."

규정이 어떤 권리가 오로지 '국민'이나 '시민'에 한하여 인정된다고 적극적으로 규정하고 있는 경우를 제외하고는 그러한 권리가 '외국인'에게도 적용될 수 있다고 보아야 한다.[84] 참정권의 경우 세계인권선언은 국제인권규약과는 달리 "모든 사람"이 "그 국가 내에서"(in his country) 정치적 권리를 향유하는 것으로 규정하고 있는데,[85] 이 경우 '국가'를 반드시 '국적국'(national State)으로 보아야 할 이유는 없다는 것이다.[86] "그 국가 내에서"라는 구절의 해석과 관련하여 형식적 '국적' 개념이 아니라 가족관계, 거주의 지속성, 경제활동의 근거지 등을 요소로 하는 '실질적인 진정연결관계'(substantial real connections)에 바탕을 둔 일종의 '실질적 국적'(real nationality) 개념을 적용할 수도 있는 것이다.[87]

나아가서, 오늘날 전통적 의미의 '국적' 개념은 '국민' 외에 널리 외국인을 포함한 '주민'(residents)에 대하여 적용할 수 있는 '시민권'(citizenship)의 개념으로 확대·발전하고 있다고 할 수 있다.[88] 이러한 예는 특히 '유럽연합'(EU) 국가들에서 분명히 확인할 수 있다. 'EU 시민권'을 갖고 있는 경우 EU의 모든 회원국에 있어서 정치적 권리를 포함하여 폭넓은 법적지위를 향유하고 있으며, 특히 체류국에서의 '지방참정권'이 광범위하게 부여되고 있다. 물론, 지금 시점에서 정주외국인에 대한 지방참정권의 부여가 세계적인 차원에서 국가들의 '관행'으로까지 확립되었다고 보기는 어렵지만, EU 회원국들을 비롯하여 다른 국가들의 사례를 보면 정주외국인에 대한 지방참정권(선거권)의 부여는 이제 "세계적 추세"라고 할 수도 있을 것이다.[89]

일본의 大沼保昭 교수는 국제인권법의 관점에서 외국인, 특히 재일한국인의 인권 및 법적 지위에 대하여 많은 관심을 갖고 관련 논저를 내놓고 있다. 그는 오늘날 경우에

---

84) Richard B. Lillich, *op. cit.*, p.46.
85) *Article 21 (1)*: "**Everyone** has the right to take part in the government of **his country**, directly or through freely chosen representatives."
86) 이호용 엮음, 『정주외국인에 대한 선거권 부여법제』(법무부 법무심의관실, 2000), p.16 참조.
87) Richard B. Lillich, *op. cit.* 전통적으로 '국적국'만이 행사할 수 있는 것으로 간주되고 있는 '외교적보호권'(right of diplomatic protection)의 경우에 최근에는 국가와 피해자의 연결요소로 단순한 '국적'이 아닌 '定住'(habitual residence)의 요소를 고려해야 한다는 주장이 유력하게 제기되고 있다. 이는 오늘날 많은 사람들이 자신의 '국적국'이 아닌 해외에 거주하고 있으며 이 경우 그 '체류국'(host State)과의 사이에 '국적' 이상의 '실효적 연결'(effective connection)이 성립될 수 있다고 본다. '거주'(residence)는 따라서 단지 '부가적인 요소'(accessory factor)가 아니라 '실제적인 연결요소'(actual linking factor)로 간주되어야 한다는 것이다(김부찬, 『외교적보호에 관한 연구』(외교통상부연구용역보고서), 2001, pp.42-43 참조).
88) A. Kondo (ed.), *op. cit.* 참조.
89) 이윤환, 「헌법상 정주외국인의 지방참정권」, 『국제인권법』, 제4호, 2001, p.107.

따라 '국적' 개념보다는 '거주'(residence) 개념이 더 중요한 법적 의미를 갖게 되었다고
하면서,[90] '국민' 개념에 못지않게 '인간성'(humanity)에 기초하는 '인권' 개념이 각 개인
에 대한 권리보장의 근거로서 유력하게 원용될 수 있다고 한다. 이념의 관점에서 보면
외국인도 '국민'과 같은 '인간'이며, 현실의 관점에서 보면 정주외국인도 '주민'인 동시에
'시민'임이 틀림없기 때문이다.[91]

3. 재일한국인 법적지위 문제 – '지방참정권'을 중심으로 –

재일한국인의 '지방참정권' 문제와 관련하여 '합의각서'에는 단지 "대한민국 정부의
요망이 표명되었다."라고만 표현되고 있다. 전통적으로 일본의 학자들은 헌법상 기본권
이 성격상 대부분 외국인에게도 인정되는 것으로 보면서도 참정권과 생존권적 기본권은
일본국민에게만 인정되는 것으로 보아 왔기 때문에, 재일한국인을 포함한 '정주'외국인
에게도 참정권이 보장되지 않는다는 입장을 취했었다. 이러한 '불가론'의 입장은, 헌법
제15조의 '국회의원선거권'과 제93조 2항의 '지방의회선거권'은 모두 제1조 '국민주권주
의'에 이념적 근거를 두고 파생된 것이기 때문에 이러한 권리는 '국민' 곧 일본국민에
대해서만 인정된다는 것이다.[92]

그러나 근래 들어 정주외국인에 대한 '지방참정권' 부여[93]는 물론 '국정참정권'까지도
인정될 수 있다는 입장[94]도 나타나고 있다. 이제는 정주외국인에 대해 최소한 '지방참정
권'을 부여하는 것은 일본헌법상 아무런 장애요인이 없다는 견해가 지배적인 것으로 보
인다.[95] 이러한 '가능론'의 근거와 관련하여 보다 세부적으로 보면, 우선 헌법 제93조

---

90) 大沼保昭, 「日本에 있어서 '外國人의 人權' 論再構成試圖」, 『韓國國際法學의 諸問題』(기당 이한기 박사 고희
기념), 1986, p.417.

91) 상게논문, p.420; 橫田洋三 編, 『國際社會と法』, 박덕영 옮김, 『국제사회와 법』(연세대대학출판문화원,
2013), p.191.

92) 佐藤幸治, 「基本權의 主體」, 阿部照哉 編, 『學說と判例 I 憲法』(1976), p.67(정인섭, 전게서(주 12), p.418에서
재인용); 橋本公亘, 『日本國憲法』(有斐閣, 1990), p.130; 伊藤正己, 『憲法』(弘文堂, 1990), p.197.

93) 大沼保昭, 「在日朝鮮人의 法的地位에 關한一考察(六)」, 『法學協會雜誌』, 第97卷 4號, p.498(정인섭, 전게서
(주 12), p.419에서 재인용).

94) 奧田劍志郎, 「外國人의 法的地位」, 『社會勞動研究』, 第27卷 2號, p.77(정인섭, 전게서(주 12), p.419에서 재
인용).

95) 최영호, 「재일한국인의 일본 지방참정권, 그 현황과 전망」, 『21세기 정치학회보』, 제14집 3호, 2004, pp.130-
31.

2항의 '주민'이 곧 '일본국민'을 의미한다고 하더라도 그 본질은 일본국민에게 지방 차원의 참정권을 보장한다는 의미이지 이로 인하여 정주외국인의 지방참정권이 절대적으로 배제되어야만 하는 것으로 해석해서는 안 된다는 견해가 있다. 그러나 이러한 입장은 헌법상 외국인의 '지방참정권'이 명시적으로 부여되고 있는 것도 아니기 때문에 정주외국인에게 참정권을 부여하기 위해서는 별도의 '입법'이 필요하다고 한다.[96]

또 하나의 견해는, 헌법 제93조의 '지방자치조항'은 그 주체를 '주민'으로 규정하고 있고, 이때 '주민'이란 곧 "지방자치단체를 구성하는 자, 즉 그 구역 내에 주소를 갖는 자"를 가리키므로, 문리해석에 따르면 '주민'의 범주에 그 지역에 거주하는 '외국인'도 포함되는 것으로 보아야 한다는 것이다. 즉, 헌법 제15조 1항 '국회의원 선거권'이 '국민주권' 원리에 근거를 둔 것으로 보아야만 할지라도, 제92조의 '지방자치조항'에서 파생되는 내용인 제93조 2항은 가급적 '지방자치'의 취지에 합당하게 해석해야 한다는 것이다. 특히 '정주외국인'은 각 지역사회에서 일본국민들과 동등하게 의무와 책임을 부담하면서 이들과 '공생'하고 있기 때문에 '정주외국인'을 지방선거에서 배제하는 것은 지방자치의 기본취지에 어긋나는 결과가 된다는 것이다.[97]

일본 司法府에는 외국인 참정권 문제에 관하여 1989년 이래 여러 건의 소송이 제기된 바 있으며, 재판소는 이에 관하여 주목할 만한 입장을 표명하고 있다. 특히 1995년 2월 28일 일본최고재판소는 재일한국인 金正圭 등의 제소와 관련하여 다음과 같은 입장(법해석)을 제시하였다.[98]

"「헌법」 제8장의 지방자치에 관한 규정은 민주주의 사회에서 지방자치의 중요성에 비추어 주민의 일상생활에 밀접한 관련을 갖는 공공적 사무를 그 지방의 주민의 의사에 기하여 그 구역의 지방공공단체가 처리한다는 정치형태를 헌법상의 제도로서 보장한다는 취지에서 나온 것이라고 해석되는데, 우리나라(즉, 일본)에 재류하는 외국인 중에도 영주자 등은 그 거주구역의 지방공공단체와 특별히 긴밀한 관계를 갖고 있음이 인정되므로, 그의 의사를 일상생활에 밀접한 관련을 갖는 지방공공단체의 공공적 사무처리에 반영시키도록 법률로써 지방공공단체의 長과 그 의회 의원 등에 대한 선거권을 부여하는 조치를 강구하

96) 상계논문; 長尾一紘, 「外國人の地方議會選擧權」, 徐龍達 編, 『定住外國人の地方參政權』(日本評論社, 1992), pp.80-81(정인섭, 전게서(주 12), p.419에서 재인용).
97) 정인섭, 상게서, pp.419-20; 최영호, 상게논문, p.131.
98) 상게서, p.423.

는 것은 헌법상 금지되어 있지 않다고 해석함이 타당하다. 그러나 이 같은 조치를 취하는
가 여부는 전적으로 국가의 입법정책에 관한 사항으로 그러한 조치를 취하지 않았다 하여
위헌의 문제가 발생하는 것은 아니다.”

이러한 법해석은 외국인에 대한 지방 선거권의 부여는 헌법상 불가능하다고 보았던
종래 일본 정부나 학자들의 입장과 상반되는 것이다. 이 판결은 ‘지방참정권’ 문제는 단
지 ‘입법정책’의 문제로서 관련 법률을 개정하면 현행헌법 하에서도 얼마든지 해결될 수
있다는 것을 천명한 것으로, 재일한국인의 지방참정권 획득운동의 전개에 있어서 종래
의 ‘위헌·불가론’에 맞설 수 있는 법리적 근거를 제공해 주었다.[99] 이 판결을 계기로
‘법률’ 또는 ‘민주주의의 이념적 문제’로 다루어져 오던 정주외국인의 지방참정권 문제가
입법과 관련한 ‘정치적·정책적 문제’로 전환된 것이다.[100]

V. 결론

오늘날 모든 국가는 민주적 공동체를 표방하고 있다. 민주적 공동체는 모든 공동체구
성원들이 그 법적 지위에 근거하여 기본적 권리를 향유하며 공동체의 의사결정과 정책
과정에 평등하게 참여할 수 있도록 보장받는 것을 전제로 하고 있다.[101] 이와 관련하여
국제인권법은 어떠한 국가사회에서나 그 안에 거주하고 있는 모든 구성원들의 기본적
인권이 가능한 한 모든 수준에서 평등하게 보장되도록 요청하고 있다.

일본 정부의 재일한국인 정책은 기본적으로 ‘동화정책’(assimilation policy)이라고 할
수 있다.[102] 그러나 동화되지 않으면 차별하겠다고 하는 것은 재일한국인(외국인)에 대한

---

99) 金明石 등의 피선거권 요구에 관한 1997년 5월 28일의 大阪 지방재판소의 판결 또한 피선거권 부여 역시
　　입법재량의 문제라고 판시한 바 있다(상게서, p.423).
100) 김명재 외, 전게서, pp.93-5; 조상균, 전게논문, pp.382-84; 김성호, 「재일코리안 지방참정권문제의 현상과
　　전망」, 『평화연구』, 제8권 1호, 2000, p.38.
101) ‘민주적공동체’에서 다수결의 방식에 의한 의결 및 그 의결에 따른 요구가 정당화되려면 최소한 공동체구성원
　　들이 모두 차별 없이 그 정치적 의사결정 과정에 참여할 수 있도록 보장되어지는 것이 필요하다. 이는, ‘민주적
　　다수’(democratic majority)가 스스로 ‘정당한 다수’(legitimate majority)이기를 포기하지 않는 한 소수자로부
　　터 그러한 정치적 자유 및 권리를 박탈할 수 없다는 것을 의미한다. 김부찬, 전게논문(주 3), p.5 참조.
102) 金敬得, 「국적법개정과 재일한국인」, 『서울국제법연구』, 제4권 2호, 1997, p.57.

인권 존중 정책이 아니라 사실상 차별 또는 '억압정책'(oppression policy)에 불과한 것이다.[103] 일본은 일제 강점기 동안에는 한국인에게 일본 국적을 강제로 적용했으며, 불법 지배가 종료된 후에는 자신의 책임으로 일본 내에 거주하게 되었던 재일한국인들에게 아무런 책임 이행도 없이 일방적으로 그 국적의 적용을 배제하면서 재일한국인에 대한 차별대우를 정당화 하려고 하였다.

1965년 한·일 양국 간에 기본관계조약과 아울러 재일한국인의 법적 지위 및 처우에 관한 협정이 체결되고 이후 1991년에 그 문제점을 보완하기 위한 합의각서가 교환되었지만, 지금도 여전히 일본 정부는 재일한국인에 대하여 법적지위나 처우 면에서 차별대우를 받기 싫으면 한국으로 귀국하든지 아니면 일본으로 귀화하든지 어느 하나를 선택하도록 사실상 강요하고 있는 실정이다.[104] 특히 최근 들어 일본 정부는 국적법을 개정하여 일본 국적의 취득을 용이하게 하고 귀화요건을 완화함으로써[105] 많은 재일한국인들이 일본사회에 쉽게 동화되도록 하고 있다. 이는 재일한국인 사회의 규모를 급격히 축소시키는 결과를 초래하고 있으며, 한국의 대표적인 해외교포 집단인 재일한국인의 정체성 및 교포사회의 유지에 근본적인 위협 요인으로 작용하고 있는 것이 사실이다.[106]

그러나 일본사회의 대표적인 소수자 집단인 재일한국인들은 국제인권법에 따라 일본 사회에 동화되지 않고 자신의 문화 및 정체성을 유지해 나갈 수 있는 권리를 가지고 있으며 다수자(majority)에 대하여 평등한 대우 및 관용을 요구할 수도 있다.[107] 이러한 '소수

---

103) FUKUOKA, Yasunori, "Koreans in Japan: Past and Present", *Saitama University Review*, Vol. 31, No. 1(http://www.han.org/a/fukuoka96a.html)

104) "일본사회에서 차별을 피하기 위하여 귀화하여 일본 국적을 취득한 코리안이 이십 수만 명 거주하고 있다. 귀화의 목적이 차별회피인 이상 일본식 이름을 사용하고 있는 자가 대부분이다. … 이러한 재일코리안 내지 그 자손은 상당한 숫자에 달할 것이지만 현실사회에는 드러나지 않는다. 그러나 그것은 코리안으로서의 존재가 발각되어 차별 받게 되는 것을 염려하여 숨을 죽이고 있는 것이지 결코 문제가 해소되었기 때문은 아니다."(배훈, 전게논문, pp. 417-418.)

105) 「國籍法」 제6조에 의하면 2. 일본에서 태어난 자이고, 계속 3년 이상 일본에 주소 혹은 거주지를 보유하고 있고, 또는 그 부친 혹은 모친(양부모를 제외한다)이 일본에서 태어난 자. 3. 계속하여 10년 이상 일본에 거주지를 보유하고 있는 자에 대하여 귀화를 허가할 수 있도록 되어 있다. 그 결과 「국적법」 제5조의 규정에 따라 5년 이상 일본에 계속 거주하지 않아도 귀화가 가능해진 것이다. 이에 따라 2001년 1월 현재 일본에 정주하고 있는 거의 대부분의 재일한국인들이 이러한 요건을 충족시킬 수 있게 되었다. 결국, 재일한국인이 일본국적을 취득하는 데 형식적인 어려움은 완전히 제거되었다고 볼 수 있다는 것이다(保坂祐二, 전게논문, p. 11).

106) 배훈, 전게논문, p. 413.

107) International Covenant on Civil and Political Rights, *Article 27*: "In those States in which ethnic, religious or linguistic minorities exist, persons belonging to such minorities shall not be denied the right, in community with the other members of their group, to enjoy their own culture, to profess

자의 권리'가 보장되고 있음에도 불구하고 기본적으로 '배제와 억압정책'을 바탕으로 소수자 집단인 재일한국인에 대하여 시행되어 온 일본의 소수자 정책은 많은 비판에 직면하고 있다. 특히 역사적 특수성을 가지고 있는 정주외국인으로서 재일한국인들이 각 지방의 '주민'인 동시에 '인간'으로서의 지위를 갖고 있음을 기초로 일본사회에서 영주권을 보장 받고 안정된 생활을 영위할 수 있도록 해 주는 것이 국제사회의 리더임을 자임하고 있는 일본의 역사적 책무이자 국제인권법의 요청이라고 본다. 이와 같이 '재일한국인 문제'의 해결은 보편적인 국제인권법상 요청인 동시에 그 역사적 책임에 비추어 일본이 보다 적극적으로 해결에 나서야만 하는 특별한 과제인 것이다.[108]

일본은 그동안 한국에 대한 불법지배의 역사적·국제법적 책임 인정에 극히 인색한 태도를 보여 왔으며, 아울러 재일한국인의 법적지위 보장과 인권 개선을 위한 주도적인 노력도 외면해 왔던 것이 사실이다. 그러나 한·일관계가 정상적으로 발전하고 상호 협력적인 관계를 구축해 나가기 위해서는 일본이 과거 불행했던 한·일 관계 역사에 대한 객관적인 사실 인식 및 그에 대한 책임 인정이 선행되지 않으면 안 된다고 본다. 따라서 일본은 정치적·도의적 차원에서뿐만 아니라 법적 차원에서 일제 강점기 동안의 불법지배에 대한 사실 인정과 함께 국제법적 책임이행을 위한 전향적 조치를 취해야만 한다고 본다.

이러한 의미에서 일본은 1965년 법적지위협정의 공식적인 '개정'을 통하여 1991년 합의각서에 포함되고 있는 법적지위 및 처우 개선 내용을 전향적으로 재검토하기 위한 의지를 보여줄 필요가 있다. 특히 최근의 국제인권법의 발전을 반영함으로써 재일한국인들의 여망인 지방참정권의 부여를 포함하여 교육 및 취업, 그리고 사회보장제도와 관련하여 문제가 되어 왔던 차별 대우를 실질적으로 제거하기 위한 내용으로 재일한국인의 법적지위를 보다 안정적으로 보장해 줄 필요가 있다고 본다.[109][110]

---

and practise their own religion, or to use their own language.

108) 保坂祐二, 전게논문, pp.13-14.

109) 萩野芳夫, 「外國人の定住と政治的權利」, 徐龍達 編, 『共生社會への地方參政權』, 日本評論社, 1995, pp.205-240.

110) 우리나라의 경우는 2003년에 「주민투표법」의 개정을 통하여 일정한 요건을 갖춘 정주외국인에 대하여 '住民投票權'을 부여하고 2006년에는 「공직선거법」을 개정함으로써 또한 일정한 요건을 충족하는 19세 이상의 정주외국인에 대하여 '地方選擧權'을 부여하는 조치를 취함으로써 외국인의 인권 보장과 관련하여 진일보한 단계를 맞이하게 되었으며, 일본을 상대로 해서도 '지방참정권'을 포함하여 보다 적극적으로 재일한국인에 대한 인권 보장을 요구할 수 있는 입장이 되었다고 할 수 있다(김부찬, 전게논문(주 68), pp.16-17).

　　재일한국인이 사실상 일본인과 평등한 대우를 받아야만 하는 것은, 이를 통해서만 일본이 한국 및 재일한국인에 대한 역사적·국제법적 책임을 이행하고, 재일한국인으로 하여금 스스로의 정체성을 유지하면서 일본의 21세기 '다문화공생사회'의 구축에 능동적으로 참여할 수 있도록 할 수 있을 것이기 때문이다.

제7편

국제경제와 해양의 법질서

제17장

국제투자와 계약상권리의 보호

I. 서론

'국가계약'(State contract)이라 함은 일방당사자가 국가나 그 기관 또는 국영기업인 계약을 말하며, 자국민은 물론 외국인과의 사이에서도 다양한 목적을 위하여 체결된다.[1] 국가계약의 일종으로 '투자유치국' 혹은 '현지국'(host State)과 외국인 투자자 간에 생산물, 자본, 기술, 자원탐사 및 개발, 그리고 서비스 등의 제공 및 이용에 관하여 계약을 체결하는 경우에는 이를 '투자계약'(investment contract)이라고 지칭할 수 있으며, 이는 국제투자법상 '외국인 직접투자'(foreign direct investment, FDI)에서 중요한 역할을 하고 있다.[2] 국가계약 또는 투자계약의 주체는 공적·사적 요소를 포함하고 있기 때문에 국가계약은 공법뿐만 아니라 사법과도 관련되며 국제법상 그 법적 성질과 관련하여 논란이 많이 제기되고 있다. 그 중에는 국가계약이 국내법상의 계약에 해당되는지, 아니면 국제법상의 계약에 해당되는지 그리고 투자유치국이 자국의 공공목적을 위하여 법령을 제정

---

1) 장효상, 『국제경제법』(법영사, 1996), pp.841-9.

2) UNCTAD, "State Contracts", *UNCTAD Series on Issues in International Investment Agreements*(UN Publication, 2004), p.3; 여기서 문제가 되는 '국가계약'은 "국가가 일방당사자가 되어 외국의 사인 또는 사기업과 금전채무, 천연자원의 탐사 및 개발, 공익사업, 기술 및 전문적 역무의 제공, 상품의 매매 등 다양한 내용을 대상으로 체결하는 각종의 계약"을 말하며 이 가운데, 주로 개발도상국이 자국의 천연자원의 탐사 및 개발, 그리고 이에 필요한 장기적 시설자원의 투자 등을 위하여 외국의 사기업에 일정한 권리를 부여하는 내용의 계약을 '讓許契約'(concession contract)이라고 한다(김부찬, 「국제기업의 국제법주체성과 외교적보호제도」, 『국제법학회논총』, 제44권 제2호, 1999, pp.18-9).

하거나 실행함으로써 국가계약상의 조항을 위반하거나 국제계약 그 자체를 파기하는 경우에 계약의 위반 또는 파기 그 자체는 국제법을 위반하는 것인가 하는 문제들이 포함될 수 있다.

국가계약의 위반·파기 그 자체로 인한 법적 문제 이외에, 투자유치국인 현지국의 조치나 행위가 사실상 외국인 투자자의 '투자', 또는 '투자계약'에 따라 외국인투자자에 부여된 '계약상권리'(contractual rights)에 대한 '수용'(expropriation)이나 '국유화'(nationalization)를 구성하는지 여부와 관련해서도 논란이 많다. 특히 오늘날은 투자자의 재산이나 계약상 권리에 대한 직접적인 박탈이나 접수를 의미하는 '직접수용'(direct expropriation) 외에 간접적인 형태로 이루어지는 이른바, '간접수용'(indirect expropriation)과 관련된 문제도 중요시 되고 있다.

이러한 배경 하에, 여기서는 국제(투자)법상 '국제투자'의 의의 및 '투자계약'의 법적 지위를 살펴보고 이를 바탕으로 '투자' 또는 '계약상권리'의 보호와 관련된 국제법적 문제를 다루기로 한다.

Ⅱ. 국제투자의 의의 및 계약적 보호

1. '국제투자'의 의의 및 전통적 보호 방법

1) 국제투자의 의의

'국제투자'(international investment) 또는 '해외투자'(foreign investment)[3]란 현지기업의 수익활동에 대한 직접·간접적 참여에 대한 대가로 사용되는 "무형 또는 유형의 자산"(tangible or intangible assets)이 한 국가(자본수출국, 투자가 본국)로부터 다른 국가(자본수입국, 투자수용국, 현지국)[4]로 이전되는 것을 의미한다.[5] 이에는 외국인의 '국내투자'와

---

3) '해외투자' 또는 '외국인투자'에는 '직접투자'(foreign direct investment; FDI)와 '간접투자'(foreign portfolio investment)가 있다. 1980년대 말 채무위기에 봉착한 세계 각국은 국제은행거래를 통한 차관도입보다는 FDI 유치에 관심을 갖기 시작하였다. 직접투자는 자금의 이전, 장기적인 사업기간, 정기적인 이윤창출, 개인의 사업경영 참여, 기업 위험의 수반이라는 특징이 있으며, 경영자의 관여라는 측면에서 간접투자와 구별되며 관리 요소, 계속적인 수익창출이라는 측면에서 상품 혹은 서비스 판매, 단기 금융 거래와도 구별된다(강병근, 「국제투자법에 따른 '계약상' 권리의 보호」, 『강원법학』, 제28권, 2009, p.124).

내국인의 '해외투자'(foreign investment)의 양면이 있는데, 외국인의 국내투자는 투자자의 본국에서 볼 때는 자국인의 해외투자에 해당된다. 그러나 용례상 '국제투자'와 '해외투자'는 서로 혼용되고 있다.[6]

2) 전통적인 투자보호 방법

(1) 외교적보호제도의 의의

20세기 이전까지는 국가계약의 위반·파기 및 계약상의 권리에 대한 수용과 관련하여 실체적 규범이 정립되지 않았으며, '중재'(arbitration)나 '사법재판'(judicial settlement) 등 국제재판을 통한 투자분쟁해결제도도 형성되지 않았었다. '우호통상항해조약'(Friend-ship, Commerce and Navigation Treaty; 이하 "FCNT")의 경우도 대체로 강대국의 영향력 확대를 위한 수단으로 이용되는 측면이 있었음이 명백하다.[7] 실무상 투자자의 본국인 강대국들은 FCNT라고 하는 국제법과 함께 그들이 활용할 수 있는 강제력 및 외교력에 의지함으로써 대부분이 약소국인 현지국으로 하여금 외국인 투자자의 투자재산에 대하여 보호하도록 압력을 가하거나 권리 침해에 대한 구제 문제에 개입하는 경우가 많았다.

그러나 20세기에 접어들면서 모든 국가들이 계약상 채무의 회수를 위하여 무력을 행사하는 것을 포함하여 일반적으로 무력사용의 위협이나 사용이 금지된다는 원칙이 성립되어 왔으며, 오늘날 투자계약과 관련한 분쟁을 포함하여 모든 분쟁은 외교적·법적 방식을 포함한 '평화적인 방법'으로 해결되어야 한다는 것은 국제법상 하나의 '강행규범'(*jus cogens*)로 확립되고 있다.[8] 강대국이라 할지라도 자국민의 투자 보호와 관련해서 국제법상 외국인 재산에 대한 수용이나 국유화의 요건을 엄격하게 설정하고 이러한 요건을 충족하지 못하는 경우에 한하여 이를 '국제위법행위'(internationally wrongful acts)

---

4) '자본수입국' 또는 '현지국'은 투자를 유치하는 국가이므로 여기서는 '투자유치국'이라는 용어를 함께 사용하기로 한다.

5) M. Sornarajah, *The International Law on Foreign Investment*(Cambridge : Cambridge University Press, 1994), p.4; S. A. Riesenfeld, "Foreign Investment", in R. Bernhardt ed., *Encyclopedia of Public International Law*, Vol.8(Elsevier Science Publishers, 1985), p.246(최승환, 『국제경제법』, 제3판(법영사, 2006), p.783에서 재인용).

6) 최승환, 상게서, p.784.

7) 상게서.

8) 김대순, 『국제법론』, 제17판(삼영사, 2013), p.401.

에 해당하는 것으로 규정하여 현지국에 대한 '국가책임'(State responsibility)을 추궁하는 방식으로 문제를 해결할 수밖에 없게 된 것이다.

이처럼 분쟁의 평화적 해결원칙이 확립된 후, 외국투자자인 개인 및 투자유치국 간에 투자분쟁이 발생하는 경우에 '외교적 보호'[9] 제도가 개인 투자자를 보호하기 위하여 그 본국이 개입할 수 있는 가장 효과적인 방식으로 활용되게 된다. 투자유치국인 현지국이 외국인 투자자인 개인(자연인 또는 법인)과 체결한 계약상의 권리를 수용하거나 계약을 일방적으로 변경・파기하는 경우, 관습국제법에 따라 외국투자자인 개인은 본국이 외교적 보호권을 행사하기에 앞서서 우선 현지국의 국내법에 따른 '국내적 구제'(local remedies) 절차를 완료해야만 한다. 이때, 국내적 구제와 관련하여 현지국의 행위가 '司法의 거부'(denial of justice)에 해당하거나 이와는 별개로 국제법의 위반에 해당하는 경우에[10] 투자자의 본국(만)이 투자자를 위하여 현지국을 상대로 외교적 보호에 나설 수 있으며, 만일 현지국의 조치나 행위가 '사법의 거부'에 해당하지 않거나 특별히 국제법위반을 구성하는 행위가 인정되지 않는 경우에는 투자자 개인이 현지국의 조치에 만족스럽지 못한 경우에도 그 본국이 외교적 보호에 나설 수는 없게 된다.[11]

(2) 외교적 보호에 의한 투자보호의 한계

'외교적보호제도'는 전통적으로 개인의 '국제적 법인격'(international legal personality) 또는 '국제법주체'(international legal subject)로서의 지위가 부인되고 오직 자신의 '국적국'(national State)을 통해서만 외국을 상대로 자신의 권리 침해에 대한 구제를 받을 수 있었던 시대적 상황 속에서 성립되고 발전한 제도이다.[12] 개인의 '국제법주체성'이 부인

---

9) 김부찬, 「국제관습법상 외교적보호제도에 관한 고찰」, 『법학연구』, 제42권 제1호(부산대학교, 2001), pp.77-104.

10) 예를 들어, 계약의 파기 또는 수용이 곧 투자관련 조약의 위반으로 인정된다거나, 또는 '투자계약'의 법적 성격을 조약에 준하는 것으로 규정할 수 있는 경우 계약의 위반이나 파기 그 자체에 의거하여 국제법 위반의 책임을 물을 수 있게 된다(김부찬, 「국제기업의 국유화의 법적 문제 −국제양허계약의 일방적 파기를 중심으로−」, 『제주대학교논문집 −인문・사회편−』, 제23집, 1986, pp.225-49 참조).

11) 따라서 가해국이 개인에게 야기한 손해에 대하여 위법행위에 따른 국제책임을 지는 경우 피해자의 국적국이 피해자를 위하여 외교적보호권을 행사하기 위해서 충족되어야 하는 조건은 다음과 같이 요약할 수 있다: 첫째, 가해국의 국제위법행위가 존재해야 한다; 둘째, 외교적 보호를 행사하는 국가와 그에 의하여 피해구제를 받게 되는 개인은 손해가 발생한 시점부터 최소한 청구가 제기되는 시점에 이르기까지 동일한 국적으로 연결되어야 한다; 셋째, 외교적보호권이 발동되기에 앞서 피해자 개인이 가해국의 국내법상 활용할 수 있는 모든 국내절차를 완료하여야 한다(김부찬, 전게논문(주 9), p.80 참조).

되는 경우, 개인은 자신의 투자계약상의 권리가 수용되거나 침해된다고 주장함에 있어서 스스로 현지국을 상대로 국제적인 절차를 원용하거나 국제법상 구제를 받을 수 있는 기회를 가질 수 없는 것이다. 또한 외교적보호제도를 이용하는 경우 일단 투자자 개인이 먼저 현지국의 '국내적 구제'를 완료해야만 하며, 이 경우에도 외교적보호제도의 본질상 그 행사는 본국의 '재량'에 의존할 수밖에 없다는 한계도 나타나게 된다. 특히 권리를 침해당한 투자자가 국제기업 또는 '다국적기업'(multinational enterprises; MNEs)인 경우, 기업의 형식적인 국적국이 자신과 '진정한 연결'(genuine link)이 없는 다국적기업을 위하여 외교적 보호에 나서려는 의지가 없는 경우도 비일비재 하다.[13]

그리고 외교적보호제도에 대한 국가들의 실행상 한계는 라틴 아메리카 국가들에 의하여 '투자계약'에 이른바 '칼보 조항'(Calvo clause)[14]이 도입되면서 더욱 심각하게 논의되기 시작하였다. 칼보 조항의 목적은 투자유치국의 입장에서 투자자 본국의 '외교적 보호'를 배제함으로써 투자분쟁 및 그 해결을 국내화 하는 것이었다. 이 때문에 투자계약의 이행 및 보호에 대한 본국의 개입에 어려움이 초래되기 시작한 것도 사실이다. 그러나 '외교적보호권'은 국가의 권리이며 칼보 조항은 국가 간의 '조약'(treaty)이 아니라 국가와 개인 간의 '계약'에 포함되는 것이기 때문에 투자자 개인의 의사로써 본국의 권리를 배제하는 합의는 효력이 없다는 점이 확인되기 시작하였다.[15]

칼보 조항에 기초하여 현지국 정부의 자국 영역에서의 외국인 투자자 개인에 대한 보호의무가 면제될 수 없다는 점은 분명하다.[16] 그러나 그럼에도 불구하고 외교적보호권은 피해 당사자인 개인의 권리가 아니라 국가의 권리이기 때문에 피해자 본국의 재량

---

12) 김부찬, 전게논문(주 2), pp.24-5.

13) 김부찬, 「국제투자분쟁해결제도」, 『제주대학교 논문집-인문·사회과학편-』, 제26집, 1988, pp.320-1.

14) 칼보 조항은 외국 투자자인 개인과 현지국간에 계약을 체결함에 있어서, 다음의 두 가지 내용을 포함하는 조항을 의미하는 것이다: 첫째, 투자자 개인은 투자 분쟁과 관련하여 본국 정부의 외교적보호권에 의존하지 않고 오로지 현지국의 국내적 구제만을 활용한다; 둘째, 외국투자자인 개인은 현지국 국내법상 자국민보다 더 많은 권리를 부여받지 않으며, 분쟁이 발생하면 현지국의 국내법원에서 그 국내법에 따라서 분쟁을 해결한다(Wil D. Verwey and Nico J. Schrijver, "The Taking of Foreign Property under International Law: A New Legal Perspective?", *Netherlands Yearbook of International Law*, Vol. XV, 1984, p.24).

15) 그러나 칼보 조항은 투자자로 하여금 단지 현지국의 국내적 구제를 이용하도록 하려는 약속인 한 유효하다고 본다. 따라서 관련계약상의 분쟁을 현지국의 국내법원을 통한 구제나 행정상의 구제절차에 회부할 것을 합의한 점에 대해서는 국가의 외교적보호권을 침해한 것으로 볼 수 없다는 것이다. 이에 대해서는 최승환, 전게서, pp.878-9 참조.

16) J. G. Starke, *Introduction to International Law*, 8th ed.(London: Butterworths, 1977), p.328.

에 의하여 행사될 수도 있고 또는 행사되지 않을 수도 있다는 점에서 문제는 상존하고 있는 것이다. 이러한 외교적보호권의 재량적 특성 때문에 당사자 적격(*jus standi*)을 갖는 국가가 외교적 보호를 포기하거나 거부하는 경우에 피해 당사자인 개인은 국제적 차원의 아무런 법적 구제도 청구할 수 없게 된다는 문제가 있다. 따라서 외국인 투자자의 관점에서 보면 투자자 개인이 국제법상 공정하고도 효과적인 구제절차에 직접 접근할 수 있는 분쟁해결제도가 존재하지 않는다는 점이 가장 큰 문제였던 것이다.[17]

2. '투자계약'의 의의와 계약상권리의 보호

1) 투자계약의 의의 및 법적 성질

국제투자 또는 해외투자가 결정되기까지 현지국 또는 투자유치국과 투자자는 투자와 관련된 합의를 통하여 투자의 내용을 결정하고 투자에 대한 보호 목적을 달성하고자 한다.[18] 이러한 '투자계약'은 바로 '국가계약'에 속하는 것이다. 투자계약은 그 특성상, 일방당사자는 투자자인 개인(자연인 또는 법인)이며 타방당사자는 투자유치국인 국가 또는 국가로부터 권한을 위임 받은 기관 또는 단체이다. 투자계약은 사업수행에 필요한 법률 또는 금융의 기초가 되는 것이기 때문에 투자계약이 제대로 이행되지 않는다면 투자자는 사업을 지속하기가 어려워진다. 해외투자의 법적 보호수단은 투자계약의 법적 성격에 따라 좌우되는 측면도 무시할 수 없다. 이와 관련하여 특히 문제가 되는 것은 앞에서 언급한 바 있는, 국가를 일방 당사자로 하는 '국가계약'의 법적 성격이다.

'국가계약'의 법적 성격과 관련하여 학계의 논의가 활발하다.[19] 국가계약의 지위와 관련한 논의는 주로 세 가지 입장으로 요약할 수 있다.[20] 첫째, 국가계약은 사법적 계약

---

17) Jeswald W. Salacuse, "Towards a Global Treaty on Foreign Investment: The Search for a Grand Bargain", in Norbert Horn (ed.), *Arbitrating Foreign Investment Disputes – Procedure and Substantive Legal Aspects* (The Hague: Kluwer Law International, 2004), p.68.

18) 투자계약은 과세, 통관 규정, 계약 대상 물품의 매도 또는 매입에 관한 권리, 계약 대상 물품의 가격 산정 방식에 관한 사항, 위험 및 책임 부담에 관한 사항, 그리고 그밖에도 당사자들이 합의한 준거법, 분쟁해결방식에 관한 사항을 포함하며, 나아가서 불가항력, 신의성실, 사정변경과 관련된 규정도 포함할 수 있다(강병근, 전게논문, p.122).

19) 최승환, 전게서, pp.28-9; 김부찬, 「국제기업의 지위 및 법적문제」, 『동아시아 연구논총』, 제9집, 1998, pp.45-7.

20) 상게서, pp.861-3.

이라는 입장이다. 둘째, 국가계약은 국내 공법적 계약이거나, 사법적 계약과 공법적 계약의 혼합적 성격을 가지지만 그 비중은 공법적 성격이 더 크다는 입장이다. 셋째, 국가계약은 조약에 준하는 '準條約'(quasi-treaty)의 지위를 갖고 있다고 하는 입장이다.

이러한 입장들은 투자유치국인 현지국이 국가계약을 위반하거나 파기하는 경우 그 효과와 관련하여 그 차이가 두드러지게 된다. 첫째와 둘째의 입장은 투자계약의 일방 당사자인 투자유치국의 일방적인 계약 변경이나 파기권을 인정하거나 혹은 그러한 권리가 부인된다고 하더라도 그 위반으로 인하여 단순히 '계약'이나 '국내법' 위반의 책임을 질뿐이라는 것이다. 반면에 셋째의 입장은 투자계약은 국제화된 지위를 갖는 것이기 때문에 계약의 일방적 파기는 조약의 일방적 파기와 같이 국제법위반의 효과가 발생하게 되며 결국 투자유치국이 계약 위반으로 인한 국가책임을 부담하게 된다는 것이다.[21] 국제계약으로서의 투자계약은 본질적으로 사적 계약의 요소를 가지고 있음이 분명하다. 그러나 투자계약은 국가의 공공 목적을 달성하기 위하여 체결되어지는 한 공법적 요소를 가지게 되었으며, 나아가서 오늘날 '안정화(stabilization) 조항',[22] '준거법(applicable law) 조항',[23] '분쟁해결(dispute settlement) 조항'[24] 등 국제성을 띠는 요소들이 부가됨으로써 일응 조약에 준하는 지위를 갖게 되었다고 할 수도 있게 되었다.

2) 투자계약에 의한 계약상권리의 보호

외국인투자자가 현지국에서 투자관련 사업을 계획하고 실행함에 있어서 가장 심각한 문제로 대두되어 왔던 것은 현지국에 의한 투자의 침해이며, 그 중에서도 심각한 문제로 인식되어 온 것이 수용 또는 국유화 조치이다. 그런데 일반적으로 모든 국가는 내·외국

---

21) 상게서, pp.862-3; 김부찬, 전게논문(주 19), pp.45-8.

22) '안정화조항'이란 계약체결 당시의 현지국내법을 동결시킴으로써 계약체결 이후 개정 또는 강화된 현지국내법의 적용을 면제시킴으로써 국내법의 변경으로부터 초래되는 위험으로부터 외국투자자의 이익을 보호하기 위한 것이다(최승환, 「해외투자의 계약적 보호방안과 국제법적 보호방안」, 『국제법무연구』, 제1권 제1호, 1998, pp.155-6).

23) '준거법조항'이란 당사자의 권리·의무의 범위와 계약위반에 따른 법적구제의 성질과 범위를 결정하기 위하여 적용하는 법을 의미하며, 당사자의 합의에 따라 국제법이나 법의 일반원칙을 규정할 수 있다(상게논문, pp.156-7).

24) '분쟁해결조항'이란 투자계약의 이행이나 해석과 관련한 분쟁이 발생하는 경우 그 해결절차를 규정하는 것으로 흔히 '중재절차'(arbitration)를 규정하기 때문에 이를 '중재조항'(arbitration clause)이라고도 한다(상게논문, pp.157-8).

인을 막론하고 개인의 재산에 대하여 수용 또는 국유화의 권리를 향유한다.[25] 개인의
재산권 행사는 절대적인 것이 아니며 공공목적을 위해 필요한 경우 국가가 제한할 수
있다는 것은 대부분의 국내법체제는 물론 국제법적으로도 인정되고 있는 것이다.[26]

그러나 주권국가의 경제적 권리로서의 수용 및 국유화 권리는 결코 무제한의 것이
아니며 그 행사에는 국제법상 일정한 제한(요건)이 부과된다. 수용 및 국유화가 국제법상
합법적으로 이루어지기 위해서는 '공익(public purpose)의 원칙', '무차별(non-discrimi-
nation)의 원칙', 그리고 '보상(compensation)의 원칙' 등 세 가지 요건을 충족하여야만 한
다. 이러한 요건은 그동안 관습국제법의 원칙으로 인정되어 왔는데, 오늘날은 특히 '보
상' 지급의 기준 및 방법과 관련하여 선진국과 후진국들 간의 견해가 대립되고 있다.
이는 직접적으로는 1938년 멕시코가 미국의 석유기업을 수용했을 때, 당시 미국의 Hull
국무부 장관이 외국인 재산의 수용 시에는 국제법상 '신속하고 충분하며, 효과적인 보
상'(prompt, adequate and effective compensation)이 요구된다고 주장하였으나, 이에 대하
여 멕시코가 반발을 하면서부터이다.[27]

외국인 자산에 대한 수용 또는 국유화는 외국인의 재산 및 재산권을 직접 탈취하거나
국가 및 공공기관의 관리·통제 하에 두는 것을 목적으로 하는 것으로서, 그 대상은 유체
재산뿐만 아니라 투자자에게 경제적 가치가 있는 무체재산도 포함된다는 점에 대해서는
이견이 없다. 따라서 투자계약에 의거한 투자자의 '계약상권리'도 일응 '투자'의 범위에
포함됨으로써 수용의 대상이 될 수 있다. 그동안 선례를 보면, '투자계약' 또는 '계약상권
리'가 현지국에 의하여 자의적으로 침해되는 경우가 비일비재하였으며 계약상권리가 국
내법에 의하여 수용의 대상으로 규정되고 있는 사례들도 많이 있다.[28] 이처럼 현지국의

---

25) 최승환, 전게서, p.844.

26) 이는 오늘날 관습국제법상 확립된 원칙이며, 예를 들어, 1962년 「천연자원에 대한 영구주권 선언」, 1973년
「천연자원에 대한 영구주권 결의」, 1974년 「국가의 경제적 권리·의무헌장」 등 UN 총회의 결의를 통하여 확인
할 수 있다.

27) 최승환, 전게서, pp.842-844.

28) US-Venezuela Mixed Claims Commission, *Rudolf Case*, Decision on Merits, 9 RIAA 244, 250(1959);
Permanent Court of Arbitration, *Norwegian Shipowners Claim(Norway v. USA)*, 13 October 1922, 1 RIAA
307(1948); PCIJ, *Case Concerning Certain Interests in Polish Upper Silesia*, PCIJ Series A, No.73(1926);
Amoco International Finance Corp v. Iran, Award, 14 July 1987, 15 Iran-US CTR 189, para.108; *Tokio
Tokeles v. Ukraine*, Decision on Jurisdiction, 29 April 2004, 20 ICSID Review-FILJ 205(2005), paras.
92-93; *Siemens A.G. v. Argentine Republic*(ICSID) Case No. ARB/02/8)(Award rendered on February
6, 2007).

투자계약 파기나 계약상 권리를 박탈하는 침해 행위는 외국인 투자에 대한 수용에 해당하는 것으로서, 그 합법성이 인정되기 위해서는 앞에서 언급한 국제법상 수용 또는 국유화의 합법화 요건이 충족되어야만 한다.

만일 투자유치국의 투자 또는 계약상권리에 대한 침해가 수용에 해당하는 경우, 그 합법화 요건을 충족시키지 못하게 되면, 위법한 수용에 따른 국제책임을 져야만 한다. 한편, 이와 관련하여 현지국, 즉 투자유치국이 계약상권리를 '수용'하는 것과 계약을 단지 '위반'하는 것은 기본적인 차이가 있다는 점을 지적할 필요가 있다. 만일 '투자계약'을 단순한 '국내법상' 계약으로 규정하는 경우, 현지국의 계약 위반 여부는 계약 그 자체와 계약의 준거법인 국내법을 적용하여 판단하게 되며, 이때 현지국 정부의 계약위반이 모두 국제법에 반하는 것이 아닐 수도 있다. 이 경우, 계약위반이 국제법에 반하는 수용이나 국유화에 해당하기 위해서는 그 수준이 계약의 파기에 이르거나, 계약위반이 법령의 제정, 행정명령 또는 행정행위의 발동 등 정부행위를 수반해야 한다고 보는 것이 일반적이다.[29] 예를 들어, 정부의 조치나 행위가 단순한 사법적·상사적 의미를 갖고 있는 데 불과한 것이라고 한다면, 이러한 조치나 행위가 '수용'의 범주에 포함될 수 없다는 것이다. 그러나, 투자계약에 '안정화조항'이나 '분쟁해결조항' 등이 포함되고 있는 이른바 '국제화된 계약'의 경우 투자유치국이 이들 조항을 위반하는 행위는 투자유치국 정부의 공권력의 발동에 의거한 것으로 볼 여지가 많게 되며, 그 결과 투자유치국 정부의 조치는 '수용'에 해당함은 물론 그 자체로서 '국제화된 계약'으로서의 투자계약 위반에 따른 국제책임의 사유가 될 수 있게 되는 것이다.[30]

---

29) 강병근, 전게논문, p.127; "자산에 대한 직접적인 박탈이나 접수"를 의미하는 '직접수용'(direct expropriation)뿐만 아니라 재산권 행사에 대한 간섭이나 침해도 '일정한 경우' 수용의 범주에 포함될 수 있다. 다수의 투자조약에서는 "수용이나 국유화와 동등한 효과를 초래하는 조치"에 대해서도 '수용'의 경우와 마찬가지로 규율하고 있으며, 이를 '간접수용'(indirect expropriation), '잠행적 수용'(creeping expropriation), 또는 '위장된 수용'(disguised expropriation)이라고 한다. 예를 들어, ① 상당기간에 걸친 현지국 정부의 간섭으로 외국투자자가 사업을 포기하는 경우, ② 현지국과의 투자협정에 입각한 합작투자에 있어 외국투자자가 계약적 권리를 효과적으로 박탈당하는 경우, ③ 외국인투자에 대해 몰수에 가까울 정도의 중과세를 부과하는 경우, ④ 이윤이나 원금의 본국 송금을 장기간 금지하는 경우, ⑤ 사업상 필요한 정부의 인·허가를 내주지 않는 경우, ⑥ 재산매각 또는 주식매각을 강제하는 경우, ⑦ 재산수용을 목적으로 외국투자자를 추방하는 경우, ⑧ 소유권 이전을 목적으로 현지인의 경영 참여를 요구하거나 제3자로 하여금 외국인 자산을 물리적으로 접수하게 하는 경우, ⑨ 은행계좌의 동결, 파업, 공장폐쇄, 노동력 부족과 같은 방해 행위, ⑩ 기타 각종 단계에서 지나친 부담을 가하여 사실상 투자목적사업을 계속하지 못하게 하는 행위 등이 이에 속한다(최승환, 전게서, pp.840-1).

30) Thomas W. Wälde, "The 'Umbrella Clause' on Investment Arbitration: A Comment on Original Intention

Ⅲ. 국제투자법의 발전과 계약상권리의 보호

1. '투자' 개념의 확대 및 계약상권리

전통적인 외교적보호제도에 비하여 투자계약에 의한 국제투자 또는 투자자의 계약상
권리의 보호는 투자자의 법적 지위를 제고시키는 것은 물론 투자자 본국의 의지나 역량
과는 관계없이 국제적인 절차에 의하여 투자분쟁이 해결될 수 있도록 하는 효과를 가져
온 것은 분명한 사실이다. 그럼에도 불구하고 '투자계약'의 법적지위에 관한 논쟁은 여전
히 존재하고 있으며, 투자계약이 일방적으로 파기되는 경우, 그 '분쟁해결조항'이나 '준
거법조항' 등이 계약 자체의 실효와는 관계없이 계속하여 적용될 수 있는지 여부에 관한
논쟁도 지속되고 있다. 이에 따라 각국은 양자간 투자조약(BIT)을 포함한 국제투자협정
(international investment treaty, 이하 "IIA")[31]을 통하여 자국 또는 자국민의 해외투자를
안정적으로 보호하기 위한 노력을 경주하여 왔으며, 그 결과 국내법 및 국제법의 보호
대상인 '투자'의 개념이 확대되고 투자계약에 따른 계약상 권리의 보호 범위도 확대되는
결과를 가져 왔던 것이다.

국제투자협정상 해외투자 보호를 위한 일반적 기준에는 첫째, '공정하고 형평한 대
우'(fair and equitable treatment), 둘째, '내국민대우'(national treatment), 그리고 셋째,
'최혜국대우'(most-favored-nation treatment) 등 세 가지가 있으며, 양자 간 투자협정에
는 이러한 기준들과 함께 수용조건과 보상방법, 투자에 따른 수익의 자유로운 송금의
보장, 그리고 분쟁해결절차로서의 중재에 관한 규정 등이 포함되는 것이 일반적이다.[32]

1) '투자'에 대한 개념 정의

현재 국제법상 '투자'에 관한 통일적인 정의는 없으며, 일반적으로 체약당사국들은

---

and Recent Cases", *Journal of World Investment & Trade*, Vol.6 No.2, 2005, pp.183-236.

31) 투자조약(협정)이란, "투자유치국 내의 외국인투자를 보호·증대할 목적으로 외국인 투자 보호규범을 정하는
다자 또는 양자 간 조약을 말한다."(법무부, 『한국의 투자협정 해설서 -BIT와 최근 FTA를 중심으로-』, 2010.
따라서 이에는 '자유무역협정'(Free Trade Agreement, 이하 "FTA")의 투자 챕터, '양자 간 투자협정'(Bilateral
Investment Agreement) 등이 포함된다.

32) 최승환, 전게논문, pp.163-4.

자국의 국내법의 규정으로, 아니면, 당사자 간의 합의에 입각한 '투자계약'이나 IIA를 통하여 '투자'의 개념에 관하여 정의하고 있다. 이때 투자유치국은 자국에 더 많은 투자를 유치하기 위하여, 자본수출국 즉, 투자자의 본국의 입장에서는 자국민의 해외투자를 보호하기 위하여 '투자조약'에서 '투자'의 범위를 '계약' 또는 '계약상권리'를 포함하는 것으로 넓게 정의하고 있음을 알 수 있다.[33] '투자'의 정의는 어떠한 투자 관련 행위가 「국가와 외국국민 간의 투자분쟁의 해결에 관한 협약」(Convention on the Settlement of Investment Disputes between States and Nationals of Other States, 이하 "ICSID 협약")이나 IIA의 적용 대상이 될 수 있는지 여부를 결정하는 요소로서 중요한 의미를 가지고 있다. 왜냐하면 '투자'의 내용이 정의상 ICSID 협약 또는 IIA의 보호 대상이 되어야 ICSID 협약이나 IIA에서 규정되고 있는 실체적·절차적 보호 규정의 적용 대상이 되기 때문이다. 따라서 ICSID 협약상 투자의 정의는 어떠한 투자 관련 행위가 ICSID의 중재재판소의 관할권에 속하는지 여부에 대하여 결정적인 역할을 하고 있는 것이다.[34]

보통 여러 IIA를 보면, 투자는 '자산 기준'(asset-based), '기업 기준'(enterprise-based), 그리고 '거래 기준'(transaction-based)의 세 가지 유형으로 정의되고 있다.[35] 그러나 기업이나 거래 기준에 따른 정의 방식은 극소수에 불과하기 때문에 투자는 주로 자산기준의 방식에 의하여 정의되고 있다고 할 수 있다. 여기서 '자산'은 금융자산과 경제개념상의 자본을 포함하고 창조적 생산 능력을 갖춘 모든 유·무형 자산을 포함하는 것이다. 따라서 자산 기준에 따르면 '직접투자'뿐만 아니라 '간접투자(포트폴리오)'에 이르기까지 각종의 재산과 재산권을 포함하여 매우 광범위하게 투자의 범위가 확대될 수 있다.

'자산기준'의 투자 정의는 그 세부적 규정 방식에 따라, '예시방식' 또는 '개방식'(illustrative list), '망라방식' 또는 '폐쇄식'(exhaustive list), 그리고 '혼합방식'(hybrid list) 등 세 가지로 나누어진다.[36] 개방식 투자 정의는 자산의 유형을 일부 열거하지만, 그에 한정하지 아니하고 모든 종류의 자산으로 정의하는 광범위적인 방식이며, 오늘날 대부분의 BIT는 이러한 방식을 택하고 있다.[37] 폐쇄식 투자 정의는 자산의 유형을 망라적으로

---

33) 강병근, 전게논문, pp.124-5 참조.

34) Organisation for Economic Co-operation and Development(OECD), *International Investment Law: Understanding Concepts and Tracking Innovations*(OECD Publishing, 2008), pp.53-4.

35) UNCTAD, "Scope and Definition", *UNCTAD Series on Issues in International Investment Agreements* (UN Publication, 1999), pp.18-32.

36) 변필건, 『한국의 투자협정 해설서 -BIT와 최근 FTA를 중심으로-』(법무부, 2010), pp.406-8.

열거함으로써, 열거된 범위로 투자의 범위를 한정하는 방식이지만, 보통 열거된 자산의 유형은 상당히 넓어서, 개방식과 마찬가지로 거의 모든 종류의 자산을 포함한다고 본다.[38] 혼합 방식의 투자 정의는 투자를 구성하는 자산의 유형을 비한정적으로 열거하고, 이러한 자산은 투자의 특징을 갖추어야 한다는 제한 요건을 규정하는 방식이다.[39] 개방식과 폐쇄식 투자 정의에 비하여 혼합방식의 정의에 따른 투자의 범위는 상대적으로 좁다. 왜냐하면 혼합방식의 투자 정의는 투자를 구성하는 자산을 투자의 특징이 있는 것으로 한정함으로써, 투자의 특징을 갖추지 않는 자산을 투자의 범위로부터 배제하게 되기 때문이다.[40]

유럽 국가들은 상대적으로 투자의 범위가 넓게 인정되는 개방식이나 폐쇄식 투자 정의를 채택하고 있는 반면에, 「북미자유무역협정」(NAFTA)에서 망라 방식으로 투자 정의를 규정했던 미국은 NAFTA 사례의 경험에 근거하여 2004년부터 타국과 체결하는 BIT와 FTA에서 혼합 방식의 투자 정의로 전환하기 시작하였다.[41][42] 그러나 그럼에도 불구

---

37) 예를 들어, 2006년 「한·가이아나 BIT」 제1조 제1항은 **"투자라 함은 어느 한쪽 체약당사자의 투자자가 다른 쪽 체약당사자의 영역 안에 투자한 모든 종류의 자산을 말하며, 특히 다음 각목을 포함하나 이에 한정되지 아니한다.** (가) 동산·부동산 및 저당권·유치권·리스·질권 등 그 밖의 재산권, … 투자 또는 재투자된 자산의 형태에 어떠한 변경이 있다고 하더라도 이는 자산의 투자로서의 성격에 영향을 미치지 아니한다."라고 규정하고 있다.

38) 예를 들어, 1994년 「북미자유무역협정」(NAFTA) 제1139조는 **"투자라고 함은 (가) 기업, (나) 회사의 지분 또는 주식, … 을 의미한다. 그러나 투자는 (자) 한 당사국 영역 내의 국민 또는 기업과 상대 당사국 영역 내의 국민 또는 기업 간의 화물판매 또는 서비스의 상업계약으로부터 발생한 금전청구권, … 을 의미하지 아니한다."**라고 규정하고 있다. NAFTA 상의 투자는 유·무형 재산과 재산권을 포함하며, 다만 지적재산권과 무역으로 인한 금전청구권을 포함시키지 아니할 뿐이다.

39) 2007년 「한·미 FTA」 제11.28조(정의)는 **"투자라 함은 투자자가 직접적 또는 간접적으로 소유하거나 지배하는 모든 자산으로서, 자본 또는 그 밖의 자원의 투입, 이득 또는 이윤에 대한 기대, 또는 위험의 부담과 같은 투자의 특징을 가진 것을 말한다. 투자가 취할 수 있는 형태는 다음의 것을 포함한다.** (가) 기업, (나) 기업의 지분, 주식, 기타 형태의 기업지분 참여, (다) 채권, 社債, 기타 형태의 채무증서 및 대출금, (라) …"라고 규정하고 있다.

40) 이에 대해서는 전가, 「국제투자법상 간접수용에 관한 연구: 한·중 FTA에의 시사점을 중심으로」, 제주대학교 박사학위논문, 2010, pp.18-9 참조.

41) 미국의 2004 Model BIT 제1조(정의)에서는 "이 조약의 목적상 "투자"라 함은 투자자가 직접·간접적으로 소유 또는 지배하는 '모든 자산'(every asset)으로서 자본이나 기타 자원의 투입·이득 또는 이익의 기대·위험의 부담 등 '투자'의 특징을 갖고 있는 것을 의미한다. '투자'의 형태에는 다음과 같은 것들이 포함된다: (a) 회사; (b) 회사 지분, 주식, 기타 형태의 지분 참여; (c) 채권, 사채, 기타 채무증서 및 대출금; (d) 先物, 선택매매권(options), 기타 파생상품; (e) **턴키·건설·경영·생산·양허·이익분배 계약 및 기타 유사한 계약**; (f) 지적재산권; (g) **면허, 인가, 허가, 기타 국내법에 의하여 부여된 유사한 권리**; (h) 기타 유체 또는 무체의, 동산 또는 부동산, 그리고 리스·저당권·유치권·질권 등 기타 재산권."이라고 규정하고 있다.

42) 이와 관련한 NAFTA의 사례인 *Pope & Talbot v. Canada Case*의 중재재판부는 미국 시장에 대한 '투자진입

하고 이러한 혼합 방식의 투자 정의도 결과적으로 투자의 개념을 상당히 넓은 범위로
확대하고 있다는 평가를 받고 있다.

2) 투자 보호와 '계약상권리'

교섭당사자들이 투자의 정의와 관련하여 '계약상권리'(any right conferred by contract)
를 투자의 범위에 포함하는 경우라면 문제가 없지만, 일반적으로 '투자' 또는 '투자와
관련된 금전 청구'(a claim to money related to an investment)라고만 규정하고 있다면, 이
때 '투자'의 개념을 파악하고 그 범위를 확정할 필요가 있게 된다.[43] 오늘날 투자계약의
현황을 살펴보면, 투자 자산은 투자자가 투자유치국과 체결하는 개별 투자계약에 의하
여 보호를 받고 있는데, 이러한 투자계약은 과세제도, 통관법규, 투자유치국 내에서 일
정한 가격으로 판매할 수 있는 권리와 의무, 가격 책정 등의 문제들을 포함하고 있다.
이러한 계약은 앞에서 언급한 바 있듯이 투자의 법적, 금융적 기반을 형성하기 때문에
만약 개별 계약에 의한 투자에 그러한 계약상의 권리가 주어지지 않는다면 투자는 성공
할 수 없게 된다. 따라서 실무상 모든 투자협정들에서는 '계약' 또는 '계약상 권리'를 '투
자'의 범위에 넣고 있으며, 결국 투자조약에서 규정하는 수용 관련 조항들은 모두 '투자'
에 관한 것들이다.

'투자'가 투자유치국에 의하여 보호되어야 한다는 것은 곧 '투자계약'이나 '계약상권
리'가 투자유치국의 위법한 '수용'이나 '침해'로부터 보호되어야 한다는 의미이다.[44] 계
약상의 권리는 투자조약의 보호 대상이 되므로 이와 관련한 분쟁, 즉, 당사국이 투자계
약을 위반하거나 파기하는 경우, 또는 계약상권리에 대한 위법한 조치 또는 수용과 관련
하여 투자계약이나 관련 투자조약에 따른 '투자자-국가 간' 분쟁해결(ISD) 절차가 이용될

권'(investment's access)을 제1110조에 의한 보호대상인 '재산상의 이익'(property interest)으로 판정하였다
(Pope & Talbot v. Canada, UNCITRAL, *Interim Award*, 2000. 6. 26, para.96). 또한 *S. D. Myers v. Canada
Case*의 중재재판부는 캐나다에서의 청구인의 '시장점유율'(market share)이 투자에 해당한다고 판정하였다
(S.D. Myers v. Canada, UNCITRAL, *First Partial Award*, 2000. 11. 13, para.232). 그러나 투자진입권과
시장점유율이 투자로 간주될 수 있는지에 대해서는 논란이 많다.

43) 강병근, 전게논문, p.125.

44) UNCTAD, "Taking of Property", *UNCTAD Series on Issues in International Investment Agreement* (UN
Publication, 2000), p.36; 김용일·이기옥·이경화, 「국제투자에 있어서 간접수용에 관한 연구」, 『한국무역상
무학회지』, 제47권, 2010, p.14.

수 있게 되는 것이다.

IIA에서 보호하는 투자 또는 투자계약의 범위를 광범위하게 규정하게 되면 투자자는 '우산조항'에 따라 투자계약상 권리침해를 이유로 현지국의 조약위반 책임을 주장할 가능성이 많아지고 국제분쟁해결절차에 회부되는 경우도 많아지게 된다. 이에 대하여 최근 일부 국가들은 투자조약을 통하여 투자계약의 주체를 일정한 '실체'(entity)로 한정함으로써 투자조약에 의한 투자보호의 적용 범위를 축소하는 방향을 모색하고 있음을 알 수 있다. 예컨대, 「2004 미국 모델 BIT」제1조(정의)의 규정을 살펴보면 투자조약과 관련하여 '중앙정부'(central level of government)라 함은 미국의 경우, '연방정부'(the federal level of government)를 의미한다고 규정하고 있으며, '투자계약'에 대해서는 "일방 체약국의 국가기관(national authority of a Party)과 타방 체약국의 협정 적용대상 투자 또는 투자자 간의 문서에 의한 계약을 의미한다. …"고 규정하면서, 여기서 '국가기관'은 미국의 경우 중앙정부, 즉 연방정부의 기관으로 한정하고 있다.[45] 이러한 개념 규정에 따르게 되면 미국 내에서 체결되는 대부분의 투자계약은 투자조약의 보호 대상으로부터 배제된다. 왜냐하면 투자유치국 중앙정부 기구가 직접 외국인 투자자와 투자계약을 체결하는 경우는 별로 없으며 그 대신 주로 현지국의 지방정부 또는 기관들과 외국인 투자자 간에 투자계약이 체결되고 있기 때문이다.

3) 간접수용과 '계약상권리'

'수용'이란 국가가 자국 영역 내에서 내·국인을 막론하고 私人의 재산에 대하여 강제로 소유권을 박탈하거나 국가로 이전하는 것을 의미하는 것으로 본질적으로 국가권력 작용의 하나이다. '수용'과 '국유화'는 서로 혼용되기도 하나, 보통 수용이 소규모로 이루어지는 데 반하여, 국유화는 국가의 경제·산업정책의 일환으로 하나의 산업 영역 전체에 대한 대규모의 '일반적 수용'(general expropriation)을 의미하는 것으로 이해되고 있

---

45) ""investment agreement" means a written agreement between a national authority of a Party and a covered investment or an investor of the other party, on which the covered investment or the investor relies in establishing or acquiring a covered investment other than the written agreement itself, that grants rights to the covered investment or investor: (a) … ; (b) … ; (c) …."

"For purposes of this definition, "national authority" means (a) for the United States, an authority at the central level of government; and (b) for [Country], [   ]."

다.[46] 그리고 수용은 넓은 의미에 있어서 '직접수용'과 '간접수용'으로 구분되고 있다. '간접수용'은 현지국의 입장에서는 이러한 사실상의 수용에 대하여 '직접수용'이 아니라는 이유로 투자자에 보상을 지급하지 않으려고 하는 것이 특징이라고 할 수 있으며,[47] 그 방법이 매우 다양하며 은밀하게 이루어지기 때문에 흔히 '위장된 수용' 또는 '잠행적 수용'이라고 하는 것이다. 과거에는 직접수용이 주로 문제되었으나, 최근에 들어와서 간접수용과 관련한 분쟁사건이 많이 발생하는 추세를 보이고 있다. 간접수용은 그 개념이 불확정적이고 모호하기 때문에 많은 쟁점들이 제기되고 있으며, 특히 '계약상권리'의 수용과 관련하여 문제가 많이 발생하고 있다.

이 때문에 많은 투자계약이나 투자협정에 '수용조항'(expropriation clause)을 포함시킴으로써 '수용'과 관련된 법원칙의 내용을 분명히 확인하고 있는 것이다.[48] '수용조항'은 투자자 보호에 중요한 장치로서 국가 간의 BIT, FTA 등 IIA에서 이를 규정하는 것이 일반적이다. BIT 또는 FTA상의 수용조항은 투자유치국이 자국 내 천연자원과 외국인 투자자산에 대하여 수용 또는 국유화의 권리를 보유하는 것을 원칙으로 인정하나, 그 권리는 일정한 요건이 충족되는 경우에 행사할 수 있도록 하고 있다. 즉, 투자유치국의 정부 조치가 그러한 합법성 요건을 충족시키지 않으면 직접으로든 간접적으로든 투자자의 자산을 수용 또는 국유화할 수 없도록 제한하기 위해서다. 만일 이러한 조건을 충족하지 않는 경우에는 불법적 수용, 즉 국제법 위반으로 인한 국제책임을 지도록 한다는 것이다.

1970년대부터는 투자보호를 강화하기 위하여 대부분의 BIT에서 '간접수용'의 내용을 규정하기 시작하였으나, 이러한 규정은 간접수용의 개념 또는 함의를 직접적으로 규정하지 않고, '간접적으로'(indirectly) 수용하는 조치, 수용효과와 '동등한'(tantamount) 조치, 수용에 상응하는 조치, 수용과 '유사한'(similar) 효과를 갖는 조치 그리고 수용과 '동일한'(same) 효과를 갖는 조치 등의 문구로 간접수용에 관하여 규정하고 있을 뿐이다.[49]

---

46) 김용일 외, 전게논문, pp.3-4; Rudlof Dolzer & Margrete Stevens, *Bilateral Investment Treaties*(ICSID, 1995), p.98.

47) Rudolf Dolzer & Christoph Schreuer, *Principles of International Investment Law*(Oxford: Oxford University Press, 2008), p.92.

48) 예를 들어, 미국 모델 BIT 제6조 1항 (a), (b), (c) 참조.

49) 예컨대 1995년 「캐나다-라트비아 BIT」 제8조 제1항은 "각 체약당사국의 투자자의 투자 또는 수익은 상대 체약당사국의 영역 내에서 수용과 국유화 또는 국유화나 수용의 효과에 상당한 조치(measures having an effect

간접수용에 의하여 투자자의 투자목적이나 재산권 행사에 심각한 '효과'를 초래함으로써 투자 또는 계약상 권리에 대한 박탈이나 이전에 준하는 결과가 인정되는 경우라면, 현지국은 수용에 상응하는 보상이나 배상 책임을 져야만 한다.

그러나 최근 들어와서 외형상 간접수용과 유사한 형태를 보이지만 현지국 정부 조치의 '목적'에 주목하는 경우에는 그 평가가 달라질 수도 있다는 지적이 점차 유력해지고 있다. 오늘날 대부분의 국가들은 '복지국가'를 지향하고 있으며, 이 때문에 현지국 정부가 공공보건·안전·환경과 같은 공공복지 목적을 달성하기 위한 '규제적 조치'(regulatory measures)가 필요한 경우가 많이 있다는 것이다.[50] 그런데 투자자의 입장에서는 자신의 투자에 대한 부정적 '효과'만을 근거로 이러한 규제적 조치에 대해서도 '수용'과 마찬가지로 현지국으로 하여금 보상을 지급해 주도록 요구하거나 계약상권리에 대한 위법한 수용을 이유로 투자계약이나 투자조약상 분쟁해결절차에 회부할 가능성도 배제할 수 없다.[51]

결국 투자에 대한 '영향'만을 기준으로 간접수용의 의미를 규정하게 되면 투자자는 자신의 투자가 정부조치로부터 불리한 영향을 받는다는 이유만으로 국제중재에 회부할 수 있기 때문에 투자자에 의한 남소가 초래될 수도 있다. NAFTA 체제에서 간접수용과 관련한 투자분쟁이 급증하고 있는 것이 그 전형적 사례이다. 이 때문에 최근에는 투자자

---

equivalent to nationalization or expropriation)를 당하지 아니한다.…"라고 규정하고 있다. 2005년 「네덜란드-아르메니아 BIT」 제6조는 "일방 체약당사국은 상대 체약당사국의 투자자의 투자에 대하여 모든 박탈조치를 직접적으로나 간접적으로(measures depriving directly or indirectly) 취하지 아니한다.…"라고 규정하고 있다. 그리고 미국의 2004 Model BIT Annex B(Expropriation)는 4항에서 "제6조(수용 및 보상) 1항에서 언급되고 있는 두 번째의 경우는 간접수용이다. 이는 당사국의 행위 또는 일련의 행위가, 공식적인 권원(title)의 이전 없이 직접수용 또는 명백한 몰수에 상응하는 효과를 가지는 경우를 말한다(The second situation addressed by Article 6[Expropriation and Compensation] (1) is indirect expropriation, where an action or series of actions by a Party has an effect equivalent to direct expropriation without formal transfer of title or outright seizure)."라고 규정하고 있다.

50) '규제적 조치'는 국가의 권력기관이 공공목적으로 항상 토지사용계획, 통화제한, 환경, 공공의 건강·안전 그리고 도덕 등과 관련되는 것을 말한다. Brownlie는 "국가의 규제조치는 주로 합법적인 정부권력을 행사하는 것으로서 외국인의 이익에 영향을 현저히 미치는 경우에도 수용을 구성하지 않는다. 외국인 투자자산과 그 이용은 조세, 양허·쿼터를 포함한 무역제한, 그리고 평가절하 조치(measures of devaluation)로부터 영향을 받을 수 있다. 특정한 사실관계가 사건의 성격을 변경시킬 수 있으나, 원칙적으로 이러한 조치는 불법적인 것이 아니고 수용을 구성하지 않는다. 문제는 합법적 규제조치와 간접적 또는 잠행적 수용 방식 간의 한계를 구분하는 것이다."라고 주장하였다(Ian Brownlie, *Principles on Public International Law*, 6th ed.(Oxford: Oxford University Press, 2003), p.509). Sornarajah에 의하면 반독점, 소비자보호, 증권, 환경보호 그리고 토지계획 등에 관련된 무차별적 조치는 '보상을 요하지 않은 수용'에 해당한다. 왜냐하면 이러한 조치는 국가가 효과적으로 기능할 수 있도록 하기 위하여 중요하기 때문이다(M. Sornarajah, *op. cit.*, p.283).

51) 장승화, 『양자 간 투자협정 연구』(법무부, 2001), p.98.

에 의한 남소 방지를 위하여 '간접수용' 관련 규정을 개선하기 위한 시도가 이루어지고 있는 경우도 나타나고 있다. 미국을 비롯하여, 최근 외국과 FTA 또는 BIT를 체결함에 있어 간접수용의 정의 조항 및 판정 법리를 재검토하고, 특히 공공복지목적을 위한 정부 규제의 경우에 간접수용 조항의 적용을 배제하는 규정을 포함하는 국가들이 늘어나고 있다.[52]

2. '포괄적 보호조항'(Umbrella Clause)

오늘날에는 투자협정에 따른 투자보호뿐만 아니라 투자자-국가 간 계약과 관련된 투자보호가 문제되는 경우가 점차 증가하고 있다. 투자분쟁은 투자협정상의 분쟁을 다루는 것이 원칙이나. 투자협정에서 이른바 '포괄적 보호조항' 또는 '우산조항'을 규정하고 있는 경우에는 계약상 분쟁이 국제적 투자분쟁 해결절차의 적용 대상이 될 수 있는 것이다. '포괄적 보호조항' 또는 '우산조항'이란 투자조약의 한 규정으로서 조약 당사국인 투자유치국이 투자와 관련하여 다른 당사국 국민인 투자자에 대해서 부담하는 모든 의무를 준수하기로 하는 취지의 조약 규정이다. 'umbrella' 조항이라고 부르게 된 것은 '투자 계약상의 권리'를 투자조약의 대상으로서 넓게 '보호'하기 때문이다. 이러한 조항은 투자자에게 투자협정상의 보호 외에 투자유치국이 외국인 투자자와 체결한 투자계약을 포함

---

52) 그 대표적인 예로 2004 미국 모델 BIT 부속서(B)는 다음과 같이 규정하고 있다.
"양 당사국은 다음에 대한 공통의 양해를 확인한다.
  1. 제6조(수용 및 보상) 제1항은 관습국제법상 수용에 관한 국가의 의무를 반영하는 것을 의도하고 있다.
  2. 당사국의 행위 또는 일련의 행위는, 그것이 자국 영역 내에서 이루어진 투자에 있어서 유형 또는 무형의 재산권 또는 재산상의 이익을 침해하지 아니하는 한, 수용에 해당하지 아니 한다.
  3. 제6조(수용 및 보상) 제1항은 두 가지 상황을 다룬다. 첫 번째는 직접수용으로서, 권원의 공식적 이전 또는 명백한 몰수를 통하여 투자가 국유화되거나 다른 직접적인 방식으로 수용되는 경우이다.
  4. 제6조(수용 및 보상) 제1항에서 다루어진 두 번째 상황은 간접수용으로서, 당사국의 행위 또는 일련의 행위가 권원의 공식적 이전 또는 명백한 몰수 없이 직접수용과 동등한 효과를 갖는 경우이다.
    (a) 당사국의 행위 또는 일련의 행위가 특정한 사실 상황에서 간접수용을 구성하는지 여부의 결정은 특히 다음을 포함하여, 사안별 및 사실에 기초한 조사를 필요로 한다.
      (i) 정부 행위의 경제적 영향, 그러나 당사국의 행위 또는 일련의 행위가 투자의 경제적 가치에 불리한 영향을 미친다는 사실 그 자체만으로는 간접수용이 발생하였음을 입증하지 못한다.
      (ii) 정부 행위가 투자에 근거한 분명하고 합리적인 기대를 침해하는 정도; 그리고
      (iii) 정부의 행위의 성격,
    (b) 아주 예외적인 상황을 제외하고, 공공보건·안전, 환경과 같은 정당한 공공복지 목적을 보호하기 위하여 계획되고 적용되는 당사국의 비차별적인 규제행위는 간접수용을 구성하지 아니한다."

한 추가적인 보호장치를 제공한다. 즉, 포괄적 보호조항 또는 우산조항을 포함하고 있는 경우에는 계약상 의무위반을 투자협정상 의무위반으로 전환될 수 있도록 작용한다는 것이다.[53]

BIT 중에는 1959년 독일-파키스탄 간 BIT에서 처음으로 우산조항이 나타났는데, 동 협정 제7조에서는 "각 체약국은 상대방 체약국의 국민 또는 회사와 투자와 관련하여 체결한 모든 다른 의무를 준수하여야 한다."고 명시하였으며, 1967년 '경제협력개발기구'(OECD)의 「외국인 재산보호에 관한 협약」 초안 제2조에서 "각 체약국은 어느 경우에 있어서도 다른 체약국 국민의 재산에 대하여 자신이 한 약속에 대해서 이행을 보장하여야 한다."고 규정하고 있다.[54] 이와 같이 우산조항은 투자유치국이 사후에 국내 입법을 통하여 투자유치국과 외국인 투자자가 체결한 계약의 내용을 일방적으로 변경하더라도 원래 체결한 계약의 내용을 보호해야 한다는 관습국제법의 내용을 반영하는 것이다.

우산조항은 기존의 투자자 보호를 더욱 보강하는 의미를 갖는 것으로 투자유치국이 외국인 투자자와 상시로 체결하는 투자계약을 대상으로 한다. 특히 우산조항은 계약위반, 행정행위 또는 입법행위 등 다양한 방식으로 이루어지는 투자유치국의 간섭으로부터 투자자의 계약상 권리를 보호한다는 측면에서 중요하며, 투자계약에서 규정한 분쟁해결절차와는 관계없이 계약상 권리(침해)에 관한 청구를 국내 법원에 제기하지 않고 투자조약에 의거하여 국제중재재판소에 조약상 청구와 함께 제기할 수 있도록 보장해 주는 효과가 있다.[55]

그러나 '투자계약'의 법적지위에 관한 논의와 함께, 투자협정상 우산조항 또는 포괄적 보호조항에도 불구하고 모든 계약의무 위반이 조약위반으로 전환되는 것은 아니며, 투자계약에서 투자유치국의 국내법원 또는 다른 (국제)분쟁해결절차가 규정되고 있는 경우 이러한 조항이 조약에 규정된 분쟁해결절차보다 우선할 수 있다는 입장도 여전히 존재하고 있다. 따라서 국가 간 투자협정에서 투자계약에 미치는 우산조항의 적용범위 및 그 효과에 관하여 보다 분명하게 규정하는 것이 바람직하다.[56]

---

53) 변필건, 전게서, pp.339-40; 오원석·김용일, 「국제투자계약에 따른 위험대처 방안에 관한 연구」, 『중재연구』, 제18권 제2호, 2008, pp.152-3.

54) 상계논문, p.153.

55) 강병근, 전게논문, pp.130-5.

56) 상계논문, p.134.

3. 투자자 - 국가 간 분쟁해결절차(ISD)

국제경제거래에 따른 분쟁해결에 있어서는 사법적 해결보다 국제중재에 대한 선호도가 더 높다. 국제중재의 방식에는 '임시적 중재'와 '제도적 중재'의 두 유형이 있다. 본질적으로 중재는 임시적인 것으로서 이 경우, 중재는 당해 사건의 처리만을 위하여 분쟁당사자(국)의 합의, 즉 *compromis*에 의하여 중재판정부가 구성되고 중재절차와 준거법이 지정되는 방식을 말하며 제도적 중재는 '상설중재재판소'(Permanent Court of Arbitration, 이하 "PCA")의 경우와 같이 분쟁당사자들이 언제라도 바로 중재에 회부할 수 있도록 재판관 명단 등 중재절차에 필요한 요소들을 사전에 준비해 놓고 있는 방식을 말한다.[57]

경우에 따라 중재는 현지국에서의 전쟁, 혁명, 또는 다른 형태의 질서의 혼란으로 인한 외국인 재산피해에 관한 대량의 청구 사태를 해결하기 위한 목적으로 당사국 간의 조약에 의하여 특별한 국제중재기구가 설치되고, 일방 당사국의 국민이 타방 당사국인 상대국가에 직접적인 국제청구를 제기할 수 있는 청구권을 부여하는 방식으로도 활용되고 있다. 이들은 그 분쟁의 원인이 국제경제거래에 있지는 않았으나 발생한 분쟁이 결과적으로 국제성과 商事性을 띠게 되는 경우가 많다.[58] 이와 같이 국가 간 조약에 의거하여 국제재판소가 설치되는 것은 국제법적 효력을 갖게 되며, 이를 통하여 개인에 대한 보호 문제를 효과적으로 해결하는 방안을 제도화할 수 있게 되었다.

근래 들어, 특히 1990년대에 들어와서 세계적인 경제자유화의 추세에 따라서 투자자 유화의 추세가 나타나기 시작하였으며, 특히 국가 간에 '외국인직접투자'가 활성화되고 있다. 이에 세계 각국들은 BIT를 비롯한 여러 가지 형식의 '투자조약'을 체결함으로써 투자자에 대한 법적 보호를 강화하고자 하였다. 이와 관련하여 투자자의 보호를 목적으

---

57) 장효상, 전게서, pp.173-5 참조. PCA는 1899년 헤이그 「국제분쟁의 평화적 해결을 위한 협약」에 의거하여 창설되어 이 협약의 당사국들이 외교에 의하여 해결할 수 없었던 분쟁을 회부 받아 해결하는 것을 임무로 삼고 있었는데, 1962년의 「일방만이 국가인 두 당사자 간의 국제분쟁의 해결을 위한 중재 및 조정 규칙」 및 1993년 이를 대체한 「일방만이 국가인 두 당사자 간의 분쟁의 중재를 위한 상설중재재판소의 선택규칙」 (Permanent Court of Arbitration Optional Rules for Arbitrating Disputes between Two Parties of which Only One is a State)에 의하여 1899년이나 1907년 헤이그 협약의 당사국이 당사자로 되어 있는 분쟁만이 아니라 모든 국가와 그 기관 및 기업도 선택적으로 활용할 수 있게 되었다(상게서, pp.174-5 참조.)

58) 이와 관련하여 1979년 이란의 인질사태 및 그에 따른 미국 내 및 미국 관할권 내 이란 자산의 동결 및 경제제재에 따른 대규모의 청구 사건들을 해결하기 위하여 1981년 미국과 이란 간의 「알제이 협정」(Algiers Accord)에 따라 설치·운영한 '이란·미국배상청구중재재판소'(Iran-United States Claims Tribunal)가 전형적인 예이다(Antonio Cassese, *International Law*(Oxford: Oxford University Press, 2001), p.219).

로 하는 많은 실체적 규정들과 함께, 절차적 규정 즉, 분쟁해결제도와 관련하여 '투자자-국가 간 분쟁해결절차'(Investor-State Dispute Settlement Procedures; 이하 "ISD")의 도입이 가장 주목할 만한 것이라고 할 수 있다. ISD는 외국인 투자자가 현지국을 상대로 직접적으로 국제중재절차에 분쟁해결을 부탁할 수 있는 것으로서, 개인 투자자를 보호하기 위하여 국제투자법의 측면에서 발전되고 있는 가장 획기적인 구제제도라고 할 수 있다.

사실 국제투자분야에서 ISD와 관련하여 가장 중요한 제도적 발전은 1965년 체결된 'ICSID 협약'에 의한 '국제투자분쟁해결센터'(International Centre for Settlement of Investment Disputes; 이하, "ICSID")의 설립이라고 할 수 있다. 오늘날 ICSID는 국제연합의 '전문기구'(Specialized Agency)의 하나로 모든 관계 당사자들의 투자관련 보호와 규제 필요성 간의 균형과, 특히 투자분쟁해결의 '탈정치화'(de-politicization)를 위하여 설립된 것이다.[59] ICSID는 종합적이고 상세한 절차 규정을 바탕으로 IIA 상의 투자보호와 관련된 실체적·절차적 조항과 결합하여 조정(conciliation) 및 중재(arbitration) 기관으로서 국제투자분쟁 해결을 위하여 매우 중요한 역할을 수행하고 있다. 다만 ICSID는 그 자신이 직접 조정이나 중재자로 활동하는 것이 아니라 '일방 체약국'과 '타방 체약국의 국민인 사적 투자자' 사이의 분쟁을 해결할 수 있는 능력을 갖춘 두 개의 패널, 즉 '조정인 패널'(Panel for Conciliators)와 '중재인 패널'(Panel for Arbitrators)을 설치하여 운영하고 있다.

이처럼 ISD는 전통적인 '국가-국가 간 분쟁해결절차'(State-to-State Procedures)와 구별되는, 예를 들어 ICSID와 같은 새로운 국제투자 분쟁해결절차의 유용한 통로를 제공할 수 있게 되었다. ISD는 관련 투자조약 및 투자계약에 의거하여 투자자-국가 간의 분쟁을 바로 국제중재 절차에 회부할 수 있기 때문에, 어쩔 수 없이 현지국의 국내법원의 배타적 관할에 따르게 되거나, 아니면 외교적보호제도에 따른 국내구제완료의 원칙 때문에 우선적으로 일단 현지국의 국내법원의 관할에 따르게 되는 문제를 피해 나갈 수 있게 된다.[60] ISD에 의한 분쟁사건에 적용될 준거법에 대하여 ICSID 협약 제 42조 제1

---

59) Ibrahim F. I. Shihata, "Towards a Greater Depoliticization of Investment Disputes: The Roles of ICSID and MIGA", in A. A. Fatouros (ed.), *Transnational Corporations: The International Legal Framework* (London and New York, published for and on behalf of the UNCTAD Programme on Transnational Corporations, 1994), p.463(장효상, 전게서, p.125에서 재인용).

60) ICSID의 절차를 이용하는 분쟁당사자들이 협약 하의 중재재판에 동의하면, 이는 달리 규정한 바가 없는 한 "일체의 다른 구제수단을 배제하는"(to the exclusion of any other remedy) 것으로 간주된다. 따라서 일단 ICSID 중재재판이 선택되면 국내재판소는 더 이상 투자분쟁을 심리할 권한이 없게 된다. 뿐만 아니라 투자자의

항은 "재판소는 당사자들이 합의하는 법규칙에 따라 분쟁을 해결하여야 한다. 이러한 합의가 없으면 분쟁과 관련된 체약당사국의 국내법(법의 충돌에 관한 그 국가의 규칙을 포함)과 적용 가능한 국제법의 규칙을 적용하여야 한다."[61]고 규정하고 있다. 따라서 이때 적용되는 국내법은 적용 가능한 국제법과 함께 적용되는 것이기 때문에 당사국의 국내법 자체가 국제법의 기준을 충족하는 경우에 한하여 적용될 수 있다고 보아야 하므로[62] 투자자인 개인을 국제적 수준에서 보호할 수 있는 매우 중요한 근거가 되는 것이다.

Ⅳ. 결론

오늘날 많은 국가들은 해외투자를 유치하기 위하여 국내법 규정을 통해서만이 아니라 여러 외국들과 FTA나 BIT 등 IIA를 통하여 외국인 투자자 및 투자에 대한 보호장치를 마련하고 있다. 이러한 투자조약에서는 일반적으로 '투자'의 범위가 매우 넓게 규정되어 있으며, '계약상 권리'도 당연히 투자에 포함되는 것으로 이해되고 있다. 이에 따라 투자 유치국과 외국인 투자자 간의 투자계약은 당사국 간 투자조약의 보호대상이 되고 있으며, 이로써 '투자계약'이 '투자조약'에 준하여 보호되는 계기가 마련되었다고 할 수도 있다.

이와 관련하여 특히 '수용조항' 및 '분쟁해결조항'에 따르면 투자자는 계약상의 권리가 정부의 행위나 조치에 의하여 침해를 받거나 영향을 받은 경우, 이러한 조치가 '수용'에 해당한다는 근거에서 현지국을 상대로 ICSID 등 국제중재 절차에 회부할 수 있는 권한을 갖게 되었다. 이러한 법·제도를 통하여 국제투자는 급속도로 활성화되고 있는 반면, 국제투자에 대한 과잉보호의 문제점도 제기되고 있는 것이 사실이다.

IIA를 통하여 투자자 개인에게 실체적·절차적 권리를 광범위하게 부여해 주는 것은

본국 정부는 국제청구를 제기하는 등 외교보호권을 행사할 수 없다. 나아가서 투자자의 본국 정부가 투자유치 국을 상대로 ICJ에 제소하는 것도 허용되지 아니한다. 다만 관련 체약국이 '중재판정'을 이행하지 못하는 경우 에는 그러하지 아니 하다(김대순, 전게서, pp.858-9).

61) Article 42: "1. The Tribunal shall decide a dispute in accordance with such rules of law as may be agreed by the parties. In the absence of such agreement, the Tribunal shall apply the law of the Contracting State party to the dispute(including its rules on the conflict of laws) and such rules of international law as may be applicable."

62) 김대순, 전게서, p.857.

투자유치국의 경제발전과 함께 관련 법규 및 정책 수립에 지대한 영향을 미치고 있다. 국제투자법상 계약상권리에 대한 수용여부 판단과 관련하여, 투자유치국이 자신의 공공목적을 위한 정부조치를 취했음에도 불구하고, 그 조치가 투자계약의 심각한 위반이나 파기를 수반하는 경우 투자자는 계약상의 권리에 대한 수용을 근거로 국제중재 등 국제적 분쟁해결절차에 회부할 수 있도록 되어 있다. 따라서 현지국 정부의 입장을 보면 공공목적을 위한 조치나 행정행위의 경우에도 항상 외국인 투자자로부터의 도전이나 이의제기에 직면하게 될 가능성도 배제할 수 없다.[63] 그러므로 일부 국가들은 투자조약의 체결과 관련하여 공공목적을 위한 정부의 권한 행사가 과도하게 방해하지 않도록 보호대상인 '투자' 내지 '계약상권리'의 범위를 적절하게 규정하는 방안을 모색하고 있는 것이다.

결론적으로 판단하건대, 계약상의 권리에 대한 수용 및 보호와 관련하여 투자유치국의 공익적 행위와 외국인 투자자의 사적 이익 사이에 형평을 유지할 수 있는 방향에서 '투자보호'에 관한 국내법 및 국제법 체제가 정립되도록 할 필요가 있다고 본다. 국제법의 근본규범인 '약속준수의 원칙'(*pacta sunt servanda*)을 기초로 '투자조약'이나 '투자계약'상 투자자의 권리보호가 실현될 수 있도록 해야만 하지만, 예외적으로 투자유치국의 국내적 사정이나 상황변화에 따른 공공목적상 정부조치의 재량권을 인정하지 않으면 안 되는 경우도 있다고 본다. 이 때문에 투자유치국 정부의 '규제적 조치'의 허용범위와 계약상권리 보호의 범위에 대한 합리적인 기준을 마련할 필요성이 새롭게 제기되고 있으며 이에 대한 활발한 연구·검토가 필요한 시점이라고 본다.

---

63) 2012년 말을 기준으로 ICSID에 419개 사건이 등록되었고, 이는 2011년 말까지와 비교하여 50개가 증가한 것으로 최근 국제투자관련 분쟁사건이 급증하고 있는 것으로 보인다(http://icsid.worldbank.org(2013. 7. 15. 최종방문).

제18장
선박의 편의치적과 국제선박등록제도

Ⅰ. 서론

국제법은 선박에 대하여 국가가 일방적으로 국적을 부여할 수 없도록 일정한 제한을 가하는 원칙을 발전시켜 왔다.[1] 그 중 한 가지가 '진정연결'(genuine link)의 원칙이다.[2] 그러나 많은 선박들이 그 소유주나 운항책임자의 국적국 등 진정한 연결관계를 가지는 국가의 국적을 취득하지 않고 여러 가지 이유로 다른 국가에 등록되어 그 국적을 취득해 왔는데, 이를 소위 '便宜置籍'(flags of convenience)이라고 한다.[3] 편의치적국은 편의치적 선에 대하여 각종 세금을 감면하고 선박운항과 선원고용에 관한 규제를 완화하며 노동 법제 및 사회보장제도의 적용을 완화하는 등 여러 가지 인센티브(incentives)를 부여하고 선박의 매입 및 임차와 관련된 금융 인센티브도 제공하고 있다. 그러나 편의치적이 활성 화되면 국가적으로 보아 해운산업이 위축되고 '국가필수국제선박'[4]을 비롯한 국적선대 의 확보가 어려워진다는 문제점이 발생하게 되며, 특히 국제법적으로는 선박의 안전운

---

1) 이에는 '단일국적의 원칙' 또는 '이중국적부여금지의 원칙'과 '진정연결의 원칙'이 있다. Louis B. Shon and Kristen Gustafson, *The Law of the Sea*(St. Paul, MN : West Publishing Co., 1984), pp.4-5.

2) 이른바 *Nottebohm* Principle이 이 경우에도 적용된다는 의미이다(Ian Brownlie, *Principles of Public International Law*, 5th ed.(Oxford: Oxford University Press, 1998), p.428).

3) Peter Malanczuk, *Akehurst's Modern Introduction to International Law*(London & New York: Routledge, 2000), p.185.

4) 「국제선박등록법」 제2조 제4호에 따르면 우리나라의 경우 '국가필수국제선박'이라 함은 전시·사변 또는 이에 준하는 비상시에 국민경제에 긴요한 물자와 군수물자를 수송하기 위한 국제선박으로서 「국제선박등록법」 제8 조 1항의 규정에 의하여 지정된 선박을 말한다.

항이나 오염방지에 관한 법규의 적용 및 통제가 어려워지고 선박의 행위로 인한 국제책임이나 선박에 대한 외교적보호권(right of diplomatic protection)[5] 행사의 주체와 관련하여 어려움이 나타나게 되는 등 여러 가지 문제점이 발생하게 된다.[6]

이 때문에 영국이나 노르웨이는 '제2선적제도'(second ship register)로서 '역외선박등록'(offshore registry) 제도와 국제선박등록(international ship registry) 제도를 마련하여 자국민 소유의 선박의 해외로의 편의치적을 방지하고자 시도하고 있다.[7] 특히 자국내의 일부 개항에 대해서 편의치적국에 못지않은 금융 및 세제 인센티브를 부여함으로써 국적선대의 확보 및 해운 활성화를 도모하고 있다. 우리나라의 경우도 1997년에 「국제선박등록법」이 제정되어 시행되고 있지만,[8] 그 인센티브에 있어서 한계가 있기 때문에 선박등록을 유인하는 효과가 크지 않았던 것이 사실이다. 이러한 배경 하에 「제주국제자유도시특별법」(이하 "자유도시특별법")[9] 제정 당시에 '국제선박등록특구제도'를 규정하고 제주도 내 개항에 등록하는 우리 국적의 국제선박과 '國籍取得條件附裸傭船'(Bare Boat Charter/Hire Purchase ; BBC/HP)[10]에 대해서 조세와 관련한 혜택을 부여할 수 있도록 하

---

5) '외교적보호권' 행사의 요건 가운데 하나인 '국적계속의 원칙'(principle of continuous nationality)에 따라 선박의 국적국만이 외교적보호권을 행사할 수 있으나, 현실적으로 자신과 진정연결관계가 없는 선박을 위하여 외교적보호를 부여하려고 할지는 의문이다. 이에 대해서는 김부찬, 「국제관습법상 외교적보호제도에 관한 고찰」, 『법학연구』, 제42권 제1호(부산대학교, 2001), pp.77-104 참조.

6) R. R. Churchill and A. V. Lowe, *The Law of the Sea*(Manchester: Manchester University Press, 1983), p.180 참조.

7) 강종희·한철환·황진희, 『편의치적제도 활용방안 연구』, 한국해양수산개발원, 2001, p.1.

8) 여기에서 '국제선박'이라 함은 국제항행을 하는 상선으로서 「국제선박등록법」 제4조에 따라 국제선박등록부에 등록된 선박을 말한다(「국제선박등록법」 제2조 제1호 및 제4조 제2항). 그리고 국제항행을 하는 선박이란 국내항과 외국항 간 또는 2 이상의 외국 항간을 운항하는 선박을 말한다.

9) 정부와 제주도는 2000년 7월초에 제출된 '제주도 국제자유도시 개발타당성 조사 및 기본계획'에 관한 용역의 최종 보고서를 기초로 각종 위원회 및 추진기획단의 연구 결과를 반영하여 2001년 11월 정부 차원의 「제주국제자유도시기본계획」을 마련하고, 2001년 말에는 국제자유도시 개발을 법적으로 뒷받침하기 위한 「제주국제자유도시특별법」(2002년 4월 1일 발효)을 제정하여 본격적으로 국제자유도시 개발을 추진하기에 이르렀다. 특별법에 의하면 '국제자유도시'는 "사람·상품·자본의 국제적 이동과 기업활동의 편의가 최대한 보장되도록 규제완화 및 국가적 지원의 특례가 실시되는 지역적 단위를 말한다."고 되어 있다(제2조 1항). 그리고 기본계획에 따르면, 단기적으로 제주도를 환경친화적 '국제·휴양도시'로 개발하고 중·장기적으로는 비즈니스·첨단산업·물류·금융 등 복합적 기능을 갖는 '복합형국제자유도시'로 발전시킴으로써, 제주도민의 소득 향상을 기하고 국제화의 선도 기능을 함양한다는 개발전략이 제시되고 있다. 김여선·김부찬, 「「제주국제자유도시특별법」의 외자도입방안에 관한 고찰 - 국제투자법의 관점에서」, 『국제법평론』, 제16호, 2002, pp.111-112 참조.

10) '국적취득조건부나용선'이라 함은 외국의 선주로부터 선원 없이 선박만을 일정기간 동안 용선하면서 선가가 포함된 용선료를 용선기간 동안 지급하고 선가 지급이 완료되면 소유권이 이전되도록 계약된 용선을 말한다. 「외항운송사업면허 및 등록 등 사무처리요령」(국토해양부고시 제2011-14호, 2011. 1. 11., 일부개정).

였다.[11]

'국제선박등록특구' 지정 조항이 당초 국제자유도시특별법에 포함된 것은 특기할 만한 점이다. 이는 기존의 「선박법」 및 「국제선박등록법」의 규정이 엄격하여 우리나라에 신규로 등록하는 국제선박이 거의 없는 실정인 점을 감안하여, 국제선박의 등록을 활성화함으로써 해운산업을 활성화하는 한편 제주국제자유도시 개발을 보다 원활하게 하기 위한 목적으로 규정되었던 것이다.[12] 즉, '국제선박등록특구' 제도는 일종의 '제2선적제도'(second ship registration)로서 국내 타 개항에 등록하고자 하는 선박뿐만 아니라 외국의 '편의치적'(flag of convenience) 제도를 이용하려는 선박들을 제주도 내 개항에 등록하도록 유도함으로써 장기적인 관점에서 국내 해운산업의 활성화를 유도하고 제주의 국제자유도시 전략을 성공적으로 추진할 수 있도록 하기 위한 것이다. 국제자유도시특별법에 이어서 현행 「제주특별자치도설치 및 국제자유도시 조성을 위한 특별법」(이하, "제주자치도특별법") 제221조에 의하면 제주도 내 개항에 등록한 국제선박에 대해서 취득세, 재산세, 지역자원시설세 및 지방 교육세, 그리고 농어촌특별세 등을 감면하도록 하고 있다.[13]

특별법의 발효에 따라 국내 해운회사가 소유하거나 운용하고 있는 대부분의 국제선박은 제주도 내 개항에 등록한 바 있으나, 앞으로 해외에 치적된 내국인 소유 국제선박을 제주도내 개항으로 유치하거나 외국인 소유선박의 등록을 유인하기 위한 전략 마련이 필요한 실정이다. 이와 관련하여 우리나라 선사들을 포함하여 전 세계 해운회사들이 편의치적을 선호하는 이유가 단순히 세제상의 인센티브에 있는 것이 아니라 금융조달 편의 등 법외적 요인에 있다고 한다면 국제선박등록특구 제도의 활성화를 위해서는 선박금융 시스템이 획기적으로 재편되는 등 필요한 인프라 구축이 뒤따라야만 하는 과제를

---

11) 당시 자유도시특별법 제47조 참조.

12) 이는 국제선박등록법과 선박법의 적용으로 인하여, 대한민국 법인 또는 개인이 소유하거나 소유할 선박만을 등록 대상으로 함으로써, 전통적 의미의 선박 국적 제도상의 요건 중 소유의 요건을 여전히 유지하고 있다는 점에서 '편의치적'과는 엄연히 구별된다.

13) 제221조(선박등록특구의 지정)
① 선박등록을 활성화하기 위하여 「개항질서법」 제3조의 규정에 의한 제주자치도 내 개항을 선박등록특구로 지정한다. ②「국제선박등록법」 제4조의 규정에 의하여 해양수산부장관에게 등록한 선박으로서 제1항의 규정에 의한 개항을 선적항으로 하는 선박과 대통령령이 정하는 외국선박에 대해서는 「지방세특례제한법」 및 「농어촌특별세법」이 정하는 바에 따라 취득세, 재산세, 「지방세법」 제146조 제2항에 따른 지역자원시설세, 지방교육세 및 농어촌특별세를 면제할 수 있다. ③ 선박등록특구의 지정 및 운영 등에 관하여 필요한 사항은 대통령령으로 정한다.

안고 있다.[14]

Ⅱ. 선박의 국적제도

1. 국제법상 선박의 국적과 진정연결의 원칙

일반적으로 선박의 국적은 '등록'(registration)에 의하여 결정되며, 선박은 등록된 국가의 국기를 게양할 권리를 갖는다.[15] 이러한 선박의 등록국을 '旗國'(flag State)이라고 한다. 각 국가는 선박의 등록을 위한 조건을 설정할 의무가 있지만, 그 구체적인 조건은 기국이 스스로 결정할 수 있도록 되어 있다.[16] 한 때는 이러한 재량권이 국가의 전권으로 간주되기도 하였다.[17] 그러나 선박의 등록 또는 국적에 관한 문제는 공해상에서의 선박에 대한 통제와 관할권 행사, 그리고 외교적보호권 행사 등 국제법의 적용과 밀접한 관련이 있기 때문에 선박의 국적 취득에 대하여 '이중국적금지의 원칙'이 적용되고 있다. 또한 기국은 자국의 국기를 게양한 선박에 대하여 행정적, 기술적, 그리고 사회적 사항에 관하여 '관할권과 통제'(jurisdiction and control)를 실효적으로 행사하지 않으면 안되도록 되어 있기 때문에,[18] 국가와 선박 사이에는 '진정한 연결'이 존재하여야 한다는 '진정연결의 원칙'이 발전되어 온 것이다.

선박의 국적에 대한 국제법적 규제는 대체로 유엔이 주도한 국제협약에서 많이 나타나고 있다. 선박의 국적 취득에 관한 국제협약은 단순히 선박의 국적취득의 기준이나 요건을 제시하기 위한 목적이라기보다는 주로 편의치적을 규제하기 위한 목적에서 출발하고 있다. 편의치적을 규제하기 위한 국제적 노력은 1958년 「공해에 관한 협약」(Convention on the High Seas, 이하 "공해협약"으로 약칭함)이 그 시초라고 할 수 있다.[19] 협약을

---

14) 김부찬, 「편의치적과 국제선박등록특구제도」, 『국제법학회논총』, 제47권 제3호, 2002, pp.21-48.

15) Peter Malanczuk, *op. cit.*, p.185.

16) 공해협약 제5조 ; 해양법협약 제91조.

17) Muscat Dhows case(1905), ⅩⅠ *RIAA* 83(김영구, 『한국과 바다의 국제법』(효성출판사, 1999), p.607에서 재인용)

18) 해양법협약 제94조.

19) 제5조 1항.

채택하기 위한 제1차 유엔해양법회의에서 '선박등록조건'을 여하히 정할 것인가 하는 문제가 커다란 쟁점으로 등장하였는데,[20] 그때까지 선박등록조건으로 흔히 채용되어 오던 ① 자국민 소유, ② 자국민 선원, 그리고 ③ 자국 내 건조 중 어느 조건도 충족시키지 못하는 등록선이 이미 상당한 정도 나타나고 있었기 때문에 선박등록조건을 구체적으로 확정하지 못한 채, 다만 제5조에서 "선박과 그 등록국간에는 진정한 연결관계가 있어야 한다."고만 규정하였던 것이다.[21] 그 결과 공해협약이 성립된 후에도 실제 편의치적은 더욱 더 활성화되는 경향을 보이게 되었다.

1982년 「유엔 해양법협약」(UN Convention on the Law of the Sea, 이하 "해양법협약")은 '진정연결의 원칙'을 재확인하면서 모든 국가는 선박에 대한 자국국적의 부여와 자국영토에서의 선박의 등록 및 자국기를 게양할 권리에 관한 조건을 정하도록 하고 있다.[22] 그리고 국적을 취득한 선박에 대하여 일정한 서류 발급과 같은 행정적인 절차를 취할 것을 규정하고 있다.[23] 또한 선박은 특별한 경우 −소유권의 양도 또는 등록의 변경 등− 를 제외하고는 행해 중 또는 기항 중에 그 국기를 변경할 수 없으며, 2개국 이상의 국기를 편의에 따라 선택적으로 게양하고 항해하는 선박은 다른 국가에 대하여 그 어느 국적도 주장할 수 없으며 '무국적선'으로 취급될 수 있다는 이중국적의 금지 규정도 두고 있다.[24] 그러나 '진정한 연결'을 기초로 한 선박등록조건의 명문화와 관련해서는 공해협약과 비교하여 별로 달라진 내용이 없다.[25]

1986년에 채택된 「유엔 선박등록조건협약」(The UN Convention on Conditions for Registration of Ships, 이하 "등록조건협약")[26]은 위의 해양법협약이 해양법의 일부로서 선박의 국적문제를 취급하는 것과는 달리 1974년 '유엔무역개발회의'(UNCTAD) 해운위원회에서 검토한 '선박과 기국간의 진정한 연계의 결여가 국제해운에 미치는 영향'을 기초로 '기국

---

20) Peter Malanczuk, *op. cit.*, p.186.
21) 따라서 선박과 기국 사이에 '진정한 관련'이 존재하지 않는 경우에 선박의 '국적'에 어떠한 영향을 미칠 것인가에 대해서는 어떠한 해답도 제공하지 않고 있는 것이다(*ibid.*).
22) 제94조.
23) 해양법협약 제91조.
24) 해양법협약 제92조 1, 2항.
25) 최재수, 「선박국적제도의 변질과정에서 본 세계해운의 구조적 변화」, 『한국해운학회지』, Vol.1989. No.9, 1989, pp.18-19 참조.
26) 1986년에 유엔에 의하여 채택되었으나 아직 국제적으로 발효되지 않고 있으며 우리나라도 이를 비준하고 있지 않다.

과 선박간의 진정한 연계'의 확립을 통한 편의치적선(개방등록선)의 규제를 주된 목적으로 하고 있다.[27] 그러나 이러한 등록조건협약을 통하여 개발도상국들이 주장하였던 편의치적의 폐지를 위한 조치가 규정되지 못하고 오히려 편의치적 또는 개방등록제도를 옹호하는 결과를 초래하였다고 보는 것이 일반적인 평가이다.[28]

앞에서 살펴본 것처럼 국제적 관행과 국제협약을 통하여 선박의 국적 취득과 관련된 국제법의 주요 원칙으로 확립된 것이 '진정연결의 원칙'이다. 이는 선박과 국적을 부여하는 국가사이에 일정한 관련성이 있을 것을 요하는 것으로 선박의 소유 및 관리가 진정한 의미에서 소속 국가와 관련이 있을 때만 그 국가는 그 선박에 대해 국적을 부여하고 선박은 그 국가의 관할과 보호 하에 놓이게 된다는 것을 의미한다. 다만 공해협약이나 해양법협약은 등록국과 선박은 '진정한 연결'을 가져야 한다고만 규정하고 있을 뿐 그 관련성의 정도나 내용에 대해서는 아무런 기준도 제시하지 못하고 있다. 또한 선박에 대하여 국적을 부여하고 있는 국가마다 다양한 기준이 적용되고 있으며 그 획일적 기준이 확립되어 있지는 않은 상황이다.[29]

등록조건협약이 체결되고 UNCTAD는 이러한 '진정한 연결관계'를 입증하는 요소로서 첫째, 당해 상선의 기국 경제에 대한 공헌도, 둘째, 선박 매매를 포함한 해운산업의 국제수지가 기국의 국제수지에 포함되는지 여부, 셋째, 기국 선원의 고용 여부, 넷째, 당해 국민이 선박의 '수익적 소유자'(beneficial owner)인지 여부 등을 들고 있다.[30] 이로써 '편의치적'이 배제되고 '진정연결' 관계가 다시 강조되어지는 계기가 된 것은 사실이다. 또한 등록조건협약은 선박의 등록국 즉 선적국이 각종 국제안전규정을 시행할 실질적인 책임과 권한을 갖는 해사기관을 설립하여 효과적으로 선박을 통제하고 조정할 수 있도록 하고 있다. 그리고 회사가 소유자인 경우에는 선적국이 '회사설립지'이거나 '영업중심지'일 것을 요구하고 있다. 그러나 자국기를 게양한 선박의 소유권 및 선원 配乘

---

27) 최재수, 전게논문, p.20.

28) 주동금, 「선박의 국적과 편의치적 문제」, 『국제법학회논총』, 제38권 2호, 1993, p.268.

29) 대부분의 국가들은 '진정연결'을 입증하기 위한 요소로서 최소한 다음과 같은 기준들 가운데 어느 하나 또는 그 이상을 포함하고 있는 것으로 보인다. ; ① 자국민 소유, ② 자국민 운항책임자, ③ 자국민 승무원, 그리고 ④ 자국내 건조. Louis B. Sohn and Kristen Gustafson, *op. cit.*, p.5. 그러나 미국의 경우는 '진정연결'의 요건은 국적부여의 전제조건이 아니라 다만 실효적인 방법으로 선박에 대한 관할권을 행사하여야 하는 의무에 해당되는 것으로만 파악되고 있다고 한다. 이에 관해서는 Malcolm N. Shaw, *International Law*, 4th ed.(Cambridge: Cambridge University Press, 1997), p.420.

30) 강종희 외 2인, 전게서, p.12.

(manning system)에 대하여 자국 또는 자국민의 참여 수준에 대한 적절한 조항을 '국내법령'으로 규정하여야 한다고 하고 있으며, 그 구체적인 수준은 언급되지 않고 있다. 그리고 선적국에 주된 영업소를 두도록 하면서도 관리인을 통하여 이를 관리하기 위한 목적만을 갖는 '서류상 회사'(paper company)의 존재까지도 인정하고 있어서,[31] '편의치적'을 배제하고자 하는 본래의 취지는 많이 퇴색되고 말았다.[32]

결국 등록조건협약은 선박과 기국간의 진정한 연결을 규정하고 관련성의 요소로서 소유와 관리의 여건을 어느 정도 구체적으로 적시하고는 있으나, 진정한 연결에 관하여 소유권 요건과 선원 요건을 선택적으로 정할 수 있도록 하고 그 내용도 국내법으로 정할 수 있도록 함으로써 국가의 재량에 따라 신축적이고 탄력적으로 적용할 수 있게 되었다. 이로써 당초의 의도와는 달리 선박의 국적에 관한 엄격한 통일적 원칙이 명시적으로 규정될 수 있는 기회를 잃어버리고 오히려 '역외등록'이나 '국제선박등록제도' 등 '제2선적제도'가 합법적으로 등장할 수 있는 결과가 초래되었다.[33]

2. 국내법상 선박의 국적부여와 한국의 船籍 제도

1) 입법주의

위에서 보았듯이, 각종 국제협약에도 불구하고 국제법상 선박의 등록 및 국적취득 등에 관한 통일적인 규칙은 확립되지 않았으며, 결국 그 구체적인 내용은 각국의 국내법에서 정하도록 위임되고 있다고 볼 수 있다. 즉, 국가는 자신의 재량에 따라서 선박에 대한 국적부여의 기준을 정할 수 있다는 것이다. 이를 선박의 '취적조건결정자유의 원칙'이라고 명명할 수 있을 것이다.[34]

국내법상 선박의 취적 조건은 다양한 기준에 의하여 결정되는데, 최근에는 주로 선박의 소유, 선장 및 선원의 국적 등을 고려하여 나름대로의 기준을 설정하고 있다. 이에 따라 국내법상 입법주의도 다양하게 이루어지고 있는 것을 알 수 있다. 이에는 선박의

---

31) 등록조건협약 제10조 3항 참조.
32) 주동금, 전게논문, p.268.
33) 김종희 외 2인, 전게서, p.13 참조.
34) 채이식, 「선박의 국적제도에 관한 연구」, KRF 연구결과논문(한국해법학회, 1997), p.29.

소유권 또는 선장 및 선원의 국적을 엄격하게 고려하는 '엄격주의'(the National School), 이러한 요소를 고려하지 않고 '편의치적'을 허용하는 '완화주의'(the School of Relaxed Law), 그리고 양자의 입장을 절충하는 '절충주의'(the Balanced School)가 있다. 우선 엄격주의를 취하고 있는 국가들 가운데는 선박 소유권의 전부가 자국민(法人 포함)에게 속하고 동시에 선장과 선원 모두가 자국민인 경우에 국적을 부여하는 경우, 선박 소유권의 전부가 자국민에게 속하고 대신 선장 및 선원의 국적에 대해서는 완화된 입장을 취하는 경우, 그리고 선장 및 선원의 전부가 자국민임을 요하는 대신 선박 소유권에 대해서는 그 일부가 자국민에게 속하는 것을 요구하는 경우 등이 포함되고 있다. 그리고 절충주의라 함은 선박 소유권과 선장 및 선원의 국적 어느 쪽에 대해서도 엄격한 요건을 적용하지 않는 대신 양자를 모두 고려하여 국적을 부여하는 입장이다.[35][36]

2) 선박의 국적에 대한 국내법상의 제도

(1) 선박의 국적

'선박'[37]의 국적취득에 관하여 우리나라의 「선박법」은 통상 선박의 등록을 국적 취득의 요건으로 하고 있는 외국의 경우와는 달리 특정 선박소유자의 국적이 대한민국이면 그 선박은 등록 여부와 관계없이 자동적으로 대한민국 국적을 취득하도록 규정하고 있다. 즉, 「선박법」 제2조는 "다음 각 호의 선박을 대한민국 선박(이하 "한국선박"이라 한다)으로 한다."고 하면서 "1. 國有 또는 公有의 선박 2. 대한민국 국민이 소유하는 선박 3. 대한민국의 법률에 의하여 설립된 상사법인이 소유하는 선박 4. 대한민국에 주된 사무소를 둔 제3호 이외의 법인으로서 그 대표자(공동대표인 경우에는 그 전원)가 대한민국 국

---

35) 주동금, 전게논문, pp.262-263 참조.

36) 이에 관하여 채이식 교수는 첫째, 영미법계와 독일법계가 채용하고 있는, 선박의 전부가 자국민 소유일 것을 요하는 '소유권전속주의', 둘째, 프랑스의 경우처럼 소유 지분의 2분의 1 이상 자국민이 소유할 것을 요구하거나 이탈리아처럼 3분의 2 이상 소유할 것을 요구하는 '소유권부분주의', 셋째, 미국이 취하고 있는, 선원의 일부가 자국민일 것과 선박소유권의 전부가 자국민의 소유일 것을 요하는 '소유권전속·선원일부주의', 그리고 넷째, 그리스의 경우가 대표적인, 선박 소유자 중에서 일부가 자국민이고 선원의 일부 또한 자국민임을 요하는 '소유권일부·선원일부주의' 등이 있다고 한다(채이식, 전게논문, pp.35-36 참조).

37) 우리 「선박법」 제1조의 2의 제1항에 의하면, "이 법에서 선박이란 수상 또는 수중에서 항행용으로 사용하거나 사용할 수 있는 배 종류를 말하며 그 구분은 다음 각호와 같다. 1. 기선: … 2. 범선: … 3. 부선: … ."이라고 되어 있다.

민인 경우에 그 법인이 소유하는 선박" 등을 규정하고 있다. 이전에는 대한민국 법률에 따라 설립된 상사법인인 경우에도 일정한 조건을 충족해야만 한국선박으로서 인정되었으나, 현행법에 의하면 이러한 엄격주의적 태도는 적용되지 않고 있다.[38]

한편 「선박법」은 선박소유자에게 선박의 등록 의무를 지우고 있으며,[39] 선박소유자의 유효한 등록신청이 있으면 이에 대하여 해운관청은 '선박국적증서'를 교부하도록 하고 있다.[40] 나아가서 한국선박이 아니면 대한민국 국기를 게양할 수 없도록 하고,[41] 원칙적으로 '선박국적증서'(또는 '임시선박국적증서')를 선박 내에 비치해야만 대한민국 국기를 게양하거나 항행할 수 있도록 하고 있다.[42] 만일 이를 위반할 경우 일정한 벌칙을 부과하고 있다.[43] 그러나 이러한 규정은 한국 국적선박에 대한 등록을 효과적으로 강제하기 위한 것일 뿐 선박의 등록이 국적취득의 요건임을 의미하는 것은 아니다.

특정 선박이 한국 국적선이 되는 경우에는 다음과 같은 법적인 효과가 있다 ; 첫째, 한국국적 선박은 한국 국기를 게양할 수 있는 권리를 갖는다.[44] 국제법상 선박은 공해상에서 반드시 특정 국가의 국기를 게양하여야 할 의무는 없으나 국기를 게양하고 있지 않으면 어느 국가의 권한 있는 선박이라도 그 국적을 확인하기 위한 '국기심사권'(right of approach)과 '임검권'(right of visit)을 행사할 수 있고 국기의 남용이나 무국적 선박의 경우에는 이를 나포할 수도 있으므로 국제항행에 사용되는 선박은 실제로는 특정 국가의 국기를 반드시 게양할 것이 요구된다. 둘째, 국제법상 공해상에서는 '기국주의'가 적용된다. 따라서 선박이 특정 국가의 국기를 게양하고 있으면 해적행위, 불법방송, 노예

---

38) 1960년 「선박법」은 선박소유권의 전부가 자국민에 속하는 선박에 국적을 부여하는 '소유권전속주의'와 법인의 주소가 자국 영토 내에 있고 임원의 전부가 자국민이어야 하는 '전원자국민임원주의'를 채택하여 외국자본과의 합작을 배제하고 있었으나, 1970년대 중반 외국과의 합작이 불가피해짐에 따라 1978년에 개정된 「선박법」에서는 제2조 3호에서 대한민국의 법률에 의하여 설립된 상사법인인 경우 "그 출자의 과반수와 이사회의 의결권의 5분의 3 이상이 대한민국 국민인 법인이 소유하는 선박"으로 규정함으로써 외국자본과의 합작을 인정하기에 이르렀다(강종희 외 2인, 전게서, pp.16~17 참조). 그러나 현재는 출자의 비중이나 의결권의 비중을 따지지 않고 대한민국의 법률에 따라 설립된 상사법인이면 되도록 하고 있다.

39) 제8조 1항: "한국선박의 소유자는 선적항을 관할하는 지방해양항만청장에게 해양수산부령으로 정하는 바에 따라 그 선박의 등록을 신청하여야 한다. …"

40) 제8조 2항: "지방해양항만청장은 제1항의 등록신청을 받으면 이를 船舶原簿에 등록하고 신청인에게 선박국적증서를 발급하여야 한다."

41) 제5조.

42) 제10조.

43) 제32조.

44) 「선박법」 제5조.

매매, 마약밀매 등 국제범죄적 성격을 가진 일정한 행위에 관련된 경우를 제외하고는 그 선박에 대하여 기국이 배타적인 관할권(jurisdiction)을 갖도록 되어 있다. 따라서 공해 상에서 한국국적 선박에 대해서는 한국이 배타적 관할권을 갖게 된다. 셋째, 한국국적 선박이 「선박법」에 따라 등록을 마치고 한국 국기를 게양하면 국내법은 '기국법'(law of ship's flag)으로서 일정한 해상행위에 관한 법률관계를 규율하는 준거법(applicable law) 으로 적용되는 것이다. 넷째, 한국 선박이 아니면 국내의 '不開港場'에 기항하거나, 국내 각 항간에서 여객 또는 화물의 운송을 할 수 없다. 다만 법률 또는 조약에 다른 규정이 있거나, 해양사고 또는 포획을 피하려고 할 때 또는 해양수산부장관의 허가를 받은 때에 는 그러하지 아니하다.[45]

(2) 국적취득조건부나용선 제도

우리 「국제선박등록법」상 '국적취득조건부나용선'(BBC/HP)은 年拂購買 형태로 선박 을 매입하여 국적을 취득하게 하는 선박확보 방법의 하나로, BBC/HP계약은 임대인(선 박투자회사 또는 기타 금융제공자가 설립한 '특별목적 법인'(Special Purpose Company, 이하 "SPC")과 傭船者인 임차인(선박운항회사) 사이에 체결된다.[46] 용선기간 동안 선박은 선박 투자회사 또는 기타 금융제공자가 설립한 SPC를 통해 편의치적국에 등록되며, 이로써 법률상의 소유권은 특별목적 법인이 갖게 된다. 선박대금은 용선료의 형태로 지불되며 대금이 지불된 금액만큼 용선자의 소유권이 주장되어지고 대금이 완납되면 소유권이 완 전히 용선자에게 이전된다.[47]

---

45) 「선박법」 제6조.

46) ① 오늘날 선박 금융에서 SPC가 많이 사용되는 것은 - 해운업은 위험기업으로 선박 소유에 따른 위험이 선사의 기타 자산에 까지 확산되는 것을 방지하기 위하여 - 소유와 운영을 분리하는 오랜 연혁에 기인한다. 전 세계적으로 1선박 1선주(SPC)를 원칙은 해운업계에 확고하게 자리 잡고 있다. ② 우리나라의 소유권이전조 건부 나용선 계약(BBC/HP)은 반드시 SPC 설립을 전제로 이루어지고 있는데, 이러한 형식이 필요한 이유는 우리나라의 외환관리법상의 엄격한 외환 및 금융거래 규제를 가능한 한 완화·회피하려는 금융기관과 해운회 사들의 요구와 이에 대한 정부의 배려에 때문이다. ③ 특정 사업(선박운송업)의 현금흐름이 실질 사업주(운영선 사)의 현금흐름과 혼합되지 않고, 한 사업의 현금흐름이 다른 사업의 현금흐름과 혼합되는 것도 막을 수 있어 특정 사업의 현금흐름이 투자자에게 담보로서의 진정한 효과를 가지게 하여 투자의 안정성을 꾀할 수 있다. ④ SPC는 많은 경우에 편의치적제도와 연계되어 그 이점을 취할 수 있게 된다. 이에 대해서는 정우영, 「제주형 편의치적을 위한 소고」, 『제주 선박등록특구 및 해양관광 활성화 방안』(제주특별자치도 학술세미나 자료집), 2011, p.12 참조.

47) 강종희 외 2인, 전게서, pp.25-26 참조.

　반면, 일반적인 선박 리스 금융의 경우는 조선소와 선박수요자인 해운회사 사이에 리스회사가 중개인 또는 금융을 공급하는 제3자로 참여하게 된다. 즉, 리스회사는 국제금융 시장에서 자금을 조달하여 조선소에 신조선을 발주하고 대금을 지불한 후 선박을 인도 받아 선사와의 리스계약에 의거하여 선사는 리스료를 부담하고 선박을 사용하는 금융 구조이다. 이러한 금융리스 구조는 外貨借入에 의한 자금조달과 용선기간 만료 후 해운회사가 소유권을 취득한다는 점에서 BBC/HP와 유사하다. 다만 BBC/HP와 다른 점은 리스회사의 경우는 별도로 SPC를 설립하지 않으며 용선기간 중 선박의 소유권을 직접 보유하게 된다는 점이다. 이때 선박은 리스회사의 국적을 취득하게 된다는 점도 BBC/HP와 다르다.[48)]

　BBC/HP 제도는 우리나라의 독특한 환경에 따라 발달된 것으로 법률이나 금융상으로는 다른 나라에서 찾아볼 수 없는 독특한 형태이다. 법률상으로 보면 BBC/HP는 선박이라는 물건을 대상으로 하는 '소유권취득조건부임대차계약'으로 내용상 일종의 리스(lease) 계약의 하나로 볼 수 있다. 구체적으로는 선적은 편의치적국에 소속되고 법률상 소유권은 SPC가 갖게 되나, 사실상 선박 리스회사나 외국의 금융기관이 선박을 소유하고, 선박의 운영 및 이에 따른 수익은 선박을 임차·운영하는 해운기업이 갖는 임대차 계약의 하나이다. 이 경우 선박대금은 割賦買入(hire purchase) 방법에 의하여 지불되고 담보확보를 위해 소유권을 취득자에게 일시에 넘겨주지 않고 금융제공자가 계속 보유하다가 할부금액이 완납되면 그때 소유권이 취득자에게 이전된다.[49)]

　금융상으로 보면 '소유권취득조건부나용선'은 일반적인 '裸傭船'(bareboat charter)의 변형된 형태이다. 일반적인 나용선 계약은 선주가 선박을 용선자에게 빌려주되, 용선자는 본선을 마치 자기 소유의 선박처럼 운항하는 완전한 관리권을 갖는 대가로 본선 사용 및 운항·수리·검사에 따른 일체의 비용을 부담하도록 정하고 있다. 그러나 이러한 순수한 의미의 나용선 계약은 매우 드문 일로 오히려 선박을 최종적으로 볼 때 소유권취득조건부나용선은 할부매입 조건이 붙은 나용선 계약과 비교해 '소유권취득조건' 외에는 크게 다를 것이 없다.

　우리나라 국적취득조건부나용선 제도의 가장 큰 문제점은 규제법률 적용의 이중화에

48) http://blog.daum.net/bjkwon/401 참조.
49) 강종희 외 2인, 전게서, pp.27-28.

있다. 국적취득조건부나용선은 연불구매 형태로 선박을 확보하지만, 사실상 우리나라 국민이 소유하고, 우리나라 해운회사가 실질적으로 지배·운항하는 선박이며, 「해운법」, 「선원법」 및 「선박안전법」 등이 국적선과 동일하게 적용되고 있다. 그러나 국적취득조건부나용선은 용선 기간 동안 편의치적국의 국적선으로 취급됨으로써 현행법상 태극기를 게양할 수 없는 반면 편의치적국의 법령과 국내 법령을 동시에 적용 받도록 되어 있다. 따라서 일반 편의치적선에 비해서 국내법이 정한 각종 규정을 추가적으로 준수해야 하는 부담이 있고, 일반 국적선과 비교해서는 일종의 편의치적선으로서 '국제운수노동자연맹'(International Transport-workers Federation ; ITF) 등의 단체로부터 '靑色證明書' (Blue Certificate; B/C)의 발급을 강요받는 등 운항상 불이익을 받게 된다.[50]

(3) 선박의 국적과 등기 및 등록

선박에 대한 공시방법으로서 공법상 해사행정과 관련하여 필요한 선박 관리를 위한 '선박등록'과 사법상 물권적 권리·의무를 확정하는 '선박등기'의 두 가지가 있다. 오늘날 모든 국가에서 선박의 공시제도를 채택하고 있으며, 이는 등기 및 등록을 일원화하는 '일원주의'와 우리나라와 같이 등기와 등록을 분리하는 '이원주의'로 나누어진다.[51]

우리나라에서 선박의 국적에 관한 사항을 규정한 법은 「선박법」이고, 이에 근거하여 한국 선박의 등기에 관한 사항을 규정하고 있는 법은 「선박등기법」이다.[52] 「선박법」 제2조에서는 국유 또는 공유 선박, 대한민국 국민이나 상사법인 등이 소유하는 선박 등 소유권에 근거하여 대한민국 국적 선박이 될 수 있는 대상을 규정하고 있으며, 제8조 1항은 대한민국 선박의 소유자는 선박의 등기를 한 후 선적항을 관할하는 지방해양항만청장에게 당해 선박의 등록을 신청하도록 규정하고 있다. 일반적으로 국제관행에서는 선박의 등록만이 그 국적을 결정하는 유일한 기준으로 인정되고 있으나, 우리나라의 경우에는 그 실질 소유관계에 의하여 대한민국 선박임이 인정되어지는 선박에 대하여 선박

---

50) 상게서, pp.29-30.

51) 박찬재·이태우, 「한국국제선박등록제도의 문제점과 그 개선방향에 관한 연구」, 『*Journal of the Research Institute of Industrial Technology*』, Vol.18, 2001, p.290.

52) 현행법은 총톤수 20톤 이상의 기선과 범선 및 총톤수 100톤 이상의 부선에 대해서만 등기제도를 인정하고 있는데, '선박등기'란 '船舶登記簿'에 「선박등기법」이 정한 바에 따라 선박의 소유권·저당권·임차권을 기록하는 것을 가리킨다(제2조 참조).

의 등기 및 등록을 할 수 있도록 하고 있는 것이다.[53]

　대한민국 국민이 실제로 소유·관리하더라도 해외에 편의치적된 선박은 대한민국 선박이 아니므로 등기 및 등록의 대상이 되지 않는다고 보고 있지만,[54] 우리나라의「선박법」은 실질적 소유·관리에 근거하여 대한민국 국적을 부여하도록 하고 있기 때문에 경우에 따라 '이중국적' 문제를 야기할 가능성도 있다고 본다.

Ⅲ. 편의치적 제도에 대한 검토

1. 편의치적 제도의 의의

　대부분의 주요 해운국은 선박의 등록을 국적취득의 요건으로 하고 있지만 자국 소유의 선박에 한하여 등록을 허용하고 있으므로 선박의 소유와 국적 사이에는 진정한 관계가 있다고 할 수 있다. 반면에 파나마(Panama), 라이베리아(Liberia), 말타(Malta), 키프러스(Cyprus), 온두라스(Honduras) 등의 국가들[55]은 주로 외화 획득을 위하여 외국 소유의 선박에 대해서도 등록을 허용하고 있는 바 이러한 '개방등록'(open registry)에 의하여 취득된 국적을 소위 '편의치적'이라고 한다. 1954년 '유럽경제협력기구'(Organization for Europe Economic Cooperation ; OEEC)의 보고서에서 파나마, 라이베리아 및 온두라스가 부여한 선박의 국적을 처음으로 편의치적이라는 용어로 표현하였다.[56] 이 보고서에서는 "등록된 선박에 대해 유명무실한 세금을 부과하고 극히 기준이 낮은 사회보장제도를 실시하는 국가에서의 등록"이라는 관점에서 편의치적이라는 용어를 사용하였다.[57]

　편의치적 문제가 국제기구에서 공식적으로 논의된 것은 1958년 제네바에서 개최된

---

53) 강종희 외 2인, 전게서, pp.90-91 참조.

54) 상게서, p.92.

55) 이외에도 ITF(Fair Practice Committee)는 Antigua and Barbuda, Aruba(Netherlands), Bahamas, Barbados, Belize, Bermuda(UK), Burma, Cambodia, Canary Islands(Spain), Cayman Islands(UK), Cook Islands(New Zealand), German International Ship Register(GIS), Gibraltar(UK), Lebanon, Luxemburg, Marshall Islands(USA), Mauritius, Netherlands Antilles, Sri Lanka, St. Vincent, Tuvalu, Vanuatu 등을 편의치적국으로 지목하고 있다(http://www.itf.org.uk/SECTIONS/Mar/focs.html 참조).

56) 그래서 흔히 '편의치적'을 이들의 머리글자를 따서 'Panlibhon flag'이라고도 한다. 주동금, 전게논문, p.259.

57) 상게서, p.5.

제1차 유엔 해양법회의에서다. 해양법회의의 성명서와 유엔 '국제법위원회'(Internatio-nal Law Commission ; ILC)가 채택한 결의(Acts)에 의하면 "편의치적이란 자국과 진정한 관련이 없는 선박에 대하여 국적을 부여하는 국가의 국기, 즉 국적을 의미하며, 이때에 동 국가와 선박간에는 단지 등록의 증명서를 발급하는 형식만이 있을 뿐"이라고 하였다. 그리고 UNCTAD는 편의치적국가에 대해 "선박의 소유와 운항에서 자국민의 참여를 요구하지 않고 상대적으로 저렴한 비용을 지급 받고 외국선주에게 자국의 국기 게양권과 등록의 편의를 제공하는 국가"라고 규정하였다.[58]

최근에 들어와서 '편의치적'과 동의어로서 '개방등록'이라는 말이 자주 사용된다. 실제로 지난 1984년 유엔선박등록조건회의에서 파나마는 협약의 용어 정의에 '개방등록국가' (open registry State)를 포함토록 하고, 이를 "자국민이 직접 참여하든, 법인체의 자본에 지분참여를 하든지 관계없이 치적된 선박의 운영에 관한 책임이나, 그러한 선박의 선주 또는 나용선주에 대하여 자국민임을 요구하지 않는 국가"로 하자고 제안한 바 있다.[59]

등록조건협약에서도 편의치적선의 정의에 관해 명시적인 규정을 두고 있지 않다. 그러나 제1조에서 협약의 목적을 "국가와 그 국가의 국기를 게양한 선박 간에 진정한 연계를 확인하고 또는 필요에 따라 이를 강화할 목적과 …… 그러한 선박에 대한 자국의 관할권과 통제를 효과적으로 행사하기 위해 기국은 본 협약에 포함된 규정을 적용하지 않으면 안 된다."고 규정한 데 비추어, 협약에 규정된 연계요소를 결여한 선박을 '편의치적선' 이라 할 수 있다. 따라서 편의치적을 "전통적인 선박의 국적취득 요건인 자국민 소유, 자국 건조, 자국민 승선의 조건을 갖추지 않더라도 선주가 선박의 치적을 희망하면 자국 선적에 등록을 인정해주는 제도"라고 정의해 볼 수 있을 것이다.[60]

1970년의 로치데일 위원회(Rochdale Commission)의 보고서에 따르면, 편의치적국은 다음과 같은 특성을 갖는다고 한다:[61] 첫째, 외국인이 자국등록선박을 소유하거나 통제하는 것을 허용한다; 둘째, 등록 및 국적변경 절차가 용이하다; 셋째, 운항 수입은 전혀 과세되지 않거나 최소한의 세율로 과세된다; 넷째, 등록세 및 톤세는 매우 낮다; 다섯째,

---

58) 상게서, pp.5-6.

59) 상게서, pp.5-6.

60) 상게서, p.7.

61) 상게서, p.7; Ebere Osieke, "Flags of Convenience Vessels: Recent Developments," *American Journal of International Law*, Vol.73, No. 2, 1979, p.604.

편의치적국은 자국 필요에 따라 등록선박을 이용할 수 없다; 여섯째, 등록선박은 외국선원을 승선시킬 수 있다; 일곱째, 해운기업을 통제하는 법규 또는 행정적 수단이 전혀 없다.

이 외에도 선박소유자 및 운영자들은 선박확보를 위해 국제금융기관으로부터 융자를 받는 경우 통상적으로 선박에 저당권을 설정하게 되며, 담보권자는 담보권의 원활한 실행을 위해 편의치적국에 등록하기를 희망하고 있는 바, 선사는 편의치적국에 선박을 등록해야 금융조달상의 혜택을 누릴 수 있을 뿐만 아니라 편의치적선에 대한 선박안전 및 해양오염 규제를 포함하여 기업의 자유로운 해운경영을 방해하는 각종 규제의 적용을 벗어나서 보다 자유로운 경영활동을 영위할 수 있다는 점 때문에 편의치적이나 개방등록을 선호하고 있는 것이다.[62]

2. 편의치적제도의 문제점 및 국내외적 규제

편의치적은 해운회사의 입장에서는 이윤의 증대 및 경쟁력 제고라는 측면에서 적극적인 활용을 고려할 수도 있는 것이지만 편의치적선과 실질적인 관련을 맺고 있는 국가들의 이해관계 및 국제적 해운질서의 확립과 관련하여 다음과 같은 부작용이나 문제점이 지적되고 있다: 첫째, 편의치적으로 인한 자국선의 감소로 해운산업이 위축될 수 있다. 둘째, 자본의 해외유출 현상이 발생하고 있다. 셋째, 해운 관련 기술의 퇴보를 가져올 수 있다. 넷째, 자국민 소유선박의 해외 치적으로 인하여 세수가 격감하는 문제점이 발생한다. 마지막으로 편의치적은 국제적으로 치적국의 선박에 대한 관리와 통제의 소홀 인하여 해양오염사고 또는 선원에 대한 노동권의 제약 그리고 사고 발생 시 관할권의 불분명으로 인한 분쟁해결의 어려움이 초래된다.[63]

1) 국제적인 규제

이러한 부작용 및 문제점 때문에 편의치적에 대한 국제적인 규제의 필요성이 오래 전부터 제기되어 왔던 것이 사실이다. 그러나 앞에서 언급하였듯이 아직 국제법적으로

---

62) 상게서, pp.64-66; 최재수, 전게논문, pp.34-40 참조.
63) 상게서, p.71 주 42) 참조.

실효성 있게 편의치적을 금지하거나 규제하는 방안은 나타나지 않고 있다. 앞에서 언급하였듯이, UNCTAD는 선박등록조건협약을 통하여 편의치적에 대한 규제를 시도하였으나, 국제선박등록제도 등 제2선적제도가 탄생할 수 있는 계기가 제공된 바 있다. OECD는 1971년과 1975년에 보고서(*Flag of Convenience*)를 통하여 편의치적선이 대부분 '기준미달선'(sub-standard vessels)으로서 건전한 해운업의 발전을 저해하고 해상사고의 위험성을 증대시킬 가능성이 있음을 경고하면서 국제기구의 철저한 감독과 국내적 조치의 필요성을 강조하였다.[64]

1998년 OECD 해운위원회는 기준미달선과 관련된 정보를 공개할 목적으로 관련 행동지침을 마련하고, 선박별 항만국 통제지적사항, 주요 사고내역, 선급검사이력 기준미달 여부를 판단할 수 있는 각종 자료를 인터넷 웹사이트(www.equasis.org)를 통하여 공시하고 있다.[65] 그리고 '국제해사기구'(IMO)는 편의치적선에 대하여 기구가 제시한 일정한 안전기준을 준수하는지를 조사하고 확인·점검하도록 편의치적국에게 의무를 부과하고 기준미달선에 대하여 제재를 가할 수 있는 권한을 寄港國(port State)에게 부여하고 있다.[66] 1982년 유럽 14개국은 「선박통제권 행사를 위한 양해각서」(Memorandum of Understanding on Port State Control in the European Region)를 체결하고 기준미달선에 대한 규제를 강화하는 방향으로 나아가고 있다.

선원들의 고용문제 해결 및 권익 보호를 위하여 결성된 ITF는 편의치적제도에 의하여 선원들의 권익이 침해되고 있음을 인식하고 편의치적선을 배제할 목적으로 '청색증명서'(B/C)를 활용하고 있다. 즉 ITF는 편의치적선에 승선하는 후진국 선원의 보호를 위해 편의치적선 선주에 대하여 ITF가 제시하는 조건을 충족하는 임금과 근로조건을 보장하는 단체협약을 ITF 또는 ITF가 위임한 국별선원노조와 체결하게 하고 그 증명서인 B/C를 소지하도록 하고 있는 것이다.[67]

그러나 이러한 편의치적에 대한 규제는 편의치적선 및 선주가 IMO나 ITF에서 제시한 기준과 국제적으로 채택된 협약에 따른 조건만 충족시키면 국제적으로 아무런 제재를

---

64) 상게서, p.13.

65) 상게서, p.14.

66) 상게서, p.14. 「선박해양오염방지협약」(International Convention for the Prevention of Maritime Pollution from Ship ; MARPOL)과 「해상인명안전협약」(International Convention for the Safety of Life at Sea; SOLAS)을 비롯한 대부분의 해사조약에서 기항국의 통제권을 부여하고 있다. 상게서 참조.

67) 상게서, p.15.

받지 않도록 함으로써 단지 '기준미달선'만을 배제하고 '편의치적' 제도 자체는 제한적으로 합법화해주는 결과가 초래되었다고 할 수 있다.

2) 편의치적에 대한 국내적 규제

우리나라 개인 또는 법인이 실제로 소유·관리·운행하면서 등록만을 외국(편의치적국)으로 하고 있는 경우는 대체로 다음의 4가지 형태로 분류할 수 있다: 첫째, 해운업법에 의한 운항사업등록증이 없는 자가 선박을 확보하여 편의치적국에 등록하여 관리·운항하는 형태; 둘째, 운항사업등록증을 소지한 자가 BBC/HP 이외의 방법으로 외국선박을 매입하거나 외국 조선소에서 선박을 건조하여 편의치적국에 등록·운항하는 형태; 셋째, 운항사업등록증을 소지하고 있는 자가 기존 소유 선박을, 과중한 국내 세제와 엄격한 국적 선원 승선제도 등 규제를 피할 목적으로 외국에 paper company를 설립하고 선박을 이 회사에 매각하여 편의치적국에 등록하는 경우; 넷째, BBC/HP의 경우 국적을 취득하기 전에 한시적으로 편의치적국에 등록하는 경우 등.[68]

(1) 편의치적에 대한 정부의 입장

우리 해양수산부는 "諸稅와 선원비 절감을 목적으로 시도하는 편의치적선이라 하더라도 국내법에 따라 편의치적국에 선박운영회사를 설립하는 등 적법한 절차를 거치지 않을 경우 불법"이라는 입장을 밝히는 등 원칙적으로 편의치적 제도를 불법화하고 있다. 그러나 「선박투자회사법」 제52조(선박등록에 관한 특례)에 의하면 "선박투자회사가 선박을 소유할 때에 그 선박가격(선박의 건조계약서 또는 매매계약서에 표시된 선박의 가격을 말한다)의 100분의 50 이상을 외국인으로부터 차입하는 경우에는 「선박법」 제2조 및 제8조에도 불구하고 그 외국인이 요구하는 국가에 선박을 등록할 수 있다."고 함으로써 일정한 경우 '편의치적'을 합법화 하고 있는 것을 알 수 있다.

그러나 일반적으로 해양수산부는 이러한 합법적 절차를 거치지 않은 선박을 '위장외국적선'이라고 규정하고 이들은 외환관리규정 위반 및 탈세를 도모하기 위한 목적을 가

---

68) BBC/HP를 제외하고 현재 국내법인이 실질적으로 보유하고 있는 편의치적선은 약 546만GT에 달할 것으로 추정된다고 한다. 이는 우리나라 외항해운 총 편의치적 선복량의 44%에 달하는 수치이다. 육성호, 「우리나라 국제선박등록제도의 발전방안에 관한 연구」, 배재대학교 대학원 석사학위논문, 2008, pp.42-43, 51, 59 참조.

지고 있기 때문에 인정하기 어렵다는 입장을 가지고 있다.[69] 따라서 기존 편의치적제도
를 활용하기 위해서는 편의치적국에 선박운영회사(현지법인)를 설립하고, 同社에 중고
선박을 양도하거나, 자금을 선박운영회사에 이전한 후 선박확보절차를 밟아야 한다. 이
는 일반적으로 우리 국민이 해외 현지법인에 투자하는 경우와 동일한 법적 절차인 것이
다. 그러나 현실적으로 선사가 선박확보를 위해 저렴한 해외자금을 이용할 때 해외 차입
선은 담보권 행사 및 선박처분의 용이성을 이유로 외국금융기관이 직접 편의치적국에
법인(SPC)을 설립하여 동 법인으로 하여금 선박을 보유하게 하는 경우가 대부분이다.
즉 국적선사는 차입선의 요구에 의해 어쩔 수 없이 선박을 제3국에 편의치적하고 있는
상황인 것이다. 따라서 국적선사가 직접 해외 현지법인을 설립하여 선박을 보유·운항하
게 될 경우 해외금융기관은 자금제공을 거부할 가능성이 그만큼 높아진다. 따라서 우리
정책당국의 해외 법인설립 요구는 현실과 괴리된 사항이라고 할 수 있다.[70]

(2) 편의치적선에 대한 규제(편의치적회사의 법적 지위)

편의치적국가는 대부분 선박을 등록할 때 법적 구비서류로서 공증을 필한 '매매계약
서' 또는 新造船의 경우 '건조증명서'를 요구한다. 이러한 선박매매의 경우 통상 매도인
은 금융제공자 등 편의치적을 의뢰하는 자가 되며 매수인은 편의치적국에 주소를 둔
SPC가 된다. 따라서 편의치적을 통하여 동 선박의 소유권은 형식상 실질 소유자에서
편의치적국에 설립된 SPC로 양도되는 것이다. 즉, 편의치적선의 법적 소유권은 편의치
적국에 주소를 둔 SPC에 귀속되며, 일응 선적국의 법령에 의하여 그 권리·의무가 설정
되어 진다.[71]

우리나라는 이러한 편의치적을 「상법」등 관련법을 통하여 명문으로 금지하고 있지는
않고 있다. 다만 해양수산부 등 행정부의 입장이나 법원의 판례를 보면 우리 해운회사의
해외 현지법인을 통한 합법적인 편의치적 외에는 이를 위법한 것으로 보는 경향이 강하
다. 법원 판례에 의하면, 수입금지선박을 수입하기 위하여 외국에 '서류상 회사'(paper
company)를 설립하여 이른바 편의치적을 한 경우 그 회사가 선박의 소유자임을 주장 할

---

69) 상게서, p.54.
70) 상게서, pp.54-55.
71) 상게서, p.91.

수 있는지 여부에 대하여, 지방법원은 甲 등이 법령상의 제약을 회피하여 수입이 금지된 선박을 수입한 다음 이를 자신들의 해상기업에 이용하기 위하여 외국에 형식상으로 회사를 설립하여 그 명의로 선박의 籍을 등록하여 이른바 편의치적을 하였다면 위 선박은 실질적으로 갑 등의 소유라 할 것이고, 편의치적을 위하여 설립된 '서류상 회사'에 불과한 위 회사가 선박의 소유자라고 주장하는 것은 갑 등이 수입 금지된 선박의 수입이라는 불법목적을 달성하려고 함에 지나지 아니하므로 「민법」 제2조와 「관세법」 제180조에 따라 신의칙상 허용될 수 없다고 하고 있다.[72] 또한 대법원도 선박을 편의치적 하여 소유·운영할 목적으로 설립한 서류상의 회사가 그 선박의 실제소유자와 외형상 별개의 회사이더라도 그 선박의 소유권을 주장하여 그 선박에 대한 가압류 집행의 불허를 구하는 것은 편의치적이라는 편법행위가 용인되는 한계를 넘어서 채무를 면탈하려는 불법 목적을 달성하려고 함에 지나지 아니하여 신의칙상 허용될 수 없다고 판결하고 있다.[73]

(3) 편의치적과 「관세법」의 적용

법원, 검찰 및 관세청에서는 국적취득조건부나용선과 동일한 절차를 거치지 않고 외국에 등록한 편의치적선에 대해서는 「관세법」 제21조 및 제270조가 규정하고 있는 '부정한 방법으로' 선박을 수입하여 관세 및 방위세를 포탈한 것으로 간주하고 있다. 1998년 대법원은 우리나라에 거주하는 자가 외국에 있던 선박의 사실상 소유권 내지 처분권을 취득하고 나아가 그 선박이 우리나라에 들어와 사용에 제공된 때에는, 형식적으로는 그 선박이 우리나라의 국적을 취득하지 않았더라도 실질적으로는 관세 부과의 대상이 되는 수입에 해당한다고 보는 것이 실질과세의 원칙에 비추어 타당하다고, 외국의 선박을 국내 거주자가 취득하면서 편의치적의 방법에 의하여 외국에 '서류상 회사'를 만들어 놓고 그 회사의 소유로 선박을 등록하여 그 외국의 국적을 취득하게 한 다음 이를 국내에 반입하여 사용에 제공한 때에도 위에서 말하는 관세법상의 수입에 해당하며, 일반적으로 수입면허를 받지 아니하고 물품을 수입하는 것은 그 자체로 '관세포탈죄'의 구성요건인 詐僞의 방법에 해당하는 것이므로, 정상적인 방법으로 수입허가를 받을 수 없는 선박을 수입하기 위하여 위와 같이 편의치적의 방법에 의하여 선박을 수입하고도 단순히 수리

---

72) 서울지법 1993. 11. 26 선고, 93 가합 34317 판결.
73) 대법원 1989. 9. 12 선고, 89 다카 678 판결 ; 원심 : 부산고법 1988. 12. 2 선고, 87 나 130 판결.

목적 또는 운항 목적으로 입항한 것처럼 입항 신고를 하였다면, 이는 관세포탈죄의 구성요건인 사위 기타 부정한 방법으로 관세를 포탈한 것에 해당한다고 보고 있다.[74]

Ⅳ. 제2선적제도와 국제선박등록제도

1. 서설

오늘날 세계해운의 두드러진 특징 가운데 하나는 1980년대 중반 이후 전통 해운국가들이 자국 해운의 국제경쟁력을 제고하여 해운산업을 유지·발전시키고자 편의치적제도하에서 누릴 수 있는 각종 혜택을 부여해 주는 국제선박등록제도를 포함하는 '제2선적제도'(second ship register)를 도입하여 실시하고 있다는 것이다.[75] 일반적으로 제2선적제도라는 것은 선박과 국적국 사이에 진정한 연계가 존재하는 기존의 정상적인 선박치적제도와는 별개로 일정한 종류의 선박에 대하여 일종의 '편의치적' 내지 '개방등록'에 준하는 인센티브를 제공하여 등록을 유인하고자 마련된 선박등록제도인 것이다.[76] 이에는 영국의 Man섬 등록제도, 프랑스의 Kerguelen섬 등록제도, 네덜란드의 Antilles 등록제도 등의 '屬領置籍' 또는 '역외등록제도'(Offshore Ship Register), 노르웨이의 국제선박등록제도(Norwegian International Ship Register, 이하 "NIS"), 덴마크의 국제선박등록제도

---

74) 대법원 1983. 10. 11 선고, 82 누 328 판결 ; 대법원 1984. 6. 26 선고, 84 도 782 판결 ; 대법원 1990. 3. 27 선고, 89 도 2587 판결 ; 대법원 1994. 4. 12 선고, 92 도 2324 판결 등 참조(강종희외 2인, 전게서, pp.94-95에서 재인용). 반면에 편의치적이 관세법상의 詐僞 기타 부정한 방법에 해당하는지 여부에 대하여, 피고인이 선박을 일본 선주사로부터 나용선 하거나 또는 할부조건으로 매수하여 수리비가 저렴한 국내의 조선소에서 이를 수리하고, 한국 선원을 승선시켜 중국과 일본간의 항로에 투입할 의사로 선박을 파나마 국적으로 편의치적한 경우, 이를 국내해운시장에서의 자유유통이나 사용을 위해 수입하려 했다 할 수 없고 피고인이 수리를 목적으로 한 위 선박의 입항신고에 있어 관세가 부과되는 물품임을 알면서 관세를 납부함이 없이 이를 수입 인취하였다고 할 수 없어 관세포탈의 범의를 인정할 수 없다고 보고 있다. 또한 편의치적의 관행은 선박의 국제경쟁력을 확보하기 위한 국제 해운업계의 불가피한 경제 현상으로서 세계의 모든 해운국이 보편적으로 인정하는 국제적 관례이며, 만약 편의치적선의 소유를 처벌한다면 우리 해운업계의 경쟁력을 저하시키게 될 뿐 아니라 선주의 영업의 자유 내지 선박국적 선택권을 과도히 제한하여 헌법상의 재산권보장을 침해하게 될 수 있으므로 이를 사회적 상당성이 없는 것으로 볼 수 없다는 판례도 있다. 부산고법 1993. 2. 17 선고, 92 노 1171 판결 참조.
75) 박찬재·이태우, 전게논문, p.285.
76) 상게논문, p.286 ; 박명규, 「국제선박등록제도와 해외이적의 고찰」, 『한국항만학회지』, 제11권 제1호, 1997, p.133.

(Danish International Shipping Register, 이하 "DIS"), 홍콩과 싱가포르의 선박등록제도 등 국제선박등록제도, 그리고 독일의 '선박부가등록제도' 등이 포함되고 있다.[77]

엄격한 의미에서의 '제2선적제도'란 기존의 선적제도를 국내에 그대로 유지한 채 따로 설치한 선적제도를 말한다. 제2선적제도는 정부의 장려와 협조 하에 선원고용의 융통성과 세제감면을 부여하여 선박의 국제경쟁력을 강화할 수 있도록 함으로써 자국민 소유 선박의 해외치적(flagging out)을 방지함은 물론 해외에 치적된 선박을 자국으로 환원(reflagging, flagging in)시키고자 하는 목적을 가지고 있으며,[78] 일정한 경우 외국 선박에 대해서도 등록을 허용하고 있다.[79]

국제선박등록제도의 하나로서 1987년부터 실시된 노르웨이의 NIS 제도는 등록요건을 확대하여, 종래 노르웨이인이거나 또는 자본 등의 지배 비율이 6할 이상의 노르웨이 회사가 아니면 노르웨이 선적으로 등록될 수 없었지만 소유와 관련하여 더 이상 이 요건에 부합되지 않더라도 국제선박으로 등록이 가능하도록 요건을 완화하였다. 다만 이 경우에 반드시 그 선박의 관리는 노르웨이에 본사를 두는 관리회사를 통해서 하도록 규정하고 있다.[80] 다만 등록료는 편의치적국보다 낮은 수준으로 설정되고 있으며 외국인 선주에 의하여 소유되고 있는 선박에 대해서는 과세가 면제되도록 하고 있다.[81] 덴마크의 DIS 제도에 있어서는 등록 대상은 덴마크 국민(개인 및 법인)이 소유·지배하고 있는 덴마크 선박 또는 해외 자회사 소유의 선박에 한정되며 외국인 소유 선박의 경우는 덴마크 국민(개인 및 법인)이 자본이나 경영을 지배하고 있는 선주를 대신하여 대표자를 덴마크에 두는 경우를 제외하고는 원칙적으로 외국선주가 소유하는 선박에 대해서는 등록을

---

77) 박찬재·이태우, 전게논문, p.286; 경윤범, 「국제해운의 선박소유구조와 편의치적제도」, 『창업정보학회지』, 제9권 제1호, 2006, pp.197-198 참조.

78) 박찬재·이태우, 상게논문, p.286; 박명규, 전게논문, p.133.

79) 그러나 편의치적국 중에서 자국민이 소유하는 선박 톤수는 전체의 거의 10% 미만인데 비하여 국제선박등록국의 경우에는 30%~95%에 달한다(경윤범, 전게논문, pp.197-198 참조).

80) "The NIS is open to the registration of both Norwegian and foreign self-propelled passenger and cargo ships and …. In the case that a ship is registered by a non-Norwegian owner, it is required that the ship is operated technically or commercially by a Norwegian shipping company with head offices in Norway. However, a vessel that is operated wholly or partly from management offices abroad may also be registered if these offices are owned by a Norwegian shipping company with head offices in Norway."(http://www.grette.no/en/Co-workers/Cato-Myhre/The-Norwegian-International-Ship-Register)

81) 박명규, 전게논문, pp.133-134.

허용하지 않고 있다. 매우 낮은 톤세와 함께, 소득세에 대해서는 덴마크 국민이나 외국
인 선원 모두 면제되며, 등록료의 경우는 종래의 등록제도와 동일하다.[82]

　이러한 국제선박등록제도는 일정한 조건 아래 외국인이 실질적인 선주인 선박도 등록
할 수 있도록 되어 있다는 점에서 편의치적과 비슷한 형태의 특수한 치적제도라 할 수도
있다. 그러나 노르웨이의 NIS의 경우 등록선박은 145호 협약을 비롯한 국제노동기구
(ILO) 협약 및 국제해사기구(IMO)의 모든 협약에 따른 국내법(Norwegian Maritime Law)의
규제 아래에 있어야 하고, 또한 등록요건협약의 요건을 만족시키도록 요구되고 있다는
점, 그 목적이 자국선의 해외치적을 방지하는 데 있다는 점, 그리고 선원고용에 제한이
가해지고 있다는 점에서 기존의 편의치적제도와 구별된다. 그리고 무엇보다도 선박의
등록 시 본사를 등록지에 둘 것을 원칙으로 하고 있다는 점에서 편의치적제도와 차이가
있다.[83]

　이러한 '제2선적' 내지 '국제선박등록'제도의 시행으로 최근 들어 전통적인 편의치적
제도를 이용하는 국가나 해운회사들이 많이 감소하고 있다고 한다. 즉, 2006년 70.83%
의 점유율을 보였던 편의치적 비율은 2007년에는 66.58%로 감소한 바 있다.[84]

---

82) 상게논문, p.134.

83)

〈제2선적제도와 편의치적제도의 비교〉

구분	제2선적제도	편의치적제도
해운정책	∘ 해운경쟁력 회복을 위해 해외치적된 자국선 발을 자국에 등록하도록 유치 ∘ 자국등록선박의 해외이적 방지 ∘ 각종 세제 혜택 부여 및 선박등록 조건 완화 ∘ 소프트(soft)로서 해운관련 산업 전체의 진흥 도모	∘ 외국선주들에 선박등록 개방 ∘ 등록 수수료, 톤세, 서비스료 등을 통한 해운수 입을 목적 ∘ 선원비 및 조세부담 경감 ∘ ITF 등으로부터 기준미달선이라는 비난을 받음 ∘ 하드(Hard)로서 선복량의 유지(명목적)
선원관리 정책	∘ 선원 고용에 대해 일정한 제한을 둠 ∘ 자국선원 고용기회 증진 ∘ 자국 선복량 확보 및 자국선원 관리도모	∘ 선원 국적에 제한 없음 ∘ 개발도상국 선원의 취업기회 증대 ∘ 선진해운국 선원의 고용기회 상실
선박관리 정책	∘ 등록상대를 준자국 상선대화 가능 ∘ 전쟁시 자국의 전시물자 수송 조치 가능 ∘ IMO, ILO의 국제협약 준수로 국제규제조건 충족 ∘ 선박의 등록시 본사를 등록지에 둘 것을 원 칙으로 함	∘ 선박의 실질고유국은 선박의 안전 및 오염방지 와 관련한 선박관리 불가 ∘ 전쟁시 자국전시물자 수송을 위한 통제 불가 ∘ 기준미달선이 될 소지 많음. ∘ 선박등록시 본사를 등록지에 두지 않아도 됨

(출처 : 박찬재·이태우, 전게논문, p.287.)

84) 육성호, 전게논문, pp.10-12 참조.

2. 제2선적제도에 대한 국제적 평가

제2선적 제도는 근래에 새롭게 대두된 제도로서 국제기구는 이에 대하여 협약 등으로 제한하거나 규제를 가하지는 않고 있다. 다만 ITF는 편의치적에 대해서와 마찬가지로 제2선적제도에 대해서도 기본적으로 반대하는 입장을 취하고 있다. 즉 ITF는 특히 제2 선적제도가 외국인 소유 선박을 대상으로 하고 제3국 선원의 고용을 통한 경쟁력 확보를 목적으로 하는 한 사실상 편의치적제도와 동일하다고 보고 있다.[85] 그러나 제2선적제도 는 등록국의 선원노조가 제도의 존재 자체를 인정하고 상호간의 타협과 합의를 기초로 시행되는 것으로서 노조의 요구가 반영될 수 있도록 할 수 있다는 점에서 편의치적의 경우와 다르다. 때문에 각국의 ITF 지부들은 국가정책의 결과로서 제2선적제도가 다음 과 같은 사항을 충족하는 경우에는 이를 인정할 수 있다고 발표하였다 : ① 제2 선적 제 도가 국민경제에 공헌하고, ② 선원 및 선주에게 조세상 혜택이 있고, ③ 사회보장관련 제도가 있고, ④ 국제안전기준에 부합하고, ⑤ 노동조합에 교섭권을 인정하고, ⑥ 차별 적인 고용조건을 금지할 것 등.[86]

유럽연합(European Union; 이하, "EU")은 기본적으로 제2선적제도가 회원국간의 운항 조건을 왜곡시킨다는 인식에 따라 1992년 EC 위원회에서 기존의 국내선박등록제도와 유사한 '공동체선박등록제도'(Community Ship Register ; EUROS)를 창안하여 이를 채택하 도록 회원국들에게 권고하고 있다. EUROS는 특정한 국가로의 등록이 아니라 기존 회원 국의 등록제도 외에 새롭게 EU 내에 설치된 하나의 '부가적 등록제도'이다. EUROS 등 록선에는 선박 직원의 전부와 기타 선원의 경우에는 1/2 이상이 EU 회원국의 국민일 것을 요구하고 있다.[87]

이에 반하여 IMO는 국제선박으로 등록한 선박에 대하여 정부 차원에서 제도를 관리 하게 되어 선박의 기본적인 안전 및 환경 기준이 준수될 수 있으므로 국제선박등록제도 자체를 부정하지 않는 입장이다.[88]

---

85) 경윤범, 전게논문, p.190.
86) 박찬재·이태우, 전게논문, p.288.
87) 상게논문.
88) 상게논문 ; 박명규, 전게논문, p.133.

3. 한국의 국제선박등록제도

1) 도입 배경 및 등록 대상

외국의 주요 선사들은 대부분 세금 및 외국인 선원고용상 제약이 없는 편의치적국이나 제2선적국에 선박을 등록하여 비용절감을 꾀하고 국제경쟁력을 확보하고 있는 반면에 우리나라의 商船隊는 과도한 선원비 부담, 외국인 선원의 고용 제한, 과중한 조세부담 등으로 그 경쟁력이 매우 취약한 상태를 면하지 못하고 있었다. 이러한 상황에서 선주단체를 중심으로 선박등록에 대한 새로운 제도의 도입이 강력히 요구되어 왔으며, 그 결과 제2선적제도의 일종인 '국제선박등록제도'를 도입하기로 勞·使·政 간에 합의가 성립된 바 있다. 이에 따라「국제선박등록법」이 1997년 8월 22일에 제정되고 1998년 4월 9일부터 시행되고 있다. 이 법은 선진해운국의 경우와 마찬가지로 국적선의 해외치적을 방지하고 국적선사의 국제경쟁력 제고를 위해 도입된 것이다.

현행「국제선박등록법」제3조 1항 및「국제선박등록법시행령」제2조에 따르면 국제선박으로 등록할 수 있는 선박은, ① 대한민국 국민이 소유한 선박, ② 대한민국 법률에 따라 설립된 상사 법인이 소유한 선박, ③ 대한민국에 주된 사무소를 둔 제2호 외의 법인으로서 그 대표자(공동대표인 경우에는 그 전원을 말한다)가 대한민국 국민인 경우 그 법인이 소유한 선박, ④ 외항운송사업자가 대한민국 국적을 취득할 것을 조건으로 임차한 외국선박[89]으로, 원칙적으로 국제총톤수 500톤 이상의 선박으로서 船齡이 20년 이하의 외항선박이다. 일정한 조건을 충족하는 경우에는 선령 기준이 적용되지 않는다.[90] 그리고 국제총톤 수 1만 5천 톤 이상 선박으로서 선령이 20년 이하인 선박으로서 국민 경제 또는 국가안보에 중대한 영향을 미치는 물자로서 해양수산부령으로 정하는 물자를 운송

---

89) BBC/HP의 경우 등록신청자는 BBC/HP 선박을 운영하는 '외항운송사업자'로서 同法 시행규칙에서 등록신청 시 '해상여객운송사업면허증' 또는 '해상화물운송사업등록증'과 함께, '선박임대차계약서 사본'을 요구하고 있다.「국제선박등록법시행규칙」제3조 2항 참조.

90)「국제선박등록법시행령」제2조 단서는 "다만,「선박안전법」에 의한 선급법인이나 그밖에 해양수산부령으로 정하는 국제협약증서를 갖춘 선박은 선령 기준을 적용하지 아니한다."고 규정하고 있으며,「국제선박등록법시행규칙」에는 "제2조 단서의 규정에 의하여 선령기준을 적용하지 아니하는 선박은 국제선급연합회의 정회원인 선급에 등록한 선박으로서 다음 각호의 증서를 구비하고 있는 선박으로 한다."고 하면서 1. 국제만재흘수선증서, 2. 국제기름오염방지증서, 3. 여객선안전증서(여객선의 경우에 한한다), 4. 화물선안전무선증서·화물선안전구조증서·화물선안전설비증서(화물선의 경우에 한한다), 5. 액화가스산적운송적합증서(액화가스산적운송선박의 경우에 한한다), 6. 위험화학품산적운송적합증서(위험화학품산적운송선박의 경우에 한한다) 등을 규정하고 있다.

하는 선박을 '국가필수국제선박'으로 지정할 수 있도록 하고 있다.[91]

2) 국제선박등록절차

국제선박으로 등록하려는 등록대상 선박의 '소유자' 또는 '외항운송사업자'는 해양수산부령으로 정하는 바에 따라 해양수산부장관에게 등록을 신청해야 한다. 이 경우, 선박소유자 등은 국제선박으로 등록하기 전에 「선박법」 제8조 제1항 및 제2항에 따라 그 선박을 船舶原簿에 등록하고 '선박국적증서'를 발급 받아야 한다. 그리고 해양수산부장관은 국제선박의 등록 신청을 받은 경우에는 그 선박이 「국제선박등록법」 제3조에 따른 국제선박의 등록 대상이 되는 선박인지 확인한 후, 등록대상인 경우 지체 없이 이를 '국제선박등록부'에 등록하고 신청인에게 '국제선박등록증'을 발급하여야 한다.[92]

3) 인센티브 및 문제점

현행 「국제선박등록법」에 의하면 국제선박으로 등록되면 선박소유자 등은 국제선박에 외국인 선원을 乘務하게 할 수 있으며,[93] 정부는 관계법령에서 정하는 바에 따라서 조세의 감면이나 그 밖에 필요한 지원을 할 수 있도록 하고 있다. 또한 국제선박에 승무하는 한국인 선원을 안정적으로 고용하기 위하여 선원능력개발 지원사업 등 노사가 합의한 사업에 대하여 필요한 지원을 할 수 있도록 하고 있다.[94] 그리고 '국가필수국제선박'의 경우 외국인 선원 승선 범위는 6명으로 제한되어 있어 상대적으로 선원비에 있어서 손실이 발생될 수 있는데, 이에 대해서는 정부가 보상하도록 하고 있다.[95]

---

91) 「국제선박등록법」 제8조 1항 및 「국제선박등록법시행령」 제3조 참조. 한편 2010년 현재 국가필수선박은 총 88척이다.

92) 「국제선박등록법」 제4조 제1항 및 제2항.

93) 「국제선박등록법」 제5조 1항: "선박소유자등은 국제선박에 「선원의 훈련·자격증명 및 당직근무의 기준에 관한 국제협약」(이하 "국제협약"이라 한다)에 따라 해양수산부장관이 인정하는 자격증명서를 가진 외국인선원을 승무하게 할 수 있다." 2항: "제1항에 따라 외국인선원을 승무하게 하는 경우 그 승무의 기준 및 범위는 선원을 구성원으로 하는 노동조합의 연합단체(이하 "선원노동조합연합단체"라 한다), 선박소유자 등이 설립한 외항운송사업 관련 협회(이하 "외항운송사업자협회"라 한다) 등 이해당사자와 관계 중앙행정기관의 장의 의견을 들어 해양수산부장관이 정한다."

94) 「국제선박등록법」 제9조 1항 및 2항 참조.

95) 「국제선박등록법」 제8조 및 「국제선박등록법시행령」 제6조 및 7조.

제주 국제선박등록특구제도 시행 이전에는 국제선박등록제도에 대하여는 다음과 같은 문제점들이 지적되어 왔다.[96] 첫째, BBC/HP의 경우 실질적인 소유자가 우리나라 국민으로서, 등록조건협약이 국내법에 따라 용선 기간 동안 등록과 함께 국기게양권을 허용할 수 있도록 하고 있음에도 불구하고,[97] 우리나라 「국제선박등록법」은 BBC/HP에 대하여 「해운법」, 「선박안전법」 그리고 「선원법」 등을 기타 국적선과 동일하게 적용하도록 하면서도 법률상 우리 국적선으로 인정하지 않고 있다. 따라서 한국 국기를 게양할수도 없는 상황에서 원치적국의 법령과 국내 관련 법령이 이중적으로 적용되고 또한 ITF로부터 '편의치적선'으로 분류되어 B/C를 받아야 하는 등 운항상 불이익을 당하고 있다; 둘째, 우리나라는 선박에 대한 공시제도로 登記와 登錄 '이원주의'를 채택하고 있다. 이는 선박의 경제적·국방상의 가치 때문에 발생한 것으로 설명되고 있으나, 등기와 등록관리의 분리 및 공시절차의 이중성으로 인한 불편과 복잡성 때문에 그 경제성과 편의성 면에서 문제가 많다; 셋째, 국제선박에 대한 외국인 선원의 고용범위와 기준을 관계부처 장관이 노사의 의견에 따라 결정하도록 되어 있는데, 이는 선사의 외국 선원 고용에 대한 자율성을 침해할 우려가 있다; 넷째, 국제선박에 대한 조세 지원에 있어서 취득세, 소방공동시설세를 제외한 등록세, 재산세 등 기타 세제는 국적선과 동일하게 부과되고 있어서 외국의 편의치적선이나 제2선적선에 비하면 조세 부담이 과중하다; 다섯째, 국가필수국제선박에 대한 손실보상금은 외국인 선원의 고용 범위와 실제 승선 인원과의 차액 만큼이며, 외국인 선원의 고용 범위는 노사합의를 기초로 관계부처 장관이 정하도록 되어 있는데, 실제로 勞使 간 승선범위의 합의가 어려운 상황에서 이를 합리적으로 조정하거나 이를 법령에 명문으로 규정하는 방안이 모색될 필요가 있다.

V. 제주 국제선박등록특구제도

1. 국제선박등록특구제도의 의의

당초 국제자유도시특별법 제47조와 현행 제주자치도특별법 제221조는 국제선박의

---

96) 박찬재·이태우, 전게논문, pp.289-290.
97) 제12조.

등록을 활성화하기 위하여 제주도내 개항을 '국제선박등록특구'(이하 "등록특구")로 지정할 수 있도록 하고 있다. 이는 기존의 「선박법」 및 「국제선박등록법」의 규정이 제한적이고 국제선박등록에 따른 인센티브가 미흡하여 신규로 등록하는 국제선박이 거의 없는 실정인 점을 반영하여 제주도내 개항을 등록특구로 지정하여 조세 인센티브를 강화함으로써 국제선박의 등록을 활성화하기 위한 것이다. 등록특구 제도는 이를 통하여 우리나라 한국선박의 해외이적을 방지하고 해외에 편의치적 된 선박의 환원을 유도함으로써 국적선대의 확충, 해운산업의 활성화 등 국가 차원의 경쟁력 확보는 물론 국제자유도시로서의 제주도의 위상을 제고하고 물류중심지로의 지향 목표를 달성하는 데 기여할 수 있도록 하고 있는 것이다. 특별법 규정에 따른 국제선박 등록 및 운영 등에 관한 사항을 명확히 함으로써 특구의 효율적인 운영과 활성화를 기하기 위하여 해양수산부는 「제주선박등록특구운영지침」(이하, "등록특구운영지침")을 제정한 바 있다.

그러나 특별법에 규정되고 있는 등록특구는 다만 「국제선박등록법」에 의하여 국내개항에 등록될 수 있는 선박만을 그 대상으로 하고 있기 때문에 '국적선'과 '국적취득조건부나용선' 외에 외국인 소유나 외국인이 운영하는 선박에 대하여 제주도내 개항에 등록함으로써 우리 국적을 취득하는 것을 허용하는 것은 아니라는 점에서 일반적인 '편의치적' 제도와는 그 목적이나 성격에 차이가 있다. 다만 BBC/HP의 경우 형식상 국적이 해외 편의치적국으로 되어 있다는 점에서 「선박법」 상 우리나라 국적선박에 대해서만 등기·등록할 수 있도록 하고 있는 것에 비해서는 다소간 "개방적인" 제도라고 할 수도 있으나, 역시 이 경우에도 국제선박 등록에 따른 제한적인 인센티브 외에 국적 취득과 관련해서는 폐쇄적인 입장을 취하고 있다는 점에서 등록특구 제도를 통하여 우리 국적선이나 등록선복량을 획기적으로 증대시키는 데는 한계가 있다.

2. 국제선박등록특구 등록절차

등록특구운영지침에 따르면, 제주에 등록하고자 하는 선박은, 먼저 '국제선박등록증'을 기 교부받은 경우에, 선적항을 제주도내 개항으로 변경하고자 할 때는 대한민국 선박소유자는 「선박법」 제18조 및 동법 시행규칙 제21조의 규정에 의거하여 선박원부 등록사항 변경등록을 당해 선박 선적항을 관할하는 지방청장에게 신청하여야 한다. '선박국

적증서'를 재교부 받은 선박소유자는「국제선박등록법」제4조 및 동법 시행규칙 제3조
의 규정에 의거하여 선적항 변경을 사유로 국제선박 변경등록을 해양수산부장관에게 신
청하여야 한다. 다만, 특별법시행령 제31조에 해당하는 국적취득조건부나용선이 대한민
국 국적을 취득하기 전에 농어촌특별세 등을 면제받고자 할 때에는 당해 선박 운항사업
자(국내 선박임차인)는 '국제선박등록증' 원본을 해양수산부장관에게 제출하여 특구에 등
록할 것임을 확인해야 한다.

다음, '국제선박등록증'을 신규로 교부받는 경우에는, 대한민국 선박소유자는「선박
법」제8조 및 동법 시행규칙 제10조 내지 제15조에 의거하여 선박의 등록을 제주지방해
양항만청장에게 신청하여야 한다. '선박국적증서'를 교부받은 선박소유자는「국제선박
등록법」제4조 및 동법 시행규칙 제3조의 규정에 의거하여 국제선박 등록을 해양수산부
장관에게 신청하여야 한다. 다만, 특별법시행령 제31조에 해당하는 국적취득조건부나용
선이 대한민국 국적을 취득하기 전에 농어촌특별세 등을 면제받고자 할 때에는 당해 선
박 운항사업자(국내 선박임차인)는 국제선박등록 시 특구에 등록할 것임을 확인해야 한다.

그리고 등록의 말소는「선박법」제22조 및「국제선박등록법」제10조의 규정을 준용
하도록 하고 있다. 따라서 ① 선박소유자 등이 등록의 말소를 신청한 때, ② 국제선박의
등록대상에 해당되지 아니하게 된 때, ③ 당해 선박이 멸실·침몰 또는 해체된 때, ④
선박의 存否가 3월 이상 분명하지 아니한 때, 그리고 ⑤ 詐僞 기타의 방법으로 등록한
때에는 해양수산부 장관은 국제선박의 등록을 말소하여야 한다.

3. 국제선박등록특구의 조세감면 범위 및 평가

현행 선박에 대한 조세부과 항목을 보면, 첫째, 국적취득 조세로서 등록세, 취득세,
교육세 그리고 농어촌특별세가 있다. 둘째, 국적유지 조세는 재산세와 교육세 그리고
지역자원시설세 등이 있다. 셋째, 법인소득관련 조세로는 법인소득세와 법인주민세가
있다. 이 가운데「국제선박등록법」에 의하여 등록되는 선박에 대해서는 취득세, 재산세,
그리고 지역자원시설세가 감면되는 반면 제주 등록특구에 등록되는 경우에는 취득세,
재산세, 지역자원시설세, 지방교육세, 그리고 농어촌특별세 등이 면제될 수 있도록 하고
있다.[98)99)100)] 그러나 이러한 면제 혜택도 편의치적국에서 부여하는 감면 범위에 비하면

크게 미흡한 실정임을 부인할 수 없다. 편의치적국에서는 보통 등록료(세)와 등록유지세 또는 톤세만을 징수하는 것이 일반화되어 있기 때문에 세금 부담이 훨씬 경감되고 있다. 우리나라의 경우도 2005년부터 톤세 제도를 도입하였으나 그 세율이 높아 실익이 크지 않는 것으로 나타나고 있다.

한편 해양수산부의 자료제공에 따르면, 2010년 말 현재 제주등록특구의 국제선박 등록현황을 보면 우리나라 전체 876척(국적선 581척, BBC/HP 295척) 가운데 843척(국적선 843척, BBC/HP 295척)으로 96.2%가 제주도내 개항에 등록하고 있으며 BBC/HP의 경우는 100%가 등록특구에 등록을 완료했음을 알 수 있다. 그리고 제주시의 경우 2010년 말 현재 총 548척이 등록을 마쳤으며 국제선박 등록에 의한 지방세 수입은 177억 4,100만 원에 달한다고 한다.[101] 이처럼 그 숫자만을 놓고 보면 법률상으로 또는 실질적으로 국적 외항선사가 지배하고 있는 거의 대부분의 국제선박이 도내 개항에 등록됨으로써 제주 국제선박등록특구제도는 많은 효과를 거두고 있다고 말할 수도 있을 것이다.

VI. 결론 및 제언

편의치적 또는 개방등록제도는 국제법상 '진정연결의 원칙'에 반하는 것임에도 불구하고 선박 구매의 편의와 해운회사의 경쟁력 확보라는 차원에서 그 필요성이 주장되어 왔으며, 오늘날 세계 해운업계의 관행으로까지 발전되고 있다. 한편 근래 선진 해운국가

---

98) 제주자치도특별법 제221조.

99) 「조세특례제한법」 제121조의15(국제선박 등록에 대한 지방세 감면)
　　① 「국제선박등록법」 제4조에 따라 국제선박으로 등록하기 위하여 취득하는 선박으로서 다음 각 호의 어느
　　　하나에 해당하는 선박을 2015년 12월 31일까지 취득하는 경우에는 「지방세법」 제12조 제1항 제1호에
　　　따른 취득세율에서 1천분의 20을 경감하여 과세하고, 지방교육세를 면제한다. 다만, 선박의 취득일부터
　　　6월 이내에 국제선박으로 등록하지 아니한 경우에는 경감된 취득세 및 면제된 지방교육세를 추징한다.
　　　1. 「제주특별자치도 설치 및 국제자유도시 조성을 위한 특별법」 제221조 제1항의 규정에 의한 선박등록특
　　　　구를 선적항으로 하는 선박
　　　2. 대통령령이 정하는 외국선박
　　② 2015년 12월 31일 이전에 도래하는 과세기준일 현재 제1항 제1호의 선박등록특구를 선적항으로 하여 국제
　　　선박으로 등록되어 있는 선박에 대하여는 재산세 및 「지방세법」 제146조 제2항에 따른 지역자원시설세를
　　　면제한다.

100) 「농어촌특별세법시행령」 제4조 제6항 제1호.

101) 「제민일보」, 2011년 5월 11일자 참조.

들의 경우에는 세제 감면 등 편의치적 제도의 장점을 활용함으로써 국적선대를 확충하고 국내 해운산업의 활성화를 도모하기 위한 방안으로 '역외등록'이나 '국제선박등록' 제도 등 기존의 편의치적제도와는 다른 '제2선적제도'를 창설하거나 도입하고 있다. 우리나라의 경우에도 「국제선박등록법」을 통하여 일종의 국제선박등록제도를 도입한 바 있다. 그러나 '편의치적' 내지 '개방등록'에 대한 정부의 부정적인 입장 때문에 등록대상선박을 국적선과 국적취득조건부나용선으로 제한하고 국적취득조건부나용선의 경우에 국적부여는 허용하지 않고 있다는 점, 선원고용상의 규제가 여전하다는 점, 그리고 국제선박등록에 따른 인센티브가 미흡하다는 점 등 여러 가지 이유 때문에 국제선박 등록의 활성화를 통한 해운산업의 발전에는 한계가 있었다.

　제주 국제선박등록특구제도는 「국제선박등록법」상 국제선박등록제도의 단점이나 문제점을 보완하여 우리나라의 국제선박등록제도를 효과적으로 운영하고 이를 통하여 해운산업의 활성화 및 국제자유도시의 성공적 추진에 기여할 수 있도록 하기 위한 목적으로 특별법에 규정되었다. 따라서 제주 등록특구제도를 통하여 우리나라 선박의 해외로의 편의치적을 방지하고 이미 해외에 치적된 선박의 환원을 유도하기 위한, 그리고 가능하다면 외국인 소유선박의 치적을 유인하기 위한 보다 획기적인 방안을 모색할 필요가 있다고 본다. 이러한 관점에서 현행 특별법의 규정과 관련하여 제주 등록특구의 활성화를 위하여 검토할 필요가 있는 문제점 및 그 개선·보완 방안을 제시하면 다음과 같다.

　첫째, 등기와 등록으로 이원화되어 있는 선박공시제도를 일원주의로 개선하여야 한다. 우리나라와 같이 선박의 등록과는 상관없이 국적이 부여되는 상황에서는 등록에 의하여 국적이 부여되는 대부분의 국가들과는 달리 선박의 국적을 확인하는 것이 어렵게 되고 BBC/HP의 경우처럼 외국 국적선으로서 우리나라의 법률을 이중적으로 적용받게 되는 불합리한 결과도 발생하게 된다. 따라서 등기와 등록을 분리하여 관리함으로써 야기되는 비효율성을 제거하고 선박에 관한 사법상 권리·의무관계와 공법상 관리 및 규제를 단일화된 '등록제도'로 통합함으로써 합목적성을 증대시킬 필요가 있다.[102]

　둘째, 최소한 BBC/HP의 경우에는 등록에 의하여 '국제선박등록증'을 교부 받음으로써 제한적인 범위에서 한국의 국적선으로 간주될 수 있도록 특례를 인정할 필요가 있다. 즉, '국제선박등록증'을 선내에 비치하고 대한민국 국기를 게양하여 항행할 수 있도록

---

102) 박찬재·이태우, 전게논문, p.291.

하고 우리 정부의 외교적 보호의 대상이 될 수 있도록 관련법령을 개정할 필요가 있다.[103] 또한 실질적인 외국인 소유 선박의 경우도 NIS와 마찬가지로 등록지(제주)에 선박관리나 운영을 위한 주된 사무소의 설치 또는 선사 대표의 상주 등 일정한 조건을 충족시키는 경우 등록특구에의 등록을 허용함과 동시에 한국 국적을 부여할 수 있도록 특례를 부여하는 방안을 검토할 필요가 있다.

셋째, 국제선박의 등록 유치를 활성화하기 위하여 선박금융 및 회계제도의 획기적인 개선 및 보완이 필요하다. 외항해운은 국제화된 산업임에도 불구하고 우리나라 해운회계제도는 이러한 특성이 감안되지 않은 채 타산업과 동일한 제도가 적용되고 있다. 그 대표적 사례가 외화환산회계의 경직성인데, 제주 등록특구에 등록된 선박에 대해서는 외화표시 회계가 허용될 수 있도록 해야만 할 것이다. 제주에 설립되는 '선박투자회사' 등 '특수목적법인'(SPC) 및 그 출자자 또는 국내·외 선박금융기관에 대한 법인세 면제 등 특단의 조세 인센티브를 「조세특례제한법」 등 관련 법률의 개정을 통하여 마련할 필요가 있다. 이로써 선박건조 및 구입에 따른 금융상 어려움 때문에 해외에 편의치적될 수 있는 선박을 제주 등록특구로 유인할 수 있도록 제도개선을 해야 한다. 특히 「선박투자회사법」[104]에 의한 SPC 설립 및 그에 의한 선박 취득에 대한 지원방안을 마련함으로써 제주등록특구제도와 연계하여 「선박투자회사법」을 실효성을 확대할 수 있도록 할 필요가 있다.

넷째, 편의치적국들은 물론 대부분의 제2선적제도 시행국가들은 등록세 및 수수료 외에 선박에 대한 모든 세제를 단일화하고 극히 낮은 세율을 적용하는, 이른바 '톤세제도'(tonnage tax)[105]를 시행함으로써 자국으로의 등록을 유인하거나 해운산업의 국제경쟁력을 강화하고자 시도하고 있다. 우리나라의 경우에도 2005년부터 톤세제도를 도입하여 시행하고 있으나, 제주 등록특구의 경우에는 현행 특별법에 기초한 조세 감면 수준을 편의치적국 수준으로 더 강화할 필요가 있다고 본다.

다섯째, 선원고용에 대한 규제 완화를 명확히 할 필요가 있다. 개방등록 제도를 도입

---

103) 상게논문.

104) '선박투자회사제도'는 일반투자자로부터 자금을 모집해서 선박을 건조한 후 이를 해운회사에 빌려주고 그 용선료를 투자자들에게 배당해 주는 선박금융 기법으로 아시아에서는 최초로 도입된 것이다. '선박투자회사제도'에 대해서는 임종구, 『선박투자회사제도 도입방안 연구』(한국해양수산개발원, 2001) 참조.

105) 톤세 제도란 해운기업의 영업이익이 아닌 운행 선박의 순톤수와 운항 일수를 기준으로 산출한 개별 선박 표준이익에 법인세를 곱하여 세율을 산출하는 제도를 말한다.

하고 있는 국가의 경우에 선원고용에 따른 규제가 거의 없는 것이 특징이다. 그러나 현행 「국제선박등록법」에 의하면 우리나라의 국제선박에 승선하는 외국선원의 고용 범위는 노사의 의견을 들어 해양수산부장관이 결정하도록 규정하였으나, 아직 노사 간 합의가 이루어지지 않은 채 그 고용 범위는 국적선의 외국선원 고용 범위를 준용하고 있는 실정이다. 따라서 「국제선박등록법」의 개정을 통해서나 제주자치도특별법의 개정을 통하여 제주 등록특구에 한해서 외국선원의 고용 범위를 선사에서 자율적으로 결정할 수 있도록 보장해 주는 것이 바람직하다.[106]

마지막으로, SPC 설립 및 등록과 관련된 업무가 모두 영어 등 국제 공용어로 이루어지도록 해야 하며, 특히 등록과 관련된 업무를 one-stop service를 통하여 단 시간 내에 완료 할 수 있도록 해야만 한다. 선박은 부동산과 달라, 조선소로부터 인도되거나 제3국인으로부터 매입한 직후 국적을 바꾸어 출항을 하여야 한다. 또한, 인도와 동시에 (국적지에) 저당권을 설정하여야 하며, 경우에 따라서는 선원수첩 등을 즉시 발부 받을 수 있어야 한다. 전 세계 어디에서라도 당일 또는 24시간 내에 등록을 하기 위해서는, 전 세계에서 등록을 지원하는 체제가 마련되어야 한다.[107]

제주 선박등록특구제도는 소극적으로 보면 각종 조세의 감면으로 인하여 지방세 수익의 증대와는 반대로 국가적으로는 세수의 감소를 초래하는 측면이 있는 것도 사실이다. 따라서 제주 등록특구제도가 그럼에도 불구하고 우리나라 해운산업의 활성화 및 국제경쟁력의 제고에 기여하고 국제자유도시로서의 제주의 발전에 크게 이바지할 수 있도록 추진되어질 때 비로소 그 정당성 및 실익이 확보될 수 있다고 본다. 장기적으로 제주국제자유도시는 국제금융자유도시 및 역외금융센터로의 발전을 지향하고 있다. 따라서 제주 등록특구 제도는 국제선박의 등록을 활성화함은 물론 제주도를 선박금융과 해운산업의 거점으로 육성시키는 데 핵심적인 역할을 수행할 수 있도록 하는 방향으로 제도적인 개선을 추진해 나갈 필요가 있는 것이다.

---

106) 박찬재·이태우, 전게논문, p.291 참조.
107) 정우영, 전게논문, pp.17-18.

제19장

제주해역의 해로보호와 동북아 해양협력

Ⅰ. 서론

세계화 시대인 21세기에 접어들어 해로의 안전 및 보호 문제가 군사적 또는 비군사적 측면에서 동북아 해역국가들의 주요 관심사로 부상하고 있다. 이들은 그 경제적 발전 전략을 대외무역에 크게 의존하고 있으며 대외무역은 대부분 해상운송을 통하여 이루어 지고 있다. 동북아 해역은 분단체제 당사자인 한국과 북한을 비롯하여 미국·러시아·중국·일본 등 4강의 전략적 이해관계가 세계의 다른 어느 지역보다도 민감하게 집중되고 있다. 이 때문에 동북아 지역 주변국들 간의 경쟁과 대립이 해로보호 및 안전 문제를 둘러싸고 고조되는 경우도 비일비재 하다. 또한 반폐쇄해(semi-enclosed sea)의 특성을 지니고 있는 동북아 해역은 1994년 해양법협약의 발효 이후 해양관할권의 확대를 둘러 싼 연안국들의 이해관계의 대립과 함께 그동안 계속되어 온 도서의 영유권 분쟁이 주변국들 간의 관계를 더욱 첨예한 긴장 속으로 몰아넣고 있기도 하다.

오늘날 광범위한 면적을 갖고 있는 해양 및 해로안보를 어느 한 국가의 독자적인 힘으로 확보하는 것은 매우 어려운 일이다. 때문에 세계적 차원은 물론 지역적 해양협력을 통한 해양 및 해로안전의 확보는 매우 중요한 국가적 과제로 등장하고 있다. 그러나 동북아 지역의 경우, 범세계적으로 확산되고 있는 '지역주의'(regionalism)의 움직임에도 불구하고 아직 역내 국가들 간의 이질적·대립적 요소들이 크게 두드러지고 있으며 이로 인한 대립·갈등의 구조가 여전히 계속되고 있다.[1]

여기서는 동북아 해로보호의 중요성과, '제주해협'(Jeju Strait) 및 '이어도 해역'(Ieodo

Waters)을 중심으로 하는 제주해역의 전략적 가치에 관하여 검토하고 나서 해로안보를 위한 해양 거버넌스(maritime governance) 차원의 지역적 해양협력체제의 구축에 관하여 제언하고자 한다.

Ⅱ. 동북아 해역 및 해로의 중요성

1. 동북아 해역의 의의

동북아시아(이하, "동북아")는 아시아의 동북부 지역을 말한다. 좁은 의미로는 한국과 일본, 중국을 가리키며 넓은 의미로는 중국 동북 지방과 몽골, 러시아 극동 지역을 포함한다.[2] 그리고 '동북아 해역'이라 함은 이들 동북아 국가들이 연안국으로 위치하고 있는 해역을 의미하는 것이다. 한반도로부터 남쪽의 싱가포르에 이르는 아시아 대륙의 동안과 일본열도에서 시작하여 류큐열도(Ryukyu Islands), 대만, 필리핀 그리고 인도네시아의 보르네오, 수마트라 등의 섬에까지 연결되는 선에 의하여 둘러싸여진 바다를 보통 중국해(the China Sea)로, 그리고 이를 대만해협을 경계로 남북으로 나누어 북쪽을 동중국해(the East China Sea), 남쪽을 남중국해(the South China Sea)라고 부르는데, 동중국해를 보통 '동북아 해역'(the Northeast Asian Seas)으로 칭한다.

동북아 해역에는 보다 세부적으로는 한반도 남단과 양자강을 연결한 선을 기준으로, 북쪽의 한반도와 중국 동해안 사이의 바다인 황해(the Yellow Sea: 서해), 남쪽의 대만과 한반도 사이의 바다인 狹義의 동중국해, 한반도와 일본 사이의 동해(the East Sea), 그리고 소련의 사할린 동부와 캄차카(Kamchatka)반도 사이의 오호츠크해(the Sea of Okhotsk) 등이 포함되고 있다. 동북아 해역에 속하는 네 개의 바다 중 오호츠크해는 사실상 러시아의 내해로 되어 있으나, 다른 세 개의 바다는 주변국들 사이에 주요한 활동무대 및 이해관계의 초점이 되어 왔다.[3]

---

1) Young-Koo Cha, "A Korean Perspective on the Security of the Sea Lanes in East Asia", Lau Teik Soon and Lee Lai To (eds.), *The Security of the Sea Lanes in the Asia-Pacific Region*(Singapore: Heinemann Asia, 1988), pp.195-196.

2) http://ko.wikipedia.org 참조.

3) 이상우, 「소련 해군증강과 동북아 해로안전」, 김달중 편, 『한국과 해로안보』(법문사, 1988), pp.228-231 참조.

우리나라는 동북아 해역을 중심으로 하여 일본·중국(대만), 그리고 러시아 등의 강대국과 인접 또는 대항하고 있으며, 북한과는 분단국체제로서 상호 특수관계를 유지하고 있는 형편이다. 한편 미국은 직접적인 동북아해역 국가라고는 할 수 없으나 「한·미 상호방위조약」과 「미·일 안전보장조약」을 통한 한국 및 일본과의 군사적 협력관계로 인하여 동북아해역에 있어서 매우 중요한 정치적·군사적 이해관계를 가지고 있는 간접적 주변국이라고 할 수 있다. 따라서 동북아해역 국가(지역)로서는 한국·일본·북한·중국·러시아·대만, 그리고 미국 등 모두 7개국(지역)이 있다고 할 수 있다.

동북아 해역은 그 연안국들과 주요 해양강대국들의 무역 및 군사적 목적을 위한 주요 해로로 이용되어 왔으며 오래 전부터 국제정치·경제적 관심이 집중되어 왔다. 특히 동중국해 는 북으로는 동해와 황해, 남으로는 남중국해와 필리핀해, 그리고 동으로는 태평양으로 이어지는 해상교통로의 교차점에 위치하고 있는 중요한 해역이며 한국·중국·대만·일본·러시아 그리고 미국 등 상호 경쟁관계 내지 적대관계에 놓여 있는 국가들로 둘러싸여 있어서 언제라도 분쟁이 야기될 수 있는 해역이다.

동북아 해역은 특히 미국과 러시아를 비롯하여 오늘날 중국과 일본 해군의 주된 활동무대가 되고 있다. 미국의 입장에서 보면 동북아 해역은 러시아 해군의 대남진출을 저지하기 위한 해상군사력의 현시(presence) 및 안전해로 유지를 위한 전략적 중요성이 크게 인정되고 있는 해역이다. 그리고 오늘날 대양해군을 지향하고 있는 일본, 중국 그리고 한국의 입장에서도 동북아 해역은 국가안보상 매우 중요한 전략적 가치가 인정되고 있다.[4] 그리고 동북아 해역에는 제주해협, 대한해협, 쓰시마해협, 대만해협, 쓰가루해협, 소야해협, 그리고 타타르해협 등 많은 閉塞點들(choke-points)[5]이 존재하고 있으며, 이들은 동북아 해로의 핵심적 위치를 차지하고 있다는 점에서 그 전략적 가치가 주목을 받고 있다.

---

4) 상계논문, pp.238-242 참조.

5) "In military strategy, a choke point(or chokepoint) is a geographical feature on land such as a valley, defile or a bridge, or at sea such as a strait which an armed force is forced to pass, sometimes on a substantially narrower front, and therefore greatly decreasing its combat power, in order to reach its objective. A choke point would allow a numerically inferior defending force to successfully prevent a larger opponent because the attacker would not be able to bring his superior numbers to bear."(http://en.wikipedia.org/wiki/Choke_point)

2. 동북아 해로의 현황 및 중요성

1) 동북아 해로의 현황

해상교통로(이하, "해로")는 영어로는 Sea Lanes of Communication으로 표현되고, 흔히 'SLOC'으로 약칭되고 있다. 그러나 엄밀히 말하면 해로, 즉 SLOC은 군사전략적인 차원에서는 Sea Lines of Communication의 약어로서 '작전부대와 작전기지를 연결하여 그 노선을 따라 보급품과 증원군이 이동하는 해상의 통로'라는 개념으로 兵站線·軍需線을 의미하였다고 한다. 그러나 이러한 의미의 SLOC이 비군사적인 차원에서도 빈번히 활용됨으로써 Sea Lanes of Communication의 약어로 이해되고 있다는 것이다. 따라서 오늘날 SLOC, 즉 해로는 '상업적인 목적과 군사적인 목적의 해상수송로'가 포괄되어 있는 것이다.[6]

국가 발전과 관련하여 해로의 중요성은 오래 전부터 인식되어 왔다. 16세기 영국의 엘리자베스 여왕 시대에 Walter Raleigh 卿이 "바다를 지배하는 자는 무역을 지배하고 무역을 지배하는 자는 세계를 지배할 것이다."[7]라고 하였듯이, 바다를 효과적으로 지배하고 또 지배할 수 있는 능력을 가진 국가만이 부강한 국가로서 국제무대에서 번영을 누려 왔음이 역사적으로 증명되고 있다. 일찍이 Mahan 제독은 국가발전의 초석으로 '해양전략 사상'을 강조하였으며, 영국과 미국이 이러한 전략을 바탕으로 막강한 해상군사력을 구축하고 세계를 리드하는 해양국가로 발돋움해 왔다.

오늘날 해상군사력 또는 이를 핵심요소로 하는 '해양력'(sea power)은 국가발전의 토대이자 국력 측정의 기본적 요소가 되고 있다.[8] 해양력을 가지고 있는 국가들은 자국의 해로 안전을 위하여 소극적으로 광활한 해상 교통로를 이용하고 있으며 적극적으로는 자신의 우방 세력을 지원하고 그 지역 내의 적대세력을 제거하며 타국의 간섭을 무력화하기 위하여 대양에 해군력을 집중·전개하고자 시도하고 있다.[9]

---

6) 김달중, 「동북아 해상교통로를 위요한 4강의 해상전략」, 김달중 편 전게서, p.147.

7) Sir Walter Raleigh, "A Discourse of the Invention of Ships, Anchors, Compass, etc.", *The Works of Sir Walter Raleigh, Kt.*, Vol.8, p.325.

8) 전통적으로 '해양력'은 군함의 사용을 통한 해양의 통제 또는 '군사력의 투사'(power projection)를 의미하는 것으로 이해되고 있으나, 이제는 해양의 이용에 관한 국가 능력의 총집합체로 인식되고 있으며, 결국 국가의 힘을 극대화하기 위한 전략으로서 해양을 사용하는 능력을 의미한다고 본다(백진현, 「한국의 해양정책 및 해양력 발전방향」, 『21 세기와 한국의 해양안보』(제3회 함상토론회 발표논문집), 1994, pp.214-215).

오늘날 어느 국가도 경제적으로 자급·자족·자립할 수 없으며, 자원과 상품이 서로 교류될 수밖에 없는 국제분업과 협력체제 가운데 살고 있다. 특히 오늘날 인구의 폭발적인 증가와 자원 수요의 확대, 그리고 이에 수반되어 발생되는 물자와 용역 등 교류의 증가는 해상교역을 위한 해로의 원활한 이용을 불가피하게 만들고 있다. 평상시는 물론 유사시 생존에 필요한 석유, 식량, 원료, 또는 군수물자들을 안전하게 자국으로 이동할 수 있도록 하는 데 해로 보호의 필요성이 생겨난다.[10] 해양은 또한 생물 및 광물자원의 보고로서 더욱 중요한 경제적 가치를 지니고 있다. 해상교역과 함께 해양자원의 탐사 및 개발을 위하여 해로의 안전을 확보하는 것은 이제 개별국가는 물론 국제사회 전체의 공통적인 과제로 대두되고 있다고 보아도 과언이 아니다.

동북아 해역의 해로의 분포에 관하여 다양한 설명이 있다. 이들 가운데는, 우리나라 국적 외항선이 이용하는 정기항로[11]로서, 한–일 항로, 동남아 항로, 북미주 항로, 중동 항로, 유럽 항로, 호주 항로, 아프리카 항로, 중남미 항로 등 8개의 해로가 있다고 하는 견해,[12] 3개의 한–일 항로, 4개의 한국–동남아–중동 항로 등 7개의 해로가 있다는 견해,[13] 북미 지역과 시베리아 지역을 연결하는 북방 항로, 일본을 연결하는 한–일 항로, 중국을 연결하는 한–중 항로, 동남아–중동–유럽을 연결하는 남방 항로 등 크게 4개의 항로가 있다는 견해,[14] 그리고 서해를 통하여 중국 동안으로 직접 통하는 한–중 항로,

---

9) 김현기, 「한국의 해로안보와 해군력」, 김현기 편, 『국가경제와 해양안보』(한국해양전략연구소, 1999), p.175 참조.

10) 황원연, 「한국의 해양안보정책에 관한 연구」, 동국대학교 행정대학원 석사학위논문, 1989, p.90.

11) 한국 외항선이 이용하는 항로는 부산·광양·울산·인천 등 주요 무역항에서 해외 무역항으로 연결되는 무역 항로를 말한다.

12) 이 가운데 아프리카 항로와 남미 항로는 국적 선사의 참여도 적을 뿐만 아니라 국적선의 운영형태도 선복부분 용선 또는 합작 형식이기 때문에 실질적인 주요정기항로는 나머지 6개로 볼 수도 있다고 한다(김달중, 「한국 해로안전 연구」, 『국방학술논총』, 제2집, 1989, p.78 참조).

13) 한–일간의 해로는 크게 3개로 구분된다. 첫째, 한국의 서해안과 남서해안에 위치한 여러 항구로부터 일본에 이르는 것으로써, 주로 제주해협과 쓰시마해협을 통하여 일본 혼슈와 큐슈 사이의 시모노세키해협을 통하여 태평양에 연한 일본의 항구들에 이르는 해로이다. 둘째, 한국의 동해와 동남해에 위치한 항구들로부터 대한해협이나 쓰시마 해협을 통하여 일본에 이르는 해로이다. 셋째, 한국의 동해안 항구로부터 독도 인접해역을 통하여 일본의 서안에 있는 항구들에 이르는 해로이다. 그리고 한국에서 동중국해를 경유하여 인도양을 통하여 페르시아만까지 도달하는 한국–동남아–중동 해로에는 ① 한국→바시해협→말라카해협→인도양→페르시아만, ② 한국→바시해협→카리마타해협→준다해협→인도양→페르시아만, ③ 한국→바시해협→바라바크해협→마카사해협→롬보크해협→인도양→페르시아만, ④ 한국→필리핀→반다해협→옴바이웨타해협→인도양→페르시아만 등 4개가 있다. 한국에서 페르시아만까지는 양호한 해상조건하에서 20노트로 항해시 최단 22일부터 최장 28일의 기일이 소요된다고 한다(김현기, 전게논문, pp.183–184 참조).

동중국해를 경유하여 동남아시아와 중동·유럽·아프리카를 향하는 서남항로, 일본열도를 우회하거나 해협을 통과하여 북미주·중남미와 대양주로 향하는 동남 항로, 동해와 대한해협을 통한 일본과의 한-일 항로 등 크게 4개의 해로가 있다는 견해가 있다.[15]

북미주 항로는 경제적 측면에서뿐만 아니라 한·미 동맹관계 및 군사협력 차원에서 볼 때 그 전략적 중요성이 높이 평가되고 있으며, 한-중 항로는 한·중 수교 이후에 크게 교역량이 증가하고 있는 항로이다. 중동항로는 특히 석유수송 및 중동지역의 분쟁과 관련하여 그 불안정성이 크게 주목되고 있는 항로라고 할 수 있다. 한편 한-일 항로는 그 자체의 중요성 이외에도 한국도 일본과 같이 페르시아만에서 동중국해까지 같은 항로를 사용하여 유류를 수송하고 있는 바, 이때 일본의 해로를 필히 통과하여야 하는 실정에 비추어 밀접한 연계성을 지니고 있다고 본다. 또한 한국은 주변국인 일본의 해로방위가 자신의 해로 안전에 직접적인 영향을 미칠 수도 있다는 점에서 한-일 해로의 중요성이 인식될 필요가 있는 것이다.[16] 우리나라와 동남아 지역을 연결하는 동남아 해로는 제주도 동남방을 통과하고 일본의 류큐열도를 경유하여 필리핀과 대만 사이의 바시해협(Bashi Strait)이나 중국과 대만 사이의 대만 해협을 지나 남중국해에 이르게 된다. 그리고 남중국해에서 인도양으로 진입하기 위해서는 필리핀·인도네시아·말레이시아·태국·싱가포르 등 아세안(ASEAN) 5개국에 광범위하게 분산되어 있는 섬들을 통과해야 한다.[17]

2) 동북아 해로의 중요성[18]

지리적 여건상 우리나라의 대외 무역은 항공과 해로에 의존할 수밖에 없으며, 특히 해상무역은 거의 절대적인 비중을 차지하고 있다. 따라서 해로의 안전을 확보하는 것은 우리의 국가발전을 위한 절대적 과제라고 할 수 있다. 평시는 물론 비상시의 해로 보호 및 방위는 국가생존을 위하여 절대적인 필요조건이 되는 것이다. 우리나라는 거의 전 무역량을 동북아 해로를 통한 교역에 의존하고 있다. 1960년대부터 대외지향적 발전전략을 표방해온 우리나라는 경제발전의 수단으로써 대외무역을 강조해왔다. 현재 경제규

14) 김종민, 「한국의 해로보호 문제」, 『해양전략』, 제85호, 1994, pp.55-57 참조.
15) 배형수, 「국가 해양력 발전과 해상교통로 보호」(2006년 해양정책 심포지엄 자료집), pp.5-6.
16) 김현기, 전게논문, p.184.
17) 상게논문.
18) 상게논문, pp.193-195 참조.

모 세계 11위, 해상무역규모 세계 10위, 조선능력 세계 1위, 컨테이너 처리능력 세계 5위의 해상 강국으로 발전할 수 있었던 것은 한국과 세계를 연결해 주는 해로가 있기 때문이다. 한국은 국내 총생산량 규모의 73%를 해외무역에 의존하고 있으며, 총 무역량의 99.7%가 해상을 통하여 운송되고 있다.[19] 앞으로도 수송량의 대규모화, 수송의 원거리화, 저렴한 운송비 등으로 말미암아 해운과 항만의 중요성 및 해로 안전의 필요성이 크게 부각될 것으로 보인다.

뿐만 아니라 우리나라는 동해·황해·동중국해의 연안국이며 러시아의 동중국해 출입구인 대한해협과, 황해와 동중국해가 이어지는 교통 요충인 제주해협 및 그 외측 해로를 관장할 수 있는 위치에 놓여 있어 역사적으로도 해상교통에 관심을 가진 강대국들의 침략 대상이 되어 왔었다. 우리나라는 대립이 가장 격심한 해양 강대국들의 해군이 혼재하는 바다로 둘러싸여 있다. 동해에는 러시아 태평양함대 소속 함정과 미 제7함대 함정, 그리고 일본, 북한 함정이 항상 떠 있고, 황해에는 중국, 북한, 및 미국 함정이, 그리고 남쪽 동중국해에는 미국, 러시아, 중국, 일본, 그리고 대만의 함정들이 떠있는 상황에서 이들 해로들을 통하여 일반 상품 및 군수 물자를 수송하고 있다. 이와 같이 군사적·전략적·경제적인 측면에서 우리나라에 매우 중요한 의미를 가지고 있는 동북아 해로는, 특히 최근에 들어와서 해양질서의 재편에 따른 해양관할권의 확대 및 해양자원 확보를 둘러싼 이해관계의 대립이 고조됨에 따라 해로의 안전 및 방위 문제의 중요성이 더욱 크게 부각되고 있다.

Ⅲ. 동북아 해로와 제주해역의 전략적 가치

1. 동북아 해로와 제주해역

濟州島[20]는 한반도의 최남단 아래 위치하고 있는 섬이다. 제주도는 중국 대륙, 한반

---

19) 정호섭, 「한국의 해로안보전략」, 한국해양전략연구소 편, 『동아시아 해로안보』(한국해양전략연구소, 2007), p.197.
20) '제주도'(Jeju island)에는 비양도, 우도, 상추자도, 하추자도, 횡간도, 가파도, 마라도 등 8 개의 유인도와 54개의 무인도가 있다.

도, 그리고 일본열도를 연결하는 삼각형의 중심부이자 이들 국가에 의하여 둘러싸인 동북아 해역의 중앙에 위치하고 있다.[21] 제주도를 둘러싸고 있는 바다를 흔히 제주해역이라고 하며, 이에는 '제주해협'(Jeju Strait)과 좁은 의미의 동중국해가 포함되고 있으며, 제주도 남방의 이른바 '이어도 해역'은 동중국해에 위치하고 있는 것이다. 지리적 관점에서 제주도 및 제주해역은 한-일 및 한-중 항로는 물론 우리나라에서 동남아, 중동, 유럽 등 기타 지역으로 진출하는 주요 해로의 길목 또는 그 주변에 위치하고 있기도 하다. 그 지정학적 위치 때문에 오래 전부터 제주도는 동북아 해역국가들 간의 평화·안보·경제, 기타 협력을 위한 거점으로서의 전략적 가치를 지닌 것으로 평가되어 왔다.[22]

제주해협은 우리나라 본토 남단과 제주도 사이에 있는 해협[23]을 말한다. 제주도 북단인 북위 34도의 제주시 추자면 대서리에서 전라남도 해남까지의 거리가 47해리(87km), 목포와의 거리는 76.5해리(141.6km)이며, 제주도 본섬과 그 부속섬인 추자도와의 거리는 약 26해리(48km)이다. 제주해협에는 많은 섬들이 산재해 있으며, 해협의 평균 수심은 약 70m, 最深度는 140m에 달한다.[24] 제주해협은 해협 및 인근에 위치하는 거문도·여서도·장수도·절명서도·소흑산도를 직선으로 연결하는 기선, 즉 '직선기선'(straight baseline)을 기준으로 하여 본토 측은 한국의 '내수'(internal water)를 구성하고 기선과 제주도 사이는 한국의 '영해'(territorial sea)를 구성한다. 또한 제주해협은 동북아 해역에 포함되는 황해, 동중국해, 그리고 동해 등 공해 또는 배타적 경제수역(Exclusive Economic Zone, 이하 "EEZ")의 한 부분과 공해 또는 EEZ의 다른 부분을 연결하는 국제항행로로 사용되고 있다.

---

21) 지리적으로 보면 북쪽의 목포와는 141.6km, 북동쪽의 부산과는 286.5km, 동쪽으로는 일본의 대마도와 255km, 후쿠오카와는 352km, 서쪽으로는 중국의 상해와 528km, 그리고 남동쪽에 위치하고 있는 오키나와와는 796km의 거리를 두고 있다.

22) '세계평화의 섬'(Island of World Peace) 구상과 '국제자유도시'(International Free City)전략도 이러한 배경을 가지고 추진되어 온 것이다. 이에 대해서는 김부찬, 『제주의 국제화전략』(온누리, 2007), pp.33-127, 219-260 참조.

23) 지리적 관점에서 '해협'이란 "육지 사이에 끼어 있는 좁고 긴 바다로, 양쪽이 넓은 바다로 통하는 것"을 말한다 (http://ko.wikipedia.org).

24) Chi Young Pak, The Korea Strait(The Hague: Martinus Nijhof Publishers, 1983), p.3.

2. 제주해협의 법적 지위 및 전략적 중요성

1) '국제해협'의 의의 및 유형

제주해협이 국제법상으로 어떠한 법적 지위를 갖고 있는지, 특히 '국제해협'(inter-national strait)으로서의 요건을 충족시키고 있는가에 대하여 살펴보기 위해서는 (국제)해협의 요건 및 유형에 관한 해양법협약의 규정을 검토할 필요가 있다. 해양에 관한 국제법, 즉 '해양법'(Law of the Sea)은 오래 전부터 국제적 항행로로 이용되는 해협에서의 통항제도를 규율해 왔으며, 해양법협약은 '통항제도'와 관련하여 이러한 해협의 유형을 아래와 같이 6가지로 구분하고 있다:[25]

① 협약 제37조의 "공해나 배타적 경제수역의 일부와 공해나 배타적 경제수역의 다른 부분간의 국제항행에 이용되는 해협"으로 '방해받지 않는 통과통항'이 적용되는 해협;

② 협약 제38조 1항의 "해협 연안국의 섬과 본토에 의하여 형성되어 있고, 항행상 및 수로상 특성에서 유사한 편의가 있는 공해 통과항로나 배타적 경제수역의 통과항로가 그 섬의 바다 쪽에 있는 해협"으로 '정지되지 않는 무해통항'이 적용되는 해협;

③ 협약 제45조 1항 (b)의 "공해 또는 배타적 경제수역의 일부와 외국의 영해와의 사이에 있는 해협"으로 '정지되지 않는 무해통항'이 적용되는 해협;

④ 협약상 해협통항제도가 적용되지 않는 해협으로, 협약 제36조의 "항행상 및 수로상 특성에 있어서 유사한 편의가 있는 공해 통과항로나 배타적 경제수역 통과항로가 그 안에 있는 해협";[26]

⑤ 협약 제35조 (C)의 "특정해협에 관하여 장기간에 걸쳐 유효한 국제협약에 따라 통항이 전체적 또는 부분적으로 규제되고 있는 해협";[27]

⑥ 협약 제311조 2항의 "장기간에 걸쳐 유효한 협약은 아니지만 해양법협약과 양립 가능

25) 박찬호 외, 『유엔해양법협약 해설서 I』(지인북스, 2009), pp.126–128; William L. Schachte, Jr. & J. Peter A. Bernhardt, "International Straits and Navigational Freedoms", *Vanderbilt Journal of International Law*, Vol.33, 1993, pp.538–547. 후자의 경우에는 이른바 '군도해로통항권'(the right of archipelagic sea lanes passage)이 적용되는 '군도수역'(archipelagic waters)과 인접 영해의 경우를 별도의 유형으로 분류되고 있으나, 이는 지리적·국제법적으로 '해협'과는 차이가 있기 때문에 여기서는 제외하였다.

26) 이 경우에는 연안국의 영해 내에서는 '무해통항' 제도가 적용되고 공해나 EEZ에서는 자유로운 항행이 보장된다(협약 제36조).

27) 해양법협약 제35조; "이 部[국제항행에 이용되는 해협]의 어떠한 규정도 다음에 영향을 미치지 아니한다. … (c) 특정해역에 관하여 장기간에 걸쳐 유효한 국제협약에 따라 통항이 전체적 또는 부분적으로 규제되는 있는 해협의 법제도."

한 협약에서 해협의 통항제도를 달리 규정하고 있는 해협."[28]

2) 국제해협의 통항제도 검토

해양법협약은 해협에 관해 제34조에서 45조에 이르기까지 12개의 조문을 두었는데, 이러한 조문들은 '58년「영해 및 접속수역에 관한 협약」(Convention on the Territorial Sea and Contiguous Zone, 이하 "영해협약")의 관련 규정과는 매우 다른 내용들을 포함하고 있다. 영해협약은 공해에서의 자유로운 통항과 구별되는 것으로 단지 영해에서의 '無害通航'(innocent passage) 제도[29]만을 규정하고 있는 데 비하여 해양법협약은 '무해통항' 제도 외에 '群島水域'(archipelagic waters)에서의 통항제도[30]와 함께 일정한 유형의 국제해협에 있어서 적용되는 '통과통항'(transit passage) 제도를 새롭게 규정하고 있다.[31]

---

28) 해양법협약 제311조 2항; "이 협약은 이 협약과 양립 가능한 다른 협정으로부터 발생하거나 또는 다른 당사국이 이 협약상의 권리를 행사하거나 의무를 이행함에 영향을 미치지 아니 하는 당사국의 권리와 의무를 변경하지 아니 한다."

　이러한 해협의 예로서 "Bosporus Strait"와 "Dardanells Strait"가 있는데, 이들 해협의 통항에는 1936년의 「Convention regarding the Regime of the Straits signed at Montreux」에 의한 특별제도가 적용되며, 해양법협약상 통항제도에 우선한다. 이들 해협은 흑해와 지중해를 연결하는 해상교통로로서 "Turkey 해협"으로 부른다. 협약에 의하면 평화 시에 있어서, 모든 상선의 해협 통항이 보장되고 군함은 주간에만 통항이 보장되는데, 터키 정부에 사전통고를 해야만 한다. 잠수함의 경우는, 흑해 연안국에 한하여 통항이 허용되며 터키 정부에 사전통고를 한 후 주간에 수면으로 부상하여 통항하여야만 한다. 항공기는 민간항공기에 한하여 사전통고를 한 후 터키 정부가 지정하는 航空回廊을 통해서만 비행할 수 있다고 한다. 그리고 戰時의 통항은 더욱 엄격히 규제된다(김영구, 『한국과 바다의 국제법』(효성출판사, 1999), pp.249-252).

29) 해양법협약은 "통항은 연안국의 평화, 공공질서 또는 안전을 해치지 아니하는 한 무해하다."(제19조 1항)고 하면서, "외국선박이 영해에서 다음의 어느 활동에 종사하는 경우, 외국선박의 통항은 연안국의 평화, 공공질서 또는 안전을 해치는 곳으로 본다."고 규정하고 다음의 행위들을 열거하고 있다: (a) 연안국의 주권, 영토보전 또는 정치적 독립에 반하거나, 또는 유엔헌장에 구현된 국제법의 원칙에 위반되는 그 밖의 방식에 의한 무력의 위협이나 무력의 행사; (b) 무기를 사용하는 훈련이나 연습; (c) 연안국의 국방이나 안전에 해로운 정보수집을 목적으로 하는 행위; (d) 연안국의 국장이나 안전에 해로운 영향을 미칠 것을 목적으로 하는 행위; (e) … ; (f) … ; (g) … ; (h) … ; (i) 어로활동; (j) 조사활동이나 측량활동의 수행; (k) … ; (l) 통항과 직접 관련이 없는 그 밖의 활동(제19조 2항).

30) 군도수역 내에서 모든 국가의 선박은 영해 내에서 향유하는 바와 똑같은 '무해통항권'을 가진다(해양법협약 제52조 1항). 그리고 군도수역과 그 인접한 영해나 그 상공을 통과하는 외국 선박과 항공기는 군도국가에 의하여 지정된 "계속적이고 신속한 통항에 적합한 '해로'(sea lanes)와 '항공로'(air route)"를 통항할 수 있는 '군도해로통항권'을 향유한다(제53조 1, 2항). '군도해로통항권'이라 함은 "공해나 배타적 경제수역의 어느 한 부분과 공해나 배타적 경제수역의 다른 부분과의 사이에서 오로지 계속적이고 신속하게 방해 받지 아니 하고 통과하기 위한 목적으로 통상적 방식의 항행권과 비행권을 이 협약에 따라 행사함을 말한다"(제53조 3항). 그리고 "군도국가가 해로나 항공로를 지정하지 아니한 경우, 군도해로통항권은 국제항행에 통상적으로 사용되는 통로를 통하여 행사될 수 있다"(제53조 12항).

통과통항 제도는 영해의 폭을 12해리로 확대함으로써 연안국의 영해로 포함되어지는 국제해협에 있어서 완벽한 항해의 자유를 보장해야 한다고 주장하는 미국과 구 소련을 중심으로 하는 해양강대국들의 주장과 전통적으로 영해에 적용되어 왔던 무해통항 제도만을 적용해야 한다는 해협연안국들의 주장 사이의 타협의 산물이다. 항해의 자유와 해군의 기동성 확보를 원하였던 미·소를 비롯한 해양강대국들은 무해통항이 아닌 별도의 해협통행 제도를 원하였으나, 그동안 영해의 확대와 경제수역 창설을 통해 해양에 대한 관할권을 확대해 온 연안국들은 영해에 적용되는 무해통항 제도를 계속 적용하자고 주장하였던 것이다. 결국 양측은 타협하여 연안국들의 해양관할권 확대는 인정하되, 일정한 유형의 국제해협의 경우에는 선박과 항공기의 '자유로운 통과와 정상적인 항해'를 보장하는 통과통행 제도를 도입하기로 합의한 것이다.[32]

해양법협약은 국제해협 통항제도로서 '통과통항' 제도를 도입하면서도 이 제도가 적용되는 해협의 유형을 일정한 유형의 해협으로 한정하고 있다. 해양법협약에 따르면 통과통항은 공해 또는 EEZ의 일부분과 다른 공해 또는 EEZ의 일부분 사이의 국제항행에 사용되는 해협에 적용된다. 이러한 두 개의 통행이 자유로운 바다, 즉 통행에 있어서 공해의 법질서가 적용되는 바다를 서로 연결하는 해협에서는 군함이나 기타 비상업용 정부선박을 포함한 모든 선박과 항공기에 대하여 자유로운 항해와 상공비행이 보장되는 '통과통항권'(right of transit passage)이 인정된다.[33] 그리고 통과통항이란 통과통항권이 인정되는 해협 수역을 "오직 계속적으로 신속히 통과할 목적만으로 … 항행과 상공비행의 자유를 행사함을 말한다." 통과통항과 관련하여 잠수함의 경우는 수면위로 국기를 게양하고 통과해야 하는 '무해통항'과 달리 '잠수통항'(passage under the surface)이 허용되는가에 대해서는 논란이 되고 있다.[34]

---

31) 해양법협약 제37조-44조.

32) 이석용, 「북한선박의 영해침범과 국가안보」, 『군사논단』, 통권 제29호, pp.143-145 참조.

33) 해양법협약 제37조, 38조 참조.

34) '부정설'의 근거는 다음과 같다: ① 해양법협약 제38조 2항의 '항행의 자유'에 반드시 잠항통과의 권리가 포함되지는 않는다; ② 제39조 1항 (c)의 "통상적인 형태의 통과"(normal mode of … transit)는 그 자체로 잠수함의 잠수통과를 보장하는 것이 될 수 없다; ③ 영해에 관한 제20조의 규정은 영해인 국제해협에서도 적용된다; ④ 명확하게 '잠수통과'가 규정되고 있는 조항이 없다(김영구, 전게서, p.240). 이에 대하여 '긍정설'의 근거는 다음과 같다: ① 제38조의 '항행의 자유'에는 당연히 잠수통과의 자유가 포함된다; ② 제39조 1항 (c)에 의하면 선박이나 항공기의 경우 "불가항력 또는 조난으로 인하여 필요한 경우를 제외하고는 계속적이고 신속한 통과의 통상적인 방식에 따르지 아니 하는 활동의 자제"를 규정하고 있는데, 이 경우 '통상적인 형태의 통과'는 잠수함

3) 제주해협의 법적 지위 및 통항제도

우리나라 주변수역에 있어서 그 전략적 중요성에 비추어 외국 선박, 특히 군함의 통과와 관련하여 문제가 발생할 수 있는 곳은 제주해협과 대한해협의 두 곳이다. 대한해협(西水路)은 그 폭이 23.5 해리에 불과하지만 한·일 양국에 의하여 영해의 범위가 각각 3해리로 한정되고 있기 때문에,[35] 그 중간에 공해 또는 EEZ 통과항로가 포함되고 있다. 대한해협은 해양법협약 제36조에 따라 통과통항제도 등 해협통항제도가 적용되는 국제해협이 아니므로 대한 해협 내에 있는 한·일 양국의 영해 내에서는 전통적인 '무해통항' 제도가 적용될 뿐이며, 그 사이에 공해 또는 EEZ에 있어서는 선박이나 항공기의 자유로운 항행이 보장된다.

이에 비하여 제주해협은 앞에서 살펴본 것처럼 우리나라 본토와 제주도에 의하여 이루어지고 있는 해협으로서 전체적으로 우리나라의 영해에 포함되고 있다는 점에서 대한해협과 다른 지리적·수로상의 특성을 가지고 있으며 이에 따라 차별화된 국제법적 지위를 갖게 된다. 우선 제주해협은 공해 또는 EEZ의 두 부분을 연결하는 해협으로서의 지리적 요소를 충족하고 있으며, 또한 선박의 국제항행로로 활용되고 있다는 점에서 일단 국제법상 국제해협으로서의 지위를 갖고 있으나 과연 해양법협약상 '통과통항' 제도가 적용되는 국제해협에 해당되는지 여부에 대해서는 좀 더 검토를 요한다.

먼저 제주해협의 지리적 특성을 검토한다. 제주해협은 우리나라의 본토와 그 부속섬인 제주도에 의하여 형성되고 있다. 그리고 전남 해남에서 제주 북단까지는 47해리가 되지만 그 사이의 여서도·장수도·절명서도 등을 동서로 잇는 직선기선으로 인하여 이 직선기선과 제주도의 기선간의 거리는 24해리에 미치지 못하게 되었다. 따라서 제주해협은 전체적으로 우리나라의 영해에 포함되고 있다. 만일 제주해협이 다른 특성이 없이 황해, 동중국해, 그리고 동해 등 공해 또는 EEZ의 한 부분과 공해 또는 EEZ의 다른 부분간의 국제항행에 사용되는 해협에 해당된다고 본다면 제주해협은 '통과통항' 제도가

의 경우 '잠수통과'로 이해된다; ③ 잠수함의 수면 위 통항을 규정하고 있는 제20조가 '무해통항'제도가 적용되는 영해에 관한 제2부에 포함되고 있을 뿐, 국제해협에 관한 제3부에 속하는 것은 아니라는 점을 고려할 필요가 있다(상게서, p.240 참조).

35) 일본은 1977년 5월 영해법을 제정하면서 영해의 범위를 12해리로 설정하였는데, 대한해협의 경우 다른 4개의 주요 해협과 마찬가지로 그 범위를 3해리로 한정하였다. 우리나라도 1977년 말 영해법을 제정하면서 12해리 영해 범위를 대한해협에 한하여 3해리로 설정한 바 있다.

적용되는 국제해협이 될 것이다. 그러나 제주도의 바깥으로, 즉 해양 측에 "유사한 편의를 가진 공해 또는 EEZ 통과항로"(a route through the high seas or through an EEZ of similar convenience)가 존재하고 있다면 제주해협은 해양법협약 제38조 1항에 따라 '통과통항'이 적용될 수 없게 된다.

사실 "유사한 편의를 가진 공해 또는 EEZ 통과항로"가 무엇을 의미하는지, 그 존재여부를 누가 어떻게 결정해야 하는지에 관하여 명확한 기준이 없기 때문에 이 문제를 둘러싸고 논란이 많이 있으며 분쟁 발생 가능성도 있다.[36) 그러나 현재 대부분의 입장은 제주해협은 국제항행로로 이용되는 국제해협에 해당하지만, 동시에 제주도의 해양 쪽으로 항행상 및 수로상 특성에서 "유사한 편의가 있는 공해 통과항로나 EEZ 통과항로"가 존재하는 수로상 특성을 가지고 있다고 본다.[37) 따라서 제주해협은 해양법협약상 '통과통항'이 적용되지 아니 하며, '정지되지 아니 하는 무해통항'만이 적용된다. 따라서 제주해협 내에서는 선박의 '무해' 통항만이 인정될 뿐 해협 상공에서의 항공기의 통과가 인정될 수 없게 되며, "잠수함(submarines)과 그 밖의 잠수항행기기(underwater vehicles)는 해면 위로 국기를 게양하고 항행해야 한다."[38) 그러나 "이러한 해협을 통한 무해통항은 정지될 수 없다."[39) 생각건대, 제주해협은 해양법협약상 '통과통항'이 적용되지 않는, '정지되지 아니 하는 무해통항'만이 적용되는 해협에 해당된다는 사실을 영해법 및 그 시행령에 명시함으로써 허용되는 통항의 성격 및 범위와 관련된 불필요한 논란이나 분쟁을 방지할 필요가 있다고 본다.[40)

한편, 제주해협이 통과통항이 적용되지 않는 해협이어서 모든 외국선박에 대하여 중단되지 아니하는 무해통항권이 보장된다고 한다면, 해양법협약에 따라 외국의 군함이나 비상업용 정부선박의 통항도 허용되어야 하며, 이 경우 우리나라의 「영해 및 접속수역법」(이하, "영해법") 제5조와 영해법시행령 제4조의 적용에 따른 문제가 발생하게 된다. 우선

36) 강영훈, 「무해통항권의 제문제 및 대책」, 김달중 편, 전게서, p.491; 김영구, 전게서, pp.232-233.
37) 김부찬, 「동북아의 해양질서와 국제법」, 『동아시아연구논총』, 제1집, pp.43-45; 박찬호 외, 전게서, p.165; 강영훈, 상게논문, pp.482-491; 김영구, 상게서, pp.232-233. 그러나 일본은 제주도의 외측 해양에 '유사편의항로'가 존재하지 않는다는 점을 들어 제주해협은 해양법협약상 통과통항제도가 적용되는 국제해협에 해당된다는 입장을 가지고 있다고 한다(김영구, 상게서, p.233).
38) 해양법협약 제20조.
39) 해양법협약 제45조 1항 (b).
40) 강영훈, 전게논문, p.494.

해양법협약상 군함을 포함한 모든 선박에 대하여 영해에서의 무해통항권을 인정하고 있
는 현실에서 영해법 제5조가 우리 영해에 있어서 외국 군함 또는 비상업용 정부선박을
포함한 모든 외국선박에 대하여 무해통항을 인정하는 것은 해양법협약의 취지에 부합되
는 것이다. 그러나 영해법 제5조 1항 단서는 "외국의 군함 또는 비상업용 정부선박이 영해
를 통항하고자 할 때에는 대통령령으로 정하는 바에 따라 관계당국에 미리 알려야 한다."
고 규정하고 그 시행령 제4조는 "… 법 제5조 제1항 후단의 규정에 따라 그 통항 3일 전까지
(공휴일은 제외) 외교부장관에게 다음 각 호의 사항을 통고하여야 한다."고 함으로써 군함
등 비상업용 정부선박의 영해통항 시 '사전통고'(prior notification)를 요구하고 있다.

군함 등 외국 정부선박의 무해통항권은 해양법상 모든 국가에 대하여 인정되고 있는
권리에 해당된다. 따라서 연안국이 '사전통고' 또는 '사전허가'(prior authorization)를 요
구하는 경우 그 허용이나 적법성 여부는 이것이 해양법협약의 취지에 비추어 외국 선박
의 통항권에 대하여 어떠한 영향을 미칠 수 있는가 여부에 달려있다. 생각건대, 사전허
가제는 통항 그 자체를 금지시킬 수도 있다는 전제에서 적용하는 것이기 때문에 허용될
수 없지만 사전통고제는 사전통고를 전제로 군함 등의 통항 자체는 허용하는 것을 의미
하는 것이기 때문에, 국제법에 반하지 않는 한 영해 내에서의 외국 선박의 활동을 규제
할 수 있으며 무해하지 아니한 통항을 방지하기 위하여 필요한 조치를 취할 수 있는 연안
국의 권리에 비추어 해양법협약상 통항제도와 양립 가능하다고 본다.[41] 그러나 해석에
따라 우리 영해법 규정이 외형상으로 영해 내에서 외국 군함 등의 통항을 규제하는 국가
로 분류되는 근거가 될 수도 있으며, 그 시행에 따른 실익도 거의 없다는 비판적인 견해
도 있다.[42]

제주해협이 한국의 영해에 포함되고 있기 때문에 영해법 제5조에 따라 제주해협을
통항하고자 하는 군함 등 외국의 정부선박에 대하여 '사전통고'를 요구할 수 있는지 여부
가 문제될 수 있다. 이와 관련하여 영해법 시행령은 제4조에서 외국군함 등의 통항과
관련하여, "국제항행에 이용되는 해협으로서 동 수역에 공해대가 없을 경우에는 그러하
지 아니하다."는 예외를 인정하고 있기 때문에 국제항행에 이용되는 해협으로서의 지위
를 가지고 있는 제주해협의 경우, 사전통고제 시행에 따른 논란이나 부담을 피할 수 있

41) 상계논문, pp.482-488.
42) 김영구, 전게서, pp.128-129.

게 된다.

4) 북한 선박의 제주해협 통항 문제

우리나라 영해법 제5조는 해양법협약의 '무해통항' 제도의 취지에 따라 "외국 선박은 대한민국의 평화·공공질서 또는 안전보장을 해치지 아니하는 한 대한민국의 영해를 무해통항 할 수 있다."고 규정하고 있기 때문에, 현재 '휴전'(armistice) 상태에 있는 남·북 간의 관계를 고려하여 북한 선박의 경우 군함 또는 비상업용 정부선박 여하를 불문하고 한국의 영해를 통항하는 것 자체가 우리의 안전보장에 유해한 통항에 해당된다고 보아 북한 선박 전체에 대하여 '무해통항'을 거부할 수 있는지가 문제될 수 있다.

실제로 지난 2001년 6월 발생하였던, 청진2호를 비롯한 북한 상선 4척의 한국 영해인 제주해협 진입 사건 당시 알 수 있었듯이, 한국은 북한 선박의 영해 및 작전수역 진입을 불허하고 있었기 때문에 해군 초계함과 고속정은 진입한 북한 상선에 대하여 영해 밖으로의 퇴거를 요청한 바 있었다. 휴전협정 체결 이후 처음으로 시도된 북한 선박의 제주해협 통과는 제주해협의 법적 지위 및 정부의 대응을 둘러싸고 많은 논란을 야기했다.[43] 우리 나라는 그동안 제주해협에 있어서 다른 외국 선박의 무해통항권은 인정하였지만 북한 선박에 대해서는 「작전예규」에 따라 통항을 금지해 왔던 것이 사실이다.[44] 이는 기본적으로 한국은 남·북은 휴전협정이 적용되는 '준전시' 상태에 있기 때문에 평시에 외국 선박에 대하여 적용되는 '무해통항권'이 북한 선박에는 허용될 수 없다는 입장에 기인하는 것이다.[45] 그러나 남·북이 1953년 이래 '휴전상태'에 있지만, 이 경우 남·북 관계를 반드시 '평시관계'가 아닌 '전시관계'로 보아 군함 등 정부선박과 민간 선박을 불문하고 '적선'으로 규정하고 그 통항을 계속 불허해야만 하는지에 관해서는 많은 논란이 있었다.[46]

---

43) 이석용, 전게논문, pp.124-125 참조.

44) 김현수, 「제주해협 통항문제에 관한 법적 고찰」(2003년도 해양환경안전학회 추계학술발표회 자료집, 2003), pp.40-44; 하종필·박종삼, 「해양의 권익과 물류협력을 위한 영해법 연구」, 『물류학회지』, 제18권 제2호, 2008, pp.258, 267 참조. 이에 반하여 선박의 외국 영해나 국제해협 통과는 국제교역·통상의 활성화에 매우 긴요한 사항이기 때문에 남북이 현재 '정전협정' 상태에 있다 하더라도 일단 한국은 상대방 선박의 무해통항권을 보장해야만 하며 만일 '통항'과 관련하여 '무해성'을 인정할 수 없는 경우에는 문제되는 통항에 대하여 별도로 규제할 수 있을 뿐이라는 주장이 있다(Stephen Kong, "The Right of Innocent Passage: a Case Study on Two Koreas", *Minnesota Journal of Global Trade*, Vol.11, 2002, pp.373-394).

45) 이석용, 전게논문, p.150.

그러나 이후 남·북은 "6·15 공동선언"[47]의 정신을 구현한다는 취지에서 2004년 제14차 남북장관급 회담에서 「남북해운합의서」 및 부속합의서를 채택하고 남측의 인천·군산·여수·부산·울산·포항·속초항과 북측의 남포·해주·고성·원산·흥남·청진·나진항 간에 해상항로를 개설, 남북선박의 운항을 보장하기에 이르렀다. 이어 2005년 6월에 개최된 제15차 남북장관급 회담에서는 북측 민간선박의 제주해협 통과에 합의하고 8월에는 기존의 해운부속합의서에 제주해협 항로대를 추가하는 「수정·보충합의서」를 채택한 바 있다. 이는 일응 한국이 그동안 북한을 적국으로 보던 데서 교류·협력의 당사자로 그 시각을 전환한 것으로부터 비롯되었다고 할 수 있다.[48] 그러나 이 경우에도 북한의 군함이나 비상업용 정부선박의 영해 통항 문제는 배제됨으로써 북한에 대한 시각이 근본적으로 바뀐 것은 아니었다.

한국은 2010년 3월 26일 발생한 북한의 '천안함 격침 사건'에 대한 '5·24 대응조치'의 일환으로 북한의 한국 영해(제주해협) 및 작전수역 진입금지 조치를 시행함으로써 북한 선박의 제주해협 통과 문제는 2005년 8월 이전의 상태로 회귀하게 되었다.[49] 이처럼 제주해협은 남·북관계의 溫冷을 체감할 수 있는 현장으로서 한국의 안보상 매우 중요한 기능을 수행하고 있는 것이다.

3. 이어도 해역의 법적 지위 및 중요성[50]

1) 이어도의 위치 및 법적 지위

'이어도'는 동중국해 중앙, 즉 북위 32도 07분 23초, 동경 125도 10분 57초에 위치하

---

46) 상계논문, p.151.

47) '6·15 공동선언'은 2000년 6월 15일 당시 남·북 정상회담에서 합의된 사항을 공동선언문 형태로 발표한 것으로, 남·북 상호간에 자주적 통일, 통일방안의 공통성 합의, 이산가족 상봉 등 인도적 문제의 해결, 경제협력과 다방면의 교류, 당국 간 대화 추진 등 합의 사항이 포함되고 있다(김근식, 「남북정상회담과 6·15 공동선언; 분석과 평가」, 『북한연구학회보』, 제10권 제2호, 2006, pp.39-56 참조).

48) 하종필·박종삼, 상계논문, p.259. 한편 남북해운합의서 발효 이후 2010년 6월까지 북한 선박은 우리측 해역을 총 2,165회 운항하였으며, 이 중 남한과 북한 간 운항은 1,477회, 우리 측 해역을 통과하여 북한을 오간 운항 횟수는 총 688회였다고 한다(통일부, 『2010 통일백서』, 2010, pp.92-93).

49) 김부찬, 「천안함 사건의 국제법적 의의 및 대응방안의 허실-천안함 사건 1주년에 즈음하여-」, 『국제법평론』, 통권 제3호, 2011, pp.13-14.

50) 이에 대해서는 김부찬, 「동북아 해양관할권과 이어도 문제」, 김부찬, 전게서, pp.318-350 참조.

고 있으며, 한국의 마라도로부터 서남방으로 149㎞(81해리), 일본의 도리시마(鳥島)로부터 서쪽으로 276㎞(149해리), 그리고 중국의 퉁다오(童島)로부터는 북동쪽으로 245㎞(133해리) 해역에 위치하고 있는 最淺水深 4.6m의 수중암초(submerged rock or reef)이다.[51]

이어도는 북상하는 쿠로시오 해류와 남하하는 황해의 한류, 그리고 중국 대륙의 연안수가 서로 접촉하고 합류함으로써 꽁치·조기·멸치·도미·북어 등 어종이 풍부하게 서식하는 등 동중국해의 주요 어장을 이루고 있다.[52] 또한 이어도 주변해역의 해저는 유용한 광물자원이 부존하고 있을 것으로 추정되고 있는 대륙붕에 해당하며, 그 해상은 주요 태풍의 길목에 위치하고 있어서 해양환경의 변화를 비롯한 해양과학조사 및 기상관측을 위한 주요 거점으로 활용할 수 있는 동시에 해난구조기지 및 어업지원기지의 설치 장소로서도 적합하다고 보고 있다. 마지막으로 이어도 주변수역은 동북아 해역 국가들의 주요한 해상교통로(SLOC)로서뿐만 아니라 군사활동을 위한 주요 무대로 활용되는 등 그 군사적·전략적 중요성도 크게 인정되고 있는 해역이다.[53]

이어도는 해양법상 도서가 아니라 수중암초일 뿐이다. 그러나 흔히 파랑'도'로 불려왔던 이어'도'는 그 명칭에 '島'가 포함되어 있기 때문에 그 실체를 모르는 사람들에게는 하나의 실재하는 도서로 오해하도록 할 가능성이 많다고 할 수 있다. 특히 이어도는 국제해도에 Socotra 'Rock'으로 표기되어 있는데, 해양법상 암석(rock)도 항상 수면 위에 솟아올라와 있는 규모가 매우 작은 도서를 지칭하는 것이기 때문에 Socotra Rock이라고 하는 명칭도 그 실체와 관련하여 오해를 야기할 수 있는 명칭이다. '이어도'는 해양법상 영토의 법적 지위를 인정받을 수 있는 도서로서의 지위를 갖지 못하고 있기 때문에 이어도에 대하여 영유권을 주장하거나, 이를 근거로 영해, 배타적 경제수역, 대륙붕 등 해양 관할수역을 설정하거나 해양관할권 확장을 위한 기점(base point)으로 삼으려는 시도는 아무런 법적 효력이 없는 것이다.[54]

---

51) 한상복, 「해양학에서 본 '파랑도'의 가치」, 『해양정책연구』, 제6권 제2호, 1991, pp.461-63 참조. 그러나 최근 중국이 '이어도'까지의 거리 산정을 위한 기점을 '퉁다오'로부터 '위산다오'로 바꾸었으며, 이로써 이어도까지의 거리는 155해리(287km)로 더 멀어졌다고 한다(제주의 소리 2008년 9월 16일자 참조).

52) 노홍길, 「Socotra 암초 주변해역의 수산학적 특성」, 『해양정책연구』, 제6권 제2호, 1991, pp.475-492 참조.

53) 심재설·박광순·이동영, 「이어도 해양과학기지 건설방안 분석」, 『해양정책연구』, 제11권 제2호, 1996, pp.408-413 참조.

54) 해양법협약 제60조 8항. 干出地(low-tide elevation)에 설치된 등대 또는 유사 시설은 직선기선을 위한 기점(base point)으로서의 법적 지위가 인정되며, 해양구조물이 항만 시설과 불가분의 일부를 이루는 경우에는 별개의 해양구조물이 아닌 해안의 구성 부분이 되어 해양 경계획정에 영향을 미치게 된다. 따라서 수중 암초인

2) 이어도(해역)의 중요성 및 '이어도 문제'

우리나라 정부는 이어도 및 그 주변수역의 중요성을 인식하여 지난 2003년에 종합해양과학기지를 건설하여 운용 중에 있다.[55] 이어도해양과학기지는 이어도 頂峰으로부터 남쪽으로 약 700m 떨어진 수심 40m 부근에 설치된 고정식 자켓(Jacket) 구조 형식이며 상부구조는 약 400평 정도로서 장비 및 설비 설치를 위한 하부 데크(cellar deck)와 주거지 및 실험실을 위한 주 데크(main deck), 해난구조와 장비 및 인력의 수송을 위한 헬기 이·착륙장(helideck) 등으로 구성되어 있다.[56]

중국 정부는 지난 2000년과 2002년 한국의 해양과학기지 건설과 관련하여 외교경로를 통해 이의를 제기한 바 있으며, 2006년 9월 14일에는 외교부 대변인의 브리핑을 통하여 '쑤옌자오'(蘇岩礁, '이어도'의 중국 이름)는 한국과 중국의 배타적 경제수역이 중첩된 해역에 위치하고 있는 암초이며 이어도에서 이루어지는 한국의 일방적인 행동은 아무런 법률적 효력을 갖지 못한다고 주장한 바 있다. 중국의 외교부 대변인은 이어도가 '수중 암초'이기 때문에 한국과 중국 사이에는 영토분쟁이 존재하지 않는다고 강조하면서도 중국은 대화를 통해 해양관할권 분쟁을 해결하기를 원한다고 밝힌 바 있다.[57] 그리고 중국은 이어도 남서쪽 0.8㎞ 해역에서 지난 2010년 4월 침몰한 5만 90t급 선탄 벌크선을 인양하던 한국의 예인선과 바지선에 대하여 같은 해 6월과 7월 두 차례에 걸쳐서 관공선을 보내 자국의 EEZ에서 허가를 받지 않은 인양작업을 중단하도록 요구를 하기도 하였다.[58]

이어도에 해양구조물이 설치되더라도 해양경계획정을 위한 기점으로 활용될 수는 없다.

55) 이어도 해양과학기지는 2003년에 완공되었으나 중국 및 일본과의 외교마찰을 우려하여 그동안 한국해양연구원이 맡아서 운영되어 왔다. 이와 관련 부산지방해양수산청 제주해양관리단은 과학기지에 설치된 광파표지(등대), 음파표지(HORN), 전파표지 등 항로표지 시설과 이에 필요한 전원시설 및 예비품을 한국해양연구원으로부터 인수받아 2007년 1월 1일부터 관리·운영한다고 밝힘으로써 해양과학기지 건설 4년 만에 공식적으로 정부가 관리 운영의 전면에 나서게 되었다(뉴시스, 2006년 11월 28일자 참조).

56) 심재설, 「해양과학의 보고, 이어도」, 『이어도, 지금 우리에게 무엇인가』(강창일 국회의원 2007년 정책토론회 자료집), pp.43-44 참조.

57) 그러나 근래 들어 중국은 영유권의 대상이 될 수 없는 '이어도'(쑤옌자오)에 대하여 국가해양국의 공식 사이트인 '海洋信息罔'을 통하여 자국의 영토로 기재하였다가 이를 취소하는 등 '이어도 문제'를 '영유권 문제'로 간주하는 듯한 태도를 보이고 있으며, '쑤옌자오 보호연맹'이라는 민간단체도 '이어도'가 전통적으로 중국의 영토로 인식되어 왔다고 주장하기도 하였다.

58) 이창열, 「이어도 배타적 경제수역, 중국에 대한 단호한 조치 필요」, 한국해양수산개발원 독도·해양영토연구센터, 『독도 연구저널』, 제16호, 2011, p.84.

생각건대 '이어도 문제'(Ieodo Problem)는 국제해양법상 '영유권 문제'도 아니며 그렇다고 단순한 '해양관할권 문제'라고 보기도 힘들다고 보여 진다. 이어도에 대한 중국의 문제 제기는 동중국해에 대한 중국의 해양관할권 확대의 움직임을 가시적으로 보여 주는 사례인 동시에 이른바 중국의 '東北工程'이 동북아 해역을 향하여 추진되기 시작하고 있다는 증거로 원용되기도 하기 때문이다.[59] 이러한 의미에서 이어도 문제는 해양법과 관련된 국제법적 문제인 동시에 동북아 해역에서 중국이 영향력을 확대하기 위하여 무리하게 자신의 주장을 펼치고 있는, 국제정치적 함의도 갖고 있는 복합적 국제문제라고 할 수 있으며, 향후 동북아 해양질서 및 안보와 관련하여 한·중 간에 첨예한 대립과 갈등을 야기할 수 있는 '잠재적 현안'으로 존재하고 있는 것이다.

IV. 동북아의 평화 및 해양협력체제

1. 동북아 해역의 질서 및 해양안보정책의 변화

1) 동북아 해역의 질서 변화

1994년 해양법협약의 발효를 계기로 해양법 질서는 많은 변화의 조짐을 보여 왔던 것이 사실이다. 해양법협약은 영해 및 접속수역의 범위를 각각 최대 12해리와 24해리로, 그리고 대륙붕(continental shelf)의 경우 최대 350해리까지 설정할 수 있도록 하고, 나아가서 새로운 EEZ 제도를 규정하고 최대 200해리까지 설정할 수 있도록 하고 있다. 이와 같이 해양법협약은 연안국에 의한 해양관할권의 질적·양적 확대를 보장하는 한편, 전통적으로 '공해자유의 원칙'에 따라 자유롭게 개발·이용되어 오던 공해(high sea) 자원에 대해서는 '심해저'(deep seabed) 개념을 새롭게 도입함으로서 심해저 및 그 자원을 '인류 공동유산'(common heritage of mankind)으로 규정하고 국제적 공동관리·이용 체제의 적용을 받도록 하고 있다. 해양법협약은 나아가서 해양 분쟁의 강제적 해결제도를 도입하는 등 해양질서를 새롭게 구축하기 위한 규정을 두고 있다. 해양법협약 체제는 연안국들

---

59) 강효백, 「한-중 해양경계 획정문제 -이어도를 중심으로-」, 『한국동북아논총』, Vol.50, 2009, p.102; '뉴시스'는 중국에서 추진되고 있는 '쑤옌자오(蘇岩礁) 보위협회'의 결성 움직임을 비롯하여 이어도에 대한 중국의 움직임을 전하면서 이를 東北工程에 이은 '南海工程'으로 표현하고 있다(뉴시스, 2006년 11월 29일자 참조).

로 하여금 해양자원 확보를 위하여 관할수역을 확대하고 보다 강력한 관할권 및 통제를 시행할 수 있도록 허용함으로써, 지금까지의 '자유해양' 시대로부터 다시금 '해양 분할' 시대로 돌입하는 것을 예고하고 있는 듯하다.[60)]

  오늘날 공해와 EEZ에서의 선박의 통항 및 상부 공간에서의 항공기의 항행이 보장되고 있기는 하지만, 특히 연안국의 EEZ에서 외국 선박의 군사적 활동이 자유롭게 이루어질 수 있는지,[61)] 그리고 해양과학조사를 비롯한 해양자원의 개발·이용 문제와 해양환경 보존 문제 등 비군사적 분야에서의 해양 이용에 관련된 문제들이 국제 해양분쟁의 근원으로 작용하고 있다. 그리고 동북아 해역에서는 일본의 '북방 4개 도서'(擇捉, 國後, 齒舞, 色丹), '釣魚臺列島'(일본명, '尖角列島'), 그리고 '독도' 등 영유권 분쟁의 대상이 되고 있는 도서들이 다수 존재하고 있으며, 이들을 둘러싸고 관련 주변국가들 간의 외교적·군사적 대립이 증대되고 있는 것도 사실이다.[62)] 도서 영유권 분쟁은 그 자체로서도 동북아의 안정과 평화에 미치는 부정적 영향이 클 뿐만 아니라 해양 질서의 구축 및 관련 분쟁의 해결에도 부정적인 영향을 미치고 있는 것이다. 최근 들어 동북아 해역에서는 배타적 경제수역의 경계획정 및 어업관할권과 관련된 분쟁이 많이 발생하고 있으며, 해양오염 및 환경보존 문제와 관련된 대립·갈등이 고조되고 있다.[63)]

---

60) 전통적으로 해양법체제는 보다 넓은 공해와 항해의 자유를 확보하려는 해양강대국들의 '자유해양론'(*mare liberum*)과 해양에 대한 자신의 관할권을 확대·강화하려는 연안국들 및 과거 해양을 독점적으로 지배하려고 시도했던 일부 해양강대국들의 '폐쇄해양론'(*mare clausum*)이 대립되어 왔다. 전자는 17세기 네덜란드의 그로티우스(M. Grotius)에 의하여 대표되며, 후자는 영국의 셀던(J. Selden)으로 대표된다. 20세기 중반까지는 해양자유의 원칙을 중심으로 '좁은 영해와 넓은 공해' 체제로 발전되어 왔으나, 점차 연안국에 의한 해양관할권이 확대되고 자유로운 해양 이용에 많은 제약이 가해지기 시작하였다. 해양법협약은 이러한 변화의 중요한 증거가 된다.

61) 해양법협약에는 배타적 경제수역(EEZ)에서의 군사활동에 대한 명시적 규정이 없기 때문에 연안국의 허가 없이 이루어지는 해군기동훈련, 항공작전, 군사연습, 정찰행위, 정보수집 및 무기시험 또는 발사행위 등을 포함한 군사활동의 가능성 내지 합법성을 둘러싸고 많은 논란이 있다. 이에 관해서는 김현수, 「해양법상 배타적 경제수역에서의 군사활동」, 『해사법연구』, 제15권 제2호, 2003, pp.225-240 참조.

62) 홍규덕, 「동아시아의 지역분쟁」, 김태현 편, 『신동아시아 안보질서』(세종연구소, 1997), p.93. 앞에서 언급한 것처럼, 최근 중국은 해양법상 '도서'(island)는 아니지만 그 중요성이 높이 평가되고 있는 우리나라의 '이어도' 및 그 '해양과학기지'에 대하여 문제를 제기하고 지속적인 감시활동을 벌임으로써 한·중 간 긴장요인이 顯在化하고 있다.

63) 이에 관하여 상세한 것은 김부찬·김진호·고성준, 「동북아해역의 분쟁해결 및 협력체제 구축방안」, 『신아세아』, 제8권 제2호, 2001, pp.99-107 참조.

2) 동북아 국가의 해양안보정책의 변화

근래 들어 동북아 해양국가들 사이에 잠재하고 있던 해양안보(maritime security)의 위협요소가 주변국들 사이에 顯在化 하는 상황이 나타나기 시작하였다. 중·일 간에 계속되고 있는 '釣魚島'를 둘러싼 충돌과 남·북한 간에 2010년 발생한 '천안함 피격' 및 '연평도 피격' 사건 이후 한반도 및 동북아 해역의 주변국가들 사이에는 잠재적·현재적 위협 요인으로부터 자국의 해양안보를 강화하기 위한 전략수립 움직임이 가시화되고 있다. 이와 관련하여 국제적으로 원활한 국가전략물자의 수송을 위한 SLOC의 안전보장 문제를 포함한 국제적 협력체제 및 공동안보(common security)의 구축이 절실히 요청되고 있는 실정이다.

그동안 핵무기 등 대량살상무기(WMD)의 확산을 방지하기 위한 「대량살상무기 확산방지 구상」(Proliferation Security Initiative; 이하, "PSI")와 함께, 2001년 9·11 테러를 계기로 미국 관세·국경보호청(U.S. Customs and Border Protection; CBP)이 주도한 「컨테이너 보안구상」(Container Security Initiative; 이하 "CSI")[64]이 미국의 주도로 시행되어 왔으며, 해양테러 등 선박 운항의 안전을 저해하는 불법행위를 억제하기 위한 1988년과 2005년의 「항해의 안전에 대한 불법행위의 억제를 위한 협약」(Convention for the Suppression of Unlawful Acts Against the Safety of Maritime Navigation; 이하, "SUA 협약")을 비롯한 'SUA 협약체제'[65]의 강화 움직임도 나타나고 있다.[66]

그러나 동북아 지역 국가들의 해군력 증강 추세는 그 자체로 분쟁의 요인의 하나로

---

64) CSI는 미국으로 들어오는 컨테이너가 선적되는 전 세계 주요항만에 파견된 관세·국경보 호청 직원들이 미국행 위험 물질 의심 컨테이너에 대하여 항만국 직원들과 공동으로 사전 검사를 실시하여 위험 화물의 적재를 사전에 차단함으로써 세계교역질서를 보호하고 미국과 CSI 항만간 교역로의 안전을 확보하는 것을 목적으로 하는 것이다. 2010년 12월 현재 CSI에는 미주, 유럽, 아시아, 아프리카, 중동 등 지역의 58개 항만이 참여하고 있으며, 미국과 교역의존도가 높은 한·중·일 등 동북아 국가들은 CSI 시행초기부터 적극적으로 참여하고 있다(김석균, 「CSI와 PSI」, 한국해로연구회 편, 『해양의 국제법과 정치』(연세대학교 동서문제연구원·도서출판 오름, 2011), pp.105-113).

65) 'SUA 협약체제'란 선박과 해상구조물의 항행 및 운영상 안전에 대한 모든 불법행위를 예방하고 그 범죄자를 처벌하기 위한 목적으로 국제해사기구(IMO)가 주도하여 채택한 일련의 조약체제를 말한다. 이에는 SUA 협약, '대륙붕상에 소재한 고정플랫폼의 안전에 대한 불법행위의 억제를 위한 의정서'(이하, "1988년 SUA 의정서"), 그리고 1988년 SUA협약과 SUA 의정서를 개정한 2005년 SUA 협약과 SUA 의정서 등을 의미한다(이용희, 「SUA협약체제」, 한국해로연구회편, 상게서, pp.93-94). 우리나라는 1988년 SUA 협약과 의정서에는 가입하였으나, 2005년 SUA 협약은 아직 가입하지 않았다.

66) 상게논문, pp.93-103; 김석균, 전게논문.

작용할 가능성도 배제할 수 없는 것이 사실이다. 동북아 해역 해군력 증강과 관련된 특징은 미국, 러시아 등 과거 초강대 해양세력의 해군력이 축소된 반면, 중국, 일본 등 역내 강대국뿐만 아니라 한국, 대만 등도 보다 강력한 해군력 구축을 시도하기 시작했다는 점이다. 특히 중국의 경우 '해군의 현대화'를 통하여 대양해군을 모색하고 있다는 점이 주목된다.[67] 중국, 일본 등 동북아 지역 국가들의 해군력 증강은 ① '군사혁신사업'을 반영한 대형화 및 첨단 장비의 강조, ② 잠수함 전력의 개선 및 확대, ③ 역내 국가 자체의 함정 건조 및 확대 현상 등을 그 특징으로 한다.[68] 이러한 동북아 해역 국가들의 해군력 증강은 범세계적 범주에서의 냉전 종식 이후 해군력의 중요성을 강조하는 '방어 우선순위의 변화'(a shift in defense priorities)를 반영한다고 볼 수 있다.

이처럼 동북아 해역 국가들의 해군력 증강은 다른 나라에 대한 해상활동 거부 및 해상억지력 확보의 중요성 인식을 반영하고 있는 것이기 때문에 향후 해군력 증강 경쟁은 주요 국제해협 등의 해로안전 확보와 관련하여 더욱 두드러질 것으로 예상되기도 한다. 즉 해상무역 의존도가 비교적 높은 동북아 지역의 대부분의 국가들에게 물자의 수송과 직접 관련되는 해로 안전의 확보는 국가경제 및 생존에 직결되는 문제가 되고 있기 때문에 해로안전 확보의 중요성이 인식되는 한 역내 국가들 간의 해군력 및 해양경찰력 증강 경쟁은 계속될 것으로 전망된다. 비교적 제한된 해역에 역내 국가들의 증강된 해양력이 배치될 경우, 국가 간 오해와 오판에서 기인한 우발적 충돌의 가능성도 높아질 수 있으며 영유권 분쟁 대상 도서의 경비 및 배타적 경제수역의 순찰 등 해군의 활동반경 확대는 상호 충돌의 개연성을 증가시킬 수 있다고 본다.[69]

2. 동북아 해로안보 및 해양협력체제

1) 서설

기본적으로 모든 국가는 스스로 자신의 치안 및 안보를 책임질 수 있는 수준의 경찰력과 군사력을 보유해야만 한다. 제주해협을 비롯한 동북아 주요 해로의 안보도 우리의

---

67) 이에 대해서는 최수정, 「중국 해군의 현대화가 동아시아 해양의 평화를 보장할 수 있는가」, 한국해양수산개발원 독도·해양영토연구센터, 전게서, pp.57-60 참조.
68) 이서항, 「동북아 해양안보 환경변화와 한국 해군의 발전 방향」, 『군사논단』, 통권 제29호, 2001, pp.53-54.
69) 상게논문, pp.55-56; 그리고 해군력 증강의 구체적인 내용에 대해서는 상게논문, pp.47-53 참조.

자체적인 치안·안보역량에 기초하지 않으면 안 될 것이다.[70] 이는 해양관할권이나 도서 영유권을 둘러싸고 발생할 수 있는 해상테러 또는 국가 간 무력충돌 등 위기 고조 또는 전쟁발발 시 자국 해협 및 해로안전을 보장하고 해상주권을 수호하기 위해서뿐만 아니라 평시에 해상교통량이나 어로활동이 많은 해역에서 해양투기, 불법 어로행위 등 불법행위나 해적행위와 같은 범죄행위를 효율적으로 규제하고 해상치안을 유지하기 위하여 필수적으로 갖추어야 할 국가의 해양력이다. 이러한 해양력을 바탕으로 해야만 스스로의 해양안보를 담보하고 나아가 다자간 해역협력체제에도 주도적으로 참여할 수 있게 될 것이다.

동북아 해양협력 체제는 적어도 역내 국가 간 안보증진 및 평화협력의 요소를 갖추어야만 한다. 이러한 평화 내지 안보협력체제 구축 필요성과 가능성은 탈냉전을 특징으로 하는 국제질서의 변화에서 그 해답을 구할 수 있다.[71] 탈냉전의 국제질서는 이념적 차이에 근거한 진영 간 대결로 상징되는 냉전시대의 그것과는 전혀 새로운 양상을 보여주고 있다. 즉 냉전 시대와 달리 탈냉전 시대의 국제질서는 관심 사항이 다양화됨으로써 국제정치의 전통적 이슈인 군사안보의 비중이 상대적으로 약화되었다. 이는 냉전의 붕괴로 인하여 해양환경 보호 등 국경을 초월하는 이슈들이 증가되고 있는 양상을 배경으로 하고 있다. 이러한 안보환경의 변화는 국가 간 경쟁과 대립이 아니라 초국가적인 '포괄적 해양협력'(comprehensive maritime cooperation)의 필요성을 제고시키고 있다.[72]

오늘날 '공동안보'(common security)보다 더욱 협력적인 안보개념으로 주목 받고 있는 것이 '협력안보'(cooperative security) 개념이다. 협력안보는 각 국가의 군사체제 간 대립관계를 청산하고 상호협력적 관계의 설정을 통하여 근본적으로 양립 가능한 안보 목적을 달성하는 것을 의미한다. 따라서 더 이상 물리적 위협이나 강요가 아니라 제도화된 절차와 합의를 통하여 관련국의 협력적 개입을 유도하는 데 그 기본 취지가 있다. '협력안보'는 전쟁 예방을 위하여 보다 적극적으로 양자 또는 다자간에 합의된 조치들을 추구

---

70) 제주 '해군기지' 건설은 이러한 논리를 바탕으로 추진되고 있으나, 현재 그 타당성과 공사 진행에 대한 찬·반 논란이 격렬하게 벌어지고 있다. 이에 대해서는 양길현, 『평화번영의 제주정치』(오름, 2007), pp.149-206 참조.

71) 하영선, 「신동북아질서와 평화체제의 구축」, 김태현 편, 전게서, pp.187-210; 이혁섭, 「동북아 다자간 안보협의체의 21세기 실현가능성」, 『국제정치논총』, 제36집 3호, 1997, pp.194-197.

72) 정진영, 「동아시아 경제협력과 지역안보 ─동아시아 불안정론에 대한 비판─」, 김태현 편, 전게서, pp.153-186; 윤석준, 「국가 해양력과 해양전략」, 한국해로연구회 편, 전게서, pp.27-37 참조.

하고 침략의 수단을 동원하기 어렵게 만드는 조치를 제도적으로 추구한다는 점에서 '공동안보'와 차이가 있다.[73]

기회요인을 강조하는 자들은 이러한 새로운 국제질서의 변화가 동북아에도 서서히 나타나고 있다고 주장한다. 동북아 역시 탈냉전으로 인하여 군사적 대결이 약화되고 그 대신에 경제와 환경 문제가 동북아 질서의 변화 요인으로 등장하고 있다고 한다. 그러나 탈냉전 시대의 국제환경은 이런 긍정적 요소들이 있는 반면에 미래에 대한 불확실성과 함께 새로운 국제적 갈등 요인을 수반하고 있는 것도 사실이다. 동북아 지역은 다른 지역에 비하여 훨씬 복잡한 지정학적 요인이 작용하고 있는 것이 사실이다. 즉 동북아 해역을 둘러싼 미국, 중국, 일본, 러시아 등 4대 강대국 간 경쟁관계는 아직도 매우 치열하고 복잡하기 때문에 협력의 제도화 이전에 상호간 신뢰 형성도 어려운 상황이다. 그러나 역설적으로 바로 이러한 현실적 문제들이 해양안보협력 체제 구축의 필요성을 증대시켜 주고 있다.

2) 동북아 해양협력체제의 구축

우리나라가 제주해협 및 이어도 해역을 포함한 주변 해로를 효과적으로 보호하고 해양안보를 확보하기 위해서 무엇보다도 스스로 충분한 수준의 해군력 및 해양 경찰력을 갖추어야만 한다는 것은 너무도 당연한 일이며, 이와 동시에 해군과 해양경찰 상호간의 긴밀한 합동작전 수행체제를 구축할 필요가 있다.[74] 그러나 앞에서 언급한 것처럼 동북아해역 국가들 간의 해양협력 체제를 구축함으로써 해로보호 및 해양안보의 과제를 실현하는 것도 하나의 유효한 접근방법이 될 수 있다고 본다.[75] 따라서 우리나라는 북한과는 물론 일본·중국·러시아뿐만 아니라 미국·캐나다 등 태평양 연안국가들과의 국제협력 활동을 강화하고 국제 해양질서의 변화에 적극 대처함으로써 해양강국의 위상을 제

---

73) 김현기, 「동북아 해양협력의 가능성과 전망」, 『군사논단』, 제29호, 2001, p.26.

74) 정호섭, 전게논문, pp.219-220; 김현기, 「한국의 해군력과 변화하는 해양안보 상황」, 이춘근 편, 『동아시아의 해양분쟁과 해군력증강현황』(한국해양전략연구소, 1998), p.217.

75) 정호섭은 "한국해군은 지역내 모든 해군과의 호혜적 교류·협력활동을 적극 추진해야 한다. 다시 말해 한국해군은 지역 내 모든 외국 해군과 협조하여 해상에서의 테러는 물론, 해적, 마약 및 무기거래 등 해상에서의 불법행위에 효과적으로 대처할 수 있는 일종의 '지역 해양안보를 위한 동반자관계(a partnership for regional maritime security)' 구축에 적극 참여해야 한다."고 주장하고 있다(정호섭, 상게논문, p.221).

고하고 할 수 있도록 해야 한다.

이러한 다자간 지역적 협력체제를 통하여 해로안보 및 해양협력의 과제를 달성하기 위하여 필요한 과제는 우선적으로 역내 국가 상호간 정치적·군사적 신뢰를 구축하는 일이다.[76] 남·북한은 물론, 미국과 북한, 북한과 일본 등 아직까지 외교관계가 수립되지 않고 있는 국가들 간의 정치적 신뢰관계의 구축이 무엇보다도 필요하다고 보며, 한국과 중국 간에도 상호 이해 증진을 통한 실질적인 신뢰관계 구축이 절실한 상황이라고 본다. 궁극적으로 이러한 바탕 위에서만 군사적 신뢰관계의 구축도 가능해질 것이며, 해양협력을 위한 토대도 마련될 수 있을 것이다. 그리고 이러한 바탕 위에서 오랫동안 '냉전의 바다'로 지칭되어 오던 동북아 해역을 '평화의 바다'로 전환시킬 수 있을 것이다.[77]

한국, 일본, 대만, 중국, 러시아 그리고 북한 등으로 둘러싸이고 있는 동해, 동중국해, 그리고 황해 지역에서의 어업 및 기타 해양 이용에 관한 지역적 협력체제를 강화할 필요가 있다. 이 지역은 반폐쇄해의 특성을 지니고 있으며 자원의 관리 및 분배, 그리고 생물학적으로 보아 긴밀한 지역적 협력이 요구되는 지역이다.[78] 따라서 기선제도, 해양 경계 획정, 해양과학조사, 대륙붕 개발, 어업자원의 관리, 수산업에 관한 협력, 해양오염 방지 및 환경보호, 해로안전 및 보호, 그리고 해양정책 및 분쟁해결에 관한 공동의 규칙 및 협력체제를 위한 마련하기 위한 노력이 시급히 요청된다고 하겠다.

현재 동북아 해역의 어업질서는 한·중·일 3국 상호간에 각각 체결된 어업협정들에 의하여 규율되고 있다. 그 결과 제주도 남부수역과 같이「한·일 어업협정」을 비롯하여 「한·중 어업협정」, 「중·일 어업협정」 등 3국간에 별도로 체결된 어업협정체제에 의해서 중간수역으로 중복 설정되는 경우도 있기 때문에, 특히 한·중·일 3국간의 공동관리 및 규율이 절실히 필요한 실정이다.[79] 동북아 해역의 중심에 위치하고 있는 우리나라로

---

76) 하영선, 「신동북아질서와 평화체제의 구축」, 김태현 편 전게서, pp.197-203.

77) 상게논문, p.201 참조.

78) 양희철, 「중국과의 현안문제」, 한국해로연구회 편, 전게서, p.324; 이와 관련하여 해양법협약은 폐쇄해 및 반폐쇄해 주변국들간의 협력을 규정하고, 주변국들로 하여금 ① 해양생물자원의 관리·보존·탐사·이용의 조정, ② 해양환경의 보호 및 보존에 관한 권리·의무 시행의 조정, ③ 해양과학조사정책의 조정 및 적절한 경우 해역 내 공동과학조사계획의 실시, 그리고 ④ 적절한 경우 본조의 규정을 시행함에 있어서 상호 협력을 위한 다른 이해관계국 또는 국제조직의 초청 등을 위하여 직접적으로 또는 적절한 지역조직을 통하여 노력하여야 한다고 규정하고 있다(제123조).

79) 권문상 외, 「한·중·일 EEZ 어업관리체제 및 새로운 어업협정에 관한 고찰」, 『국제법학회논총』, 제44권 제1호, 1999, pp.1-17; 김찬규 외, 「한일어업협정 및 한중어업협정 체결 이후 동북아의 어업질서 운영방안」,

서는 다양한 해양 문제에 직면해 있을 뿐만 아니라 해로안전의 확보에 중대한 이해관계
를 가지고 있다. 때문에 해양문제가 지니고 있는 안보적인 측면과 경제적인 측면을 분명
히 인식하고 지역 해양안보 환경을 개선하며, 나아가서 보다 안정적인 해양질서를 구축
하기 위한 논의에 적극 참여해야 할 것이다.

동북아 해역에는 여러 도서에 대한 영유권 분쟁 및 해로 안전의 확보와 관련된 갈등
요인이 존재하고 있기 때문에 정부간 '아세안 지역포럼'(ASEAN Regional Forum; ARF)이
나 '동북아지역 다자간 안보포럼'(Northeast Asia Security Dialogue; NEASD), 그리고 민간
차원의 '아·태 안보협력이사회'(Council for Security Cooperation in the Asia Pacific;
CSCAP), '제주포럼'(JEJU Forum)[80]과 같은 지역 평화 및 안보대화를 통하여 해양분쟁의
평화적 조정·해결 및 해양협력을 위한 제도적 방안이 마련되어야 할 필요성이 그 어느
지역보다도 크다고 본다.[81]

V. 결론

삼면이 바다인 우리나라에 있어서 대외무역을 통한 경제력의 제고와 국가 안보를 위
한 해양력의 확보와 관련하여 해로의 안전과 통항로 확보 문제는 절대적 과제라고 할
수 있다. 동북아 해역의 중심에 위치하고 있는 우리나라의 경우 우리와 세계를 연결하는
동북아 해로는 경제적·군사적·전략적인 측면에서 우리나라에 매우 중요한 가치를 가지
고 있다. 특히 최근에 들어와서 동북아 해역 주변국들 간의 도서영유권 분쟁과 더불어
해양관할권 및 해양자원 확보 경쟁이 심화됨에 따라 해양질서 및 해로의 안전 방위 문제
는 국가 생존, 나아가서 지역의 안전과 평화 문제와 직결되는 사활적 이해관계를 가지고
있다고 해도 과언이 아니다.

동북아 해로 안전과 관련하여 우리나라의 경우 그 전략적 가치가 인정될 수 있는 해협

『국제법학회논총』, 제44권 제1호, 1999, p.109 참조.

80) 김부찬, 「동북아해로 보호와 제주 '평화의 섬' 전략」, 김부찬, 전게서, pp.285-287 참조.

81) 홍규덕, 전게논문, pp.128-129; 백진현, 「아시아·태평양 해양안보협력의 과제와 전망」, 국제지역연구』, 제8
권 3호, 1999, pp.58-59; Gareth Evans and Paul Dibb, *Australian Paper on Political Proposals for
Security Cooperation in the Asia-Pacific Region*(Canberra: Department of Foreign Affairs and Trade
and Strategic Studies Centre, 1984), p.10 참조.

으로서는 '대한해협'과 '제주해협'이 있다. 대한해협(西水路)은 그 폭이 23.5 해리에 불과하지만 한·일 양국에 의하여 영해의 범위가 각각 3해리로 한정되고 있기 때문에 그 중간에 공해 또는 EEZ 통과항로가 포함되고 있어서 군함이나 잠수함 통과와 관련하여 문제가 발생할 가능성이 훨씬 낮다. 이에 반하여 제주해협은 전체적으로 우리나라의 영해에 포함되고 있다는 점에서 대한해협과 다른 지리·수로상의 특성을 가지고 있으며, 차별화된 국제법적 지위를 갖게 된다. 제주해협은 그 자체 우리나라의 영해에 해당되지만 공해 또는 EEZ의 두 부분을 연결하는 해협으로 선박의 국제항행로로 활용되고 있는 국제해협으로서의 지위를 갖고 있음은 분명하다. 하지만, 해양법상 어떠한 유형의 통항제도가 적용되는 해협인가에 대해서는 의견이 완전히 일치되고 있지는 않다.

제주해협이 황해, 동중국해, 그리고 동해 등 공해 또는 EEZ의 한 부분과 공해 또는 EEZ의 다른 부분간의 국제항행에 사용되는 "통상적인"(normal) 국제해협에 해당된다고 본다면 이에는 해양법협약상 '통과통항' 제도가 적용됨으로써 연안국인 우리나라가 규제 및 관할권을 행사할 수 있는 범위가 대폭 제한되고 외국의 항공기에 대해서도 상공비행권을 인정해야만 하는 부담을 안게 된다. 그러나 제주해협은 해협을 구성하는 요소인 제주도에서 (본토 쪽이 아니라) 바다 쪽으로 '유사한 편의를 가진 공해 또는 EEZ 통과항로'가 존재하며, 이 때문에 해양법협약 제38조 1항에 따라 '통과통항'이 적용되지 않고 '무해통항'만이 적용되는 국제해협이라는 데 대부분이 동의하고 있다.

따라서 제주해협이 선박의 (다만, 정지되지 아니 하는) '무해통항'만이 적용되는 해협이라는 사실을 우리 영해법 및 그 시행령 등을 통하여 명시적으로 규정하고 군함이나 잠수함 등의 통과와 관련하여 세부적인 규정을 둠으로써 불필요한 논란을 방지할 필요가 있다고 본다. 북한 선박의 통항과 관련된 문제는 복잡한 검토가 필요한 사항이지만, 군함 또는 비상업용 정부선박과 민간 선박을 구분하고 분명한 이론과 근거에 입각하여 북한 선박의 제주해협 등 우리의 영해 통항에 대한 방침을 정할 필요가 있다.

이어도 해역의 경우, 중국과의 가상의 '중간선'을 기준으로 할 때, 이어도가 중국보다 우리나라 쪽에 훨씬 더 가깝게 위치하고 있으며 '중간선'의 기준을 배제할 만한 '특별한 사정'이 존재한다고 보기 어려운 것도 사실이기 때문에 한·중 간 최종적인 경계획정 이전에라도 이어도 및 그 주변수역은 분명히 우리의 배타적 경제수역에 속한다고 할 수 있다. 따라서 이어도 및 그 주변 해역의 해저도 우리나라의 대륙붕 또는 배타적 경제수역의 해저에 속하게 되며 우리나라가 자유롭게 개발·이용할 수 있게 되는 것이다. 그러나 중국은 현재 한·중 어업협정상 이어도 주변수역이 양국이 자유롭게 조업할 수 있는 수역에 위치하고 있는 것을 빌미로 여타의 배타적 경제수역 관할권에 있어서도 한국과 동일한 법적 지위를 행사하려고 시도하고 있다. 특히 중국은 어업 문제뿐만 아니라 배타적 경제수역 또는 대륙붕 자원개발 문제에 상당한 관심을 가지고 있기 때문에 우리나라가 이어도에 해양과학기지를 설치하고 이를 운용하는 현실에 대하여 문제 제기를 계속하고 있다. 따라서 이어도 해역에 대한 우리나라의 관할권을 확립하고 해양안보 및 치안질서를 확립하기 위해서는 중국에 대한 해양법적 설득 논리를 강화하고 양국 간의 공동의 이익을 전제로 한 공동의 해양협력 체제의 구축을 위한 노력을 경주해야 할 필요가 있다고 본다.

생각건대, 우리나라가 제주해협 및 이어도 해역을 포함하는 동북아 해상교통로를 효과적으로 보호하기 위해서 무엇보다도 충분한 수준의 해군력 및 해양 경찰력을 확보해야 할 것이다. 그러나 일본 및 중국을 비롯한 동북아해역 국가들과의 교류·협력을 강화함으로써 해양안보 및 해로보호의 과제를 국제적 해양협력 체제를 통하여 실현하는 방안도 적극 모색할 필요가 있다. 일본·중국·대만·러시아뿐만 아니라 미국·캐나다 등 태평양 연안국가들과의 국제협력을 강화함으로써 과도한 해상 군사력 증강 경쟁을 방지하고 우리나라가 동북아의 협력적 해양안보 체제의 구축에 주도적으로 참여할 수 있도록 스스로의 외교력과 국력을 제고해 나가지 않으면 안 된다고 본다.

참고문헌

　이 책을 집필하는 데 활용된 참고문헌으로서 각주에 인용된 문헌을 크게 동양서와 사양서(서양어로 된 논문 포함)로 나눈 다음 각각 단행본과 논문으로 분류하여 여기에 수록하였다. 한 저자가 여러 차례 개정판을 출간한 경우에는 인용된 것 가운데 최신판만을 수록하였으며, 저자의 논문으로서 앞의 '주요 참고논문 및 사의'에 포함된 것들은 여기서 제외하였다.

[동양서]

⟨단행본⟩

강병근·이재완 역, 『국제법』(A. Cassese, *International Law*, 2nd. ed.), 삼우사, 2012.

강종희·한철환·황진희, 『편의치적제도 활용방안 연구』, 한국해양수산개발원, 2001.

고려대학교 아세아문제연구소 일본연구실편, 『한일관계자료집』, 제1집, 고려대학교, 1976.

橋本公亘, 『日本國憲法』, 有斐閣, 1990.

국가인권위원회, 『2003 국가인권위원회 연간보고서』, 2003.

＿＿＿＿＿＿, 『2011 국가인권위원회 연간보고서』, 2011.

권영성, 『헌법학원론』, 법문사, 2004.

김대순, 『국제법론』, 제18판, 삼영사, 2015.

김도균 엮음(한국법철학회), 『한국 법질서와 법해석론』, 세창출판사, 2013.

김명기, 『국제법원론(상)』, 박영사, 1996.

김명재 외, 『재외한인의 법적 지위와 기본권 현황』, 집문당, 2005.

김부찬, 『법학의 기초이론』, 동현출판사, 1994.

＿＿＿, 『제주의 국제화전략』, 온누리, 2007.

김석현, 『국제법상 국가책임』, 삼영사, 2007.

김영구, 『한국과 바다의 국제법』, 효성출판사, 1999.

김영환, 『법철학의 근본문제』, 홍문사, 2006.

김정건, 『국제법』, 박영사, 1998.

＿＿＿ 외, 『국제법』, 박영사, 2010.

김정오·최봉철·김현철·신동룡·양천수, 『법철학 : 이론과 쟁점』, 박영사, 2012.

김철범 역, 『세계정부론』(C. Kegley *et al.*, *World Politics*), 법문사, 1989.

김철수, 『헌법학개론』, 박영사, 2003.

김형배 역, 『법학방법론』(Reinhold Zippelius, *Einführung in die Juristische Methodenlehre*), 삼영사, 1979.

_____ 역, 『법학입문』(R. Zipplius, *Einfürung in das Recht*), 삼영사, 1990.

김효전 역, 『헌법·국가·자유』(E.-W. Böckenförde, *Verfassung, Staat, Freiheit*), 법문사, 1994.

_____ 편역, 『법치국가의 원리』(H. Heller *et al.*, *Das Rechtsstaatprinzip*), 법원사, 1996.

나인균, 『국제법』, 법문사, 2008.

大沼保昭, 『在日韓國·朝鮮人の國籍と人權』, 東信堂, 2004.

_____, 『人權, 國家, 文明 – 普遍主義的人權觀から文際的人權觀へ』, 筑摩書房, 1999.

大藏省印刷局, 『日韓條約と國內法の解說』(別冊 『時の法令』), 1965.

대한민국정부, 『한일회담백서』, 1965.

모가미 도시키 지음/조진구 역, 『인도적 개입– 정의로운 무력행사는 가능한가』, 소화, 2003.

牧田幸人, 『國際司法裁判所の組織原理』, 1986.

박기갑 외, 『국제법상 보호책임』, 삼우사, 2010.

박균열·조홍제·김진만·이영진 옮김, 『*Human Security* 인간안보』(Tadjbakhsh and Anuradha M. Cheny), 철학과 현실사, 2010.

박은정, 『왜 법의 지배인가』, 돌베개, 2010.

박찬호 외, 『유엔해양법협약 해설서 Ⅰ』, 지인북스, 2009.

박치영, 『유엔정치론』, 법문사, 1998.

박홍순·조한승·정우탁 엮음, 『유엔과 세계평화』, 도서출판 오름, 2013.

반병길, 『다국적기업론』, 박영사, 1985.

배재식, 『국제법 Ⅰ』, 한국방송통신대학출판부, 1994.

배종인, 『헌법과 조약체결 : 한국의 조약체결 권한과 절차』, 삼우사, 2009.

변필건, 『한국의 투자협정 해설서 –BIT와 최근 FTA를 중심으로–』, 법무부, 2010.

변종필·최희수 역, 『순수법학』(H. Kelsen, *Pure Theory of Law*), 길안사, 1999.

山本草二 著/박배근 역, 『국제법』, 국제해양법학회, 1999.

서헌제, 『국제경제법』, 율곡출판사, 1996.

성재호, 『국제기구와 국제법』, 한울아카데미, 2002.

_____·김정균, 『국제법』, 박영사, 2006.

세계체제관리위원회 편저/유재천 번역, 『세계는 하나, 우리의 이웃 *Our Global Neighborhood*』, 조선일보사, 1995.

승재현·임예준, 『반인도적 범죄로부터 북한주민보호를 위한 국제사회의 보호책임(R2P)에 관한 연구』, 한국형사정책연구원, 2014.

시노다 히데아키 지음/노석태 옮김, 『평화구축과 법의 지배 : 국제평화활동의 이론적·기능적 분석』, 한국학술정보(주), 2008.

심재우 역, 『법치국가와 인간의 존엄』(W. Maihofer, *Rechtsstaat und Menschliche Würde*), 삼영
　　　사, 1994.

심헌섭 외 역, 『법과 정의의 철학』, 종로서적, 1986.

＿＿＿ 편역, 『켈젠법이론선집』(H. Kelsen. *Schriften zur Rechttheorie*), 법문사, 1990.

阿部浩己, 『國際法の人權化』, 東京：信山社, 2014.

안경환, 『좌우지간 인권이다』, 도서출판 살림터, 2013.

양길현, 『평화번영의 제주정치』, 오름, 2007.

양명조, 『국제독점금지법』, 박영사, 1986.

오병선 역, 『법의 개념』(H. L. A. Hart, *The Concept of Law*), 아카넷, 2001.

오윤경 외 외교통상부직원 공저, 『21세기 현대국제법질서』, 박영사, 2001.

외교통상부, 『알기 쉬운 조약업무』, 외교통상부, 2006.

유병화, 『국제법총론』, 일조각, 1981.

윤재왕 역, 『법이란 무엇인가?』(N. Hoerster, *Was ist Rechts? – Grundfragen der Recht –
　　　sphilosophie*), 세창출판사, 2009.

＿＿＿ 옮김, 『법철학』(Kurt Seelmann, *Rechtsphilosophie*), 제2판, 세창출판사, 2010.

유재형·정용태, 『국제법학』, 대왕사, 1997.

윤철홍 옮김, 『헤르만 칸토로비츠 법학을 위한 투쟁』(Hermann Kantorowicz, *Der Kampf um die
　　　Rechtswissenschaft*), 책세상, 2016.

이광규, 『재일한국인』, 일조각, 1993.

이규창·조정현·한동호·박진아, 『보호책임(R2P) 이행에 관한 연구』, 통일연구원, 2012.

伊藤正己, 『憲法』, 弘文堂, 1990.

이병조·이중범, 『국제법신강』, 제9개정보완수정판, 일조각, 2007.

이상돈, 『법학입문』, 박영사, 1997.

이상우, 『국제관계이론』, 3정판, 박영사, 1999.

이석용, 『국제법－이론과 실제』, 세창출판사, 2003.

이장희 편저, 『한일간의 국제법적현안문제』, 亞社硏, 1998.

이태재, 『법철학사와 자연법론』, 법문사, 1984.

이한기, 『국제법』, 박영사, 2006.

이호용 엮음, 『정주외국인에 대한 선거권 부여법제』, 법무부 법무심의관실, 2000.

임종구, 『선박투자회사제도 도입방안 연구』, 한국해양수산개발원, 2001.

장승화, 『양자 간 투자협정 연구』, 법무부, 2001.

장효상, 『新稿 국제경제법』, 법영사, 1996.

田畑茂二郎, 『國際法講義 上』, 有信堂, 1984.

정영석, 『법학통론』, 법문사, 1983.

정인섭, 『신국제법강의』, 제7판, 박영사, 2017.

＿＿＿, 『재일교포의 법적지위』, 서울대학교 출판부, 1996.

정인섭, 『조약법강의』, 박영사, 2016.

정희철 역, 『다국간기업의 법률문제』, 삼영사, 1981.

_____·전원배 역, 『법학원론』(G. Radbruch, *Einführung in die Rechtswissenschaft*), 양영각, 1971.

_____·정찬형, 『상법원론(상)』, 박영사, 1997.

조한승 역, 『국제법과 국제관계』(D. Armstrong *et al.*, *International Law and International Relations*), 매봉, 2010.

_____·서헌주·오영달 공역, 『제국에서 공동체로 – 국제관계의 새로운 접근 –』(Amitai Etzioni, *From Empire To Community*), 매봉, 2007.

佐藤哲夫, 『國際組織法』, 有斐閣, 2005.

채형복, 『국제인권법』, 높이깊이, 2009.

최대권, 『헌법학』, 박영사, 1989.

最上敏樹, 『國際立憲主義の時代』, 東京 : 岩波書店, 2007.

최승환, 『국제경제법』, 제3판, 법영사, 2006.

최은범·박관숙, 『국제법』, 문원사, 1998.

최재훈 외 5인, 『국제법신강』, 제2판, 신영사, 2004.

최종고 역, 『법철학』(G. Radbruch, *Rechtsphilosophie*), 삼영사, 1986.

한동일, 『유럽법의 기원』, 도서출판 문예림, 2013.

한상수, 『로스쿨시대 법학의 기초』, 인제대학교출판부, 2011.

허영, 『한국헌법론』, 박영사, 1990.

橫田洋三 編/박덕영 옮김, 『국제사회와 법 – 국제법과 인권, 통상, 환경 –』, 연세대학교 대학출판 문화원, 2013.

〈논문〉

강병근, 「국제투자법에 따른 '계약상' 권리의 보호」, 『강원법학』, 제28권, 2009.

강영훈, 「무해통항권의 제문제 및 대책」, 김달중 편, 『한국과 해로안보』, 법문사, 1988.

강효백, 「한–중 해양경계 획정문제 –이어도를 중심으로–」, 『한국동북아논총』, 제50집, 2009.

경윤범, 「국제해운의 선박소유구조와 편의치적제도」, 『창업정보학회지』, 제9권 제1호, 2006.

공보부, 「한일협정을 통해 본 재일교포의 법적지위 및 대우(한일협정조약해설)」, 『지방행정』, 제14권, 1965.

권문상 외, 「한·중·일 EEZ 어업관리체제 및 새로운 어업협정에 관한 고찰」, 『국제법학회논총』, 제44권 제1호, 1999.

김경득, 「국적법개정과 재일한국인」, 『서울국제법연구』, 제4권 2호, 1997.

김규헌, 「북한인권법안의 검토와 제정 필요성」, 『통일과 법률』, 제3호, 2010.

김근식, 「남북정상회담과 6·15 공동선언 ; 분석과 평가」, 『북한연구학회보』, 제10권 제2호, 2006.

김달중, 「동북아 해상교통로를 위요한 4강의 해상전략」, 김달중 편, 『한국과 해로안보』, 법문사,

1988.

김달중, 「한국 해로안전 연구」, 『국방학술논총』, 제2집, 1989.

김명기, 「국제법상 일본으로부터 한국의 분리에 관한 연구」, 『국제법학회논총』, 제33권 제1호, 1988.

김명수, 「장애인권리협약과 장애인 기본권 보장 : 조약의 유보와 부대의견의 효력을 중심으로」, 『제도와 경제』, 제6권 제1호, 2012.

김민서, 「조약의 유형에 따른 국내법적 지위의 구분」, 『국제법학회논총』, 제46권 제1호, 2001.

_____, 「한국에서의 자유권규약 이행 현황에 대한 논고」, 『법학논고』, 제30집, 2009.

김병렬, 「인도적 간섭의 정당성에 관한 일고」, 『국제법학회논총』, 제46권 제2호, 2001.

_____, 「지역적 기구에 의한 인도적 간섭의 합법성에 관한 연구」, 『교수논총』(국방대학), 제24권, 2002.

김부찬, 「국제공동체의 성립과 국제법의 공동체적 함의」, 『국제법연구』, 제1권 제2호, 영남국제법학회, 2016.

_____, 「국제기업의 국유화의 법적 문제 −국제양허계약의 일방적 파기를 중심으로−」, 『제주대학교논문집−인문・사회편−』, 제23집, 1986.

_____, 「국제기업의 지위 및 법적문제」, 『동아시아 연구논총』, 제9집, 1998.

_____, 「국제법상 법치주의에 관한 서론적 고찰」, 『법과 정책』, 제2호, 제주대학교, 1996.

_____, 「국제법상 소수자의 권리」, 『동아시아연구논총』, 제8집, 제주대학교, 1997.

_____, 「동북아의 해양질서와 국제법」, 『동아시아연구논총』, 제1집, 제주대학교, 1991.

_____, 「'북한문제'의 해결과 유엔 안전보장이사회의 역할 −인권문제를 중심으로−」, 『법과 정책』, 제21집 제2호, 2015.

_____, 「재일한국인의 법적 지위 −지방참정권을 중심으로−」, 『지방자치법연구』, 제2권 제2호, 2002.

_____, 「천안함 사건의 국제법적 의의 및 대응방안의 허실 −천안함 사건 1주년에 즈음하여−」, 『국제법평론』, 통권 제33호, 2011.

_____, 「외교적보호에 관한 연구」(외교통상부연구용역보고서), 2001.

_____・김진호・고성준, 「동북아해역의 분쟁해결 및 협력체제 구축방안」, 『신아세아』, 제8권 제2호, 2001.

김석균, 「CSI와 PSI」, 한국해로연구회 편, 『해양의 국제법과 정치』, 연세대학교 동서문제연구원・도서출판 오름, 2011.

김석현, 「국제재판에 있어서의 「형평」」, 『국제법평론』, 통권 제10호, 1998.

_____, 「예방적 자위에 관한 연구」, 『국제법학회논총』, 제38권 제1호, 1993.

_____, 「유엔 헌장 제2조 4항의 위기」, 『국제법학회논총』, 제48권 제1호, 2003.

_____, 「인권보호를 위한 안보리의 개입」, 『국제법학회논총』, 제40권 제1호, 1995.

김성원, 「국제법의 헌법화 논의에 대한 일고찰」, 『국제법학회논총』, 제58권 제4호, 2013.

김성준, 「국제법상 개인의 청구권」, 『국제법평론』, 제15호, 2001.

김성호, 「재일코리안 지방참정권문제의 현상과 전망」, 『평화연구』, 제8권 1호, 2000.

김여선·김부찬, 「제주국제자유도시특별법의 외자도입방안에 관한 고찰 – 국제투자법의 관점에서」, 『국제법평론』, 제16호, 2002.

김영석, 「국제법상 '법의 일반원칙'에 대한 고찰」, 『이화여자대학교 법학논집』, 제12권 제2호, 2008.

_____, 「인도적 개입과 국제법」, 『국제법평론』, 제22호, 2005.

김응렬, 「난민조약과 재일한국인」, 『아세아연구』, 제88호, 1992.

김정건·이재곤, 「국제사법재판소의 역할제고를 위한 소고」, 『국제법학회논총』, 제32권 1호, 1987.

김종민, 「한국의 해로보호 문제」, 『해양전략』, 제85호, 1994.

김진섭, 「국제법상에 있어서 「칼보」 조항의 효력」, 『경기대학논문집』, 1971.

김찬규 외, 「한일어업협정 및 한중어업협정 체결 이후 동북아의 어업질서 운영방안」, 『국제법학회논총』, 제44권 제1호, 1999.

김태운, 「국제법상 인권을 유린하는 부당한 정권에 대한 인도적 간섭의 적법성 및 유형화」, 『국제법학회논총』, 제47권 제2호, 2002.

김태천, 「국제법학의 현대적 과제」, 『저스티스』, 통권 제74호, 2003.

김학태, 「법률해석의 한계 – 판례에서 나타난 법해석방법론에 대한 비판적 고찰 –」, 『외법논집』, 제22집, 2006.

김현기, 「동북아 해양협력의 가능성과 전망」, 『군사논단』, 제29호, 2001.

_____, 「한국의 해군력과 변화하는 해양안보 상황」, 이춘근 편, 『동아시아의 해양분쟁과 해군력 증강현황』, 한국해양전략연구소, 1998.

_____, 「한국의 해로안보와 해군력」, 김현기 편, 『국가경제와 해양안보』, 한국해양전략연구소, 1999.

김현수, 「제주해협 통항문제에 관한 법적 고찰」(2003년도 해양환경안전학회 추계학술발표회 자료집), 2003.

_____, 「해양법상 배타적 경제수역에서의 군사활동」, 『해사법연구』, 제15권 제2호, 2003.

나인균, 「국제연합에서의 '법의 지배'의 원리」, 『국제법학회논총』, 제50권 제1호, 2005.

_____, 「대한민국과 대한제국은 법적으로 동일한가?」 『국제법학회논총』, 제44권 제1호, 1999.

노석태, 「재외자국민보호를 위한 무력사용의 합법성」, 『중앙법학』, 제7집 제1호, 2005.

노영돈, 「재일한인의 국적」, 『백산학보』, 제83호, 2009.

노홍길, 「Socotra 암초 주변해역의 수산학적 특성」, 『해양정책연구』, 제6권 제2호, 1991.

大沼保昭, 「日本에 있어서 '外國人의 人權'論再構成試圖」, 『韓國國際法學의 諸問題』(기당 이한기박사 고희기념), 1986.

_____, 「在日朝鮮人の法的地位に關する一考察(六)」, 『法學協會雜誌』, 第97卷 4號.

도노무라 마사루, 「한일회담과 재일조선인 –법적 지위와 처우 문제를 중심으로–」, 『역사문제연구』, 제14호, 2005.

島田征夫, 「多國籍企業株主の外交的保護」, 『多國籍企業の法的研究』, 東京, 成文堂, 1980.

藤井京子, 「人道的干涉」, 『國際關係法辞典』, 三省堂, 1995.

梅田 撤, 「國際法における人道的干涉をめぐる論議の變容」, 『現代國際社會と人権の諸相』(宮崎繁樹先生古稀祈念), 成文堂, 1996.

문경수, 「재일한국인문제의 기원」, 『동아시아연구논총』, 제9집, 제주대학교, 1998.

박기갑, 「유엔 국제법위원회 작업주제 선정」, 『탈웨스트팔리아 시대에 있어서 국제법의 역할』(대한국제법학회 2013년 국제법학자대회자료집), 2013.

박노형, 「국제경제법의 개념에 관한 고찰」, 『통상법률』, 제8호, 1996.

박동형, 「리비아에 대한 '보호책임'(R2P) 적용사례 연구 : 북한에 주는 교훈과 시사점」, 『국제정치논총』, 제52집 3호, 2012.

박명규, 「국제선박등록제도와 해외이적의 고찰」, 『한국항만학회지』, 제11권 제1호, 1997.

박배근, 「국제법규칙의 부존재 – 핵무기사용 위법성 사건을 중심으로 –」, 『국제법학회논총』, 제41권 제2호, 1996.

_____, 「국제법상 국가의 동일성과 계속성」, 『저스티스』, 통권 제90호, 2006.

박병도, 「유엔인권이사회의 보편적 정례검토제도 –한국의 실행과 평가를 중심으로–」, 『법조』, 제8호, 2009.

박상식, 「유엔체제 개혁문제」(한국정치학회 1995년도 연례학술대회 발표논문), 1995.

박순성, 「북한 인권 문제와 한반도 분단체제 : 「2014 유엔 인권이사회 북한인권조사위원회 보고서」에 대한 비판적 독해를 중심으로」, 『북한연구학회보』, 제18권 제2호, 2014.

박정원, 「국제사회에서 국제공동체로 : 국제법 규범 질서의 질적 변화에 주목하며」, 『국제법학회논총』, 제56권 제4호, 2011.

_____, 「민족분쟁과 인도적 개입이 국제정치 –유고슬라비아에서의 인종청소를 중심으로」, 『세계지역연구논총』, 제23집 2호, 2005.

박진아, 「보호책임 이론의 의의와 발전방향」, 『국제법평론』, 통권 제41호, 2015.

_____, 「유엔인권이사회의 성과와 과제 –2011년 "유엔인권이사회 재검토"(Review of the Human Rights Council) 논의를 중심으로–」, 『안암법학』, 제40집, 2013.

박찬운, 「국가인권위원회 10년, 인권정책분야를 평가한다」, 『법학연구』, 통권 제14집, 전북대학교, 2011.

_____, 「자유권규약위원회 개인통보제도 결정의 국내적 이행을 위한 방안 소고」, 『저스티스』, 통권 제103호, 2008.

박찬재·이태우, 「한국국제선박등록제도의 문제점과 그 개선방향에 관한 연구」, 『*Journal of the Research Institute of Industrial Technology*』, Vol.18, 2001.

박치영, 「세계사회와 국제법 발전」, 『국제법학회논총』, 제32권 1호, 1987.

박현석, 「유엔헌장상 강제조치와 국제재판의 관계 : Lockerbie 사건(1988-98)」, 『국제법학회논총』, 제43권 제2호, 1998.

박흥순, 「유엔 안보리의 역할과 인권」, 북한인권사회연구센터 편, 『유엔 인권메커니즘과 북한인권』, 통일연구원, 2013.

배재식, 「기본적인권과 국제법 −특히 재일한인의 법적지위의 본질을 구명하기 위하여−」, 『법학』, 제8권 1호, 서울대학교, 1966.

배종인, 「대통령의 조약 체결·비준권과 이에 대한 국회의 동의권(헌법 제60조 제1항의 해석)」, 『세계헌법연구』, 제12권 제1호, 2006.

배형수, 「국가 해양력 발전과 해상교통로 보호」(2006년 해양정책 심포지엄 자료집), 2006.

배훈, 「재일코리안의 일본 내에서의 법적 지위」, 『고려법학』, 제48호, 2007.

백범석, 「심각한 북한인권 사안의 인도에 반한 죄 성립 여부」, 『북한인권문제에 관한 국제법과 정책』(국립외교원 국제법센터·통일연구원 북한인권사회연구센터 공동학술대회 자료집), 2014.

_____·김유리, 「북한인권문제의 새로운 접근 − 유엔 북한인권 조사위원회의 활동 및 보고서의 인권법적 분석을 중심으로−」, 『서울국제법연구』, 제21권 1호, 2014.

백진현, 「아시아−태평양 해양안보협력의 과제와 전망」, 『국제지역연구』, 제8권 3호, 1999.

_____, 「한국의 해양정책 및 해양력 발전방향」, 『21세기와 한국의 해양안보』(제3회 함상토론회 발표논문집), 1994.

保坂祐二, 「在日코리안의 法的地位(改正된 ‘國籍法’과 ‘入管法’을 中心으로)」, 『평화연구』, 제8권 1호, 고려대학교, 2000.

福王 守 저, 정호수 역, 「‘법의 일반원칙’ 개념의 변천에 관한 일고찰」, 『아주법학』, 제5권 제1호, 2011.

山田哲也, 「安保理決議を通じる法制度形成試論」, 『2011 영남국제법학회·구주국제법학회 공동연구회 자료집』, 2011.

서보혁, 「유엔 북한인권정책의 특징과 추세」, 『현대정치연구』, 제6권 제1호, 2013.

서용달·김용기 역, 「재일한조선인의 지방참정권」, 『경영경제』, 제33집 1호, 2000.

서원상, 「다문화사회의 법적 기반에 관한 소고 −국제인권법을 중심으로−」, 『법학연구』, 제21권 1호, 2011.

서창록, 「한국적 인권거버넌스의 특징과 아시아지역으로 확산 가능성」, 『통일연구』, 제15권 제2호, 2011.

서철원, 「안보리의 승인 없는 인도적 무력개입」, 『사회과학논총』, 제6집, 숭실대학교, 2003.

성재호, 「간섭이론과 실제」, 『국제법학회논총』, 제68호, 1990.

_____, 「국제연합하의 인도적 간섭」, 『국제법평론』, 제13호, 2000.

소병천, 「NGO의 국제법주체성 −국제환경법을 중심으로−」, 『국제법평론』, 통권 제23호, 2006.

_____, 「국제법상 주권담론에 대한 소고」, 『국제법학회논총』, 제58권 제4호, 2013.

신각수, 「조약체결절차법 제정의 필요성」, 『국제법 동향과 실무』, 제3권 제1호, 외교부, 2004.

신창훈, 「개인의 국제법주체성 및 법인격에 대한 이론적 재조명」, 『국제법평론』, 통권 제23호, 2006.

심재설, 「해양과학의 보고, 이어도」, 『이어도, 지금 우리에게 무엇인가』(강창일 국회의원 2007년 정책토론회 자료집), 2007.

심재설·박광순·이동영, 「이어도 해양과학기지 건설방안 분석」, 『해양정책연구』, 제11권 제2호, 1996.

안은주, 「조약체결절차 실무 및 조약체결절차법 제정논의」, 국제법평론회 2013년도 동계학술대회 발표자료집, 2013.

안태희, 「권고적 의견상 국제인 개념이 다국적기업의 국제법상 지위에 갖는 함의」, 『영남법학』, 제36호, 2013.

양순창, 「북한인권 문제에 대한 중국의 입장」, 『국제정치연구』, 제14집 2호, 2011.

양희철, 「중국과의 현안문제」, 한국해로연구회 편, 『해양의 국제법과 정치』, 연세대학교 동서문제 연구원·도서출판 오름, 2011.

엄요섭, 「한일회담에 관한 역사적 재조명」, 『일본연구』, 제1권, 1990.

오미영, 「국제인권기준에 비추어 본 재일한인의 문제」, 김부자 외 『한일 간의 역사현안의 국제법 적 재조명』, 동북아역사재단, 2009.

오병선, 「국제법의 가치지향적 연구방법에 대한 일고찰」, 『서울국제법연구』, 제18권 2호, 2011.

_____, 「인도적 간섭의 적법성과 정당성」, 『국제법학회논총』, 제54권 제3집, 2009.

오승진, 「국제인권조약의 국내 적용과 문제점」, 『국제법학회논총』, 제56권 제2호, 2011.

오원석·김용일, 「국제투자계약에 따른 위험대처 방안에 관한 연구」, 『중재연구』, 제18권 제2호, 2008.

奧田劍志郎, 「外國人の法的地位」, 『社會勞動硏究』, 第27卷 2號.

유병용, 「한일협정과 한일관계의 개선방향」, 『한일역사공동보고서』, 제6권, 2005.

유철종, 「재외국민의 법적 지위문제」, 『논문집』, 제3집, 1976.

육성호, 「우리나라 국제선박등록제도의 발전방안에 관한 연구」, 배재대학교 대학원 석사학위논문, 2008.

윤석준, 「국가 해양력과 해양전략」, 한국해로연구회 편, 『해양의 국제법과 정치』, 연세대학교 동서 문제연구원·도서출판 오름, 2011.

이광규, 「국제인권규약과 재일한국인의 주체성문제」, 『재외한인연구』, 제1권 1호, 1990.

이기범, 「무력을 사용하는 인도적 개입의 현행 국제법상 허용여부」, 『법학연구』, 제11권 제4호, 연세대학교, 2001.

이발래, 「국가인권위원회에 의한 인권보장과 과제」, 『유럽헌법연구』, 제9호, 2011.

이상우, 「소련 해군증강과 동북아 해로안전」, 김달중 편, 『한국과 해로안보』, 법문사, 1988.

이상훈, 「조약의 국내법적 효력과 규범통제에 관한 고찰」, 『국제법 동향과 실무』, 제3권 제1호, 2004.

_____, 「헌법 제60조 제1항에 대한 고찰 : 국회동의의 법적 성격 및 입법사항에 관한 조약을 중심 으로」, 『국제법 동향과 실무』, 제2권 제3호, 2003.

이서항, 「동북아 해양안보 환경변화와 한국 해군의 발전 방향」, 『군사논단』, 통권 제29호, 2001.

이석용, 「북한선박의 영해침범과 국가안보」, 『군사논단』, 통권 제29호, 2001.

이성덕, 「사례를 통하여 본 인도적 간섭-국제법적 적법성」, 『법학연구』, 제5권, 홍익대학교, 2003.

이성덕, 「인도적 간섭 – 자유주의와 포스트모더니즘에 입각한 담론」, 『법철학연구』, 제6권 제1호, 2003.

이승헌, 「국제연합강화에의 움직임과 헌장개정을 위한 제구상」, 『국제법학회논총』, 제13권 1호, 1968.

이신화, 「국가실패와 보호책임(R2P)의 북한 적용가능성」, 『한국정치학회보』, 제46집 제1호, 2012.

_____, 「세계안보와 유엔의 역할」, 박흥순·조한승·정우탁 엮음, 『유엔과 세계평화』, 도서출판 오름, 2013.

이원웅, 「북한인권 : 국제사회 동향과 전망」, 『신아세아』, 제20권 제4호, 2013.

이윤환, 「헌법상 정주외국인의 지방참정권」, 『국제인권법』, 제4호, 2001.

이장희, 「서론 : 한일협정의 재검토가 필요하다」, 이장희 편저, 『한일 간의 국제법적현안문제』, 亞社硏, 1998.

이재민, 「우리나라 통상절차법과 향후 과제」, 『서울국제법연구』, 제19권 1호, 2012.

이재완, 「대한민국에 대한 제2차 보편적 정례인권검토(UPR)」, 『국제법평론』, 통권 제36호, 2012.

이창열, 「이어도 배타적 경제수역, 중국에 대한 단호한 조치 필요」, 한국해양수산개발원 독도·해양영토연구센터, 『독도 연구저널』, 제16호, 2011.

_____, 「헌법상 조약체결권의 통제에 관한 일고찰 – 국회의 동의를 중심으로 –」, 『미국헌법연구』, 제22권 제1호, 2011.

이혁섭, 「동북아 다자간 안보협의체의 21세기 실현가능성」, 『국제정치논총』, 제36집 3호, 1997.

日本國際フォーラム, 「人道的介入に關する國際社會の議論狀況」(外務省委託研究報告書), 2001.

임예준, 「보호책임의 발전과정과 국제법상 함의」, 『국제법평론』, 통권 제40호, 2014.

임지봉, 「헌법적 관점에서 본 '국회의 동의를 요하는 조약' –우리나라의 경우를 중심으로–」, 『공법연구』, 제32집 제3호, 2004.

長尾一紘, 「外國人の地方議會選擧權」, 徐龍達 編, 『定住外國人の地方參政權』, 日本評論社, 1992.

장박진, 「한일회담 개시 전 한국정부의 재일한국인 문제에 대한 대응 분석 : 대한민국의 국가정체성과 '재일성(在日性)'의 기원」, 『아세아연구』, 제52권 1호, 2009.

장복희, 「아시아 지역인권협약 체결가능성과 한국의 역할」, 『법학연구』, 제18권 제1호, 2008.

전가, 「국제투자법상 간접수용에 관한 연구 : 한·중 FTA에의 시사점을 중심으로」, 제주대학교 박사학위논문, 2010.

전순신, 「국제경제법의 개념에 관한 일고」, 『국제법학회논총』, 제28권 2호, 1983.

정경수, 「북한에 대한 인도적 개입의 정당성」, 『민주법학』, 제25권, 2004.

_____, 「한국의 인권조약 비준·가입의 성취와 과제」, 『안암법학』, 제26권, 2008.

정대진, 「한반도 유사시 북한 지역 개입 문제」, 『국제법학회논총』, 제59권 제3호, 2014.

정서용, 「글로벌 거버넌스와 국제법」, 『서울국제법연구』, 제16권 제1호, 2009.

정용태, 「대한민국 국회의 조약비준동의권」, 『법학논집』, 제3집, 청주대법학연구소, 1988.

정우영, 「제주형 편의치적을 위한 소고」, 『제주 선박등록특구 및 해양관광 활성화 방안』(제주특별자치도 학술세미나 자료집), 2011.

정인섭, 「조약의 종료와 국회 동의의 要否」, 『서울국제법연구』, 제11권 제1호, 2004.

_____, 「碩岩 배재식 박사의 학문세계 – 한일관계와 국제인권법 연구를 중심으로–」, 『서울국제법연구』, 제11권 2호, 2004.

정진경, 「UN 아동권리협약의 국내법적 및 실천적 수용성 : 아동복지법과 아동복지시설을 중심으로」, 『아동과 권리』, 제14권 제2호, 2010.

정진석, 「조약의 체결·비준에 대한 국회의 동의」, 『서울국제법연구』, 제11권 제1호, 2004.

정진영, 「동아시아 경제협력과 지역안보 –동아시아 불안정론에 대한 비판–」, 김태현 편, 『신동아시아 안보질서』, 세종연구소, 1997.

정태욱, 「북한 인권 문제의 현황과 전망 – 유엔 안전보장이사회 상정을 계기로 –」, 『민주법학』, 제57호, 2015.

정호섭, 「한국의 해로안보전략」, 한국해양전략연구소 편, 『동아시아 해로안보』, 한국해양전략연구소, 2007.

정희석·김도균, 「탈냉전 시대 유엔의 강제적 인권레짐의 형성배경과 실태」, 『사회과학』, 제17집, 2005.

제성호, 「국제법상 인도적 간섭의 합법성에 관한 일고찰」, 『국제법학회논총』, 제32권 제2호, 1987.

_____, 「조약의 체결·비준에 대한 국회동의권」, 『국제법학회논총』, 제33권 제2호, 1988.

_____, 「한국판 '북한인권법'의 필요성과 제정 방향」, 『법학논문집』, 제31집 제2호, 중앙대학교, 2007.

조시현, 「인도적 개입 : 인권과 평화의 갈림길」, 한국인권재단 엮음, 『한반도의 평화와 인권 Ⅰ』, 사람생각, 2001.

조정현·장석영, 「국제사회의 유엔 북한인권 조사위원회(COI) 권고 이행과 전망」, 『홍익법학』, 제15권 제3호, 2014.

佐藤幸治, 「基本權の主體」, 阿部照哉 編, 『學說と判例Ⅰ 憲法』, 1976.

주동금, 「선박의 국적과 편의치적 문제」, 『국제법학회논총』, 제38권 2호, 1993.

지영환·김민진, 「국제인권조약의 한국적용에 관한 연구」, 『경희법학』, 제46권 제2호, 2011.

진희관, 「유엔 대북제재 결의의 의미와 효용성 및 한반도 주변국의 역할」, 『북한연구학회보』, 제17권 제1호, 2013.

채이식, 「선박의 국적제도에 관한 연구」(KRF 연구결과논문), 한국해법학회, 1997.

최민호, 「북한 급변사태 발생 시 보호책임(Responsibility to Protect, R2P) 적용 가능성」, 『군사논단』, 제80호, 2014.

최승환, 「해외투자의 계약적 보호방안과 국제법적 보호방안」, 『국제법무연구』, 제1권 제1호, 1998.

최영호, 「일본패전직후 참정권문제에 대한 재일한국인의 대응」, 『한국정치학회보』, 제34집 1호, 2000.

_____, 「재일한국인의 일본 지방참정권, 그 현황과 전망」, 『21세기 정치학회보』, 제14집 3호, 2004.

최영호, 「재일한국인의 참정권에 대한 한일양국의 정치적 태도에 관한 연구」, 『영산논총』, 제7집,

영산대학교, 2001.

최재훈, 「재일한국인의 국적문제와 인권」, 『일본연구』, 제2권, 1984.

최태현, 「국제사법재판소의 운영원리에 대한 재고와 새로운 방향 모색」, 『국제법학회논총』, 제40
　　　권 2호, 1995.

_____, 「국제적법치주의의 본질과 기능에 관한 소고」, 『동아법학』, 제43호, 2009.

萩野芳夫, 「外國人の定住と政治的權利」, 徐龍達 編, 『共生社會への地方參政權』, 日本評論社, 1995.

하상식, 「대북포용정책 10년의 성과와 한계」, 『국제관계연구』, 제14권 제2호, 2009.

하종필·박종삼, 「해양의 권익과 물류협력을 위한 영해법 연구」, 『물류학회지』, 제18권 제2호,
　　　2008.

한상범, 「한·일협정(1965년), 왜 개정해야 하나?」, 『아·태공법연구』, 제10집, 2002.

한상복, 「해양학에서 본 '파랑도'의 가치」, 『해양정책연구』, 제6권 제2호, 1991.

홍규덕, 「동아시아의 지역분쟁」, 김태현 편, 『신동아시아 안보질서』, 세종연구소, 1997.

홍성필, 「국제인권에 비추어본 북한의 인권」, 『저스티스』, 통권 제98호, 2007.

_____, 「북한급변 시 개입의 국제법상 정당성 연구」, 『서울국제법연구』, 제19권 1호, 2012.

황원연, 「한국의 해양안보정책에 관한 연구」, 동국대학교 행정대학원 석사학위논문, 1989.

[서양서]

〈Books〉

Albright, Madeleine, *Madam Secretary*, Amazon Remainders Account, 2003.

Altschiller, Donald (ed.), *The United Nations' Role in World Affairs*, New York : The H. W.
　　　Wilson Company, 1993.

Archer, Clive, *International Organizations*, London : George Allen & Unwin, 1983.

Aron, Raymond, *Peace and War*, New York : Frederick A. Praeger Publishers, 1967.

Aubert, Vilhelm, *In Search of Law −Sociological Approaches to Law −*, Oxford: Martin
　　　Robertson, 1983.

Aust, Anthony, *Modern Treaty Law and Practice*, Cambridge : Cambridge University Press,
　　　2007.

Austin, J., *The Province of Jurisprudence Determined*, 1832.

Baehr, Peter R. and Leon Gordenker, *The United Nations in the 1990s*, New York : St.
　　　Martin's Press, 1994.

Baylis, J. and N.J. Rengger (eds.), *Dilemmas of World Politics*, Oxford : Oxford University
　　　Press, 1992.

Beal, Tim, *North Korea : The Struggle against American Power*, London : Pluto Press, 2005.

Bederman, David J., *International Law Frameworks*, Foundation Press, 2001.

Bennett, A. Leroy, *International Organizations*, Englewood, Cliffs : Prentice-Hall, 1980.

Bertrand, Maurice and Daniel Warner (eds.), *A New Charter for a Worldwide Organization?*, The Hague : Kluwer Law International, 1997.

Bingham, Tom, *The Rule of Law*, London : Penguin Books, 2010.

Black, Henry Campbell, M. A., *Black's Law Dictionary*, 5th ed., West Publishing Co., 1979.

Bodenheimer, Edgar, *Jurisprudence – The Philosophy and method of the Law –*, rev. ed., Cambridge : Harvard University Press, 1981.

Bos, Maarten, *A Methodology of International Law*, Amsterdam – New York – Oxford : North-Holland, 1984.

Boutros-Ghali, Boutros, *An Agenda for Peace*, New York : United Nations, 1992.

Bowett, D. W., *Self-Defence in International Law*, Manchester : Manchester University Press, 1958.

Brierly, J. L., *The Law of Nations*, 6th ed., Oxford : Clarendon Press, 1976.

Brownlie, Ian, *International Law and the Use of Force*, Oxford : Oxford University Press, 1963.

――――――――, *Principles of Public International Law*, 7th ed., Oxford : Oxford University Press, 2008.

Buerganthal, Thomas, Dinah Shelton and David P. Stewart, *International Human Rights in a nutshell*, 4th ed., St. Paul, MN : West Publishing Co., 2002.

Bull, Hedley, *The Anarchical Society : A Study of Order in World Politics*, New York : Columbia University Press, 1977.

Burgenthal, Thomas and Sean D. Murphy, *Public International Law in a nutsell*, 5th ed., St. Paul, MN : West Publishing Co., 2013.

Butler, W. E. (ed.), *International Law and the International System*, Dordrecht : Martinus Nijhoff Publishers, 1987.

Capps, Patrick, *Human Dignity and the Foundations of International Law*, Oxford: Hart Publishing, 2009.

Cassese, Antonio (ed.), *The Current Legal Regulation of the Use of Force*, The Hague : Martinus Nijhoff Publishers 1986.

――――――――, *International Law in a Divided World*, Oxford : Clarendon Press, 1986.

――――――――, *International Law*, 2nd, ed., Oxford : Oxford University Press, 2005.

Chen, Lung-Chu, *An Introduction to Contemporary International Law*, New Haven : Yale University Press, 1989.

Chesterman, Simon, *Just War or Just Peace? –Humanitarian Intervention and International Law*, Oxford : Oxford University Press, 2001.

Childers, Erskine and Brian Urquhart, *Renewing the United Nations System*, New York &

Uppsala : Ford Foundation & Dag Hammarskjold Foundation, 1994.

Churchill, R. R. and A. V. Lowe, *The Law of the Sea*, Manchester : Manchester University Press, 1983), p.180.

Clark, G. & Louis B. Sohn, *World Peace through World Law—Two Alternative Plans—*, Cambridge, Mass. : Harvard University Press, 1966.

Clarke, J.N. and G.R. Edwards (eds.), *Global Governance in the Twenty—First Century*, New York : Palgrave Macmillan, 2004.

Claude, Jr., Inis L., *Swords into Plowshares—the Problems and Process of International Organization—*, 4th ed., New York : Random House, 1971.

Coate, Roger A. (ed.), *U.S. Policy and the Future of the United Nations*, New York : The Twentieth Century Fund Press, 1944.

Collins, Jr., Edward (ed.), *International Law in a Changing World*, New York : Random House, 1970.

Crawford, James, Alan Pellet and Simon Olleson (eds.), *Oxford Commentaries on International Law — The Law of International Responsibility*, Oxford : Oxford University Press, 2010.

_____, *The International Law Commission's Articles on State Responsibility — Introduction, Text and Commentaries —*, Cambridge : Cambridge University Press, 2002.

d'Aspremont, Jean, *Formalism and the Sources of International Law : A Theory of the Ascertainment of Legal Rules*, Oxford : Oxford University Press, 2013.

de Lupis, Ingrid Detter, *The Law of War*, Cambridge : Cambridge University Press, 1987.

Dixon, Martin, *Textbook on International Law*, London : Blackstone Press Limited, 1990.

Dolzer, Rudlof & Margrete Stevens, *Bilateral Investment Treaties*, ICSID, 1995.

_____ & Christoph Schreuer, *Principles of International Investment Law*, Oxford : Oxford University Press, 2008.

Donnelly, Jack, *International Human Rights*, Boulder : Westview Press, 2007.

_____, *Universal Human Rights : in Theory and Practice*, Ithaca : Cornell University Press, 2003.

Dorsey, Gray L., *Beyond the United Nations : Changing Discourse in International Politics & Law*, New York : University Press of America Press, 1986.

Dougherty, James E. & Robert L. Paltzgraff, Jr., *Contending Theories of International Relations*, Philadelphia : Lippincott, 1971.

Dunoff, Jeffrey L. and Joel P. Trachtman, *Ruling the World? —Constitutionalism, International Law, and Global Governance —*, Cambridge : Cambridge University Press, 2009.

Erler, Georg, *Grundproblem des internationales Wirtschaftsrecht,* Göttingen : O. Schwartz, 1956.

Evans Gareth and Paul Dibb, *Australian Paper on Political Proposals for Security Cooperation in the Asia—Pacific Region,* Canberra : Department of Foreign Affairs and Trade and Strategic Studies Centre, 1984.

_____, *The Responsibility To Protect — Ending Mass Atrocity Crimes Once and For All —,* Washington, D.C. : Brookings Institution Press, 2008.

_____, *Cooperating for Peace : Global Agenda for the 1990s and Beyond,* St. Leonards, Australia : Allen & Unwin, 1993.

Farrall, Jeremy M., *United Nations Sanctions and the Rule of Law,* Cambridge : Cambridge University Press, 2007.

Fatouros, A. A., *Transnational Corporations : The International Legal Framework,* London and New York, 1994.

Fellmeth, Aron X. and Maurice Horwitz, *Guide to Latin International Law,* Oxford : Oxford University Press, 2009.

Finkelstein, Lawrence S., *Politics in the United Nations System,* Durham : Duke University Press, 1988.

Fisas, Vicenc, *Blue Geopolitics—The United Nations Reform and the Future of the Blue Helmets—,* London : Pluto Press, 1995.

Franck, Thomas M., *The Power of Legitimacy Among Nations,* Oxford : Oxford University Press, 1990.

Friedmann, Wolfgang, *The Changing Structure of International Law,* New York : Columbia University Press, 1964.

_____, L. Henkin and O. Lissitzyn, *Transnational Law in a Changing Society,* New York : Columbia University Press, 1972.

Goldsmith, Jack L. and Eric A. Posner, *The Limits of International Law,* Oxford : Oxford University Press, 2005.

Goodrich, Leland M., *The United Nations in a Changing World,* New York : Columbia University Press, 1974.

Gray, Christine, *International Law and the Use of Force,* Oxford : Oxford University Press, 2004.

Grieg, D. W., *International Law,* 2nd ed., London : Butterworths, 1976.

Halderman, John W., *The Political Role of the United Nations,* New York : Praeger, 1981.

Hart, H. L. A., *The Concept of Law,* Oxford : Clarendon Press, 1993.

Heinrich, Dieter, *The Case for a United Nations Parliamentary Assembly,* New York : the World Federalist Movement, 1992.

Henderson, Conway W., *Understanding International Law*, Chichester : Wiley-Blackwell, 2010.

Henkin, Louis, Richard C. Pugh, Oscar Schachter and Hans Smit, *International Law*, 3rd. ed., St. Paul, MN : West Publishing Co., 1993.

Higgins, Rosalyn, *Problems & Process - International Law and How We Use it -*, Oxford : Clarendon Press, 1994.

_____, *The Development of International Law through the Political Organs of the United Nations*, Oxford : Oxford University Press, 1963.

Hill, Martin, *The United Nations System*, London : Cambridge University Press, 1978.

Holzgrefe, J. L. and R. Keohane eds., *Humanitarian Intervention - Ethical, Legal, and Political Dilemmas*, Cambridge : Cambridge University Press, 2003. p.38.

Horn, Norbert (ed.), *Arbitrating Foreign Investment Disputes-Procedure and Substantive Legal Aspects*, The Hague : Kluwer Law International, 2004.

Hossainn, K. ed., *Legal Aspects of the New International Economic Order*, New York : Nichols Publishing Company, 1980.

ICISS, *The Responsibility to Protect*, International Development Research Center, 2001.

International Commission of Jurists(Geoffrey Bindman ed.), *South Africa : Human Rights and the Rule of Law*, New York : St. Martin's Press, 1988.

Jacobs, William J., *Search for Peace -The Story of the United Nations-*, New York : Charles Scribner's Sons, 1994.

Jessup, P., *Transnational Law*, New Haven : Yale University Press, 1956.

Joyner, Christopher C., *The United Nations and International Law*, Cambridge : Cambridge University Press, 1997.

Kamminga, Menno T. & Martin Scheinen (eds.), *The Impact of Human Rights Law on General International Law*, Oxford : Oxford University Press, 2009.

Kim, Boo Chan, *Global Governance and International Law*, BoGoSa, 2011.

Kim, Samuel S. and Tai Hwan Lee eds., *North Korea and Northeast Asia*, Lanham, Maryland: Rowman & Littlefield Publishers, Inc., 2002.

Kirgis, Jr., Frederic L., *International Organizations in their Legal Setting*, 2nd ed., St. paul, MN: West Publishing Co., 1993.

Klabbers, Jan, *Advanced Introduction to the Law of International Organizations*, Cheltenham, Northampton : Edward Elgar Publishing, 2015.

_____, *An Introduction to International Organizations Law*, Cambridge : Cambridge University Press, 2015.

_____, Anne Peters, and Geir Ulfstein, *The Constitutionalization Of International Law*, Oxford : Oxford University Press, 2011.

Klabbers, Jan, *International Law*, Cambridge : Cambridge University Press, 2014.

Kochler, Hans, *Democracy and the International Rule of Law*, Wien : Springer-Verlag, 1995.

Krasner, Stephen D., *Sovereignty -Organized Hypocrisy-*, Princeton : Princeton University Press, 1999.

Ku, Charlotte and Thomas G. Weiss (ed.), *Toward Understanding Global Governance*, Providence : ACUNS, 1998.

Lau, Teikand Soon and Lee Lai To (eds.), *The Security of the Sea Lanes in the Asia-Pacific Region*, Singapore : Heinemann Asia, 1988.

Lauterpacht, H., *Oppenheim's International Law*, 8th ed., London : Longmans, 1955.

_____, *Private Law and Analogies of International Law*, Archon Books, 1970.

Levi, Werner, *Contemporary International Law : A Concise Introduction*, Boulder : Westview Press, 1979.

Lichenstein, Charles M., Juliana Gran Pilon, Thomas E. L. Dewey and Melanie L. Merkle, *The United Nations : Its Problems and What to Do About Them. 59 Recommendations Proposed in Response to General Assembly Resolution 40/237*, Washington : The Heritage Foundation, 1986.

Lillich, R. B. (ed.), *Humanitarian Intervention and the United Nations*, Charlottesville : University Press of Virginia, 1973.

_____ (ed.), *International Law of State Responsibility for Injuries to Aliens*, Charlottesville : University Press of Virginia, 1983.

_____, *The Human Rights of Aliens in Contemporary International Law*, Manchester : Manchester University Press, 1984.

Lloyd. Dennis, *The Idea of Law*, New York : Penguin Books, 1983.

Macdonald, R. St. J. & D. M. Johnston (ed.), *The Structure and Process of International Law : Essays in Legal Philosophy, Doctrine and Theory*, The Hague : Martinus Nijhoff Publishers, 1986.

Malanczuk, Peter, *Akehurst's Modern Introduction to International Law*, London & New York : Routledge, 2000.

_____, *Humanitarian Intervention and The Legitimacy of The Use of Force*, The Hague : Martinus Nijhoff Publishers, 1993.

Malloy, Michael P., *United States Economic Sanctions : Theory and Practice*, New York : Springer, 2001.

Malone, Linda A., *International Law*, Emanuel Law Outlines, Inc., 1995.

Meron, Theodor, *The Humanization of International Law*, Leiden, Boston : Martinus Nijhoff Publishers, 2006.

Merrills, J. G., *International Dispute Settlement*, London : Sweet & Maxwell, 1984.

Mingst, Karen A. and Margaret P. Karns, *The United Nations in The 21st Century*, 4th ed., Boulder : Westview Press, 2012.

Morgenthau, Hans J., Kenneth W. and Thompson, *Politics Among Nations*, 6th ed., Alfred A. Knopf, Inc., 1985.

Mosler, Hermann, *The International Society as a Legal Community*, Alphen aan den Rijn : Sijthoff & Noordhoff, 1980.

Murphy, D. P., *The United Nations and the Control of International Violence*, Manchester : Manchester University Press, 1983.

Murphy, John F., *The United States and the Rule of Law in International Affairs*, Cambridge : Cambridge University Press, 2004.

Murphy, Sean D., *Principles of International Law*, St. Paul, MN : Thompson/West, 2006.

Nardin, Terry, *Law, Morality and the Relations of States*, Princeton : Princeton University Press, 1984.

Neff, Stephen C., *Justice Among Nations : A History of International Law*, London, Cambridge : Harvard University Press, 2014.

Neuman, Franz, *The Rule of Law*, Heidelberg : Berg Publishers, 1986.

Nordic Council, *The United Nations in Development. Reform Issues in the Economic and Social Fields : A Nordic Perspective. Final Report by the Nordic UN Project*, Stokholm, distributed by Almqvist & Wiksell International, 1991.

Nowak, Manfred, *Introduction to the International Human Rights Regime*, Brill Academic Publishers, 2003.

Nussbaum, Arthur, *A Concise History of the Law of Nations*, New York : The MacMillan Co., 1954.

O'Connell, Mary E., *The Power & Purpose of International Law*, Oxford : Oxford University Press, 2008.

OECD, *International Investment Law : Understanding Concepts and Tracking Innovations*, OECD Publishing, 2008.

Oppenheim, L., *International Law*, 2nd ed., London : Longmans, 1912.

Orford, Anne, *International Authority and the Responsibility to Protect*, Cambridge : Cambridge University Press, 2011.

Osmańczyk, Edmund J., *Encyclopedia of the United Nations and International Agreements*, Philadelphia : Taylor and Francis, 1985.

Ott, David H., *Public International Law in the Modern World*, London : Pitman Publishing, 1987.

Pak, Chi Young, *The Korea Strait*, The Hague : Martinus Nijhof Publishers, 1983.

Parry, Clive, John P. Grant, Anthony Parry & Arthur D. Watts, *Parry & Grant Encyclopaedic*

Dictionary of International Law, Dobbs Ferry, New York : Oceana Publications, 1986.

Plano, Jack C. & Roy Olton, *The International Relations Dictionary,* 2nd ed., Kalamazoo, Mich. : New Issues, 1979.

Proukaki, Elena Katselli, *The Problem of Enforcement in International Law — Countermeasures, the non-injured state and the idea of international community —,* London and New York : Routledge, 2010.

Ramcharan, B. G., *The International Law Commission,* The Hague : Martinus Nijhoff, 1977.

Randelzhofer, A. and C. Tomuschat (eds.), *State Responsibility and the Individual,* The Hague : Martinus Nijhoff Publishers, 1999.

Roberts, Adam and Benedict Kingsbury (eds.), *United Nations, Divided World-The UN's Roles in International Relations-,* Oxford : Clarendon Press, 1933.

Rosenau, James N. and Ernst-Otto Czempiel (eds.), *Governance Without Government : Order and Change in World Politics,* Cambridge : Cambridge University Press, 1995.

Rosenne, S., *The Law and Practice of the International Court,* 2nd ed., Dordrecht : Martinus Nijhoff, 1985.

Rossi, Christopher R., *Equity and International Law : A Legal Realist Approach to International Decisionmaking,* Irvington, New York : Transnational Publishers, Inc., 1993.

Sande, Philippe and Pierre Klein, *Bowett's Law of International Institutions,* 5th ed., London : Sweet & Maxwell, 2001.

Scott, Shirley V., *International Law in World Politics : An Introduction,* 2nd ed., Lynne Rienner Publishers, 2010.

Shapiro, Ian (ed.), *The Rule of Law,* New York : New York University Press, 1994.

Shaw, Malcolm N., *International Law,* 4th ed., Cambridge : Cambridge University Press, 1997.

Shea, Donald R., *The Calvo Clause,* University of Minnesota Press, 1955.

Shon, Louis B. and Kristen Gustafson, *The Law of the Sea,* St. Paul, MN : West Publishing Co., 1984.

Simons, Geof, *The Scourging of Iraq : Sanctions, Law and Natural Justice,* New York : Palgrave Macmillan, 1991.

Slomanson, William R. *Fundamental Perspectives on International Law,* 6th ed., Belmont, CA : Wadsworth /Thomson Learning, 2011.

Sornarajah, M., *The International Law on Foreign Investment,* Cambridge : Cambridge University Press, 1994.

South Centre, *Enhancing the Economic Role of the United Nations,* Geneva : South Centre,

1992.

Starke, J. G., *An Introduction to International Law*, 8th ed., London : Butterworths, 1977.

Stassen, Harold, *United Nations : A Working Paper for Restructuring*, Minneapolis : Lerner Publications Company, 1994.

Stone, Julius, *Aggression and World Order : A Critique of United Nations' Theory of Aggression*, L.A. : University of California Press, 1958.

Tamanaha, Brian Z., *On the Rule of Law*, Oxford : Oxford University Press, 2004.

Tesón, Fernando R., *A Philosophy of International Law*, Boulder : Westview Press, 1998.

_____, *Humanitarian Intervention : An Inquiry into Law and Morality*, New York : Transnational Publishers, 1997.

The American Law Institute, *Restatement of the Law Third – Restatement of the Law, Foreign Relations Law of the United States*, Vol.1, American Law Institute Publishers, 1987.

The Commission on Global Governance, *Our Global Neighborhood*, Oxford : Oxford University Press, 1995.

The United Nations Association of the USA, *A Successor Vision : The United Nations of Tomorrow*, New York : United Nations Association of the USA, 1987.

_____, *Partners for Peace. Strengthening Collective Security for the 21st Century. A Report of the Global Policy Project*, New York : The United Nations Association of the USA, 1992.

Thirlway, H. W. A., *International Customary Law and Codification*, Leiden : Sijthoff, 1972.

_____, *The Sources of International Law*, Oxford : Oxford University Press, 2014.

Tigerstrom, Barbara von, *Human Security and International Law*, Oxford : Hart Publishing, 2007.

Trindade, A. A. Cançado, *The Application of the Rule of Exhaustion of Local Remedies in International Law*, Cambridge : Cambridge University Press, 1983.

Tung, William L., *International Law in an Organizing World*, New York : Thomas Y. Crowell Company, 1968.

UN Department of Economic and Social Affairs, *Multinational Corporations in World Development*, New York : Praeger Publishers, 1974.

UNDP, *Human Development Report 1994*, Oxford : Oxford University Press, 1994.

van Themaat, P.V., *The Changing Structure of International Economic Law*, The Hague : Martinus Nijhoff Publishers, 1981.

Verdross, Alfred, *Völkerrecht*, 3 Aufl., Wien : Springer Verlag, 1955.

Vicuña, Francisco O., *International Dispute Settlement in an Evolving Global Society –*

    Constitutionalization, Accessibility, Privatization−, Cambridge : Cambridge University Press, 2004.

Villiger, Mark E., *Commentary on the 1969 Vienna Convention on the Law of the Treaties*, Leiden · Boston : Martinus Nijhoff Publishers, 2009.

Vincent, R. J., *Nonintervention and International Order*, Princeton : Princeton University Press, 1974.

Wacks, R., *Jurisprudence*, London : Blackstone Press Limited, 1993.

Wallace, Rebecca M. M., *International Law*, London : Sweet & Maxwell, 1997.

Walzer, Michael, *Just and Unjust Wars*, New York: Basic Books, 1977.

Warning, Michael J., *Transnational Public Governance − Networks, Law and Legitimacy−*, New York : Palgrave Macmillan, 2009.

Weiss, Thomas G., David P. Forsythe & Roger A. Coate, *The United Nations and Changing World Politics*, Boulder : Westview Press, 1994.

Welch, Jr., Claude E., *NGOs and Human Rights*, Philadelphia : University of Pennsylvania Press, 2001.

Weston, Burns H., Richard A. Falk, and Anthony A. D'Amato, *International Law and World Order*, St. Paul, MN : West Publishing Co., 1980.

Wood, Roberts S. (ed.), *The Process of International Organization*, New York : Random House, 1971.

〈Articles〉

Acquaviva, Guido, "Subjects of International Law : A Power−Based Analysis", *Vanderbilt Journal of Transnational Law*, Vol.38, 2005.

Agler, Chadwick F., "Thinking About the Future of the UN System", *Global Governance*, Vol.2 No. 3, 1996.

Ago, Roberto, "Le delit international", *Recueil des cours*, Vol.68, 1939.

_____, "Positive law and International Law", *American Journal of International Law*, Vol.51, 1957.

Asada, Masahiko, "Security Council Resolution 1540 to Combat WMD Terrorism : Effectiveness and Legitimacy in International Legislation", *Journal of Conflict & Security Law*, Vol.13, Winter 2008.

Assante, Samuel K. B., "The Concept of Stability of Contractual Relations in the Transnational Investment Process", in Samel K. B. Assante (ed.) *Legal Aspects of the New International Economic Order*, New York : Nichols Publishing Company, 1980.

Bapat, Navin A. and T. Clifton Morgan, "Multilateral Versus Unilateral Sanctions Reconsidered : A Test Using New Data", *International Studies Quarterly*, Vol.53, 2009.

Barton, John H., "Two Ideas of International Organization", *Michigan Law Review*, Vol.82,

Benjamin, Barry M., "Unilateral Humanitarian Intervention : Legalizing the Use of Force to Prevent Human Rights Atrocities", *Fordham International Law Journal*, Vol.16, 1992-1993.

Bertrand, Maurice, "The Historical Development of Efforts to Reform the UN", in Adam Roberts and Benedict Kingsbury eds., *United Nations, Divided World-The UN's Roles in International Relations-*, Oxford : Clarendon Press, 1993.

Besson, Samantha, "The Authority of International Law – Lifting the State Veil", *Sydney Law Review*, Vol.31, 2009.

Beyerlin, Ulrich, "Humanitarian Intervention", in R. Bernhardt(ed.), *Encyclopedia of Public International Law*, Vol.3, North Holland Publishing Co., 1982.

Bordelon, Chris, "The Illegality of the U.S. Policy of Preemptive Self-Defence under International Law", *Chapman Law Review*, Vol.9, 2005.

Brown, Bartram S., "Humanitarian Intervention at a Crossroads", *William and Mary Law Review*, Vol.41, 2000.

Brown, Marjorie Ann(Reporter), "Effectiveness of the United Nations", *American Society of International Law Proceedings*, Vol.77, 1993.

_____, "The United Nations Security Council – Its Role in the Iraq Crisis : A Brief Overview", *CRS Report for Congress*, Order Code RS21323, Updated March 18, 2003.

Brunee, Jatta, "International Legislation," in *The Max Planck Encyclopedia of Public International Law*, Vol. V, Oxford : Oxford University Press, 2012.

Burton, Michael L., "Legalizing the Sublegal : A Proposal for Codifying a Doctrine of Unilateral Humanitarian Intervention", *Georgetown Law Journal*, Vol.85, 1996.

Cassese, Antonio, "*Ex iniuria ius oritur* : Are We Moving towards International Legitimation of Forcible Humanitarian Countermeasures in the World Community?", *European Journal of International Law*, Vol.10, 1999.

Cavare, L., "Les Sanctions dans le Cadre de l'ONU", *Recueil des cours,* Vol.80, 1952.

Cha, Young-Koo "A Korean Perspective on the Security of the Sea Lanes in East Asia", in Lau Teik Soon and Lee Lai To (eds.), *The Security of the Sea Lanes in the Asia-Pacific Region,* Singapore : Heinemann Asia, 1988.

Charney, Jonathan I., "Transnational Corporations and Developing International Law", *Duke Law Journal*, Vol.1983.

Chesterman, Simon, "An International Rule of Law?", *American Journal of International Law*, Vol.56, 2008.

Chopra, Jarat & Thomas G. Weiss, "Sovereignty Is No Longer Sacrosanct : Codifying

Humanitarian Intervention", *Ethics & International Affairs*, Vol.6, 1992, p.99.

Coate, Roger A., "The Future of the United Nations", in Roger A. Coate ed., *U.S. Policy and the Future of the United Nations*, New York : The Twentieth Century Fund Press.

Combacau, Jean, "Sanctions", in : R. Bernhardt (ed.), *Encyclopedia of International Law*, Vol. IV, 2000.

Cronin, Bruce & Ian Johnstone, "The Security Council as Legislature", *The UN Security Council and the Politics of International Authority*, London & New York : Routledge, 2008.

Cronin-Furman, Kathleen Renee, "The International Court of Justice and the United Nations Security Council : Rethinking a Complicated Relationship", *Columbia Law Review*, Vol.106, 2006.

Dadzie, Kenneth K. S., "Reforming the United Nations to Eradicate Poverty and Maldevelopment", *Transnational Law & Contemporary Problems*, Vol.4, 1994.

Dantiki, Sumon, "Power through Process : an Administrative Law Framework for United Nations Legislative Resolutions", *Georgetown Journal of International Law*, Vol.40, 2009.

Decaux, Emmanuel, "The Definition of Traditional Sanctions : Their Scope and Characteristics", *International Review of the Red Cross*, Vol.90, 2008.

Delbruck, Jost, "A More Effective International Law or a New 'World Law'? – Some of the Development of International Law in a Changing International System", *Indiana Law Journal*, Vol.68, 1993.

Dickinson, Edwin DeWitt, "The Analogy between Natural Persons and International Persons in the Law of Nations," *Yale Law Journal*, Vol.26, 1917.

Dörr, Oliver, "Nationality." in *The Max Planck Encyclopedia of Public International Law*, Vol.VII, Oxford : Oxford University Press, 2012.

Easterly, III, Ernest S., "The Rule of Law and the New World Order", *Southern University Law Review*, Vol.22, 1995.

Egido, Jose Puente, "Natural Law", in R. Bernhardt (ed.), *Encyclopedia of Public International Law*, Vol. III(1999).

Evans, G., "From Humanitarian Intervention to the Responsibility to Protect", *Wisconsin International Law Journal*, Vol.24, 2006.

Falk, Richard A., "The United Nations and the Rule of Law", *Transnational Law & Contemporary Problems*, Vol.4, 1994.

Fassbender, Bardo, "The United Nations Charter as Constitution of the International Community", *Columbia Journal of International Law*, Vol.36, 1996.

Fassbender, Bardo, "Rediscovering a Forgotten Constitution : Notes on the Place of the UN Charter in the International Legal Order", in Jeffrey L. Dunoff and Joel P. Trachtman (ed.), *Ruling the World? − Constitutionalism, International Law, and Global Governance −*, New York : Cambridge University Press, 2009.

Feichtner, Isabel, "Community Interest", in *The Max Planck Encyclopedia of Public International Law*, Vol. II, Oxford : Oxford University Press, 2012.

Fitzmaurice, Malgosia, "Treaties," in *The Max Planck Encyclopedia of Public International Law*, Vol. IX, Oxford University Press, 2012.

Focarelli, Carlo, "The Responsibility to Protect Doctrine and Humanitarian Intervention : Too many Ambiguities for a Working Doctrine", *Journal of Conflict & Security Law*, Vol. 13, 2008.

Fonteyne, Jean Pierre, "The Customary International Law Doctrine of Humanitarian Intervention : Its Current Validity Under the U.N. Charter", *California Western International Law Journal*, 1974.

Forcese, Craig, "Globalizing Decency : Responsible Engagement in an Era of Economic Integration", *Yale Human Rights and Development Law Journal*, Vol. 5, 2002.

Francioni, F., "Equity in International Law," in *The Max Planck Encyclopedia of Public International Law*, Vol. III, Oxford : Oxford University Press, 2012.

Franck, Thomas M., "Legitimacy in the International system", in Beth A. Simmons ed., *International Law*, Vol. II, SAGE Publications Ltd., 2008.

_____, "The Emerging Right to Democratic Governance", *American Journal of International Law*, Vol. 86, 1992.

Gassama, brahim J., "Reaffirming Faith in The Dignity of Each Human Being : The United Nations, NGOs, and Apartheid", *Fordham International Law Journal*, Vol. 19, 1996, pp. 1464-1480.

Geck, W. K., "Diplomatic Protection", in B. Rudolf (ed.), *Encyclopedia of Public International Law*, Amsterdam : North-Holland, 1987.

Ghebali, Victor-Yves, "United Nations Reform Proposals Since the End of the Cold War : An Overview", in Maurice Bertrand and Daniel Warner, *A New Charter for a Worldwide Organization?*, The Hague : Kluwer Law International, 1997.

Goodman, Ryan, "Humanitarian Intervention and Pretexts for War", *American Journal of International Law*, Vol. 100, 2006.

Gordon, Ruth E., "Humanitarian Intervention by the United Nations : Iraq, Somalia, and Haiti", *Texas International Law Journal*, Vol. 31, 1996.

_____, "United Nations Intervention in Internal Conflicts : Iraq, Somalia, and Beyond", *Michigan Journal of International Law*, Vol. 15, 1994.

Greenwood, Christopher, "International Law and the Pre-emptive Use of Force : Afghanistan, Al-Qaida, and Iraq", *San Diego International Law Journal*, Vol.4, 2003.

Gross, Leo, "The International Court of Justice : Consideration of Requirements for Enhancing its Role in the International Legal Order", *American Journal of International Law*, Vol.65, 1971.

_____, "The United Nations and the Role of Law", Roberts S. Wood (ed.), *The Process of International Organization*, New York : Random House, 1971.

Grove, Eric, "UN Armed Forces and the Military Staff Committee", *International Security*, Vol.17 No. 4, Spring, 1993.

Guzman, Andrew T., "A Compliance-based Theory of International Law", *California Law Review*, Vol.90, 2002.

Hampson, Fen O., "Human Security, Globalization, and Global Governance", in John N. Clarke and Geoffrey R. Edwards (eds.), *Global Governance in the Twenty-First Century*, New York : Palgrave Macmillan, 2004.

Happold, Matthew, "Security Council Resolution 1373 and the Constitution of the United Nations", *Leiden Journal of International Law*, Vol.16 issue 03, 2003.

Harper, Keith, "Does the United Nations Security Council Have the Competence to Act as a Court and Legislature?", *N.Y.U. Journal of International Law and Politics*, Vol.27, 1994.

Hasegawa, Yuka, "Is A Human Security Approach Possible? Compatibility Between The Strategies of Protection and Empowerment", *Journal of Refugee Studies*, Vol.20, 2007.

Henderson, Christian, "The Bush Doctrine : From Theory To Practice", *Journal of Conflict & Security Law.*, Vol.9, 2004.

Henkin, Louis, "That "S" Word : Sovereignty, and Globalization, and Human Rights, Et Cetera", *Fordham Law Review*, Vol.68, 1991.

Herdegn, Matthis, "Interpretation in International Law," in *The Max Planck Encyclopedia of Public International Law*, Vol.VI, Oxford : Oxford University Press, 2012.

Hickey, Jr., James E., "The Source of International Legal Personality in the 21st Century", *Hofstra Law & Policy Symposium*, Vol.2, 1997.

Hillman, Jennifer, "An Emerging International Rule of Law?-The WTO Dispute Settlement System's Role in Its Evolution", *Ottawa Law Review*, Vol.42, 2010-2011.

Holzgrefe, J. L. "The Humanitarian Intervention Debate", in J.L. Holzgrefe & Robert O. Keohane(eds.), *Humanitarian Intervention : Ethical, Legal, and Political Dilemmas*, Cambridge : Cambridge University Press, 2003.

Imber, Mark, "International Organizations", in John Baylis and N.J. Rengger eds., *Dilemmas of World Politics,* Oxford : Oxford University Press, 1992.

Ipinyomi, Foluke, "Is Cote d'Ivoire a test case for R2P? Democratization as fulfillment of the international community's responsibility to prevent," *Journal of African Law,* Vol.56 No.2, 2012.

Jennings, "The Caroline and McLeod cases", *American Journal of International Law,* Vol.32, 1938.

Kaempfer, William H., Anton D. Lowenberg, "Unilateral Versus Multilateral International sanctions : A Public Choice Perspective", *International Studies Quarterly,* Vol 43, 1999.

Keys, Domald F., "The New-Federalists", *New Federalist Reprint Paper 1,* Washington, D.C. : World Federalist Education Fund, 1973.

Kilvaty, Ido, "Report of the Commission of Inquiry on Human Rights in the Democratic People's Republic of Korea : Green Light for Humanitarian Intervention," *Creighton International and Comparative Law Journal,* Vol.6, 2015.

Kim, Boo Chan, "The United Nations and the International Rule of Law", *Korean Yearbook of International Law,* Vol.1, 1997.

_____, "New Trends in International Law and the Common Heritage of Mankind", 『국제법학회논총』, 제40권 1호, 1995.

Kim, Samuel S. and Tai Hwan Lee, "Chinese-North Korean Relations : Managing Asymmetrical Interdependence", in Samuel S. Kim and Tai Hwan Lee eds., *North Korea and Northeast Asia,* Lanham, Maryland : Rowman & Littlefield Publishers, Inc., 2002.

Kirgis Jr., Frederic L., "The Security Council's First Fifty Years", *American Journal of International Law,* Vol.89, July 1995.

_____, "Security Council Resolution 1441 on Iraq's Final Opportunity to Comply with Disarmament Obligations", *ASIL Insights,* November, 2002.

Klabbers, Jan, "Lawmaking and Constitutionalism," in Klabbers, Anne Peters and Geir Ulfstein, *The Constitutionalization of International Law,* Oxford : Oxford University Press, 2011.

_____, "The Life and Times of International Organizations," *Nordic Journal of International Law,* Vol.70, 2001.

Kleinlein, Thomas, "On Holism, Pluralism, and Democracy : Approaches to Constitutionalism Beyond the State", *European Journal of International Law,* Vol.21, 2010.

Koh, Harold Hongju, "Childress Lecture : A United States Human Rights Policy for The 21st Century", *St. Louis Law Journal,* Vol.46, 2002.

Kohona, Palitha T. B., "The International Rule of Law and the Role of the United Nations",

International Lawyer, Vol.36, 2002.

Kokkini-Iatridou, D. and P. J. I. M. de Waart, "Foreign Investments in Developing Countries - Legal Personality of Multinationals in International Law", *Netherlands Yearbook of International Law*, Vol. XIV.

Kong, Stephen, "The Right of Innocent Passage : a Case Study on Two Koreas", *Minnesota Journal of Global Trade*, Vol.11, 2002.

Kotzur, Markus, "Ex Aequo et Bono," in *The Max Planck Encyclopedia of Public International Law*, Vol.III, Oxford : Oxford University Press, 2012.

Krisch, Nico, "The Decay of Consent : International Law in an Age of Global Public Goods," American Journal of International Law, Vol.108, 2014.

Krisiotis, Dino, "Reappraising Policy Objections to Humanitarian Intervention", *Michigan Journal of International Law,* Vol.19, 1998.

Kumm, Mattias, "International Law in National Courts : the International Rule of Law and the Limits of the International Model", *Virginia Journal of International Law*, Vol.44.

Kunz, Josef L., "Sanctions in International Law", *American Journal of International Law*, Vol.54, 1960.

Lee, Shin-wha, "The Responsibility to Protect (R2P) after Libya : Practical Implication for North Korea," 『국제관계연구』, 제18권 제1호, 2012.

Lillich, R. B., "The Current Status of the Law of State Responsibility for Injuries to Aliens", in R. B. Lillich (ed.), *International Law of State Responsibility for Injuries to Aliens,* Charlottesville : University Press of Virginia, 1983.

_____, "Forcible Self-help by States to Protect Human Rights", *Iowa Law Review*, Vol.53, 1967.

Lunn, John, "The Need for Regional Security Commissions within the UN System", *Security Dialogue,* Vol.24 No. 4, December, 1993.

Mahalingam, Ravi, "The Compatibility of the Principle of Non-intervention with the Right of Humanitarian Intervention", *UCLA Journal of International Law and Foreign Affairs*, Vol.1, 1996.

Mann, F. A., "The Protection of Shareholder's Interests in the Light of the Barcelona Traction Case", *American Journal of International Law*, Vol.67, 1973.

Martinez, Lucy, "September 11th, Iraq and the Doctrine of Anticipatory Self-Defence", *UMKC Law Review*, Vol.82, Fall 2003.

McClean, Emma, "The Responsibility to Protect : The Role of International Human Rights Law", *Journal of Conflict & Security Law*, Vol.13, 2008.

McDougal, M. S., H. D. Lasswell, Lung-chu Chen, "Nationality and Human Rights : The

Protection of the Individual in External Arenas", *The Yale Law Journal*, Vol.83, 1974.

Mendlovitz, Saul H. and Burns H. Weston, "The United Nations at Fifty : Toward Humane Global Governance", *Transnational Law & Contemporary Problems*, Vol.4, 1994.

Menon, P. K., "The International Personality of Individuals in International Law : A Broadening of the Traditional Doctrine", *Journal of Transnational Law and Policy*, Vol.1, 1992.

Milewicz, Karolina, "Emerging Patterns of Global Constitutionalization : Toward a Conceptual Framework", *Indiana Journal of Global Legal Studies*, Vol.16, 2009.

Miron, Alina, "Sanctions," in *The Max Planck Encyclopedia of Public International Law*, Vol. IX, Oxford: Oxford University Press, 2012.

Mummery, David R., "The Content of The Duty To Exhaust Local Remedies", *American Journal of International Law*, Vol.58, 1964.

Murphy, Sean D., "Assessing the Legality of Invading Iraq", *Georgetown Law Journal*, Vol.92, 2004.

Nardin, Terry, "Book Review on The Domestic Analogy and World Order Proposals by Hidemi Suganami, Cambridge : Cambridge University Press, 1989," *American Journal of International Law*, Vol.85, 1991.

Nowrot, Karsten, "Global Governance and International Law"(http://www.telc.unihalle.de).

Orakhelashvili, Alexander, "Legal Basis of the United Nations Peace-Keeping Operation," *Vanderbilt Journal of International Law,* Vol.43, 2003.

Osieke, Ebere, "Flags of Convenience Vessels : Recent Developments," *American Journal of International Law*, Vol.73, No.2, 1979.

Overland, Allen(Reporter), "The United Nations Response to a Changing World : International Law Implications", *American Society of International Law Proceedings*, Vol.86, 1992.

Pardo, Arvid & Carl Q. Christol, "The Common Interest : Tension between the whole and the Parts", in R. St. J. Macdonald & Douglas M. Johnston (ed.), *The Structure and Process of International Law : Essays in Legal Philosophy, Doctrine and Theory*, Dordrecht : Martinus Nijhoff Publishers, 1986.

Payandeh, Mehrdad, "With Great Power Comes Great Responsibility? The Concept of the Responsibility to Protect within the Process of International Lawmaking", *Yale Journal of International Law*, Vol.35, 2010.

Pease, Kelly K. and David P. Forsythe, "Human Rights, Humanitarian Intervention, and World Politics", *Human Rights Quarterly,* Vol.15, 1993.

Peters, Anne, "The Merits of Global Constitutionalism", *Indiana Journal of Global Legal*

Studies, Vol.16, 2009.

Posch, Albert, "The *Kadi* Case : Rethinking the Relationship Between EU Law and International Law?", *The Columbia Journal of European Law Online*, Vol.15, 2009.

Quigley, John, "The New World Order and the Rule of Law", *Syracuse Journal of International Law and Commerce*, Vol.18, 1992.

Rademaker, Stephen G., "Use of Force After 9/11", *Chicago Journal of International Law*, Vol.5, 2005.

Raleigh, Sir Walter, "A Discourse of the Invention of Ships, Anchors, Compass, etc.", *The Works of Sir Walter Raleigh, Kt.*, Vol.8.

Reisman, W. M., "Coercion and Self-Determination : Constructing Charter Article 2(4)", *American Journal of International Law*, Vol.78, 1984.

Richemond, Daphné, "Normativity in International Law : The Case of Unilateral Humanitarian Intervention", *Yale Human Rights and Development Journal*, Vol.6, 2003.

Riesenfeld, S. A., "Foreign Investment", in R. Bernhardt ed., *Encyclopedia of Public International Law*, Vol.8, Elsevier Science Publishers, 1985.

Rogers, A. P. V., "Humanitarian Intervention and International Law", *Harvard Journal of Law and Public Policy*, Vol.27, 2004.

Rose, Arnold, "Minorities", in David L. Sills (ed.), *International Encyclopedia of the Social Sciences*, Vol.10.

Rothstein, Laurence I., "Protecting the New World Order : It is Time to Create a United Nations Army", *New York Law School Journal of International Law*, Vol.14, 1993.

Ruggie, John G., "Multilateralism : the Anatomy of an Institution", *International Organization*, Vol.46, 1992.

Russett, Bruce, "Ten Balances for Weighing UN Reform Proposals", *Political Science Quarterly*, Vol.111, 1996.

Saechao, Tyra Ruth, "Natural Disasters and the Responsibility to Protect : From Chaos to Clarity", *Brooklyn Journal of International Law*, Vol.32, 2007.

Schachte, Jr., William L., & J. Peter A. Bernhardt, "International Straits and Navigational Freedoms", Vanderbilt Journal of International Law, Vol.33, 1993.

Schachter, Oscar, "The Right of States to Use Armed Forces", *Michigan Law Review*, Vol.82, 1984.

_____, "Self-Defence and the Rule of Law", *American Journal of International Law*, Vol.83, 1989.

Schachter, Oscar, "United Nations Law," *American Journal of International Law*, Vol.88, 1994.

Scheinen, M., "Impact on the Law of Treaties" in M. T. Kaminga and M. Scheinen (eds.),

The Impact of Human Rights Law on General International Law, Oxford : Oxford University Press, 2009.

Scheppele, Kim Lane, "Global Security Law and the Challenge to Constitutionalism after 9/11", *Public Law*, April 2011.

Schmalenbach, Kirsten, "International Organizations or Institutions, General Aspects," in *The Max Planck Encyclopedia of International Law*, Vol.Ⅵ, Oxford : Oxford University Press, 2012.

Schwebel, S. M. and J. G. Wetter, "Arbitration and Exhaustion of Local Remedies", *American Journal of International Law*, Vol.60, 1989.

Sellen, Keith L., "The United Nations Security Council Veto in the New World Order", *Military Law Review*, Vol.138, 1992.

Sheffer, David J., "Toward a Modern Doctrine of Humanitarian Intervention", *University of Toledo Law Review*, 1992.

Shen, Jianming, "The Basis of International Law : Why Nations Observe", *Dickinson Journal of International Law*, Vol.17, 1999.

Shin, Kak-Soo, "New Horizon on Humanitarian Intervention in the Post-Cold War Era", 『서울국제법연구』, 제6권 2호, 1999.

Simma, Bruno, "NATO, the UN and the Use of Force : Legal Aspects", *European Journal of International Law*, Vol.10, 1999.

Skubiszewski, Krzysztof, "International Legislation", in Rudolf Bernhardt ed., *Encyclopedia of Public International Law*, Vol.2, 1995.

Slaughter, Anne-Marie, "International Law and International Relations Theory : A Dual Agenda", *American Journal of International Law*, Vol.87, 1993.

_____, "The Real New World Order", *Foreign Affairs*, Vol.76 No. 5, 1997.

Sofaer, Abraham D., "On the Necessity of Pre-emption", *European Journal of International Law*, Vol.14, 2003.

Sohn, Louis B., Jay M. Vogelson and Kathryn S. Mack, "Report on Improving the Effectiveness of the United Nations in Advancing the Rule of Law in the World", *International Lawyer*, Vol.29, 1995.

Spiers, Ronald I., "Reforming the United Nations", in Roger A. Coate (ed.), *U.S. Policy and the Future of the United Nations*, New York : The Twentieth Century Fund Press.

Sucharitkul, Sompong, "Legal Developments in the First Half of the United Nations Decade of International Law", Interest Group on the UN Decade of International Law Newsletter of ASIL, June 1996.

Tait, Adam, "The Legal War : A Justification for Military Action in Iraq", *Gonzaga Journal of International Law*, Vol.9, 2005.

Talmon, Stefan, "The Security Council as World Legislature", *American Journal of International Law*, Vol.99, January 2005.

Tan, Morse H., "A State of Rightlessness : The egregious case of North korea," *Mississippi Law Journal*, Vol.80, 2010.

Telhami, Shibley, "Is a Standing United Nations Army Possible? or Desirable?" *Cornell International Law Journal*, Vol.28, 1995.

Thornburgh, Dick, "Today's United Nations in a Changing World", *American University Journal of International Law and Policy*, Vol.9, 1993.

Titunov, Oleg I., "The International Legal Personality of States : Problems and Solutions", *St. Louis University Law Journal*, Vol.37, 1993.

Tomuschat, C., "Individual Reparation Claims in Instances of Grave Human Rights Violations : The Position under General International Law", in A. Randelzhofer and C. Tomuschat (eds.), *State Responsibility and the Individual,* The Hague : Martinus Nijhoff Publishers, 1999.

Tyagi, Yogesh K., "The Concept of Humanitarian Intervention Revisited", *Michigan Journal of International Law*, Vol.16, 1995.

U.S. Committee for Human Rights in North Korea, "Failure to Protect : A Call for the U.N. Security Council to Act in North Korea", 2006.

UNCTAD, "Taking of Property", in *UNCTAD Series on Issues in International Investment Agreement,* UN Publication, 2000.

_____, "Scope and Definition", in *UNCTAD Series on Issues in International Investment Agreements,* UN Publication, 1999.

_____, "State Contracts", in *UNCTAD Series on Issues in International Investment Agreements,* UN Publication, 2004.

Upadhyaya, Priyankar, "Human Security, Humanitarian Intervention, and Third World Concerns", *Denver Journal of International Law and Policy*, Vol.33, 2004.

Verwey, Wil D. and Nico J. Schrijver, "The Taking of Foreign Property under International Law : A New Legal Perspective?", *Netherlands Yearbook of International Law*, Vol. XV, 1984.

von Bogdandy, Armin, "Constitutionalism in International Law : Comment on a Proposal from Germany", *Harvard International Law Journal*, Vol.47, 2006.

Vöneky, Silja, "Analogy in International Law," in *The Max Planck Encyclopedia of Public International Law*, Vol.1, Oxford University Press, 2012.

Wälde, Thomas W., "The 'Umbrella Clause' on Investment Arbitration : A Comment on Original Intention and Recent Cases", *Journal of World Investment & Trade*, Vol.6 No.2, 2005.

Walter, Christian, "Subjects of International Law," in *The Max Planck Encyclopedia of Public International Law*, Vol. IX, Oxford : Oxford University Press, 2012.

White, N. D. & E. P. J. Myjer, "Editorial : The Use of Force Against Iraq", *Journal of Conflict & Security Law*, Vol. 8, 2003.

Wilenski, Peter, "The Structure of the UN in the Post-Cold Period", in Adam Roberts and Benedict Kingsbury (eds.), *United Nations, Divided World-The UN's Roles in International Relations-*, Oxford : Clarendon Press, 1933.

Wilner, Gabriel M., "The Role of the United Nations in the Maintenance of Peace before and after the Year Two Thousand : Introduction", *Georgia Journal of International and Comparative Law*, Vol. 26, 1996.

Wolf, Daniel, "Humanitarian Intervention", *Michigan Year Book of International Legal Study*, Vol. 9, 1988.

Yokota, Yozo, "A Charter for a New World Organization : Comments on Mr. Maurice Bertrand's Proposal", in Maurice Bertrand and Daniel Warner eds., *A New Charter for a Worldwide Organization?*, The Hague : Kluwer Law International, 1997.

Yoo, John C., "Force Rules : UN Reform and Intervention", *Chicago Journal of International Law*, Vol. 6, 2006.

Zoller, Elisabeth, "Institutional Aspects of International Governance", *Indiana Journal of Global Legal Studies*, Vol. 3, 1995.

찾아보기

■ 김부찬(金富燦)

약력
서울대학교 법과대학 졸업
부산대학교 대학원 졸업(법학박사)

제주대학교 기획처장 및 산학협력단장
미국 Washington Univ. Law School 객원교수
미국 Cornell Univ. Law School 객원연구원
일본 소카(創價)대학 법과대학원 객원교수
사법시험, 외무·행정고시 출제위원 및 시험위원
외교부 국제법자문위원
국회 입법지원위원
국제법평론회 회장
대한국제법학회 회장
영남국제법학회 회장
대한국제법학회 독도센터 소장 등 역임

제주대학교 법학전문대학원 교수(현)
대한국제법학회 이사 및 편집위원(현)
국제법평론회 명예운영위원(현)
서울국제법연구원 이사(현)
세계국제법협회(ILA) 회원 및 한국지부 이사(현)
미국 국제법학회(ASIL) 회원(현)
유엔체제학회(ACUNS) 회원(현)
외교부 한중해양경계획정 자문위원(현)
해양경찰청 국제해양법위원회 위원장(현)

주요저서
『법학의 기초이론』(동현출판사, 1994)
『국제법신강』, 제2판(공저)(신영사, 2004)
『제주의 국제화전략』(온누리, 2007)
『오키나와와 평화』(공저)(보고사, 2007)
International Legal Issues in Korea-Japan Relations(공저)
(Northeast Asian History Foundation, 2008)
Global Governance and International Law(BoGoSa, 2011)
『국제해양법과 이어도문제』(온누리디앤피, 2015)

e-mail : kimboo@jejunu.ac.kr

【개정판】 국제법 특강

초판 발행　2014년 1월 29일
개정판 발행　2018년 2월 23일

지은이　김부찬
펴낸이　김흥국
펴낸곳　도서출판 보고사

책임편집　황효은
표지디자인　손정자

등록　1990년 12월 13일 제6-0429호
주소　경기도 파주시 회동길 337-15 보고사 2층
전화　031-955-9797(대표), 02-922-5120~1(편집),
　　　02-922-2246(영업)
팩스　02-922-6990
메일　kanapub3@naver.com
http://www.bogosabooks.co.kr

ISBN　979-11-5516-770-0　93360

정가　35,000원